# REIZEN Magazine
## Wereldreisg

# Verenigde Staten oost

## Manfred Braunger

ANWB

# Inhoud

## Land, volk en cultuur

## Reisinformatie

# Onderweg

## New England

*afgeschreven*

# Inhoud

## Tussen de oceaan en de Grote Meren

## Centrale Atlantische kust

# Inhoud

# Florida

# Inhoud

## Thema's

# Alle kaarten in een oogopslag

## Atlas · Verenigde Staten-oost    470

De eerste Engelse kolonisten vestigden zich aan de James River bij Jamestown

# Land, volk en cultuur

# Waar de Nieuwe Wereld op zijn oudst is

**Europeanen bekijken de VS vaak met een wantrouwende blik. Dit geldt vooral voor diegenen die het land alleen uit de media kennen en niet uit eigen ervaring. Wie ooit in Amerika geweest is, behoudt in de regel deze kritische blik, maar moet toegeven dat er moeilijk te ontkomen valt aan fascinatie voor de VS.**

## USA-oost nader bekeken

Niet ver van het wereldberoemde, groen uitgeslagen Vrijheidsbeeld ligt het piepkleine Ellis Island in de Upper Bay van New York, met de unieke skyline van Manhattan op de achtergrond. Tussen 1892 en 1954 was dit de plaats waar 12 miljoen immigranten voor het eerst voet op Amerikaanse bodem zetten. Bijna de helft van de momenteel meer dan 300 miljoen Amerikaanse staatsburgers stamt van hen af, zo is onderzocht en aangetoond. In de ruime lobby van het Ellis Island Immigration Museum stapelen tassen, koffers, kisten en manden zich op, net als die waarin de nieuwkomers uit alle landen van de wereld hun noodzakelijkste bezittingen hadden gepakt, die ze later aan land sleepten, een onzekere toekomst tegemoet. Deze berg symboliseert de enorme toestroom van emigranten naar de VS, zonder wie het uitgestrekte grondgebied aan de andere kant van de Mississippi niet ingenomen had kunnen worden en Amerika niet was uitgegroeid tot een politieke en economische wereldmacht.

Niet alleen de reusachtige immigratiegolf echter maakte van de Atlantische kust de bakermat van de natie. In de eerste decennia nadat Christoffel Columbus Amerika had ontdekt, verkenden zeelieden de onbekende oostkust van het nieuwe continent, maar de Europese staten legden vooralsnog nergens een permanente basis aan. Pas in 1565 werd door de Spanjaarden aan de oostkust van Florida de nog steeds bestaande stad St. Augus-

tine gesticht, als eerste nederzetting in de Nieuwe Wereld. In 1607 gingen Engelse kolonisten aan land in de huidige Verenigde Staten en zij stichtten Jamestown (Virginia), de eerste duurzame Engelse nederzetting. In de loop der tijden vestigden Europeanen meer kolonies in onder andere Massachusetts, Pennsylvania, Rhode Island, Connecticut, Maryland, New York en New Jersey, die zich in 1776 als unie van dertien koloniale gebieden onafhankelijk zouden verklaren van Groot-Brittannië, waarna de VS een feit waren geworden.

Sindsdien heeft het land zich naar het westen uitgebreid en is het uitgegroeid tot een enorme natie van 50 federale staten. Het 'jongere' westen kent overrompelende landschappen, exotische woestijnen, wereldberoemde nationale parken en grote groepen *native Americans* (indianen), die in het oosten nauwelijks te vinden zijn, maar daar stelt de Atlantische kust op zijn beurt historische locaties, slagvelden uit de tijd van de Amerikaanse Revolutie en de Burgeroorlog, monumenten en musea tegenover die de rol van het oosten als historische kern onderstrepen en de bewogen ontstaansgeschiedenis van de VS op duidelijke wijze tot uitdrukking brengen.

Wie meent dat het oosten behalve deze fascinerende historische sporen weinig aan landschapsschoon te bieden heeft, vergist zich evenwel. Van de gekloofde, steile kusten van New England tot aan de koraalbanken van de Florida Keys maakt het oosten van de

VS indruk met zijn prachtige natuur, zoals die in Europa nauwelijks te vinden is. De vlammende herfstbossen van Vermont, Maine en New Hampshire, de grandioze Niagara Falls op de grens met Canada, het vriendelijke, landelijke Pennsylvania met zijn volstrekt on-Amerikaanse amishbevolking, de door de schrijver James Fenimore Cooper van *De laatste der Mohikanen* onsterfelijk gemaakte wildernis met de Adirondack Mountains in het noorden van de staat New York, de eilandenwereld van de Outer Banks van North Carolina, de fascinerende Great Smoky Mountains en de reusachtige moerasgebieden van de Everglades in Florida tonen aan dat het wijdverbreide beeld van het verstedelijkte oosten van de VS op een misvatting berust.

De talrijke wereldsteden vormen een fraai contrast met deze weelderige natuur. New York City heeft zich hersteld van de gruwelijke aanslag van 11 september 2001 en zijn voormalige dynamiek herwonnen, al zullen de herinneringen aan dit allerdonkerste moment nog lang voortleven. Het Brits aandoende Boston, de hoofdstad Washington D.C.

als politieke en culturele etalage van Amerika, Philadelphia met herinneringen aan het ontstaan van de natie, Baltimore met zijn drukke Inner Harbor, Atlanta als opkomende metropool van het zuiden en het enigszins Caribisch aandoende Miami – alle zijn het bolwerken van consumentisme en commercie, trendsetters op het gebied van mode en muziek, goudmijnen van kunst en cultuur, en dat in een even afwisselende als boeiende stedelijke omgeving. Wie van de VS droomt, heeft meestal deze vibrerende metropolen van het oosten voor zijn geestesoog, metropolen waarin tussen de stalen kolossen en de glazen voorgevels het stadsleven sneller en drukker lijkt te verlopen dan waar ook ter wereld. Zo beschouwd is het oosten van de VS een zeer gevarieerd deel van het land, een staalkaart van het huidige en vroegere Amerika met een steeds wisselend aanzien. Wie hier op zoek gaat naar de roots van het land, maakt ook kennis met culturele verworvenheden, met de modernste trends en met de typisch Amerikaanse way of life. Dit betekent soms echter ook dat men in contact komt met de pijnlijke maatschappelijke problemen van het land.

'Kennis is macht': graffiti op een muur in de wijk Soho in Manhattan

# Verenigde Staten-oost in het kort

## Feiten en cijfers

**Naam:** United States of America (USA)

**Oppervlakte:** 9.809.431 km² (gehele VS). Dat is ongeveer 236-maal de oppervlakte van Nederland.
**Hoofdstad:** Washington D.C. (gehele VS)
**Officiële taal:** Amerikaans Engels

**Inwoners:** 119 miljoen (alleen USA-oost)
**Bevolkingsdichtheid:** 140 inw./km².
80% van de bevolking leeft in stedelijk gebied.
**Levensverwachting:** mannen: 74,5 jaar, vrouwen 80,2 jaar

**Valuta:** US-dollar ($). De dollar *(greenback)* is onderverdeeld in 100 cents. Er zijn biljetten van 1, 2, 5, 10, 20, 50 en 100 dollar.
**Tijdzones:** Eastern Time (– 6 uur) en Central Time (– 7 uur)

**Landnummer:** 001

**Vlag:** De rode en witte strepen op de Amerikaanse vlag (de *star spangled banner)* staan voor de 13 oprichtingsstaten. De 50 witte sterren op een blauwe achtergrond symboliseren de 50 federale staten van nu. Wat de kleursymboliek betreft: het wit staat voor zuiverheid en onschuld, rood voor dapperheid en uithoudingsvermogen en blauw voor waakzaamheid, standvastigheid en gerechtigheid.

## Geografie

De oostkust ligt tussen de 49e en 25e breedtegraad en loopt van Maine in het noorden tot aan de zuidpunt van Florida, een afstand van 3000 km. In de breedte strekt het gebied zich ca. 800 km uit van de Atlantische kust naar het westen. Langs de kust ligt een bijna 1700 km lange reeks van eilanden en zandbanken. Hier hebben zich grote baaien als de Chesapeake Bay (Maryland/Virginia) gevormd, waar de oceaan is binnengedrongen in de mondingen van rivieren. Achter de kust strekt zich in het zuiden een grote vlakte uit tot aan de voet van de Appalachen. Dit vooral door loofbomen bedekte gebergte loopt van Canada tot aan Alabama en heeft in de Mount Mitchell (2037 m) in North Carolina zijn hoogste top. Ten westen van de Appalachen wordt het landschap tussen de Canadese grens en de Grote Meren enerzijds en de Golf van Mexico anderzijds bepaald door een reusachtig continentaal bekken.

## Geschiedenis

De eerste duurzame Engelse nederzetting op Amerikaanse bodem was Jamestown (Virginia), gesticht in 1607. In 1620 kwamen de Pilgrim Fathers, een groep puriteinen, met hun schip de Mayflower aan in Plymouth (Massachusetts). In 1733 leefden Engelse kolonisten in 13 kolonies langs de Atlantische kust. Met het Eerste Continental Congress van 1774 verscherpte het verzet van de Amerikaanse kolonies tegen de als onderdrukkend ervaren Britse politiek zich. Ten tijde van de Vrijheidsoorlog (Amerikaanse Revolutie, 1775-1783) scheidden de Verenigde Staten zich af van het moederland Groot-Brittannië. Op 4 juli 1776 proclameerden 13 staten in Philadelphia hun onafhankelijkheid. De Burgeroorlog (1861-1865) maakte een einde aan de slavernij en bevorderde de ontwikkeling van de VS tot een nationale eenheidsstaat. Industrie en economie bepaalden het land in steeds sterkere mate en bereidden het voor op een opmars naar de wereldmacht. De New Yorkse beurskrach van oktober 1929 stortte de hele wereld in een economische crisis, dus ook Amerika. President Roosevelt probeerde deze crisis op te vangen met het sociale programma New Deal. De periode na de Tweede Wereldoorlog stond enerzijds in het teken van economische welvaart en anderzijds van diepgravende maatschappelijke omwentelingen, die uitdrukking vonden in de burgerrechtenbeweging, de demonstraties tegen de Vietnamoorlog en de flowerpowerbeweging. Aan het eind van de 20e eeuw bleven de VS na de ineenstorting van de Sovjet-Unie over als enige echte wereldmacht.

## Staat en politiek

De VS kennen een regeringssysteem met een om de vier jaar gekozen president aan het hoofd. Sinds 2001 is de in 2004 herkozen George W. Bush president; in 2008 zal zijn opvolger worden gekozen. De wetgevende macht ligt in de handen van het uit twee kamers, Senaat en Huis van Afgevaardigden, bestaande Congres. De afgevaardigden worden voor twee jaar, de senatoren voor zes jaar gekozen. Het Hooggerechtshof (Supreme Court) is het hoogste rechtscollege. De stabiliteit van de oudste geschreven grondwet (*constitution*) ter wereld blijkt uit de tot nu toe 27 toegevoegde artikelen (*amendments*). Mede dankzij het meerderheidsstelsel zijn twee partijen verreweg de belangrijkste, de Republikeinen en de Democraten.

## Economie en toerisme

De VS zijn goed voor ca. 20% van het jaarlijkse wereldinkomen. De economische dynamiek van het land is onder andere het gevolg van een uitgestrekt en goed ontsloten grondgebied met een enorme voorraad grondstoffen en een interne markt van meer dan 300 miljoen consumenten. Het bruto binnenlands product (bbp) wordt vooral bepaald door 56% in de dienstensector, 14% industrie en 1,5% land- en mijnbouw. Jaarlijks worden 40 miljoen toeristen geregistreerd, die 90 miljard dollar besteden.

## Bevolking en religie

Meer dan 52 miljoen mensen zijn tot nu toe naar de VS geëmigreerd Zij hebben bijgedragen aan de etnische en culturele variëteit in het land. Van de ca. 119 miljoen inwoners van het oosten zijn er ca. 94,5 miljoen (79,4%) blank, onder wie mensen van Latijns-Amerikaanse afkomst. Er leven 16 miljoen (13,4%) Afro-Amerikanen, 6,4 miljoen (5,3%) mensen van Aziatische of Pacifische afkomst en ca. 2 miljoen (1,7%) *native Americans* (indianen) en Inuit. Ongeveer 62% van de bewoners behoren tot 238 religieuze gemeenschappen. Hiervan vormen de katholieken (26%), protestanten (doopsgezinden, methodisten, lutheranen, presbyterianen; 27,5%) en de joden (2,6%) de grootste groeperingen.

# Natuur en milieu

**Steile kusten met fjorden en kreeftgronden, eindeloze zandstranden, imposante baaien, door koraalriffen omzoomde eilanden, meer dan 2000 m hoge bergen met bontgekleurde bossen in de Indian summer en in ijs en sneeuw verstarde toppen: tussen Canada en het Caribisch gebied kan de natuur nauwelijks veelzijdiger zijn.**

## Landschapsvormen

De oostelijke staten strekken zich uit langs de Atlantische kust van de grens met Canada tot aan de rand van het Caribisch gebied, waar de zuidpunt van Florida slechts 150 km verwijderd is van Cuba. In Europa zou dit 1,2 miljoen km² grote gebied reiken van Parijs tot aan Noord-Egypte. Dat het zich over 3000 km uitstrekt van noord naar zuid heeft natuurlijk gevolgen voor het klimaat, de flora en de fauna, en tevens voor de levenswijze van de mensen. Wanneer men de wouden van New England vergelijkt met de subtropische eilanden in Florida of de moerasgebieden in het zuidoosten, wordt duidelijk dat de landschappen in het oosten van de Verenigde Staten zeer verschillend zijn. Het reliëf wordt bepaald door drie **landschapstypen:** de Atlantische kustvlakte, het middelgebergte van de Appalachen en ten westen van deze bergrug het reusachtige continentale bekken dat het grootste deel van het midden van de VS bepaalt.

## Atlantische kust

Eén blik op de landkaart maakt duidelijk dat dat baaien, kapen en eilanden een groot stempel drukken op de de Amerikaanse Atlantische kust. New England bijvoorbeeld dankt zijn landschapsschoon onder andere aan fjordachtige baaien, waarin de branding bontgekleurde boeien laat dansen met schilderachtige vuurtorens op de achtergrond. Aan deze kust ligt het enige nationale park van New England, Acadia. De Atlantische kust ten zuiden van Virginia ziet er heel anders uit. Hier schermen langgerekte zandbankeilanden als natuurlijke golfbrekers het vasteland af van de branding. De subtropische Florida Keys tonen weer een ander gezicht, met hun turquoise baaien en Caribisch aandoende poedersuikerstranden, waarvoor het op twee na grootste koraalrif ter wereld ligt. De Sunshine State met zijn kustlijn van 13.000 km is een belangrijke toeristische trekpleister.

## Kustvlakte

Terwijl in New England de uitlopers van de Appalachen soms tot aan de Atlantische Oceaan reiken, strekt zich van de monding van de Hudson tot aan Florida een kustvlakte uit van gemiddeld 300 km breed. Hierin liggen de grootste **bevolkingsconcentraties** van het oosten: Boston, New York, Washington, Philadelphia en Atlanta. Karakteristiek voor deze slechts weinig boven zeeniveau gelegen regio zijn ook de uitgestrekte moerasgebieden als de Okefenokee Swamp en drassig land in New Jersey en North en South Carolina. Ten noorden van de Golf van Mexico heeft de kustvlakte een soortgelijk karakter.

Waar de zee zich heeft binnengedrongen in riviermondingen, hebben zich enorme baaien gevormd als de Delaware Bay en Chesapeake Bay in Maryland en Virginia, de Albemarle Sound in South Carolina en de Tampa Bay in Florida.

Grote rivieren als de Hudson, Delaware, Susquehanna, Potomac en Savannah zijn

Zicht vanaf de Blue Ridge Parkway in Virginia op de Appalachen

dankzij de forse neerslag altijd vol water en in de kustvlakte bevaarbaar. Ze zijn tevens verantwoordelijk voor de watertoevoer aan de steden en voor de irrigatie van landbouwgronden. Alleen in Maine al hebben gletsjers uit de ijstijd 2200 meren achtergelaten. Tot de indrukwekkendste getuigen uit deze periode behoren de vijf Grote Meren: Lake Ontario, Lake Erie, Lake Huron, Lake Michigan en Lake Superior aan en over de grens met Canada, het grootste zoetwaterreservoir op aarde. Waar Lake Ontario en Lake Erie samenkomen liggen de Niagara Falls, een van de grootste natuurwonderen van de oostelijke Verenigde Staten.

## De Appalachen

Vanaf de kustvlakte loopt het terrein omhoog via het Piedmontplateau tot aan de grofweg in noord-zuidrichting van Canada tot aan Alabama verlopende Appalachen, die zo karakteristiek zijn voor het reliëf van de oostkust. De White Mountains in New England, de Blue Ridge Mountains in Virginia en North Carolina en de Great Smoky Mountains aan de grens met Tennessee maken deel uit van deze **bosrijke bergketen**. Dit middelgebergte, dat 450 miljoen jaar geleden in het paleozoïcum werd gevormd, heeft in de Mount Mitchell (2037 m) in North Carolina zijn hoogste top. Mount Washington is met zijn 1917 m de hoogste berg van de White Mountains in New Hampshire – een molshoopje vergeleken met de toppen van de Sierra Nevada of de Rocky Mountains. Door zijn ligging op het snijpunt van drie windgangen heerst er op de bergtop een uitgesproken poolklimaat. Zelfs op warme herfstdagen, wanneer de Indian summer de hele regio in een kleurenpracht zet, wordt de bezoeker op deze top ontvangen door een ijskoude mist, rukwinden en een in ijs verstard landschap, dat men hier niet voor mogelijk houdt.

## Centrale laagvlakte

Ten westen van de Appalachen strekt zich een tot 2500 km **brede continentale vlakte** uit, die reikt tot aan de voet van de Rocky Mountains. Toen in het begin van de 19e eeuw de indus-

Dankzij beschermende maatregelen groeit het aantal alligators in Florida

trie in het noordoosten van de VS zich begon te ontwikkelen, waren vooral de gemakkelijk te exploiteren steenkool- en ijzerertsvoorraden van groot belang. Dankzij de nabije ligging en de toenemende vraag naar metalen voor de vervaardiging van spoorlijnen en machines werd Pittsburgh in 1815 het centrum van de wereld der ijzergieters, werktuigbouwers en machinefabrikanten.

## Flora en fauna

### Plantenwereld

Ten tijde van het begin van de Europese kolonisering was ongeveer de helft van het huidige territorium van de Verenigde Staten bedekt met bossen; tegenwoordig is dat nog maar een kwart. Maine met 80 en Vermont met 65% aan bossen, die in de pionierstijd bouw- en brandstof leverden en later ook de grondstoffen voor celstof- en papierfabricage, steken ver boven het landelijk gemiddelde uit. De naaldbomen zijn overwegend balsemzilversparren en op rotsige ondergrond ook pekdennen en witte sparren in de nabijheid van de kust. Het ge-

mengde bos bestaat uit espen, elzen, zwarte essen en berken. De Appalachen zijn deels bedekt door secundaire bossen. Met name in de 19e eeuw werden enorme oppervlakten gekapt en platgebrand. De suikeresdoorn, gele berk, bitternoot, fijnspar en hemlockspar in het Shenandoah National Park in Virginia zijn alleen te danken aan de bemoeienissen van de National Park Service sinds 1936. Great Smoky Mountains National Park tussen Tennessee en North Carolina kent met ruim 120 boomsoorten nog meer verschillende diversiteit. Het park heeft er baat bij dat grote delen ervan nooit in dezelfde mate zijn gekapt als in Shenandoah. In het voorjaar en de vroege zomer veranderen rododendrons en azalea's de bergen in een bloemenparadijs.

### Dierenwereld

Sinds het begin van de kolonisering is het leefgebied van de dieren in de VS door bevolkingstoename en de ontwikkeling van de menselijke beschaving sterk in omvang afgenomen en is hun aantal voor een deel ook drastisch verminderd. Al in de 17e eeuw speelde de pelshandel met de indianen voor de in Noord-Amerika rivaliserende Europese naties een belangrijke rol. De jacht op elanden, zwarte beren, witstaartherten, lynxen, coyotes, wolven en wasberen kwam daarbij op de tweede plaats. Het ging vooral om bevers, omdat beverhuiden essentieel zijn voor de vervaardiging van vilt. Toen vilten hoeden in Europa steeds meer in de mode raakten, steeg de vraag ernaar en nam de beverpopulatie sterk af, totdat deze knaagdieren aan het eind van de 19e eeuw praktisch uitgeroeid waren. Pas tientallen jaren later sorteerden maatregelen om de diersoort te behouden effect.

## Bedreigde soorten

Aan de Atlantische kust tussen Virginia en Florida loopt het zeeschildpaddenseizoen van maart tot september. Alleen al aan de stranden van Georgia worden jaarlijks tot 1500 nesten met eieren van de onechte karetschildpad *(Caretta caretta)* geteld, aan de oostkust van Florida is het aantal ca. 14.000. Diverse kustplaatsen, zoals Juno Beach en Hobe Sound, organiseren avondlijke rondleidingen, waarbij de deelnemers naar afgezette stukken strand worden gevoerd en kunnen toezien hoe de schildpadden nesten bouwen en eieren leggen. Twee maanden later kruipen de jonge dieren uit het ei en proberen ze de ca. 3 km voor de kust gelegen zeewiergebieden te bereiken waar hun overlevingskansen het grootst zijn. Tal van milieuorganisaties houden zich bezig met de bescherming van de nesten tegen coyotes, wasberen, gordeldieren en vossen.

Tot de bedreigde diersoorten behoort de Floridapoema *(Puma concolor coryi)*, een poemasoort die in de Sunshine State vrijwel alleen op de nummerplaten van auto's te zien is, waarmee een beschermingscampagne wordt gepromoot en gefinancierd. Veel natuurbeschermers hebben ook hun hart verpand aan de lamantijn *(Trichechus manatus)*, een soort zeekoe. Dit maximaal 4 m lange zoogdier, dat elke dag tot 50 kg aan planten consumeert, heeft een soort verkreukelde bulldogkop. In de ondiepe, warme kustwateren van Florida zwemmen nog maar enkele duizenden exemplaren rond, doordat hun aantal door de gemotoriseerde watersport is gedecimeerd en de wijfjes slechts één keer in de drie tot vijf jaar een jong ter wereld brengen.

# De jaargetijden

De staat Maine is blootgesteld aan het guurste klimaat van de oostkust. In Caribou aan de grens met Canada bedraagt de gemiddelde maximum- respectievelijk minimumtemperatuur in januari −7° respectievelijk −17 °C, vergeleken met 24° respectievelijk 18° in januari en 32° respectievelijk 27 °C in juli in Key West in het uiterste zuiden van Florida. In de winter kan koude lucht uit het noorden doordringen tot in Florida, waardoor al hele sinaasappelplantages verwoest zijn. Andersom schuift een warmeluchtfront in de zomer vanuit de Golf van Mexico ver op langs de oostkust. Dit ongehinderd doorstromen van lucht wordt mogelijk gemaakt door de in noord-zuidrichting verlopende Appalachen, die met hun langgerekte dalen het transport van koude of warme lucht vergemakkelijken. De broeierige hitte, die zelfs het zuiden van New England tropische temperaturen bezorgt, is moeilijk te verdragen.

In de noordelijke helft van de Atlantische regio gedraagt de winter zich soms extreem, met temperaturen tot onder −30 °C en bergen van sneeuw. Regelmatig zijn Maine, New Hampshire en Vermont in het koude jaargetijde bedekt door een prachtige witte laag.

## Indian summer

Het mooiste jaargetijde in New England is de zogenaamde Indian summer (zie blz. 106). Deze periode, waarin de bladeren prachtige kleuren aannemen, is niet exact te dateren, dat is afhankelijk van verscheidene factoren. In het algemeen echter gaat het om de periode tussen half september en eind oktober, wanneer warme dagen en koude nachten elkaar afwisselen en de bossen van Maine tot aan New York vlammend gekleurd zijn.

## Krankzinnig weer

Van juni tot november is het in het zuidoos-

# Intracoastal Waterway: een vochtige hoofdweg

## Thema

**De legendarische Panamericana aan de Pacifische kust, ook wel bekend als Dream Road of the World, heeft een vochtige pendant aan de Atlantische kust: de 4827 km lange Atlantic Intracoastal Waterway (ICW) tussen Boston en Key West in Florida.**

Geen vaartraject in het oosten van de VS is zo populair als deze voor een deel uit kanalen, maar grotendeels uit rivieren, baaien bij mondingen en lagunes bestaande vochtige Dream Road, die soms ook dwars door een meer loopt. Talrijke passages worden overspannen door in een zeer langzaam tempo werkende draai- en hefbruggen, die doen denken aan een boottocht over een Europees kanaal, en ze dragen daarmee bij aan de ontspannen sfeer.

De ware schoonheid van deze waterweg bestaat uit het steeds wisselende decor. Op veel plaatsen vormen beboste oevers 'groene tunnels' en het water kleurt soms bruin als sterke thee door de veenbodem. De Waccamaw River bij Georgetown in South Carolina met zijn waterlelies en door moerascipressen bedekte oevers is een van de sprookjesachtige etappes door deze onvervalste wildernis. Dan weer vaart men als een echte zondagskapitein bijvoorbeeld in Florida door turquoise water, waardoorheen koralen en de exotische onderwaterflora en -fauna van de oceaan te zien is op de bodem. Dichtbevolkte gebieden worden echter niet vermeden door de ICW. Neem Fort Lauderdale, waar de waterweg zich 2 km van de oceaan midden in de stad vertakt in vele kanalen, waaraan keurige villa's liggen met tot in de puntjes verzorgde voortuinen.

Op een vaart van langere duur over de ICW vormen de voorzieningen een probleem. Op de aanlegplaatsen bestaat meestal niet de mogelijkheid tot inkopen doen en de dichtstbijzijnde supermarkt is gewoonlijk mijlenver weg. Om die reden mogen de schippers in veel havens gratis een auto huren *(courtesy car)* om voorraden in te slaan.

Al in de Amerikaanse Burgeroorlog bleken vele delen van de huidige ICW heel geschikt als route om troepen en oorlogsmaterieel te vervoeren. In 1919 maakte het Congres de weg vrij voor de aanleg van de ICW om de economische ontwikkeling in de kuststreek te bevorderen. In de jaren daarop verwezenlijkte het United States Army Corps of Engineers dit project en sindsdien houdt het zich bezig met het onderhoud. Op de meeste trajecten wordt periodiek gezorgd voor een waterdiepte van vier meter. Verder moeten er vanwege de oriëntering richtingaanwijzers worden geplaatst of vervangen. Aan de kant van het land bestaan ze uit palen met genummerde rode driehoeken, aan de kant van het water wijzen groene vierkanten met oplopende nummers de weg. Deze tolvrije waterweg is weliswaar allang een mekka voor watersporters en bootbezitters, maar speelt ook nog een belangrijke economische rol als transportroute voor bulkgoederen. Vrachtschepen vervoeren net als altijd enorme hoeveelheden brandstof, bouwmateriaal, graan en industriële goederen over het water. In Chesapeake Bay en Tampa Bay vormen gigantische containers en vrachtschepen van overal uit de wereld een gewoon beeld. Ook vissersboten en garnalenkotters bereiken hun beschutte ligplaats meestal alleen via de ICW.

ten orkaanseizoen. De **wervelstormen** trekken soms met een geweldige en verwoestende kracht over zee en land. Ze ontstaan in het zuidoosten voor de Atlantische dan wel de Golfkust in een lagedrukgeul, wanneer het door de intensieve zonneschijn verwarmde zeewater verdampt. Daardoor ontstaat een enorme turbulentie in de atmosfeer, waarvan de richting moeilijk te voorspellen is. In het National Hurricane Center in Miami wordt informatie over naderende wervelstormen gebundeld en geëvalueerd. Het behoort tevens tot de taken van het centrum om op tijd waarschuwingen uit te laten gaan of evacuaties te organiseren.

# Milieubeheer

De VS waren in 1872 het eerste land dat, met de stichting van het Yellowstone National Park in Wyoming, een later wereldwijd gekopieerde manier om de natuur te beschermen realiseerde. Hoewel Amerika sindsdien pionierswerk heeft verricht op het gebied van dieren-, planten- en milieubescherming, overheerst tegenwoordig de kritiek op de **Amerikaanse milieupolitiek**, aangezien de VS verantwoordelijk zijn voor een kwart tot een derde van alle in de atmosfeer uitgestoten broeikasgassen. Ondanks enkele vrijwilligersprogramma's tot klimaatbescherming stijgt de emissie jaarlijks met gemiddeld 1,5%. Het was een van de eerste daden van de in 2001 aangetreden president George W. Bush om de instemming van zijn voorganger Bill Clinton met het Kyotoverdrag van 1997 in te trekken. Vele gemeenten beschouwden dit als een zware fout en daarom verplichten meer dan 130 Amerikaanse steden zich om zich te houden aan het Kyotoverdrag.

## Wereldwijde initiatieven

Intussen lijkt zich ook binnen de regering-Bush een voorzichtige kentering af te tekenen. Samen met China, India, Zuid-Korea en Australië sloten de VS in de zomer van 2005 een klimaatpolitiek verbond. Volgens de wensen van dit verbond moet de uitstoot van broeikasgassen verminderd worden zonder dat dit nadelige gevolgen heeft voor de economische groei. Hierbij speelde ook een rol dat in de zuidelijke staten van de VS de als gevolg van de opwarming van de aarde steeds vaker en krachtiger optredende orkanen vaak een miljardenschade aanrichten.

## Ecotoerisme

Ecologisch verantwoord toerisme is de laatste jaren populair geworden. Dit concept ontstond in de jaren zestig van de 20e eeuw in de VS, waar milieubehoud in sommige regio's een belangrijke rol speelt, bijvoorbeeld bij de koraalbanken voor de oostkust van de Florida Keys. Hoe hoog de waarde van dit ecosysteem geschat moet worden, blijkt uit het volgende voorbeeld: op 25 februari 1993 stootte de atoomonderzeeër USS Memphis op een meer dan 3000 jaar oud rif en verwoestte een meer dan 1000 m² groot gebied. Vier jaar later werd de marine veroordeeld tot het betalen van een schadevergoeding van $750.000. Dit geld werd gebruikt voor het herstellen van de schade.

In Florida wemelt het van milieutoeristische aanbiedingen. Of die programma's zich ook houden aan wat ze beloven, is een andere kwestie. Kritische stemmen wijzen er terecht op dat de voor ecotoerisme ontsloten gebieden vaak massatoerisme aantrekken, zodat niemand er meer moeite mee heeft deze plaatsen te ontdekken. Met doelbewust tot zinken gebrachte objecten als scheepswrakken wil men bij de koraalbanken nieuwe leefmilieus creëren, een methode die in de VS al in 1830 werd gepraktiseerd. Deskundigen bekijken dit soort acties met argwaan, omdat ze vermoeden dat daardoor alleen maar het duiktoerisme wordt bevorderd en dat er afval verwijderd zal moeten worden. Bovendien menen ze dat de aanleg van kunstmatige riffen de aandacht afleidt van de hoofdoorzaak van het afsterven van het koraal: de gestaag toenemende watervervuiling veroorzaakt door de steden.

# Economie, maatschappij en politiek

**De enige supermacht die de wereld telt is, als men het goed beschouwt, geen land als de andere. Voor de een is het de global player bij uitstek, voor de andere maakt de regering-Bush enorme schulden, veroorzaakt importrecords en verliest aan geloofwaardigheid. Wat men er ook van moge denken, het is duidelijk dat de VS niemand onverschillig laten.**

## Supermacht of wankelende reus?

De ene superlatief na de andere: de enig overgebleven supermacht, economische reus, leider van de westerse wereld ... Of dit overeenkomt met de werkelijkheid, is vaak een kwestie van hoe men ernaar kijkt. Wie de Amerikaanse economie van haar postitieve kant bekijkt, wijst graag op de economische groei in de jaren negentig, met als gevolg dat de VS aan de 21e eeuw begonnen met een sterkere nationale economie dan ooit tevoren. De VS vormen met meer dan 300 miljoen consumenten de op een na grootste binnenmarkt ter wereld, na de Europese Unie, en zijn goed voor meer dan een kwart van de wereldproductie, hoewel nog geen 5% van de wereldbevolking op Amerikaanse bodem leeft. In 2006 bedroeg de economische groei 3,3% en in 2005 3,5%, bij een ontspannen arbeidsmarkt met een werkloosheid van 5 tot 6 %. Opschepperij en mateloze zelfoverschatting, zeggen anderen. Positieve beoordelingen van Amerika zijn sinds de dubieuze verkiezingszege van George W. Bush van eind 2000 inderdaad zeldzamer geworden. Critici voeren het immense exportdeficit aan, dat onder andere door stijgende loonkosten wordt veroorzaakt en Amerikaanse producten op de wereldmarkt minder concurrerend maakt. Zo heeft het tekort op de handelsbalans de astronomische som van $700 miljard

al overschreden. Volgens vele deskundigen bouwt de regering boven op het tekort op de betalingsbalans hoge schulden op, die in de toekomst steeds moeilijker te voldoen zijn. Op vele gebieden zijn de VS hun voormalige technologische voorsprong kwijtgeraakt. Opvallend is ook dat de groei van de productie van industriële goederen sinds halverwege de jaren tachtig door andere branches als handel en (financiële) dienstverlening is ingehaald. Computers worden niet meer in het land zelf vervaardigd, maar ingevoerd uit Taiwan. Geïmporteerde machines en auto's zijn 'made in Germany' en de arbeidsrobots zijn afkomstig uit Japan.

## Hightechoases in het oosten

In het oosten van het land liggen innovatieve economische oases, die de vergelijking met de legendarische Silicon Valley in Californië oproepen. Zoals in de jaren vijftig en zestig van de 20e eeuw de auto-, chemie- en staalbranche de economische groei aandreven, is hier nu de hightechsector de stuwende kracht. De door de lokale bevolking 'Route 128 Corridor' genoemde Route 128 ten westen van Boston staat bekend als de leidende hightechlocatie van New England. Halverwege de jaren zeventig ontstonden hier de eerste technologische bedrijven onder de rook van het beroemde Massachusetts Institute of Technology in Cambridge, waarvan het zwaartepunt tegenwoordig op softwareproductie en biotechnologie ligt.

Niet met hightech, maar met geld en actie heeft het Financial District in Manhattan zijn reputatie als belangrijkste financiële centrum van de westerse wereld verworven. De ziel van dit stadsdeel is de in 1792 gestichte New York Stock Exchange in de over de hele wereld bekende Wall Street. Nergens anders ter wereld worden rijkdom, speculantisme en de macht van het geld beter gesymboliseerd dan hier, waar waardepapieren van meer dan 1700 van de grootste Amerikaanse bedrijven worden verhandeld.

## 'Cybermania'

Wie van Washington D.C. via de Potomac River naar Noord-Virginia rijdt, komt op een tolweg die naar Washington Dulles International Airport voert, en bevindt zich dan in de zogenaamde Dullescorridor. Geen andere regio aan de oostkust wordt zo beheerst door 'cybermania' als deze technogemeenschap rondom de communicatiegiganten MCI en America Online (AOL). Van de meer dan 12.000 hightechondernemingen in Groot-Washington zijn er vele geconcentreerd in dit mekka van het world wide web. Dat deze hausse vooral in het noorden van Virginia plaatsvindt, heeft te maken met de nabijheid van het Pentagon. In de ontwikkeling van databanken en communicatienetwerken gespecialiseerde bedrijven kregen miljardenopdrachten van het Amerikaanse ministerie van Defensie en konden hun verworven knowhow ook commercieel verzilveren.

Ook de Sunshine State bezit een dergelijk centrum dat grote opdrachten krijgt. De High Tech Corridor van Florida, waarvan de University of South Florida en de University of Central Florida de grote inspiratoren waren en zijn, strekt zich uit van Tampa Bay in het westen via de agglomeratie Orlando tot aan de Space Coast aan de Atlantische kust. In deze technologische gordel liggen 110 lucht- en ruimtevaartbedrijven met 12.500 werknemers.

## Landbouw

Ondanks de sterke industrialisering van de staten aan de oostkust speelt de landbouw er nog steeds een grote rol. Afhankelijk van de natuurlijke omstandigheden hebben in New England de bosbouw en de melkproductie de overhand, waar aan de centrale Atlantische kust de teelt van maïs, sojabonen, fruit, groente en tabak, en in het zuiden de verbouw van rijst, katoen, suikerriet en zuidvruchten. Na voorzichtige pogingen in de eerste helft van de 19e eeuw om sinaasappel- en citroenbomen te kweken ontwikkelde zich in Florida een heuse 'sinaasappelkoorts', totdat in de winter van 1894/1895 bijna alle citrusculturen door hevige koude werden vernietigd. Langzaam heeft de verbouw van citrusvruchten zich hersteld en deze is nu uitgegroeid tot een winstgevende sector, waarin meer dan 100.000 mensen werkzaam zijn. Voor veel Amerikanen is een ontbijt zonder sinaasappelsap geen ontbijt, en dit sinaasappelsap is in de regel afkomstig uit Florida. De in Europa verhandelde sinaasappelen komen in hoofdzaak uit Brazilië.

## Gentechniek in de agrarische sector

Sinds 1996 worden in de VS gentechnisch veranderde planten commercieel geteeld. De verbouw is enorm toegenomen, vooral van sojabonen en maïs. Zowel in Amerika als in Europa worden gemanipuleerde producten met scepsis of zelfs met afkeuring bekeken. Het Protocol van Cartagena van 2003 over bioveiligheid, het eerste internationale verdrag dat gemanipuleerde organismen classificeert als potentieel gevaarlijk voor de gezondheid en het milieu, wordt niet erkend door de VS.

Net als bij het thema milieubeheer blijkt dat de regeringspolitiek en de mening van het volk betreffende genetisch gemanipuleerde voedingsmiddelen sterk uiteenlopen. In zijn algemeenheid gaan Amerikanen hiermee soepeler om dan Europeanen. Uit onderzoek blijkt echter dat 80 tot 90% van de Amerikanen wil dat het zogenaamde *novel food* duidelijk omschreven wordt. Slechts weini-

Hotel in het toeristenbolwerk Daytona Beach in Florida

gen weten dat intussen 60 tot 70% van alle verwerkte levensmiddelen in de VS genetisch gemanipuleerde bestanddelen bevat.

## Tabak in de gevarenzone

Al in de jaren tachtig van de 20e eeuw begon in de VS de uitbanning van tabak, die intussen de horeca-instellingen, vliegvelden, gemeentehuizen, belastingdiensten, sportcomplexen en andere openbare instellingen vast in zijn greep heeft. Sigarettenproducenten hebben een stortvloed aan processen te verduren. Deze bedrijven op hun beurt houden de milieu-instantie EPA voor dat de antirookcampagne is gebaseerd op de wetenschappelijk niet aantoonbare stelling dat passief roken de kans op kanker verhoogt. De tabaksproducenten vallen de EPA aan wegens huichelarij en schijnheiligheid, omdat de staat aan de ene kant tabaksgebruik beschouwt als gezondheidsbedreigend, maar anderzijds jaarlijks vele miljarden tabaksaccijns incasseert. Het belangrijkste tabakverbouwende gebied in de VS is North Carolina, waar de meeste grote tabaksplantages zich bevinden. In 1965 was tabak daar nog het voornaamste agrarische product, maar nu

staat tabak op de derde plaats achter de gevogelte- en de veeteelt. Ook in Virginia, Florida, Georgia, Kentucky, Maryland, South Carolina en Tennessee voelen de tabakverbouwers zich in hun bestaan bedreigd. Ze zijn het allang beu om uitgemaakt te worden voor producenten van verslavende gifstoffen. Hun belangrijkste argument: wanneer de overheid openlijk tegen de tabaksconsumptie ten strijde trekt, waarom voert ze niet ook soortgelijke campagnes tegen het alcoholgebruik, waardoor de wijnbouwers in Californië en Virginia hun bestaansgrond zouden verliezen?

## Het toerisme floreert

Zoals in veel landen behoort het toerisme in de VS tot de belangrijkste takken van de economie. Voor de terroristische aanslagen van 11 september 2001 stond het land tweede op de lijst van meest bezochte vakantiebestemmingen, alleen voorafgegaan door Frankrijk. Direct na de aanslagen zakte het toerisme sterk in. Deskundigen denken dat dit ook te maken had met teleurstelling over de internationale politiek van de Amerikaanse regering.

# In het land van bonus en discount

## Thema

**Dankzij de gunstige koers van de euro ten opzichte van de dollar is een verblijf in de VS voor Europeanen betaalbaarder geworden dan enkele jaren geleden. Desondanks is het niet mogelijk om op een koopje vakantie te vieren in het oosten van de VS. De prijzen in de grote steden en in de voor toeristen interessante gebieden zijn vaak gepeperd, zoals die van de hotels in in Manhattan, Boston en Philadelphia, maar ook in veel plaatsen aan de kust.**

Er bestaan echter probate middelen om de kosten drastisch te verlagen. Wie zijn onderdak niet heeft gereserveerd, kan van couponboekjes gebruikmaken die gratis in toeristenbureaus en filialen van hamburgerketens te krijgen zijn of geprint kunnen worden van het internet. De Traveler Discount Guide geldt voor 48 staten en bevat coupons voor 6000 accommodatiegelegenheden, waar men tot 20% kan besparen (www.travelerdiscountguide .com).

Soortgelijke kortingboekjes zijn Motel Coupons (www.motel-coupons.com), Florida Travel Saver (www.travelsaverguides.com), U.S. Travel Guide (www.ustravelguide.com), Room Saver (www.roomsaver.com) en Travel Coupons (www.travelcoupons.com). In de kleine lettertjes van de coupons staat voor welke periode en voor hoeveel personen de kortingen gelden. Bijzonder praktisch zijn deze boekjes trouwens ook omdat er gedetailleerde plattegronden in afgedrukt staan, waarmee de speurtocht naar een geschikt onderkomen sterk vereenvoudigd. Bij Destination Coupons (www.destinationcoupons.com) krijgt men bijvoorbeeld behalve korting op hotels ook huurauto's en plaatsen op een kampeerterrein voor een lagere prijs.

De in alle winkels verkrijgbare bonuskaart van de AAA (Triple A) biedt leden van haar zusterorganisatie ANWB een gereduceerde prijs in veel hotels en zelfs in sommige restaurants en bezienswaardigheden. De City Pass in New York, Boston, Atlanta en Philadelphia is geldig voor verscheidene bezienswaardigheden en biedt een korting op de toegangsprijs van bijna 50% (te koop in de betreffende musea en in reisbureaus in de VS, tel. 707-256-0490, online te koop via www.citypass.com). In talrijke musea is de toegang op bepaalde dagen gratis (informeer bij de plaatselijke toeristenbureaus).

Een vriendelijke telefonische vakantiegroet aan de thuis achtergelaten geliefden kan een flinke deuk slaan in het vakantiebudget. Een interlokaal gesprek kunt u beter niet vanuit de hotelkamer voeren; ga liever naar een openbare telefoon en gebruik een telefoonkaart. Een e-mail sturen vanuit het hotel is het goedkoopst met uw eigen laptop via lokale inbelpunten, want dan betaalt u alleen de prijs van een telefoongesprek binnen de stad. In veel openbare bibliotheken en sommige computerwinkels mag u gratis onbeperkt surfen op het internet, alleen mag u dan meestal geen e-mails met attachment verzenden.

Ook in de supermarkt zijn koopjes te vinden. Wie over een postadres in de VS beschikt, krijgt in veel supermarkten en warenhuizen gratis een bonuskaart die korting geeft op contant betaalde aankopen. De vele coupons die op markten en in de weekendedities van kranten te vinden zijn, maken de koopjesjacht tot een ware sport.

# Gokken als ontwikkelingshulp

## Thema

**Gokken is aan de oostkust verboden, behalve in Atlantic City. Toch is er een groot aanbod aan casino's. In 1988 namelijk werd de Gaming Regulatory Act van kracht, die als een soort ontwikkelingshulp de indianen het recht gaf in hun quasiautonome, vaak door werkloosheid, analfabetisme en armoede getekende reservaten instellingen op te zetten waar kansspelen mochten worden beoefend.**

Van deze vorm van 'ontwikkelingshulp' maakten onder andere de Mashantucket-Pequotindianen gebruik. Deze uit 700 leden bestaande stam drijft met het Foxwood Casino in het noorden van Connecticut een van de grootste gokbolwerken van het oosten, die van alle daar woonachtige *native Americans* een miljonair heeft gemaakt. Ze hebben allen recht op bepaalde privileges, die er mogen wezen: $60.000 aan jaarinkomen, een gratis woning, gratis schoolopleiding voor de kinderen, gebruik van een golfbaan enzovoort. Behalve deze indianen profiteert ook de staat Connecticut van het gokbedrijf, aangezien het casino 25% van zijn winst moet afstaan aan de belasting. Zo stroomt elk jaar een bedrag van meer dan $200 miljoen binnen.

Wat er precies met de inkomsten van het casino gebeurt, hangt af van het reservaat. Sommige verdelen de inkomsten per hoofd, andere storten het kapitaal in een fonds, waarvan de opbrengsten worden gebruikt om opleidingsinstellingen, werkplaatsen en bejaardenhuizen te financieren. De Cherokees in North Carolina bijvoorbeeld bouwden onmiddellijk een dyalisecentrum om hun buitenproportioneel grote aantal diabetespatiënten te kunnen behandelen. Hoe de situatie zich zal ontwikkelen, is onzeker. Al geruime tijd probeert elk indianenreservaat op Amerikaans grondgebied mee te doen aan het lucratieve gokbedrijf met roulette en speelautomaten. Dientengevolge wordt de concurrentie tussen de 'rode' casino's steeds groter, zodat het niet onwaarschijnlijk is dat uiteindelijk alleen de grote kansspeltempels zullen overblijven.

Een ander voorbeeld van succesvol management door indianen, naast het Foxwood Casino van de Mashantucket-Pequot indianen, is het reservaat Oneida Nation bij Verona in het noorden van de staat New York. Al jaren geleden is het Turning Stone Casino Resort in het noorden van de staat New York met poker-, blackjack- en dobbeltafels, 2300 speelautomaten, zeven restaurants, cafés en drie hotels uitgegroeid tot een succesmodel, dat het vroeger zo arme indianenreservaat volledig op zijn kop heeft gezet en een warme regen van dollars over de 1100 bewoners liet neerkomen.

Per jaar brengen vier miljoen gasten een bezoek aan het casino en/of de hotels, wat de economie van de Oneida elk jaar honderden miljoenen oplevert. De in het kansspelbedrijf actieve indianen investeren de winst in een bestekfabriek, een uitgeverij, een film- en televisiebedrijf, een luchtvaartmaatschappij, pompstations met goedkope benzine, winkels die souvenirs en goedkope sigaretten verkopen, en in een onlineverzendhuis voor indiaanse kunstnijverheid (5218 Patrick Rd., Verona, tel. 315-361-7711, fax 315-361-7901, www.turning-stone.com, vanaf $150).

Beeld van een indiaan in de lobby van het Foxwood Casino in Connecticut

Hoewel president George W. Bush in 2005 voor een tweede ambtstermijn gekozen is, is het Amerikaanse toerisme helemaal opgeleefd en floreert het weer als vanouds. De oorzaak hiervoor is dat de herinnering aan de terreurdaden verbleekt en dat de Amerikaanse dollar zwak staat tegenover de euro, wat Europeanen aantrekt. Naast de metropolen aan de oostkust profiteert vooral Florida hiervan, waaraan elk jaar ongeveer 40 miljoen mensen een bezoek brengen. Dat levert het land niet alleen miljarden op, maar staat ook garant voor een half miljoen arbeidsplaatsen.

## De maatschappij

Door de slavernij en de immigrantentoestroom ontstond in de VS al snel een maatschappelijk mozaïek van verschillende rassen, etniciteiten en nationaliteiten. Voor velen was de vrijheid van godsdienst een belangrijke reden om naar de Nieuwe Wereld te trekken, waar na het 1e amendement op de grondwet van 1791 staat en religie streng van elkaar gescheiden zijn. Desondanks heeft George W. Bush in kringen van christelijke fundamentalisten een grote kiezers- en sponsorschare gevonden, en geeft hij critici aanleiding om de scheiding van staat en godsdienst in gevaar te zien komen. Dat de president van *God's own country* zijn toespraken regelmatig besluit met *'God bless you'* is hiervoor maar een zwakke indicatie. Duidelijkere aanwijzingen zijn de als kruistocht tegen het kwaad gepropageerde oorlogen in Afghanistan en Irak. In beide conflicten gaf Bush een religieuze grondslag aan zijn beslissing en schermde met de zogenaamd door God gewilde hegemonie van de VS. Een van zijn eerste handelingen als president was het instellen in 2001 van het White House Office of Faith-Based and Community Initiatives met als doel barrières voor op religie gebaseerde initiatieven af te schaffen en een nieuw model voor de samenwerking tussen regering en op religie gebaseerde groeperingen te scheppen. George W. Bush was echter niet de eerste die, in weerwil van de grondwet, pogingen heeft ondernomen om de maatschappij duurzaam op religieuze wijze in te richten. Op de scholen wordt dagelijks gebeden, wat niet in overeenstemming is met de grondwet, en op elk Amerikaans bankbiljet staat *'In God we trust'* – om maar twee voorbeelden te noemen.

Onder de immigranten bevonden zich niet alleen veel reguliere christenen, maar ook aanhangers van religieuze groeperingen als de amish, de shakers en de wederdopers. In overeenstemming met de Amerikaanse ideologie hadden ze zich eigenlijk net als alle andere groeperingen moeten verenigen in één alomvattende Amerikaanse cultuur. Lang is er sprake geweest van een 'smeltkroes' als de Amerikaanse samenleving beschreven moest worden, maar dit is een illusie gebleken. Tegenwoordig is er eerder sprake van etnisch pluralisme of separatisme.

## Bevolking

In het oosten van de VS wonen ca. 119 miljoen mensen – ongeveer een derde van alle Amerikanen. De staat New York, die op de nationale ranglijst achter Californië en Texas op de derde plaats staat, vormt hierbij een zwaartepunt met 19,2 miljoen inwoners. Tot de bevolkingsrijkste staten behoren ook Florida met 17,8 en Pennsylvania met 12,5 miljoen inwoners. In tegenstelling hiermee wonen in staten als Maine en Vermont maar 1,3 miljoen respectievelijk 630.000 mensen. De grootste toestroom tussen 2000 en 2007 is in New York City, Atlanta en Centraal-Florida geregistreerd; in de staten New York, Ohio en Pennsylvania nam de bevolkingsgroei overigens af.

Kenmerkend voor de moderne Amerikaanse samenleving is het gestaag multicultureler wordende karakter. Kon de bevolking tot voor 30 of 40 jaar nog worden onderverdeeld in zwart en blank, nu is er door de immigratie uit Azië, Latijns-Amerika, Afrika en het Caribisch gebied een totaal ander beeld ontstaan. Er is momenteel in de VS een veel grotere diversiteit aan rassen, culturen en talen dan ooit tevoren.

## Latinisering

Enkele jaren geleden berichtte het voor volkstellingen verantwoordelijke US Census Bureau dat de Hispanics naar schatting de zwarten zouden aflossen als grootste minderheidsgroep. Het in jaren zeventig van de 20e eeuw gemunte begrip Hispanic duidt op Spaanssprekende inwoners van Latijns-Amerikaanse afkomst. Zij hebben de laatste jaren een hoger immigratie- en geboortequotum gehad en daarmee de Afro-Amerikanen getalsmatig overvleugeld. Prognoses voorspellen voor 2010 een aandeel van 17% Hispanics in de totale bevolking en voor 2050 23%. Er wordt al gesproken van een latinisering van de VS; met ca. 40 miljoen Hispanics zijn de VS het op twee na grootste 'Latijns-Amerikaanse' land ter wereld.

## Native Americans

De oorspronkelijke indiaanse bevolking is in de 19e eeuw vrijwel volledig uit het oosten van de VS verdrongen; alle grote indianenreservaten liggen in het westen. In het oosten leven alleen nog kleine gemeenschappen. De Eastern Band of Cherokee Indians in North Carolina aan de voet van de Great Smoky Mountains bestaat bijvoorbeeld uit ongeveer 10.500 afstammelingen van degenen die in 1838 over de Trail of Tears ('Pad der Tranen') onder onbeschrijflijke omstandigheden en met een groot verlies aan levens naar het 2000 km verder gelegen Oklahoma werden gedeporteerd. De Cherokees behoorden samen met de Choctaw, Chickasaw, Creek en Seminolen tot de 'vijf beschaafde stammen', die wat betreft hun sociale organisatie en economie overeenkwamen met Europese staten. De zwarte burgerrechtenbeweging uit de jaren zestig en zeventig had sterke invloed op het zelfbewustzijn en politiek engagement van de *native Americans*, waarna de Indian Self-Determination Act van 1974 vergaande bevoegdheden toekende aan de indianenreservaten.

# Geschiedenis

**De geschiedenis van de mens in Amerika overspant een boog van ruim 40.000 jaar. Zij begint met de eerste komst van mensen op het tot dan toe waarschijnlijk onbewoonde continent en loopt door tot het heden, waarin nog steeds problemen heersen, die de indiaanse oerinwoners hebben gekweld sinds de kolonisering en later de zwarte slaven en hun nakomelingen.**

In 1492 ging Christoffel Columbus op zoek naar een westelijke route naar Indië en 'ontdekte' het continent dat later Amerika genoemd zou worden. Dat al 500 jaar eerder de Vikingen met hun snelle schepen aan de Atlantische kust Labrador en Newfoundland bereikten en misschien nog zuidwaarts zijn doorgedrongen tot aan New England of zelfs de monding van de Hudson, wordt vaak veronachtzaamd in de geschiedenisboeken. Deze Noord-Europeanen hebben tenslotte geen duurzame nederzettingen gesticht en in de Nieuwe Wereld praktisch geen sporen achtergelaten.

## Eerste bewoners

Veel vragen over de indiaanse bevolking in de precolumbiaanse tijd zijn tot op heden niet beantwoord. Dat de voorouders van de Cherokees, Comanches, Seminolen en Irokezen ongeveer 40.000 tot 18.000 jaar geleden uit Azië via de landbrug die thans de Beringstraat heet, naar Amerika kwamen, gold lange tijd als zeker. Sommige onderzoekers vermoeden echter dat er ook mensen uit andere delen van de wereld over zee naar Amerika zijn gekomen, bijvoorbeeld over het noordelijk deel van de Grote Oceaan, het zuidelijk deel van de Grote Oceaan of zelfs uit Europa.

De historie werd duidelijker toen de eerste Europeanen in de postcolumbiaanse tijd aan de oostkust opdoken, zoals de Spanjaard Juan Ponce de León in 1513 in het noordoosten van Florida of de Italiaan Giovanni da Verrazano in 1524 bij Sandy Hook aan de kust van New Jersey. Hij berichtte dat daar ongeveer 2000 leden van de tot de Algonquin behorende stam Lenni-Lenape leefden. In 1543 landde de toen 43-jarige Franse zeevaarder Jacques Cartier uit St-Malo op de oostkust van Canada. In de jaren daarna probeerden zijn landgenoten, deels in een strijd met de zuidelijker naar schatten zoekende Spanjaarden, voet aan de grond te krijgen op het continent.

In 1564 bouwden zij in de buurt van de huidige stad Jacksonville Fort Caroline en stichtten de eerste protestantse gemeenschap in Amerika. Een jaar later was het lot van de jonge kolonie al bezegeld toen de Spanjaarden onder Pedro Menéndez de Aviles het fort innamen en de grondslag legden voor het nog steeds bestaande St. Augustine, de eerste duurzame nederzetting van Europeanen op het grondgebied van de latere VS. Andere naties uit de Oude Wereld lieten niet lang op zich wachten. De Engelsman Henry Hudson voer in 1607 in opdracht van de Nederlandse Oost-Indische Compagnie de later naar hem genoemde rivier af. In de jaren twintig van de 17e eeuw landden Nederlanders in de baai van New York en Zweedse pioniers bouwden in Delaware Fort Christina, om hun kleine nederzetting te beschermen.

# De Cherokees op hun Trail of Tears

**Lange tijd is het indianenbeleid van de Amerikaanse regering uitgesproken cynisch en mensonterend geweest. Dit wrede, het recht tartende gedrag is eigenlijk nooit zo duidelijk naar voren gekomen als in de gedwongen deportatie van de Cherokees van Georgia naar Oklahoma in 1838.**

1828 was een noodlottig jaar voor de indianen van het oosten van de VS. Met de als 'indianenvreter' bekendstaande Andrew Jackson (1767-1845) kwam de zevende president van de VS aan de macht, een voormalige generaal die alle stammen uit het oosten desnoods met geweld naar Oklahoma wilde laten verhuizen. Dit doel ten westen van de Mississippi stond bij blanke kolonisten bekend als 'Great American Desert' en was daarmee dus een waardeloos niemandsland.

Al meteen aan het begin van zijn presidentstermijn verleende Jackson de staat Georgia hulp bij de pogingen om het politieke en juridische machtsterritorium uit te breiden tot voorbij het gebied van de Cherokee-indianen. De indianen moesten dus door het opvoeren van de druk verdreven worden van hun oorspronkelijke stamgebied. Toen in 1828 goud werd gevonden in het territorium van de Cherokees, tuimelden de gebeurtenissen over elkaar heen. Blanke goudzoekers claimden het grondgebied van de indianen en drukten hun aanspraken met gebruik van het recht van de sterkste door. De staat Georgia vaardigde in dezelfde tijd verscheidene wetten uit die de indianen van hun rechten beroofden. En ook het Amerikaanse Congres liet zich niet ongemoeid.

Op 28 mei 1830 nam het de Removal Act aan, een wet die de grondslag vormde voor de gedwongen verhuizing van de oostelijke indianenstammen naar de Grote Amerikaanse Woestijn. Op die manier moesten vestigingsplaatsen voor blanken worden gecreëerd, blanken die het succes van de Cherokeeboeren tot dan toe toch al vol haat en afgunst hadden aangezien. De zogenaamde 'vijf beschaafde stammen' – Creek, Choctaw, Chickasaw, Cherokees en Seminolen – stuurden hun kinderen naar missionarissenscholen en bouwden stevige huizen, die in niets onderdeden voor die van de blanken. Ze hadden zelfs slaven in dienst om het land te bebouwen.

De oorspronkelijke bevolking verzette zich tegen de Removal Act, maar het Hooggerechtshof bleef onontvankelijk voor de klachten, omdat de indianen als mensen zonder burgerrechten daartoe niet bevoegd waren. In 1838 kwam een einde aan de droom van een Cherokeerepubliek in Georgia, toen 14.000 leden van de stam gedwongen werden de Trail of Tears naar Oklahoma te volgen. Op deze lange mars stierven 4000 van hen aan verzwakking en ziekten, terwijl tegelijkertijd hun oude stamgrond per loterij aan blanke kolonisten werd verpatst. Zo'n 1000 Cherokees slaagden erin te vluchten in de ontoegankelijke bossen van de Appalachen. De koopman William Holland ontfermde zich over hen en verwierf in North Carolina een aanzienlijk stuk land, waar de indianen zich mochten vestigen. Tegenwoordig leven in het Cherokee Indian Reservation aan de rand van de Great Smoky Mountains ongeveer 10.500 nazaten van deze verdrevenen. Andere stamleden vestigden zich in verschillende andere staten van de VS.

# De Europeanen zetten voet aan de grond

Engeland zette zijn aanwezigheid in Amerika op de krachtigste wijze door. De in 1607 in Jamestown, Virginia, aan land gekomen kolonisten leidden de Britse kolonisering in en ongeveer 13 jaar later voeren de Pilgrim Fathers met de Mayflower de Atlantische Oceaan over om in Massachusetts een leven naar eigen religieuze en sociale voorstellingen te gaan leiden – het oosten van Amerika werd Brits territorium.

In Connecticut, Maryland, New Jersey of Pennsylvania: in de loop van de tijd ontstonden door de toestroom van emigranten Europese koloniale territoria, die zich steeds zelfstandiger gingen opstellen, om zich ten slotte na de Vrijheidsoorlog (Amerikaanse Revolutie; 1775–1783) los te maken van het moederland Groot-Brittannië. De dag waarop 13 staten in 1776 in Philadelphia hun onafhankelijkheid uitriepen, 4 juli, is nog steeds de nationale feestdag.

De indiaanse oorspronkelijke bewoners van het land nemen een afstandelijke houding aan tegenover deze jaarlijks terugkerende feestelijkheden. De nieuwkomers uit de Nieuwe Wereld hadden hun niet alleen glanzende snuisterijen, nuttige werktuigen, wapens en ideeën, maar ook onbekende ziekten gebracht, waaraan ze onbeschermd waren blootgesteld.

## De oorspronkelijke bewoners van hun rechten beroofd

In hun culturele erfgoed in de vorm van tempelcomplexen, begraafplaatsen en geheimzinnige kunstmatige heuvels waren in het begin hooguit antropologen en historici geïnteresseerd. Tijdens de grote, gewelddadige uitbreiding naar het westen in de 19e eeuw verbreidde de opvatting zich snel dat de resterende indiaanse bevolking zich moest aanpassen aan de leefwijze van de blanke meerderheid. De indianen van het oosten werden aan de overzijde van de Mississippi in een territorium opgesloten dat bij wet als india-

nengebied was aangewezen en waar geen blanken mochten wonen. Enige decennia later was deze wet het papier niet meer waard waarop hij was opgeschreven. Blank Amerika had in zijn honger naar meer land de eindeloze prairies in het hart van het continent in het oog gekregen en in het voetspoor van de expeditie van Lewis en Clark van 1804-1806 ook al een begeerlijke blik op de Grote Oceaankust geworpen.

In Florida was niet zoveel goud te halen als in Georgia en Californië, maar het land was wel heel geschikt voor de verbouw van gewassen. Blanke pioniers en boeren waren echter pas geïnteresseerd in een leven in dit deel van het land wanneer het 'gepacificeerd' was, dat wil zeggen: vrij van potentieel vijandelijke indianen. In drie oorlogen (1817–1818, 1835–1842 en 1855–1858) hebben de Seminolen zich, uiteindelijk zonder succes, verzet tegen verhuizing dan wel verdrijving. Kleine troepen hebben in moerassige gebieden nog achterhoedegevechten geleverd met het leger, maar uiteindelijk zijn de indianen van Florida net als de Cherokees verplaatst naar het westen.

## Discriminatie van de oorspronkelijke bevolking

Eeuwenlang zijn de *native Americans* (indianen) afgeslacht en gemarteld, verdreven en onderdrukt, van hun familie gescheiden en tot slaaf gemaakt, omdat blank Amerika aanvankelijk hun cultuur niet accepteerde en geen ontzag had voor hun spiritueel-religieuze historie, noch voor hun maatschappelijke instellingen. Nadat hun talen tot nut waren gemaakt (de Navajotaal werd tijdens de Tweede Wereldoorlog in de Grote Oceaan gebruikt als geheime code) volgde belangstelling voor andere zeden en gewoonten. Het is in de VS gebruikelijk dat football- en honkbalteams strijdlustige namen dragen, zoals Washington Redskins, Atlanta Braves, of Cleveland Indians. Sinds de jaren zeventig van de 20e eeuw maken tal van organisaties zich er sterk voor dat de Amerikaanse profsport afziet van namen en handelingen die discriminerend werken en hun religieuze ceremonies in het belachelijke trekken.

Tot aan 1924, toen zij het Amerikaanse staatsburgerschap verwierven, golden indianen als buitenlanders in hun eigen land. Geen wonder dat zij bij de festiviteiten ter ere van het feit dat 500 jaar eerder Amerika was 'ontdekt' door Columbus, eerder spraken van 500 jaar koloniale geschiedenis en onderdrukking, uitbuiting, slavernij en genocide.

## Indianenpolitiek na de Tweede Wereldoorlog

De jaren na de Tweede Wereldoorlog stonden in het teken van de Indian Claims Commission. Deze werd in 1948 opgericht om alle gebieds- en herstelbetalingsaanspraken van indianen voortvloeiende uit oude verdragen tussen hen en de regering te onderzoeken en in te willigen. Rechtmatige gebiedsaanspraken zouden niet worden ingewilligd door teruggave van het land, maar door een financiële schadevergoeding die ver onder de werkelijke waarde lag. Aangezien de commissie te maken had met een enorme hoeveelheid aanspraken, waarvan er vele moesten worden ingewilligd, probeerden de in de jaren vijftig overheersende conservatieve krachten het probleem op andere wijze op te lossen.

In 1953 nam het Congres een resolutie aan met als doel de tot dan toe geldende uitzonderingsstatus van de indianen in reservaten op te heffen. De gevolgen waren catastrofaal, niet alleen in maatschappelijk en onderwijskundig opzicht. De indianen verloren praktisch hun totale gebied aan reservaten en raakten hun – slechts rudimentair aanwezige – zelfstandigheid kwijt. Tussen 1954 en 1962 hielden zo meer dan 100 stammen op te bestaan.

In die tijd leerden de indianen van de zwarte burgerrechtenbeweging zich te organiseren en te strijden voor hun rechten en belangen. Dat was ook bitter nodig als ze niet het gevaar wilden lopen volledig weggedrongen te worden. In overeenstemming met de algemene hervormingsplannen van eerst president John F. Kennedy en later ook onder de presidenten Johnson en Nixon rijpte binnen de regering het inzicht dat het indianenprobleem niet was op te lossen zonder deze groep een groter zelfbeschikkingsrecht te geven.

De jaren zeventig werden gekenmerkt door een constructieve verhouding tussen de indianen en de regering van de VS. Er werden talrijke wetten aangenomen ten gunste van de oorspronkelijke bewoners op het gebied van onderwijs, zelfbeschikking, medische verzorging en vrijheid van godsdienst.

Met de in 1984 aan de macht gekomen regering-Reagan veranderde de situatie weer ten koste van de indianen. Bill Clinton was de eerste president die, in 1994, vertegenwoordigers van alle 547 stammen die op het Amerikaanse grondgebied leefden, uitnodigde op het Witte Huis om een nieuw samenwerkingsverband tussen regering en indianen te initiëren.

# Beweging voor de rechten van de zwarte burger

In de jaren zestig richtten de activiteiten van de alomvattende FBI zich vooral op de beweging voor de rechten van de zwarte burger. FBI-baas J. Edgar Hoover noemde hoogstpersoonlijk als doel 'het sterker worden van zwarte groeperingen te verhinderen en hun openbare imago te vernietigen'. In februari 1968 kregen de COINTELPRO-agenten de opdracht 'de opkomst van een zwarte messias als Martin Luther King of Stokeley Carmichael te verhinderen'. Twee maanden later werd King doodgeschoten voor het Lorraine Motel in Memphis.

King had niet alleen vanwege zijn optreden voor de gelijkberechtiging van de Afro-Amerikanen de woede van het establishment over zich afgeroepen, ook omdat hij als een van de eerste prominenten protesteerde tegen de Vietnamoorlog.

## Zwarte bewustwording

Net als de indianen (*native Americans*) wijzen ook de zwarten al enige tijd erop dat zij binnen de VS niet alleen een raciale minderheid maar onderdeel van de hele gemeenschap zijn door zich *Afro-Americans* te noemen. Tevens is de naam een verwijzing naar hun af-

Jongeren voor een foto van Martin Luther King in Battery Park in Manhattan

komst. De eerste zwarten werden al luttele jaren na de stichting van de Engelse kolonie Jamestown als slaven gedeporteerd naar de zuidelijke staten. De Burgeroorlog (1861–1865) maakte een einde aan de slavernij in de VS, nadat al 10-12 miljoen zwarten waren afgevoerd naar het westelijk halfrond. Pas in 1954 werd met een uitspraak van het Hoogge-

rechtshof een mijlpaal op de weg naar gelijkberechtiging bereikt. De rechters wraakten de 'kleurenblindheid' van de grondwet en verboden de rassenscheiding in de scholen – voor de rechten van de zwarte burger een belangrijke stap in de goede richting.

# Jaartallen

| | |
|---|---|
| **Vanaf ca. 40.000 v.Chr.** | De eerste mensen komen vanuit Azië via de Beringstraat naar Amerika. |
| **Rond 1000 n.Chr.** | Vikingen stoten door tot aan de oostkust van Noord-Amerika. |
| **15e–16e eeuw** | Na Christoffel Columbus bereiken ook ontdekkingsreizigers als John Cabot, Giovanni da Verrazano en Jacques Cartier de noordoostkust van de VS. De Spanjaard Juan Ponce de León zet in 1513 als eerste Europeaan voet op de bodem van Florida. |
| **17e eeuw** | In 1607 wordt Jamestown (Virginia) gesticht als eerste permanente Engelse nederzetting in Amerika. Later bereiken de Engelse Pilgrim Fathers met de Mayflower Massachusetts en leggen Nederlandse kolonisten de basis voor New York. |
| **Vanaf 1773** | Met de Boston Tea Party begint in New England het georganiseerde verzet tegen Engeland, dat op 4 juli 1776 resulteert in het uitroepen van de Amerikaanse onafhankelijkheid. De hieropvolgende revolutionaire oorlog eindigt in 1783 met de capitulatie van Engeland. |
| **1788** | De Amerikaanse grondwet wordt aangenomen. |
| **1789** | George Washington, de voormalige opperbevelhebber van het Amerikaanse Continentale Leger, wordt de eerste president van de VS (tot 1797). |
| **1812–1820** | De tweejarige Brits-Amerikaanse oorlog eindigt in 1814. Enkele jaren later staat Spanje voor $5 miljoen Florida af aan de VS. De eerste grote immigratiegolf van de 19e eeuw doet het inwonertal snel omhoogschieten. |
| **1861–1865** | De Amerikaanse Burgeroorlog eindigt met de capitulatie van de zuidelijke staten. President Abraham Lincoln komt in Washington D.C. om bij een moordaanslag. |
| **1866–1869** | Het 13e amendement op de grondwet schaft de slavernij officieel af. Het 15e amendement verzekert alle burgers van de VS ongeacht ras of huidskleur van kiesrecht. |
| **1903** | De gebroeders Wright schrijven in Kitty Hawk (North Carolina) luchtvaartgeschiedenis met de eerste gemotoriseerde vlucht. |

| | |
|---|---|
| De indianen *(native Americans)* krijgen het staatsburgerschap. | **1924** |
| Charles Lindbergh steekt als eerste piloot nonstop de Atlantische Oceaan over. | **1927** |
| Begin van de wereldwijde economische crisis | **1929** |
| Na de Japanse aanval op Pearl Harbor in 1941 worden de VS de Tweede Wereldoorlog binnengetrokken. Vier jaar later vindt de Conferentie van Jalta plaats met Roosevelt, Churchill en Stalin. | **1941–1945** |
| Het Hooggerechtshof verklaart de rassenscheiding in de scholen in strijd met de grondwet. | **1954** |
| President Kennedy wordt in Dallas doodgeschoten. | **1963** |
| Vietnamoorlog | **1963–1975** |
| De Voting Rights Act verleent alle Afro-Amerikaanse burgers het kiesrecht. Martin Luther King wordt in Memphis vermoord. | **1965** |
| Apollo 11: Neil Armstrong betreedt als eerste mens de maan. | **1969** |
| Het Watergateschandaal dwingt president Nixon tot aftreden. | **1973** |
| Het ruimtevaartprogramma van de NASA ondervindt een zware terugslag wanneer de spaceshuttle Challenger explodeert, waarbij alle bemanningsleden omkomen. | **1986** |
| Na een chaotische presidentsverkiezing wint George W. Bush. | **2000** |
| Zelfmoordaanslagen op het World Trade Center in New York en het Pentagon in Washington D.C. op 11 september kosten aan bijna 3000 mensen het leven. De Twin Towers van het WTC storten in. | **2001** |
| Het zuidoosten van de VS en vooral Florida hebben zwaar te lijden onder verschillende orkanen. Talrijke mensen verliezen het leven. De materiële schade loopt in de miljarden. | **2004–2005** |
| Jamestown in Virginia viert alvast de 400e verjaardag van de stichting van de eerste duurzame Engelse kolonie op Amerikaanse bodem. | **2006** |

# Maatschappij en dagelijks leven

**Vele Amerikanen beschouwen de American way of life als de poort naar het geluk. Deze levensstijl houdt een mengeling van waarden, maatschappelijke normen, consumptiegewoonten en mentaliteiten in die door sommigen wordt geprezen en door anderen vervloekt. Een tussenweg is er bijna niet.**

Afgezien van het savoir-vivre van de Fransen bestaat er waarschijnlijk geen specifieke manier van leven die zo bekend is als de American way of life. De reden ligt voor de hand. Deze levenswijze loopt nogal in het oog, is sterk op consumptie gericht en wordt beschouwd als een wereldwijd toepasselijk, prototypisch gedragspatroon, dat zijn kracht ontleent aan Coca-Cola en cheeseburgers en zijn ideologische onderbouwing vindt in de Bill of Rights, die al meer dan 200 jaar geleden het streven naar geluk *(the pursuit of happiness)* als fundamenteel mensenrecht heeft vastgelegd.

## De American way of life

Ook de Amerikaanse Onafhankelijkheidsverklaring laat zich uit over Amerikaanse waarden en noemt er enkele waarvan de geldigheid niet wordt betwist. Net als de Bill of Rights benadrukt de verklaring het grondwettelijk geproclameerde onvervreemdbare recht op streven naar geluk. Deze grondgedachte leidde tijdens de economische hausse van begin van de jaren twintig tot de nog steeds voortlevende mythe over de Amerikaanse maatschappij, die inhoudt dat ieder individu het kan brengen van bordenwasser tot miljonair, als men maar vastbesloten genoeg is.

De American way of life en de American dream zijn het succesnummer van de Amerikaanse samenleving. Bij de conferentie van de Verenigde Naties over milieu en ontwikkeling

in 1992 in Rio de Janeiro weigerde president George Bush sr. duurzame stappen te ondernemen om het milieu te beschermen tegen menselijke activiteiten en bezigde daarbij de sindsdien vaak geciteerde uitlating dat over de Amerikaanse manier van leven niet valt te onderhandelen. Daarmee bevestigde hij dat de Amerikaanse levenswijze een vitale functie vervult in de samenleving, die een stempel drukt op de mentaliteit van de Amerikanen. In feite ligt aan dit levensconcept niet alleen het recht van het individu op gelijkheid van kansen en een zo groot mogelijke vrijheid ten grondslag, maar zelfs de diepe overtuiging dat de American way of life überhaupt de enige juiste levenswijze is.

## Het gezin als hoeksteen

De hoeksteen van de Amerikaanse samenleving is het gezin. Net als in andere westerse landen hebben in de VS de afgelopen decennia ingrijpende veranderingen in de gezinsstructuur plaatsgevonden: een toegenomen aantal echtscheidingen, ontwrichte huwelijken, steeds meer alleenstaanden, adoptiefgezinnen. Desondanks gelden de VS als een op het gezin gericht land, waarin het ongeschonden gezin als een onneembaar bolwerk van de veelgeroemde 'Amerikaanse' waarden geldt.

Wat het Amerikaanse gezinsleven er niet direct eenvoudiger op maakt is het feit dat veel volwassenen noodgedwongen verscheidene beroepsmatige bezigheden verrichten en dat zelfs de kinderen als oppas of krantenbezorger geld verdienen. De VS behoren weliswaar tot de industrielanden met het hoogste inkomen per hoofd van de bevolking, maar zelfs gezinnen in de middenklasse komen niet meer uit met één enkel inkomen. Meer dan de helft van alle Amerikaanse vrouwen van boven de 16 verricht betaalde arbeid. Meer dan 60% van de moeders met kinderen onder de 6 jaar werkt buitenshuis, op zijn minst in deeltijd.

## Sociaal engagement en liefdadigheid

In veel gezinnen is het gebruikelijk om geld te schenken aan bijvoorbeeld de gemeente of de parochie, of vrijwilligerswerk te verrichten, trouw aan de woorden van president John F. Kennedy in zijn rede van januari 1961: 'Vraag niet wat uw land voor u kan doen. Vraag wat u voor uw land kunt doen.' Meer dan 80% van alle leerlingen neemt deel aan buitenschoolse activiteiten als sport, schoolkranten, theater, discussiegroepen, koren of schoolorkesten. Verder werken veel jongeren voor liefdadigheidsorganisaties, zijn lid van clubs als scouting of doen iets aan milieubeheer. Populair zijn de *Adopt a Highway*-programma's, waarbij schoolklassen bepaalde stukken weg adopteren en schoonhouden, of Beautification-acties, waarbij straten of parken mooier worden gemaakt. Hierdoor, en door activiteiten als hulp bij de vrijwillige brandweer, als voorlezer in verzorgingstehuizen of als verkeersbrigadier, krijgen jonge mensen een sociale bewustwording, die ze ook als volwassenen zullen uitdragen. Vrijwilligerswerk zorgt in de VS elk jaar voor een arbeidsprestatie ter waarde van meer dan $200 miljard.

## De religieuze supermarkt

In geen enkel ander westers land horen procentueel zo veel mensen bij een religieuze groepering als in de VS. Er dringt zich een betrekking tussen religie en economie op, aangezien in beide sectoren een ongeremde concurrentie heerst. Volgens de schrijver Malise Ruthven is het godsdienstige Amerika 'een religieuze supermarkt geworden, waar voor vrijwel elke denkbare smaak een kerk te vinden of op te richten is'.

Het fanatisme van bepaalde religieuze groeperingen heeft in Amerika al tot uitwassen geleid als de heksenvervolgingen van het eind van de 17e eeuw in Salem, Massachusetts. Puriteins geöriënteerde blanken waren dikwijls overtuigd van de superioriteit van hun ras en meenden dat die ook door God gewenst was. Vooral in het zuiden van de VS vervolgden zij zwarten door middel van een apartheidspolitiek en in 1915 stichtten ze de nieuwe Ku Klux Klan, die wortels heeft tot in de 19e eeuw. Deze club van obscure types met capuchons over hun hoofd telt tegenwoordig naar schatting zo'n 7000 leden.

## Megakerken

In de VS, waar meer dan 80% van de bevolking zich als christen beschouwt, behoort de kerkgang voor veel gelovigen tot de zondagse plicht. Zogenoemde megakerken, die confessioneel niet gebonden zijn en waarvan de diensten meer dan 2000 bezoekers trekken, bloeien op in het hele land. Er schijnen meer dan 1000 van deze evangelische instellingen te bestaan, die de evolutieleer betwisten, de Bijbel voor onfeilbaar houden en homoseksualiteit beschouwen als een zware zonde. Deze kerken en hun predikanten komen via de televisie ook bij de mensen thuis. Zogenoemde tele-evangelisten bezitten vaak een eigen televisiestation, via welk medium ze invloed uitoefenen op de publieke opinie en door oproepen tot donaties aanzienlijke financiële middelen vergaren. Vele fanatieke zogenaamde 'vertegenwoordigers van God' nemen het overigens niet zo nauw met de waarheid en eerlijkheid, wat wordt aangetoond door tal van gevallen van bedrog en morele misstappen.

## 'Shop till you drop'

Met goede redenen wordt Amerika wel aangeduid als 'consumptieparadijs'. Juist in de bevolkingsconcentraties in het oosten van het land is een enorme keus aan winkelmogelijkheden te vinden, van boetiek tot supermarkt, van groentewinkel tot outlet mall, van boerenmarkt tot vlooienmarkt. Winkelen wordt allang niet meer als iets noodzakelijks, maar vooral als een aangenaam tijdverdrijf beschouwd, en ook al lang geleden is het winkelen versmolten met entertainment, waarvoor Amerikaanse reclamestrategen de begrippen *retailtainment* en *shoppertainment* hebben bedacht en architecten de mall hebben uitgevonden, het reusachtige winkelcentrum met tal van voorzieningen.

*Shop till you drop*, 'winkel tot je erbij neervalt', is een vaak gebezigde leus, die ongeremde consumptie bepleit en deze gelijkstelt aan een hogere kwaliteit van het bestaan. Een reusachtig aanbod aan goederen, lange winkelopeningstijden, talrijke speciale aanbiedingen en de alomtegenwoordige reclame zijn de drijvende krachten achter dit consumentisme.

## Consumentenbescherming

De macht van de consument is tegenwoordig in de VS een gevestigde grootheid, waarvan al meer dan 100 jaar gewag gemaakt wordt in de Amerikaanse literatuur. In 1906 verscheen het boek *The jungle* van de Amerikaanse schrijver Upton Sinclair, een schrijnende aanklacht tegen onder meer de onhoudbare hygiënische toestanden in de enorme slachthuizen van Chicago. Een direct gevolg daarvan was een scherpere wetgeving op het gebied van de bescherming van de consument. In de jaren zestig van de 20e eeuw proclameerde president John F. Kennedy het recht van alle Amerikanen op veilige producten en uitgebreide productinformatie. Ongeveer in dezelfde tijd zette de advocaat Ralph Nader mediagenieke boycotacties op touw tegen onder andere de Amerikaanse auto-industrie en werd zo het boegbeeld van de consumentenbeschermers. Van de huidige ongeveer 35 grote Amerikaanse consumentenbonden is de in 1936 opgerichte Consumers Union de invloedrijkste.

## Criminaliteit en veiligheid

Niet alleen potentiële bezoekers van de VS houden zich sinds de schietpartijen in scholen als die in Littleton (Colorado), Jonesboro (Arkansas), Pearl (Mississippi), Red Lake (Minnesota) en Blacksburg (Virginia) en de terroristsische aanslagen van 11 september 2001 bezig met veiligheidskwesties, de Amerikaanse bevolking heeft daar nog veel directer mee te maken.

Een hoog percentage misdrijven in de VS staat in direct verband met drugshandel dan wel -gebruik. De regering heeft verscheidene officiële instanties ingesteld die met andere regeringen samenwerken om de verbouw en smokkel van drugs een halt toe te roepen. In

'Jouw kans – benut die' – politieagenten in Boston voor een reclamemuur

de Drug Enforcement Administration (DEA) beschikt het Amerikaanse ministerie van Justitie over een nationaal en internationaal opererende antidrugsinstantie, die in vele hoofdsteden van de wereld vertegenwoordigd is en zelfs zijn eigen vliegtuigen bezit voor operaties in de VS en op internationaal niveau. In scholen en openbare nutsinstellingen lopen talrijke projecten om informatie te bieden over drugsgebruik en drugsverslaafden te helpen.

Ook is er een duidelijk verband aan te wijzen tussen de lager wordende inkomens en criminaliteit, nu de lonen aan het onderste uiteinde van de inkomensschaal niet meer toereikend zijn voor het levensonderhoud.

## Zero tolerance

In zijn algemeenheid is sinds het begin van de jaren negentig van de 20e eeuw een dalende omvang van de criminaliteit te constateren. In de jaren 1992–2000 is het aantal misdrijven met 26,5% verminderd. In 2003–2004 gingen de percentages moord, verkrachting en roof 1,7% en eigendomsdelicten 1,8% naar beneden. Velen zien een verband met de verhevigde politie-inzet in de grote steden. Bijvoorbeeld in Manhattan, waar voormalig burgemeester Giuliani al in 1994 een campagne voor zero tolerance begon, waarbij geen genade werd getoond voor kleinere vergrijpen en kleine dealers, tippelaarsters, graffitispuiters en agressieve bedelaars door de politie werden aangepakt.

Ook automobilisten kregen te maken met de harde aanpak. Bij controles bleek dat één op de 438 verkeersdeelnemers een illegaal vuurwapen bij zich droeg. Hierop volgde een wijze van optreden onder het motto: wanneer we kleinigheden niet meer door de vingers zien, lossen de grote problemen zich vanzelf op. Als gevolg van deze campagne werd bijvoorbeeld de buurt rond Times Square beduidend schoner en veiliger. Critici beweren echter dat het concept zich als onderdeel van een algemene neoconservatieve aanval op de sociale hulp, de gezondheidszorg en de sociale woningbouw richt op onder anderen de armen en daklozen, die geofferd worden op het blok van de overheidsoriëntatie op de belangen van een geprivilegieerde stadsbevolking.

## Sterke wapenlobby

Bij de wijze van optreden van het New York Police Department speelt de wapencontrole een belangrijke rol, een thema dat Amerika al decennia lang verdeelt. Tussen de tegenstanders van wapens en de naar schatting 60 tot 87 miljoen wapenbezitters gaapt een diepe culturele en sociale afgrond. Een sterke lobby bestaande uit ca. 3 miljoen leden, genaamd de National Rifle Association (NRA), heeft tot nu toe de beperking van het particuliere wapenbezit weten tegen te houden.

# Sport en vrije tijd

Sportieve activiteiten en evenementen zijn niet weg te denken uit de Amerikaanse maatschappij. Naast typische Amerikaanse sporten als American football, honkbal en basketbal genieten ook golf, ijshockey, tennis en autoracen een grote populariteit. Waarschijnlijk hebben beroemde sporters nergens ter wereld een dermate groot voorbeeldkarakter voor de maatschappij als in de VS, ongeacht hun huidskleur of religie. De verering van sportsterren neemt soms zelfs religieuze trekken aan, wat niet alleen te maken heeft met hun buitengewone prestaties, maar ook met hun torenhoge salarissen en deels extravagante levenswandel. De legendarische honkbalheld Joe Di Maggio (1914-1999), die als 'bijbaantje' getrouwd was met Marilyn Monroe, komt zelfs voor in het beroemde liedje *Mrs. Robinson* van Simon and Garfunkel uit de film *The graduate*.

Geen wonder dat de grote sporthelden eer wordt betoond in speciaal daartoe bestemde hallen als de Georgia Sports Hall of Fame in Macon (Georgia), de National Baseball Hall of Fame in Cooperstown (New York), de Pro Football Hall of Fame in Canton (Ohio), de Naismith Memorial Basketball Hall of Fame in Springfield (Massachusetts) en de International Tennis Hall of Fame in Newport (Rhode Island). Aan de in Amerika zo populaire golfsport zijn in het oosten van de VS zelfs twee musea gewijd, de Georgia Golf Hall of Fame in Augusta (Georgia) en de World Golf Hall of Fame in St. Augustine (Florida). De golfprof Tiger Woods heeft zelfs de ranglijst van 100 beroemdste mensen ter wereld van het tijdschrift Forbes bereikt, net als de tenniszussen Serena en Venus Williams en hun collega Andre Agassi, de basketballer Michael Jordan, de wielerprof Lance Armstrong en de bokser Oscar de la Hoya.

## Mega-evenement superbowl

Geen sportwedstrijd op Amerikaanse bodem kan wedijveren met de Superbowl, de finale van de Amerikaanse footballcompetitie NFL. De televisiezenders kunnen erop rekenen dat over de hele wereld naar schatting een miljard mensen naar dit superevenement kijken. De finale tussen de winnaars van de American Football Conference en de National Football Conference vindt sinds 1967 steeds plaats in het laatste weekeinde van januari of een week later in februari, waarbij de wedstrijdlocaties wisselen. Karakteristiek voor grote sportevenementen als dit is het sterk nationalistische voorprogramma met hymnen, vaandeldragers van alle legeronderdelen en F14-straaljagers die over het stadion donderen.

# De omgang met elkaar

De hang naar mobiliteit heeft volgens de mening van sommige wetenschappers een negatieve uitwerking op de maatschappij. Het veelvuldig verhuizen, zo betogen ze, verhindert de gebondenheid aan een bepaalde plaats en aan mensen en bemoeilijkt de vorming van een maatschappelijke ruimte. Onder deze omstandigheden heeft het nauwelijks zin om nauwe betrekkingen aan te gaan, vriendschappen te sluiten en een goede verstandhouding met de buren op te bouwen. Bezoekers uit Europa staan positief tegenover het omgangskarakter en de ongecompliceerdheid van de Amerikanen, en ook tegenover de bijna alomtegenwoordige behulpzaamheid. Het zou een vergissing zijn om aan de informele intermenselijke relaties een gebrek aan omgangsvormen toe te schrijven. Correct gedrag is in de VS van groot belang. Wanneer men met iemand kennis heeft gemaakt, noemt men elkaar weliswaar snel bij de voornaam, maar dat is niet hetzelfde als 'je' en 'jij' zeggen in het Nederlands, maar afstandelijker bedoeld. Zakelijke contacten beginnen over het algemeen vormelijk. Afhankelijk van de hiërarchie of de onderlinge 'chemie', zoals dat tegenwoordig wordt genoemd, gebruikt men dan sneller of juist minder snel de voornaam, wat de omgang soepeler maakt.

## Feesten en evenementen

De belangrijkste feestdag van het jaar is **Onafhankelijkheidsdag** op 4 juli ter herinnering aan de Onafhankelijkheidsverklaring van 1776. Dan is heel Amerika op de been, om aan parades, gratis concerten en andere culturele evenementen deel te nemen. Op Coney Island in New York City vindt op de nationale feestdag sinds 1916 de International Hot Dog Eating Contest plaats. De recordhouder van 2007 werkte maar liefst 66 hotdogs binnen twaalf minuten naar binnen. Aan het eind van de dag wordt in veel steden vuurwerk aangestoken, dat vooral in New York City zeer impo-

| Officiële feestdagen |
| --- |
| New Year's Day (1 jan.): Nieuwjaar |
| Martin Luther King Day (3e ma. in jan.): geboortedag van M.L. King |
| Presidents' Day (3e ma. in feb.): geboortedag van George Washington |
| Memorial Day (laatste ma. in mei): dodenherdenking |
| Independence Day (4 juli): Onafhankelijkheidsdag |
| Labor Day (1e ma. in sept.): Dag van de Arbeid |
| Columbus Day (2e ma. in okt.): herdenking van de aankomst van Columbus in Amerika |
| Veterans Day (11 nov.): herdenking van de oorlogsveteranen |
| Thanksgiving Day (4e do. in nov.): dankdag voor de oogst |
| Christmas Day (25 dec.): Kerstmis |

In verkiezingsjaren komt hier **Election Day** bij, de dinsdag na de eerste maandag van november. Indien een feestdag op een zondag valt, is de daaropvolgende maandag een vrije dag. Sommige staten hebben ook nog hun eigen feestdagen.

sant is en regelmatig de East River in een zee van licht verandert. Dit avondlijke schouwspel kunt u het beste volgen vanaf de zuidpunt van Roosevelt Island. Op de vierde donderdag van november vieren de Amerikanen in de familiekring of met goede vrienden **Thanksgiving**, naast Kerstmis het belangrijkste familiefeest. Vrijwel overal verloopt het volgens een vast ritueel. De vrouw des huizes legt haar volledige ziel en zaligheid in het bereiden van het feestmaal, in de regel kalkoen met cranberry's en gevarieerde vulling. Als dessert is er de in de herfst toch al zo geliefde *pumpkin pie*, pompoentaart. Natuurlijk mogen ook marshmallows niet ontbreken, waarvan er in de VS elk jaar ongeveer 45 miljoen kg wordt geconsumeerd.

# Architectuur en kunst

**De wolkenkrabberarchitectuur van Manhattan, het statige neoclassicisme van Washington D.C., art deco in Miami Beach, wereldliteratuur uit Greenwich Village en Key West, de musicals en andere shows van Broadway, countrymuziek in Nashvillestijl en popart van bijvoorbeeld Andy Warhol: de kunst- en cultuurwereld van de VS is uiterst gevarieerd.**

## Hoogtepunten van architectuur

Torenhoge gebouwen zijn niet het enige kenmerk van de architectuur van het oosten van de VS. Sinds de onafhankelijkheid van 1776 hebben immigranten uit alle delen van de wereld met hun diverse bouwstijlen de VS een zeer veelzijdig aanzien gegeven. De periode voor 1860 stond, vooral wat betreft de overheids- en regeringsgebouwen, hoofdzakelijk in het teken van de Greek Revival, een soort neoclassicisme in navolging van de architectuur van de Griekse oudheid, en vanaf 1825 kwam met het victoriaanse tijdperk een bouwstijl in zwang die zich splitste in verschillende richtingen, zoals Second Empire en Queen Anne. Via de beaux-artsperiode met monumentale portalen, stucwerk en weelderige sculpturen en de art deco heeft de architectuur het postmodernisme bereikt.

### De wolkenkrabber als handelsmerk

Waaraan denkt men het eerst als het over New York gaat? Waarschijnlijk aan de skyline van Manhattan, die zich weerspiegelt in het water van de Hudson en de East River. Toch werd de eerste wolkenkrabber niet hier, maar in Chicago gebouwd, tussen 1883 en 1885 naar ontwerp van de architect William Le Baron Jenny (1832–1907).

Jenny's prototype sloeg ook aan in Manhattan, waar toparchitect Louis Sullivan in 1889 het van een terracottagevel voorziene Bayard-Condict Building in Bleecker Street ontwierp naar dit nieuwe bouwprincipe. De twaalf verdiepingen van dit bouwwerk werden al vier jaar later overtroffen door Sullivans collega David H. Burnham. Op de hoek van Broadway en Fifth Avenue rees het Flatiron Building 87 m de hemel in, wat in die tijd als waanzinnig werd beschouwd, zodat de inwoners al bij de doop van het op een strijkijzer lijkende gebouw (vandaar de naam) een bijnaam paraat hadden: Burnham's Folly ('Burnhams Dwaasheid').

In de jaren zestig en zeventig van de 20e eeuw luidden de architecten een wedergeboorte van de 'grootheidswaanzin' in met de bouw van de twee torens van het World Trade Center, dat op 11 september 2001 ten onder ging aan een radicaal-islamitische terreuraanslag. Nauwelijks was men bekomen van deze gruwelijke daad, toen bekendgemaakt werd dat het 'Ground Zero' genoemde terrein opnieuw bebouwd zou worden. Na eindeloos gediscussieer presenteerden de architecten Daniel Libeskind en David Childs in december 2003 hun ontwerp, met als kern van het uit vijf torens bestaande complex de Freedom Tower. De kegelvormige, van een prisma-achtige voorgevel en een kern van staal, titanium en beton voorziene toren moet de symbolische hoogte van 1776 voet (541,32 m) bereiken, waarmee aan het uitroepen van de Ameri-

De wolkenkrabbers van Manhattan bieden ook 's avonds een uniek schouwspel

kaanse onafhankelijkheid op 4 juli 1776 wordt herinnerd.

## Gejaagd door de wind

Voor veel bezoekers van de VS is alleen al het 'Gejaagd door de wind'-karakter van de zuidelijke staten de reis waard. Plantages met prachtige herenhuizen zoals Drayton Hall bij Charleston of de Shirley Plantation aan de James River in Virginia liggen te midden van een subtropische plantengroei en getuigen van de rijkdom en de luxe levensstijl van de voormalige planters. Slavenverblijven zoals die op de Boone Hall Plantation bij Charleston herinneren aan het onzalige tijdperk van de dwangarbeid. Vele van deze landgoederen stammen uit de tijd van voor de Amerikaanse Burgeroorlog (1861–1865), het Antebellum, en worden daarom Antebellumhuizen genoemd.

## In de ban van de Painted Ladies

De architectuur van voor 1860 aan de Antebellum Trail is voor het grootste deel uitgevoerd in de sedert ca. 1825 populaire victoriaanse stijl, die zich in verscheidene stromingen ma-nifesteerde, zoals de Gothic Revival (neogotiek, vanwege het gebruik van hout ook Carpenter Gothic genoemd), Italianate (gebaseerd op Italiaanse villa's), Second Empire (de periode van het Tweede Franse Keizerrijk, 1852–1870), Romanesque Revival (neo-romaans) en Queen Anne (sinds ca. 1890). De meeste houten huizen van voor 1860 waren nog relatief eenvoudig, maar tegen het eind van de 19e eeuw werden er op veel plaatsen victoriaanse paleizen gebouwd, die vanwege hun mooie, pastelkleurige voorgevels Gingerbread Houses (peperkoekhuizen) of Painted Ladies (zwaar opgemaakte dames) werden genoemd. Cape May aan de kust van New Jersey is een soort openluchtmuseum van victoriaanse architectuur.

## Art deco

De wijk South Beach in Miami Beach, het grootste art-decodistrict van de VS, geldt als mekka van deze bouwstijl. Sommige gebouwen zien eruit als gestrande oceaanstomers, die tot steen zijn verstard. De balkons zijn als het zonnedek van een cruiseschip. De bewoners kijken niet door ruiten, maar door patrijspoorten, en de liftschachten op de daken groeien als ouderwetse stoomschipschoortenen en stuurmansbruggen de hemel in. De stucversiering doet de kijker denken dat de muren van de huizen met ronde of vierkante klinknagels bij elkaar worden gehouden.

Art deco, een inkorting van *arts décoratifs*, is een stijlrichting die de kunstnijverheid, fotografie, affichekunst, beeldhouwkunst, toneeldecors, theaterkostuums en vooral de architectuur tussen 1920 en 1940 sterk heeft beïnvloed. De Wiener Werkstätte, De Stijl, de Deutsche Werkbund en Bauhaus hebben aan de art deco belangrijke impulsen gegeven. Art deco verbond elementen van de voorafgegane jugendstil met het functionalisme van de jaren twintig en het futurisme.

# Broedplaatsen van literatuur

Amerika is zo groot en historisch gezien zo gevarieerd dat de literatuur zeer gedifferentieerd is, zowel wat betreft de regio als de thematiek. Dat geldt bijvoorbeeld voor de literatuur van de zuidelijke staten, waarin na de Burgeroorlog de teloorgang van de vroegere grootheid in de werken van bijvoorbeeld William Faulkner en in Margaret Mitchells *Gejaagd door de wind* tot dragend motief geworden is. Het valt op dat vooral de schrijvers uit het oosten van het land zich aangetrokken voelden tot bepaalde oorden waar de Amerikaanse kunst en cultuur zich uitkristalliseerden, en zich bij voorkeur daar vestigden.

## Greenwich Village, een wijk van schrijvers

Nergens anders in het land is meer geschreven, is meer gezweet boven een manuscript, de eenzaamheid van het schrijven heviger in alcohol gedrenkt of vaker nachtenlang doorgewerkt aan de eindversie van een toneelstuk dan in de wijk Greenwich Village in Manhattan. De lijst van dichters en critici, roman- en toneelschrijvers die daar hebben gewerkt, laat zich lezen als een 'Who is who' van de Ameri-

kaanse literatuur. Dat heeft hoogstwaarschijnlijk te maken te maken met de ontegenzeggelijk gunstige locatie van de Village, waar men zogenaamd aan de rand van de stad leeft zonder maar iets van het hectische stadsleven te hoeven missen.

## Op het spoor van de schrijvers

Theodore Dreiser (1871–1945) boog zich in West 11th Street over de maatschappijkritische roman. Sinclair Lewis (1885–1951), een getrouw waarnemer van de Amerikaanse middenklasse, verliet in 1910 zijn geboortegrond Minnesota en huurde een woning in Charles Street in de Village. Twintig jaar later ontving hij als eerste Amerikaan de Nobelprijs voor Literatuur. De toneelschrijver Eugene O'Neill (1888–1953), veelbetekenend geboren in een hotel aan Broadway, werkte een tijdje in het Princetown Playhouse (133 MacDougal St.). De dichter Dylan Thomas (1914–1953) uit Wales had de White Horse Tavern (567 Hudson St.) als stamcafé. Susan Sontag (1933–2004), een van de invloedrijkste intellectuelen van de VS en sinds 2000 ook een van de hardnekkigste critici van de regering-Bush, heeft zich ook een tijd lang door Greenwich Village laten inspireren.

## Hoogste schrijversdichtheid

Het eiland en het gelijknamige stadje Key West op de zuidpunt van de Florida Keys zijn meer dan een tropisch paradijs. Sinds de jaren twintig van de 20e eeuw zijn ze uitgegroeid tot een trefpunt van belangrijke schrijvers, die daar op zijn minst tijdelijk woonden en werkten. De lokale bevolking is er trots op dat hun eilandje per hoofd van de bevolking meer literaten telt dan welke andere Amerikaanse stad ook. Het literaire belang van Key West begon met Ernest Hemingway (1899–1961), die er in 1931 aankwam en er met onderbrekingen bleef tot 1961. Hij schreef er onder andere *The old man and the sea* en ontving in 1954 de Nobelprijs voor Literatuur.

In 1941 kwam er nog een beroemde schrijver naar Key West, namelijk Tennessee Williams (1911–1983), die er dertig jaar bleef. Een met de drukte rond Hemingway vergelijkbare

Tennessee Williams-gekte bestaat echter niet op Key West. Hij kocht een bescheiden wit houten huis op Duncan Street 1431 en net als zijn grote collega liet hij er een werkkamer, die hij zelf gekkenhuis noemde, inrichten en een zwembad bij aanleggen. In de St. Mary Star of the Sea Catholic Church aan Truman Avenue heeft de schrijver, die met *The glass menagerie* en de verfilmde stukken *A streetcar named Desire* en *Cat on a hot tin roof* wereldberoemd werd, zich in naar het schijnt niet helemaal nuchtere toestand laten dopen.

Bewonderaars van Robert Frost (1874-1963), een van de belangrijkste Amerikaanse lyrische dichters van de 20e eeuw, kunnen het huisje van de dichter vinden bij Jessie Porter's Heritage House Museum. Frost, die veel dichtte over de natuur van New England, keerde in de jaren dertig 's winters steevast zijn geboortegrond Vermont in het noorden de rug toe om het koude jaargetijde in het Caribisch aandoende Key West door te brengen.

## Horror, crime en fantasy

Edgar Allan Poe geldt met zijn griezelverhalen als de grondlegger van de *Gothic novel*, zoals dit genre in de VS wordt genoemd. Eigenlijk was strikt genomen de schrijver en journalist Charles Brockden Brown (1771-1810), die in werken als *Wieland, or, The transformation* (1798) stijlmiddelen inzette die later ook Poe en Nathaniel Hawthorne zouden gebruiken, de wegbereider van de griezelroman.

In het recente verleden hebben talrijke Amerikaanse schrijvers het horror-, sciencefiction- en fantasygenre ontdekt, waarmee over de hele wereld miljoenenoplagen worden bereikt en voor de angstaanjagende stof wordt geleverd voor succesvolle films. De in 1947 in Portland (Maine) geboren Stephen King draagt met trots de titel 'koning van de horror'. De leraar Engels brak in 1973 door met de roman *Carrie* en in het laatste kwart van de 20e eeuw groeide hij uit tot een van de commercieel succesvolste en productiefste schrijvers van zijn tijd.

Marion Zimmer Bradley (1930-1999) hield zich naar eigen zeggen al tijdens haar schooltijd in Albany, de hoofdstad van de staat New York, bezig met fantasy en sciencefiction. In het begin van de jaren zeventig verwierf ze met een cyclus over de imaginaire planeet *Darkover* de status van cultschrijfster met een lezerskring van nog bescheiden omvang, maar een tiental jaren later werd ze internationaal bekend met de romans *Mists of Avalon*, over de tijd van koning Arthur, en *The firebrand*, waarvan miljoenen exemplaren zijn verkocht over de hele wereld.

Patricia Cornwell had veel baat bij haar ervaring als voormalige politiereporter en computeranaliste op het gebied van de forensische geneeskunde. Met romans als *Trace*, *Predator*, *The last precinct* en *Book of the dead* is ze een van de succesvolste thrillerauteurs ter wereld geworden. In haar oeuvre speelt de forensisch geneeskundige Kay Scarpetta de hoofdrol. Als achtergrond dient onder andere Richmond in Virginia, waar de in 1956 in Miami geboren schrijfster sinds de jaren tachtig woont.

# Muziek en beeldende kunst

## Muziekparadijs Broadway

Wat in het algemeen onder het begrip Broadway wordt verstaan, is de theaterbuurt rondom Times Square tussen 41st en 53rd Street en tussen Sixth en Ninth Avenue. Jaar in jaar uit vertonen hier tal van grote en kleine theaters hun producties.

Er zijn drie soorten van Broadwayproducties. 'On Broadway'-stukken worden in de ongeveer veertig grote theaters in de buurt, die meer dan 500 plaatsen hebben, op de planken gebracht. Wat bijvoorbeeld in het Majestic Theatre, Astor Palace Theatre, Palace Theatre en Winter Garden Theatre wordt opgevoerd, zijn dure, pretentieuze enscenering en van bekende regisseurs, die even bekende acteurs, zangers, dansers, decor- en kostuumontwerpers en choreografen met zich meebrengen.

In ongeveer 50 kleinere theaters met minder dan 500 plaatsen krijgt het publiek minder spectaculaire 'Off Broadway'-stukken en -musicals te zien, waarin vooral jonge artiesten, soms de sterren van morgen, hun kunnen bewijzen. De eenvoudigste categorie is het 'Off-off Broadway'-theater, stukken die in de regel in kleinere theaters, keldertheaters, clubs en op podia voor experimenteel en avant-gardistisch toneel worden opgevoerd. Hierbij gaat het er niet minder professioneel aan toe dan in de grote, bekende theaters.

## Countrymuziek

Naast de bolwerken van kunst en cultuur bestaat er in het oosten van de VS nog een onneembare vesting – het bastion van de countrymuziek in Nashville (Tennessee). Sinds de radiozenders in de jaren twintig van de 20e eeuw 'cowboymuziek' de ether in stuurden, maakt de country-and-western een zegetocht door overvolle concertzalen en radio- en televisiestudio's die alleen op deze muzieksoort gericht zijn. Langzaamaan ging de eerst als achterlijk en provinciaals beschouwde muziek andere richtingen beïnvloeden en vooral in de jaren zestig steeg ze tot onvermoede hoogten. De sterren waren toen Loretta Lynn, Johnny Cash, Patsy Cline, Don Williams, Tammy Wynette en Dolly Parton. De gangmakers van nu zijn de Rascal Flatts, Randy Travis, Garth Brooks en Reba McEntire.

Countrymuziek is geen homogene muziekstijl, maar samengesteld uit verschillende richtingen, deels regionaal, etnisch of bepaald door de tijdgeest. Bekende richtingen zijn de bluegrass, honkytonk, rockabilly, countrygospel, countryrock, Nashville sound, Western swing en de hoofdzakelijk in het zuidwesten beoefende tex-mex, een mengeling van Texaanse en Mexicaanse muziek.

## Beeldende kunst

In de VS heeft de beeldende kunst, als we even afzien van de kunst van de oorspronkelijke inwoners van het land, pas relatief laat haar eigen identiteit gevonden. Tot na de helft van de 18e eeuw ging het hoofdzakelijk om koloniale kunst, wat wordt uitgedrukt in de benaming Colonial Period voor de stijlperiode voor

1776. In de schilderkunst bijvoorbeeld zijn pas typisch Amerikaanse trekken te bespeuren bij de zogenaamde Hudson River School, met schilders als Thomas Cole, Frederick E. Church, Asher B. Durand en John F. Kensett, die vanaf rond 1825 de landschappen van de Hudson Valley in de staat New York nauwkeurig in een stijl tussen de romantiek en realisme in op het linnen hebben vereeuwigd. De beeldhouwkunst uit die tijd stond daarentegen meer in de traditie van het classicisme, zoals de sculpturen van bijvoorbeeld Horatio Greenough (1805–1852), met George Washington als Zeus, duidelijk maken.

Behalve de politieke begon in de 20e eeuw ook de culturele hegemonie van de VS zich zo sterk te manifesteren dat critici ten slotte spraken van de 'eeuw van Amerika'. Amerikaanse kunstenaars namen stelling tegen oude, ingesleten tradities en, naar hun mening, achterhaalde ideeën over kunst en stichtten na de Tweede Wereldoorlog met het abstract expressionisme de eerste echt Amerikaanse schildersbeweging, waartoe onder anderen Jackson Pollock en de uit Nederland afkomstige Willem de Kooning behoorden. Na hen kwam een nieuwe, aan andere ideeën hechtende kunstenaarsgeneratie, met als belangrijkste vertegenwoordigers Robert Rauschenberg, Jasper Johns en Roy Lichtenstein. Zij stelden hun werken samen uit verschillende alledaagse voorwerpen, van krantenknipsels tot bierblikjes en van foto's tot huishoudelijke artikelen, en droegen met de hen typerende speelse ironie nieuwe ideeën aan voor de discussie wat eigenlijk onder kunst moet worden verstaan. Deze stroming heet popart, met als bekendste kunstenaar de in Pittsburgh geboren Andy Warhol (1928–1987).

# Eten en drinken

**De VS een culinaire woestijn? Amerika heeft de laatste jaren op dit gebied grote vorderingen gemaakt. Een toprestaurant in New York, een *dinner show* in Orlando, een *food court* in een of andere mall of de supermarkt om de hoek: de bezoeker van de VS kan verstandig, gezond en voordelig eten.**

Velen blijven hardnekkig vasthouden aan het cliché dat Amerikanen zich uitsluitend voeden met junkfood. Wie ooit in de VS geweest is, weet wel beter. Vooral de grote steden kunnen tegenwoordig bogen op voortreffelijke restaurants, waar gerenommeerde koks de scepter zwaaien in de keuken. Ook het multiculturalisme houdt niet op voor de keukendeur. In de VS treft u alle mogelijke etnische restaurants.

## Sterren aan de fijnproevershemel

Dat was opvallend nieuws: de firma Michelin brengt zijn eerste niet-Europese restaurant- en hotelgids uit – over New York. Toch mag het niet verbazen dat de bijbel van de gastronomie nu ook de VS heeft bereikt. Aan de oostkust zijn al jarenlang tientallen fijnproeversrestaurants gevestigd, die de Amerikaanse keuken in een nieuw licht zetten. Het Culinary Institute of America (CIA) in Hyde Park in de Hudson Valley, de oudste en gerenommeerdste culinaire academie van de VS, waar zich jaarlijks ongeveer 2000 studenten inschrijven (zie blz. 196), zorgt al sinds 1946 voor hoge kwaliteit. Ook de James Beard Foundation draagt met onder andere studiebeurzen bij aan de culinaire kwaliteitsverbetering. De jaarlijkse 'James Beard Foundation Award' geldt als de Oscar van de gastronomie.

Het wemelt van de Amerikaanse topkoks, die de kneepjes van het vak in alle landen van de wereld hebben geleerd en hun ervaringen verwerken in hun kookkunst. Dat geldt vooral voor het culinaire mekka, New York, waar sterrenkok Charlie Palmer vertegenwoordigd is met verscheidene toprestaurants. Deze oud-student van het Culinary Institute of America opende in 1988 met Aureole (34 E. 61st St.) zijn eerste topgelegenheid, waarna er andere volgden in Manhattan, Washington D.C. en Las Vegas. Palmer heeft vele prijzen gewonnen en in 1997 werd hij gekozen tot beste chef-kok van New York.

De naam Emeril Lagasse is niet alleen in zijn thuishaven New Orleans een begrip onder kenners. Dit komt doordat deze begenadigde kookkunstenaar al jarenlang een televisieprogramma heeft en beschikt over een hele schare fans. Met het oog op zijn populariteit heeft een glossy tijdschrift hem de 'gastronomische versie van Elvis Presley' genoemd. Lagasse beheert verscheidene restaurants in de VS, waarvan een in de Universal Studios in Orlando.

Jean-Georges Vongerichten heeft sinds het eind van de jaren tachtig van de 20e eeuw met innovatieve interpretaties van de klassieke Franse keuken, die hij zo af en toe een Thais tintje verleent, de harten van fijnproevers uit de hele wereld veroverd. Behalve met diverse restaurants in New York is hij ook in Londen en Hongkong vertegenwoordigd. Zijn Franse leermeesters Paul Haeberlin en Paul Bocuse

De Tribeca Grill in Manhattan serveert een vernieuwende Amerikaanse keuken

zijn een waarborg voor de kwaliteit van zijn kookkunst.

Ana Sortun behoort tot de nieuwe sterren aan het Amerikaanse culinaire firmament. Deze uit Seattle afkomstige topkok behaalde haar diploma in Parijs en werkte daarna in Barcelona, Turkije en Italië alvorens in Cambridge (Massachusetts) met Oleana (134 Hampshire St.) haar eerste eigen restaurant te beginnen, waarvan de Turks beïnvloede keuken door alle critici de hemel in wordt geprezen.

## Culinaire klassiekers

De 100 miljoen op Amerikaanse bodem grazende runderen hebben van de VS onvermijdelijk een land van vleeseters gemaakt. Steaks en ander snelklaarvlees komen in allerlei variëteiten op tafel. De sappige T-bonesteak wordt door de slachter direct van de wervelkolom afgesneden en inclusief het T-vormige bot gebraden. De *sirloinsteak* is een zeer malse lendenbiefstuk, die men graag eet met gebakken uien en knoflookboter, soms op geroosterd brood. Andere variaties zijn de ca. 200 g zware ribeyesteak van de dikke rib met een kern van vet, het 'oog' (vandaar ribeye) en de *tenderloin*, een biefstuk van de haas. Op feestdagen is de *prime rib* vrijwel onvermijdelijk, een sappig stuk vlees uit het voorste stuk van de dikke rib *(prime* betekent eerste, voorste).

Vermoedelijk om twee redenen is de barbecue (BBQ) het hoogtepunt van Amerikaanse culinaire familiepret: ten eerste kan de houtskoolgrill vanwege de rookontwikkeling alleen buitenshuis worden gebruikt, wat tegemoetkomt aan de Amerikaanse voorliefde voor activiteiten onder de blote hemel, en ten tweede is dit bij voorkeur gemarineerde en daarna gegrilde vlees, bijvoorbeeld spareribs, stevige en smakelijke kost, die met de handen wordt gegeten, waar de Amerikanen nu eenmaal een voorliefde voor hebben. In de zomer worden er vaak in publieke parken of recreatiecomplexen barbecuewedstrijden gehouden, een typische mannenaangelegenheid.

Naast vlees en gevogelte staan aan de Atlantische kust schelp- en schaaldieren hoog in het vaandel. In Florida zijn dat oesters uit de baai van Apalichicola, rondom de Chesapeake Bay staat de *blue crab* (blauwe zwemkrab) vaak op de menukaart en aan de kust van Maine is *lobster* (kreeft) zo ongeveer dagelijkse kost. Op veel plaatsen en zelfs op het land worden deze schaaldieren in zogenaamde *lobster ponds* in grote reservoirs gekookt. Dikwijls gebeurt dit door vissers-coöperaties die rondom hun botenhuizen een paar houten tafels hebben opgesteld, waar de vangverse lekkernijen op plastic borden worden geserveerd met gesmolten boter om met de handen te worden opgegeten.

Een andere, zoete specialiteit komt eveneens uit New England: ahornsiroop *(maple syrup)*. De ahorn (esdoorn) fleurt in de Indian summer niet alleen met zijn bladeren de bossen op, maar zorgt met zijn honingachtige sap voor een onmisbaar ingrediënt van ontbijtpannenkoeken en hete wafels. Van esdoorns wordt net als van rubberbomen sap afgetapt, dat in emmers wordt opgevangen. Het waterige sap krijgt pas zijn barnsteenkleur na ongeveer tien uur koken, wanneer een groot deel van het water verdampt is.

## Dineren als avontuur

Amerika zou Amerika niet zijn wanneer de hongerige restaurantbezoeker niet voor allerlei verrassingen zou kunnen komen te staan. In Lucky Cheng's is de East Village in New York (24 First Avenue) komen de gasten niet alleen voor de smakelijke gerechten uit het Verre Oosten, maar ook voor het bedienend personeel. Hoewel ze zich Princess Diandra of Miss Understood noemen, is het geslacht van de obers niet duidelijk vast te stellen. Dit restaurant heeft niet voor niets de bijnaam 'Drag Queen Capital of the World'.

Eveneens in New York is er voor de liefhebber het eerste rijstebrijrestaurant ter wereld. Achter de veelbetekenende naam Rice to Riches gaat een rijstebrijbar schuil waar de kunstzinnige creaties niet minder artistieke

namen dragen als 'Understanding Vanilla' of 'Forbidden Apple'. De zoete dromen worden geserveerd in drie formaten: Solo (één persoon), Sumo (vijf personen) en Moby (tien personen). Afhankelijk van de topping kost een portie vanaf $6 (zie blz. 191).

In Orlando en omgeving kan de gast zich tijdens het diner goed laten vermaken. *Dinner show* heet dat, een grap die $40-50 kost.

## Alcohol

De VS zijn traditioneel een land van bierdrinkers. Vooral bier uit blik is erg populair sinds 1935, toen in Richmond (Virginia) het gerstenat voor het eerst in een speciaal metalen omhulsel werd geproduceerd. Hiermee begon de wereldwijde zegetocht van de sixpack. Bier uit blik of uit de fles is er in vele soorten en maten. Behalve Amerikaanse merken is er ook veel importbier uit de hele wereld verkrijgbaar, ook uit Nederland. Het bier uit Mexico is, hoewel duurder dan Amerikaanse merken, zeer populair. In bierkroegen, bars en restaurants is de blonde of donkere koele drank ook van het vat te krijgen, zonder schuimkraag. Het alcoholpercentage ligt in de regel onder 4,5, omdat bier met een hoger percentage alleen als *malt liquor* mag worden verkocht. Het alcoholpercentage van lichte bieren is minder dan 0,5. De afgelopen jaren zijn in het hele land de microbrouwerijen als paddenstoelen uit de grond geschoten. Met hun eigen producten bieden ze lokaal en regionaal enige concurrentie aan de grote brouwerijen.

Enkele tientallen jaren geleden gold wijn nog als een exotische drank, maar met de opkomst van de fijnproeverskeuken is ook wijndrinken in de mode geraakt. Het geldt als chic en als teken van beschaving om bij het avondeten een glas rode of witte wijn te bestellen. De oostelijke staten betrekken de, soms voortreffelijke, wijn vooral uit de staten Californië, Washington en Oregon, maar de laatste jaren ook uit de Piemond Region in Virginia.

# Gezondheidsgolf

De gezondheidsgolf in de VS is het stadium van joggen en aerobics allang voorbij en heeft zich meester gemaakt van de voedingssector. Een gezonde keuken is nu het devies in een land dat zucht en steunt onder de 60% zwaarlijvigen in de bevolking. De filmmaker Morgan Spurlock heeft de provocerende documentaire *Super size me* gemaakt, waarin hijzelf in een heroïsche poging dertig dagen lang alleen maar de hamburgers van een bekende keten tot zich nam en naar eigen zeggen 12 kg aan gewicht toenam.

De lichte keuken speelde al eerder een rol in Amerika. Vegetarisch eten lag sowieso al op ieders lip. Daarna werd aan de westkust de *California cuisine* 'uitgevonden', met verse ingrediënten onder het motto 'salades en groenten in plaats van hamburgers met friet'. Wie hier gehoor aan wil geven, ondervindt in de VS weinig problemen, want dergelijke gerechten worden in veel restaurants aangeboden. De nieuwste voedingstrend hanteert de toverformule *low carb* – weinig koolhydraten. Dit dieet beveelt hoogwaardige eiwitrijke gerechten met vlees, vis, ei-eren, melkproducten, peulvruchten en noten aan en verbiedt dikmakers als brood, aardappels, pasta, rijst en zelfs enkele groenten.

# De *diner*: een begrip

De VS tellen ongeveer 195.000 restaurants, de filialen van hamburgerketens en andere fastfoodtempels niet meegerekend. In dit reusachtige aanbod neemt één categorie een heel bijzondere plaats in: de *diner*. Het is moeilijk om dit oer-Amerikaanse instituut nauw te omschrijven. *Diners* zijn het best bekend uit de jaren vijftig van de 20e eeuw, de tijd van de petticoats en jukeboxen, toen de Amerikaanse tieners in een *diner* bijeenkwamen en de consumptie van milkshakes, *ice cream sundaes* en ham- en andere burgers verhieven tot het hoogtepunt van de American way of life. In veel succesvolle Amerikaanse films spelen *diners* een rol als trefpunt van tieners, bijvoorbeeld in *American graffiti*.

Een *diner* was vaak een wagon van roestvrij staal met neonreclame, ingericht met rode kunstleren banken en plastic tafels. Het

Karakteristieke *diner* uit de jaren vijftig in de Universal Studios in Orlando

idee schijnt afkomstig te zijn van een zekere Walter Scott uit Rhode Island, die vanaf 1872 uit een huifkar eten aan fabrieksarbeiders verkocht. In de loop der tijd kregen zulke wagens een vaste plaats en een eigen keuken en zitgelegenheden. Tijdens de economische crisis van de jaren dertig van de 20e eeuw raakten uitgerangeerde spoorwegwagons in zwang die voor een redelijke prijs Amerikaanse gerechten als gehaktballetjes, (ham)burgers, salades, spareribs en het onmisbare 24 uursontbijt aanboden. Dit concept is tot op de dag van vandaag onveranderd gebleven. In Providence (Rhode Island) staat het American Diner Museum, dat de geschiedenis van dit instituut documenteert (110 Benevolent St., Providence, RI 02906, tel. 401-723-4342, www.dinermuseum.org).

# Restaurantetiquette

Hoe het er bij een Amerikaans diner aan toegaat in een restaurant, kan het best worden beschreven aan de hand van een voorbeeld. Met het oog op dit 'evenement' laat u uw badslippers en strandkleding thuis en hebt u zich netjes aangekleed – met een stropdas en een colbertje is een heer niet overdressed, al kunt u meestal wel afzien van de das. Bij uw aankomst met uw huurauto wordt u door iemand opgewacht die naast het bordje 'Valet Parking' staat. Dit personeelslid rijdt uw auto naar een parkeerplaats en geeft u een genummerde fiche. De verplichte fooi van één of twee dollar betaalt u echter pas wanneer u na uw restaurantbezoek dit personeelslid om uw auto vraagt.

In de lobby beveelt het bord 'Wait to be seated' u om te wachten tot u naar uw tafel wordt gebracht, die zich ofwel in de 'Smoking Section' ofwel in de 'Non-Smoking Section' bevindt. Mocht u in de niet-rokersafdeling terechtkomen, laat dan iedere gedachte aan 'misschien nog één sigaretje na het eten' varen. De gasten in dit gedeelte bevinden zich in een staat van stilzwijgende oorlog met die in de rokersafdeling. Overigens zal het u moeilijk vallen nog een restaurant te treffen

dat een rokersafdeling heeft; de antirookpolitiek van de VS van de afgelopen decennia heeft geleid tot een vrijwel algeheel rookverbod in de horeca en openbare gelegenheden.

## Hoe bestelt u?

Zodra u hebt plaatsgenomen, komt de *waiter* of de *waitress* (de ober of de serveerster) zich aan u voorstellen ('Good evening folks, my name is Linda') en u de menukaart aanreiken. Bij het bestellen van de gerechten biedt Linda u een reeks keuzemogelijkheden aan. De eerste vraag is meestal 'Soup or salad?' Kiest u een salade, dan volgt de vraag 'What kind of dressing do you prefer?' De gangbare dressingmogelijkheden zijn *French, Italian, Thousand Islands, Ranch* en *Blue Cheese.* Wanneer u vlees wilt, wil Linda weten hoe u uw steak wilt hebben ('How would you like your steak cooked? Medium, well done or rare?'). De keus is dus tussen medium, doorbakken en saignant (rood). Daarna komen de bijgerechten *(side-dishes)* aan de beurt: *baked potato* (aardappel in aluminumfolie uit de oven), *rice* (rijst), *French fries* (friet), *vegetables* (groente). Het nagerecht *(dessert)* is in de VS meestal iets zoets, ijs of een stuk taart. U hebt de laatste hap nog niet door uw keel of Linda komt met de laatste vraag: 'Anything else you want tonight?'

Hebt u nergens meer behoefte aan, dan duurt het luttele seconden voor de rekening *(check)* op uw tafel ligt. Nog even natafelen met een glas wijn is in de VS niet gebruikelijk, een drankje gebruikt u maar aan de bar of u zoekt in de buurt een geschikte andere gelegenheid.

# Culinair lexicon

## Algemeen

| | |
|---|---|
| all you can eat | voor een eenheidsprijs eet u zo veel u wilt |
| appetizer | voorgerecht |
| breakfast | ontbijt |
| check/bill | rekening |
| ... cheers! | ... proost! |
| cream | koffiemelk/slagroom |
| dinner | avondeten |
| doggy bag | de zak waarin datgene wordt verpakt dat u mee naar huis neemt |
| dressing | dressing |
| entrée | hoofdgerecht |
| ... for here or to go? | Opeten of meenemen? |
| help yourself | bedien uzelf |
| lunch | middageten |
| menu | menukaart |
| order | bestelling |
| please wait to be seated | Wacht tot u naar een tafel wordt gebracht, alstublieft. |
| restroom/bathroom/ ladies', men's room | toilet |
| tip | fooi |
| tax | belasting |
| waiter/waitress | ober, serveerster |

## Vis en zeebanket

| | |
|---|---|
| bass | baars |
| clam chowder | soep van venusschelpen |
| cod | kabeljauw |
| calamari | inktvis |
| crabs | krabben |
| flounder | bot |
| haddock | schelvis |
| halibut | heilbot |
| lobster | kreeft |
| mackerel | makreel |
| mussels | mosselen |
| oysters | oesters |
| prawns | grote garnalen |
| salmon | zalm |
| scallops | jakobsschelpen |
| shellfish | schaaldieren |
| shrimps | kleine garnalen |
| sole | zeetong |
| swordfish | zwaardvis |
| trout | forel |
| tuna | tonijn |

## Vlees

| | |
|---|---|
| bacon | bacon |
| beef (rare, medium, well done) | rundvlees (saignant, medium, doorbakken) |
| ground beef | rundergehakt |
| gravy | jus |
| ham | ham |
| pork chops | varkenskarbonade |
| prime rib | sappig stuk rundvlees |
| sausages | worstjes |
| veal | kalfsvlees |
| spare ribs | spareribs, krabbetjes |

## Gevogelte/wild

| | |
|---|---|
| chicken | kip |
| drumstick | kippenpoot |
| duck | eend |
| pigeon | duif |
| quail | kwartel |
| rabbit | konijn |
| roast goose | gebraden gans |
| turkey | kalkoen |
| venison | hert, ree |
| wild boar | wild zwijn |

## Groente

| | |
|---|---|
| beans | bonen |
| cabbage | kool |
| carrot | wortel |
| cauliflower | bloemkool |
| cole slaw | koolsla |
| cucumber | komkommer |
| eggplant | aubergine |

| garlic | knoflook |
| lentils | linzen |
| lettuce | kropsla |
| mushrooms | champignons |
| peppers | paprika |
| peas | erwten |
| potatoes | aardappels |
| squash; pumpkin | pompoen |
| sweet corn | mais |
| onion | ui |

## Zoete gerechten

| blueberry muffin | muffin met bosbessen |
| donut | donut |
| honey | honing |
| icecream | ijs |
| cereals | graanproducten voor het ontbijt |
| maple sirup | ahornsiroop |
| muffin | muffin |
| oat meal | havermoutpap |
| pancake | pannenkoek |
| sundae | ijscoupe |
| sweetener | zoetstof |
| waffle with strawberries | wafel met aardbeien |
| whipped cream | slagroom |

## Bereiding

| baked | uit de oven |
| boiled | gekookt |
| boiled egg | hardgekookt ei |
| broiled | gegrild |
| deep fried | gefrituurd (meestal met panade) |
| eggs, sunny side up | spiegeleieren (dooier naar boven) |
| eggs, over easy | spiegeleieren (aan beide zijden gebakken) |
| fried | gebraden (vaak gepaneerd) |
| hot | scherp, heet |
| stuffed | gevuld |

## Karakteristieke gerechten

| Boston baked beans | gedroogde, met varkensvlees en melasse gekookte bruine bonen |
| Boston cream pie | cake met vanillevla en chocolade |
| fry bead | in vet gebakken koek, gegeten met honing, salade, vlees of vis (specialiteit van de Seminole-indianen) |
| Key lime pie | limoentaart (Florida Keys) |
| Philly cheese steak | Italiaans broodje belegd met dunne, in reepjes gesneden ossenhaas, uien en kaas |
| crab cake | kleine koekjes van krab |
| lobster roll | sandwich belegd met kreeftenvlees, mayonaise, selderie en dragon (specialiteit van New England) |

## Drank

| draught beer (on tap) | bier van het vat |
| icecube | ijsklontje |
| iced tea | thee gegoten over vergruisd ijs |
| juice | sap |
| light beer | alcoholarm bier |
| liquor | sterkedrank |
| mineral water | mineraalwater |
| pitcher | grote bierkan |
| wine | wijn |
| sparkling wine | mousserende wijn |
| soda water | mineraalwater met koolzuur |

De skyline van Atlanta bij avond

# Reisinformatie

# Informatiebronnen

## USA-oost op het internet

Het internet is een onuitputtelijke bron van informatie. Hieronder vindt u een aantal interessante websites met allerlei nuttige wetenswaardigheden over de VS.

**www.fhwa.dot.gov/hep10/nhs:** Wie geen kaart bij de hand heeft, vindt op deze website alles over het National Highway System en kan kaarten van alle Amerikaanse staten downloaden als pdf-bestand.
**http://netherlands.usembassy.gov:** Uitvoerige informatie over de VS: geschiedenis, regering en politiek, sport, wetenschap, economie en reizen.
**www.allesamerika.com:** Nederlandstalige website met informatie over reizen (reisverhalen), verblijf in de VS, geschiedenis, cultuur en nog veel meer.
**www.flyi.com; www.airtran.com; www.flysong.com; www.flyted.com; www.frontierairlines.com; www.southwest.com; www.jetblue.com:** Ook in de VS zijn er veel goedkope luchtvaartmaatschappijen, die onder meer vliegen tussen de grote steden aan de oostkust.
**www.romwell.com/travel/advisory/atract/festi/amerfest.shtml:** Informatie over feesten en festivals in alle staten van de VS.
**www.usatoday.com/travel/hotels/directory/phoneindex.htm:** Gratis 800-telefoonnummers van veel motels en hotels in de VS.
**www.theusa.nl:** Informatie over alle staten, alle nationale parken, geschiedenis, de Amerikaanse bevolking en de economie. Verder een uitgebreid fotoalbum met meer dan 3000 foto's.
**www.verenigdestatenvanamerika.nl:** Reisverhalen, foto's, tips en discussiegroepen op deze interactieve site.
**http://icom.museum/vlmp/usa.html:** Zo'n 1400 Amerikaanse musea met links naar hun websites.

**http://usacitylink.com:** Allerlei informatie over alle staten van de VS en de belangrijkste steden, inclusief bezienswaardigheden, musea, nationale parken en universiteiten.

## Informatiebureaus in Nederland

De Amerikaanse ambassade in Den Haag beantwoordt schriftelijke vragen of kan u doorverwijzen naar instellingen die beschikken over alle relevante informatie. Het consulaat is vooral bestemd voor staatsburgers van de VS. US Embassy, Lange Voorhout 102, 2514 EJ Den Haag, tel. 070-3102209, fax 070-3614688, http://netherlands.usembassy.gov.

U kunt zich ook richten tot onderstaande organisaties:

Stichting Nederland-Verenigde Staten
Wolweverslaan 27
3454 GK De Meern
tel. 030-6662631

Nederland-Amerika Instituut
Limburg (NAIL)
Norbertijnenstraat 92
6166 AL Geleen
tel. 046-4747139

De Halve Maen
Van Tuyll van Serooskerkenweg 84-II
1076 JP Amsterdam

Atlantic and Pacific Exchange Program
Eendrachtsweg 21
3012 LB Rotterdam

Stichting Dutch International Society Nederland
Secr. Joubertstraat 49
2806 GA Gouda
tel. 018-2511900

## Informatiebureaus in de VS

Iedere grotere plaats beschikt over zijn eigen informatiebureau (Visitor Center) of over een Chamber of Commerce (Kamer van Koophandel), waar u alles te weten komt over de plaats, de bezienswaardigheden, hotels en restaurants. Soms kunt u via deze bureaus geholpen worden aan een voordelige hotelkamer. De Welcome Centers aan de Interstates in de nabijheid van een staatsgrens verschaffen gratis informatiemateriaal.

## Diplomatieke vertegenwoordigingen

### Ambassade van de VS in Nederland

Lange Voorhout 102, 2514 EJ Den Haag,
tel. 070-3102209, fax 070-3102209,
http://netherlands.usembassy.gov

### Consulaat van de VS in Nederland

Museumplein 19, 1071 DJ Amsterdam,
tel. 020-5755309, fax 020-5755310.
Vooral voor het aanvragen van een visum voor de VS.

### Ambassade van de VS in België

Regentlaan 27, 1000 Brussel,
tel. 02-5082111, fax 02-5112725,
http://belgium.usembassy.gov

### Consulaat van de VS in België

Regentlaan 25, 1000 Brussel,
tel. 02-7881200 (15 euro per gesprek),
usvisabrussels@state.gov
Vooral voor het aanvragen van een visum voor de VS.

## Nederlandse ambassade in de VS

4200 Linnean Avenue NW, Washington DC,
tel. 1-877-388-2443, fax 202-362-3430, www.netherlands-embassy.org

Er zijn Nederlandse consulaten in Atlanta, Boston, New Orleans, Orlando, Miami en New York.

## Belgische ambassade in de VS

3330 Garfield Street NW, Washington DC,
tel. 1-202-333-6900, fax 202-333-3079, www.belgium-embassy.org

Er zijn Belgische consulaten in Atlanta, Boston, Miami, New Orleans, Philadelphia en Pittsburgh

## Kaarten

De ook in Nederland verkrijgbare autoatlas van Rand McNally is heel geschikt voor de algemene routeplanning. Voor de reis zelf is hij echter nogal onhandig en zwaar. U kunt het beste een regiokaart kopen voor het gebied dat u wilt bereizen. Bij de toeristeninformatiebureaus in de VS of bij de Welcome Centers langs de interstates aan de staatsgrenzen kunt u gratis kaarten krijgen over de betreffende staat. Leden van de ANWB kunnen bij de filialen van de AAA (American Automobile Association) gratis stratenkaarten en informatiemateriaal krijgen wanneer ze hun lidmaatschapskaart tonen.

## Leestips

**Roth, Philip:** *The plot against America*, 2005 *(Het complot tegen Amerika)*. Wat zou er gebeurd zijn wanneer de antisemitische held Charles A. Lindbergh, die als eerste nonstop per vliegtuig de Atlantische Oceaan overstak, in 1940 president van de VS was geworden in plaats van Franklin D. Roosevelt?

**Hawthorne, Nathaniel:** *The house of the seven gables*, 1851. Het historische 'heksenbolwerk' Salem in Massachusetts, de geboorteplaats van Hawthorne, is het toneel van deze roman.

**Cornwell, Patricia:** *Trace*, 2004. Roman, die zich afspeelt in Richmond (Virginia), op het gebied van de forensische geneeskunde. Hij begint met de mysterieuze dood van een 14-jarige.

**Berendt, John:** *Midnight in the garden of good and evil*, 1995 *(Middernacht in de tuin van goed en kwaad)*. In de nette wijk van Savannah worden dodelijke schoten gelost. De dader is bekend, zijn motief is onduidelijk. Door deze roman kent heel Amerika nu Savannah.

**Ames, Jonathan:** *The extra man*, 1998. Over de overlevingsstrijd van twee sympathieke, zij het enigszins vreemde types in New York City.

**Starr, Jason:** *Twisted city*, 2004. Een New Yorkse financieel journalist raakt door beroeps- en privéproblemen uit de dagelijkse sleur en belandt op het verkeerde pad.

**Moore, Michael:** *Stupid white men*, 2002. Bittere maatschappijkritiek over het Amerika van George W. Bush van de hand van de regisseur, schrijver en televisiemaker Michael Moore.

**Bellow, Saul:** *Mr Sammler's planet*, 1970. Een overlever van de holocaust in de grote stad New York in de verwarde jaren zestig van de 20e eeuw, waarin hij zijn weg probeert te vinden.

**Tartt, Donna:** *The secret history*, 1992. Student wordt medeplichtig aan moord en doodslag en worstelt met zijn geweten.

**Updike, John:** *Rabbit, run*, 1960. Eerste deel van een serie van vier boeken over de autoverkoper Harry Angstrom uit New England, die het enigszins te stellen heeft met zijn seksleven en zijn vrouw niet altijd trouw blijft. Wordt vervolgd in *Rabbit redux, Rabbit is rich*

en *Rabbit at rest*.

**Melville, Herman:** *Moby-Dick*, 1851 *(Moby-Dick)*. Epos over een zeeman, Ismael, die jacht maakt op een witte walvis waarmee hij nog een appeltje te schillen heeft.

**Irving, John:** *The cider house rules*, 1985 *(De regels van het ciderhuis)*. Een bijzondere weesjongen worstelt in de jaren dertig en veertig van de 20e eeuw met zijn excentrieke omgeving.

**Bernlef:** *Hersenschimmen*, 1984. Het verhaal van een dementerende geëmigreerde Nederlander.

**James, Henry:** *The Bostonians*, 1886. Een feministe moet kiezen tussen de politiek en haar huwelijk met een jonge advocaat.

**Salinger, J.D.:** *The catcher in the rye*, 1951 *(De vanger in het koren)*. Een opstandige puber vertelt onopgesmukt zijn ontroerende verhaal.

**Wolfe, Tom:** *The bonfire of the vanities*, 1987 *(Het vreugdevuur der ijdelheden)*. New York in de jaren tachtig van de 20e eeuw, waarin chaos en politieke correctheid heerst. De hoofdpersoon neemt een verkeerde afslag en veroorzaakt een ongeluk.

**Twain, Mark:** *The adventures of Huckleberry Finn*, 1885 *(De avonturen van Huckleberry Finn)*. Legendarische schelmenroman over Huckleberry die met een slaaf de Mississippi afvaart.

**Mitchell, Margaret:** *Gone with the wind*, 1936, *Gejaagd door de wind)*. Beroemde roman die zich afspeelt tijdens de Amerikaanse Burgeroorlog, met een rassenthema, maar het draait toch eigenlijk om de liefde tussen Scarlett O'Hara en Rhett Butler. De verfilming is een klassieker.

**Beecher Stowe, Harriet** *Uncle Tom's cabin*, 1850–1852, *De hut van oom Tom)*. Al even klassieke roman over de periode van de slavernij, meeslepend opgeschreven.

Dat het oosten van de VS zo in trek is bij bezoekers uit Europa, heeft verscheidene redenen. Sommigen voelen zich hier goed op hun gemak omdat de oostelijke Amerikanen qua mentaliteit en levenswijze goed te vergelijken zijn met Europeanen. Anderen weer trekken er juist heen om datgene te vinden wat Europa niet heeft, zoals de 'Gejaagd door de wind'-sfeer in het zuiden, de Caribische sfeer op de Florida Keys, de amusementswereld van Orlando, de landelijkheid van de Dutch Country in Pennsylvania, de fraaie landschappen en de metropolen met hun wolkenkrabbers.

## De belangrijkste bezienswaardigheden

### Het noorden

Iedereen die in **New York** arriveert, hetzij als nieuweling, hetzij als 'recidivist', kijkt reikhalzend uit naar de fantastische skyline. De skyline ziet u op zijn mooist vanaf de Staten Island Ferry, die (gratis!) heen en weer vaart tussen Battery Park en Staten Island, langs het Vrijheidsbeeld.

Veel mensen die hier in de herfst komen, reizen na aankomst in New York verder naar de 'vlammende bossen' van New England, die zich in de **Indian summer** van hun mooiste zijde laten zien. Onderweg naar New England is de metropool **Boston**, die gezichtsbepalend is voor de regio, een bezoek waard. In dit jaargetijde met zijn bontgekleurde bladeren komt men in de bossen van New England veel toeristen tegen. In de zomer trekken tienduizenden naar de grandioze **Niagara Falls** op de grens van de VS met Canada.

### Centrale Atlantische kust

In de bakermat van de VS kunt u sporen van het verleden vinden in bijvoorbeeld het Independence National Historical Park midden in **Philadelphia**. Het fascinerende Open Air Museum Colonial Williamsburg in **Virginia**

maakt de geschiedenis van het land aanschouwelijk met monumentale gebouwen uit de koloniale tijd en gekostumeerde toneelspelers. De beroemde musea aan de National Mall in **Washington D.C.** zijn een schatkamer van niet alleen de geschiedenis, maar ook van alle soorten van wetenschap. Wie na al die historie, cultuur en wetenschap iets lichter verteerbaars wil, kan terecht in de casino's aan de Boardwalk van **Atlantic City**.

### Parels van het zuiden

De beide steden **Charleston** (South Carolina) en **Savannah** (Georgia) bieden de unieke sfeer van de zuidelijke staten met sprookjesachtige stadspaleizen, plantages en door eiken omzoomde avenues. Niet om het verleden, maar om de toekomst draait het in het **Kennedy Space Center** in Florida, dat televisiekijkers van over de hele wereld wel kennen van de lanceringen van spaceshuttles op weg naar het internationale ruimtestation. Vandaar bereikt u in een uur met de auto het reusachtige amusementsparadijs bij **Orlando**. In het stadsdeel South Beach in **Miami Beach** verlekkert de liefhebber zich aan de architectuur van de grootste Amerikaanse art-decowijk. Anderen genieten ook van het door neon verlichte nachtleven onder de palmen aan Ocean Drive. Bijna even boeiend is het in het kunst- en literatuurbolwerk **Key West** aan het einde van de Florida Keys.

## Tips voor rondreizen

Het oosten van de VS is te groot voor één enkele reis, tenzij u twee of drie maanden tot uw beschiking hebt. Voor de vakantieganger met minder tijd zijn er kortere tours, die samen te stellen zijn aan de hand van de hoofdstukken uit dit boek.

### Rondreis van twee weken

Een rondreis van ongeveer 14 dagen met als

De Portland Head Light is een van de mooiste vuurtorens aan de kust van Maine

beginpunt **New York** kan langs de kust van New England via Cape Cod naar **Boston** voeren. Daarvandaan rijdt u nog steeds in de nabijheid van de kust verder naar het **Acadia National Park** in Maine en buigt via Bangor af in westelijke richting naar de White Mountains in New Hampshire of naar **Lake Champlain** in Vermont. Vandaar bereikt u in zuidwaartse richting de hoofdstad van de staat New York, Albany, waarna u via de **Hudson Valley** terugkeert naar het vertrekpunt.

## Drie tot vier weken

Wie kiest voor een vakantie in de buurt van de zee, kan van **Atlanta** in Georgia via de grote stad **Jacksonville** langs de oostkust van Florida rijden, waarbij een uitstapje kan worden gemaakt naar het amusementsparadijs **Orlando**. Een andere, snellere, mogelijkheid is om vanuit **Miami** naar de subtropische eilandengroep **Florida Keys** te rijden. U kunt dwars door het zuiden van het schiereiland Florida verder reizen naar **Naples** en vandaar in noordelijke richting de kust van de Golf

van Mexico volgen tot in de westelijke **Panhandle**, waar u van **Pensacola**, al dan niet regelrecht, naar Atlanta kunt terugkeren.

# Individuele reizen

In het oosten van de VS is het openbaar vervoer bij lange na niet zo veelgebruikt als in Europa. Men vervoert zich hier liever particulier, dat wil zeggen met de auto. Het eenvoudigste is het dan ook een auto te huren. Dat spaart tijd, want zo kunt ook afgelegen plaatsen bezoeken die niet op het openbaarvervoernet zijn aangesloten, maar het is niet het voordeligst.

## Met de huurauto

U kunt het beste in eigen land al een huurauto reserveren (zie blz. 65). De meeste verhuurders bieden wel een **arrangement** met een onbegrensd aantal kilometers (mijlen), inclusief verzekering.

Wie met een huurauto door het oosten

van de VS wil reizen, moet wel bedenken of de auto werkelijk van de eerste tot en met de laatste dag moet worden gehuurd. Veel reizigers beginnen hun vakantie in de VS met een meerdaags verblijf in de plaats waar ze zijn geland. Wie bijvoorbeeld aankomt in New York en twee of drie dagen in de stad blijft, kan beter met het openbaar vervoer van het vliegveld naar de stad gaan en pas dan de auto huren wanneer de trektocht begint.

Het bespaart ook kosten wanneer u het bezoek aan de stad aan het eind van de reis plant, omdat u de auto dan eerder kunt terugbrengen waar u hem hebt gehuurd alvorens aan de verkenning te beginnen. Ook is het in de regel voordeliger om de huurauto de hele reis bij u te houden en in te leveren waar u hem hebt gehuurd, dan hem onderweg ergens anders af te leveren en een paar dagen later weer een nieuwe te huren (de meeste maatschappijen berekenen zogeheten *drop-off costs).*

## Met de camper

Wie met een camper (RV, *recreation vehicle)* door het oosten van de VS wil trekken, kan er maar beter een huren die bestemd is voor een categorie met meer personen dan er werkelijk meereizen. Vooral als er kinderen bij zijn, is het belangrijk dat er binnenin genoeg ruimte is, anders zijn conflicten gegarandeerd. Ga ook ruimhartig om met het schatten van het aantal af te leggen mijlen. De niet met Europa te vergelijken uitgestrektheid van het land werkt verleidelijk en nodigt uit tot spontane uitstapjes.

## Met de trein en de bus

Het semioverheidsbedrijf **Amtrak** is sinds 1971 verantwoordelijk voor het personenvervoer per trein in de VS (http://reservations.amtrak .com). De meeste grote steden van het oosten zijn door het spoor verbonden, met één uitzondering: de hoofdstad van Tenessee, Nashville, beschikt niet over een spoorwegstation.

Amtrakpassagiers hebben verschillende mogelijkheden om met korting te reizen. Elke week biedt Amtrak op zijn website bepaalde routes aan waarop tot 70% te besparen is indien men de kaartjes online bestelt (http://tickets.amtrak.com/itd/amtrak/WeeklySpecials, zie ook blz. 64). Ook voor normale treinreizen is het handig om via internet te reserveren (http://reservations.amtrak.com).

De **busmaatschappij Greyhound Lines** (www.greyhound.com) beschikt over een omvangrijk net in het hele land, maar de bussen rijden hoofdzakelijk tussen de grotere steden. Honderden maatschappijen in tal van steden bieden echter lokale en regionale bustours aan. In elk toeristenbureau (Visitor Informations Center) kan men u hierover inlichtingen geven (zie blz. 64).

### Soorten wegen

De automobilist komt allerlei soorten wegen tegen, zoals **highways, boulevards en avenues**, die maar weinig van elkaar verschillen. **Turnpikes en tollways** zijn snelwegen waarvoor tol moet worden betaald. De Nederlandse snelwegen lijken nog het meest op **freeways** en de dwars door het continent voerende **interstates**, met een oneven nummer als ze van noord naar zuid lopen en een even nummer van oost naar west. **Expressways** zijn snelwegen met gelijkvloerse kruisingen. **Parkways** zijn straten zonder goederenverkeer, hoofdzakelijk bestemd voor het vrijetijdsverkeer.

**Bij pech** geeft uw openstaande motorkap aan dat er hulp nodig is. Praatpalen zijn dun gezaaid in de VS, maar er rijden wel meer patrouilleauto's op de Amerikaanse wegen.

# Georganiseerde reizen

## Arrangementen

Het is handig om te reizen onder professionele leiding. Dit heeft het voordeel dat u zich nergens druk om hoeft te maken en dat een eventuele taalbarrière geen hindernis meer vormt. Het nadeel is dat men dan een vast, goed doortimmerd reisplan volgt en niet veel mogelijkheden heeft om het reisverloop individueel te beïnvloeden.

**US Travel.nl** biedt georganiseerde reizen aan naar de hele VS en dus ook naar het oosten, bijvoorbeeld naar Boston, Washington en Orlando (www.ustravel.nl). Bij **De Jong Intravakanties** zijn all-inreizen naar het oosten van de VS te boeken, bijvoorbeeld 4 dagen naar New York met een bezoek aan alle bezienswaardigheden (Havenkade 1, 2984 AA Ridderkerk, postbus 900, 2980 EB Ridderkerk, www.dejongintra.nl). **Kras reizen** heeft een keur aan georganiseerde reizen naar de oostelijke staten op het programma, bijvoorbeeld een flydrive naar Florida vanaf 9 dagen of de hoogtepunten van Florida vanaf 16 dagen met onder andere Miami Beach en Orlando (www.kras.nl). Ook **Van der Valk** richt zich vooral op reizen naar Florida, met talrijke mogelijkheden (nl.valkusa.com). **Tioga Tours** is gespecialiseerd in reizen op maat, naar uw eigen wens, waarbij ook een camper voor u gehuurd kan worden of een camping geregeld voor een individuele vakantie, of een complete vakantie kan worden geboekt inclusief vliegtickets en gereserveerde hotels (Kloosterweg 45, 8326 CB Sint Jansklooster, tel. 0527-245400, fax 0527-2454 01, info@tiogatours.nl, www.tiogatours.nl.

## Motorreizen

Niet alleen in het westen van de VS, maar ook in Florida is reizen met de motorfiets heel populair. **ATP Custom Tours** organiseert motorreizen naar de VS, met bijvoorbeeld geheel georganiseerde fly & bike tours, waarbij de vlucht, motorhuur en overnachtingen zijn inbegrepen (Grotestraat 7, 7461 KE Rijssen, tel. 0548-543335, fax 0548-542055, custom@atp.nl).

# Reizen met kinderen

Wanneer uw kinderen groot genoeg zijn om langere autoritten te kunnen verdragen, is het kindvriendelijke Amerika een ideaal vakantieland voor het hele gezin. Kinderen tot 18 jaar mogen gratis overnachten op de kamer van de ouders. Veel musea hebben voor de kleine bezoeker installaties waar ze met de handen aan mogen zitten, en aquaria en dierentuinen beschikken over speciale *touch tanks*, open bekkens waarin de kinderen zeedieren kunnen aanraken.

Voor gezinnen zijn niet zozeer de drukke metropolen, maar de mooie landschappen en stranden interessant. Vooral in het zuiden, bijvoorbeeld in Florida, komen uw kleine waterratten aan hun trekken, want daar zijn de stranden vlak en dus veilig. Aangezien veel stranden buiten de bewoonde wereld liggen, moet u wel voor eten en drinken zorgen. Het strookt niet met de Amerikaanse normen om kleine kinderen naakt te laten rondlopen op het strand.

# Reizen met een handicap

Veel hotels en motelketens beschikken over kamers voor gehandicapten met bijvoorbeeld grotere badkamers en bredere deuren. In de grote musea en pretparken houdt men altijd rekening met rolstoelen en openbare instanties hebben rolstoelhellingen. Gehandicapten kunnen informatie vinden op de website van de Society for Accessible Travel & Hospitality (SATH), een gehandicaptenorganisatie (www.sath.com). Autoverhuurbedrijven kunnen zorgen voor speciaal toegeruste auto's.

## Vereisten

Bezoekers uit de Europese Unie, ook kinderen van welke leeftijd dan ook, hebben voor een verblijf van maximaal 90 dagen een eigen machineleesbaar paspoort nodig. Paspoorten die na 25 oktober 2005 zijn afgegeven, moeten voorzien zijn van een digitale foto en sinds 25 oktober 2006 ook van biometrische gegevens in chipform. Iedere reiziger is bij aankomst verplicht een digitale afdruk van de wijsvinger en een digitale portretfoto te laten maken. In het vliegtuig moet al een formulier worden ingevuld met vragen als 'Hebt u ooit drugs gebruikt?' en 'Bent u ooit veroordeeld geweest wegens een ernstig misdrijf?' Een strookje van dit formulier wordt in uw paspoort geniet en wanneer u teruggaat bij het inchecken op de luchthaven ingenomen.

### Eerste verblijfplaats

Wie naar de VS reist, moet naast zijn of haar persoonlijke gegevens ook een volledig verblijfsadres in de VS opgeven (bijvoorbeeld het adres van het hotel, het adres van de persoon bij wie u logeert of ook, wanneer u een auto huurt, dat van het filiaal van de verhuurmaatschappij). Deze gegevens worden door de luchtvaartmaatschappij nog tijdens de vlucht aan de Amerikaanse autoriteiten doorgegeven. U kunt een dergelijk formulier downloaden op de Engels- en Duitstalige website www.skyways.de/usa.pdf.

## Voorbereiding op de reis

### Bagage

Alle bagage wordt voor de vlucht onderzocht op explosieven. Koffers mogen niet worden afgesloten in verband met eventuele nacontrole. In geval van nood hebben de autoriteiten het recht om bagage met geweld open te maken. Enkele luchtvaartmaatschappijen hebben hun regels met betrekking tot handbagage veranderd. Informeer voor alle zekerheid wat u mag meenemen in het vliegtuig. Zakmessen en andere puntige voorwerpen zoals nagelvijltjes zijn verboden.

### Invoer en huisdieren

Voor huisdieren is een getuigschrift vereist van een dierenarts. Volwassenen vanaf 21 jaar mogen belastingvrij 200 sigaretten, 1 liter alcohol plus geschenken ter waarde van maximaal $100 invoeren. Contant geld van meer dan $10.000 moet worden aangegeven. Het is niet toegestaan om vers, gedroogd of in blik verpakt vlees of vleesproducten in te voeren. Hetzelfde geldt voor plantenzaden. Bakkersproducten en houdbaar gemaakte kaas zijn wel toegestaan. Onnodig te zeggen dat de invoer van wapens verboden is.

## Heenreis

### Met het vliegtuig

Wie met het vliegtuig van Europa naar het oosten van de VS reist, komt normaliter aan in New York (JFK), Boston (BOS), Philadelphia (PHL), Washington Dulles International (IAD), Atlanta (ATL), Miami (MIA), Tampa (TPA) of Orlando (MCO). In toenemende mate wordt er ook gevlogen op Fort Lauderdale (FLL) en Fort Myers (RSW). Aangezien het vliegtuig vanwege de daar te overbruggen grote afstanden in de VS een populairder vervoermiddel is dan in Europa, is het oosten voorzien van een dicht net van vliegverbindingen. In het hoogseizoen zijn vluchten duur. Een Air Pass levert korting op. Grote Amerikaans luchtvaartmaatschappijen bieden de mogelijkheid om samen met een transatlantische vlucht minstens drie lokale Amerikaanse vluchten te boeken, waarvan de plaatsen van vertrek en de bestemmingen van tevoren moeten worden vastgelegd. Diverse maatschappijen zoals KLM en charterbedrijven bieden een Fly & Drive-programma inclusief vlucht en huurauto. U kunt boeken via de maatschappij zelf, het reisbureau of internet.

## Met de boot

Het enige schip dat regelmatig de transatlantische route tussen Europa en de Amerikaanse oostkust bevaart, is de luxelijnboot Queen Mary II. Meestal vaart het af van Southampton (Engeland), maar soms ook van Hamburg (Duitsland). In de regel is New York de bestemming, maar een keer per jaar ook Fort Lauderdale in Florida. De overtochten vinden plaats tussen april en november en duren zes dagen (informatie: Cunard Line, www.cunard.com).

# Binnenlands vervoer

## Vliegtuig

Net als in Europa zijn er in Amerika steeds meer **prijsvechters** in de luchtvaartwereld (internetadressen zie blz. 56), die binnen afzienbare tijd ook tussen de VS en Europa zullen vliegen. Binnen de VS vliegt **JetBlue Airways** (www.jetblueairways.com) op veel steden in het oosten, waaronder Boston, New York, Washington DC en Fort Lauderdale. Een retourvlucht van Boston naar Tampa (Florida) kost vanaf ca. $69. De dochtermaatschappij **Fly Song** (www.flysong.com) van Delta vliegt hoofdzakelijk tussen Boston, Hartford (Connecticut), New York en enkele luchthavens in Georgia en Florida. Ook **AirTran** (www.airtran.com) beschikt over een dicht net in het oosten.

## Trein

Treinen spelen in de VS, het land van het individuele vervoer, een veel geringere rol dan in Europa. De meeste treinen rijden in de noord-oostcorridor tussen Washington D.C. en Boston, waar de op de Franse TGV gebaseerde hogesnelheidslijn **Acela Express** de afstand tussen beide steden in 6 uur aflegt. Andere belangrijke trajecten voeren van New York, Boston en Washington D.C. naar bijvoorbeeld Cleveland (Ohio), Pittsburgh (Pennsylvania) en Miami (Florida).

Tussen Washington D.C. en Miami rijden zeer comfortabele, luxe Grandluxe-treinen. Het interieur is uitgevoerd in mahoniehout, een butler serveert een 5-gangendiner. (www.grandluxerail.com

Met de **Amtrak USA Rail Pass** kunnen niet-Amerikanen het voordeligst reizen in de afzonderlijke regio's of in het hele land, waarbij de eerste mogelijkheid uiteraard voordeliger is, maar dan komt men minder ver. De regionaal gelimiteerde Northeast Rail Pass kost in het hoogseizoen $211 (15 dagen) of $247 (30 dagen). De East Rail Pass heeft een groter bereik. In het hoogseizoen kost deze $325 voor 15 dagen en $405 voor 30 dagen. Deze passen dienen voor de aanvang van de reis te zijn aangeschaft (Incento BV Travel Consultants/Amtrak, Stationsplein 40, 1404 AP Bussum, tel. 035-6955111, www.incento.nl of World Ticket Center, Nieuwezijds Voorburgwal 159, 1012 BK Amsterdam, tel. 020-6261011, www.worldticketcenter.nl).

## Bus

De maatschappij **Greyhound** onderhoudt busverbindingen voor de korte en de lange afstand. **Peter Pan Bus Lines** (1778 Main St., Springfield, MA 01103, tel. 413-781-2900, www.peterpanbus.com) heeft veel lijnverbindingen in het noordoosten en in de Midden-Atlantische regio en biedt ook chartertours aan. Bij tal van charterbusmaatschappijen zijn bustours in het oosten te boeken. Dat geldt ook voor all-intours vanaf Boston inclusief overnachting door de kleurrijke bossen van New England in de Indian summer: **Atlas Cruises & Tours** (5114 Okeechobee Blvd., Suite 201, West Palm Beach, Fl 33417, tel. 561-687-3301, www.atlastravelweb.com), **Collette Tours** (162 Middle St., Pawtucket, RI 02860, tel. 281-269-2600, www.collettetours.com).

## Huurauto's

Een huurauto kunt u het beste al in uw eigen land reserveren. Wie nog geen 25 jaar is, moet informeren of de betreffende firma een minimumleeftijd verlangt. In de meeste staten is de wettelijk verplichte WA-verzekering inbegrepen. Dat geldt ook voor de *collision damage waiver*, een soort cascoverzekering. Een rijbewijs en een creditcard zijn absoluut noodzakelijk wanneer u een auto wilt huren. Op alle luchthavens en in de grotere steden vindt u een filiaal van de grote bedrijven **Alamo** (www.alamo.com), **Avis** (www.avis.com), **Budget** (www.budget.com), **Dollar** (www.dollar.com), **Hertz** (www.hertz.com) en **National** (www.nationalcar.com). Filialen van **Rent-a-Wreck** (www.rentawreck.com) zijn alleen in de steden te vinden. Ze verhuren geen autowrakken, zoals de naam zou doen vermoeden, maar oudere, maar daarom zeker nog niet aftandse, modellen tegen een voordelige prijs.

Bij **Holiday Autos** (tel. 0900-2022634, www.holiday-autos.nl) kost het huren van een kleine auto met airconditioning all-in $170 per week. De bedrijven bieden ook zogeheten *one way rentals* aan, waarbij u de auto bijvoorbeeld in New York huurt en in Miami aflevert. Daarvoor wordt soms echter een forse toeslag gevraagd, de zogenaamde *drop-off costs*.

## Benzine tanken

Ook in de VS zijn de benzineprijzen de lucht in gevlogen tot een nooit vertoonde hoogte van gemiddeld bijna $4 per gallon. Toch is het geen uitzondering om op een kruispunt twee benzinestations aan te treffen met een prijsverschil van 15 cent per gallon. Vooral in afgelegen gebieden moet rekening worden gehouden met extreme prijzen. Deze hebben altijd betrekking op een gallon, dat wil zeggen 3,785 liter.

Een huurauto rijdt vrijwel zonder uitzondering op *unleaded* benzine, loodvrij dus. Bij de meeste benzinestations betaalt u met een creditcard aan de pomp zelf. Hier en daar moet bij de pompstationbeheerder met een creditcard of contant geld worden betaald.

## Verkeersregels

De VS kennen verkeersregels die afwijken van de Europese. Zo mag men in veel staten ook bij rood licht rechts afslaan en op meerbaanswegen rechts inhalen. Behalve in New Hampshire is het gebruik van de **autogordel** overal verplicht. Er bestaat geen eenheidsregeling van de maximumsnelheid, maar op secundaire wegen bedraagt die meestal 55 en op interstates 60 of 65 mijl per uur. De politie gebruikt mobiele radarapparatuur ter **controle** en kan zeer streng zijn. Wanneer kinderen in of uit de gele schoolbus stappen, moet het verkeer in beide richtingen stilstaan. Kruispunten zijn vaak voorzien van een stopbord in beide straten. Wie als eerste aankomt, rijdt ook als eerste verder.

Van staat tot staat kunnen de regels met betrekking tot bijvoorbeeld de maximumsnelheid, verplicht gordelgebruik en het rechts afslaan verschillen. De zogenaamde *center left turn lanes*, 'middelste linksafslaanrijstroken', komen veel voor. Hier kunt u zonder het voortjagende verkeer te hinderen vaart minderen, stoppen en links afslaan wanneer de gelegenheid zich voordoet. Op meerbaanswegen wordt vaak een bepaalde baan aangeduid als **car pool lane**, wat betekent dat deze rijstrook in het spitsuur alleen mag worden gebruikt door voertuigen met meer dan één inzittende.

Een overtreding kan u duur komen te staan. Een in een *tow-away zone* geparkeerde auto wordt onmiddellijk weggesleept en de overtreding wordt zwaar beboet; bovendien kost het een tijd voor u uw auto weer hebt. Wat alcohol betreft heersen er strikte regels. 'Don't drink and drive' staat op veel waarschuwingsborden: geen alcohol achter het stuur.

# Accommodatie

Dankzij de uitstekende toeristische infrastructuur kent het reizen in het oosten geen problemen. Wat de accommodatie betreft wordt een onderscheid gemaakt tussen hotels (meestal in de stad), motels (waar men praktisch voor de deur parkeert), inns (een soort landelijk pension) en bed and breakfasts (accommodatie bij particulieren, meestal zeer verzorgd).

Aan het slaapcomfort wordt in de regel een hoge prioriteit verleend. In de VS komt men nergens bedden met een breedte van 90 cm of 1 m tegen, wat bij ons heel gewoon is wanneer men in een eenpersoonskamer of een kamer met twee losse bedden logeert. Gasten hebben in de betere hotels en motels de keuze tussen *queen size*-bedden, met een breedte van ongeveer 1,40 m, en *king size*-bedden, met een inderdaad koninklijke afmeting van 2 bij 2 m. Onder *twin beds* worden twee eenpersoonsbedden van *queen-size*-afmetingen verstaan.

De in veel motels aanwezige wasmachines en drogers, die op muntjes werken, zijn heel praktisch. Waspoeder haalt u uit een automaat of u koopt een pakje bij de receptie. In geval van nood moet u naar de dichtstbijzijnde supermarkt. In bijna elke grotere plaats zijn *coin laundries* (muntwasserijen) te vinden, aangezien in de VS lang niet elk huishouden beschikt over een wasmachine. In de betere onderkomens horen strijkijzers, een strijkplank en een koffiezetapparaat tot de basisaccessoires. Steeds meer hotels bieden hun gasten naast de in de noordelijke streken verwarmde binnen- en buitenbaden ook fitnessruimten met een meer of minder omvangrijk aanbod aan apparaten. Wilt u een greep doen in de veelal aanwezige minibar, besef dan dat de prijs van een drankje of een chocoladereep vaak het veelvoud bedraagt van die in de supermarkt. Waardevolle spullen stopt u in uw eigen kluis op de kamer of u geeft ze aan de receptie in bewaring.

Dikwijls beschikt een hotel of motel in de VS ook over kamers met een meer of minder goed uitgeruste keuken. Het hangt van de hotelcategorie af hoe schoon en bruikbaar de ter beschikking staande apparaten zijn. Overigens is een kamer met keuken eigenlijk alleen handig bij een meerdaags verblijf, aangezien de aanschaf van schoonmaakmiddelen, die doorgaans niet voorhanden zijn, bij een eenmalig gebruik nauwelijks loont.

Wanneer u 's avonds op zoek bent naar een kamer, hebt u baat bij een typisch Amerikaans gebruik: veel hotels en motels schakelen na 18.00 uur lichtreclames aan met daarop 'Vacancy' of 'No vacancy', zodat u al vanuit uw auto kunt zien of er nog een kamer beschikbaar is.

## Hotelcategorieën

**Discount motels:** Het voordeligst zijn grote motelketens als Motel 6 (www.motel6.com), Super 8 (www.super8.com), Red Roof Inns (www.redroof.com), Econo Lodge, Comfort Inn, Quality Inn, Sleep Inn, Rodeway Inn (alle te vinden onder www.choicehotels.com) en Days Inn (www.daysinn.com), die in de regel nette kamers met normaal comfort bieden.

**Middenklasse:** Iets duurder, maar dan ook beter toegerust, is de accommodatie van ketens als Travelodge (www.travelodge.com), Howard Johnson (www.hojo.com), Best Western (www.bestwestern.com) Embassy Suites (www.embassysuites.com), Hampton Inn (www.hamptoninn.com), Holiday Inn Express (www.ichotelsgroup.com), La Quinta (www.lq.com) en Ramada (www.ramada.com).

**Luxehotels:** Voor veeleisende reizigers zijn er de hotels van Hyatt (www.hyatt.com), Marriott en Courtyard by Marriott (http://marriott.com), Hilton (www.hilton.com), Radisson (www.radisson.com), Ritz-Carlton (www.ritzcarlton.com), Westin en Sheraton (www.starwoodhotels.com) en Fairmont Hotels (www.fairmont.com).

Een vorstelijke ambiance in bed and breakfast Foley House Inn in Savannah

## Bed and breakfast

Bed and breakfasts zijn wijdverbreid in het oosten van de VS. Vaak zijn dit privéwoningen van de betere standen, met weelderig ingerichte kamers vol antiek, waarin een tv of andere verworvenheden van de moderne techniek doorgaans ontbreken. Wel kunt u slapen in een hemelbed, voor de traditionele Amerikanen het symbool van de goede oude tijd. Vaak betaalt u voor deze luxueuze onderkomens een vermogen. In landelijke gebieden zijn echter ook voordeliger bed and breakfasts te vinden; sommige bieden alleen onderdak aan niet-rokers. En aan het ontbijt praat u met de andere gasten en eventueel de eigenaars van de bed and breakfast gezellig over koetjes en kalfjes.

## Vakantiehuisjes en vakantiewoningen

De vakantieganger kan in de VS kiezen uit een enorm aantal vakantiewoningen – van rustieke huisjes om romantisch samen te zijn tot luxe villa's die plaats bieden aan verscheidene gezinnen. Aanbieders zijn er genoeg. U kunt het beste op een internetzoekmachine zoeken naar de gewenste locatie (staat, stad, dorp) en periode en kiest uit wat het best bij u past (bijvoorbeeld www.home away.nl/Noord-Amerika, http://amerika.start pagina.nl of www.vakantiewoningen.org).

## Reserveren

Wanneer u telefonisch een kamer reserveert, wordt hij maar tot 18.00 uur vrijgehouden. U kunt gegarandeerd boeken met een creditcardnummer, maar dan moet u wel betalen, ook als u de reservering later afzegt. Tweepersoonskamers kunnen met een geringe toeslag door meer dan twee personen worden benut. De prijzen zijn altijd bedoeld voor een kamer en worden niet per persoon berekend.

Voor het bespreken van een kamer geldt de vuistregel: in grote steden kunt u maar beter reserveren. Wanneer ten tijde van uw bezoek toevallig een congres of een belangrijk sportevenement wordt gehouden, zijn misschien alle kamers al bezet. In landelijk gebied is de kans hierop klein, zodat u op goed geluk op zoek kunt gaan en kunt proberen om een paar dollars van de prijs af te krijgen met een coupon of een andere kortingmogelijkheid (zie blz. 25). Het is ook aan te bevelen om een hotel gereserveerd te hebben wanneer u net van het vliegveld komt, want het is zeer onaangenaam om dan nog op zoek te gaan. Overigens is het tegenwoordig verplicht om een eerste adres op te geven wanneer u in de VS arriveert (zie blz. 63), maar dat kan ook het adres van het filiaal van het door u gebruikte autoverhuurbedrijf zijn.

## Jeugdherbergen

Wie met een klein budget reist, kan veel geld besparen door in een jeugdherberg (hostel) te overnachten. Deze hostels zijn in de grote steden in de regel 24 uur per dag open (ca. $30–40 per bed), maar in landelijke gebieden zijn ze overdag gesloten en gaan ze pas laat in de namiddag open (ca. $15 per bed). Gewoonlijk krijgt men een bed in een slaapzaal, soms een iets duurdere privékamer. Niet alleen jonge rugzakreizigers overnachten in een hostel, maar ook oudere en hele gezinnen. Meestal is een eigen slaapzak verplicht (Hostelling International-USA, 8401 Colesville Rd., Suite 600, Silver Spring, MD 20910, tel. 301-495-1240, fax 301-495-6697, www. hiayh.org/hostels of Stayokay, lid van Hostelling International, tel. 020-5513155 in Amsterdam, info@stayokay.com, www.stayokay .com).

## Kamperen

Het wemelt in de VS van de particuliere, gemeentelijke of staatscampings voor *recreation vehicles* (campers). Vooral de terreinen van de National Park Service en de Forest Service zijn voordelig (ca. $5–10), maar ze zijn lang niet zo luxueus toegerust als bijvoorbeeld de langs de hele oostkust te vinden KOA-terreinen ($20–30 per nacht, www.koa.com), waar ook *cabins* te huur zijn. Dit zijn houten huisjes met één of twee kamers voor maximaal 6 personen, soms met airconditioning, afhankelijk van de ligging. Nog comfortabeler zijn *camping lodges* en *camping cottages* met een keuken vol apparaten, airconditioning en een bad. U moet zelf een slaapzak en keukenbenodigdheden meenemen. Voor een cottage voor 2 personen moet u $50–60 per nacht neertellen, inclusief een plaats voor de auto.

Wie met een camper door Amerika reist, mag niet langs de weg overnachten, maar moet daarvoor van een kampeerterrein gebruikmaken. Bij de Chambers of Commerce en de Visitors Bureaus kunt u gratis een volledig overzicht krijgen van de kampeermogelijkheden.

## Stranden

De schoonste stranden met het warmste zeewater liggen in Florida op de Florida Keys, aan de zuidelijke Atlantische kust en aan de Golf van Mexico. Veel stranden zijn vlak en geschikt voor kinderen. Op sommige stranden, bijvoorbeeld Daytona Beach, mag u tegen betaling met uw auto rijden. Myrtle Beach (South Carolina), een badplaats waar het 's zomers heel druk is, is vooral bestemd voor jongeren en kampeerders. De prachtige zandstranden in de Panhandle van Florida zijn haast nog niet ontdekt door Europese toeristen.

## Golfen

Vooral in Florida kan er het hele jaar door worden gegolft onder fantastische omstandigheden. Ook in andere staten echter zijn bij een hotel behorende golfterreinen te vinden of openbare waarvan men tegen betaling gebruik kan maken. Over het algemeen kunt u een golfuitrusting lenen. U kunt ook golfbenodigdheden kopen, dat is goedkoper dan in Nederland.

## Duiken

Sinds het vlaggenschip Tiger van sir Walter Raleigh in 1585 aan de grond liep, zijn meer dan 1000 schepen gezonken voor de Outer Banks (North Carolina), waaronder de Duitse onderzeeërs U-85 en U-701, waardoor deze regio een van de grootste scheepskerkhoven ter wereld is geworden. **Outer Banks Diving** (Captain John Pieno, P.O. Box 453, Hatteras NC 27943, tel. 252-986-1056, www.outerbanksdiving.com) organiseert duikexcursies.

De Florida Keys, met een koraalrif aan de Atlantische zijde en talrijke kunstmatige riffen, zijn een paradijs voor duikers. Vooral de wrakken van oude Spaanse zeilschepen maken het duiken onvergetelijk. Veel duikwinkels, bijvoorbeeld in Key Largo en in het John Pennekamp Coral Reef State Park, bieden uitrustingen en rondleidingen aan. U kunt in het park ook zwemmen, snorkelen, kamperen en picknicken. Om te vissen hebt u een zoutwatervislicentie nodig. Over het koraalrif varen schepen met een glazen bodem (Mile Marker 102,5, tel. 305-451-1202, www.pennekamppark.com).

## Wildwatervaren

Vooral in de Appalachen zijn schitterende gelegenheden te vinden om te wildwatervaren, bijvoorbeeld op de Chattooga River in South Carolina, met zijn stroomversnellingen. In het voorjaar en de vroege zomer, wanneer het water hoog staat, zijn de omstandigheden het best. Filmliefhebbers kennen deze onstuimige rivier uit de film *Deliverance* uit 1972 met Burt Reynolds (**Wildwater Ltd.**, P.O. Box 309, Long Creek, SC 29658, tel. 864-647-9587, www.wildwaterrafting.com).

De Ocoee River in het zuidoosten van Tennessee diende als strijdtoneel van de wedstrijden wildwatervaren tijdens de Olympische Spelen van 1996 (commerciële aanbieders: **Cherokee Rafting Service**, Hwy 64, P.O. Box 111, Ocoee, TN 37361, tel. 423-338-5124, www.cherokeerafting.com, mrt.–okt.; **Nantahala Outdoor Center**, 13077 Hwy 19W., Bryson City, NC 28713-9165, tel. 423-338-5901, www.noc.com, mrt.–okt.).

## Wandelen

De meer dan 4000 km lange Appalachian Trail door de Appalachen is een klassieker onder de langeafstandwandelaars; hij voert van de White Mountains in New Hampshire tot aan de Great Smoky Mountains in North Carolina (inlichtingen: **Appalachian National Scenic Trail NPS Park Office**, Harpers Ferry Center,

Wandelaar op de top van de Mount Washington in New Hampshire

Harpers Ferry, WV 25425, tel. 304-535-6278, www.nps.gov/appa). Een andere langeafstandsroute is de Long Trail in Vermont (inlichtingen bij de **Green Mountain Club**, 4711 Waterbury-Stowe Rd., Waterbury, VT 05677, tel. 802-244-7037, www.greenmountainclub .org). Het tussen 1910 en 1930 aangelegde pad volgt 430 km lang de kam van de Green Mountains van de staatsgrens tussen Massachusetts en Vermont tot aan de landsgrens met Canada.

## Fitness en gezondheid

Veel grotere hotels zijn voorzien van een fitnessruimte, vaak in combinatie met een wellnessafdeling, om tegemoet te komen aan het stijgende verlangen om gezond te leven. Kuuroorden zijn er bij de vleet. Aangeboden worden onder andere verscheidene soorten massage, behandeling door een manicure of pedicure, aromatherapie, ayurveda en ontharing (zie blz. 402).

## Wintersport

De zes staten van New England tellen van de Canadese grens in het noorden tot aan Connecticut in het zuiden tientallen skigebieden. Vermont, New Hampshire en Maine bieden de beste omstandigheden en de grootste sneeuwzekerheid. Hier is de exploitatie van afdalings- en snowboardpistes, langlaufloipes en sneeuwschoentrails van november tot april een winstgevende aangelegenheid. Naast de 'klassieke' disciplines speelt ook het sneeuwmobielrijden een belangrijke rol, waarvoor men in New England duizenden kilometers aan paden ter beschikking heeft.

Diverse populaire skicentra in de White Mountains zijn gemakkelijk te bereiken vanaf de I-93, zoals **Bretton Woods** (Bretton Woods, tel. 603-278-3320, www.brettonwoods .com, http://mt.washington.com/bretton woods), **Waterville Valley** (Campton, tel. 603-236-8311, www.waterville.com), **Loon Mountain** (Lincoln, tel. 603-745-8111, www.loon mtn.com).

## Winkelen

Amerikakenners steken lichtbepakt de Atlantische Oceaan over, maar hebben wel een extra tas in hun koffer om voor de terugweg de inkopen in te stoppen. Om twee redenen is het winkelen in het oosten van de VS zo aantrekkelijk: ten eerste het enorme aanbod, ten tweede de voordelige prijzen.

### Factory outlet malls

*Factory outlet malls* vormen soms een compleet stadsdeel met parkeerplaatsen zo groot als een voetbalveld en daaromheen de verkooppunten van afzonderlijke firma's of merken. De producent van vrijetijdskleding L.L. Bean (www.llbean.com) in Freeport (Maine) was de pionier op het gebied van fabrieksverkoop. Dit bedrijf opende het eerste winkelcentrum dat het hele jaar door, 24 uur per dag geopend was. Alles wat maar iets voorstelde op de Amerikaanse kledingmarkt volgde snel. Intussen doen ook internationale firma's mee. Aan Main Street in een willekeurige stad staan nu tientallen winkels direct naast elkaar, die merken als Levi's, Lee, Nike, Reebok, Wrangler en Calvin Klein ver onder de normale prijs verkopen. De stad Reading in Pennsylvania is ook een eldorado van factory outlets (www.readingbcrkspa.com/content.asp?page=outlets) met een gigantisch aanbod van bijna alle branches. De in de outlets aangeboden mode is overigens niet altijd het nieuwste van het nieuwste, vaak zijn het modellen uit oudere collecties.

De Prime Outlets (www.primeoutlets.com) vormen de grootste keten van factory outlets, met over het hele land meer dan 50 vestigingen, hoofdzakelijk in de oostelijke staten, bijvoorbeeld vier in Florida. Een andere keten is The Mills (www.millscorp.com), die in het oosten vertegenwoordigd is met meer dan 40 outlet malls. De website van OutletsOnline (www.outletsonline.com) geeft een overzicht van dergelijke shopping malls. Niet alleen kleding leent zich voor fabrieksverkoop. Ook schoenen, reistassen, huishoudelijke spullen, chocolade, noten, pretzels, bijbels en fijnproeversdesserts, om maar een paar voorbeelden te noemen, zijn tegen gereduceerde prijzen te koop.

## Souvenirs

Honkbalpetjes, nummerplaten met symbolen en motto's, en straatnaamborden zijn de bestsellers in de vele Amerikaanse souvenirwinkels. In indianenreservaten worden sieraden en andere kunstnijverheid, zoals decoratieve dekens en manden, verkocht. Nashville staat bekend om zijn westernkleding en dan vooral de uitbundig versierde leren laarzen. Koop vooral geen van exotische dierenvellen vervaardigde souvenirs wanneer het om een bedreigde soort gaat.

## Uitverkoop en belasting

In de VS hoeft u niet te wachten op de zomer- of winteruitverkoop, want sales en speciale acties vanwege een feestdag zijn er het hele jaar door. De afgeprijsde goederen in de etalages zijn niet over het hoofd te zien. Niet alleen de economie, maar ook de staat probeert de particuliere consumptie op te drijven. New Hampshire heft in het algemeen geen omzetbelasting en in Massachusetts, Pennsylvania en New Jersey is kleding belastingvrij. Dat geldt in Delaware voor alle goederen behalve auto's. Wie wil overgaan tot een grote aankoop, doet er goed aan uit te zoeken in welke staat dat het best kan. Met gratis kortingkaarten, bijvoorbeeld bij een supermarkt, kunt u veel geld besparen.

# Uitgaan

Terwijl in landelijke gebieden na zonsondergang gewoonlijk niets meer te beleven is, zijn vele steden in het oosten van de VS een paradijs van avondlijk dan wel nachtelijk vermaak. De culinaire wereld in steden als New York, Philadelphia en Miami bestaat uit eetgelegenheden in alle prijsklassen en is zeer afwisselend door de veelheid aan etnische keukens. Werknemers spreken na kantooruren vaak af in kroegen en bars voor een borreltje, en dat is meestal in het happy hour tussen ongeveer 16 en 19 uur, wanneer drankjes en hapjes voor de helft van de prijs worden geserveerd.

Nachtvlinders kunnen in de grote steden kiezen uit een nauwelijks te overtreffen aanbod aan toneel- en musicaltheaters, klassieke en moderne concerten, comedyclubs, cabarets (variétérestaurants), tv-shows en discotheken, waar de stemming er doorgaans pas na middernacht in komt en de pret doorgaat tot in de kleine uurtjes. Zelfs sommige musea en galeries houden op bepaalde dagen in de week de deuren tot 22 uur geopend.

In Orlando (Florida) sluiten de grote themaparken weliswaar relatief vroeg, maar de Universal Studios hebben in de buurt van de ingang van het terrein en de grote hotels City Walk gecrëeerd, een wijk waarin de kroegloper kan kiezen tussen bijvoorbeeld het Nascar Café met een paardensportinterieur, de Bob Marley Bar, gevestigd in de nagebouwde woning van de 'koning van de reggae', en het Hard Rock Café met memorabilia van rocklegenden.

Een andere vorm van amusement bieden de talrijke casino's, waar in het oosten in de eerste plaats Atlantic City om bekendstaat. Ze zijn 24 uur per dag open en bieden speeltafels, automaten, shows en *All you can eat*-buffetten.

Mango's Tropical Café aan Ocean Drive in Miami Beach

## Maten, gewichten en temperaturen

### Lengtematen

1 inch (in.) – 2,54 cm
1 foot (ft.) – 30,48 cm
1 yard (yd.) – 0,9144 m
1 mile (mi.) – 1,609 km

### Oppervlaktematen

1 sq mile – 2,5899 km²
1 acre – 0,4047 ha
1 sq foot – 0,092903 m²
1 sq inch – 6,452 cm²

### Inhoudsmaten

1 pint (pt.) – 0,473 l
1 quart (qt.) – 0,946 l
1 gallon (gal.) – 3,785 l
1 fluid ounce – 29,5735 ml

### Gewichten

1 ounce (oz.) – 28,35 g
1 pound (lb.) – 453,592 g (16 oz.)

### Temperaturen

De temperaturen worden gemeten in graden Fahrenheit (°F). Voor de omrekening geldt de formule: Fahrenheit min 32 gedeeld door 1,8 = graden Celsius. Omgekeerd: Celsius vermenigvuldigd met 1,8 plus 32 = graden Fahrenheit.

## Openingstijden

De openingstijden van de winkels lopen sterk uiteen, aangezien de VS geen winkelsluitingswet kennen. Kleine winkels zijn geopend ma.-za. van 9.30 tot 17 uur en supermarkten vaak tot 21 uur. Vooral in de grote steden zijn er tal van winkels waarin u het klokje rond terechtkunt. Ook in landelijk gebied echter wordt er, anders dan men zou verwachten, soms zeer onconventioneel omgegaan met de openingstijden.

## Fooien

Een fooi heet in de VS *tip* of *gratuity*. Kruiers krijgen $1 per stuk bagage. Taxichauffeurs verwachten ca. 15% van de ritprijs. In restaurants is een fooi van 15% van het bedrag op de rekening zelfs verplicht omdat het bedieningsgeld meestal niet bij de rekening inbegrepen is en het bedienend personeel zo'n laag basisinkomen krijgt dat het vrijwel volledig van de fooien afhankelijk is. Wie, wellicht uit onwetendheid, het bedrag maar een klein beetje naar boven afrondt, zal daar zeker op worden aangesproken. Ook de roomservice verwacht een fooi en wel van $1 per nacht. Een fooi is in Amerika niet alleen een beloning voor een goede bediening, maar een vast onderdeel van het inkomen in de dienstensector.

## Tijd

Het oosten van de VS ligt in twee tijdzones. Het grootste deel valt in de Eastern Time Zone (6 uur vroeger dan bij ons). Alleen het westen van Tennessee met Nashville en de Panhandle in Florida hoort bij de Central Time Zone (7 uur vroeger). Sinds 2007 is de zomertijd verlengd en die geldt nu van de tweede zondag in maart tot de eerste zondag in november *(daylight saving time)*, wanneer het één uur later is.

In één VS is de dag niet verdeeld in 24 uur, maar in tweemaal 12 uur. Tussen middernacht en 12 uur staat er am *(ante meridiem*, voor de middag) achter de tijd en daarna pm *(post meridiem*, na de middag). Ook de schrijfwijze van de datum is anders dan bij ons. In de VS wordt eerst de maand, dan de dag en daarna het jaar vermeld. Een voorbeeld: 1 maart 2010 is 03/01/2010. Let hierop bij bijvoorbeeld het reserveren van een hotelkamer.

# Geld en reisbudget

## Valuta/geld

Er zijn bankbiljetten (vanwege de vroeger groene kleur ook wel *greenbacks* genoemd) van 1, 2, 5, 10, 20, 50, 100, 500 en 1000 dollar. Briefjes van twee dollar zijn zeer zeldzaam en daarom een verzamelobject. Biljetten van 100 dollar worden vanwege de mogelijkheid dat ze vals zijn, in veel winkels zeer argwanend bekeken of zelfs helemaal niet geaccepteerd. Wanneer u dollars mee wilt nemen van huis, kunt u er beter voor zorgen dat er veel biljetten van lagere waarde bij zitten.

Er zijn munten van 1 cent, 5 cents *(nickel)*, 10 cents *(dime)*, 25 cents *(quarter)*, 50 cents en de zeldzame munt van 1 dollar.

## Cheques en creditcards

Travellercheques in dollars zijn te gebruiken als contant geld. Aan het verzilveren zijn geen extra kosten verbonden. De coupures mogen niet groter zijn dan $50. Creditcards zijn handig in de meeste winkels, hotels, restaurants, bij alle autoverhuurbedrijven en zelfs bij de benzinepomp. Bijna overal kunt u direct aan de pomp met de kaart betalen. Zonder 'plastic geld' is het huren van een auto onmogelijk, of op zijn minst omslachtig, omdat er een grote som geld als waarborg moet worden overhandigd. Ook wie onderweg telefonisch alvast een hotel wil reserveren, moet het nummer van zijn creditcard geven. Het meest verbreid zijn Visa, Master-Card en American Express. Met een van een pincode voorziene bankpas of creditcard kunt u geld halen bij een geldautomaat (ATM, *automatic teller machine,* ook wel *cash dispenser)* waarop het logo is afgebeeld dat ook op uw pas staat, bijvoorbeeld Cirrus of Maestro. Doet u dit met een creditcard, dan zijn er extra kosten aan verbonden. Wanneer u een creditcard hebt, kunt u ook een bank binnengaan met het logo van uw kaart bij de deur geplakt en daar geld opnemen. Dit is omslachtiger dan pinnen bij een geldauto-

maat en weer zijn er extra kosten aan verbonden. Klanten van de Citibank kunnen in de VS wel kosteloos geld opnemen van hun rekening.

Het biedt geen voordelen om euro's mee te nemen en die in de VS te wisselen voor dollars en het brengt alleen het risico mee dat u voortdurend veel contant geld bij u hebt. Bovendien bestaat de mogelijkheid dat kleinere banken in het binnenland überhaupt geen buitenlandse valuta accepteren.

Wie van een vroegere reis nog Amerikaans geld over heeft, doet er goed aan een handvol quarters (25 centmunten) en/of een paar kleine dollarbiljetten mee te nemen. Ze kunnen van pas komen bij uw aankomst om bijvoorbeeld te telefoneren of een kruier te betalen.

## Vals geld

Vals geld is niet alleen in de eurozone, maar ook in de VS een brandende kwestie. Veel winkeliers willen hun handen niet branden aan een 100 dollarbiljet. Ook bij de nieuwe 20 dollarbiljetten is de kans volgens deskundigen groot dat men met een vervalsing te maken heeft, aangezien de vaardigheden van de vervalsers dankzij de digitale techniek sterk gestegen zijn. U kunt het beste letten op de drie centrale veiligheidskenmerken van de biljetten: watermerk, veiligheidsdraad en een 20 in de rechterbenedenhoek van de voorkant waarvan de kleur verandert bij het schuin houden van het biljet.

# Prijsniveau

Sommige goederen of diensten zijn in de VS goedkoper dan in Nederland, andere duurder. Voor benzine betaalt men minder (hoewel de prijs de laatste jaren flink omhoog is gegaan), evenals voor textiel (jeans!), schoenen en fruit. Een bezoek aan een chic restaurant, de toegangsprijs van een museum of een pretpark, alcoholische dranken en sommige levensmiddelen als verse melk zijn aanzienlijk duurder. Twaalf blikjes Budweiser kosten in de supermarkt $8 à 9. Onder $7 is in New York City, waar de prijzen het hoogst zijn, nauwelijks een pakje sigaretten te krijgen (elders zijn ze goedkoper).

## Uit eten

Een ontbijt in een coffeeshop, niet te verwarren met de Nederlandse coffeeshops, komt u op $5-7 te staan. Valt uw oog op een knus café naast een groot hotel, dan bent u al gauw het dubbele kwijt. Een lunch of avondmaaltijd in een *food court* krijgt u inclusief nonalcoholisch drankje voor ca. $5 tot $7. Een fles bier kost in een normale bar $3 à $4. Een avondmaal in een fatsoenlijk Amerikaans restaurant komt inclusief een drankje voor $20 tot $30 in de boeken. Voordeliger zijn Chinese restaurants of *buffets* (cafetaria's), waar u voor de helft van de prijs kunt eten, of in *Take Aways* in supermarkten, waar uw maaltijden worden ingepakt.

## De kosten van de rit

Een rit met de Greyhoundbus van Washington D.C. naar Philadelphia kost $25, van New York naar Boston $35. Voor hetzelfde traject met de trein betaalt u $79 respectievelijk $78. Een taxi van de luchthaven van Miami naar Lincoln Road in Miami Beach moet ongeveer $32 kosten.

Wie met een dorstige camper door de VS wil reizen, moet bij zijn voorbereiding rekening houden met de drastisch gestegen benzine- en dieselprijzen (zie hierboven). In het uitgestrekte Amerika is men gewend grote afstanden af te leggen, wat vroeger, toen de benzineprijs laag was, geen probleem was. Nu de brandstofkosten flink omhoog zijn gegaan, kunnen ze een flink gat in uw reisbudget slaan. Dus: vergelijk vooral de prijzen en let erop welke benzineketen in een bepaalde regio het voordeligst is (de prijsverschillen kunnen flink oplopen). Wilt u een uitstapje maken naar een gebied met een zwakke infrastructuur, zorg dan dat uw tank goed gevuld is, want de dichtstbijzijnde pomp kan nog een eind weg zijn.

---

**Creditcards en bankpassen blokkeren**

Bij verlies of diefstal van een bankpas kunt u het volgende **telefoonnummer** bellen om de pas te blokkeren:

## 0800-0313

**Overige blokkeernummers:**

| Kaart | telefoonnummer |
| --- | --- |
| Master Card | 030-2835555 |
| Visa | 020-6600611 |
| American Express | 020-5048000 |
| Diners Club | 020-6545519 |
| Giropas | 058-2126000 |

**Blokkeernummer voor de creditcard:**      **Blokkeernummer voor de mobiele telefoon:**

_____      _____

# Reisperiode en reisbenodigdheden

Het hoogseizoen ligt in de VS tussen Memorial Day (laatste weekend van mei) en Labor Day (eerste weekend van september). De zomervakanties van de meeste scholen vallen binnen deze periode en vele gezinnen gebruiken deze maanden om eropuit te trekken. Daarom zijn bezienswaardigheden en landschappelijk interessante gebieden zoals National Parks en State Parks en ook badplaatsen in het hoofdseizoen blootgesteld aan een enorme toestroom van binnenlandse toeristen.

In Florida is het hoofdseizoen dankzij het bijzonder gunstige klimaat verschoven van november tot april. Enkele breedtegraden naar het noorden, bijvoorbeeld in de Panhandle van Florida, in Georgia en in North en South Carolina, heerst van mei/juni tot oktober het zogenaamde *peak season*. In New England, New York State en het noordelijk deel van Pennsylvania is het vanaf eind september overdag vaak nog mooi weer, maar de nachten zijn kil, waarmee de Indian summer met zijn kleurrijke bladerpracht wordt aangekondigd. Dit jaargetijde met zijn fraai gekleurde bossen markeert in New England het begin van een tweede hoogseizoen, na hartje zomer, waarin het er bijna nog drukker aan toegaat.

## Kleding en benodigdheden

Wie in de herfst naar de noordelijke oostkust reist, doet er goed aan om warme kleding mee te nemen. Die kunt u zelfs midden in de zomer soms ook in het zuidelijke Florida gebruiken, omdat in horecagelegenheden en supermarkten de airconditioning vaak zo hoog staat dat er een pooltemperatuur heerst. In principe is in de VS lichte vrijetijdskleding ruim voldoende en hoeft u niet al te formeel gekleed te gaan. Een concert of een aanverwant cultureel evenement van niveau moet u echter ook in de onconventionele VS in gepast tenue bezoeken.

Voorzie u thuis al van belangrijke reisbenodigdheden, anders verdoet u tijdens uw vakantie kostbare tijd. Aangezien de netspanning in de VS 110 volt bedraagt, zijn van huis meegenomen elektrische apparaten alleen te gebruiken als ze kunnen worden omgezet van 220 naar 110 volt of wanneer ze automatisch omschakelen (zoals laptops). Een adapter hebt u in ieder geval nodig, want Nederlandse stekkers passen niet in een Amerikaans stopcontact. Medicijnen die u permanent nodig hebt, dient u in uw handbagage te stoppen, voor het geval uw koffer zoek raakt. Indien het bijzondere medicijnen betreft die in de VS misschien als drugs worden beschouwd, is het nuttig om een doktersattest of een recept bij u te hebben.

## Weer

De Amerikaanse oostkust strekt zich van Canada tot het Caribisch gebied in noord-zuidrichting uit over een afstand van bijna 3000 km. Hierdoor is het onmogelijk om zinvolle informatie te geven over het weer in het hele gebied. Het heeft meer zin om aparte regio's van de oostkust, het noorden, midden en zuiden, te behandelen. Als vuistregel geldt: hoe verder naar het noorden, hoe koeler het weer en hoe onplezieriger het zwemmen in zee. De hoogste gemiddelde jaartemperatuur heerst derhalve in de zuidpunt van de Florida Keys, waar het het hele jaar door aangenaam zwemmen is.

### Het noorden

In de zes staten van New England en de naburige gebieden heerst een landklimaat, met een zeer koude winter en een zwoele, warme zomer, waarbij de klimaatwisselingen zich in de regel veel sneller voltrekken dan in Europa en meestal ook extremer uitvallen. De gunstigste reisperiode is die van mei tot half oktober, waarbij de herfst van half september tot begin november soms prachtig weer en vooral grandioze bladkleuren met zich meebrengt. Geen wonder dat de Indian summer in New England als hoogseizoen geldt. Ondanks de noordelijke ligging heersen in New England midden in de zomer niet zelden hoge dagtemperaturen met een ongewone luchtvochtigheid. Dat komt doordat er aan de oostkust geen in oost-westrichting lopende bergketens voorkomen, zodat de warme luchtmassa's uit het zuiden ongestoord kunnen doordringen naar het noorden. Omgekeerd kan het gebeuren dat in de winter de uit Canada komende koude lucht langs de Appalachen tot in het zuiden doorstoot. Hierdoor hebben de centrale en zuidelijke Atlantische kust af en toe te maken met flinke sneeuwbuien en zijn in Florida sinds het begin van de weermeting al meermalen delen van de midden op het schiereiland gelegen citrusplantages vernietigd.

## Het midden

Aan de centrale Atlantische kust heersen van april tot oktober overwegend gematigde tem-peraturen. Toch stijgen de maximumtemperaturen in de zomer niet zelden tot boven de 30 °C, terwijl de minimumtemperaturen nauwelijks onder de 20 °C zakken. De winters zijn aan de gematigde kant en over het algemeen te vergelijken met die in Nederland, want er valt doorgaans meer regen dan sneeuw en de temperaturen schommelen tussen het vriespunt en ca. 8 °C. Desondanks is er af en toe sprake van hevige sneeuwval, die het openbare leven in vooral de grote steden soms tijdelijk geheel lamlegt.

Wie aan de centrale Atlantische kust vooral steden wil bezoeken, heeft voor zijn vakantie meer aan het begin dan wel het eind van de zomer, wanneer het weer aangenaam is, dan aan de hoogzomer, wanneer de straten in metropolen als Washington D.C. en Philadelphia zinderen in de zwoele hitte en de inwoners in het weekend naar de oceaankust vluchten.

## Het zuiden

Florida is de zuidelijkste staat van de VS. Zowel 's zomers als 's winters worden de extreme temperaturen aan de kust getemperd

Klimaatgegevens New York

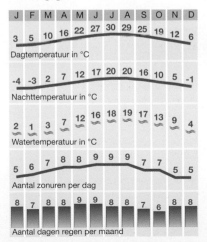

Klimaatgegevens Miami

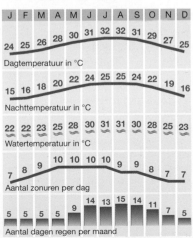

De Golfkust van Florida staat bekend om zijn overweldigende zonsondergangen

door de oceaan en de Golfkust. In principe bestaan er in Florida twee klimaatzones met zeer verschillende weersomstandigheden, waarbij de scheidslijn ongeveer over de hoogte van Orlando loopt. In het noordelijk deel heerst een gematigd klimaat, maar in juli en augustus kan het er even heet worden als in het zuiden. In de winter valt in de hoger gelegen delen van de Panhandle af en toe sneeuw, die echter hoogstens enkele uren blijft liggen. Ten zuiden van Orlando is het klimaat subtropisch met van november tot april, het hoogseizoen, zachte weersomstandigheden en weinig vochtigheid. Van mei tot oktober zijn de dagtemperaturen hoger, maar door de invloed van de zee toch nog lager dan in bijvoorbeeld New York City. Dit jaargetijde wordt in het zuiden grofweg gekenmerkt door de ene dag een hoge luchtvochtigheid en onweer en stormen de andere dag. Met de soms overvloedige re-

genval en onweersbuien is in de regel een temperatuurdaling van enkele graden verbonden, wat in de zomer heel aangenaam kan uitvallen. Vooral orkanen, die jaar na jaar tussen juni en november over dit landsdeel razen en soms catastrofale verwoestingen aanrichten, laten zich gelden.

**www.cnn.com/weather:** Op deze website vindt u de weerberichten voor de hele VS of over tal van afzonderlijke steden, inclusief voorspellingen voor de vier komende dagen.

De Amerikaanse gezondheidszorg bevindt zich op hoog niveau en de kosten doen daar niet voor onder. Het is gebruikelijk om **medische verzorging** van tevoren te betalen, en dat kan snel oplopen. Zorgverzekeraars vergoeden de in de VS ontstane ziektekosten niet, zodat het nuttig is een ziektekostenverzekering voor het buitenland af te sluiten. Let daarbij op de voorwaarden en zorg ervoor dat ook een eventueel transport naar huis bij de verzekering is inbegrepen. Op de *Yellow Pages* van de telefoongids vindt u de adressen van artsen *(physicians)*, tandartsen *(dentists)* en ziekenhuizen (*hospitals*). Ook de grote hotels en de telefooncentrale (tel. o) kunnen u helpen bij het zoeken naar een adres voor medische verzorging.

Het is belangrijk dat u zich in de VS tegen **muggen** beschermt sinds bekend is dat het west-nijlvirus door muggen kan worden overgedragen op mensen. De infecties zijn in 80% van de gevallen onschuldig. Bij kinderen, ouderen en zwakkere mensen kunnen complicaties optreden. Als voorzorg kunt u een effectief beschermingsmiddel tegen muggenbeten gebruiken. Wie tussen juni en november in de VS is geweest, mag wegens potentiele virusoverdracht vier weken lang geen bloed doneren.

Het is niet nodig om bij uw aankomst een **inentingsbewijs** te overleggen. Zorg er echter wel voor dat u een tetanusinjectie hebt gehad. Recepten van Amerikaanse artsen worden in *pharmacies* en *drugstores* geaccepteerd, die vaak in supermarkten te vinden zijn. Daar kunt u ook sommige medicijnen krijgen die bij ons niet in de vrije verkoop zijn.

In Florida komt de boomsoort gumbo veel voor, die wel 'toeristenboom' wordt genoemd omdat de stam en de takken roodachtig van kleur zijn en vervellen. Om na het zonnebaden niet met deze boom vergeleken te hoeven worden, is het nodig om u in de zomer te beschermen tegen **zonnebrand.** De zon is op zijn krachtigst tussen ongeveer 10 en 15 uur. Wie zich dan op een onbeschut strand bevindt, moet een zonnebrandmiddel van minstens factor 15 gebruiken (wie zich al heeft voorgebruind, kan met een lagere factor toe). Het is goed om te weten dat ultraviolette straling ook bij mistig weer door de nevel heen dringt. Ook water beschermt niet tegen zonnebrand.

Bij het **zwemmen in zee** dient u rekening te houden met gevaren als stromingen en getijdeverschillen. Het heeft weinig zin om tegen een stroming in te zwemmen, want zo verliest u alleen maar kracht. U kunt zich beter laten meevoeren, omdat de stromingsrichting vaak al relatief snel verandert en u dan de mogelijkheid hebt om diagonaal naar de kust toe te zwemmen.

In sommige perioden hebben de kust van de Golf van Mexico en sommige delen van de Atlantische kust te kampen met **kwallen**. Wanneer u met deze dieren in contact komt, kan dat een verbranding van de huid opleveren. Een middel om deze pijn te verlichten is het betreffende deel van de huid met een handvol zand in te wrijven en er papaïnepoeder, dat u dan van huis moet hebben meegenomen, overheen te strooien.

**Let op!** Net als in zoveel grote steden ter wereld zijn er aan de Amerikaanse oostkust ook metropolen met stadsdelen die u beter kunt mijden, ook al omdat er gewoonlijk geen belangrijke bezienswaardigheden te vinden zijn. In de steden geldt: houd het raam van uw auto dicht en vergrendel de portieren van binnenuit.

## Alarmnummer 911

Dit alarmnummer is geldig in het hele land. Een telefonist (dispatcher) verbindt de beller met politie, brandweer of ambulance.

# Communicatie

## Post

De United States Postal Service (USPS) is de hoofdaanbieder van de posterijen in de VS, naast particuliere ondernemingen als UPS, Fedex, Airborne en DHL. Wie regelmatig gebruikmaakt van de diensten van een van deze bedrijven, kan een klantenrekening openen en korting krijgen. De portokosten zijn afhankelijk van de gewenste bezorgtijd. Zo kost bij USPS een brief die binnen de VS als *first-class mail* wordt bezorgd $0,41 (bezorgtijd: 3 dagen), als *priority mail* $3,85 (2 dagen) en als *express mail* $13,65 (bezorging binnen 24 uur). Postzegels kunt u kopen in de filialen van de betreffende bezorgdiensten (postkantoren bijvoorbeeld), bij hotelrecepties en in souvenirwinkels.

De meeste vestigingen van USPS zijn geopend van 8.30 tot 17.30 uur, in grote steden soms ook 24 uur per dag. De US Post verhuurt een postbus alleen aan een ingezetene van de VS. Particuliere postbedrijven bieden ook postbussen aan niet-VS-staatsburgers aan, wanneer de postbus van tevoren wordt betaald. Een via USPS per luchtpost verstuurde ansichtkaart of brief komt in ca. één week in Europa aan. Per expresse gaat het sneller, maar het is ook beduidend duurder.

## Telefoneren

De telecommunicatie in de VS is in handen van particuliere bedrijven, ongeveer zoals dat intussen ook bij ons het geval is. Er zijn diverse mogelijkheden om van uw hotelkamer of met een openbare telefoon te telefoneren. Het voordeligst zijn **prepaid phone cards.** Deze plastic kaartjes zijn net zo groot als een creditcard en te koop in supermarkten, souvenirwinkels, bij benzinestations en in veel andere winkels. Er zijn verscheidene aanbieders en de prijs hangt af van het aantal gekochte eenheden. De goedkoopste kost $5.

Voor hoeveel eenheden u kunt bellen, staat op de achterkant van de telefoonkaart, maar het gaat hier om nationale eenheden. U kiest het op de kaart vermelde 1-800- of 1-888-nummer en krijgt dan het verzoek de geheime code op de kaart door krassen bloot te leggen en dan in te voeren. Daarna kunt u gewoon het gewenste nummer bellen.

Wie van de **telefooncentrale** *(operator)* gebruik wil maken, drukt een 0. Voor gesprekken met het buitenland geldt de volgende nummervolgorde: 011 + landnummer + netnummer (zonder de eerste 0) + abonneenummer (landnummer Nederland 31, België 32). 800- of 888-nummers zijn gratis nummers van bedrijven zoals hotels, bed and breakfasts en restaurants. Deze nummers zijn echter alleen binnen de VS te bellen en in principe moet er een 1 voor worden gekozen. Sommige hotels vragen tegenwoordig ook een bedrag voor het kiezen van deze nummers.

### Mobiel telefoneren

Een *prepaid phone card* kan in de VS ook gebruikt worden om mobiel te telefoneren. In principe heeft men in de VS een telefoon met tri-band nodig en betaalt een verhoogd buitenlandtarief. Het is belangrijk om erachter te komen, via uw provider, of u in de VS gratis een 1-800-nummer kunt kiezen of dat ook daarvoor het buitenlandtarief moet worden betaald. Als het voor een *prepaid phone card* noodzakelijke gratis toegangsnummer ook daadwerkelijk zonder kosten kan worden gebeld, is dat een goede en voordelige manier om te telefoneren. Een mobiele telefoon heet in de VS overigens *cell phone* of ook *mobile phone*.

Wat u ook kunt doen is een prepaid-telefoon kopen, zonder abonnement dus, zonder activeringskosten, inclusief beltegoed vanaf 30 minuten. Via een codenummer is het apparaat op te laden. Dit kan ook wanneer u in een vakwinkel een nieuwe simkaart met codenummer aanschaft als het beltegoed opgebruikt is. Zulke kaarten en bijpassende mobiele telefoons zijn te koop in de filialen van grote computerwinkels en radio- en tv-vakwinkels als CompUSA, Best Buy, Office Depot, Office Max, Radio Shack en AT&T Wireless Stores.

## Op reis met de laptop

Veel mensen die naar de VS reizen, hebben een laptop bij zich. Hotels en motels maken reclame met hun deels gratis draadloze en/of verkabelde supersnelle internetaansluiting. Meestal is er op de kamer een ethernetkabel te vinden, die u met uw laptop verbindt, waarna u de browser opent en al op het internet bent. U kunt echter ook inbellen via de telefoonaansluiting. De meeste telefoons in de VS hebben daarvoor een speciale dataport, die u door middel van een van huis meegenomen kabel verbindt met uw laptop (u kunt ook de telefoon afkoppelen en de telefoonkabel direct met de laptop verbinden). Het is van belang om voor het inbelnummer het cijfer te toetsen waarmee vanuit het hotel verbinding kan worden gemaakt met de buitenwereld (meestal is dat een 9). Daarna volgt een pauze en kunt u het eigenlijke nummer kiezen.

### Toegang tot het internet
In de meeste steden zijn internetcafés te vinden, waar u voor een gering bedrag online kunt gaan. Soms betreft het normale cafés, die maar over één internettoegang bezitten, waarvan u met uw laptop gebruik kunt maken. De openbare bibliotheken en grote computercentra bieden veelal gratis toegang tot het internet. Veel hotels, motels en luchthavens beschikken intussen over een wifi-hotspot (WLAN), via welke u met een laptop draadloos toegang tot het internet kunt krijgen.

De website www.wififreespot.com geeft een overzicht van alle gratis wifi-spots van luchthavens, hotels en kampeerterreinen. Op de Duitse website www.worldofinternetcafes.de/North_America/USA zijn alle internetcafés van de VS te vinden, gerangschikt per staat. De koffieketen Starbucks biedt in samenwerking met telefoonmaatschappij T-Mobile een supersnelle draadloze internetservice aan. De gast moet zelf een met een wi-fi (802.11b) *wireless card* uitgeruste laptop meenemen.

Wie bijvoorbeeld klant is bij AOL, vindt in het providermenu onder 'instellingen' het nummer van de relevante lokale inbelpunten (dat kunt u thuis trouwens ook al doen), via welke u online kunt gaan.

## Kranten en tijdschriften

Een van de wijdst verspreide dagbladen van de VS is het populaire *USA Today*, dat u kunt kopen bij een krantenkiosk of een op muntjes werkende automaat. Behalve andere landelijke dagbladen als de kwaliteitskranten *New York Times* en de *Washington Post* zijn er vele lokale en regionale bladen, waarin het meestal vergeefs zoeken is naar wereldnieuws. In de grote steden en op internationale luchthavens zijn buitenlandse kranten en tijdschriften te koop, soms ook van dezelfde dag, maar de keus is vaak niet groot. Ook in de VS is de situatie voor de gedrukte media sterk veranderd sinds de opkomst van andere media. Kranten en tijdschriften hebben in verhevigde mate te maken met de concurrentie van televisie en andere elektronische media en vertrouwen daarom steeds meer op hun eigen platform op het internet.

De windjammer Mary Day in de haven van Camden in Maine

**Onderweg**

LEGAL LOAD
LIMIT
24000
POUNDS

# New England

Portland

Boston

Providence

*Cape Cod*

# In een oogopslag: New England

## Een prachtige streek

Keurige dorpen met witgepleisterde houten huizen, omgeven door kleurige loofbomen. De zes staten in het noordoosten van de VS staan bekend als een prachtige streek en hebben deze reputatie niet ten onrechte. Maar New England bezit ook steden, vol bedrijvigheid en met een rijke historie, waar de VS zich van hun meest Engelse kant laten zien.

Vanwege hun Noord-Europese karakter komen het landschap, het klimaat en de vegetatie van New England op bezoekers uit de Oude Wereld vertrouwd over. Dat geldt ook voor de mentaliteit van de mensen, van wie de Europese voorvaders bijna 400 jaar geleden het noordoosten koloniseerden en de basis legden voor de huidige VS. De eerste scholen en universiteiten, zoals de beroemde vooraanstaande instituten Harvard en Yale, waren al het brandpunt van intellectueel Amerika lang voordat de Amerikaanse Revolutie in het midden van de 18e eeuw contouren begon te krij-

gen. Het is dan ook niet verwonderlijk dat bezoekers bijna overal stuiten op sporen uit het verleden, van de heksenprocessen in Salem tot de door Herman Melville beschreven walvisvaart bij Cape Cod en van de eerste schoten in de Amerikaanse Vrijheidsoorlog tot de beroemde Boston Tea Party, waarmee Amerika een belangrijke stap zette tot afscheiding van het moederland Engeland.

Ondanks zijn historische rol is New England niet in het verleden blijven steken. De hoofdstad Boston is een van de modernste metropolen van het land en kan bogen op een bruisend stadsleven. Voor de poorten van de stad strekt zich langs Route 128 een concentratie aan hightechbedrijven uit, die als New Englands 'Silicon Valley' economische geschiedenis heeft geschreven. Zelfs in afgelegen indianenreservaten is de moderne beschaving binnengedrongen met casino's en luxehotels. Door de combinatie van verleden en heden en het schilderachtige natuurschoon is deze re-

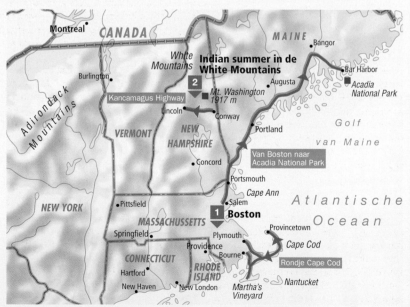

gio een vakantiebestemming die zich bij uitstek leent voor een eerste kennismaking met Amerika.

## Hoogtepunten

**1** **Boston** en de historische Freedom Trail in het centrum van de metropool (zie blz. 88).

**2** **Indian summer in de White Mountains:** New Hampshires 'vlammende' bossen in de White Mountains (zie blz. 108).

## Aanbevolen routes

**Rondje Cape Cod:** Het eiland Cape Cod, het vakantieparadijs van de staat Massachusetts, wordt aan drie kanten omgeven door de zee en grenst aan één zijde aan het Cape Codkanaal. Het wordt gekenmerkt door karakteristieke New Englandse plaatsjes en ongerepte stranden. Als u tijd genoeg hebt, kunt u een uitstapje per veerboot inlassen naar de eilanden Martha's Vineyard (zie blz. 122) en Nantucket (zie blz. 124).

**Kancamagus Highway:** Deze route in de White Mountains van New Hampshire volgt een oud indianenpad en verbindt de plaatsen Conway en Lincoln. In de Indian summer geldt hij als een van de mooiste routes van New England (zie blz. 110).

**Van Boston tot Acadia National Park:** Deze route loopt gedeeltelijk vlak langs de kust en is een prima vertrekpunt voor bijvoorbeeld een tocht naar het schilderachtige Cape Ann (zie blz. 135) of langs de ruige steile kust van de staat Maine met zijn sfeervolle vissersplaatsen en vakantieoorden (zie blz. 141).

## Reisplanning

De streek is het mooist in de Indian summer, als de enorme loofbossen verkleuren. De periode waarin dit gebeurt verschilt van jaar tot jaar, omdat de in noord-zuidrichting voortschrijdende *foliage* (bladverkleuring) afhangt van diverse klimatologische factoren. In de regel begint het vuurwerk in de bossen tegen

## Tips

**De ijzige top van Mount Washington:** Een onvergetelijke belevenis is een **rit** per **tandradbaan** of met de auto naar de top van deze 1917 m hoge berg, die gezien vanuit het dal een heel onschuldige indruk maakt. Op de top heersen echter meestal arctische klimatologische omstandigheden en strekt zich een grillig ijslandschap uit (zie blz. 111).

**Cape Cod per fiets verkennen:** Geen enkel gebied aan de kust van Massachusetts leent zich zo goed voor een fantastische fietstocht als Cape Cod (zie blz. 125).

het einde van september en duurt tot in november. Via de radio, kranten en de televisie krijgt u informatie over de actuele stand van de bladverkleuring en verneemt u uit betrouwbare bron waar en op welke plaats de Indian summer op zijn mooist is. In het koude jaargetij hebben de wintersporters de regio in hun greep. Het seizoen duurt van november tot april.

Wat de lengte van uw vakantie betreft, moet u vooral voor een tocht langs de kust genoeg tijd uittrekken. Als u de Atlantische kust echt wilt leren kennen, bent u vooral in Maine bij de door baaien en schiereilanden zeer onregelmatig gevormde kust aangewezen op veel zijwegen van Highway 1 naar afgelegen plaatsen – een tijdrovende onderneming. U kunt het best vooraf bepaalde uitstapjes inplannen. Cape Ann, Boothbay Harbor en het Acadia National Park met de plaats Bar Harbor mogen zeker niet op het programma ontbreken.

Enkele bestemmingen, zoals New Haven, New London, Providence, Boston, Portland, Hartford, Springfield en Burlington zijn ook bereikbaar met de trein en met de Greyhoundbus.

De officieuze hoofdstad van de regio wordt wel de 'Grande Dame' van New England genoemd, een goede typering van deze 600.000 zielen tellende metropool. Natuurlijk is haar statige leeftijd 'de Dame' aan te zien en vindt u overal herinneringen aan haar bewogen geschiedenis, maar toch is Boston nog altijd een jeugdige, levendig stad die met zijn tijd meegaat.

De schemering valt aan de rand van de Boston Common. Paartjes slenteren gearmd over de voetpaden langs de zwanenvijver. Een venter met hanenkam duwt zijn met *stars & stripes* versierde hotdogkraam naar huis. In een hoekje liggen jongeren op het gras te luieren en luisteren naar een zwarte band die een nummer speelt over moderne vormen van slavernij. Spandoeken met politieke slogans wapperen tussen de bomen, als om de eeuwenoude rol van het park als locatie voor politieke boodschappen en demonstraties te doen herleven. Al in de 17e eeuw veranderden de Bostonians het voormalige weiland in een trefpunt waar werd gediscussieerd over de toekomst van het land.

Wie naar Boston gaat, wil meer te weten komen over de historie van de stad, die in 1630 door de puriteinen werd gesticht. Daarbij vormt de lokale 'streep' een handig hulpmiddel. U kunt hem onmogelijk over het hoofd zien: de rode lijn op het plaveisel die de Freedom Trail markeert, waarlangs zich een tiental oorspronkelijke plaatsen uit de ontstaansgeschiedenis van de VS aaneenrijgen als een openluchtmuseum. Wat dit 'pad' zo aantrekkelijk maakt, is dat het midden door de kloppende hart van Boston voert en wandelaars die de route volgen de mogelijkheid biedt om de tocht door het roerige verleden van de stad af en toe te combineren met een bezoekje aan een modezaak of een gezellig terras.

Naast de Freedom Trail heeft Boston nog meer historische schatten te bieden, zoals de wijk Beacon Hill, met zijn bakstenen huizen,

en de eerbiedwaardige Harvard University in Cambridge. Ook wat musea betreft hoeft Boston een vergelijking met andere steden niet te schuwen. Met zoveel geschiedenis en cultuur zou u bijna vergeten dat Boston ook een stad is om zorgeloos in rond te slenteren, waar de bezienswaardigheden en interessante wijken zo dicht bij elkaar liggen dat u ze te voet kunt bereiken. Zonder opdringerig te zijn, maakt de stijlvolle 'Grande Dame' van New England het haar bezoekers gemakkelijk om haar sympathiek te vinden.

## De Freedom Trail

Boston ontvangt bezoekers met Europese charme, zonder zijn Amerikaanse accent te verbergen. Niet alleen Amerikanen wandelen aandachtig over de ruim 4 km lange **Freedom Trail** ('pad van de vrijheid', www.thefreedomtrail.org), waaraan ruim tien locaties liggen die een belangrijke rol hebben gespeeld in de geschiedenis. Bostons bekendste route door de stad begint bij de **Boston Common** 1, het oudste openbare park van de VS. Een handige plattegrond van de Freedom Trail, verkrijgbaar bij het **Visitor Center** in Tremont Street aan de oostzijde van het park, biedt u de mogelijkheid om de route op eigen houtje te verkennen. Na de stichting van de stad in 1630 heeft deze groene oase allerlei functies gehad. Tot 1830 graasden er koeien van plaatselijke boeren en tot 1817 werden op de wei ter dood veroordeelden in het openbaar opgehangen.

Maar de burgers van de stad gebruikten de uitgestrekte groene vlakte ook om tegen de Britse politiek te demonstreren, omdat hier van oudsher vrijheid van meningsuiting en van vergadering gold. Zo werd het park met zijn aan de Vrijheids- en Burgeroorlog herinnerende monumenten in de loop der eeuwen een onaantastbaar instituut, sinds de Amerikaanse Revolutie doordrenkt is met het hartenbloed van de plaatselijke bevolking.

## State House

Aan de noordrand van de Boston Common ligt tegen de heuvel in de wijk Beacon Hill het **State House 2**, de zetel van de regering en het parlement van de staat Massachusetts. Toen het door Charles Bulfinch ontworpen gebouw op 11 januari 1798 werd geopend, zaten de beide zijvleugels er nog niet aan. Deze zijn pas later toegevoegd. Het opvallendste kenmerk is de oorspronkelijk met houten dakspanen bedekte koepel, die later is overtrokken met koper uit de werkplaats van de revolutieheld Paul Revere (blz. 93) en in 1874 is verguld. Binnen vindt u de Doric Hall en beelden en schilderijen van belangrijke historische figuren, zoals George Washington en John Hancock. Opvallend in de hal zijn de tien dorische zuilen die vroeger van dennenhout waren, maar later zijn vervangen door brandveilige, met gips beklede ijzeren dragers (Beacon St./Park St., gratis rondleidingen ma.-vr. 10-16 uur, reserveren verplicht via tel. 617-727-3676; het State House is nu ook gratis toegankelijk).

## Kerken met een geschiedenis

Als u van Tremont Street naar het stadscentrum kijkt, ziet u voor de skyline met wolkenkrabbers de spitse toren van de in 1809 gebouwde evangelische **Park Street Church 3** staan, waar nog altijd diensten worden gehouden. De slanke, 66 m hoge toren van de kerk, die vaker op ansichtkaarten staat afgebeeld dan welk ander gebouw ook, is een soort symbool van Downtown Boston geworden (Park/St. Tremont St., geopend juli-aug. di.-za. 9.30-15.30 uur; verder op afspraak). Voordat Park Street Church werd gebouwd, stond hier een graanschuur, waarnaar de aangrenzende

## Onderweg met de auteur

### Aanraders!

**Freedom Trail:** Midden door Boston voert een wandelroute langs een tiental historische plaatsen, waarvan verscheidene te maken hebben met de Amerikaanse onafhankelijkheidsbeweging (zie blz. 88).

**Beacon Hill:** Onder de oudste en mooiste woonwijken van de stad neemt Beacon Hill met zijn harmonische bakstenen gebouwen een bijzondere plaats in (zie blz. 95). Een blik in het verleden biedt onder andere de geplaveide **Acorn Street** (zie blz. 96 en 100).

**Musea:** Kunstliefhebbers kunnen niet om het **Museum of Fine Arts** en het **Isabella Gardner Museum** heen (zie blz. 99).

**De campus van de beroemde Harvard University** en die van het al even gerenommeerde **Massachusetts Institute of Technology (MIT)** liggen in het naburige Cambridge en zijn vanuit Boston gemakkelijk te bereiken (zie blz. 102).

### Gratis attracties

**State House:** Een bezoek aan de zetel van de regering en het parlement van de staat Massachusetts is niet alleen de moeite waard op een regenachtige dag (zie blz. 89).

### Hier gebeurt het

De levendige **Quincy Market** met de daarvoor gelegen **Faneuil Marketplace** is op zonnige weekends een aanrader tijdens een wandeling door de stad (zie blz. 93).

**Old Granary Burial Ground** is genoemd. In de schaduw van de boomkruinen liggen de graven van patriotten uit de Amerikaanse Revolutie: drie ondertekenaars van de Onafhankelijkheidsverklaring, John Hancock, Robert Treat Paine en Samuel Adams, en acht gouverneurs. Een plaquette aan de rand van de begraafplaats vermeldt dat ook Paul Revere hier zijn laatste rustplaats heeft gevonden (Tremont St. dag. 9-17 uur, toegang gratis). Geen enkel gebouw in de stad speelde zo'n be-

# Boston

## Bezienswaardigheden

1. Boston Common
2. State House
3. Park Street Church
4. Old South Meeting House
5. Old State House
6. Faneuil Hall
7. Quincy Market
8. Paul Revere House
9. Old North Church
10. Bunker Hill Monument
11. USS Constitution
12. Museum of Science
13. New England Aquarium
14. Boston Tea Party Ship
15. Acorn Street
16. Louisburg Square
17. Museum of Afro-American History
18. Otis House Museum
19. Copley Square
20. Prudential Center
21. Christian Science Church
22. Museum of Fine Arts
23. Isabella Stewart Gardner Museum

## Accommodatie

1. Boston Harbor Hotel
2. Lenox Hotel
3. Newbury Guest House
4. Colonnade Hotel
5. Copley Square Hotel
6. Buckminster Hotel
7. Copley House
8. Constitution Inn
9. Howard Johnson
10. Boston International AYH Hostel

## Eten en drinken

11. Durgin Park
12. La Famiglia Giorgio's
13. Il Villaggio
14. Black Rhino
15. Beacon Hill Bistro
16. Lala Rokh
17. Sonsie
18. Deli One

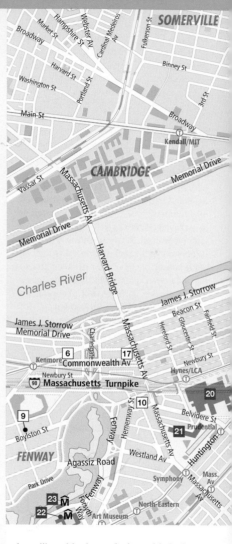

langrijke rol in de revolutiegeschiedenis aan het begin van de tweede helft van de 18e eeuw als het **Old South Meeting House** 4 uit 1729. Het bakstenen bouwwerk, oorspronkelijk een kerk, werd in de jaren zeventig van de 18e eeuw een revolutionaire kiemcel waarvan belangrijke impulsen uitgingen voor de Vrij-

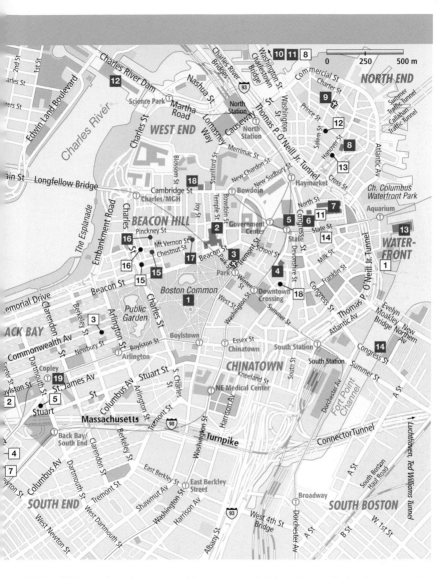

heidsstrijd. Op 16 december 1773 vond in en voor het gebouw een bijeenkomst plaats waarbij ca. 5000 burgers onder aanvoering van Samuel Adams hun onvrede over de door Londen geheven theebelasting kenbaar maakten. Verkleed als indianen stormden 90 demonstranten naar de haven, klommen aan boord van de Britse schepen die daar lagen en gooiden thee ter waarde van 18.000 pond sterling in het water – een protestactie die een keerpunt was in de geschiedenis van Amerika. Met de legendarische Boston Tea Party begon de actieve weerstand van de kolonisten tegen Engeland, die uiteindelijk tot onafhankelijkheid

Het Old State House aan de Freedom Trail te midden van wolkenkrabbers

zou leiden. Binnen is de geheel witte kerk omgetoverd in een museum dat – uiteraard – gewijd is aan de gebeurtenissen tijdens de Boston Tea Party (310 Washington St., tel. 617-482-6439, apr.-okt. dag. 9.30-17, nov.-mrt. ma,-vr. 10-16, za.-zo. 10-17 uur).

## Old State House

Het oudste openbare gebouw van Boston, het **Old State House** 5, diende na zijn voltooiing in 1713 aanvankelijk als bestuursgebouw van de Britse koninklijke gouverneur en daarna zetelde de regering van de staat Massachusetts er, tot in 1798 een nieuw State House kon worden betrokken. In de vertrekken heeft de Bostonian Society tentoonstellingen over de geschiedenis van de stad en de staat Massachusetts ingericht. Voor het gebouw geven markeringen de plaats aan waar vijf burgers zijn gedood bij de Boston Massacre. Zeven voor

het bloedbad verantwoordelijke Britse soldaten moesten zich later voor de rechter verantwoorden. Vijf werden er vrijgesproken en twee veroordeeld wegens moord (State St./Washington St., tel. 617-720-1713, dag. 9-17 uur).

## Faneuil Hall

Tegenover het hoog oprijzende Government Center met het vestingachtige stadhuis ligt aan Congress Street **Faneuil Hall** 6 uit 1742, die als markt- en ontmoetingsplaats wordt gebruikt. Aan de vooravond van de Revolutie vonden op de bovenste verdieping (die tijdens rondleidingen te bezichtigen is) talrijke samenkomsten plaats waarbij werd gediscussieerd over hoe er tegen de Britten moest worden opgetreden. Met zijn schilderijen van de strijd en militaristische voorwerpen dient het in georgian stijl opgetrokken gebouw tegenwoordig als reliekschrijn van de Vrijheidsoorlog (Faneuil Hall Marketplace, tel. 617-242-5642, dag. 9–17 uur; ieder half uur gratis rondleidingen van 9.30– 16.30 uur).

## North End

Naast Faneuil Hall strekt zich het populairste toeristische centrum van Boston uit. Rond de **Quincy Market** 7 , een langgerekte markthal met een zuilenfaçade, brengt in de zomer een levendige drukte. Bij de kraampjes verkoopt men honkbalpetten, aardbeienkwarkijs, ballonnen en souvenirs, die waarschijnlijk in het Verre Oosten zijn gemaakt. In de hal zelf wedijveren kuiplui achter visstalletjes, pizzabakkers, oosterse eetkraampjes en oesterkramen om de gunst van het publiek, dat vooral rond het middaguur Quincy Market belegert, alsof in de rest van de stad geen eten te krijgen is (Faneuil Hall Marketplace, openingstijden verschillen per zaak, tel. 617-523-1300).

Achter de Quincy Market sneed tot 2004 de Central Artery (I-93), een volledig overbelaste zesbaanssnelweg waar veel ongelukken gebeurden, dwars door het hart van Boston en deelde het stadscentrum in tweeën. De verantwoordelijke instanties brachten de afgelopen jaren uitkomst met het reuzenproject Big Dig: de lelijke verkeersweg is verbreed tot tien banen en loopt nu door een ondergrondse tunnel.

Ten noordoosten van de voormalige Central Artery strekt zich het stadsdeel North End uit. Oorspronkelijk was dit het favoriete woon- en werkgebied van de Ieren, maar de afgelopen decennia hebben de Italianen de regie in dit deel van Boston overgenomen met winkels, restaurants en cafés. De revolutieheld Paul Revere (1734–1818) kocht daar in 1770 het destijds al 90 jaar oude, grote huis dat tegenwoordig **Paul Revere House** 8 wordt genoemd en geldt als de oudste particuliere woning in Boston. Revere was zilversmid en maakte alles wat men zich maar kan voorstellen, van zilveren lepels tot theeserviezen. In 1788 opende hij een ijzergieterij en produceerde metalen onderdelen voor de plaatselijke scheepswerven, kanonnen en klokken-

spelen. Op de avond van 18 april 1775 kreeg hij de opdracht naar Lexington en Concord (zie blz. 106) te rijden en daar de ondergedoken revolutionairen Samuel Adams en John Hancock te waarschuwen voor hun op handen zijnde arrestatie door de Britten. Deze zogenaamde Midnight Ride inspireerde Henry Wadsworth Longfellow in 1860 tot zijn beroemde gedicht *Paul Revere's Ride*, dat een jaar later werd gepubliceerd in de *Atlantic Monthly* en van de tot dan toe anonieme ambachtsman in één klap een nationale held maakte. Het huis doet nu dienst als museum en ziet er vanbinnen nog net zo uit als toen Paul Revere het aan het eind van de 17e eeuw verkocht (19 North Sq. tel. 617-523-2338, half apr.–eind okt. 9.30–17.15 uur, nov.–half april tot 16.15 uur, ma gesloten).

Slechts zo'n 40 jaar jonger dan het huis van Paul Revere is de in georgian stijl opgetrokken bakstenen episcopale kerk **Old North Church** 9 . Het oudste godshuis in Boston heeft een spitse toren die veel lijkt op die van Park Street Church en tijdens de Amerikaanse Revolutie door de patriotten als seintoren werd gebruikt. Als er een lantaarn hing, betekende dit 'de Britten naderen over land', en twee lantaarns wilde zeggen 'de Britten komen over het water'. De vijf klokken in de kerk zijn afkomstig uit Engeland en waarschijnlijk het oudste klokkenspel op Amerikaanse bodem. Aan het einde van de 17e eeuw stond hier op de kansel pastoor Increase Mather, die samen met zijn zoon Cotton tot de geestelijke vaders van de heksenhysterie in Salem behoorde (193 Salem St., dag. 9–17 uur).

### Overzijde van de Charles River

Op de plaats waar de Charles River uitmondt in de Atlantische Oceaan en waar tegenwoordig de Charlestown Bridge van North End naar het naburige Charlestown voert, vestigde zich in de 17e eeuw de geestelijke William Blackstone, die een kluizenaarsbestaan leidde. In de jaren dertig van de 17e eeuw kwam hij in contact met een groep puriteinen die op zoek waren naar een gebied om zich te vestigen. Blackstone bood de pioniers aan in eerste instantie op zijn grondgebied te blijven.

Niet lang daarna verkocht hij zijn grond aan de nieuwkomers, sloeg op de vlucht vanwege hun intolerante levenswijze en legde daarmee min of meer de basis voor de stichting van Boston.

Ook daarna schreef het gebied rond de riviermonding geschiedenis, getuige het **Bunker Hill Monument 10** op het laatste deel van de Freedom Trail. Nadat u een wenteltrap met 294 treden hebt beklommen, kunt u op het 60 m hoge platform van de granieten obelisk genieten van een prachtig uitzicht over de stad en de haven. Het monument herinnert aan de eerste grote slag in de Revolutie van 17 juni 1775, waarbij de slecht uitgeruste en nauwelijks opgeleide koloniale troepen de oppermachtige Britse aanvallers het hoofd boden, totdat hun munitie opraakte (dag. 9–16.30 uur, beklimming gratis).

Het laatste punt om te bezichtigen langs de Freedom Trail is de **USS Constitution 11** in de jachthaven van Charlestown, het oudste intact gebleven oorlogsschip in de VS, dat in 1797 in Boston van stapel liep. Het maakte deel uit van een uit zes schepen bestaande vloot die in opdracht van George Washington was gebouwd om de belangen van Amerika's groeiende maritieme rol te behartigen. Naar aanleiding van zijn 200e verjaardag werden in 1997 na een ligtijd van 100 jaar voor het eerst de zeilen gehesen, voer het schip een uur op zee en nam toen met een donderend kanonsalvo afscheid van het enthousiaste publiek.

Een soortgelijke plechtigheid vindt ieder jaar plaats op de Amerikaanse Onafhankelijkheidsdag. Dan wordt de imponerende driemaster, begeleid door de fonteinen van de blusboten en onder het gejubel van de bevolking van Boston, met sleepboten door de haven getrokken en daarna weer teruggebracht naar de ligplaats, waar de National Park Service een museum over de geschiedenis van het schip beheert (Constitution St., tel. 617-242-5670, gratis rondleidingen op het schip dag. 9.30–15.30 uur; museum 9–17 uur, 's zomers tot 18 uur).

In het **Museum of Science 12** kunt u dagen zoekbrengen, zonder dat u zich een moment zult vervelen. Bijna 600 interactieve installaties om mee te experimenteren en talloze natuurwetenschappelijke presentaties maken

Het Museum of Science is niet alleen een belevenis voor liefhebbers van techniek

het museum tot een onderhoudende en aangename bezienswaardigheid. Bezoekers kunnen zich op de productieafdeling verwonderen over ouderwetse technische snufjes en de nieuwste ontwikkelingen, het skelet van een dinosaurus bestuderen en een reis maken door het menselijk lichaam (O'Brien Hwy, Rte 28, tel. 617-723-2500, www.mos.org, dag. 9–17, vr. tot 21 uur).

Niet ver van de Freedom Trail concurreren in het **New England Aquarium** 13 meer dan 20.000 levende wezens uit alle wereldzeeën met de historische bezienswaardigheden. Er zijn hier onder andere papegaaiduikers, pinguïns, haaien, schildpadden en murenen te zien. Het middelpunt van de tentoonstellingen vormt een enorm, cilindervormig aquarium met meer dan 700.000 liter zout water plus koraalriffen en exotische bewoners. Rond het vier verdiepingen hoge aquarium is een platform voor bezoekers gebouwd. Het hoofdgebouw is verbonden met een paviljoen waar dolfijnen, zeeleeuwen en zeehonden kunsten vertonen. In het ernaast gelegen IMAX-Theatre worden boeiende natuurdocumentaires getoond (Central Wharf, tel. 617-973-5200, www. neaq.org, in de zomer ma.–do. 9–18, vr.–zo. 9–19 uur, in de winter korter; Imax-Theatre dag. 9.30–22.30 uur, volw. $18,95, kinderen 3–11 $10,95).

## Bij de Inner Harbor

Ten zuiden van de Rowes Wharf overspannen verscheidene bruggen het Fort Point Channel, een zijarm van de Boston Inner Harbor. Bij de Congress Street Bridge lag tot 2004 het **Boston Tea Party Ship** 14 voor anker aan een vervallen aanlegsteiger, die bij een brand verloren ging. In 2008 wordt op deze oude plaats een nieuw museum geopend, dat met historische tentoonstellingen, videopresentaties en oude voorwerpen de geschiedenis van de beroemde Boston Tea Party inzichtelijk maakt. Op de avond van 16 december 1773 bestormde na een bijeenkomst van burgers in het Old South Meeting House een groep als Mohawkindianen verklede mannen Griffin's Wharf, waar drie schepen afgemeerd lagen, volgeladen met thee van de Engelse East India Company. Om hun onvrede te uiten over de Britse theebelasting, klommen de mannen in een razendsnelle actie aan boord van de schepen, hakten met bijlen 342 theekisten open en gooiden ze in de haven. De Britse regering beantwoordde deze provocatie met sluiting van de haven en beperking van de vrijheden, wat weer leidde tot sancties van de Amerikaanse koloniën. Dit conflict leidde uiteindelijk tot het uitbreken van de Vrijheidsoorlog in april 1775.

Lange tijd was de *Beaver* het enige museumschip bij de Congress Street Bridge. Eind 2008 zal de oorspronkelijk uit drie schepen bestaande theevloot weer worden gecompleteerd met de replica's van de *Dartmouth* en de *Eleanor*.

Op een steenworp afstand van de Freedom Trail ligt het Waterfront, dat zich uitstrekt langs de Inner Harbor. Tegenwoordig bestaat het uit kades die allemaal uit de 19e eeuw stammen en later zijn aangepast aan modernere eisen. Blauwe borden markeren de Harbor Walk (www.bostonharborwalk. com), die na zijn voltooiing over een afstand van ca. 70 km van Charlestown in het noorden naar Quincy in het zuiden zal voeren en de bevolking gelegenheid zal bieden om op rustige voetpaden langs het Waterfront te kuieren.

# Beacon Hill

Roze en witte vlijtige liesjes verschuilen zich in kleine voortuintjes achter smeedijzeren hekken en baksteenbruine muren. Geraniums kleuren de vensterbanken groen en rood. Bronzen deurbeslagen glanzen alsof ze van puur goud zijn. De woonwijk **Beacon Hill** met zijn voorname bakstenen gebouwen, met klimop begroeide façades en nauwe straatjes is een romantisch, idyllisch plekje en in feite een kleine stad met nette straten binnen de grote stad. Wanneer u bewoners hele troepen rashonden ziet uitlaten en in de garages de verchroomde grilles van chique Europese automobielen u tegemoet glimmen, weet u dat u in een oase van de goed gesitueerde, misschien zelfs ietwat snobistische gemeenschap

**Brouwerij:** Een van de laatste relicten van Bostons vroegere brouwerijtraditie is de Samuel Adams Brewery, die gratis rondleidingen aanbiedt op zijn terrein. U kunt er ook het Biermuseum bezoeken (30 Germania St., tel. 617-368-5080, www.samadams.com, rondleidingen do. 14, vr. 14 en 17.30, za. 12, 13 en 14 uur; mei–aug. ook wo. 14 uur).

van Boston bent aanbeland.
De woonwijk, zoals hij er nu uitziet, ontstond tussen 1800 en 1850. De baksteenfabrieken van Massachusetts moeten decennia lang lucratieve opdrachten hebben gekregen uit dit stadsdeel. Niet alleen de rijtjeshuizen zijn traditioneel van roodbruin baksteen, maar ook de straten en tuinmuurtjes, wat de wijk een harmonieuze aanblik verleent.

## Straten in het verleden

Hoe Beacon Hill er in de eerste helft van de 19e eeuw uitzag, ziet u in de smalle, sterk hellende **Acorn Street** 15 met zijn plaveisel van ronde kiezelstenen zo groot als kokosnoten, waar geen enkele automobilist zich overheen waagt. Veel toeristen en amateurfotografen nemen graag een kijkje in de voornaam ogende **Mount Vernon Street,** waar klimop tegen de muren van de huizen omhoog groeit en het licht in de gaslantaarns ook overdag flikkert. Net als elders in Beacon Hill staan hier vooral woonhuizen, die u alleen aan de buitenkant kunt bekijken. Een uitzondering vormt het **Nichols House Museum,** dat laat zien hoe de gegoede inwoners van dit stadsdeel aan het eind van de 19e en het begin van de 20e eeuw leefden (55 Mt. Vernon St., tel. 617-227-6993, mei– okt. di.–za. 12-16, nov.-apr. do.–za. 12–16 uur, jan. gesloten).

De prijs voor een huis aan **Louisburg Square** 16 is zelfs voor leden van Bostons high society net iets te veel van het goede. Dat is opmerkelijk, omdat deze buurt vroeger een weinig uitnodigende, sjofele rosse buurt was, voordat op de sociale ladder opklimmende Bostonians de tijdloze charme van de wijk ontdekten en hem omtoverden tot een romantische wereld in victoriaanse stijl. Van 1885 tot 1888 woonde de in Amerika bekende jeugdboekenschrijfster Louisa May Alcott (1832–1888) in het huis op nummer 10.

## Black Heritage Trail

De noordelijke rand van Beacon Hill was als voormalige woonwijk van slaven en bedienden lange tijd een onopvallende wijk. Pas na de komst van de **Black Heritage Trail** in de jaren zeventig van de vorige eeuw maakte de wijk een toeristische opleving door. Aan het begin van de 19e eeuw woonde hier een grote zwarte gemeenschap, waarvan de geschiedenis centraal staat op deze route en ook in het **Museum of Afro-American History** 17.

In het African Meeting House, het oudste Afro-Amerikaanse godshuis in de VS, zijn tegenwoordig tentoonstellingen ingericht die voornamelijk zijn gewijd aan de antislavernijbeweging, waarin Boston van het begin van de 19e eeuw tot het einde van de Burgeroorlog in 1865 een centrale rol speelde. Destijds bezat de gemeente, die zich al in 1783 had afgekeerd van de slavernij, de grootste vrije zwarte gemeenschap in de VS. Deze mensen waren weliswaar geen lijfeigenen, maar ze werden door de blanke gemeenschap niet voor vol aangezien en leefden in een andere wereld. Tot de leidende figuren van de abolitionisten behoorden William Lloyd Garrison (1805–1879), die in Boston de *Liberator* uitgaf, de belangrijkste krant van de beweging. Bij het museum hoort ook de Abiel Smith School, waar sinds 1835 zwarte kinderen onderwijs kregen (46 Joy St., tel. 617-725-0022, www.afroammuseum. org, ma.–za. 10-16 uur, toegang gratis).

## Aan de rand van Beacon Hill

Het drie verdiepingen tellende **Otis House Museum** 18 uit 1796 trekt de aandacht door zijn roodbruine bakstenen façade, voorzien van vier opvallende witte zuilen. De eigenaar Harrison Gray Otis kwam door grondspeculatie tot welstand, zat later in het Congress en gaf als burgemeester leiding aan het gemeentebestuur van Boston. Hij en zijn vrouw Sally stonden bekend om hun exuberante levensstijl, wat te zien is aan het interieur van het huis met zijn kostbare behang, kroonluchters, schilderijen in zware lijsten, tapijten en antiek meubilair (141 Cambridge St., tel. 617-227-3956, wo.–zo. 11–16.30 uur, rondleidingen van een half en een heel uur).

Aan **Charles Street,** die Beacon Hill in het westen begrenst, staat een groot aantal kunstgaleries, kleine restaurants, bloemenzaken, boetieks en antiekwinkels. In deze straat vindt u de winkels die u in de rest van Beacon Hill mist. In overeenstemming met het historische karakter van de wijk ziet men hier af van neonreclame en andere tekenen van de moderne tijd.

# Back Bay en omgeving

Als u het stadsdeel Beacon Hill verlaat in de richting van de Boston Common en de Public Garden, moet u de drukke Beacon Street oversteken, voor de meeste televisiekijkers in de VS een beroemde straat. In de Bull & Finch Pub, waar tapbier wordt geserveerd in de ambiance van een typisch Engelse pub, zijn namelijk de eerste afleveringen van de tv-serie *Cheers* opgenomen.

Vlakbij begint **Newbury Street**, Bostons bekendste en duurste winkelstraat met exclusieve boetieks, antiekwinkels en galeries (211 Newbury St., tel. 617-556-0077). In deze straat gelden twee wetmatigheden: hoe verder u naar het westen loopt in de richting van Massachusetts Avenue, des te alternatiever worden de winkels, en hoe dichter u in de buurt komt van het Ritz-Carlton Hotel, des te prijziger en exclusiever wordt het aanbod van koopwaar.

## Copley Square

Het centrum van het stadsdeel Back Bay is **Copley Square** 19, waar liefhebbers van winkelen aan hun trekken komen sinds het plein in de jaren tachtig opnieuw is ingericht en uitgebreid met een fantastisch winkelcentrum. Sinds het begin van de jaren zeventig verheft zich aan de rand van het plein de 62 verdiepingen tellende **John Hancock Tower**, met 241 m het hoogste gebouw in New England. De glazen buitenwanden en de zich daarin spiegelende naburige gebouwen doen de reus, ontworpen door de toparchitect I.M. Pei, iets minder hoog lijken, vooral op wolkeloze dagen als het gebouw door de blauwe lucht doorzichtig oogt.

De mooiste weerspiegeling in een van de buitenwanden van de Hancock Tower is die van de **Trinity Church**. Architect Henry Hobson Richardson gaf deze kerk in 1877 een neoromaans uiterlijk, dat een prachtig contrast vormt met het moderne gebouw ernaast. Opvallend is de betrekkelijk lage toren. Omdat het hele gebied van Back Bay vroeger een moerassig stuk grond was en pas na ophoging als bouwgebied kon fungeren, mocht de de toren om technische redenen niet te hoog uitvallen.

## Boston Public Library

Aan de westzijde van Copley Square voegt de in 1848 geopende **Boston Public Library** met zijn gevel in neorenaissancestijl een derde bouwstijl toe aan het totaalbeeld van het plein. Dit was de eerste openbare bibliotheek van de VS die boeken uitleende. Tot de collectie behoort de omvangrijkste verzameling tegen de slavernij gerichte publicaties en documenten van Amerika.

Enkele van de bekendste schilders uit die tijd, onder wie de uit Lyon afkomstige Puvis de Chavannes (1824–1898), Edwin Abbey (1852–1911) uit Philadelphia en de Amerikaans-Italiaanse portretschilder John Singer Sargent (1856–1925), luisterden het gebouw op met muurschilderingen. Het is ook interessant om een kijkje te nemen in de Bates Hall, de 66 m lange en 15 m hoge, leeszaal, uitgerust met een gewelfd plafond. Uitblazen kunt u in het elegante restaurant Novel of in Sebastians Map Room Café (700 Boylston St., Copley Sq., tel. 617-536-5400, www.bpl.org, ma.–do. 9–21, vr.–za. 9–17, okt.–mei ook zo 13–17 uur, gratis rondleidingen over het thema architectuur ma. 14.30, di. en do 18, vr.–za. 11 en zo. 14 uur).

Op een regenachtige dag is **Copley Place** een ideale plaats om met droge voeten een paar uur wat stadslucht op te snuiven en misschien een paar inkopen te doen – als uw portemon-

De skyline van Boston gezien vanaf de Charles River

nee dat tenminste toelaat, want Copley Place is uiterst luxueus en de prijzen dienovereenkomstig. Het interieur is echter zeer fraai, met zaken van gerenommeerde namen als Tiffany & en Co., Armani, Gucci, Louis Vuitton, Hugo Boss en Christian Dior.

Veeleisende bezoekers kunnen een kamer boeken in het Westin Hotel of in het Boston Marriott Copley Place en genieten van de geboden luxe (100 Huntington Ave., mall ma.–za. 10-21, zo. 11–18 uur).

## Prudential Center

Deze kantoor- en winkelreus uit de jaren zestig was lange tijd een doorn in het oog van de bevolking van Boston, maar is in 1993 verbouwd en er daardoor beslist op vooruitgegaan. Wat in ieder geval rond kerst zeker aan de populariteit bijdraagt is dat hier dan de grootste kerstboom van de stad staat, die het

**Prudential Center** 20 van oudsher ieder jaar cadeau krijgt van de Canadese Atlantische provincie Nova Scotia. Fraai opgetuigd en verlicht wordt hij opgesteld op het plein aan Huntington Avenue. Het complex is in feite een kleine stad op zich met hotels, warenhuizen en meer dan 100 winkels en boetieks. Voor de inwendige mens wordt in de toren ook gezorgd met zeven restaurants en een *food court*. Van de 50e verdieping hebben bezoekers op de **Skywalk Observatory** een panoramisch uitzicht over de stad en omgeving (800 Boylston St., www.prudentialcenter.com, ma.–za. 10-21, zo. 11–18 uur, Skywalk Observatory, dag. 10–22 uur, volwassenen $11, kinderen tot 12 jaar $7,50).

## Christian Science Church

'Gebed in steen' noemde de grondlegster van de Christian Sciencekerk, Mary Baker Eddy

(1821–1910), de in 1884 gebouwde **Christian Science Church** 21, toentertijd nog een bescheiden godshuis Een verbouwing en uitbreiding resulteerde in 1906 in een kolossale basiliek met een bijna 70 m hoge koepel in neo-renaissancistische stijl. Ondanks de omliggende tuinen met zorgvuldig ondersteunde bomen, bloemenborders, fonteinen en een ruim 200 m lange en 30 m brede *reflecting pool* maakt het bombastische complex een opmerkelijk sobere en kleurloze indruk. Mary Baker Eddy, die als kind al een zwakke gezondheid had, hield haar geloofsgemeenschap in 1879 ten doop en richtte later diverse dagbladen op, waaronder de *Christian Science Monitor*, die nog steeds wordt gepubliceerd (www.tfccs.com).

## Belangrijke musea

Jaarlijks brengen meer dan een miljoen mensen een bezoekje aan het 'vlaggenschip' van de musea in Boston, dat alleen al indruk maakt door zijn grote omvang. De kwaliteit van de tentoonstellingen doen daar niet voor onder. Al sinds jaar en dag behoort het **Museum of Fine Arts** 22 tot de meest vooraanstaande kunstmusea ter wereld, met een permanente tentoonstelling die sculpturen, schilderijen, reproducties, tekeningen, foto's en textiel omvat. Bovendien omspant de collectie een periode van de oudheid tot heden en strekken de geografische zwaartepunten zich uit van Amerika tot Europa en Azië. Naast afdelingen over de islamitische wereld en het Verre Oosten verdient vooral ook de verzameling kunstwerken uit de klassieke oudheid de aandacht. In het Galleria Cafe of het Courtyard Café kunt u bijkomen van alle indrukken

Ontspannen in het door licht overgoten café van het Museum of Fine Arts

(465 Huntington Ave., tel. 617-267-9300, www. mfa.org, ma.-di. 10-16.45, wo.- vr. 10-21.45, za.-zo. 10-16.45 uur, 17$).

Van een heel andere orde dan het Museum of Fine Arts is het **Isabella Stewart Gardner Museum** 23. Dit gebouw, geïnspireerd op een Venetiaans palazzo met galerijen rondom een binnenplaats, imponeert niet met zijn zuivere dimensies, maar met zijn gemoedelijke, stoffige, ietwat geheimzinnige ambiance, die het woonhuis van de in 1924 overleden kunstbewonderaarster naar wie het is genoemd vandaag de dag nog steeds uitstraalt. Schilderijen, sculpturen en gebruiksvoorwerpen zijn op een ietwat onorthodoxe wijze tentoongesteld. In de nacht van 18 maart 1990 drongen dieven vermomd als politieagenten het museum binnen en ontvreemden achttien waardevolle schilderijen, waaronder drie werken van Rembrandt en vijf van Degas. Ondanks een beloning van vijf miljoen dollar zijn de kunstwerken tot op heden niet teruggevonden (280 The Fenway, tel. 617-566-1401, www. gardnermuseum.org, di.-zo. 11- 17 uur, ma. gesloten, volwassenen $12, kinderen tot 18 jaar gratis).

# Cambridge

**Atlas:** blz. 10, D 2

Net als de Rive Gauche in Parijs staat ook Bostons Left Bank bekend als een bedrijvige studentenwijk waar een tamelijk alternatieve cultuur heerst. Cambridge, op de linkeroever van de Charles River, is een zelfstandige stad met 100.000 inwoners, die vanwege zijn ligging nabij Boston over het algemeen wordt beschouwd als een stadsdeel van de metropool. Rond het centrale Harvard Square verdringen zich cafés vol jonge mensen, boekhandels, winkels met straatmode, pamfletten uitdelende demonstranten en straatmuzikanten. Het visitekaartje van Harvard Square is sinds jaar en dag de krantenkiosk Out of Town Newspapers, die met zijn aanbod van bladen even multicultureel en internationaal is als zijn uit alle mogelijke landen afkomstige klantenkring.

## Harvard University

Op een steenworp afstand van dit centrum strekt zich de campus van de wereldberoemde **Harvard University** uit, een van de oudste en

# Een beroemde Bostonian: John F. Kennedy

Thema

**De metrohalte heet Coolidge Corner en ligt in de gegoede voorstad Brookline. Vanhier is de vier straten verderop gelegen Beale Street te voet te bereiken, waar het twee verdiepingen tellende houten huis op nummer 83 bezoekers uit de hele wereld trekt. In deze bescheiden woning kwam op 29 mei 1917 de latere Amerikaanse president John F. Kennedy ter wereld.**

Zijn ouders hadden het huis drie jaar eerder voor 14.000 dollar gekocht. Nadat het in 1921 door een particulier was overgenomen, kocht de familie Kennedy het in 1966 terug om er een gedenkplaats voor de in 1963 vermoorde president in te richten. Rose, de moeder van JFK, stortte zich helemaal op dit project, ook omdat er nog veel oorspronkelijke meubels en voorwerpen in haar bezit waren, waaronder een piano die Rose en haar man Joseph als huwelijksgeschenk hadden gekregen, een doopjurk die door alle kleine Kennedy's was gedragen en een houten bak met systeemkaarten, waarop alle lengten en ziekten van de kinderen zeer nauwgezet werden bijgehouden. Natuurlijk ontbreken in deze schrijn ook de favoriete kinderboeken en de lievelingsteddybeer van JFK niet (John F. Kennedy National Historic Site, 83 Beale St., Brookline, tel. 617-566-7937, www.nps.gov/ jofi, wo.–zo 10–16.30, rondleidingen ieder half uur, 15.30–16.30 uur, bezichtiging zonder gids mogelijk).

John bracht de eerste jaren van zijn leven door in zijn geboortehuis en zijn tweede woning in Brookline, voordat de familie in 1926 naar New York City verhuisde. Tien jaar later keerde hij terug naar zijn geboortestad om tot 1940 aan de Harvard University Politieke Wetenschappen te studeren. Al één maand na de afronding van zijn studie publiceerde hij zijn scriptie over de politiek van Groot-Brittannië, getiteld *Why England slept* ('Waarom Engeland sliep') en verkocht van dit boek 40.000

exemplaren. Na een militaire loopbaan rond de zuidelijke Grote Oceaan en zijn eerste schreden in de politiek was JFK van 1953 tot 1960 in Boston senator van de staat Massachusetts, waarna hij op 8 november 1960 werd gekozen tot president van de VS. Op 22 november 1963 werd hij zittend in een open wagen tijdens een rit door Dallas (Texas) het slachtoffer van een moordaanslag. Tot de dag van vandaag doen er verscheidene complottheorieën de ronde over deze aanslag, die in de hele wereld voor grote beroering heeft gezorgd.

Naast het geboortehuis herinnert in Boston ook de John Fitzgerald Kennedy Library aan de 35e president van de Verenigde Staten. Al van verre is de enorme Amerikaanse vlag te onderscheiden waaraan de nabij het water gelegen bibliotheek te herkennen is. De internationaal bekende toparchitect I.M. Pei ontwierp het complex, dat u via een glazen entreehal betreedt. Tussen de uitgebreide documentatie staat ook een groot aantal herinneringen aan de tot op heden jongste president van Amerika uitgestald. Om bezoekers meer achtergrondinformatie te geven over de oud-president, die nog altijd veel belangstelling trekt, laat de bibliotheek een film van een half uur zien, die veel officiële gelegenheden en gebeurtenissen uit de ambtsperiode van J.F. Kennedy in herinnering roept (Columbia Point, tel. 617-514-1600, www.jfklibrary .org, dag. 9–17 uur).

gerenommeerdste universiteiten van de VS. Op het parkachtige terrein staan 400 gebouwen die herinneren aan Engelse universiteiten en met hun gedeeltelijk met klimop begroeide façaden duidelijk maken waarom Harvard tot de zogenaamde Ivy League ('klimopdivisie') behoort, zoals de 'club' van de oude Oost-Amerikaanse topuniversiteiten ook wel wordt genoemd.

Het oudste gebouw op Harvard Yard is Massachusetts Hall uit 1720. Vroeger waren hier een tijd lang de soldaten van het Continental Army gestationeerd. Tegenwoordig wordt het gebouw gebruikt door het bestuur en pas ingeschreven studenten. In de **Widener Library**, een van de grootste universiteitsbibliotheken ter wereld, zijn meer dan 7,5 miljoen boeken ondergebracht in verscheidene kilometers aan kastruimte. De brede buitentrap van het gebouw is een populair uitkijkpunt, waar u de bedrijvigheid op de campus in alle rust kunt gadeslaan (gratis rondleidingen over de campus vanaf Holyoke Center Arcade, 1350 Massachusetts Ave., tel. 617-495-1573, www.harvard .edu, half sept.–half mei ma.–vr. 10 en 14, za. 14, half juni–half aug. ma.–za. 10, 11.15, 14 en 15.15 uur).

## Massachusetts Institute of Technology

Harvard moet zijn faam delen met het in 1861 opgerichte **Massachusetts Institute of Technology (MIT)**, de wereldberoemde prestigieuze opleiding waar de nadruk ligt op onderzoek en kennis op het gebied van high tech, zowel voor civiele als militaire toepassingen. In 2005 kwamen de beide elite-instituten in het nieuws, toen het een internationaal onderzoeksconsortium onder hun bevoegdheid lukte om het chimpanseegenoom volledig te ontcijferen. De 10.000 studenten, voor het merendeel vrouwen, kunnen zich ook inschrijven voor vakgebieden als architectuur, sociale wetenschappen en geneeskunde. Tot de baanbrekende resultaten van het MIT behoren de ontwikkeling van de radartechniek en de automatische ruimtesondebesturing van het Apolloprogramma van de NASA.

**Greater Boston Convention & Visitors Bureau:** 2 Copley Pl., suite 105, Boston, MA 02116-6502, tel. 617-536-4100, fax 617-424-7664, www.meetingpath.com en www.boston usa.com. Ook een vestiging bij de Boston Common, 147 Tremont St.

In Downtown Boston is de meeste accommodatie heel duur. Er is bijna geen kamer te krijgen onder de $100. Als u met de auto bent, kunt u uitwijken naar de omgeving, bijvoorbeeld naar de I-95, waar aan talrijke afritten voordeliger hotels liggen.

**Boston Harbor Hotel** 1 : 70 Rowes Wharf, tel. 617-439-7000, fax 617-330-9450, www.bhh.com. Tophotel met 230 zeer comfortabele kamers die uitzien op de haven of de skyline van Boston. Bij het hotel hoort ook een zakencentrum. Vanaf ca. $390.

**Lenox Hotel** 2 : 710 Boylston St., tel. 617-536-5300, fax 617-236-0351, www.lenox hotel.com. Meer dan 100 jaar oud, chic hotel voor gasten die een verzorgde ambiance en betrekkelijk conservatief ingerichte kamers op prijs stellen. Hier logeerde Enrico Caruso en stonden Tony Curtis, Ali MacGraw en Ryan O'Neil voor de camera. Vanaf ca. $220.

**Newbury Guest House** 3 : 261 Newbury St., tel. 617-670-6000, www.newburyguesthouse.com. Bed and breakfast in victoriaanse stijl uit 1882 met modern comfort. Vanaf $140.

**Colonnade Hotel** 4 : 120 Huntington Ave., tel. 617-424-7000, fax 617-424-1717, www.colonna dehotel.com. Het paradepaardje van het hotel is het zwembad op het dak. Vanaf $140.

**Copley Square Hotel** 5 : 47 Huntington Ave., tel. 617-536-9000, info@copleysquarehotel .com, www.copleysquarehotel.com. Bostons traditionele hotel uit 1891 met jazzclub waar Ella Fitzgerald en Billie Holiday nog hebben opgetreden. Met een zakencentrum en een draadloze internetaansluiting op de kamers. Vanaf $160.

**Buckminster Hotel** 6 : 645 Beacon St., tel. 617-236-7050, fax 617-262-0068, www.bostonhotel buckminster.com. Hotel met 94 kamers, waaronder 24 suites met een wat ouderwetse inrichting, nabij de metro. Vanaf $133.

**Copley House** 7 : 239 W. Newton St., tel. 617-

236-8300, fax 617-424-1815, info@copleyhouse
.com, www.copleyhouse.com. Herenhuis van
drie verdiepingen, met studio's en kamers, inclusief kleine keukentjes. Vanaf $120.

**Constitution Inn** 8 : 150 Second Ave., Charlestown, tel. 617-241-8400, fax 617-241-2856, www.
constitutioninn.org. Kamers met airconditioning; zwembad en fitnesscentrum. Vanaf $119.

**Howard Johnson** 9 : 1271 Boylston St., tel. 617-
267-8300, fax 617-864-0242, www.hojo. com. Motel van een keten, met binnenbad. Drie straten
verwijderd van de metro. Vanaf ca. $100.

**Boston International AYH Hostel** 10 : 12 He-
menway St., tel. 617-536-9455, www.boston
hostel.org. Jeugdherberg met 205 bedden. Kamer met 3 bedden $35 per persoon met inter-
nationale jeugdherbergkaart, privékamers
voor maximaal 3 personen $89.

Zeer populair zijn de specialiteiten-
kraampjes op de **Quincy Market**, die
vooral vers klaargemaakte zeevruchten en andere visspecialiteiten aanbieden. U kunt aan
tafels op de eerste verdieping eten, maar ook
buiten.

**Durgin Park** 11 : 340 Faneuil Marketplace, tel.
617-227-2038, www.durgin-park.com, dag.
11.30–22 uur. Visgerechten en voortreffelijke
desserts, zoals *indian pudding* van melasse
en maismeel met een bolletje vanille-ijs $15–
35.

**La Famiglia Giorgio's** 12 : 112 Salem St., tel. 617-
367-6711, www.lafamigliagiorgo.com ma.–za.
vanaf 11, zo. vanaf 12 uur. Klein, eenvoudig
etablissement met Italiaanse specialiteiten,
waaronder Parmezaanse kip en een ruime
keus aan pastagerechten. $15–25.

**Il Villaggio** 13 : 230 Hanover St., tel. 617-367-
2824, ma.–do vanaf 16, vr–zo vanaf 11 uur.
Kleine gelegenheid waar u prima kunt eten,
bijvoorbeeld zeekreeftravioli, groentelasagne
en *linguine calamari.* $15–30.

**Black Rhino** 14 : 21 Broad St., tel. 617-263-0101,
www.theblackrhino.com, dag. vanaf 16 uur.
Trendy bar met livemuziek van do.–za. Heerlijkheden als *sirloin steak* (lendenstuk) en ge-
grild lamsvlees. Vanaf $20.

**Beacon Hill Bistro** 15 : 25 Charles St., tel. 617-
723-1133, www.beaconhillhotel.com, dag. ont-

**Union Oyster House:** Dit adres uit 1826 geldt
als het oudste restaurant van heel Amerika.
Het gastenboek staat vol met prominente namen, van sir Laurence Olivier en George Bush
tot Luciano Pavarotti en Liza Minnelli. Het
voorgerecht (voor twee personen) Hot Oyster
House Sampler met gerilde oesters, mosselen
en garnalen voor $18,95 smaakt naar meer;
wat dacht u van *butterfly shrimps*, verse sint-
jakobsschelpen of malse zalmfilet voor $19,95
(41 Union St., tel. 617-227-2750, www.unionoy
sterhouse.com, dag. vanaf 11 uur. zo. brunch
tot 15 uur).

bijt, lunch en diner, zo. brunch. Verzorgd restaurant in het Beacon Hill Hotel, de menukaart voor het diner is Frans georiënteerd.
Vanaf $20.

**Lala Rokh** 16 : 97 Mt. Vernon St., tel. 617-720-
5511, www.lalarokh.com, lunch ma.–vr. 12–15,
diner dag. 17.30– 22 uur. Aromatische Perzische keuken, met onder meer *chelo kabob*,
een eenvoudig, maar zeer smakelijk gerecht
van gemarineerd rundvlees met basmatirijst.
Hoofdgerechten vanaf $18.

**Sonsie** 17 : 327 Newbury St., tel. 617-351-2500,
www.sonsieboston.com, dag. 7–1 uur. Ontbijt,
lunch en diner. Hier komen voortreffelijke gerechten op tafel, van *lemon Caesar salad* (tot
pasta met broccoli en sint-jakobsschelpen.
Vanaf $13.

**Deli One** 18 : 85 Arch St., tel. 617-292-7825,
ma.–vr. 6–15.30, za. 7–13 uur. Royaal ontbijt
en bij de lunch fantastische sandwiches,
Griekse schotels, pastagerechten en verse salade. $5–8.

**Copley Place:** 100 Huntington Ave., tel.
617-369-5000, www.simon.com, ma.–za.
10–21, zo. 11–18 uur. Stijlvolle boetieks op
twee etages, dure merken als Gucci, Tiffany en
Louis Vuitton plus het topwarenhuis Neiman
Marcus.

**Original Levi's Store:** Prudential Center, Boylston St., tel. 617-375-9010, ma. za. 10– 21, zo.
11–18 uur. Op maat gemaakte spijkerbroeken
(opmeting per computer).

**Jean Therapy:** 524 Commonwealth Ave., tel. 617-266-6555, www.jean-therapy.com, ma.–za. 11–19, zo. 12–18 uur. Hippe spijkerbroeken-winkel met een enorme keus aan de beste merken.

**Filene's Basement:** 426 Washington St., www. filenebasement.co, ma.–za. 9–20 uur. Dit warenhuis verkoopt op twee verdiepingen mode en designkleding, gedeeltelijk ver onder de normale prijs.

**Bull and Finch Pub/Cheers:** 84 Beacon St., tel. 617-227-9605, www.cheersbos ton.com, dag. vanaf 11 uur. Deze bar stond model voor de oorspronkelijk hier ook opgenomen tv-serie *Cheers*.

**The Big Easy:** 1 Boylston Pl., tel. 617-351-7000, do.–za., vóór 22 uur toegang gratis. Dansbar in New Orleansstijl met *mardi-gras*sfeer. Livemuziek en dj's

**Roxy:** 279 Tremont St., tel. 617-338-7699, www. roxyplex.com, do.–za. vanaf 22 uur. Disco met een stijlvol interieur. Iedere vr. danslessen.

**Who's on First:** 19 Yawkey Way, tel. 617-247-3353, www.whosonfirstboston.com, di.–zo. vanaf 18 uur. In deze grote bar komen supporters van de Red Sox en veel studenten voor en na de honkbalwedstrijden.

**Wally's Café:** 427 Massachusetts Ave., tel. 617-424-1408, www.wallyscafe.com, ma.– za. 11–2, zo. 12–2 uur. Al sinds 1947 een jazzcafé.

**Boston Symphony Orchestra:** 301 Massachusetts Ave., tel. 888-266-1492, www. bso.org, Voorverkoop kaarten ma.– za. 10–18 uur. Wereldberoemd orkest onder leiding van James Levine. Het seizoen loopt van sept.–mei.

**Hatch Shell:** Groot plein aan de Charles River, tel. 617-727-1300. Podium voor gratis zomer-concerten, filmvoorstellingen en dansavonden.

**Boston Lyric Opera:** 265 Tremont St., tel. 617-542-6772, www.blo.org. De uitvoeringen vinden plaats in het Shubert Theatre. Het seizoen loopt van van okt.–mei.

**Boston Landmarks Orchestra:** tel. 617-520-2200, www.landmarksorchestra.org. Dit orkest voert in juli–aug. altijd een reeks klassieke concerten uit in openbare parken in Boston onder het motto *Music under the sky & stars.*

**Theater:** Boston bezit een rijke theatercultuur met talrijke theaters die toneelstukken, musicals of Broadwaystukken opvoeren: **Colonial Theatre,** 106 Boylston St., tel. 617-426-9366; **Opera House,** 539 Washington St., tel. 617-880-2400; **Shubert Theatre,** 265 Tremont St., tel. 617-482-9393; **Wang Theatre,** 270 Tremont St. (tel. 617-482-9393), **Wilbur Theatre,** 246 Tremont St., tel. 617-426-1083, **Boston University Theatre,** 264 Huntington Ave., tel. 617-266-0800 en **Loeb Drama Center,** 64 Brattle St., Cambridge, tel. 617-547-8300.

**Feesten en evenementen**

**Boston Marathon:** Ieder jaar wordt in april de Boston Marathon gelopen, het bekendste internationale sportevenement van New England, waarbij maar liefst 20.000 deelnemers de 42,195 km lange route afleggen.

**Street Performers Festival:** Eind mei verandert de Faneuil Hall Marketplace in een enorm podium voor straatmuzikanten, goochelaars, jongleurs, vuur- en degenslikkers en grappenmakers.

De Amerikaanse **Onafhankelijkheidsdag** (4 juli) wordt in Boston gekoppeld aan het **Harborfest** (www.bostonharborfest.com), dat op 28 juni begint en een week duurt. Concerten, havenrondvaarten, het culinaire Chowderfest en natuurlijk ook vuurwerk.

**Griezeltochten:** Historic Tours of America/Ghosts & Gravestones, tel. 617-269-3626, www.ghostsandgravestones.com. Twee uur durende nachtelijke *frightseeing*-tochten langs de kerkhoven en andere enge plaatsen in Boston. Reserveren is noodzakelijk.

De **Boston CityPass** kost $39,50 en verleent toegang tot zes grote bezienswaardigheden waarvoor u normaal het dubbele moet betalen. Hij is onder meer verkrijgbaar in het New England Aquarium, het Museum of Science en het Museum of Fine Arts (online te koop via www.city pass.com).

De Boston Marathon is het belangrijkste sportevenement in de stad

**Walvissen kijken:** Boston Whale Watch, 60 Rowes Wharf, tel. 617-542-8000, www.beantown whalewatch.com, excursie van vier uur met gegarandeerd resultaat.

**Vliegtuig:** Logan International Airport ligt 5 km ten oosten van Downtown Boston aan de overzijde van Boston Inner Harbor (www.massport.com/logan). Dit is de belangrijkste luchthaven van New England met veel internationale en binnenlandse lijnvluchten. De snelste en voordeligste verbinding naar de stad is de Blue Line van de metro (dag. 5.30–0.30 uur). Gratis pendelbussen rijden van de terminals naar de metro. U kunt ook de bus (tel. 1-800-235-6425) of de watertaxi Harbor Express nemen (tel. 617-222-6999, www.harbor express. com, ma.-vr. 5.45–23.25, za.-zo. 8–22.15 uur, enkele reis $12, aanlegsteiger Long Wharf). Taxi's naar de binnenstad kosten ca. $22.

**Trein:** De Amtraksneltrein Acela naar New York, Philadelphia en Washington D.C. en de treinen naar Cleveland en Chicago vertrekken op het South Street Station (Atlantic Ave./ Summer St.) en het Back Bay Station, 145 Dartmouth St., tel. 1-800-872-7245, www.amtrak .com. De treinen van de Massachusetts Bay Transportation Authority (MBTA, tel. 617-222-3200, www.mbta.com) vertrekken van het North Station (135 Causeway St., tel. 1-800-392-6100) en rijden op regionale routes, zoals naar New Hampshire en Maine.

**Bus:** Het South Street Station (zie Trein) is het centrale station voor de Greyhoundbussen, tel. 1-800-231-2222, www.greyhound.com en de Vermont Transit Lines: tel. 802-862-7812, www. vermonttransit.com/fares.html (verbindingen in heel New England).

Tal van vereerde plaatsen uit de Amerikaanse geschiedenis liggen langs de weg naar New Hampshire, dat in de Indian summer met de White Mountains tot de aantrekkelijkste reisbestemmingen in New England behoort. 'Vlammende bossen' sieren in dit jaargetijde ook de buurstaat Vermont – voor natuurliefhebbers een waar paradijs.

Eigenlijk zou Bostons Freedom Trail aan de noord-westrand van het verstedelijkte gebied moeten worden doorgetrokken. De beide plaatsen die daar liggen, Lexington en Concord, speelden namelijk niet alleen een rol van betekenis in de Amerikaanse Vrijheidsoorlog. Ze zijn synoniemen geworden van vrijheid en vaderlandsliefde, in een patriottisch georiënteerd land als de VS een zeer belangrijk predikaat. In deze twee landelijke gemeenten brak in 1775 met enkele schermutselingen de Vrijheidsoorlog tegen Engeland uit.

Op aandringen van de twee leiders van de Revolutie, Samuel Adams en John Hancock, die bij de Engelsen helemaal boven aan de lijst van meest gezochte personen stonden, waren de kolonisten begonnen om geheime wapendepots aan te leggen. Toen de Britten oprukten om Adams en Hancock in te rekenen, waren de twee Amerikanen inmiddels al door Paul Revere gewaarschuwd en hadden hun kleine leger van vrijwilligers opgesteld.

In de White Mountains van New Hampshire draait het echter niet om historische achtergronden, maar om het grandioze natuurschoon. Het toerisme speelt hier al heel lang een rol. Het beste bewijs hiervoor is de in 1869 voltooide bouw van de eerste tandradbaan van Amerika op de weliswaar nog geen 2000 m hoge, maar wel in de permafrost liggende top van de Mount Washington – nog altijd een van de spectaculairste reisbestemmingen in New England.

Net als de bergen in het noorden van New Hampshire zijn ook de landschappen in het kleine Vermont een goed voorbeeld van onbedorven natuurschoon, waarin boerenhoeven, dorpen en kleine steden het beeld bepalen, grote steden ontbreken en rokende industriecomplexen dunner zijn gezaaid dan elders in het land. Toen de Franse ontdekkingsreiziger Samuel de Champlain in 1609 New England verkende en de donkergroene bergen zag liggen, kon hij maar één naam bedenken: Les Verts Monts ('de groene bergen'), wat later is verengelst tot Vermont.

## Herinneringen aan de Revolutie

### Lexington

**Atlas:** blz. 10, D 2
Op de kruising van Massachusetts Avenue en Bedford Street in het stadscentrum prijkt op een berg stenen het beroemde **Minuteman Statue**, in brons gegoten door de beeldhouwer Henry Kitson. Het beeld stelt captain John Parker voor, de aanvoerder van een uit 80 man bestaand burgerleger dat op 19 april 1775 verwikkeld was in de Slag van Lexington, het eerste bloedige treffen in de Amerikaanse Burgeroorlog. De Britten en Amerikanen waren al overeengekomen om geen wapens te gebruiken, toen er plotseling een schot viel. Wie het afvuurde is nooit opgehelderd. Er volgde een schotenwisseling, die het leven kostten aan acht *minutemen* (vrijwilligers die binnen een minuut gevechtsklaar moesten zijn).

Voorafgaand aan de schermutselingen was het burgerleger voor beraad bijeengekomen in zijn hoofdkwartier **Buckman Tavern** (1 Bedford St., tel. 781-862-1703, www.lexingtonhistory.org apr.–okt. dag. 10–16 uur, elk half uur een rondleiding door gidsen in historische kostuums).

De Britse soldaten trokken zich na de eerste schotenwisseling terug in de **Munroe Tavern** en richtten daar een veldhospitaal en het tijdelijke hoofdkwartier van generaal Earl Percy in (1332 Massachusetts Ave., tel. 781-862-1703, www.lexingtonhistory.org, apr. za.–zo., mei–okt. dag. 10–16 uur).

## Concord (MA)

**Atlas:** blz. 10, D 2

Na de gebeurtenissen in Lexington marcheerden de Britse troepen westwaarts in de richting van Concord om wapens en munitie van de kolonisten te confisqeren. Toen de *redcoats* (Britse soldaten) aankwamen bij de **Old North Bridge** over de Concord River, hadden zich daar inmiddels zo'n 400 *minutemen* verschanst. De idyllische rivier, die zich door een bosrijk gebied slingert, doet niet vermoeden dat op deze plaats de eerste echte slag van de Amerikaanse Vrijheidsoorlog plaatsvond. De opstandelingen kregen in het gevecht de overhand en de Britse troepen moesten zich terugtrekken naar Boston.

In het **North Bridge Visitor Center** op een heuvel boven de Concord heeft men een museum ingericht met allerlei voorwerpen uit die tijd, zoals wapens en uniformen. (Minute Man National Historical Park, 174 Liberty St., tel. 978-369-6993, www.nps.gov/mima, dag. 9–17 uur). Tentoonstellingen over het begin van de Amerikaanse Revolutie zijn ook te zien in het **Concord Museum**. Verder vindt u er herinneringen aan Henry David Thoreau en Ralph W. Emerson (Lexington Rd., tel. 978-369-9763, www.concordmuseum.org, jan.– mrt. ma.–za. 11–16, zo. 13–16 uur, juli en aug. zo. al vanaf 9, verder ma.–za. 9–17, zo. 12–17 uur).

Concord schreef niet alleen geschiedenis tijdens de Revolutie. In de 19e eeuw vormde zich hier een belangrijke literaire kolonie. Op een steenworp afstand van de Old North

# Onderweg met de auteur

## Kancamagus Highway

**Kancamagus Highway:** Tussen Conway en Lincoln vormt deze panoramaroute een ca. 53 km lange oost-westverbinding door de White Mountains, in de Indian summer een van de mooiste routes (zie blz. 110).

**Flume Gorge:** Gletsjers hebben een 12 km lange kloof in de White Mountains gevormd. Via trappen en plankenpaden kunt u er doorheen lopen (zie blz. 113).

**Shelburne Museum:** Dit aan Lake Champlain gelegen museum biedt niet alleen een kijkje in de levenswijze van de mensen in de 19e eeuw, maar is ook interessant voor kunstliefhebbers (zie blz. 116).

## Avontuurlijk

Een rit met de **Mount Washington Cog Railway** naar de top van Mount Washington is alleen al vanwege het klimaat op de permanent met een ijslaag bedekte bergtop een heel bijzondere belevenis (zie blz. 111).

## Winkelhoogtepunt

U hoeft hier niet per se iets te kopen: de oude **Vermont Country Store** in Weston is ook als een soort 'museum van het dagelijkse leven' het bezichtigen waard (zie blz. 118).

Bridge staat **The Old Manse**, een huis dat de grootvader van de filosoof en dichter Ralph Waldo Emerson (1803-1882) in 1770 liet bouwen en waar hij een aantal jaren van zijn jeugd doorbracht. Tussen 1842 en 1845 had het huis opnieuw een prominente bewoner in de persoon van de toen pasgetrouwde schrijver Nathaniel Hawthorne, die in deze periode een tijd lang onder de invloed raakte van de zogenoemde transcendentalisten (289 Monument St., tel. 978-269-3909, www.thetrustees .org, rondleidingen half apr.–okt. ma.–za. 10–17, zo. 12–17 uur). Van 1835 tot 1882 woonde Emerson in het **Emerson House**, het tweede huis in Concord dat nog precies zo is ingericht als tijdens het leven van de voormalige eigenaar (28 Cambridge Turnpike, tel. 978-369-2236, rondleidingen half apr.– okt. do.–za. 10–16.30, zo. 14–16.30 uur).

Tot de kring van Emerson behoorde ook Henry David Thoreau (1817–1862), die met zijn in 1854 verschenen essaycyclus *Walden or Life in the woods* beroemdheid verwierf. Hierin pleitte hij voor het recht en de plicht van ieder individu om beslissingen te nemen vrij van iedere conventie en alleen georiënteerd op de natuur. In de cyclus verwerkte hij ervaringen die hij in 1845 opdeed tijdens een vrijwillige ballingschap in een zelfgebouwde houten hut aan de **Walden Pond** bij Concord. Op de plaats waar hij twee jaar lang zijn 'bestaansexperiment' uitvoerde, staat nu een replica van zijn vroegere behuizing (Rte 126, tel. 978-369-3254, www.mass.gov/dcr/parks/ northeast/wldn.htm, dag. geopend van zonsopkomst tot zonsondergang.

De enige vrouw die tot de literaire kolonie behoorde, was Louisa May Alcott (1832-1888). In het **Orchard House** schreef ze haar tweedelige roman *Little women* (Onder moeders vleugels), waarin ze een typisch beeld schetst van het toenmalige gezinsleven in deze staat in New England (399 Lexington Rd., tel. 978-369-4118, www.louisamayal cott.org, apr.–half sept. ma.–za. 10–16.30, zo. 13–16.30 uur). Alle genoemde schrijvers vonden hun laatste rustplaats op de **Sleepy Hollow Cemetery,** die om deze reden de bijnaam Autor's Ridge draagt (Rte 62 W.).

**Concord Visitor Center:** 58 Main St., Concord, MA 01742, tel. 978-369-3120, fax 978-369-1515, www.concordchamberofcommer ce.org.

**Vincenzo's Ristorante:** 1200 Main St., tel. 978-318-9801, www.vincenzosres taurant.com, dag. lunch en diner. Verfijnde Italiaanse gerechten in een kleurige ambiance Vanaf $8.

**Bedford Farm Ice Cream:** 68 Thoreau St., www.bedfordfarmsicecream.com, 's zomers 11–21 uur. Rond 60 eersteklas ijsspecialiteiten.

# 2 De White Mountains

## Concord (NH)

**Atlas:** blz. 3, A 4

De hoofdstad van New Hampshire aan de Merrimack River is een gemeente met iets meer dan 40.000 inwoners zonder enige grootsteedse allures. Alleen eens in de vier jaar ligt dat anders, als in deze staat traditiegetrouw de eerste beslissingen vallen in de strijd om de voorronden van de presidentsverkiezingen en het hele land de aandacht richt op deze dwerg in New England met nog geen 2 miljoen inwoners. Het geldt als een ongeschreven wet dat de kandidaat die in New Hampshire de primary wint in het Witte Huis belandt .

Het **Statehouse**, gebouwd in 1819, is het oudste parlementsgebouw van de VS, waarin zowel de Senaat als het Huis van Afgevaardigden nog in hun oorspronkelijke zalen vergaderen. Dit representatieve bouwwerk staat in een park vol met bomen, struiken en monumenten die herinneren aan beroemde inwoners van de staat. Vanbinnen oogt het gebouw bescheidener dan andere State Capitols, met uitzondering van een mozaïek over historische gebeurtenissen in de Senat Chamber (107 N. Main St., tel. 603-271-2154, ma.–vr. 8–16 uur).

Bezoekers die geïnteresseerd zijn in de geschiedenis van de staat kunnen daar veel over te weten komen in het **Museum of New Hampshire History,** van het indianenopperhoofd Passaconaway tot de astronaut Alan Shepard, die als vijfde mens op de maan liep (6 Eagle Sq., tel. 603-228-6688, fax 603-228-6308, www.nhhistory.org/museum.html, juli– 15 okt. di.–za. 9.30–17, zo. vanaf 12 uur, 16 okt.–juni dezelfde openingstijden, ook ma.).

**Chamber of Commerce:** 40 Commercial St., Concord, NH 03301, tel. 603-224-2508, fax 603-224-2508, www.concordnhcham ber.com.

**Best Western Concord Inn & Suites:** 97 Hall St., tel. 603-228-4300, fax 603-228-

4301, www.bestwestern.com. 66 kamers met koelkast, koffiezetapparaat en magnetron plus zwembad, whirlpool en fitnessruimte; krant en ontbijt bij de prijs inbegrepen. Vanaf $89.

**Comfort Inn:** 71 Hall St., tel. 603-226-4100, fax 603-228-2106, www.comfortinnconcord.com. Zwembad, sauna en fitnessruimte, nette standaardkamers met draadloos internet en ontbijt. Vanaf $89.

**Cat & Fiddle Restaurant:** 118 Manchester St., tel. 603-228-8911, www.catnfiddle.com, dag. 11–21, vr., za. tot 22 uur. Groot familierestaurant met Amerikaanse specialiteiten in royale porties. Vanaf $12.

**Hermanos Cocina Mexicana:** 11 Hills Ave., tel. 603-224-5669, www.hermanosmexican. com, dag. behalve zo.-middag 11.30–14.30, 17–21 uur. Van nacho's met chili, guacamole en bonen tot *chimichanga*, waarbij heerlijke margarita's worden geserveerd. Zo.-do. livejazz in de lounge. Vanaf $12.

## North Conway

**Atlas:** blz. 3, A 3

Een bezienswaardigheid is dit plaatsje met zijn 2000 inwoners bepaald niet. De kwaliteiten van North Conway liggen op twee andere terreinen. Ten eerste is het een uitstekende uitvalsbasis voor tochten naar de White Mountains en ten tweede is dit het belangrijkste economische centrum van dit tamelijk provinciale deel van New Hampshire. Langs Highway 16 rijgen zich motels uit alle prijsklassen, bed and breakfasts, cottages, resorts, restaurants, winkelcentra en supermarkten aaneen, als in een middelgrote stad. Daartussen treft u centra aan met tientallen fabriekswinkels voor textiel, schoenen en huishoudelijke artikelen.

Bij de Village Green midden in het plaatsje houdt het in 1874 gebouwde, geelgepleisterde spoorwegstation met zijn rode dak de herinnering aan vroeger levend. Tegenwoordig doet het dienst als station voor de nostalgische, met stoom- en diesellocomotieven uitgeruste **Conway Scenic Railroad**, waarmee jaarlijks duizenden mensen een ritje maken naar Bar-

lett in de Saco River Valley of naar Conway. (Rte 16, 38 Norcross Circle, tel. 603-356-5251, fax 603-356-7606, www.con wayscenic.com, apr.–dec.).

**Mount Washington Valley Chamber of Commerce:** aan de zuidelijke doorgaande weg, P. O. Box 2300, North Conway, NH 03860-2300, tel. 603-356-3171, fax 603-356-7069, www.mtwashingtonvalley.org.

Aan de doorgaande weg treft u veel overnachtingsgelegenheden aan in allerlei prijsklassen.

**Adventure Suites:** 3440 White Mountain Hwy, tel. 603-356-9744, www.adventuresui tes.com. Origineel hotel met 'themasuites'. Het valt niet mee om een keuze te maken. U kunt kiezen tussen het Romeinse badhuis met een rond bed, de boomhut met een tent voor kinderen, 'Motorcycle Madness' met een geïntegreerde motorgarage voor Harley-liefhebbers, een jacuzzi voor zeven personen en een toiletrolhouder in Harleylook, 'Love Shack' met waterbed en plafondspiegel en nog diverse andere thema's. Alle suites beschikken over een jacuzzi. Vanaf $109.

**Grand Hotel at Settler's Green:** Rte 16 bij de Settler's Green Outlet, tel. 603-356-9300, fax 603-356-6028, www.northconwaygrand.com. Groot hotel met binnen- en buitenbad, fitnessruimte, ideaal gelegen ten opzichte van winkels. $149, soms aanbiedingen voor $79.

**Hostel International White Mountains:** 36 Washington St., tel. 603-447-1001, www.con wayhostel.com. Eenvoudig overnachtingsadres in een verbouwde boerderij. Vijf slaapzalen met zes bedden plus vijf particuliere kamers, waarin eveneens vijf personen kunnen verblijven. Vanaf $20 per persoon.

**Moat Mountain Smokehouse:** 3378 White Mountain Hwy, tel. 603-356-6381, www.moatmountain.com, dag. 11.30– 22 uur. Restaurant met een eigen brouwerij, een gemoedelijke sfeer en royale porties. *Barbecue ribs* en pizza uit de houtoven behoren tot de specialiteiten van het huis. Vanaf $6.

**Delaney's Hole in the Wall:** 2980 White Moun-

tain Hwy, tel. 603-356-7776, www.delaneys
.com, dag. 11.30–23 uur. Een nazaat van een
lid van de bende van Butch Cassidy en de Sun-
dance Kid runt dit restaurant, waar alles
draait om de Hole in the Wall Gang. Specialiteiten zijn salades, kippenvleugels, spareribs
en kip. Iedere wo. livemuziek. Vanaf $5.

**North Conway** telt maar liefst zo'n 100
fabriekswinkels met mode, schoenen
en accessoires, onder meer van NIKE, L.L.
Bean, Polo Ralph Lauren en GAP. Omdat in
New Hampshire geen btw wordt berekend,
bent u hier voordeliger uit dan elders.
**North Conway Outlets:** Rte 1/Lafayette Rd,
ma.–za. 10–21, zo. 10–18 uur.
**Settler's Green Outlet:** Rte 16, www.settlers
green.com, ma.–za. 9–21, zo. 10–18 uur.

**Stables at the Farm by the River:** 2555
West Side Rd., tel. 603-356-6640, www.
farmbytheriver.com. Manege voor buitenrit-
ten, pony's voor kinderen en uitstapjes met
paard-en-wagen. U kunt overnachten in de gezellige, ouderwetse bed and breakfast vanaf
$100.

## Bretton Woods
**Atlas:** blz. 3, A 2
Uit de verte gezien lijkt het alsof aan de voet
van Mount Washington een wit cruiseschip
aan de grond is gelopen in een oceaan van bossen en weiden. Sinds 1902 bepaalt het **Mount
Washington Hotel** het dorpsgezicht en in 1944
haalde het zelfs de koppen in de wereldpers.
In de stijlvolle zalen werd in de zomer van dat
jaar op uitnodiging van president Franklin D.
Roosevelt een internationaal monetair en
financieel congres gehouden. De onderhandelingen van de 700 afgevaardigden uit 44 landen duurden drie weken. Dit resulteerde uiteindelijk in de oprichting van het Internationaal Monetair Fonds om de wisselkoersen te
stabiliseren en de internationale handel te bevorderen.

Het personeel bij de receptie wordt er liever
niet aan herinnerd dat horrorauteur Stephen
King het idee voor zijn roman *The shining*
kreeg na een bezoek aan het Mount Washing-

ton Hotel. Des te opmerkelijker is het dat de di-
rectie topregisseur Stanley Kubrik in 1980 toe-
stond enkele scènes voor de verfilming van het
boek op te nemen op deze chique locatie.

**The Mount Washington Hotel:** Rte 302,
tel. 603-278-1000, fax 603-278-8838,
www.mtwashington.com. Zeer statig traditioneel hotel met dikke tapijten en zware kroonluchters in de lobby dat wereldgeschiedenis
heeft geschreven. Eigen 18 holesgolfbaan, tennisbanen, manege, massage. Alleen halfpen-
sion, vanaf $280.
**Bretton Arms Country Inn:** 173 Mt. Washington Hotel Rd., tel. 603-278-1000, www.mtwas
hington.com, 34 kamers, waaronder ruime
suites, snel internet en kabel-tv. Vanaf $94.
**Twin Mountain KOA Kampground:** Twin Mountain, 372 Rte 115, tel. 603-846-5559, 20 mei–16
okt. Mooi bosrijk kampeerterrein, ook met
huisjes, waarvan sommige met keuken. Huisjes vanaf $48.

**Fabyan's Station:** Rte 302, tel. 603-278-
2222, dag. 11–22 uur. Eenvoudig restaurant in een voormalig station. Op de kaart: nacho's, hamburgers en ribs. Vanaf $6.

## Kancamagus Highway
**Atlas:** blz. 3, A 3
Tussen Conway en Lincoln vormt de **Kancamagus Highway** een ca. 55 km lange oost-westverbinding door de White Mountains. De
route door het berggebied is een van de mooiste in New England. Van het dal van de Swift
River, waar zich al aan het eind van de 18e
eeuw houthakkers vestigden, voert de pano-
ramasnelweg omhoog naar de 872 m hoge
Kancanagus Pass.

Namen langs de route, zoals het verlaten
dorp Passaconaway en de Sabbaday Falls, verraden de indiaanse oorsprong. In het midden
van de 17e eeuw waren de White Mountains
het jachtgebied van verscheidene indianenstammen. Opperhoofd Passaconaway ('beren-
jong') verenigde in 1627 een tiental stammen
in de Penacook Confederation. De panoramaweg is genoemd naar de kleinzoon van het
grote opperhoofd.

## Tip:
## De ijzige top van Mount Washington

De arctische weersomstandigheden en de museaal ogende, ouderwetse locomotief maken de rit met de **Mount Washington Cog Railway** op de bijna 2000 m hoge top van **Mount Washington** een waar avontuur. Regelmatig woeden er orkanen op de in de permafrost liggende top, omdat de berg op het snijpunt van drie stormgebieden ligt. Op 12 april 1934 werd een wereldrecord opgetekend – een nadien nooit meer gemeten windsnelheid van 371,75 km/uur.

Al veel trekkers die de berg verkeerd hadden ingeschat, zijn de extreme klimaatomstandigheden noodlottig geworden. Op iedere bergrit verslindt de bejaarde stoomlocomotief 1 ton steenkool en tijdens de anderhalf uur durende 'bestorming' van de top zet hij 4000 liter water om in hete stoom. Het steilste gedeelte is de Jakobsladder met een hellingpercentage van 37,4.

Als u de tocht in het najaar maakt, beginnen de nagenoeg grasloze vlakten langs de spoorlijn door de rijp al vlug een 'gesuikerd' aanzien te krijgen. Op de top heersen een snijdende kou en sneeuwchaos, zodat de meeste bezoekers liever het verwarmde Sherman Adams Building binnenvluchten om de witte pracht vanachter de ramen te bewonderen (dalstation achter het Mount Washington Hotel, tel. 603-278-5404, www.cog-railway .com, dag. 9–15 uur).

Ook met de auto kunt u de berg op een ontspannen manier bestijgen. Op de oosthelling van de berg begint in Pinkham Notch, 22 km te noorden van Glen, de Mount Washington Auto Road, een 13 km lange, slingerende tolweg. Tussen half mei en half oktober is de weg weliswaar officieel open, maar door de weersomstandigheden is hij toch geregeld onberijdbaar (tel. 603-466-3988, www. mountwashingtonautoroad.com, midden in de zomer dag. 7.30–18 uur, verder korter).

De in sneeuw en ijs gehulde top van Mount Washington

## Lincoln

**Atlas:** blz. 3, A 3

De Kancamagus Highway eindigt in het kleine toeristische centrum Lincoln op de westhelling van de White Mountains. Dit vakantie-oord is uitgegroeid tot een uitvalsbasis voor tochten naar het omliggende berggebied, omdat het stadje handig aan de noord-zuidverbinding I-93 ligt en er alles te vinden is wat u nodig hebt voor een tussenstop: accommodatie, eetgelegenheden en winkels. Van de rand van het stadje voert een 2 km lange kabelbaan naar **Loon Mountain Park,** waar liefhebbers van het buitenleven hun weekends graag doorbrengen met paardrijden, mountainbiken of wandelen over een van de paden die naar grotten voeren die aan het eind van de ijstijd zijn gevormd. Op de uitzichttoren in het park kijkt u schitterend uit over de omgeving (kabelbaan, tel. 603-745-8111, www.loon mnt.com, half juni–half okt. dag., eind mei–half juni za.–zo.).

Met de **Hobo Railroad** kunnen gezinnen ritten van anderhalf uur maken langs de Pemigewasset River en het idyllische landschap tussen Lincoln en Franconia Norch verkennen (Hobo Junction Station, Rte 112, tel. 603-745-2135, www.hoborr.com, mei–okt.).

Langs de Kancamagus Highway laat de Indian summer zich van zijn mooiste kant zien

**Lincoln-Woodstock Chamber of Commerce:** Rte 112, tel. 603-745-6621, Lincoln, NH 03251, www.lincolnwood stock.com.

**Woodwards Resort:** RR 3 (I-93, afslag 33), tel. 603-745-8141, fax 603-745-3408, www.woodwardsresort.com. Gelegen in het hart van de White Mountains, met veel sportmogelijkheden en een goed restaurant, binnen- en buitenbad, sauna en tennisbanen. Vanaf $89.
**Econolodge:** Rte 3, tel. 603-745-2229, fax 603-745-3661, www.econolodgeloon.com. Motelkamers, waarvan sommige met jacuzzi. Twee huisjes voor 4–10 personen, Binnen- en buitenbad, sauna, fitnessruimte; ontbijt bij de prijs inbegrepen. Vanaf $80.
**Country Bumpkins Family Campground:** Rte 3, tel. 603-745-8837, www.countrybumpkins .com, apr.–okt. Terrein met warme douches en verwarmde hutten met tv en eigen douche. Hutten vanaf $55.

**Fratello's Restaurant:** Kancamagus Hwy, tel. 603-745-2022, www.fratellos. com, dag. lunch en diner. Zeevruchten, malse steaks en Italiaanse gerechten. Vanaf ca. $15.
**Profile Dining Room:** 664 Rte 3, tel. 603-745-8000, www.indianheadresort.com, dag. 7–15, 17–20.30 uur. Restaurant van het Indian Head Resort met een ruime keus aan smakelijke steaks, zeevruchten en pasta. Vanaf $14.

**Elanden kijken:** Pemi Valley Excursions, Rte 112 tegenover McDonalds, tel. 603-745-2744, www.i93.com/pvsr, eind mei–half okt., vanaf ca. 18 uur excursies om elanden te bekijken. Reserveren is een must! Volwassenen $20, kinderen $14.
**Pretpark:** Whale's Tale Water Park, Water Park Rte 3, tel. 603-745-8810, www.whalestalewater park.net, half juni–begin sept. dag. 10–18 uur, Waterpark met glijbanen en zwembaden. $28, vanaf 15 uur $20.

## Franconia Notch
**Atlas:** blz. 3, A 2–3
Ten noorden van Lincoln voeren de I-93 en Route 3, die er parallel aan loopt, door de Franconia Notch, een gedeeltelijk nauw dal, waar de belangrijkste bezienswaardigheden in het **Franconia Notch State Park** beschermd zijn. De **Flume Gorge** is een 12 km lange, door gletsjers uitgesleten kloof tussen de Franconia en de Kinsman Range en wordt omgeven door hoge, steile wanden die glimmen van vochtigheid. Door de smalle canyon stroomt de bergbeek Flume via talrijke cascaden naar het dal. Zelfs midden in de zomer polijst het ijskoude water de op elkaar gelegen blokken graniet en heerst er een klimaat als in een koelhuis, omdat er vrijwel nooit een zonnestraal in de kloof schijnt. Dwars door dit won-

derlijke landschap loopt een pad dat gedeeltelijk uit planken bestaat. (Visitor Center, tel. 603-745-8391, www.flumegorge.com, half mei–eind okt. dag. 9–16.30, midden in de zomer tot 17.30 uur).

In de Franconia Notch zweeft de **Cannon Mountain Aerial Tramway**, die plaats biedt aan 80 personen, in slechts acht minuten naar de 1250 m hoge top van de Cannon Mountain, waar u kunt wandelen en genieten van het adembenemende vergezicht (tel. 603-823-8800, eind mei–half okt. dag. 9–17 uur, volwassenen $11, kinderen $7).

# De Green Mountains

## Montpelier

**Atlas:** blz. 2, E 2

Wie zich de metropool van Vermont voorstelt als een dichtbevolkt, verstedelijkt gebied, vergist zich. Met ruim 8000 inwoners, witgepleisterde houten huizen en liefdevol verzorgde voortuintjes ziet **Montpelier** er eerder uit als een slaperig plattelandsstadje. Het is niet verwonderlijk dat veel mensen het in 1859 in Greek Revivalstijl gebouwde **Capitol** op het eerste gezicht houden voor een uit vroeger tijden daterend luxehotel. Dorische zuilen sieren de grijze granieten façade, die bekroond wordt door een gouden koepel met een beeld van Ceres, de Romeinse godin van het graan. In de entreehal hangen de portretten van de uit Vermont afkomstige presidenten Calvin Coolidge en Chester Arthur. Ook staat er een buste van Abraham Lincoln, die als voorbeeld diende voor een veel groter beeld op zijn graf in Springfield (Illinois) (115 State St., tel. 802-828-2228, gratis rondleidingen juli–half okt. ma.–vr. 10–15.30, za. 11–14.30 uur. Gratis toegang tot het gebouw ma.–vr. 8–16 uur).

**i** **VT Tourism & Marketing:** 6 Baldwin St., Montpelier, VT 05633-1301, tel. 802-828-3676, www.travel-vermont.com. Informatie over vakanties op een boerderij vindt u op www.travel-vermont.com/farms.

## Barre

**Atlas:** blz. 2, E 2

Het grootste deel van het stenen bouwmateriaal voor het Capitol in Montpelier is afkomstig uit de buurgemeente Barre, om precies te zijn uit de steengroeve **Rock of Ages.** Al sinds 1885 zagen in deze grootste granietgroeve ter wereld machines blok na blok uit een intussen 150 m diep gat in een berghelling. In een aangrenzende fabriek wordt het tonnen wegende ruwe materiaal kleiner gezaagd, gepolijst en verwerkt tot bijvoorbeeld tegels. In de hele wereld wordt het zogenoemde bethelgraniet uit Vermont gebruikt op allerlei locaties, tot en met het Island Centre Plaza in Hongkong (stadsdeel Graniteville, tel. 802-476-3119, mei–okt. ma.–za. 8.30–17, zo. 12–17 uur; rondleidingen juni–half okt. vr. 9.15–15 uur).

## Burlington

**Atlas:** blz. 2, D 2

De 10.000 studenten van de in 1791 gestichte University of Vermont zorgen in de stad voor een levendige sfeer, die u proeft in de restaurants en cafés en op de terrassen, vooral langs de centraal gelegen Church Street. Cultuur is er natuurlijk ook volop. Naast tentoonstellingen en kamerconcerten organiseert de universiteit ieder jaar in de zomer een zeer gerenommeerd Mozartfestival en in het Royal Tyler Theatre van begin juli tot half augustus het Champlain Shakespeare Festival. Met 40.000 inwoners is Burlington de grootste stad in de staat, die zijn aantrekkingskracht vooral dankt aan de ligging op de oever van **Lake Champlain** en zijn centrum met huizen uit het begin van de 19e eeuw. In de buurt van de haven, waar vissersboten en jachten zij aan zij liggen, wijdt het **ECHO at the Leahy Center**, een combinatie van een aquarium en een wetenschapscentrum, zich aan de natuur, ecologie, cultuur en geschiedenis van de regio rond Lake Champlain met zijn ruim vijftig verschillende vissoorten, amfibieën en reptielen. Boeiend zijn ook de interactieve tentoonstellingen. (1 College St., tel. 802-864-1848, www.echo vermont. org, dag. 10–17, do. tot 20 uur).

Het idyllisch aan Lake Champlain gelegen Burlington kent vele fraaie plekjes

**Chamber of Commerce:** 60 Main St., Suite 100, Burlington, VT 05401, tel. 802-863-3489, fax 802-863-1538, www.vermont .org.

**Fletcher Free Library:** 235 College St., www. fletcherfree.org. U kunt hier gratis internetten.

**Wyndham Burlington Hotel:** 60 Battery St., tel. 802-658-6500, fax 802-658-4659, www.wyndham.com. Verwarmd zwembad, whirlpool, mooi uitzicht op het meer. Vanaf $125.

**Anchorage Inn:** 108 Dorset St., South Burlington, tel. 802-863-7000, www.vtanchorage inn.com. Accommodatie met zwembad, whirlpool en sauna. Vanaf $46.

**North Beach Campground:** 60 Institute Rd., tel. 802-862-0942, kampeerplaats voor tenten en campers met een zandstrand aan Lake Champlain.

**New England Culinary Institute:** 25 Church St., tel. 802-862-6324, www.neci dining.com, dag. behalve ma. lunch en diner, zo. brunch. Gerenommeerd kookinstituut met eigen café-restaurant. De heerlijkheden lopen uiteen van roomsoezen tot gorgonzola-spinazie-ravioli. Vanaf $8.

**Leunig's Bistro:** 115 Church St., tel. 802-863-3759, dag., iedere di., wo. en do. livejazz. Vriendelijk ingericht café in Franse stijl. Vanaf $8.

**Burlington Square Mall:** 5 Burlington Sq., ma.–za. 10–21, zo. 13–18 uur. Meer dan 40 zaken onder één dak

**Champlain Mill:** 1 Main St., Winooski, www. champlainmill.com, ma.–za. 10–20, zo. 12–18 uur. Winkels en restaurants in een omgebouwde textielfabriek. Een klein museum op de eerste verdieping documenteert de geschiedenis van de fabriek. Gratis toegang.

**Tochten per stoomboot:** Spirit of Ethan Allen, 348 Flynn Ave., Perkins Pier, tel. 802-862-8300, www.soea.com. Uitstapjes op nagebouwde Mississippistoomschepen. Er wordt gevaren van eind mei tot half okt.

**Veerboten:** Lake Champlain Ferries, King St. Dock, tel. 802-864-9804, fax 802-864-6830, www.ferries.com, mei–okt., autoveer naar Port Kent, NY, overtocht 1 uur.

**Trein:** Vanaf Essex Junction vertrekken Amtraktreinen naar Boston en New York (29 Railroad Ave., Essex Jct., VT 05452).

## Stowe

**Atlas:** blz. 2, E 2

In het koude jaargetijde is Burlington het 'basiskamp' voor wintersporters die in de White Mountains willen skiën en langlaufen. Het echte skicircus speelt zich af rond de 1340 m hoge Mount Mansfield ten oosten van Burlington, waar de plaats **Stowe** terugkijkt op een jarenlange wintersporttraditie. Al in de jaren dertig van de vorige eeuw liet het plaatselijke toeristenbureau skileraren overkomen uit Oostenrijk en 'importeerde' daarmee de sfeer van het Alpengebied in de Nieuwe Wereld, wat vandaag de dag merkbaar is aan namen als Innsbruck Inn en Mozart Festival, om niet te spreken van de stevige knakworsten met zuurkool die u hier kunt nuttigen (Stowe Area Association, P. O. Box 1320, 51 Main St., Stowe, VT 05672, tel. 802-253-7321, www.gostowe. com).

## Middlebury

**Atlas:** blz. 2, E 3

In deze kleine stad staat het ruim 200 jaar oude **Middlebury College**, een onderwijsinstituut waar meer dan 2000 studenten staan ingeschreven. Een reputatie die zich nog verder over de stads- en de staatsgrenzen heen uitstrekt, bezit de **UVM Morgan Horse Farm**, waar experts al meer dan 100 jaar morganpaarden fokken, die bekend staan om hun kracht en snelheid. Dit paard is dan ook het symbool van de staat Vermont.

De oorsprong gaat terug op de schoolmeester Justin Morgan, die aan het einde van de 18e eeuw een schuldenaar in plaats van geld een veulen kreeg, waar het eerste morganpaard waarschijnlijk van afstamde (74 Battell Dr., tel. 802-388-2011, www.uvm.edu/morgan, rondleidingen door de stallen mei– okt. dag. 9–16 uur).

## Aan Lake Champlain

**Atlas:** blz. 2, D 1–2

Ten zuiden van Burlington in Shelburne ligt het **Shelburne Museum**, een sfeervolle, historische enclave. Op een parkachtig terrein staan ruim dertig gebouwen, waarvan de meeste uit de 19e eeuw dateren. Een bijzonder bouwwerk is de drie verdiepingen tellende ronde schuur die de toegang vormt tot het openluchtmuseum.

Een klein kustwachtstation, een spoorwegstation, een smederij, een postkoetsenstation, een gevangenis en het in 1906 van stapel gelopen, allang afgedankte stoomschip *SS Ticonderoga* vormen samen een nostalgische idylle, waar ook een overdekte brug niet ontbreekt en ambachtslieden in oude klederdracht hun vakmanschap tonen. In veel gebouwen zijn tentoonstellingen van Amerikaanse volkskunst te zien. De basis van het museum vormen de kunstcollecties van de oprichtster van het museum, Electra Havemeyer Webb, die sculpturen en schilderijen verzamelde van beroemde Franse impressionisten, zoals Edgar Degas, Claude Monet en Edouard Manet (Rte 7, half mei–half okt. dag. 10–17, tel. 802-985-3346, www.shelburne museum.org).

Een kijkje in het agrarische verleden bieden de **Shelburne Farms.** Deze boerderij werd in 1886 gebouwd als zomerverblijf van een industrieel. Tegenwoordig demonstreren gekostumeerde bewoners er hoe je kaas maakt, meubels vervaardigt en kleinvee verzorgt (Harbor/Bay Rd., tel. 802-985-8686, www.shelburnefarms.org, eind mei–half okt. rondleidingen dag. 9.30–15.30 uur).

Veel gezinnen maken een uitstapje naar de **Vermont Teddy Bear Company**. Bezoekers kunnen hier een rondleiding krijgen door een fabriek waar teddyberen worden gemaakt in alle kleuren en vormen (6655 Shelburne Rd., tel. 802-985-3001, www.vermontteddybear .com, ma.–za. 9–18, zo. 10–17 uur).

Ieder jaar trekken er vroeg in de zomer kruitdampen over de imposante muren van **Fort Ticonderoga** bij grens tussen de staten Vermont en New York, als 200 soldaten in traditionele uniformen een veldslag uit de Zevenjarige Oorlog naspelen. Toen de Fransen het complex in 1755 bouwden op een landengte tussen Lake Champlain en Lake George, heette het nog Fort Carillon. De vesting moest de waterweg tussen Canada en de Amerikaanse koloniën veiligstellen en een stokje steken voor de expansiedrift van de Britten. Dit lukte maar tot 1759, toen Engelse troepen het complex veroverden en het zijn huidige naam gaven. In 1775 namen Amerikaanse revolutionaire troepen het fort met een verrassingsaanval zonder bloedvergieten in bezit, maar twee jaar later veroverden de Britten het terug.

Nadat Fort Ticonderoga door brand was verwoest, werd het aan het begin van de 20e eeuw herbouwd naar oude Franse ontwerpen. Nu is het een museum met oude wapens en uitrustingen, maar vooral met eigendommen van eenvoudige soldaten die in de vesting waren gestationeerd (tel. 518-585-2821, www.fort ticonderoga.org, mei–okt. dag. 9–17 uur, $12).

## Ski- en wandelparadijs Killington (VT)

**Atlas:** blz. 2, E 3

Onder de bekendste skiparadijzen in het oosten van de VS heeft dit naar de 1292 m hoge **Killington Peak** genoemde vakantieoord een klinkende naam. Tientallen skiliften en kabelbanen, waaronder een van de snelste ter wereld naar de Skye Peak (1158 m), ontsluiten dit gebied met bergen als de Snowdon Mountain (1095 m), de Rams Head Mountain (1100 m) en de Rico Mountain (1209 m) en meer dan 200 deels lastige afdalingen.

's Zomers kijken wandelaars van de langeafstandspaden Appalachian Trail en Long Trail, die elkaar kruisen op de Killington Peak, bij goed zicht op de een na hoogste top van Vermont uit op vijf buurstaten. In de plaats zelf, die na de Tweede Wereldoorlog uit de grond is gestampt en daarom de karakteristieke New Englandse sfeer mist, zorgen een ijs- en rodelbaan, tennisbanen, golfterreinen en talrijke evenementen ervoor dat vakantiegangers zich geen moment hoeven te vervelen. Als het van u nog wel een tikkeltje avontuurlijker mag, kunt u gaan kanoën of kajakken op de Mad River.

**Chamber of Commerce:** 2064 Rte 4, Killington, VT 05751-9607, tel. 802-773-4181, www.killingtonchamber.com.

**Birch Ridge Inn:** 37 Butler Rd., tel. 802-422-4293, fax 802-422-3406, www.birchridge.com. Veel kamers met whirlpool, sommige alleen met douche. Ook een restaurant. Vanaf $120.

**Greenbrier Inn:** 2057 Rte 4, tel. 802-775-1575, www.greenbriervt.com. Ruime kamers met tv en koelkast, buitenbad. Vanaf ca. $80.

**Butternut on the Mountain Motor Inn:** Killington Rd., tel. 802-422-2000, fax 802-422-2000, www.butternutlodge.com. Rustige, motelachtige accommodatie met eenvoudige kamers, lounge met open haard en restaurant. Vanaf $60.

**Hemingway's:** 4988 Rte 4, tel. 802-422-3886, www.hemingwaysrestaurant. com, di.–za. diner vanaf 18 uur. Een van de toonaangevende restaurants in Vermont met een stijlvolle inrichting en een daadkrachtige sfeer. Viergangenmenu voor fijnproevers $55.

**Charity's 1887 Tavern:** Killington Rd., tel. 802-422-3800, dag. vanaf 11.30 uur. Rustiek restaurant in een verbouwde schuur. Geen spectaculaire kookkunst, maar royale porties en een ontspannen sfeer. Vanaf $6.

**Wobbly Barn:** Killington Access Rd., tel. 802-422-6171, www.wobblybarn. com. Steakhouse met nachtclub (of omgekeerd), al meer dan 40 jaar een lokaal instituut, dag. vanaf 16 uur.

# Van Plymouth naar Bennington

**Atlas:** blz. 2, E 4

Op 4 juli vieren de inwoners van **Plymouth** twee gebeurtenissen: de Amerikaanse Onafhankelijkheidsdag en de geboortedag van hun voormalige stadsgenoot Calvin Coolidge (1872–1933), die van 1923 tot 1929 de 30e president in het Witte Huis was.

Met de **President Calvin Coolidge State Historic Site** wordt de herinnering levend gehouden aan de bekendste inwoner van Plymouth. Het middelpunt van deze gedenkplaats is het voormalige woonhuis van de familie Coolidge, waar de jonge Calvin op vierjarige leeftijd kwam te wonen en enige jaren later zijn moeder en twee van haar kinderen stierven. De meeste vertrekken van het grote huis zijn precies zo ingericht als vroeger of zijn met veel gevoel voor detail weer in de oude staat teruggebracht, zoals de keuken, die eruitziet alsof de familie nog steeds in het huis woont (3780 Rte 100 A, tel. 802-672-3773, www.histo ricvermont.org/coolid ge, eind mei–half okt. dag. 9.30–17 uur).

## Weston
**Atlas:** blz. 2, E 4
Weston, in het bovendal van de West River, telt slechts zo'n 500 inwoners, maar toch is dit fraaie dorpje bij veel Amerikanen een begrip. Het plaatsje met zijn typisch New Englandse houten huizen dankt zijn bekendheid vooral aan de in 1946 geopende **Vermont Country Store**, een winkel uit grootmoeders tijd met de langste snoepwarentoonbank van het land. Van kruiwagens tot overhemden, van bonen in tomatensaus tot rollen prikkeldraad – deze museale winkel verkoopt zo'n beetje alles waar vraag naar is.

Een zeer succesvol artikel in de jaren veertig en vijftig van de vorige eeuw was de Tangeelippenstift, die veel van de huidige, inmiddels iets ouder geworden vrouwelijke klanten naar eigen zeggen ooit aan hun eerste zoen heeft geholpen. Dit nostalgische cosmeticaproduct, dat later van de markt is verdwenen, vliegt in Weston nog altijd over de toonbank. Net als vroeger verzendt de winkel ook koopwaren en maakt daarmee een omzet van 100 miljoen dollar per jaar (Rte 100, ma.–za. 9–17, in het hoogseizoen tot 18 uur, zo gesloten, tel. 802-362-8460, www.vermontcountrystore .com).

Een andere oude winkel uit 1891 is de **Weston Village Store** met een enorm aanbod aan nostalgische cadeaus, aardewerk, boeken, kaarsen en T-shirts (660 Main St., www.weston villagestore.com, dag. 9–17, juli–aug. tot 20 uur, tel. 802-824-5477). Op een steenworp afstand staat het **Weston Playhouse**, waar het oudste professionele theatergezelschap van Vermont sinds 1937 ieder seizoen Broadway-stukken en musicals op de planken brengt (Village Green, tel. 802-824-5288, www.weston playhouse.org).

## Bennington
**Atlas:** blz. 9, B 1
Het patriottisme van de circa 10.000 inwoners leeft ieder jaar half augustus op als de burgers zich voor de zoveelste maal voor de *Battle of Bennington* in historische uniformen hullen en ten strijde trekken tegen vijandelijke Britse troepen. Hoe het gevecht afloopt, leert de geschiedenis: op 16 augustus 1777 behaalden de Amerikaanse kolonisten een overwinning op een Britse eenheid. Ter ere van deze gebeurtenis richtte de stad 14 jaar later het 94 m hoge **Bennington Battle Monument** op. Een lift brengt bezoekers naar het uitkijkplatform van de stenen naald, vanwaar het uitzicht 60 km ver reikt tot in de aangrenzende staten (15 Monument Circle, tel. 802-447-0550, www.His toricVermont.org, dag. 9–17 uur).

Naast historische kunstvoorwerpen, verzamelingen meubelen, poppen, wapens en voorwerpen van glas bezit het **Bennington Museum** een grote collectie naïeve schilderkunst van de volkskunstenares Grandma Moses (1860–1961). In haar oude school zijn veel herinneringen aan haar tentoongesteld (75 Main St., tel. 802-447-1571, www.bennington museum.org, dag. behalve wo. 10–17 uur).

De **Old First Church** uit 1805 is de oudste kerk in Vermont en een fraai voorbeeld van postkoloniale architectuur. Op het aanpalende kerkhof ligt de dichter en tweevoudig winnaar van de Pulitzerprijs Robert Frost (1874–1963) begraven (Rte 9/Monument Ave., tel. 802-447-1223, wwwoldfirstchurcbenn.org).

Slechts enkele kilometers ten zuiden van Bennington loopt de staatsgrens van Massachusetts. Meteen erachter vindt u in de aan een knooppunt van spoorwegen gelegen voormalige industriestad North Adam het **Massachusetts Museum of Contemporary Art**, een zeer interessant kunstmuseum met boeiende tentoonstellingen, ingericht in een leegstaande fabriek.

Vaak zijn hier ook baanbrekende werken van Europese kunstenaars te bewonderen,

Het Massachusetts Museum of Contemporary Art is beslist een bezoek waard

maar daarnaast bovendien werk van internationale schilders en beeldhouwers die (nog) geen deel uitmaken van de gevestigde kunstwereld (87 Marshall St., tel. 413-662-2111, www. massmoca.org, 's zomers dag. 10–18, verder 11–17 uur, di. gesloten).

**Bennington Visitors Center:** 100 Veterans Memorial Dr., Bennington VT 05201, tel. 802-447-3311, www.bennington. com.

**South Shire Inn:** 124 Elm St., tel. 802-447-3839, fax 802-442-3547, www.south shire.com. In een tuin gelegen, victoriaanse boerenhoeve, alleen toegankelijk voor niet-rokers. Vanaf $110.
**Best Western New Englander:** 220 Northside Dr., tel. 802-442-6311, fax 802-442-6311, www. bestwestern.com. Hotel met aangename kamers, zwembad en jacuzzi. Vanaf $70.

**Bennington Cider Mill:** 1496 W. Rd., tel. 802-442-4459, dag. alleen lunch. Kleine kaart; zeer goed klaargemaakte gerechten. Vanaf $6.

**Mahican Moccasins:** Rte 7, Pownal Center, 8 km ten zuiden van Bennington, tel. 803-823-5294. Fabriekswinkel voor traditionele handgemaakte moccasins van reeën- en elandenleer. Als u tijdig een tekening van uw voetomtrek opstuurt, kunt u een paar op maat laten maken.
**Aldi:** Aan de noordelijke uitvalsweg Rte 7 vindt u een filiaal van deze in ons land populaire supermarktketen met Amerikaanse producten tegen lage prijzen.

**Voor New Englanders is Cape Cod een heerlijk, door de zee omgeven oord dat garant staat voor een zonnige, zorgeloze zwemvakantie. Mooie dorpen waar de oceaan de toon zet, zandstranden, duinlandschappen, bossen en twee eilanden zijn de grote trekpleisters van deze grillig gevormde landtong, tevens een bekende locatie om walvissen te kijken.**

Onder een zwemvakantie verstaan de bewoners van New England meestal een verblijf op Cape Cod ('kaap kabeljauw'), de door de warme Golfstroom omspoelde favoriete vakantiebestemming in Massachusetts. De grillig gevormde landtong, die pas 12.000 jaar geleden aan het eind van de ijstijd ontstond, wordt omgeven door 500 km aan stranden en duinen, waarop het dunne helmgras de zandkorrels probeert vast te houden in de vaak stevige wind.

Kleine meren en plassen, moerassen en grazige weiden, struweel en typisch New Englandse plaatsen met houten huizen en naar vis ruikende kades, waarlangs rijen krakende garnalenkotters afgemeerd liggen – dit alles maakt Cape Cod tot een ideaal toevluchtsoord om tot rust te komen. Voor veel toeristen zijn de eilanden Martha's Vineyard en Nantucket de belangrijkste redenen om de kaap te bezoeken, omdat daar ondanks de commercie en de jetset nog ongerepte stranden en onbedorven plekjes te vinden zijn.

Tot dit idyllische plaatje behoren ook de windmolens waarmee vroeger zeewater voor de zoutwinning in verdampingsbekkens werd gepompt of koren en zout werden gemalen. Tegenwoordig leveren ze vooral mooie vakantiekiekjes op, zoals de Old East Mill in Sandwich en de molen op de *village green* in Eastham.

Dat geldt ook voor de vuurtorens die sinds de 18e eeuw schepen over de woelige baren rond de kaap leiden, waaronder de twee torens in Cape Cod National Seashore en het schilderachtige Nobska Light bij Woods Hole. Cape Cod was al in de 19e eeuw een kustgebied dat de welvarendste families van Amerika trok.

Destijds vierde de rijke elite van het land nog vakantie op een schiereiland. Dit veranderde in 1914, toen een particulier kanaal werd geopend waar tol werd geheven. Tegenwoordig is het kanaal zo'n 12 km lang, 147 m breed en 10 m diep. Ongeveer 20.000 schepen varen jaarlijks door de kunstmatige waterweg, die de vaarroute tussen Boston en New York aanzienlijk verkort en veiliger maakt. Nu steken de toeristen via twee bruggen vanaf het vasteland het kanaal over: tussen Buzzards Bay en Bourne en bij Bournedale aan de snelle verbindingsroute van Boston naar Provincetown, die pas in 1938 in gereed kwam.

## Van Bourne naar Woods Hole

Op de eilandzijde van het Cape Codkanaal ligt de plaats **Bourne**, dat vooral bezoekers trekt met zijn outletcenter en het culinaire Bourne Scallop Festival, dat in september wordt gehouden. In een bos even buiten de stad ligt een bijzondere historische bezienswaardigheid die echter evenzeer een bezoek verdient. In 1627 stichtten de Pilgrim Fathers hier de **Aptucxet Trading Post 1**, de eerste winkel op Noord-Amerikaanse bodem. Een ver naar beneden doorlopend pannendak beschermt het uit donker hout gereconstrueerde gebouw, waarin de Engelse kolonisten met de Hollanders in Nieuw-Amsterdam, het huidige New York, waren ruilden. Naast indiaanse kunstvoorwerpen kunt u hier de geheimzinnige Bournesteen bewonderen, een granieten plaat met twee rijen runen. De steen zou zijn gegraveerd door de Vikingen, die hun schepen mogelijk op vernuftige wijze via boomstammen over de landengte tussen het vasteland en Cape Cod vervoerden, om niet rond de kaap te hoeven varen (24 Aptucxet Rd., tel. 508-759-9487, half apr.–half okt. di–za 10–17, zo 14–17 uur, in juli–aug. ook ma).

Weg 28 voert langs de Buzzards Bay naar **Falmouth** 2, met 30.000 inwoners de op een na grootste stad van Cape Cod. Zo'n 150 jaar geleden rook het hier nog sterk naar traan, weerklonk achter de huizen het gehamer van de werven en reden de boeren hun groenten naar de markt, die ze met moeite op de karige grond hadden verbouwd. Tegenwoordig rijdt 's zomers in het weekend het drukke vakantieverkeer vaak in een slakkentempo door de met fraaie bed and breakfasts geflankeerde straten.

Voor de meeste bezoekers is Falmouth niet meer dan een tussenstop op de route naar **Woods Hole** 3 in het uiterste zuidwesten van Cape Cod. Deze belangrijkste vissershaven op de kaap wordt ook gebruikt door de veerboten van en naar Martha's Vineyard. Daarnaast komen hier veel mensen voor het Woods Hole Oceanographic Institution. De belangstelling voor het instituut steeg enorm nadat de hier werkzame Amerikaanse diepzeeonderzoeker Robert D. Ballard met de in Woods Hole ontwikkelde onderzeeër *Alvin* in 1985 de gezonken *Titanic* had ontdekt. Vier jaar later behaalde men een nieuw succes met de vondst op 4800 m diepte van het in 1941 in een zeeslag gezonken Duitse oorlogsschip de *Bismarck*. Over het werk van het gerenommeerde onderzoeksinstituut kunt u meer te weten komen in een bezoekerscentrum in Woods Hole (Information Office, 93 Water St., tel. 508-289-2252, www.whoi.edu).

Voordat u Woods Hole achter u laat, is het de moeite waard om eerst nog een uitstapje te maken naar de het in 1829 gebouwde

## Onderweg met de auteur

### Eilandhoogtepunten

De eilanden **Martha's Vineyard** en **Nantucket** hebben ondanks de enorme groei van het toerisme van de laatste jaren toch veel van hun oorspronkelijkheid behouden (zie blz. 122 en 124). Martha's Vineyard kan bogen op fantastische zwemstranden. South Beach (Katama Beach) is vooral erg in trek bij surfers, terwijl Lobsterville Beach op Gay Head geschikt is als familiestrand (zie blz. 122).

### Natuurparadijs

Strand- en duinwandelingen op de lange zanderige kuststroken van **Cape Cod National Seashore** zijn erg ontspannen (zie blz. 127).
In Provincetown behoort **whale watching** tot de populairste bezigheden (zie blz. 128).

### Plimoth Plantation

Hoe de eerste pioniers in New England leefden in de eerste helft van de 17e eeuw demonstreren gekostumeerde 'Inwoners' van het openluchtmuseum **Plimoth Plantation** (zie blz. 130).

Nobska Light op Nobska Point aan de zuidpunt van de plaats. Het schilderachtige station van de kustwacht kreeg zijn toren pas in 1876. In 1985 verliet de laatste vuurtorenwachter het station, dat nu volautomatisch wordt bediend. U hebt hier een prachtig uitzicht op de Vineyard Sound en de talrijke eilanden.

**Op weg met de auto:** Als u een van de eilanden wil bezoeken, kunt u het best uw auto achterlaten in Cape Cod en u op het eiland verplaatsen met het openbaar vervoer of per fiets. Het voordeel is dat u zonder auto niet hoeft te reserveren voor de veerboot en dat de overtocht een stuk goedkoper is.
**Veren:** Steamship Authority, reserveringen tel. 508-477-8600, www.steamship authority.com. Dagelijks varen diverse autoveren naar Martha's Vineyard (45 min.), passagiers $7 per

overtocht, auto, afhankelijk van de lengte en het seizoen, vanaf $40, fiets $3.

**Island Queen:** Falmouth Harbor, mei-half okt., tel. 508-548-4800, www.islandqueen.com, passagiers zonder auto kunnen in 35 minuten van Falmouth naar Oak Bluffs varen, reserveren hoeft niet, heen- en terugtocht volwassenen $15.

**Falmouth/Edgartown Ferry:** 278 Scranton Ave., Falmouth, eind mei-midden okt., tel. 508-548-9400, www.falmouthferry.com. Veerboten van Falmouth naar Edgartown op Martha's Vineyard, alleen passagiers zonder auto, duur 45 min., reserveren verplicht, heen- en terugtocht volwassenen $30.

# Martha's Vineyard

Na een overtocht van ca. 45 minuten leggen de veerboten uit Woods Hole aan in Oak Bluffs of in Vineyard Haven op het 170 km² grote, door 15.000 mensen bewoonde eiland **Martha's Vineyard** 4. Op het door wilde wingerd begroeide landelijke eiland met zijn verlaten stranden, waar in 1974 de film *Jaws* werd opgenomen, hebben de Amerikaanse president Bill Clinton en de familie Kennedy herhaaldelijk hun vakantie doorgebracht.

Aan de haven van Oak Bluffs rijgen zich victoriaanse houten huizen aaneen, waarvoor kleurige boten en jachten in het water liggen te schommelen. In de stad staan 'peperkoekhuisjes' met fraaie decoraties in zuurstokkleuren. Ten westen van Oak Bluffs ligt Vineyard Haven, het commerciële centrum van het eiland, dat ook per veerboot bereikbaar is. Het oude gezicht van de plaats is deels bewaard gebleven in William Street.

U leert het eiland het best kennen op de fiets. Bij verscheidene verhuurders is naast een fiets of een scooter ook een plattegrond van het eiland verkrijgbaar, zodat u zich goed kunt oriënteren. Bij Edgartown ziet u een duidelijke markering op de kaart staan. Deze plaats is dan ook een waar juweel. De stijlvolle herenhuizen, die voormalige zeelieden vooral aan North of South Water Street lieten bouwen, dateren uit een latere tijd, toen Edgar-

town zich in de eerste helft van de 19e eeuw ontwikkelde tot een centrum van de walvisvaart. Ten oosten van de haven ligt Chappaquiddick Island, dat bereikbaar is per pendelveer. De enige verharde weg voert naar Wasque, dat een beschermd natuurgebied en een weinig bezocht strand bezit.

Het toeristische centrum van Martha's Vineyard ligt in het uiterste westen, waar het eiland de vorm heeft van een brede laars. Twee ondiepe meren domineren het landschap van deze landtong, die Gay Head wordt genoemd. Zo'n 5000 jaar geleden leefden hier al de Wampanoagindianen, die in 1987 een deel van hun in het verleden onteigende stamgebied terugkregen. De natuur laat zich aan de punt van de laars met zijn ruim 50 m hoge klippen van kleurige sedimenten van zijn indrukwekkende kant zien.

## Mooie stranden

Veel kustgebieden zijn privébezit, maar u vindt er ook openbaar toegankelijke stranden. **South Beach** (Katama Beach) ligt 6 km ten zuiden van Edgartown aan Katama Road. Het strand is populair bij surfers vanwege de hoge golven. Veel stukken zijn bewaakt. Hier en daar staan toiletten. Bij de 3,5 km lange **Lobsterville Beach** in Gay Head is het water ondiep en prima geschikt voor kinderen. Er liggen echter geen openbare parkeerplaatsen. U kunt daarom het best op de fiets naar het strand gaan. De mooie **Moshup Beach**, eveneens op Gay Head, is gedeeltelijk een nudistenstrand.

**Chamber of Commerce:** Vineyard Haven, Beach Rd., MA 02568, tel. 508-693-0085, fax 508-693-7589, www.mvy.com.

Voor een overnachting op Martha's Vineyard betaalt u in de zomer altijd gepeperde prijzen. In de winter is de accommodatie wel betaalbaar.

**Wesley Hotel:** 70 Lake Ave., Oak Bluffs, tel. 508-693-6611, www.wesleyhotel.com. Dit is een victoriaans hotel pal aan de haven met 95 vriendelijk ingerichte kamers en suites, alle met airconditioning, alleen mei-begin okt. In de zomer vanaf $205.

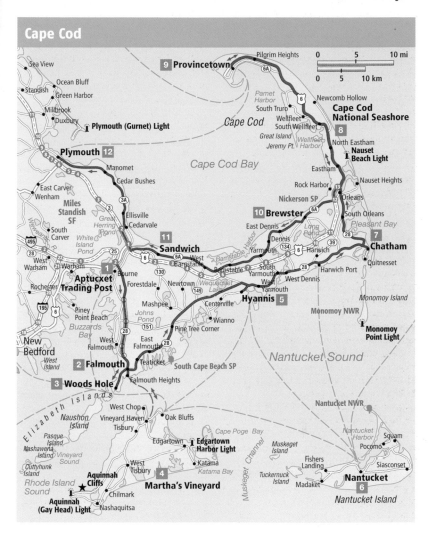

**Cape Cod**

Sea View
Ocean Bluff
Standish
Green Harbor
Millbrook
Duxbury

Plymouth (Gurnet) Light

Plymouth **12**

Manomet
Cedar Bushes

East Carver
Wenham
Miles
Standish
SF
Great
Herring
Pond
Ellisville
Cedarvale
South
Carver
White
Island
Pond

Sandwich **11**

West
Barnstable
West
Barnstable

**1**
Aptucxet
Trading Post
Bourne
Forestdale
Newtown

New
Bedford

Piney
Point Beach
Johns
Pond
Mashpee
Centerville
Wianno
Pine Tree Corner

**2** Falmouth
Teaticket

**3** Woods Hole
Falmouth Heights

West Chop
Vineyard Haven
Naushon
Island
Tisbury
Oak Bluffs

Pasque
Island
Nashawena
Island
Vineyard
Sound
Edgartown
Edgartown
Harbor Light

Cuttyhunk
Island
West
Tisbury
Katama

**4**
Aquinnah
Cliffs
Rhode Island
Sound
Chilmark
Nashaquitsa
Aquinnah
(Gay Head) Light

**Martha's Vineyard**

Pilgrim Heights

**9** Provincetown

Pamet
Harbor
South Truro
Wellfleet
South Wellfleet
Great Island
Jeremy Pt.
Wellfleet
Harbor

Cape Cod

Cape Cod Bay

Newcomb Hollow

**Cape Cod
National Seashore**

**8**

North Eastham
Nauset
Beach Light

Eastham

Rock Harbor

Nauset Heights

Nickerson SP

Orleans
South Orleans
Pleasant Bay

Brewster **10**

East Dennis
Dennis
Long
Pond
Yarmouth
Harwich

**7** Chatham

Quitnesset

Harwich Port

South
Yarmouth
West Dennis

West
Yarmouth

Hyannis **5**

Monomoy Island

Monomoy NWR

Monomoy
Point Light

Nantucket Sound

South Cape Beach SP

Nantucket NWR

Cape Poge Bay

Muskeget
Island

Nantucket
Harbor
Pocomo
Squam

Fishers
Landing
Siasconset

Tuckernuck
Island
Madaket

**Nantucket**

**6**

Nantucket Island

Muskeget Channel

0   5   10 mi
0   5   10 km

---

**Edgartown Inn:** 56 N. Water St., tel. 508- 627-4794, www.edgartowninn.com. Centraal gelegen hotel met 12 kamers, sommige zonder eigen badkamer; het stevige ontbijt, waarvoor u moet bijbetalen, wordt in de tuin geserveerd. Nathaniel Hawthorne en John F. Kennedy hebben hier ook gelogeerd. $100–275.

**Nashua House:** 30 Kennebec Ave., Oak Bluffs, tel. 508-693-0043, www.nashuahouse.com. Klein hotel met eenvoudige, licht ingerichte ka-

mers, slechts één badkamer op de verdieping. In de zomer vanaf $99.

**Martha's Vineyard Family Campground:** Edgartown Rd., Vineyard Haven, tel. 508-693-3772, www.campmv.com, 15 mei–15 okt. De enige kampeerplaats op het eiland, ook met huisjes voor maximaal 4 personen $110.

🍴 **Among the Flowers Café:** Mayhew Ln., Edgartown, tel. 508-627-3233, juli-aug.

dag. 8–22 uur, verder tot 16 uur. Café in de buurt van de haven met uitstekend ontbijt en dito diner. Vanaf $10.

**The Newes from America:** 23 Kelley St., Edgartown, tel. 508-627-4397. Gemoedelijke pub met eigen brouwerij. Op de menukaart staan *clam chowder* (een soort vissoep), burrito's, kippenvleugels en garnalen. Gerechten vanaf $8.

**Fietsverhuur:** Martha's Bike Rentals, 4 Lagoon Pond Rd., Vineyard Haven, tel. 508-693-6593, www.marthasvineyardbikes .com; Martha's Vineyard Strictly Bikes, 24 Union St., Vineyard Haven, tel. 508-693-0782.

**Veren:** Steamship Authority, tel. 508-477-8600, http://web1.steamshipautho rity.com, pendelverkeer per autoveer van Woods Hole naar Vineyard Haven of Oak Bluffs in 45 minuten, beslist reserveren. Hy-Line, Ocean St. Dock, Hyannis, begin juni-half sept., tel. 508-778-2600, www.hy-linecrui ses.com, passagiersveren (geen auto's), bijvoorbeeld van Oak Bluffs naar Nantucket (2 uur en 15 min.) en snelle veerboten naar Martha's Vineyard (55 min.).

# Van Hyannis naar Nantucket

## Hyannis

Vanwege de gunstige ligging als haven voor de veerboten naar Martha's Vineyard en Nantucket groeide het 10.000 inwoners tellende **Hyannis** **5** al jaren geleden uit tot een imposant vakantieoord. De twee eilanden zijn vanhier bereikbaar in goed twee uur. Met zijn accommodatie, restaurants en winkels is Hyannis daarnaast een goede uitvalsbasis voor uitstapjes naar de meeste bezienswaardigheden op Cape Cod en biedt met zijn moderne *malls* de beste gelegenheid om de hele dag te gaan winkelen (bijvoorbeeld als het regent). De Amerikaanse president John F. Kennedy bracht met zijn familie vele zomers zijn vakantie door in Hyannis. Het **John F. Kennedy Museum** herinnert aan die tijd met meer dan 80 foto's uit de jaren 1934–1963 en met een video (397 Main St., tel. 508-790-3077, www.jfkhyannismuse um.org, half apr.–okt. ma.–za. 9–17, zo. 12–17 uur).

Hoewel zijn geschiedenis zeer nauw verbonden is met de zee, bezat Cape Cod tot 2004 geen maritiem museum. Tegenwoordig is dit aspect van de verleden van de regio gedocumenteerd in het nog niet voltooide **Cape Cod Maritime Museum**. In de komende jaren zullen de tentoonstellingen geleidelijk aan worden uitgebreid en rond speciale thema's worden ontwikkeld (135 South St., tel. 508-775-1723, www.capecodmaritimemuseum. org, di.–do. 10–16, zo. 12–16 uur). Aan de populariteit van **Hyannis** hebben ook de stranden in de omgeving bijgedragen, waaronder Craigville Beach ten westen van de stad. Op zomeravonden is er al aan het eind van de ochtend geen vrije parkeerplaats meer te vinden, omdat het strand, dat ook wel Muscle Beach wordt genoemd en vooral in trek is bij jonge mensen, een waar mekka voor strandliefhebbers is.

## Nantucket

Het hoefijzervormige eiland **Nantucket** **6**, waarvan de naam 'ver afgelegen eiland' betekent, was halverwege de vorige eeuw naast New Bedford het beroemdste centrum van de walvisvaart van de VS. Het hier geproduceerde traan verlichtte menige Europese woonkamer, voordat het in 1859 in Pennsylvania ontdekte petroleum als brandstof op de markt kwam en het natuurproduct verving. De tijd van toen staat centraal in het **Whaling Museum** in Nantucket Town, in voormalige kaarsenfabriek uit 1848. Bezienswaardig zijn vooral de talrijke *scrimshaw*-stukken, artistiek snijwerk van walvistanden of -been, zeer gewild als typische souvenirs uit deze streek. Aan de walvisvangst herinneren buiten harpoenen en uitrustingen ook een walvisvaarder met volle zeilen en het skelet van een 13 m lange vinvis (13 Broad St., tel. 508-228-1894, www. nha.org, apr.–nov. dag. 10–17, do. tot 20 uur).

Het **Nantucket Life-Saving Museum** toont historische foto's, krantenknipsels over spectaculaire reddingsacties en veel attributen die worden gebruikt bij de redding van schip-

## Tip:
# Cape Cod per fiets verkennen

Geen gebied langs de kust van Massachusetts leent zich zo goed voor aangename fietstochten als Cape Cod. U trapt de pedalen rond bij een koel, zilt briesje, hoeft nergens erg te klimmen en mijdt wegen waar ook auto's rijden.

Waar ooit de spoorweg van de Old Colonial Railroad lag, ligt nu de geasfalteerde **Cape Cod Rail Trail,** de populairste fietsroute op de kaap. Hij begint ten zuiden van Dennis op een parkeerplaats bij de kruising van de wegen 134 en 6 en voert via Harwich naar het Nickerson State Park in East Brewster en verder door moerassen en cranberryvelden naar het bezoekerscentrum van Salt Pond in Cape Cod National Seashore. Daar sluit hij aan op de 2,2 km lange **Nauset Trail,** die door moeras slingert en ten slotte eindigt bij de stranden aan de Atlantische Oceaan. Terug bij het **Salt Pond Visitor Center** kunt u de noordelijke afslag van het fietspad volgen tot het eindpunt, ca. 50 km verderop in South Wellfleet of vandaar nog een uitstapje maken

naar Marconi Beach of Le Count Hollow Beach. Alle benodigde informatie is verkrijgbaar bij het Bike Depot 6 Trail Center (500 Depot St., North Harwich, tel. 508-430-4375, bike@ccrailtrail.com, www.ccrailtrail.com. Hier worden ook fietsen verhuurd).

Een ander verhard fietspad is de **Cape Cod Canal Bikeway.** Het loopt van de brug in Sagamore naar de ca. 13 km verderop gelegen kanaalbrug bij Bourne en volgt de geasfalteerde, voor motorvoertuigen verboden toegangsweg naar het kanaal. Nog korter is de **Shining Sea Bikeway** tussen Falmouth en Woods Hole, die slechts 5,5 km lang is en vooral geschikt is voor mensen die zich niet al te zeer willen inspannen. Een in sportief opzicht iets lastiger route is de onverharde **Trail of Tears** in de West Barnstable Conservation Area. Het pad is op sommige punten heel bochtig en leidt via enkele hellingen en afdalingen naar bebost gebied (meer informatie over de genoemde fietspaden vindt u op www.capecodbike guide.com).

breukelingen (158 Polpis Rd., tel. 508-228-1885, www.nantucketlifesavingmuseum. com, half juni–half okt. dag. 9.30–16 uur).

Aan de oostkust van Nantucket is de seizoenswisseling ieder jaar duidelijker zichtbaar. Zaten vroeger in **Siasconset** miljonairs en grootindustriëlen weinig opvallend in versleten spijkerbroek en oude pullover in de cafés, tegenwoordig geldt het voormalige vissersdorp als kunstenaarskolonie en ontmoetingsplaats van bohemiens, bij wie goede omgangsvormen even overbodig lijken als goede smaak. De mode op straat wordt beheerst door *Sex and the City*-epigonen, de communicatie door rinkelende mobieltjes, die al in de jaren negentig van de vorige eeuw op het eiland hun intrede deden, toen kopstukken uit de e-business hier per privéjet arriveerden en de chauffeurs van grote namen uit de jetset hun dure wagens van de veerboot reden. Toch zijn er

nog genoeg aardige plekjes die aan het oude Nantucket herinneren, idyllische stranden en stille baaien.

Om te zwemmen biedt Nantucket twee verschillende type stranden. In het noorden is de branding bij Jetties Beach en Dionis Beach rustig, terwijl in het zuiden stranden als Surfside Beach, Cisco Beach en Miacomet Beach beter geschikt zijn om te surfen.

**Chamber of Commerce:** 48 Main St., Nantucket, MA 02554, tel. 508-228-1700, fax 508-325-4925, www.nantucketchamber .org.

Net als in Martha's Vineyard doen ook hier de hotelprijzen een grote aanslag op uw reisbudget.
**Cliff Lodge:** 9 Cliff Rd., tel. 508-228-9480, www. clifflodgenantucket.com. Stijlvol hotel uit

1771, iets buiten het centrum. Het ontbijt wordt op de veranda geserveerd. Vanaf $210.

**The Nesbitt Inn:** 21 Broad St., tel. 508-228-0156, fax 508-228-2446. Voordelige mogelijkheid om te overnachten. Klein, zeer eenvoudig hotel, alle kamers maken gebruik van een badkamer op de verdieping. Vanaf $85.

🍴 Veel restaurants accepteren alleen contant geld, geen creditcards.

**Black-Eyed Susan's:** 10 India St., tel. 508-325-0308, apr.–okt. dag. 7–13, ma.–za. 18– 22 uur. Altijd drukke, chique bistro met een wisselende kaart. Het ontbijt wordt tot 13 uur geserveerd, geen lunch. Alcohol kunt u het best zelf meebrengen tegen kurkengeld. U kunt alleen reserveren voor het diner om 18 uur. Hoofdgerecht $20–40.

🍸 **Chicken Box:** 14 Daves St., tel. 508-228-9717, dag. geopend. Reggae, funk en rock vanaf 10 uur, met speciale 'rookverdieping'.

🧢 **Walvissen kijken:** Shearwater Excursions, Nantucket Town, tel. 508-228-7037, www.explorenantucket.com. Diverse tochten, onder andere walvisexcursies van 6 uur.

**Stranden:** Jetties Beach (North Shore), goed uitgerust met kleedhokjes, douches, toiletten en sportfaciliteiten; meer naar het westen ligt achter de duinen **Dionis Beach** met rustig water, geschikt voor kinderen (toiletten, strandwacht); bij Surfeside Beach (South Shore) zijn surfers in hun element.

**Fietsverhuur:** Island Bike Company, 25 Old South Rd., Nantucket Town, tel. 508-228-4070, www.islandbike.com; Young's Bicycle Shop, 6 Broad St., Nantucket Town, tel. 508-228-1151, www.youngsbicycleshop.com.

↔️ **Veren:** Steamship Authority, tel. 508-477-8600, http://web1.steamshipautho rity.com, autoveren (beslist reserveren) varen in 2,5 uur van Nantucket naar Hyannis.

## Noordoostelijk Cape Cod

Leefde deze 6600 inwoners tellende plaats vroeger van de visvangst, scheepsbouw en de zoutwinning, inmiddels is **Chatham** 7 veranderd in een rustig, romantisch stadje, waar veel mensen die gestopt zijn met werken hun nieuwe onderkomen hebben gevonden. Aan vroeger herinnert de in 1797 gebouwde **Old Godfrey Windmill,** die de molenaars alleen als korenmolen in bedrijf konden nemen als de windsnelheid ten minste 32 km/uur was. Vanaf 40 km/uur moesten de zeilen van de windmolen worden ingenomen of het werk worden gestaakt (Chase Park, Shattuck Pl., begin juli–begin sept. dag. beh. di. 10–15 uur).

In het 130 jaar oude voormalige station van de Chatham Railroad Company laat het **Rail-**

**road Museum** herinneringen zien aan de spoorwegmaatschappij waarvan de treinen tussen 1887 en 1937 naar Cape Cod reden. Niet alleen de tentoonstellingen met treinwagons, modellen en oude foto's zijn een kijkje waard. Ook het victoriaanse spoorwegstation zelf met zijn decoratieve toren, in een stijl die ook wel de 'spoorweggotiek' wordt genoemd, is een waar pronkstuk (153 Depot Rd., www.chathamrailroadmuseum.com, half juni-half sept. di.-za. 10-16 uur).

De gehele aan de Atlantische Oceaan gelegen oostkust van Cape Cod werd in 1961 op aandringen van president John F. Kennedy als **Cape Cod National Seashore** 8 geplaatst onder de bescherming van de National Park Service. Het 65 km lange duin- en strandlandschap met zoutmoerassen, rotsen en bossen is het best toegankelijk vanaf het **Salt Pond Visitor Center** in Eastham, omdat hier parkeerplaatsen zijn aangelegd en informatie verkrijgbaar is over het natuurgebied. Buiten deze toegang voeren er nog talrijke weggetjes naar zee, die afbuigen van de naar Provincetown leidende Route 6. Naast elf wandelwegen en verscheidene voor een deel bewaakte zandstranden (muggenspray niet vergeten!) kunnen outdoorfans in het National Seashore een speciaal aangewezen gebied gebruiken dat is opengesteld voor terreinwagens. Voor een rit naar het niet geasfalteerde gebied in het bezoekerscentrum moet u echter een geldige vergunning *(permit)* halen (Salt Pond Visitor Center, Rte 6 in Eastham, tel. 508-255-3421, www.nps.gov/ caco, dag. 9-16.30 uur, midden in de zomer langer).

Het duinlandschap in het noordoosten van de landtong Cape Cod

## Provincetown

Groter kunnen de verschillen tussen verleden en heden nauwelijks zijn. In 1620 zetten deugdzame, godvrezende Pilgrims Fathers in het uiterste noorden van Cape Cod voor het eerst voet op Amerikaanse bodem, voordat ze in Plymouth een kolonie stichtten. Tegenwoordig is het excentrieke **Provincetown** 9 New Englands ongekroonde hoofdstad van homo's en lesbiennes, met travestietenshows, karaokebars en cafés, en in de zomer daarnaast een uit zijn voegen barstende vakantiebestemming.

Een twintigtal galeries laten zien dat 'P-town' aan het begin van de 20e eeuw werd ontdekt door schilders, schrijvers en hun aanhang en vanaf toen veranderde van een vissersplaats in een kunstenaarskolonie. Vissersboten ziet u er nog steeds, maar de maritieme traditie wordt tegenwoordig vooral in stand gehouden door de excursieboten, die walvistochten aanbieden naar Stellwagen Bank. Deze ca. 10 km van de stad gelegen zandbank maakt deel uit van een ongeveer 2000 km² groot, beschermd zeegebied dat vanwege zijn rijke voedselaanbod een van de bekendste leefgebieden van walvissen aan de Atlantische kust is. Naast bultruggen, dwergvinvissen en vinvissen zijn van april tot november ook dolfijnen en tonijnen waar te nemen.

Op Monument Hill herinnert het 77 m hoge **Pilgrim Monument** aan de eerste landing van de Pilgrim Fathers in de Nieuwe Wereld. Na 116 treden wordt u boven op de toren beloond met een prachtig uitzicht over het hele noorden van Cape Cod. Het bijbehorende **Provincetown Museum** vertelt met zijn presentaties verhalen over de tijden van gehavende schepen en oude walvisvaarders die voor de kust van Provincetown een zeemansgraf vonden (tel. 508-487-1310, dag. 9–17 uur).

**Chamber of Commerce:** 307 Commercial St. P. O. Box 1017, Provincetown, MA 02657, tel. 508-487-3424, fax 508-487-8966, www.ptownchamber.com.

**Cape Colony Inn:** 280 Bradford St., tel. 508-487-1755, www.capecolonyinn.com. Modern ingerichte kamers met badkamer, airconditioning en tv, verwarmd zwembad. Vanaf $89.

**Breakwater Motel:** 716 Commercial St., alleen mei–okt., tel. 508-487-1134, www.breakwater motel.com. Eenvoudig motel zonder veel comfort. Vanaf $79.

**White Horse Inn:** 500 Commercial St., tel. 508-487-1790. Boerenhoeve uit het eind van de 18e eeuw. Het eenvoudige meubilair in de kamers wordt gecompenseerd door de talrijke schilderijen en de voordelige prijs. Met douche op de verdieping vanaf $70.

**Atlantic House:** 6 Masonic Pl., tel. 508-487-3821, www.ahouse.com, dag. 21–1 uur. Ook voor hetero's van beide geslachten toegankelijke homobar met dansvloer. In de Macho Bar op de bovenverdieping domineren lak en leer. Iedere vrijdag feest rond een speciaal thema. Entree $10.

**Boatslip Beach Club:** 161 Commercial St., tel. 508-487-1669, www.boatslipresort.com. In deze homobar wordt de in deze omgeving populaire *tea dance* georganiseerd, een feest in de openlucht.

**Governor Bradford:** 312 Commercial St., tel. 508-487-2781, dag. vanaf 10 uur. Dit etablissement is een van de dun gezaaide trefpunten voor niet-homoseksuele bezoekers. Af en toe wordt hier ook livemuziek gespeeld.

**Walvissen kijken:** Dolphin Fleet Whalewatch of Provincetown, tel. 508-240-3636, www.whalewatch.com, vertrek van 3 tot 4 uur durende walvistochten van de Mac-Millan Pier, kaartjeskantoor aan het einde van de pier.

**Portuguese Princess Excursions,** 70 Shank Painter, tel. 774-487-1482, www.princessprovin cetownwhalewatch.com. Walvisexcursies met commentaar van professionele natuurbeschermers. Wie onverhoopt geen walvissen krijgt te zien, krijgt een extra gratis excursie aangeboden.

## North Shore

Onder de North Shore verstaan de plaatselijke bewoners de zuidelijke kust van Cape Cod Bay tussen Orleans en Sagamore. De secundaire weg 6A voert door kleine gemeenten als Brewster, Dennis en Sandwich, waarvan de straten en gebouwen in de stadscentra de afgelopen decennia grotendeels onveranderd zijn gebleven.

Het 8500 inwoners tellende **Brewster** 10 wordt door velen beschouwd als de schilderachtigste plaats op Cape Cod. In de 'stad van de zeekapiteins' staan talrijke villa's die zeelieden in de 19e eeuw hebben laten bouwen en die tegenwoordig worden gebruikt als romantische hotelletjes waar paartjes op huwelijksreis graag de mooiste dagen van hun leven doorbrengen.

**Sandwich** 11, gesticht in 1639, is de oudste stad op Cape Cod die ook de meeste historische bezienswaardigheden bezit. Al enkele jaren na de stichting van de stad werd de **Dexter Grist Mill** gebouwd. Nu staat er een replica van de korenmolen, waarvoor nog steeds een houten waterrad ronddraait die de molensteen binnenin in beweging houdt (aan de Shawme Pond, tel. 508-888-4910, 's zomers dag. 10–16 uur). Op slechts een steenworp afstand zijn historische gebouwen als het Dunbar House uit 1741 (1 Water St.) en het Hoxie House uit 1675 (18 Water St.) van architectonisch belang.

Het tijdperk van de glasindustrie wordt belicht in het **Sandwich Glass Museum**, van 1825 tot 1888 in bedrijf als glasfabriek, waarvan de producten in heel Amerika zeer gewild zijn. In de museumwinkel worden reproducties van de originele tentoongestelde exemplaren verkocht, zoals kroonluchters, karaffen en schalen, maar ook nieuwe ontwerpen uit eigen werkplaats (129 Main St., tel. 508-888-0251, www.sandwichglass museum.org, feb.–mrt. wo.–zo 9.30–16, apr.–dec. dag. 9.30–17 uur).

**Heritage Museums & Gardens** is in Sandwich de populairste en tegelijk ook opmerkelijkste bezienswaardigheid: een combinatie van een openluchtmuseum, autotentoonstelling, park en kunstgalerie. Ooit was dit een onrendabele boerderij. Al enkele tientallen jaren geleden veranderde de eigenaar Charles Dexter de uitgestrekte landerijen in een toeristische trekpleister. Eind mei komen bezoekers kijken naar de bloei van de rododendrons, die half juli wordt afgelost door de bloei van de lelies. In een reproductie van een ronde shakerschuur staan oude auto's tentoongesteld. Naast een museum voor volkskunst, kunt hier ook de Old East Mill bezichtigen, een van de mooiste historische windmolens op Cape Cod (Upper Shawme Pond, www.heritagemuseumsandgardens.org, mei-okt. ma.–za. 9–18, wo. in juli–aug. tot 20, nov.–april ma.–zo. 10–16 uur).

# Plymouth

Slechts 35 km scheiden de stad Sandwich van het 46.000 inwoners tellende **Plymouth** 12, dat weliswaar niet meer op het grondgebied van Cape Cod ligt, maar vandaar goed bereikbaar is. In deze kuststad begon half september 1620 de geschiedenis van New England. Na een zware reis van twee maanden gingen hier destijds 102 emigranten aan land, die hun Engelse vaderland de rug toe hadden gekeerd, om met het schip de *Mayflower* de noordelijke Atlantische Oceaan over te varen en in de vreemde wereld een nieuw leven te beginnen in religieuze vrijheid.

## Pelgrims schrijven geschiedenis

Deze historische gebeurtenis heeft Plymouth zo beroemd gemaakt dat ieder Amerikaans schoolkind al wel eens van de landing van de oude pelgrims heeft gehoord. Elk jaar bezoeken horden toeristen van de stad, waar een open zuilentempel aan Water Street is opgericht op de plaats waar de Pilgrim Fathers naar verluidt voor het eerst voet op Amerikaanse bodem zetten

Even verderop ligt de reproductie van het originele schip van de Pilgrim Fathers, de *Mayflower II*, in de haven, een imposante driemaster met een opvallend hoge opbouw en een takelage zoals we die uit oude films over de zeevaart kennen. Medewerkers verkleed als boots-

Pelgrimsvrouw in oude klederdracht in het museum Plimoth Plantation in Plymouth

lieden en Pilgrim Fathers vertellen aan boord over de 66 dagen durende overtocht, alsof ze er zelf bij zijn geweest. Al in 1926 is op basis van historische documenten een model van de oorspronkelijke *Mayflower* gebouwd, dat samen met een groot aantal documenten in het **Pilgrim Hall Museum** is tentoongesteld (75 Court St., tel. 508-746-1620, www.pilgrim hall.org, dag. 9.30–16.30 uur, jan. gesloten). In opdracht van de Britse regering bouwde een Engelse werf de *Mayflower II* als geschenk voor de VS. Het schip voer op zijn enige transatlantische tocht naar historisch voorbeeld van Plymouth in Engeland naar Plymouth in Massachusetts en ligt sindsdien in de haven voor anker als museumschip – met uitzondering van een paar reizen, zoals in 1992, toen het schip een tocht van vier maanden over de kustwateren van Florida maakte (dag. 9–17.30 uur, tel. 508-746-1622, www.plimoth.org, combinatiekaartje, tevens geldig in de Plimoth Plantation, voor volwassenen $24).

## Plimoth Plantation

De nieuwkomers uit Engeland wachtte op de kust van Massachusetts een zware winter. Tegen de tijd dat het voorjaar aanbrak, was al de helft van hen bezweken aan ziekten, honger of uitputting. Hoe de nakomelingen van de weinige overlevenden het hoofd boven water probeerden te houden, leert u in het bezienswaardige openluchtmuseum **Plimoth Plantation**, even buiten Plymouth. Zodra u de poort naar het dorp door bent, stapt u de wereld van de 17e eeuw binnen. In het door een palissade omgeven museumdorp zitten vrouwen in enkellange jurken met hun kinderen voor huizen van zware houten planken met strodaken en pellen erwten of scheiden het kaf van het koren, als lag de 21e eeuw nog in de verre toekomst. Authenticiteit heeft de hoogste prioriteit. Als u met 'inwoners' in gesprek komt, zult al snel merken dat ze hun rol consequent afstemmen op de 17e eeuw en niets afweten van de latere wereld.

## Verleden binnen handbereik

Alle huizen zijn voorzien van een aangestampte lemen vloer, net als in de eerste jaren van de immigrantenkolonie. In kleurige boerentuinen kijken zonnebloemen over schuttingen en gedijen allerlei soorten groenten. In het Store House zijn vaten en kisten met levensmiddelen opgeslagen, die in tuinen en op akkers zijn verbouwd om ook de winter te kunnen overleven. Vachten en huiden werden naar Engeland verscheept om schulden mee af te betalen of waren te kunnen kopen die niet in de Nieuwe Wereld te krijgen waren. Op een veld buiten de palissade is een groep avontuurlijk uitgeruste mannen samengekomen voor de militaire training om het dorp bij noodgevallen tegen aanvallers te kunnen beschermen (137 Warren Ave., tel. 508-746-1622, www.plimoth.org, dag. 9.30–17 uur, combinatiekaartje, tevens geldig op de *Mayflower,* voor volwassenen $25).

De Pilgrim Fathers arriveerden in 1620 niet in een onbewoond land. Op veel plaatsen leefden indianenstammen, zoals de Wampanoag ('mensen van de dageraad'). Bij Plimoth Plantation hoort ook Hobbamock's Homesite, de kleine nederzetting van Hobbamock en zijn gezin. Hij hielp de eerste kolonisten hun eerste winter door en leerde ze te overleven met de natuurlijke bronnen die aan de oostkust voorhanden waren.

**Plymouth Information Center:** 170 Water St., Plymouth, MA 02360, tel. 508-747-7533, fax 508-747-7535, www.visit-plymouth.com.

**Governor Bradford on the Harbor:** 98 Water St., tel. 508-746-6200, fax 508-747-3032, www.governorbradford.com. Dichter bij de *Mayflower* kunt u in Plymouth niet overnachten. Nette kamers met twee tweepersoonsbedden, airconditioning, tv en gratis koffie in de lobby. Vanaf ca. $90.

**Hall's B&B:** 3 Sagamore St., tel. 508-746-2835, www.visit-plymouth.com/halls.asp. Romantisch ingerichte kamers met een badkamer op de verdieping in een rustig gelegen, victoriaans huis uit 1872. Op loopafstand van de haven. $70–90.

**Pinewood Lodge Campground:** Rte 44 ten westen van Plymouth, tel. 508-746-3548, www.pinewoodlodge.com. Bebost, modern ingerichte terrein aan de oever van een meer, met gelegenheid om te zwemmen.

**Isaac's on the Waterfront:** 114 Water St., tel. 508-830-0001, dag. 11.30– 22.30 uur. Bouillabaisse, zeekreeft of *prime rib* (rundvlees) met uitzicht op de haven. Vanaf $25.

**Hearth & Kettle Family Restaurant:** 25 Summer St., tel. 508-746-7100, dag. 7-22 uur, www.JohnCarverInn.com. Visspecialiteiten, prime rib, gebraden kip, kwarktaart – alles wat de Amerikaanse keuken biedt. Vanaf $12.

Lobster Hut: 25 Town Wharf, tel. 508-746-2270, dag. Etablissement in de stijl van een cafetaria, geserveerd worden zeekreeft, garnalen en fish and chips. $10–20.

**Walvissen kijken:** Captain John Boats, 10 Town Wharf, tel. 508-746-2643, www.captjohn.com. Moderne boten voor vier uur durende walvistochten, rondvaarten in de haven, hengeltochten op open zee en overtochten naar Provincetown.

**Stadstochten:** Colonial Lantern Tours of Plymouth, 51 Liberty St., tel. 774-454-8126, www.lanterntours.com, Wandeltochten met lantaarns door de oude stad.

**Wijn proeven:** Plymouth Bay Winery, 114 Water St., tel. 508-746-2100. Dagelijks gratis rondleidingen en wijnproeverijen, ook cranberry- en andere vruchtenwijnen.

**Dit ruim 250 km lange kustgebied, dat zich uitstrekt over drie staten, heeft een afwissend programma te bieden: een heksenmuseum, statige kapiteinsvilla's die herinneren aan de gouden tijd van de overzeese handel, levendige badplaatsen met provinciale charme, historische openluchtmusea, dichterswoningen – om maar te zwijgen van het gevarieerde kustlandschap met landtongen, eilanden, idyllische stranden en baaien.**

Wanneer Bostonians 's zomers in de bloedhete weekends de van de hitte zinderende metropool ontvluchten op zoek naar ontspanning, gaan ze – als Cape Cod niet in aanmerking komt – het liefst noordwaarts richting North Shore, zoals de Atlantische kuststrook nabij de grens met New Hampshire wordt genoemd. Hier steekt Cape Ann met zijn zandstranden en baaien uit in de Atlantische Oceaan en lijkt haast wel een eiland – een ideale plaats om het uitzicht op de glazen en stalen gevels van wolkenkrabbers te vergeten en in te wisselen voor een blik op de grillige steile kusten en de duikers in hun uitrustingen van neopreen, die met enorme zeekreeften aan hun riem opduiken uit zee.

Van Cape Ann rijdt u in een halfuur naar de noordelijke buurstaat New Hampshire. Van alle aan zee grenzende Amerikaanse staten bezit New Hampshire met nog geen 30 km de kortste Atlantische kuststrook. Als u op het bord dat ten noorden van de Merrimack River de staatsgrens aangeeft, de bijnaam Granite State ('Granietstaat') leest, zult u zich op deze kustweg verbazen, omdat u alleen zandstranden ziet liggen. De Appalachen, meer landinwaarts, bestaan echter wel uit graniet. Op de kuststrook beperkt het strandleven aan de overzijde van de uitgestrekte zoute weiden zich noodgedwongen tot maar een paar badplaatsen, waaronder Seabrook, Hampton Beach en Rye. Aan de havenboulevards rijgen zich motels, hotels, ca-

fetaria's, restaurants, cafés en bars aaneen. Deze zitten 's zomers bomvol, hoewel de overnachtingsprijzen relatief hoog zijn. De vele restaurants met specialiteiten als eersteklas sint-jakobsschelpen, romige *clam chowders* (een soort soep van venusschelpen en aardappelen) en puntgave zeekreeft verraden wat reizigers ook verder noordelijk te verwachten hebben.

Als u uw voet niet tijdig van het gaspedaal haalt, bent de grens van Maine, de grootste staat van New England, al over voor u er erg in hebt. In Kittery passeert u op de doorgaande weg eerst allerlei outlet malls, voordat voorbij de badplaats Badeort York aan Cape Neddick ineens het overweldigende uitzicht op de vuurtoren Nubble Light opdoemt.

## Salem

**Atlas:** blz. 10, E 2
Ieder jaar gedenkt deze 40.000 inwoners tellende stad in juli met het **Salem Maritime Festival** zijn maritieme erfgoed en zijn met de zee verbonden traditen. Tijdens dit populaire evenement opent de National Park Service gratis de poorten van de **Salem Maritime National Historic Site,** die werd ingericht om de zeevaarthistorie van New England levend te houden en aanschouwelijk te maken. De bevolking krijgt bij dit feest de gelegenheid om een getrouwe reproductie van de historische

driemaster *Friendship* te bezichtigen, die na zijn tewaterlating in 1797 15 jaar lang op de handelsroutes naar India, China, Zuid-Amerika, Rusland en Europa voer en de stad grote welstand bracht, die nog steeds zichtbaar is in Salem.

Een erfenis uit het gouden tijdperk van de zeehandel is ook het uit 1762 stammende **Derby House**, dat een van de succesvolste kooplieden van de stad en een van de eerste miljonairs in de VS liet bouwen als huwelijksgeschenk voor zijn zoon. Achter de grijze, houten façade van de **West India Goods Store** uit 1804 lagen destijds goederen uit de hele wereld opgeslagen. Ook nu gaan er nog steeds koffie, specerijen en thee over de toonbank, producten die ooit per zeilschip over de wereldzeeën naar Salem werden verscheept (Salem Maritime National Historic Site, 160 Derby St., tel. 978-740-1660, www.nps.gov/sa ma, dag. 9–17 uur).

## Peabody Essex Museum

Dat dit oudste museum van Amerika dat nog nooit voor langere tijd zijn deuren gesloten heeft, zich naast de historie van de zeevaart ook richt op kunst en cultuur uit de hele wereld, is niet zo vreemd. Ten tijde van de wereldwijde overzeese handel kwamen exotische kostbaarheden uit allerlei landen in Salem terecht, zodat het in 1799 bijna niet kon uitblijven dat er een museum werd geopend. Tegenwoordig biedt het complex een indrukwekkende blik op culturen uit de hele wereld. Op de afdeling Azië staat bijvoorbeeld een compleet huis uit de late periode van de Chinese Qingdynastie (1644–1911). Afrika is vertegenwoordigd met vroege werken uit de oost- en de westkust, waaronder kunstvoorwerpen van de Zoeloes en de christelijke Ethiopiërs uit de 16e tot 20e eeuw, zoals iconen en metalen objecten. Tot de oudste stukken uit de beginjaren van dit museum behoren sculpturen en siervoorwerpen uit Oceanië, een collectie die inmiddels is uitgegroeid tot meer dan 20.000 voorwerpen uit 36 eilandengroepen in Polynesië, Melanesië en Micronesië. Wordt het u allemaal wat te veel, dan kunt op adem komen in het tuinrestaurant of het Atrium Cafe

## Onderweg met de auteur

### Bezienswaardige plaatsen

Tijdens een wandeling door **Salem** stuiten bezoekers her en der op sporen van de heksenvervolging, de winstgevende overzeese handel en de pennenvruchten van Nathaniel Hawthorne (zie blz. 134). Aan de kust van de staat Maine behoren **Boothbay Harbor,** (zie blz. 146) **Camden** (zie. blz. 147) en **Bar Harbor** (zie blz. 149) tot de bezienswaardigste stadjes.

### Schilderachtige vuurtorens

Het **Nubble Light** aan Cape Neddick en het **Portland Head Light** behoren tot de mooiste vuurtorens aan de New Englandse kust van Maine. Ze worden omgeven door ruige, romantische kustgebieden en kijken uit op de Atlantische Oceaan (zie blz. 143).

### Winkelparadijs

Ten noorden van Portland ligt **Freeport**, een van de grootste outletcenters in New England. U krijgt er niets voor niets, maar wel kortingen tot 50% (zie blz. 145).

### Volop zeekreeft

Ieder jaar vindt in augustus in Rockland het **Maine Lobster Festival** plaats, waarop zo'n 90.000 bezoekers 30.000 pond schaaldieren nuttigen (zie blz. 146).

(East India Sq., tel. 978-745-9500, www.pem .org, dag. 10–17 uur, volwassenen $13, kinderen gratis).

## Donker verleden

Geruchten en kwaadsprekerij leidden in 1692 tot massahysterie en vervolgens tot de talrijke heksenprocessen, waarbij meer dan 160 personen betrokken waren, van wie velen gevangen werden gezet en van hun bezittingen beroofd. De collectieve paranoia kostte het leven aan 25 vrouwen. Enkele jonge meisjes beschuldigden een aantal stadsgenoten ervan een verbond te hebben gesloten met de duivel

In Salem draait het niet alleen met Halloween om het bovennatuurlijke

en te zijn behekst. De beschuldigingen richtten zich vooral tegen welgestelde, alleenstaande vrouwen, die niet leefden volgens de dogma's van de puriteinse gemeenschap.

Salem 'teert' nog altijd op zijn reputatie als 'heksenhoofdstad' van de VS en slaat zo veel mogelijk munt uit deze weinig roemrijke periode. Bij het bieden van achtergrondinformatie neemt men het niet altijd even nauw met de historische feiten, omdat men vooral uit is op sensatie om bezoekers kippenvel te bezorgen. Het **Witch Museum** toont naast ontelbare documenten en voorwerpen uit de tijd van de heksenjacht ook een audiovisuele show over de gebeurtenissen in die tijd (Washington Sq., tel. 978-744-1692, www.salemwitchmuseum .com, dag. 10–17, juli–aug. tot 19 uur). Voor het museum staat een door beeldhouwer Henry Kitson vervaardigde donkere sculptuur van de stichter van de stad Roger Conant, die goed bij de ambiance past.

Het enige bewaard gebleven gebouw dat een rol heeft gespeeld bij de heksenprocessen, is het **Witch House.** In dit bouwwerk uit de 17e eeuw woonde meer dan 40 jaar rechter Jona-than Corwin, die tijdens de heksenprocessen negentien vrouwen tot de galg veroordeelde (310 Essex St., tel. 978-744-0180, www.salem web.com/witchhouse, rondleidingen mrt.–dec. dag. 10–17 uur).

## House of Seven Gables

De heksenhysterie van 1692 en de ideeën en opvattingen van de New Englandse puriteinen komen ook aan bod in de werken van de in Salem geboren schrijver Nathaniel Hawthorne (1804–1864), wiens overgrootvader een van de rechters was tijdens de processen. In een mooie, geheimzinnig ogende tuin staat het uit 1668 stammende, met zeven puntgevels uitgevoerde **House Of Seven Gables**, dat Hawthorne in zijn gelijknamige roman literair vereeuwigde. Door de gecompliceerde bouwstijl krijgt het bijna zwart geschilderde gebouw iets mysterieus. Rondleidingen maken het leven in de 19e eeuw inzichtelijk. Op hetzelfde terrein staat ook het geboortehuis van Hawthorne, dat eveneens te bezichtigen is (54 Turner St., tel. 978-744-0991, www.7ga bles.org, dag.10–17, juli–okt. tot 19 uur).

**Salem Office of Tourism and Cultural Affairs:** 54 Turner St., Salem, MA 01970, tel. 978-744-3663, www.salem.org.

**Hawthorne Hotel:** 18 Washington Sq., tel. 978-744-4080, fax 978-745-9842, www.hawthornehotel.com. Traditioneel hotel in Downtown, smaakvol ingericht. WLAN bij de prijs inbegrepen. Vanaf $104.
**Suzannah Flint House:** 98 Essex St., tel. 978-744-4080, www.suzannahflinthouse.com. Mooie, bijna 200 jaar oude bed and breakfast. Kamers met airconditioning. Vanaf $109.
**Coach House Inn:** 284 Lafayette St., tel. 978-744-4092, fax 978-745-8031, www.coachhousesalem.com. In 1879 gebouwde, voormalige kapiteinswoning met 11 kamers, hoge plafonds, meubilair in de stijl van de 19e eeuw, klein ontbijt bij de prijs inbegrepen. Vanaf $105.

**The Grapevine Restaurant:** 26 Congress St., dag., tel. 978-745-9335, www.grapevinesalem.com, dag. 17.30-22 uur. Uitstekend Italiaans restaurant met een mooie binnenplaats. Menu ca. $50.
**Nathaniel's:** 18 Washington Sq., in het Hawthorne Hotel, tel. 978-825-4311. Dagelijks gegrilde zwaardvis, kalfsfricassee of ravioli van wilde paddenstoelen – alle gerechten smakelijk klaargemaakt. Op zondag jazz-brunch voor $25.

Bij **Broom Closet:** 3-5 Central St., tel. 978-741-3669, dag. behalve di., en bij **Crow Haven Corner:** 125 Essex St., tel. 978-745-8763, kunnen 'heksen' alles kopen wat ze nodig hebben, van een zwarte cape tot een kristallen bol.

**Trein:** De lokale trein rijdt vanaf North Station in Boston in ca. 35 minuten naar Salem en doet er iets korter over dan de bus. Informatie op www.mbta.com.
**Bus:** Van Boston rijdt bus 450 vanaf de Haymarket in ca. 50 minuten naar Salem.

# Van Cape Ann naar Hampton Beach

Dit ver in de Atlantische Oceaan uitstekende schiereiland is het antwoord van North Shore op Cape Cod, meer naar het zuiden. Rotsachtige kusten worden afgewisseld door lange zandstranden. Voor de kust duiken ieder jaar verschillende walvissoorten, dolfijnen en een enkele keer zelfs orka's op, zodat het kijken naar walvissen ook hier is uitgegroeid tot een levendige business.

## Gloucester
**Atlas: blz.** 10, E 1
Dit circa 30.000 inwoners tellende, op Thatcher Island gelegen stadje met de oudste haven van de VS is een van de populairste vakantiebestemmingen op de kaap. De geschiedenis van Gloucester gaat meer dan 400 jaar terug, toen de beroemde Franse zeevaarder Samuel de Champlain hier in 1604 voor anker ging en deze plaats niet ten onrechte Le Beauport ('de mooie haven') doopte.

Ook reizigers na hem waren zeer te spreken over de kustplaats, onder wie de uitvinder en kunstverzamelaar John H. Hammond, die in 1928 ten zuidoosten van Gloucester het **Hammond Castle** liet bouwen, een complex met ophaalbruggen en middeleeuwse torens. Hij richtte zijn woning in met een verzameling opmerkelijke kunstwerken uit de Romeinse tijd, de middeleeuwen en de renaissance, die u kunt bekijken (80 Hesperus Ave., Magnolia, tel. 978-283-2080, www.hammondcastle.org, vr.-zo. 10- 16 uur).

Gloucester maakte in 2000 zijn debuut op het witte doek in *The perfect storm* van regisseur Wolfgang Peterson. Deze film vertelt naar de roman van Sebastian Junger het op feiten berustende relaas van de vissersboot *Andrea Gail*, die in oktober 1991 in de verschrikkelijke orkaan Grace terechtkwam en probeerde zijn thuishaven Gloucester te bereiken. In de film speelt de plaatselijke bar Crow's Nest een rol, maar alleen het interieur komt overeen met dat op het witte doek (334 Main St.).

**Gloucester Visitor Welcoming Center:** Stage Fort Park, Gloucester, MA 01930, tel. 978-281-8865.

**Julietta House:** 84 Prospect St., tel. 978-281-2300, www.juliettahouse.com. Met veel gevoel voor detail ingerichte kamers in victoriaanse stijl, ontbijt bij de prijs inbegrepen. Vanaf $100.

**Sea Lion Motel:** 138 Eastern Ave., tel. 978-283-7300, www.sealionmotel.com. Schone kamers met airco, badkamer, cottages en appartementen, inclusief keuken. Vanaf $85.

**Cape Ann Camp Site:** Atlantic St., West Gloucester, tel. 978-283-8683, www.cape-ann.com/campsite. Elk van de 200 staanplaatsen beschikt over een picknicktafel en een stookplaats.

**Walvissen kijken:** Cape Ann Whale Watch, 415 Main St., tel. 1-800-877-5110, www.caww.com. Walvisexcursies naar de Stellwagen Bank, apr.–nov.

**Captain Bill's Whale Watch,** 24 Harbor Loop, tel. 978-283-6995, www.captbillandsons.com. apr.–nov. twee walvisexcursies per dag.

## Rockport

**Atlas: blz.** 10, E 1

In 2002 brachten de Amerikaanse posterijen een postzegel van 34 cent uit waarop achter het opschrift 'Greetings from Massachusetts' een foto te zien was van de Inner Harbor in Rockport samen met een rode vissershut. De U.S. Postal Service had een gelukkige keuze gemaakt, omdat ze een motief had gebruikt, dat ver over de grens van de staat bekendstaat als het symbool van dit plaatsje. De vissershut draagt al jaren de bijnaam **Motif No. 1**, omdat geen fotograaf en schilder het kan laten om hem te vereeuwigen. Toen een storm in 1978 het opvallende 'monument' van de kade blies, aarzelde het gemeentebestuur geen moment om de beroemde blikvanger zo snel mogelijk weer op te bouwen.

De haven van Rockport op Cape Ann

Rockport is een idyllisch, aan drie kanten door de zee omgeven plaatsje. Het is niet verwonderlijk dat het zich al tientallen jaren geleden ontwikkelde tot een vissersplaats met de ambities van een kunstenaarskolonie, vooral omdat de overbevissing geleidelijk aan een steeds grotere bedreiging ging vormen voor de traditionele broodwinning. Op warme zomerdagen zijn de straten van Rockport uitgestorven omdat de bevolking dan verkoeling zoekt op het kleine zandstrand.

## Essex

**Atlas:** blz. 10, E 1

Het 4000 inwoners tellende Essex is een oud stadje van scheepsbouw, waar het **Essex Shipbuilding Museum** herinnert aan een glorieus verleden. Het museum bestaat uit een complex van gebouwen aan de Essex River en toont meer dan 3000 historische foto's, manuscripten en documenten over de scheepsbouw en ruim 500 oude werktuigen. Het pronkstuk is de op het terrein tentoongestelde schoener *Evelina M. Goulart* uit 1927, die samen met ruim 500 andere schepen in Essex van stapel liep (66 Main St., tel. 978-768-7541, http://.essexshipbuildingmuseum. org, in de zomer en herfst do.–ma. 10–17 uur).

Bij veel inwoners staat Essex tegenwoordig beter bekend als een mekka voor antiekliefhebbers met zo'n vijftigtal zaken in deze branche, die over een afstand van ca. 2 km de doorgangsweg flankeren. Een van de bekendste is de aan de buitenkant overladen, maar uitnodigend ogende **White Elephant Shop**, met een overdekte uitbouw, waar zo'n beetje alles te krijgen is wat een mens niet per se nodig heeft: schommelstoelen, porseleinen beeldjes, keramiek, speelgoed, muziekinstrumenten, boeken, Amerikaanse vlaggen, ansichtkaarten en nog veel meer. Veel spullen zijn ook op internet te koop (32 Main St., tel. 978-768-6901, www.whiteelephantshop.com, ma.–za. 10–17, zo. 12–17 uur).

## Hampton Beach

**Atlas:** blz. 10, E 1

Deze badplaats, gelegen aan de Atlantische kust van New Hampshire, biedt met zijn kilometerslange strand onbezorgd vertier, vooral voor gezinnen. In augustus wordt speciaal voor kinderen een weeklang het Hampton Beach Children's Festival gehouden met goochelaars en clowns en afsluitend een kinderoptocht. Een maand eerder kunnen toekomstige architecten en landschapsontwerpers in een jaarlijkse wedstrijd hun fantasie tonen.

Als er geen feest of concert plaatsvindt op de Seashell Stage aan het strand, vermaakt het publiek zich op de bijna 5 km lange *boardwalk*. In een tiental cafetaria's en snelrestaurants verdringen bezoekers elkaar om suikerspinnen en pizza's te bemachtigen, slenteren door speelhallen of belegeren ijssalons.

# Portsmouth

**Atlas:** blz. 10, E 1

De staat New Hampshire bezit maar één zeehaven: de ca. 30.000 inwoners tellende grote havenstad Portsmouth aan de Piscataqua River. Talrijke stijlvolle gebouwen getuigen van de belangrijke economische en politieke rol die de stad heeft gespeeld in de scheepsbouw en later als haven voor de overzeese handel en als bestuurscentrum.

## Historische gebouwen

William Whipple, een van de ondertekenaars van de Onafhankelijkheidsverklaring, woonde in het **Moffat-Ladd House**. Deze voorname, met kostbaar 18e-eeuws meubilair ingerichte villa werd in 1763 door Whipples schoonvader John Moffat gebouwd, die dankzij de overzeese handel een vermogen had vergaard. Het dak is voorzien van een karakteristieke *widow walk*, een balkonachtige omloop rond de schoorsteen, waarop men kan lopen (154 Market St., tel. 603-436-8221, half juni–half okt. ma.–za. 11–17, zo. 13–17 uur).

Nog statiger is het **Governor John Langdon House** uit 1784. De voormalige heer des huizes, die zijn handtekening onder de grondwet van de VS zette, bekleedde drie ambtstermijnen de functie van gouverneur van New Hampshire (143 Pleasant St., tel. 603-436-3205, www.spnea

.org/visit/homes/langdon.htm, rondleidingen juni–half okt. vr.–zo. 11–16 uur).

Het bakstenen **Warner House** in georgian stijl stamt uit 1716 en was oorspronkelijk eigendom van een scheepskapitein. Het is vooral een bezoek waard om de indrukwekkende muurschilderingen, waaronder afbeeldingen van twee indianenopperhoofden van de Mohawkstam, en het fraaie interieur (150 Daniel St., tel. 603-436-5909, www.warner house.org, juni–okt. ma.– za. 11–16, zo. 12–16 uur).

## Strawbery Bank

In de haven aan de Piscataqua, waar sloepen en kleine visserskotters in het water schommelen tegen de achtergrond van kleurig geschilderde houten huizen, waant u zich in een karakteristiek New Englands vissersdorpje. Hier zetten in 1630 de eerste Engelse kolonisten voet op de rivieroever, die begroeid was met wilde aardbei – ze noemden hun dorp daarom Strawbery Banke. Drie jaar later, toen de scheepsbouw en de houtindustrie inmiddels een rol speelden, veranderde men de naam van het stadje in Portsmouth. De oude pionierstijden herleven in het **Strawbery Banke Outdoor Museum**, een openluchtmuseum met 46 huizen uit de periode tussen 1695 en 1820, die de herinnering aan de vroege jaren van Portsmouth levend houden.

Het met zorg onderhouden museumterrein met zijn verklede dorpsbewoners zou prima geschikt zijn als decor van een film over de geschiedenis van New England. In verscheidene huizen ziet u hoe vroeger met eenvoudige werktuigen boten werden gebouwd, keramiek werd gemaakt en dakspanen werden vervaardigd (Marcy St., tel. 603-433-1100, www.straw berybanke.org, mei–okt. dag. 10–17, za./zo. 10–14 uur).

## Omgeving van Portsmouth

Even buiten het stadscentrum van Portsmouth overspant de Memorial Bridge de brede rivierbedding van de Piscataqua, waarin Badger Island als steunpilaar fungeert. Op de noordoever van de rivier begint de staat Maine. Van ongerepte schoonheid en verlaten steile kus-

# Toevluchtsoorden voor liefhebbers van kreeft

Thema

De door stormen geteisterde Atlantische kuststrook van de staat Maine draagt niet voor niets de bijnaam 'Kreeftenkust'. De vangst van deze schaaldieren kent hier al een lange traditie, en *lobsters*, zoals de Amerikanen deze delicatesse noemen, behoren sinds jaar en dag tot de 'eerste levensbehoeften' van de kustbevolking.

De meeste restaurants langs de kust hebben zeekreeft op de menukaart staan. U kunt natuurlijk gaan eten in een modern, stijlvol ingericht etablissement, maar het is origineler om een van de vele voor Maine karakteristieke *lobster pounds* te bezoeken. Dit zijn zeer eenvoudige eetgelegenheden of vissershutten, waarin vers gevangen kreeften worden gekookt in zeewater – overigens een zeer snelle dood. Zodra de bruinzwarte schaaldieren in het kokende vocht liggen, krijgen ze een aantrekkelijke rode kleur. Na ongeveer een kwartier zijn ze gaar en worden ze traditioneel met warme, gesmolten boter genuttigd. De chef-

koks bekommeren zich niet om de inrichting van hun eenvoudige zaken. De delicatessen worden op plastic borden geserveerd, met de benodigde gereedschappen om de pantsers te breken.

Als u een ritje maakt door de omgeving, ziet u aan het eind van de ochtend of in de vroege avond naast eenvoudige schuren niet zelden een rookpluim opstijgen – een duidelijke aanwijzing dat u te maken hebt met een *lobster pound*. Vaak liggen de 'keukens' in de openlucht en bestaan uit eenvoudige, bakstenen ovens met ruimte voor de enorme kuip waarin men de schaaldieren in een net laat zakken.

ten is in eerste instantie niets te zien. In plaats daarvan wijzen enorme borden de weg naar de **Kittery Outlets**, die zich aan de doorgaande weg over een afstand van bijna 2 km aaneen rijgen. Meer dan 120 zaken van Levi's tot Liz Claiborne en van Calvin Klein tot Timberland, Eddie Bauer, Puma en Reebok verkopen merkartikelen rechtstreeks uit de fabriek tegen bodemprijzen (www.thekitteryoutlets.com, ma.–za. 9–20, zo. 10–18 uur).

**Greater Portsmouth Chamber of Commerce:** 500 Market St., Portsmouth, NH 03802, tel. 603-436-3988, www.portcity.org. Op Market Square staat een informatiekiosk.

**Martin Hill Inn:** 404 Islington St., tel. 603-436-2287, www.martinhillinn .com. Uit twee gebouwen bestaande bed and breakfast met decoratieve kamers voor nietrokers. $115–210.
**Wren's Nest Village Inn:** US Rte 1, tel. 888-755-9013, www.wrensnestinn.com. Mooi ingerichte bed and breakfast met overdekt zwembad. Normale kamers, suites met jacuzzi en cottages. $69–379.

**Blue Mermaid:** 409 The Hill, tel. 603-427-2583, dag. 11.30–21, vr.–za. tot 22 uur. Specialiteiten als kippenborst met banaan, walnoot en kokosmelk of zalm in een korst van zwarte maïs met mangovinaigrette. Voor minder avontuurlijke eters zijn er alternatieven als pizza en hamburgers. Lunch ca. $10, diner ca. $17–22.
**Café Brioche:** 14 Market Sq., tel. 603-430-9225, www.–cafebrioche.com, zo.–do. 11–16, vr.–za. 11–19 uur. Ideaal voor een lunch of een vroeg diner. Zelfgebakken brood, quiches, soep, salade en sandwiches. Vanaf $5.

**Stadstour:** Op de toeristische route Portsmouth Harbor Trail liggen de belangrijkste bezienswaardigheden. Rondleidingen ma. en do.–za. 10.30 en 17.30, zo. 13.30 uur, inlichtingen bij de Chamber of Commerce (Kamer van Koophandel).
**Havenrondvaart:** Portsmouth Harbor Cruises, Ceres St. Dock, tel. 603-436-8084, www.ports

mouthharbor.com. Rondvaarten door de haven met explicatie van mei–okt.
**Kajaktochten en -verhuur:** Portsmouth Kayak Adventures, 185 Wentworth Rd., tel. 603-559-1000, www.portsmouthkayak.com. Begeleide kajaktochten en kajakcursussen in het Piscataqua River Basin. Ook kajakverhuur.
**Bezichtiging van brouwerijen:** Portsmouth telt drie brouwerijen die kunnen worden bezocht: The Portsmouth Brewery, The Redhook Brewery en de Smuttynose Brewing Company. Bij alle drie kunt u ook eten. Inlichtingen bij de Chamber of Commerce.

**Verkeer in de stad:** Van juli tot begin sept. doet een gratis trolleybus de belangrijkste punten in Portsmouth aan.

# De kust van Maine

## York en Cape Neddick
**Atlas:** blz. 3, B 4
De schilderachtige kust van Maine begint pas bij het uit drie delen bestaande stadje York, met zijn vele 18e en 19e eeuwse huizen. Langs de promenade staan talloze cafés, restaurants en disco's, die in de zomer van de nacht een dag maken, als jongeren in het weekend massaal uitgaan en uit ieder café de laatste hits schallen. Ten noorden van York kromt de kustlijn zich rond een licht gebogen baai, waar het water zelfs midden in de zomer nog enkele graden koeler is dan bijvoorbeeld bij Cape Cod. Kleine weggetjes voeren over de beboste Cape Neddick, die als een kansel van rots in de Atlantische Oceaan uitsteekt. Aan de uiterste punt ligt een boomloos eiland dat door een smalle doorgang van het vasteland is gescheiden. Hier verheft zich **Nubble Light**, een van de meest gefotografeerde bouwwerken van New England.

## Ogunquit
**Atlas:** blz. 3, B 4
De indiaanse naam van dit plaatsje betekent 'mooie plaats aan zee'. Al in de 19e eeuw was dit voor investeerders een reden om hier een vakantieoord te bouwen, wat Ogunquit tot de

dag van vandaag is gebleven. Winkels met snuisterijen, mode en merkartikelen omzomen de kronkelende straten, waar zich ook ruim 25 restaurants, galeries en hotels verschuilen.

Even levendig gaat het eraan toe in het iets zuidelijker gelegen **Perkins Cove**, waar een ophaalbrug voor voetgangers de haveningang overspant en veel bezoekers speciaal staan te wachten op een zeilboot met een hoge mast, omdat de brug dan wordt opgehaald. Kunstgaleries, modeboetieks en aangename restaurants vindt u hier te kust en te keur.

Een bezienswaardigheid is de kilometerslange Ogunquit Beach, door de monding van de Ogunquit River gescheiden van het vasteland. In het verlengde van de Beach Street kunt u over een brug naar het strand rijden. U kunt zich de zenuwslopende zoektocht naar een parkeerplaats echter ook besparen door in het centrum de trolley naar het strand te nemen. Verder naar het noorden overspant een houten bruggetje de rivier naar Footbridge Beach, waar het rustiger is.

## Kennebunkport

**Atlas:** blz. 3, B 4

Dit ruim 1000 inwoners tellende plaatsje is het hele jaar door een vakantiebestemming, maar vooral midden in de zomer is het druk rond Dock Square met zijn schilderachtige houten huizen, als al vroeg in de ochtend uit de hele omgeving bussen nieuwsgierigen arriveren. Het dorp, dat niet pal aan de kustlijn ligt, maar verder landinwaarts aan de Kennebunk River, is voor veel Amerikanen al decennia lang een ver van de stad gelegen toevluchtsoord om tot rust te komen. Ook schilders en schrijvers weten de rustige sfeer rond de haven zeer te waarderen. In de jaren tachtig kreeg het massatoerisme een nieuwe dimensie – min of meer om politieke redenen. Aan de rand van Kennebunkport ligt bij Cape Arundel vlak aan zee het vakantieverblijf van de Bushdynastie, wat het toerisme in Kennebunkport een extra impuls heeft gegeven, zeker toen niet alleen George Bush senior tot het hoogste staatsambt werd gekozen, maar ook

zijn zoon George. In juli 2007 ontving Bush jr. hier de Russische president Putin.

Goede stranden om te zwemmen in Kennebunkport zijn Gooch's Beach, Middle Beach en Mother's Beach. Ze liggen ten zuiden van de Kennebunk River, waar Beach Street naar zee voert. Op de twee eerstgenoemde stranden komen vooral veel jongeren, terwijl Mother's Beach populair is bij gezinnen met kinderen.

**Chamber of Commerce:** 17 Western Ave., Kennebunkport, ME 04043, tel. 207-967-0857, fax 207-967-2867, www.visitthekennebunks.com.

**Captain Lord Mansion:** 6 Pleasant St., tel. 207-967-3141, fax 207-967-3172, www.captainlord.com. Vroeger de woning van een kapitein, tegenwoordig een luxueus ingerichte bed and breakfast met smaakvolle suites in diverse stijlen. Een waar lust voor het oog. Vanaf $259.

**Fontenay Terrace Motel:** 128 Ocean Ave., tel. 207-967-3556, fax 207-967-4973, www.fontenaymotel.com. Eenvoudige kamers met air conditioning en badkamer. Er is een mooie tuin aanwezig. Vanaf $75.

**The Kennebunker Cottages:** 195 Sea Rd., tel. 207-967-3708, www.kennebunker.com. Minimaal ingerichte kleine huisjes, zoals op een camping; met gelegenheid om te barbecueën. Er kan gekookt worden in de gemeenschappelijke keuken. Cottages met keuken worden alleen per week verhuurd. $89.

**Yankeeland Campground:** 16 km naar het westen aan de Old Alfred Rd. (Rte 35), tel. 207-985-7576, www.yankeelandcaground. com, mei-okt. Met zwembad, winkel, sportvoorzieningen en sanitair.

**White Barn Inn:** 37 Beach Ave., tel. 207-967-2321, www.whitebarninn.com, dag. 18-21.30 uur, in jan. gesloten. Toprestaurant met tophotel, dat tot de beste van Amerika behoort. Mannen moeten een jasje dragen, maar een stropdas is niet verplicht. Alleen 5-gangen menu's voor $93.

**Alisson's Restaurant:** 11 Dock Sq., tel. 207-967-4841, www.alissons.com, dag. 11-21.30 uur,

Idyllisch moeraslandschap achter de kust bij Biddeford Pool

pub tot 1 uur. Populair adres bij de plaatselijke bewoners, met goede, stevige burgermanskost. Vanaf $8.

## Van Biddeford Pool naar Portland
**Atlas:** blz. 3, B 3–4
**Biddeford Pool** bestaat uit enkele tientallen huizen die verspreid langs de kust staan. Langs de kust liggen geelachtige, rond geslepen rotsen, die zich als slapende fabeldieren in het water hebben neergelegd – een schitterend plaatsje om na een inspannende tocht van de rust en de zoutachtige lucht te genie-

ten. In het achterland van de kust strekt zich een donkergroen moeraslandschap uit, met watervlakten waarin zich de schapenwolken aan de hemel spiegelen.

Als u zich daarna weer in het strandleven wilt storten, hoeft u alleen door te rijden naar het nog geen 9000 inwoners tellende **Old Orchard Beach**. In de zomer is dit 12 km lange strand een levendig kermisterrein met alle denkbare attracties, waaronder de enige houten achtbaan van de staat, een waterpark en een reuzenrad, en iedere donderdag wordt er vuurwerk afgestoken. Vanaf de op imposante

op houten palen rustende, 150 m in de zee uitstekende pier met kleine winkels, kraampjes en cafetaria's hebt u prachtig uitzicht op de bedrijvigheid op het strand.

Op weg naar Portland kunt u een kleine omweg maken via Cape Elizabeth. Het **Portland Head Light** uit 1791 staat zo schilderachtig op een grillig gevormde vooruitstekende rots dat de vuurtoren niet alleen veelvuldig staat afgebeeld in fotoboeken en reisgidsen, maar ook op postzegels en verpakkingen van ontbijtgranen (1000 Shore Rd., tel. 207-799-2661, www.portlandheadlight.com, dag. geopend van zonsopkomst tot zonsondergang, toegang tot het terrein gratis).

# Portland

**Atlas:** blz. 3, C 3

Kromme straten, uitnodigende restaurants achter victoriaanse gevels, keurige boetieks, her en der een naar mout geurende minibrouwerij, kunst- en antiekgaleries, koffiehuizen en een muur met een kolossale schildering die herinnert aan de maritieme geschiedenis van de stad. In de jaren zeventig van de 20e eeuw was het stadsbestuur het verwaarloosde havenkwartier **Old Port** met zijn half vervallen bakstenen huizen beu en toverde het om in een levendige wijk die niet alleen bezoekers, maar ook mensen uit de stad zelf trekt.

Aan de overzijde van Commercial Street sterkt zich het Waterfront uit, met pakhuizen, aanlegsteigers, moderne appartementencomplexen, vismarkten en parkeerplaatsen voor bezoekers van de stad die aan boord van excursieboten de fascinerende, met eilanden bezaaide Casco Bay willen verkennen. Het Waterfront, waar de geur van teer, zout water en vis hangt, toont niet alleen het maritieme karakter van Portland, maar vormt ook het hart en de ziel van de slechts 65.000 inwoners tellende stad.

## Victoria Mansion

Twee straten van het Waterfront verwijderd staat de op een klein Italiaans palazzo gelijkende **Victoria Mansion** uit 1860, die u een blik gunt in het victoriaanse tijdperk. Eigenaar Ruggles Morse, die een vermogen had verdiend in het hotelwezen, wist hoe je een huis met prachtig meubilair, mahoniehouten trappen, tapijten, gebrandschilderde ramen met de staatswapens van Maine en Louisiana, en schilderijen in een paleis kon omtoveren. In de ontvangstruimte springt naast een portret van de bebaarde heer des huizes een open, met wit marmer afgedekt en met sierlijke figuren van danseressen verfraaide schouw in het oog. De toren van het gebouw, die van binnen met trompe-l'oeilschilderingen in een tent is veranderd, is alleen te bezoeken bij speciale gelegenheden (109 Danforth St., tel. 207-772-4841, www.victoriamansion.org, mei–okt. ma.– za. 10–16, zo. 13–17 uur, nov.–dec. ma. gesloten, $10).

## Wadsworth Longfellow House

Het stadscentrum is niet zo groot, dus u kunt het gemakkelijk te voet verkennen. Het eigenlijke centrum ligt rond Monument Square, vanwaar u een wandeling kunt maken naar de rijkversierde **City Hall**. Ook de in een hal ingerichte **Public Market** met een weelderig aanbod aan fruit en groente ligt direct om de hoek. In tegenovergestelde richting komt u via Congress Street uit bij het bekendste gebouw in de stad, het uit 1785 daterende en tegenwoordig met hedendaags meubilair ingerichte **Wadsworth Longfellow House**, waar Henry Wadsworth Longfellow (1807– 1882) zijn jeugd doorbracht. Tijdens rondleidingen door het huis ziet u onder andere een originele cassette waarin de dichter papier en schrijfgerei bewaarde (489 Congress St., tel. 207-774-1822, www.mainehistory.org, rondleidingen mei–okt. ma.-za. 10–17, zo. 12–17 uur).

## Het Arts District

Het **Portland Museum of Art,** het grootste kunstmuseum van de staat, werd in 1882 gesticht en is sinds 1983 gehuisvest in een architectonisch meesterwerk van de internationaal bekende architect I.M. Pei. U ziet er een omvangrijke collectie Amerikaanse schilderkunst uit de 18e tot 20e eeuw, waaronder werken van Edward Hopper, Winslow Homer, Rockwell Kent, Andrew Wyeth en John Singer Sargent. In de afdeling voor Europese kunst hangen werken van onder anderen Degas, Monet, Renoir, Picasso, Munch en Magritte. Naast de schilderijen zijn de sculpturen, drukken, foto's en werken van glas en keramiek het bezichtigen waard. Tot het museum behoort ook het in 1801 in Federal Style opgetrokken McLellan House (7 Congress Sq., tel. 207-775-6148, www.portlandmuseum.org, di.-za. 10–17, vr. tot 21 uur, eind mei–eind okt. ook ma. 10–17 uur).

## Desert of Maine

Zo'n 11.000 jaar geleden zetten gletsjers ten noorden van Portland bij **Freeport** zandbergen af, die zich lange tijd verschuilden onder gras en andere begroeiing. In 1797 begon een zekere William Tuttle met de niet geheel vakkundige teelt van aardappelen en zette daarmee een erosieproces in gang. Overbeweiding van de grasvlakten deed de rest, zodat ten slotte hele stukken grond kaal werden en geleidelijk aan de **Desert of Maine** ontstond. Van Tuttles Farm is alleen een houten schuur bewaard gebleven, waarin nu een klein museum is gevestigd. In het duinlandschap ligt een camping (afslag 19 of 20 van de I-95, Desert Rd., tel. 207-865-6962, www.desertofmaine .com, mei–okt. dag. 9–17 uur)

**i** **Greater Portland Convention and Visitors Bureau:** 245 Commercial St., Portland, ME 04101, tel. 207-772-5800, www.visit portland.com. Op de luchthaven vindt u een informatiestand.

**Pomegranate Inn:** 49 Neal St., tel. 207-772-1006, fax 207-773-4426, www.pome granateinn.com. Fraaie, met moderne schilderijen opgeluisterde bed and breakfast, ingericht met grote gemeenschappelijke ruimten en stijlvolle kamers. In het Carriage House verblijft u in een origineel gedecoreerde kleine woning. 's Zomers vanaf $175, verder vanaf $95.

**Budget Inn of Portland:** 634 Main St., South Portland, tel. 207-773-5722, fax 207-773-6633. Eenvoudig motel met standaardkamers. Vanaf $55.

**Wassamki Springs Campground:** 855 G. Saco St., Scarborough, tel. 207-839-4276, www.was samkisprings.com, 1 mei–15 okt. Beboste camping ten westen van Portland met goede voorzieningen.

**Y1** Portland staat bekend om zijn talrijke goede restaurants.

**Fore Street:** 288 Fore St., tel. 207-775-2717, ma.-do. 17.30–10, vr.-za. tot 22.30, zo. tot 21.30 uur. Uitstekende keuken in een voormalig pakhuis, de chef-kok is een liefhebber van verse ingrediënten en wordt door alle gourmettijdschriften geprezen. Veel vis, maar ook steaks en zelfs pizza. Vanaf $15.

**Becky's Diner:** 390 Commercial St., tel. 207-773-7070, www.beckysdiner.com, zo.-ma. 4-15, di.-za. tot 21 uur. Ideale ontbijtplaats voor vroege vogels en vissers, ook de lunch en het diner zijn goed en voordelig. Vanaf $4.

**Maine Mall**, 364 Maine Mall Rd., South Portland, www.mainemall.com, ma.-za. 9.30-21, zo. 11-18 uur. Ruim 140 winkels, restaurants, cafetaria's en *food court*.

**Tours:** Mainly Tours, 163 Commercial St., tel. 207-774-0808, www.mainlytours .com, mei-okt. Trolleybustochten door de stad en omgeving en ook naar het Portland Head Light (zie blz. 143).

**Tocht per postboot:** Casco Bay Lines, P. O. Box 4656, tel. 207-774-7871, fax 207-774-7875, www.cascobaylines.com, half juni- begin sept. dag. 10 en 14.15, ma.-vr. ook 7.45, verder alleen 10 en 14.45 uur. Drie uur durende tochten door de Casco Bay met de postboot.

**Walvissen kijken:** Olde Port Mariner Fleet, Long Wharf, Commercial St., tel. 207-775-0727, www.marinerfleet.com, eind mei-okt. Excursies naar de walvissen en dinertochten.

**Vliegtuig:** Portland International Jetport, tel. 207-780-1811, www.portlandjetport.org. De luchthaven ligt 15 autominuten ten zuidwesten van de stad. Tien Amerikaanse luchtvaartmaatschappijen vliegen op New York City, Philadelphia, Atlanta, Washington D.C., Pittsburgh, Chicago, Boston en Cleveland. Voor vervoer naar de stad staan u naast een pendeldienst (www.transportme.org) ook taxi's ter beschikking, die zo'n $15 kosten. Alle grote autoverhuurders zijn vertegenwoordigd.

**Trein:** Amtrak Terminal, 100 Thompson's Point Rd., Portland Transportation Center, tel. 1-800-872-7245, www.amtrak.com. Tussen Portland en Boston rijdt de Downeaster. Duur van de tocht is 2 uur, $19.

**Bus:** Greyhound Station, 950 Congress St., tel. 207-772-6587, www.greyhound.com. Verbindingen naar alle grotere steden.

# Naar het Acadia National Park

## Van Freeport naar Boothbay Harbor

**Atlas:** blz. 3, C 3

**Freeport** staat met 170 fabriekswinkels, designwinkels, modezaken en magazijnen vol schoenen, broeken, blouses en overhemden symbool voor ongeremde kooplust. Nog altijd is de in 1911 geopende L. L. Bean's Store het paradepaardje van de in de stijl van een New Englands dorp aangelegd consumptieparadijs. Zo wordt er bijvoorbeeld textiel van het modecultlabel Banana Republic verkocht in een fraai pand van roodbruin baksteen met witte raamkozijnen, worden lederwaren en huishoudelijke artikelen aangeboden in witgepleisterde houten huizen waarvan de ingangen zijn verfraaid met bloemen en verorbert het hongerige winkelende publiek in het Azur Café *lobster fettuccine Alfredo* onder rode en groene parasols. Dit alles verleent Main Street een allure die u van een outletcentrum eigenlijk niet verwacht (de meeste winkels zijn 's zomers ma.-za. 10-21, zo. 10- 19 uur, 's winters korter geopend).

Het stadje **Wiscasset** leeft allang niet meer van de visvangst, scheepsbouw en houtindustrie, maar van het toerisme. Waar inwoners vroeger in ouderwetse winkels het allernoodzakelijkste kochten, stallen antiekwinkels en galeries tegenwoordig hun kunstschatten uit. Van heinde en verre stromen bezoekers toe om over de met baksteen geplaveide trottoirs te slenteren of zich in het bekende **Sarah's Cafe** te goed te doen aan een *BBQ turkey burger* (Main St./Water St., tel. 207-882- 7504, 's zomers dag. 11-21 uur, 's winters korter, vanaf $4). Aan de lengte van de rij wachtenden te zien is **Red's Eats** een nog populairdere tussenstop. Het kleine cafetaria aan de doorgaande weg niet ver van de brug over de Sheepscot River verkoopt verreweg de beste *lobster rolls*, met kreeftenvlees belegde broodjes, die u kunt meenemen of voor de zaak op een tuinstoel kunt opeten (41 Water St., tel. 207-882-6128, dag. vanaf 11 uur).

Boothbay Harbor is een van de pronkstukken aan de kust van Maine

In **Boothbay Harbor** staan aan de waterkant tot restaurants omgebouwde voormalige pakhuizen op palen in het water. Toeristen slenteren over ruwe houten steigers langs kleurig geschilderde houten huizen, waartussen de zee glinstert en men uitkijkt op de in de haven schommelende zeilboten en viskotters. In de vijf jachthavens van de stad meren veel zeezeilers aan, die de gemeentekas ieder jaar spekken met zo'n $3 miljoen aan belastinggeld.

In **Boothbay Railway Village** staan rond een in 1847 gebouwd stadhuis 28 gebouwen gegroepeerd inclusief een kapel en een brandweerkazerne, die een echt dorp vormen. In verscheidene verbouwde schuren zijn ouderwetse locomotieven en wagons ondergebracht en in andere auto's uit de hele 20e eeuw. Rondom het terrein loopt een smalspoorbaan, waarmee u 's zomers een ritje om de Village kunt maken (586 Wiscasset Rd., tel. 207-633-4727, www.railwayvillage.org, juni–okt. dag. 9.30–17 uur, $8).

## Rockland

**Atlas:** blz. 4, D 2

Ieder jaar in augustus wordt deze plaats aan de Penobscot Bay bezocht door tienduizenden mensen die met trommels en trompetten het plaatselijke **Maine Lobster Festival** vieren. Bij dit grote evenement raakt het kustplaatsje met de zelfgekozen bijnaam 'kreeftenhoofdstad van de wereld' regelmatig 'bedolven' onder de rode schalen van de gekookte delicatesse. De afgelopen jaren kwamen er gemiddeld 90.000 bezoekers op af, die maar liefst 30.000 pond schaaldieren consumeerden.

Kunstliefhebbers zijn enthousiast over het **Farnsworth Art Museum & Wyeth Center**, dat werken van Amerikaanse kunstenaars als Gilbert Stuart, Thomas Sully, Thomas Eakins, Frank Benson, Childe Hassam en Maurice Prendergast tentoonstelt. Daarnaast wijdt het museum een hele afdeling aan de Amerikaanse kunstenaarsfamilie Wyeth en stelt sculpturen tentoon van de beeldhouwster Louise Nevelson (352 Main St., tel. 207-596-6457, www.farnsworthmuseum.org, 's zomers dag. 10–17 uur, 's winters korter).

**Visitor Information:** Harbor Park, 1 Park Dr., Rockland, ME 04841, tel. 207-596-0376, www.rocklandchamber.org.

**Captain Lindsey House Inn:** 5 Lindsey St., tel. 207-596-7950, fax 207-596-2758, www.lindseyhouse.com. Dit huis dateert uit 1835. Tegenwoordig is deze bed and breakfast een fraaie mengeling van oud en nieuw, alle kamers met tv en internetaansluiting. Vanaf $75.

**Navigator Motor Inn:** 520 Main St., tel. 207-594-2131, www.navigatorinn.com. Direct aan de veerhaven gelegen voordelig motel, alle kamers met koelkast. Vanaf $89.

**Primo:** 2 S. Main St., tel. 207-596-0770, www.primorestaurant.com, wo.– ma. 17.30–21.30 uur. De snel rijzende ster Melissa Kelly brengt al enige jaren haar gasten in vervoering met haar geraffineerde visgerechten, pasta en pizza. Menu vanaf $38.

**Conte's:** Aan de haven bij restaurant Black Pearl, geen telefoon, geen postadres, geen tafelreservering, niet ingeschreven bij de Kamer van Koophandel, dag. vanaf 17 uur. Het menu staat gekrabbeld op de deur van de scheve keet. Nadat u zich een weg hebt gebaand langs bergen versgebakken broden en batterijen lege flessen, kunt u genieten van de enorme porties van voortreffelijke gerechten als kreeft in olie en knoflook. Het Italiaanse restaurant met zijn onorthodoxe exploitant is het gemeentebestuur een doorn in het oog, maar de gasten zijn er dol op. Vanaf $12.

**Tochten:** Veerboten van de Maine State Ferry Service zetten bezoekers van Rockland over naar het eiland Vinalhaven. U kunt de auto weliswaar meenemen, maar het is handiger om uw verkenningstocht door het plaatsje met twee winkels en een decoratieve vuurtoren te voet af te leggen (517A Main St., tel. 207-596-2202, tot 6 tochten per dag, heen en weer $9).

## Camden

**Atlas:** blz. 4, D 2

Het landschap langs de centrale kust van Maine is over het algemeen behoorlijk vlak, maar dat verandert op de plaats waar de Camden Hills bijna doorlopen tot aan de zee. Op de top in **Camden Hills State Park** reikt het uit-

zicht op heldere dagen tot ver over de kust en de ervoor gelegen eilanden. Zelfs als er mistbanken of lage wolken voor de beboste hellingen hangen, bewaart het stadje Camden zijn landschappelijke schoonheid. De mooie bakstenen huizen scharen zich rond de schilderachtige haven, die tot de belangrijkste zeilbestemmingen aan de noordelijke Atlantische kust behoort. Mel Gibson nam hier *The man without a face* op en collega-acteurs John Travolta en Kirstie Alley zouden net als de familie Onassis op de eilanden voor de kust hun geheime zomerverblijven hebben.

**The Belmont:** 6 Belmont Ave., tel. 207-236-8053, fax 207-236-9872, www.the belmontinn.com. Hotel uit het eind van de 19e eeuw met 6 romantische kamers. $90–175.

**Birchwood Motel:** Rte 1, tel. 207-236-4204, www.birchwood.com. Eenvoudig motel, inclusief ontbijt $60–84.

**Cappy's Chowder House:** 1 Main St., lage tot gematigde prijzen, tel. 207-236-2254, www.cappyschowder.com, dag. 7.30–24 uur. In dit oergezellige restaurant krijgen de gasten onder de ogen van een opgezette eland niet alleen Cappy's bekende *chowder* geserveerd. Vanaf $8.

**Bayview Lobsters Inc.:** Bay View Landing, tel. 207-236-2005, www.bayviewlobster.com, dag. 11–22 uur. Hier eten bezoekers kreeft en mosselen aan eenvoudige picknicktafels. Vanaf $8.

**The Leather Bench:** 34 Main St., tel. 207-236-4688, uitstekend aanbod van leren riemen en tassen.

**Fietsenverhuur:** Freds Bikes, 46 Elm St., tel. 207-236-6664, Fietsverhuur voor uitstapjes in de omgeving.

**Tochten:** Riverdance Outfitters, P. O. Box 1072, tel. 207-763-3139, www.riverdanceoutfitters .com. Trektochten, fietsen op het eiland, kajaktochten op zee.

## Mount Desert Island

**Atlas:** blz. 4, E 2

Dit eiland, waarop het Nationaal Park Acadia

De ruige, romantische kust bij Camden voor Mount Desert Island

ligt, bestaat bijna in zijn geheel uit ca. 300 km² aan ruige granieten rotsen, groene bossen met balsemzilversparren en baaien met jachthavens. In de ijstijd groeven gletsjers zich met hun koude klauwen diep in de kustlijn van het eiland en vormden daar ver ingesneden baaien, terwijl in gletsjerkuilen op het eiland meren achterbleven, zoals Eagle Lake en Jordan Pond. Een twintigtal afgeronde, haast vegetatieloze heuveltoppen van graniet verheffen zich boven het dicht beboste omliggende land.

## Acadia National Park
**Atlas:** blz. 4, E 2
De hoogste berg van het nationale park en te-

gelijkertijd ook de hoogste verheffing aan de hele Noord-Amerikanische Atlantische kust is de 466 m hoge **Cadillac Mountain.** Hij gaat geregeld schuil achter hardnekkige regenwolken of mist. Maar als op mooie zomerdagen de morgenzon, die de VS op dit punt als eerste beschijnt, het imposante granieten plateau op de top verwarmt, hebt u onder een azuurblauwe hemel een grandioos uitzicht op het landschap, bestaande uit gemengde en naaldbossen, bergen, meren en eilanden. Zo'n 200 km aan wandel-, fiets- en ruiterpaden doorkruisen het beschermde natuurgebied, waarin bezoekers als ze geluk hebben bevers, wasberen en muildierherten aantreffen.

(half mei–eind sept., hoofdzakelijk voor kampeerders met tenten, koud stromend water); Duck Harbor (half mei–half okt., eilandcamping, niet bereikbaar per auto).

**Tours:** Sieur de Monts Nature Center, ca. 5 km ten zuiden van Bar Harbor aan de Rte 3, rondleidingen door rangers met uiteenlopende thema's.

**Klimmen:** Otter Cliff bij Otter Point ten zuiden van Bar Habor is een locatie met diverse lastige passages die populair is bij bergbeklimmers; informatie en klimuitrusting bij: Acadia Mountain Guides Climbing School, 198 Main Str., Bar Harbor, tel. 207-288-8186, www.acadiamountainguides.com.

## Bar Harbor

**Atlas:** blz. 4, E 2

De enige grotere plaats op Mount Desert Island is het levendige Bar Harbor, waar het midden in de zomer erg druk is. Het ondanks het toerisme gemoedelijk gebleven stadje met 4400 permanente inwoners ligt aan de oostkust van het eiland, dat al in de jaren tachtig van de 19e eeuw werd ontdekt door welvarende industriëlen en bankiers. In de daaropvolgende decennia kwam de toenmalige jetset geregeld recreëren aan de Frenchman Bay. In 1947 viel het plaatsje echter ten prooi aan een grote brand. Deze verwoestte niet alleen de voornaamste villa's, maar ook zijn reputatie als miljonairsenclave. Intussen hebben bezoekers met een smallere beurs de plaats van de rijken ingenomen en een lucratieve toeristenindustrie op gang geholpen. Zwemvertier bieden de veelal rotsachtige kustgebieden alleen aan avonturiers. Zelfs midden in de zomer is het water niet warmer dan 13 °C.

Met ruim 50.000 museumstukken documenteert het **Abbe Museum** de geschiedenis van de indianen die al 10.000 jaar in de staat Maine leven. U ziet onder meer pottenbakkerswaren, van steen en botten vervaardigde werktuigen en archeologische vondsten die inzicht geven in de cultuur van de Passamaquoddy-, Penobscot-, Micmac- en Maliseetstammen (Downtown, tel. 207-288-3519, www.abbemuseum.org, dag. 9–17 uur).

**Hulls Cove Visitor Center:** Rte 3, Hulls Cove, P. O. Box 177, Bar Harbor, ME 04609, tel. 207-288-3338, fax 207-288-5507, www.nps.gov/acad, 15 apr.–juni 8–16.30, juli–aug. tot 18, sept.–okt. tot 17 uur. Alle informatie over het park inclusief een korte film. Rangeractiviteiten, zoals wandel- en boottochten half juni–okt. In de parkkrant *Beaver Log* leest u informatie over alle activiteiten.

In het park kan niet worden overnacht in hotels of motels (zie Bar Harbor), alleen op drie **campings**; reserveren kan via tel. 1-800-365-CAMP of http://reservations.nps.gov: Blackwoods (het hele jaar door, geen aansluitingen, koud stromend water); Seawall

**Bar Harbor Chamber of Commerce:** 93 Cottage St., Bar Harbor, ME 04609, tel. 207-288-5103, www.barharborinfo.com.

Bar Harbor biedt accommodatie te kust en te keur. 's Zomers in de weekends en in de Indian summer moet u beslist tijdig reserveren.

**Atlantic Oaks by the Sea:** 119 Eden St., tel. 207-288-5801, fax 207-288-8402, www.barharbor.com. Hotelcomplex aan de Frenchman Bay met verschillende gebouwen en diverse categorieën kamers, waarvan sommige met een kleine keuken. Vanaf $109.

**Coach Stop Inn:** Rte 3,8 km buiten de stad, tel. 207-288-9886, www.coachstopinn.com. Voormalige postkoetshalte uit 1804, tegenwoordig bed and breakfast. Vanaf $125.

**Llangolan Inn & Cottages:** 865 State Hwy 3, tel. 207-288-3016, www.llangolan.com. Ca. 11 km van Bar Harbor met 5 aangename kamers (4 met gemeenschappelijk bad) en cottages inclusief keuken voor 2–5 personen. Kamers vanaf $40, Cottages vanaf $55.

**Spruce Valley Campground:** 1453 State Hwy, tel. 207-288-5139, www.sprucevalley. com, mei-okt. Verzorgde camping met verwarmd zwembad, winkel, speel- en sportfacileiten en een pendelbus naar de stad.

**Hadley's Point Campground:** 33 Hadley Point Rd., 13 km van Bar Habor, tel. 207-288-4808, www.hadleyspoint.com, mei-okt. Vlak bij het strand, iedere plaats heeft een eigen grill en picknicktafel.

**The Pier Restaurant:** 55 West St., tel. 207-288-5033, dag. lunch en diner. Vis, schelp- en schaaldieren, steak, pasta; mooi uitzicht op de haven. Vanaf $15.

**Poor Boys Gourmet:** 300 Main St., tel. 207-288-4148, juni-sept., dag. vanaf 17 uur. Kip en pasta, populair is het *all you can eat*-pastabuffet met 13 pastagerechten, voor $8,95.

**Nakorn Thai:** 58 Cottage St., tel. 207-288-4060, apr.-okt. dag. vanaf 11 uur, zo. geen lunch. Wie eens iets anders wil dan vis, is op dit adres met zijn de originele Thaise keuken in goede handen. Hoofdgerecht vanaf $8.

**Carmen Verandah:** 119 Main St., tel. 207-288-2766, www.carmenverandah.com, apr.-nov., restaurant en bar dag. vanaf 11 uur. Ieder avond vanaf 21.30 uur is hier amusement: livemuziek van blues tot rock of muziek van een dj om op te dansen.

**Tours:** Acadia & Island Tours Oli's Trolley, 1 West St., Harbor Pl. Bldg., tel. 207-288-9899, www.acadiaislandtours.com, mei-okt. vanaf 10 uur, 1 en 2,5 uur durende trolleybustour (rondrit per bus).

**Kajakken:** Coastal Kayaking Tours, 48 Cotton St., tel. 207-288-9605, www.acadiafun. com. Kajaktouren, ook voor beginners.

**Trekken en fietsen:** John D. Rockefeller Jr. liet decennia geleden ruim 70 km aan *carriage roads* (onverharde wegen) aanleggen, om met paard-en-wagen door het Acadia Park te kunnen rijden. Tegenwoordig genieten trekkers, fietsers en ruiters op de autovrije wegen van het schitterende uitzicht. Wandelaars kunnen van juli tot Columbus Day (2e ma. in okt.) gratis gebruikmaken van de Island Explorer Bus, die u van de ingang van het park naar de Carriage Roads brengt. Mountainbikers beginnen hun tocht meestal bij de hoofdingang van het park of laten hun fietsen daarheen vervoeren, bijvoorbeeld door Acadia Bike (Bar Harbor, 48 Cottage St., tel. 207-288-9605, www.acadiabike.com).

**Veerboot:** The Cat, Bay Ferries, 121 Eden St., tel. 207-288-3395, www.cat ferry.com, juni-okt. tweemaal per dag, tochten van ca. 3 uur. Noord-Amerika's snelste autoveer naar Yarmouth (Nova Scotia in Canada).

De oude tijden van de walvisvaart en atoomonderzeeërs, religieuze verdraagzaamheid en puriteinse bekrompenheid, high society en plattelandsleven, provincieplaatsjes en universiteitscentra bepalen het gezicht van deze twee staten. Het zuidelijkste deel van New England, gelegen tussen Boston en New York laat op bezoekers een zeer afwisselende indruk achter.

New England loopt ten zuiden van Boston uit in twee staten. Little Rhody, zoals Rhode Island door de 1 miljoen inwoners liefkozend wordt genoemd, is met 3144 km² de kleinste staat van de VS. Het kan echter bogen op de langste officiële naam: State of Rhode Island and Providence Plantations. Hij is afgeleid – volgens één uitleg tenminste – van het eiland Rhode Island in de Narragansett Bay.

Toen in 1524 de Italiaanse zeevaarder Giovanni da Verrazano over deze wateren voer, deed het eiland hem aan Rhodos herinneren. Destijds woonden er verscheidene indianenstammen, waarvan de erfenis vandaag de dag voortleeft in veel geografische namen. Het Amerikaanse 'kleinduimpje' draagt met trots de bijnaam 'Land van Verdraagzaamheid'. In tegenstelling tot bijvoorbeeld Connecticut hebben zich hier namelijk kolonisten gevestigd die het puriteinse klimaat in Massachusetts niet te liberaal, maar juist niet liberaal genoeg vonden. Internationale handel zorgde voor economische groei van Rhode Island, waarbij vooral de havens Newport en Providence een rol hebben gespeeld.

Het landschappelijke hart van Rhode Island is de vertakte, met eilanden bezaaide Narragansett Bay rond de exclusieve zeilhaven Newport. In dit fantastische zeilgebied met zijn diep ingesneden baaien, eilanden en schiereilanden werd in 1930 voor het eerst de beroemde zeilwedstrijd om de America's Cup gehouden. De schitterende kust sprak in de 19e eeuw zeer tot de verbeelding van de welvarendste bewoners van het land die hier chique zomerverblijven en woningen lieten bouwen.

De staat Connecticut speelde een belangrijke rol in de industriële ontwikkeling van Amerika vanwege talrijke uitvindingen en nieuwe productiemethoden. Vandaag de dag

## Onderweg met de auteur

### Aanraders!

In Newport staat de zogenaamde **Ten Mile Drive** bekend als 'de miljonairsweg'. Aan deze weg liggen enkele van de prachtigste villa's aan de oostkust (zie blz. 156).
**Mystic Seaport** geeft op sfeervolle wijze een beeld van de geschiedenis van de zeevaart aan de kust van New England (zie blz. 158).
Tot de meest gerenommeerde onderwijsinstellingen op Amerikaanse bodem behoort de wereldberoemde **Yale University** in het stadje New Haven, met een campus die herinnert aan oude Engelse universiteiten (zie blz. 162).

### Gokmekka met cultuur

De hotelcasino's **Mohegan Sun Resort** en **Foxwoods Resort Casino** zijn niet alleen een kijkje waard om hun gokhallen (zie blz. 158).
Het **Mashantucket Pequot Museum & Research Center** is een van de grootste en beste indianenmusea van de VS (zie blz. 158).

hoort de staat tot de grote industriegebieden met een van de hoogste inkomens per hoofd van de bevolking in de VS. In sommige stedelijke gebieden steken weliswaar fabrieksschoorstenen de lucht in, maar vooral langs de Atlantische kust kan Connecticut bogen op bezienswaardige landschappen.

De kustweg tussen Mystic en de universiteitsstad New Haven met de beroemde Yale University ligt in een van de schilderachtigste gebieden. Hij voert door plaatsen met witte houten huizen, hoge kerktorens en keurig verzorgde tuinen.

## Providence

**Atlas:** blz. 10, D 3

Veel van de nu circa 180.000 inwoners van Providence bekennen dat ze 15 jaar geleden nog blij waren als ze na een lange werkdag de saaie, onaantrekkelijke stad de rug toe konden keren. Dankzij intensieve projecten ter verbetering van het stadsbeeld is er inmiddels veel veranderd. Tegenwoordig houden de bewoners van het grootste verstedelijkte gebied van Rhode Island van hun stad, en wie Providence enkel van vroeger kent, zal zijn ogen uitkijken.

De na Boston en Worcester grootste stad van New England werd in 1636 gesticht door Roger Williams. Deze vrijdenker had de door puriteinen gedomineerde Massachusetts Bay Colony vanwege zijn liberale opvattingen moeten verlaten. Samen met andere bannelingen vestigde hij zich niet ver van de grens van Massachusetts aan de Providence River, waar hij in een heuvelachtig landschap de eerste kolonie in Rhode Island opbouwde. Terwijl zich in veel delen van New England in de 17e eeuw een klimaat van onverdraagzaamheid verbreidde, heerste er in Rhode Island een liberale en open sfeer. Veel pioniers en kolonisten die niet overweg konden met de religieuze fanatici in hun eigen kolonies, namen de wijk naar Rhode Island.

### Rondwandeling door de stad

Het bekendste gebouw is het in 1901 uit wit

## Providence

| | |
|---|---|
| **1** | State House |
| **2** | Roger Williams National Memorial |
| **3** | Waterplace Park |
| **4** | City Hall |
| **5** | Arcade |
| **6** | Federal Hill |
| **7** | First Baptist Church |
| **8** | Rhode Island School of Design |
| **9** | Brown University |
| **10** | John Brown House Museum |

### Accommodatie

| | |
|---|---|
| **1** | Courtyard by Marriott |
| **2** | State House Inn |
| **3** | Old Court B & B |
| **4** | Annie Brownell House |
| **5** | Ledbetter B & B |

### Eten en drinken

| | |
|---|---|
| **6** | The Capital Grille |
| **7** | Neath's |
| **8** | Ten Prime Steak & Sushi |
| **9** | Arcade Food Court |

Georgiamarmer opgetrokken **State House** **1** met zijn enorme vrijdragende koepel, die na de dom van de Sint-Pieter vermoedelijk de grootste ter wereld is. Bovenop verheft zich het ruim 200 kg zware en meer dan 3 m hoge bronzen beeld *Independent man*, het staatssymbool van vrijheid en tolerantie, dat herinnert aan de stichting van Rhode Island. Een van de belangrijkste historische documenten, die in de regeringszetel te zien zijn, is een in 1663 door de Engelse koning Karel II uitgevaardigd handvest, waarin de kolonisten in Rhode Island het recht op vrije uitoefening van godsdienst wordt verleend (82 Smith St., tel. 401-222-3983, www.state.ri.us, ma.-vr. 8.30-16.30 uur, Alleen rondleidingen op afspraak).

Het **Roger Williams National Memorial** **2** is gewijd aan de stichter van de stad en de staat. In het Memorial Visitor Center is een tentoonstelling te zien over hemzelf en zijn tijd. Waar zich nu het park met de vijvers uit-

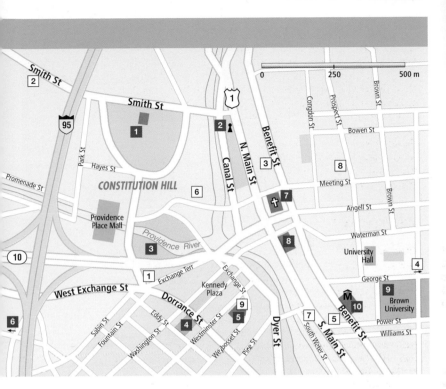

strekt, stonden vroeger de eerste huizen van de stad (282 N. Main St., tel. 401-521-7266, www.nps.gov/rowi, dag. 9–17 uur).

Het jongste bewijs voor de bouwkundige renaissance van Providence is het **Waterplace Park 3** met een amfitheater voor concerten, wegen en bruggen, die – geholpen door de gondels op de Woonasquatucket River – het park een Venetiaanse charme moeten verlenen (bij Memorial Boulevard).

Ten zuiden van het State Capitol strekt het zakencentrum van de stad zich uit rond Kennedy Plaza, waarvan de zuidwestzijde wordt gedomineerd door de monumentale **City Hall 4**, waar het stadsbestuur zetelt. De imposante grijze granieten façade onder het patinagroene dak maakt een uiterst weerbare indruk. Oudere huizen omzomen de bezienswaardige Westminster Street met zijn vele winkeltjes. Op slechts een steenworp afstand verbergt zich achter een uit 1828 daterende,

classicistische zuilenfaçade de **Arcade 5**, de eerste overdekte *shopping mall* van de VS, met winkels, restaurants en cafetaria's op twee verdiepingen (65 Weybosset St., tel. 401-598-1199, ma.–za. 10–18 uur).

In het stadsdeel **Federal Hill 6**, ten westen van de I-95 rond Atwells Avenue, oefenen de afgelopen jaren talrijke gerestaureerde huizen en eetgelegenheden aantrekkingskracht uit op zowel inwoners als toeristen. In dit deel van Providence is een keur aan restaurants te vinden in allerlei categorieën en kookstijlen. Dat deze stad bekendstaat als bolwerk van de gastronomie, dankt hij mede aan deze wijk en diverse topetablissementen die er gevestigd zijn.

De oudste woonwijken van de stad met historische huizen liggen aan de oostzijde van de Providence River. Parallel aan de rivier ligt Benefit Street, de 'historische straat' van Rhode Island. Van de 22 plaatselijke baptistenkerken

Voorbijgangers rusten even uit voor het stadhuis

is de **First Baptist Church** 7 uit 1775 de oudste (75 N. Main St., tel. 401-454-3418, ma.-vr. 9.30-15.30 uur). Ook het gerenommeerde instituut **Rhode Island School of Design Woods-Gerry Gallery** 8 is hier gevestigd en is met zijn Japanse prenten, schilderijen van Europese meesters, onder wie Franse impressionisten, Amerikaanse kunstwerken en oosterse collecties erg in trek bij kunstliefhebbers (62 Prospect St., tel. 401-454-6142, www.risd.edu, ma.-vr. 8.30-16.30 uur).

De welvarende en invloedrijke koopman John Brown gaf zijn naam aan de **Brown University** 9, die in 1764 als zevende universiteit van de VS onder de naam Rhode Island College werd gesticht in het plaatsje Warren en zes jaar later werd verplaatst naar Providence. De universiteit met haar circa 8000 studenten behoort daarmee tot de oudste en beroemdste onderwijsinstellingen in het land, de zogenaamde Ivy League Universities (tel. 401-863-2378, www.brown.edu, rondleidingen over de campus ma.-vr. 9-15 uur). De **John Brown Library**, gesticht in 1904, bezit ca. 40.000 gedrukte werken van voor het begin van de 19e

eeuw, waarbij het zwaartepunt ligt op de Amerikaanse geschiedenis. Zeer waardevol en bijzonder is, naast een verzameling oude landkaarten, de eerste uitgave van een boek met brieven van Christoffel Columbus aan koningin Isabella, waaruit de vorstin vernam van de ontdekking van de Nieuwe Wereld (tel. 401-863-2725, ma.-vr. 8.30-17, za. 9-12 uur).

Het in 1786 van baksteen in georgian stijl opgetrokken **John Brown House Museum** 10 geeft een goed beeld van de immense rijkdom van de vroegere heer des huizes. Naast kostbaar meubilair is een verzameling schitterende zilveren voorwerpen te bewonderen. John Brown bouwde als koopman in de handel op China een enorm vermogen op, waarmee hij aanzienlijke invloed uitoefende op de ontwikkeling van de stad (52 Power St., tel. 401-273-7507, www.rihs.org, mei-dec. di.-za. 10.30-16.30, jan.-apr. vr.-za. 10.30- 16.30 uur).

ℹ **Providence Warwick Convention & Visitors Bureau:** 144 Westminster St., Providence, RI 02903, tel. 401-456-0200, fax 401-351-2090, www.pwcvb.com.

**Rhode Island Tourism Division:** 1 W. Exchange St., Providence, RI 02903, tel. 401-277-2601, fax 401-277-2102, www.visitrhode island.com, informatiekantoor voor de staat Rhode Island.

**Courtyard by Marriott 1 :** 32 Exchange Terrace, tel. 401-272-1191, fax 401-272-1416, www.marriott.com. Comfortabel, centraal gelegen hotel met binnenbad, fitnessruimte en zakencentrum. Vanaf $110.

**State House Inn 2 :** 43 Jewett St., www.providence-inn.com. Bed and breakfast uit 1889, alle kamers met airconditioning en bad. $119–159.

**Old Court B & B 3 :** 144 Benefit St., tel. 401-751-2002, fax 401-272-4830, www.oldcourt. com. Bed and breakfast met victoriaanse inrichting, maar moderne bedden. In de zomer vanaf $125, in de winter vanaf $115.

**Annie Brownell House 4 :** 400 Angell St., tel. 401-454-2934, www.anniebrownellhouse. com. Pand uit het einde van de 19e eeuw, ongeveer vier straten van de universiteit verwijderd, niet-rokenkamers zonder tv. $115–130.

**Ledbetter B & B 5 :** 326 Benefit St., tel. en fax 401-351-4699, www.bedandbreakfast.com. Vijf kamers, waarvan twee met eigen badkamer. $90–115.

**The Capital Grille 6 :** 1 Union Station, tel. 401-521-5600, www.thecapital grille .com, lunch ma.-vr. 11.30–15, diner dag. vanaf 17 uur. *Porterhouse steaks*, lamsvlees, gegrilde zwaardvis, in sesamolie gebakken tonijn met gemberrijst en nog veel meer, allemaal van de hoogste kwaliteit. Hoofdgerecht vanaf $25.

**Neath's 7 :** 262 S. Water St., tel. 401-751-3700, www.neaths.com, ma. gesloten. De grote eetzaal was vroeger een magazijn, gerechten met een Aziatische toets. $20–30.

**Ten Prime Steak & Sushi 8 :** 55 Pine St., tel. 401-453-2333, www.tenprimesteakandsushi .com, ma. en za. 17–22, di.–vr. 11.30–22 uur. Japans-Amerikaanse keuken in een exclusieve, exotische ambiance, topkwaliteit. Hoofdgerecht vanaf $18.

**Arcade Food Court 9 :** 65 Weybosset St., ma.–za. 10–18 uur. Grote *food court* met een uitstekende keuken, ideaal voor een lunch of een vroeg diner.

**OOP!:** 297 Thayer St., tel. 401-397-5036, www.oopstuff.com, ma.–za. 10–21, zo. 12–18 uur. Cadeauwinkel met sieraden, accessoires, speelgoed en kunsthandwerk.

**Wrentham Village Premium Outlets:** 1 Premium Outlets Blvd., Wrentham, www.premi umoutlets.com/wrentham, ma.–za. 10–21, zo. 12– 18 uur. Enorm centrum met 170 fabriekswinkels voor mode van bekende merken.

**Hot Club:** 575 S. Water St., tel. 401-861-9007, www.thenetmill.com/hotclub, zo.–do. 12–1, vr.–za. 12–2 uur. Deze club is ingericht in een voormalige krachtcentrale. Hier werden scènes opgenomen uit de film *There's something about Mary* met Cameron Diaz, Matt Dillon en Ben Stiller.

**Providence Performing Arts Center:** 220 Weybosset St., tel. 401-421-2997, www. ppacri.org. Broadwayshows, toneelstukken en concerten.

**Gallery Night:** Iedere derde do. van de maand organiseert de stad Providence samen met kunstmusea en meer dan twintig kunstgaleries van 17–21 uur de Gallery Night (tel. 401-490-2042, www.gallerynight. info). Kunstliefhebbers kunnen dan alle deelnemende exposities gratis bezichtigen en zich ook nog met de ArTrolley voor niets van de ene bezienswaardigheid naar de andere laten vervoeren.

**Stadsbezichtiging:** Door Providence voert De Banner Trail, een toeristische route waaraan de meeste bezienswaardigheden liggen. Stadsplattegronden waarop de wandelroute staat aangegeven zijn verkrijgbaar bij het toeristenkantoor en alle informatiekiosken (www.woonsocket.org/river/prov tour.htm).

**Trein:** station, 100 Gaspee St., tel. 1-800-872-7245, www.amtrak.com. Hogesnelheidsverbindingen met de Acela Express naar New York City, Boston en andere metropolen aan de oostkust. De rit van Providence naar Boston kost $14.

**Lokaal openbaar vervoer:** Het streekvervoer omvat in Providence onder meer een trolley(bus) naar alle bezienswaardigheden, enkele rit $1,50, City Pass voor alle trolley- en busverbindingen binnen de grenzen van Rhode Island voor één dag $6, Rhode Island Public Transit Authority: 265 Melrose St., tel. 401-784-9500, www.ripta.com.

# Newport

**Atlas:** blz. 10, D 3

Bij de levendige Bowen's Wharf schommelen in de zomer tientallen jachten in het water, die stuk voor stuk op zijn minst even veel waard zijn als een tweegezinswoning. De vissers die bij de pieren hun vangst aan land brengen, zijn gewend aan de aanblik van met messing uitgevoerde superzeilboten en exemplaren van glanzend mahonie. 's Zomers heerst in de weekends in de haven een drukte als op een kermisterrein. Op een heuvel boven de haven troont de witgepleisterde Trinity Church uit 1726, het herkenningsteken van het stadje dat van ver zichtbaar is (Queen Anne Sq., www trinitynewport. org, dag. 10–16 uur).

Het **Newport Art Museum** biedt Amerikaanse kunstenaars een podium om schilderijen, sculpturen en foto's voor een groter publiek toegankelijk te maken (76 Bellevue Ave., tel. 401-848-8200, www.newportartmuseum .com, ma.–za. 10–17, zo. 12–17, 's winters tot 16 uur, ma. gesloten).

De geschiedenis van het tennis vanaf het allereerste begin wordt gedocumenteerd in het **International Tennis Hall of Fame & Museum.** Tal van internationale sterren uit de tennishistorie hebben een plaatsje gekregen in de Hall of Fame (194 Bellevue Ave., tel. 401-849-3990, www.tennisfame.com, dag. 9.30–17 uur).

## Miljonairsweg

Een van de wegen buiten Newport die u beslist moet verkennen, is de **Ten Mile Drive** om de zuidpunt van Rhode Island, waarlangs de indrukwekkendste huizen van de weg liggen.

Aan deze schitterende villa's zijn stuk voor stuk namen verbonden van families die een rol hebben gespeeld in de geschiedenis van de VS. Het fraaist is het interieur van **Marble House** uit 1892, waarvoor het Petit Trianon in Versailles model stond, wat onder meer te zien is aan de eetzaal met zalmroze marmer. Wie de huiseigenaren tot voorbeeld namen, blijkt uit een schilderij dat de Zonnekoning Lodewijk XIV voorstelt (Bellevue Ave. Alle mansions behalve Astor's: tel. 401-847-1000, www.newportmansions.org, dag. 10–17).

Het onbetwiste topstuk in de villawijk van Newport is **The Breakers**, een pal aan de steile kust gelegen, 70 kamers tellend paleis, dat Cornelius Vanderbilt in 1895 liet bouwen. De familie had via de scheeps- en spoorwegbouw een miljardenvermogen opgebouwd en deed duidelijk moeite om haar welstand op gepaste wijze aan de wereld te tonen. Daarom bouwde de architect Richard Morris Hunt naar het voorbeeld van een Genuees kasteel uit de 16e eeuw een fraai bouwwerk dat bezoekers ervan elk in een miljonairsmilieu gesitueerd soapdecor terstond doet vergeten (Ochre Point Ave.).

Buiten The Breakers zijn ook andere villa's een bezichtiging waard. Enkele van de mooiste voorbeelden zijn: **Astor's Beechwood Mansion** (580 Bellevue Ave., tel. 401-846-3772, www.astorsbeechwood.com, rondleidingen dag. 10–16 uur), **Chateau-sur-Mer** (474 Bellevue Ave.), **The Elms** (367 Bellevue Ave.) en **Rosecliff Mansion** (548 Bellevue Ave.), waar in 1994 *The great Gatsby* werd verfilmd. Rond de miljonairskust slingert zich de **Cliff Walk**, een prachtig wandelpad (www.newportcliffwalk .com).

**Visitor Information Center:** 23 America's Cup Ave., Newport, RI 02840, tel. 401-845-9123 of 1-800-976-5122, www.gonewport.com.

**Spring Street Inn:** 353 Spring St., tel. 401-847-4767, www.springstreetinn. com. Liefdevol heringerichte bed and breakfast, kamers voorzien van romantische hemelbedden. $119–299.

Boten in de jachthaven van het stadje Newport

**Mill Street Inn:** 75 Mill St., tel. 401-849-9500, fax 401-848-5131, www.millstreetinn.com. Boetiekhotel in een gerestaureerde zaagmolen uit 1815 met een stijlvolle inrichting. Vanaf $120.

**Motel 6:** 249 Connell Hwy, tel. 401-848-0600, fax 401-848-9966, www.motel6.com. Eenvoudig, keurig motel uit een keten. Vanaf $40.

**Black Pearl:** Bannister's Wharf, tel. 401-846-5264, dag. lunch en diner. In de zomer zit u buiten, kijkt u uit op de jachten in de haven en geniet u van een Black Angus T-bone steak ($34) of een garnalencocktail ($7,75).

**Wharf Pub & Restaurant:** 37 Bowens Wharf, tel. 401-846-9233, www.thewharfpub.com, dag. 11.30–23 uur. Minibrouwerij in het toeristische epicentrum met een eenvoudige, smakelijke Amerikaanse keuken. Vanaf $15.

**Newport Grand:** 150 Admiral Kalbfus Rd., tel. 401-849-5000, www.newport grand.com, dag. 15–1 uur. Amusementscomplex met speelautomaten, videowanden voor uitzendingen van sportevenementen en een restaurant.

**Rhino Bar & Grill:** 337 Thames St., tel. 401-846-0707, www.therhinobar.com. Karaoke, livemuziek, dans.

**Buskers Irish Pub & Restaurant:** 178 Thames St., tel. 401-846-5856, www.buskerspub.com. Ierse pub voor bierdrinkers; goed eten.

**Folk Festival** (augustus): Sinds 1959 behoort het Newport Folk Festival tot belangrijkste evenementen op het gebied van folkmuziek in de VS. Albert Grossman, de latere manager van Bob Dylan, hield het festival ten doop. Heel wat sterren hebben de afgelopen jaren in Newport opgetreden onder wie Joan Baez, Marc Cohen, Elvis Costello, Bob Dylan, James Taylor en Arlo Guthrie (www.newportfolk.com).

**Met de Newport Summer Pass** kunnen bezoekers van de stad bij bezichtigingen tot 30% op de toegangsprijs besparen. De pas, die geldig is voor verscheidene bezienswaardigheden en activiteiten, kost $30 (volwassenen) of $16 (kinderen) en is te koop in het Visitor Center (zie blz. 156).

**Stadsbezichtiging:** Newport Walks, 270 Bellevue Ave., tel. 401-841-8600, www.newportwalks.com. Rondwandelingen met gids door Newport met verschillende accenten.

**Tours:** Newport Trolley Service, eind mei–nov. dag. vanaf het Visitor Center, tel. 401-781-9400, www.ripta.com. Ook tochten naar de statige *mansions* langs de Ten Mile Drive.

**Zeilcruises en motorbootexcursies:** Classic Cruises of Newport, Christie's Landing, tel. 401-847-0298, www.cruisenewport.com.

# De kust van Connecticut

## Mystic

**Atlas:** blz. 9, C 3

In de 2000 inwoners tellende plaats Mystic is **Mystic Seaport**, het grootste maritieme museum van de VS, de belangrijkste trekpleister. In de tijd van de walvisvaart legden aan deze kuststrook vloten aan die men, als de wind uit de juiste richting kwam, al kon ruiken voordat ze in zicht kwamen. U kunt zich een goede voorstelling vormen van deze verre van romantische tijden aan boord van de ruim 150 jaar oude *Charles W. Morgan*, de laatste niet door motoren aangedreven walvisvaarder onder Amerikaanse vlag. Aan zijn zijde liggen het in 1882 gebouwde opleidingsschip *Joseph Conrad* en de schoener *L.A. Dunton*, die u ook kunt bezichtigen.

Het openluchtmuseum bestaat uit een romantisch vissersdorp waarin bewoners in oude klederdracht in de zomer oude ambachten demonstreren en voor bezoekers het leven in de 18e en 19e eeuw inzichtelijk maken (75 Greenmanville Ave., tel. 860-572-5315, www.mysticseaport.org, apr.–okt. 9– 17, nov.-mrt. 10–16 uur).

In het **Mystic Aquarium** ziet u meer dan 3500 zeedieren in uiteenlopende leefomgevingen, zoals een subtropisch mangrovemoeras en een eiland in een ijszee. In het Marine Theater stelen de vier zeeleeuwen Coco, Surfer, Tabor en Rider de show. Een populaire tentoonstelling is gewijd aan de ondergang van de *Titanic*, waarvan een 6 m lang deel te bewonderen is (55 Coogan Blvd., tel. 860-572-5955, www.mysticaquarium.org, bij afslag 90 de I-95 verlaten, dag. 9–18, 's zomers tot 19 uur).

## Indianencasino's

Ten noorden van Mystic liggen bij Uncasville op indiaans territorium de twee enorme hotelcasino's **Mohegan Sun Resort** (1 Mohegan Sun Blvd., Uncasville, tel. 888-226-7711, www.mohegansun.com) en **Foxwoods Resort Casino** (39 Norwich Westerly Rd., Mashantucket, tel. 1-800-FOXWOODS, www.foxwoods.com). Deze gokhallen bieden werk aan ruim 12.000 niet-indianen en bezorgen de Moheganstam en de Mashantucket Pequotstam aanzienlijke inkomsten.

Naast dit betrekkelijk lichte amusement wordt er op het grondgebied van de Mashantucket Pequot Tribal Nation ook volop aandacht besteed aan de cultuur in het **Mashantucket Pequot Museum & Research Center**, een van de grootste indianenmusea van de VS, De tentoonstellingen belichten de 18.000 jaar oude geschiedenis van de *native Americans* en de natuurlijke historie. Zelfs voor wie geen liefhebber van musea is, zijn de multimedia-exposities in het vijf verdiepingen tellende complex een aanrader (tel. 860-396-6945, www.pequotmuseum.org, dag. 10–16 uur).

## Aan de Thames River

**Groton** aan de Thames River is de belangrijkste basis van de Amerikaanse onderzeeërvloot in de Atlantische Oceaan. Het is dan ook niet verwonderlijk dat nergens in Amerika meer onderzeeërs en meer documenten over en foto's van duikboten te zien zijn dan hier. In het **Submarine Force Museum** kunt u onder meer de *USS Nautilus* bezichtigen, de eerste atoom-onderzeeër ter wereld, die tal van afstands- en snelheidsrecords heeft gebroken (1 Crystal Lake Rd., tel. 860-694-3174, www.ussnautilus.org, 9–16, 's zomers 9–17 uur).

### New London
**Atlas:** blz. 9, C 3–4
Tot halverwege de 19e eeuw was de walvisvaart de pijler van de lokale economie. Deze stad was de thuishaven van 75 walvisvaarders. Tegenwoordig is het een belangrijke militaire basis. In het **DNA EpiCenter** worden veel natuurwetten via interactieve presentaties inzichtelijk gemaakt. Kinderen zijn niet weg te slaan bij de *touch tank,* waar ze zeedieren mogen aanraken (33 Gallows Ln., tel. 860-442-0391, www.dnaepicenter.org, di.–za. 10–17 uur).

In het ouderlijk huis van Eugene O'Neill, waar de latere toneelschrijver leefde van 1888 tot 1917, is een klein museum ingericht met talrijke memorabilia. Het victoriaanse gebouw met overdekt terras draagt de naam **Monte Cristo Cottage,** omdat O'Neills vader acteur was en bekend werd door zijn rol als Edmond Dantès in Alexandre Dumas' stuk *De graaf van Monte Christo* (325 Pequot Ave., tel. 860-443-0051, www.oneilltheatercenter.org, wisselende openingstijden). Aan de haven zit de in brons gegoten Eugene op een rotsblok en kijkt naar de schepen die in- en uitvaren.

## Het achterland

De Connecticut River, die bij Old Lyme uitmondt in zee, was in de eerste helft van de 17e eeuw een levensader voor de bewoners van het achterland, die zich aan zijn oevers hadden gevestigd. De rivier ontspringt in de buurt van de Canadese grens en mondt na een 650 km lange reis door vier New Englandse staten uit in de Atlantische Oceaan. Een zandbank aan de monding verhinderde het ontstaan van een diepzeehaven en de ontwikkeling van grotere steden aan de benedenloop. Daarom is het dal vandaag de dag nog steeds wat het 100 jaar ge-

leden ook al was: een afgelegen provincie met kleine stadjes en een landelijke karakter.

### Essex
**Atlas:** blz. 9, C 3–4
Aan het tijdperk van de scheepsbouw en de binnenscheepvaart op de Connecticut River herinnert het kleine **Connecticut River Museum,** waar naast veel nautische voorwerpen en tentoonstellingen over de geschiedenis van het rivierdal een reconstructie is te zien van de eerste, door David Bushnell gebouwde onderzeeër *Turtle* uit 1775 (Main St., tel. 860-767-8269, www.ctrivermuseum. org, di.–zo. 10–17 uur).

Als u de auto een keer wilt laten staan, kunt u een uitstapje maken met de **Valley Railroad,** die toeristen tussen Essex en Chester vervoert. De stoomlocomotieven en wagons op het station, dat bestaat uit een gerestaureerd depot en kaartjesloketten, stammen uit de pionierstijd van het ijzeren ros. De treinrit kunt u koppelen aan een tocht per stoomboot op de Connecticut River tussen Deep River en East Haddam (tel. 860-767-0103, www.essexsteamtrain.com, mei–dec. Tochten per trein en schip).

### Hartford
**Atlas:** blz. 9, B 3
Het stadscentrum is betrekkelijk onopvallend, maar in Bushnell Park met meer dan 120 verschillende boomsoorten trekt het monumentale **State Capitol** de aandacht met zijn suikerbakkersarchitectuur onder een gouden koepel. In het decoratief ingerichte interieur van het in 1876 voltooide marmeren en granieten gebouw zijn onder meer een standbeeld van de revolutieheld Nathan Hale en het veldbed van generaal Lafayette te bezichtigen. Meer in de richting van het stadscentrum aan de rand van het Bushnell Park herinnert de 30 m hoge en 10 m brede **Soldiers and Sailors Memorial Arch** aan de gevallenen in de Amerikaanse Burgeroorlog (210 Capitol Ave., tel. 860-240-0222, www.cga.ct.gov/capitoltours, ma.–za. 10.15-13.15, juli–aug. tot 14.15 uur, gratis rondleidingen).

Het **Old State House,** in 1796 gebouwd naar

ontwerpen van Charles Bulfinch, deed dienst als regeringszetel, voordat het Capitool in 1878 gereedkwam. De vergaderzalen van de vroegere afgevaardigden zijn teruggebracht in hun oorspronkelijk staat. Een multimediapresentatie vertelt de geschiedenis van de stad en van het gebouw. Op één verdieping stelt het **Steward's Museum** naast schilderijen ook rariteiten tentoon, zoals een kalf met twee koppen en een aan het plafond hangende reuzenalligator (800 Main St. tel. 860-522-6766, www.ctosh.org, di.–vr. 11–17, za. 10–17 uur).

Hartford was lange tijd de thuishaven van twee belangrijke auteurs. Het twee verdiepingen tellende **Harriet Beecher Stowe House** in de 19e-eeuwse cottagestijl is genoemd naar Harriet Beecher Stowe (1811–1896), tegenstandster van de slavernij en schrijfster van dertig boeken, waaronder het wereldberoemde *De hut van oom Tom* (77 Forest St., tel. 860-522-9258, www.harrietbeecherstowe .org, di.–za. 9.30–16.30, zo. 12–16.30 uur, 's winters ma. gesloten).

Buurman van Harriet Beecher Stowe was 17 jaar lang Mark Twain, die van 1874 tot 1891 in het 19 kamers tellende victoriaanse **Mark Twain House** woonde. Hoewel hij een generatie jonger was dan zijn buurvrouw, onderhielden de twee een vriendschappelijk contact en kwamen ze geregeld bij elkaar op bezoek. Het huis is zeer gezellig ingericht en laat in veel kamers invloeden uit het Midden-Oosten en Azië zien, wat te danken is aan de firma Tiffany, die belast was met de inrichting van het interieur (351 Farmington Ave., tel. 860-247-0998, www.marktwainhouse.org, ma.–za. 9.30–17.30, zo. 12–17.30 uur, jan.– apr. di. gesloten).

Een van de bekendste inwoonsters van de stad was de actrice Katherine Hepburn, die in 1907 in Hartford werd geboren en na haar dood op 29 juni 2003 op de Cedar Hill Cemetery haar laatste rustplaats kreeg. Op het graf van de ster uit meer dan 75 films staat een groot gehouwen granietblok, waarin alleen haar achternaam gegraveerd is (453 Fairfield Ave., dag. 7–17 uur, westzijde van sectie 10).

**Greater Hartford Convention and Visitor's Bureau:** 31 Pratt St., Hartford, CT 06103, tel. 860-728-6789, fax 860-293-2365, www.enjoyhartford.com.

**Goodwin Hotel:** 1 Haynes St., tel. 860-246-7500, fax 860-247-4576, www.goodwinhotel.com. Goed geoutilleerd met restaurant, bar en fitness-studio. Vanaf $99.
**Super 8 Motel:** 57 W. Service Rd., tel. 860-246-8888, fax 860-246-8887, www.super8.com/hartford03369. Aan de I-91 gelegen motel met standaardkamers. Vanaf $52.

**Black Eyed Sallys:** 350 Asylum St., tel. 860-278-7427, lunch ma.–vr. 11.30–16, diner ma.–za. 17–23 uur, zo. gesloten, op veel avonden blues en jazz. Uitstekende barbecues en gerechten in de cajunstijl uit Louisiana. $10–20.

## East Haddam
**Atlas:** blz. 9, C 3

Naast de ophaalbrug over de Connecticut River staat het in musicals gespecialiseerde **Goodspeed Opera House** ietwat verloren in het landschap. Vroeger liet de beau monde zich per stoomschip van New York naar deze muzentempel varen, om het stadsleven even achter zich te laten. Tegenwoordig worden in het theater try-outs van nieuwe musical- en balletvoorstellingen gegeven, die, als ze succes hebben, later op Broadway op de planken komen. Tot dusver is dit bij maar liefst 16 producties gelukt (6 Main St., tel. 860-873-8668, www.goodspeed.org, speelseizoen apr.–dec.).

Ten zuidoosten van East Haddam stroomt de Connecticut River langs **Gillette Castle**, dat zich op een beboste bergrug hoog boven de oever verheft. De acteur William Gillette had rond de vorige eeuwwisseling vooral dankzij de rol van Sherlock Holmes een aanzienlijk vermogen opgebouwd dat hij in 1914 in dit excentrieke gebouw investeerde. Veel zaken in

*Het in suikerbakkersstijl opgetrokken State Capitol in Hartford*

zijn interieur bracht de toneelspeler mee terug van tournees in het buitenland (67 River Rd., tel. 860-526-2336, www.friendsofgillette castle.org, dag. 9–17 uur).

# New Haven

**Atlas:** blz. 9, B 4

Met zijn cafés, schaduwrijke lanen en kleine winkeltjes ademt het centrum van deze 125.000 inwoners tellende stad een sfeer die men verwacht van een studentenbolwerk. Net als veel andere plaatsen in New England vormt ook in New Haven de **Green** het hart van de stad – een door bomen begroeid stadspark dat oorspronkelijk overdag dienstdeed als marktplein en 's nachts als veeweide.

## Yale University

Het in 1638 gestichte New Haven beleefde aan het begin van de 18e eeuw de belangrijkste gebeurtenis uit zijn bestaan, toen de Collegiate School werd opgericht, de voorloper van de wereldberoemde **Yale University**. Deze eliteuniversiteit wordt beschouwd als kaderopleiding van studenten die een diplomatieke loopbaan ambiëren. Speelse kleine torens en architectonische versieringen zoals kunstzinnige inscripties en figuurtjes sieren de gebouwen in de onmiskenbaar Brits ogende universiteitswijk. Sommige gebouwen lijken op het eerste gezicht van middeleeuwse oorsprong. In de traditie van de Gothic Revival werd aan het begin van de jaren twintig van de vorige eeuw de met een klokkenspel uitgeruste **Harkness Tower** gebouwd, het visitekaartje van Yale. Het oudste bouwwerk is de onopvallende **Connecticut Hall** uit 1752 op de oude campus (Mead Visitor Center, 149 Elm St., tel. 203-432-2300, www.yale.edu/visitor, gratis rondleidingen over de campus ma.-vr. 10.30 en 14, za.-zo. 13.30 uur).

## Musea

De universiteitsstad presenteert zich met enkele musea naar buiten toe als bolwerk van kunst en cultuur. In de **Beinecke Rare Book and Manuscript Library**, waarvan in alle ver-

trekken het klimaat wordt geregeld, vindt u 500.000 curiositeiten tussen boekomslagen en verscheidene miljoenen manuscripten en documenten, waarvan sommige van onschatbare waarde, die alleen in het gebouw mogen worden ingekeken (121 Wall St., tel. 203-432-2972, www.library.yale.edu/beinecke, ma.-vr. 8.30–17, za. 10–17 uur).

Ongeveer 1900 schilderijen en 100 sculpturen omvatten de collecties van het **Yale Center for British Art,** dat zich vooral op Britse kunst heeft toegespitst en kan bogen op werken van onder anderen William Hogarth, Thomas Gainsborough, Joshua Reynolds, George Stubbs, Joseph Wright of Derby, John Constable en J.M.W. Turner. Tot de kunstenaars en kunstenaressen uit de 20e eeuw behoren Stanley Spencer, Barbara Hepworth, Ben Nicholson, Rachel Whiteread en Damien Hirst (1080 Chapel St., tel. 203-432-2800, www.yale.edu/ycba, di.–za. 10– 17, zo. 12–17 uur).

Meteorieten en mineralen, dinosaurusbotten en indiaanse kunstvoorwerpen, planten en dieren uit New England en voorwerpen uit Egypte en het gebied rond de Grote Oceaan zijn de schatten van het **Yale Peabody Museum of Natural History** (170 Whitney Ave., tel. 203-432-5050, www.peabody.yale.edu, ma.-za. 10–17, zo. 12–17 uur).

Munten uit de tijd van Alexander de Grote, Romeinse sculpturen uit de voorchristelijke tijd, Afrikaanse sculpturen uit Guinea, Burkina Faso en Benin, collecties van Amerikaans meubilair en zilver, schilderijen van Rubens, Manet en Picasso, en kunstvoorwerpen uit Azië en precolumbiaans Amerika maken een bezoek aan de **Yale University Art Gallery** tot een onderhoudend genoegen (1111 Chapel St., tel. 203-432-0600, www.artgallery.yale.edu, di.–za. 10–17, zo. 13–18 uur, aug. gesloten).

**Greater New Haven Convention & Visitors Bureau:** 169 Orange St. New Haven, CT 06510, tel. 203-777-8550, www.visitnewhaven.com.

**Swan Cove B & B Inn:** 115 Sea St., tel. 203-776-3240, www.swancove.com. Eenvoudige kamers en suites in romantische stijl ingericht, stevig ontbijt. In de winter vanaf $99, in de zomer vanaf $139.

**Colony Inn:** 1157 Chapel St., tel. 203-776-1234, fax 203-776-1234, www.colonyatyale.com. Bij de campus gelegen hotel met traditioneel interieur en aangename kamers. Vanaf $110.

**Red Roof Inn:** 10 Rise St., Milford, tel. 203-877-6060, www.redroof.com. Buiten de stad gelegen hotel uit een keten met eenvoudige, schone kamers. Vanaf $60.

**Motel 6:** I-95 at Main St., Exit 55, Branford, tel. 203-483-5828, www.motel6.com. Voordelig hotel uit een keten met standaardkamers buiten de stad. Vanaf $50.

**Southern Hospitality Soul Food:** 427 Whalley Ave., tel. 203-785-1575, dag. lunch en diner. Bijzondere keuken van het zuiden van Amerika: voedzaam, eenvoudig, niet bepaald caloriearm. Vanaf $12.

**Rainbow Cafe:** 1022 Chapel St., tel. 203-777-2390, vr.-za. 10-21, zo.-do. 11-20 uur. Ruim aanbod, ook voor vegetariërs, adres voor niet-rokers. $7-20.

**Louis's Lunch:** 263 Crown St., tel. 203-562-5507, www.louislunch.com, di.-wo. 11-16, do.-za. 12-2 uur. Hier zou naar verluidt in 1900 de eerste hamburger zijn verkocht. De handgemaakte varianten stellen het fastfood van huidige hamburgerketens ver in de schaduw. Vanaf $4.

Pizza- en pastaliefhebbers komen aan hun trekken in Little Italy rond Wooster Square, waar veel goede Italiaanse restaurants zijn gevestigd.

**Barnes & Nobles:** 77 Broadway, tel. 203-777-8440. Ook in deze zaak van de enorme boekhandelketen die in heel Noord-Amerika vertegenwoordigd is, hebt u niet alleen een ruime keus aan buitenlandse boeken en tijdschriften, maar u kunt er ook een kopje koffie drinken.

**Boulevard Flea Market:** 500 Ella T. Grasso Blvd., Rte 10, het hele jaar door za.-zo. 7-16 uur, de oudste vlooienmarkt in Connecticut met meer dan 100 handelaren.

**Bar:** 254 Crown St., tel. 203-495-1111, Uitgaanscomplex met restaurant, diverse bars, biljart en dansvloer.

**Toads' Place:** 300 York St., tel. 203-624-TOAD, www.toadsplace.com. wo.-za. livemuziek met wisselende regionale rock- en popgrootheden.

New Haven bezit diverse gerenommeerde instituten voor podiumkunsten, zoals Long Wharf Theatre, Yale Repertory Theatre, Shubert Performing Arts Center, Yale University Theatre, Yale Cabaret, Lyman Center for the Performing Arts en het New Haven Symphony Orchestra (informatie over programma's bij het Convention & Visitors Bureau).

**Trein:** Shore Line East, State St. Station tussen Court en Chapel St., tel. 203-777-7433, www.shorelineeast.com. Streekvervoer tussen New Haven en New London, een enkele reis kost $8,25.

Amtrak, Union Station, 50 Union Ave., tel. 1-800-872-7245, www.amtrak.com. New Haven ligt aan het traject New York-Boston en wordt onder meer aangedaan door de hogesnelheidstrein Acela Express. Een kaartje voor het traject New Haven-New York Penn Station kost $42, en voor de regionale trein slechts $31.

**Bus:** Greyhound Lines, Union Station, 50 Union Ave., tel. 203-772-2470, www.greyhound.com. Verbindingen naar alle grotere steden, een kaartje voor het traject New Haven-New York City kost $21.

**Openbaar vervoer:** CTTRANSIT, tel. 203-624-0151, www.cttransit.com, verzorgt het busverkeer in de stad.

# Tussen de oceaan en de Grote Meren

Lake Ontario

Niagara Falls

Lake Erie

Cleveland

New York

Pittsburgh

# In een oogopslag: Tussen de oceaan en de Grote Meren

## Typisch Amerikaans

In de stedendriehoek New York City, Cleveland en Pittsburgh stond in de 18e eeuw de wieg van de Industriële Revolutie in Amerika. Hier zijn zowel stedelijke concentraties als slaperige landelijke dorpjes te vinden, spectaculaire natuurwonderen, historische plaatsen en het oeverlandschap van de grootste zoetwatervoorraad ter wereld, de Grote Meren.

Dit is het Amerika van de onontwarbare snelwegkluwens en de alomtegenwoordige hoogspanningsleidingen, de futuristische wolkenkrabbers van staal, beton en glas en de dampende industriegebieden bij Cleveland in Ohio, van unieke steden als New York City, maar ook die van de overduidelijke kenmerken die door kenners typisch Amerikaans worden genoemd, zo typisch als ze nergens anders te vinden zijn tussen de Atlantische en de Grote Oceaan.

Hier wonen niet alleen de leiders van grote bedrijven en mensen die verslaafd zijn aan de grote stad, maar ook de kleine luiden, die in hun keurige stadjes hun voortuintje bijhouden, liefdadigheidsbazaars organiseren en op Halloween met hun als monsters verklede kinderen langs de huizen trekken.

Hoewel het deze regio in zijn algemeenheid ontbreekt aan de landschappelijke pracht van andere delen van Amerika, bezit ook het gebied tussen de Atlantische Oceaan en de Grote Meren zijn natuurschoon met hoogtepunten als de Niagara Falls, de 'zoetwaterzeeën' aan de grens met Canada, de enigszins aan het Duitse Rijndal herinnerende Hudson Valley en niet in de laatste plaats de voor een groot deel nog onontsloten gebieden als de Adirondack Mountains in het noorden van de staat New York, waarin de schrijver van indianenverhalen James Fenimore Cooper, bekend van *De laatste der Mohikanen*, zijn helden hun avonturen liet beleven.

En vergeet niet de historische mijlpalen en de technologische prestaties van pioniers als de geniale Thomas Alva Edison, die de wereld hebben veranderd.

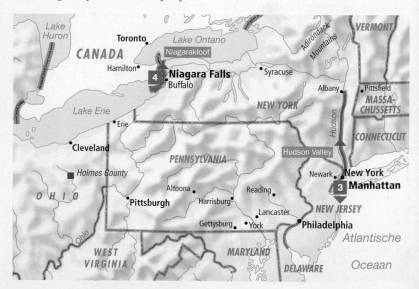

## Hoogtepunten

**3** **Manhattan:** De skyline van de wereldstad New York City met zijn wolkenkrabbers is uiterst indrukwekkend (zie blz. 168).

**4** **Niagara Falls:** De grootste watervallen van Noord-Amerika liggen precies op de grens van de VS met Canada (zie blz. 201).

## Panoramische routes

**Hudson Valley:** De tocht door de Hudson Valley toont verbluffende overeenkomsten met een reisje door het Rijndal (zie blz. 193).

**Kloof van de Niagara River:** Aan de Amerikaanse kant van de rivier loopt een panoramische route langs de kloof die de Niagara River op zijn weg naar Lake Ontario in de rotsen heeft uitgesleten (zie blz. 202).

## Reisplanning

U kunt weken of zelfs maanden doorbrengen in het gebied tussen de Atlantische Oceaan en de Grote Meren. Aangezien de meeste mensen niet over zoveel tijd beschikken, moeten er keuzen worden gemaakt.

U kunt in twee, drie dagen door de Hudson Valley tot aan Albany rijden, maar dan zult u moeten afzien van deze of gene bezienswaardigheid. Het wereldwonder Niagara Falls verdient wel twee dagen, omdat behalve de watervallen zelf ook de kloof van de Niagara River en de stad Niagara Falls (Canada) een bezoek meer dan waard zijn.

Ook een uitstapje naar het op maar anderhalf uur rijden van Niagara Falls gelegen Toronto is aan te raden. Cleveland en Pittsburgh zijn interessante steden met veel cultuur. Echte stadsmensen kunnen hun tijd beter daar besteden dan in de landelijke regio's in het zuiden van Pennsylvania, terwijl ook de stadjes York en Gettysburg met hun bezienswaardigheden en historische plekken een bezoek verdienen. Ook tussen Harrisburg en Newark is veel interessants te vinden, maar hier kunt u zich in een dag of drie concentreren op de hoogtepunten.

## Tips

**Waar CIA-'agenten' een koksmuts dragen:** Bij het Culinary Institute of America (die andere CIA), de culinaire academie, kunt u zich laten verwennen door toekomstige topkoks (zie blz. 196).

**Boottocht in een heksenketel:** De Niagara Falls zijn adembenemend, vanwaar u ze ook bekijkt. De geweldige dynamiek ervan is pas echt te ervaren wanneer u een boottocht maakt midden in de heksenketel van de Horseshoe Falls (zie blz. 206).

In dit deel van de VS hebt u niet per se een huurauto nodig. De grote steden zijn in ieder geval ook te bereiken met de trein of de bus. Dat geldt echter niet voor het thuisland van de amish in Holmes County in Ohio, waar een tochtje langs de dorpen zonder eigen voertuig vrijwel niet te doen is. Per fiets kan het wel.

## Klimaat en reisperiode

De televisiezender n-tv last tijdens zijn nieuwsberichten beelden van webcams van over de hele wereld in, waaronder regelmatig de Niagara Falls – wat in de winter een door ijs en koude versteend landschap oplevert. Wie het natuurwonder op zijn mooist wil zien, kan het beste in de periode tussen eind mei en september gaan. Bedenk wel dat de Amerikanen zelf dan ook vakantie hebben, de hotelprijzen op zijn hoogst zijn en het aantal vrije kamers beperkt. In deze tijd echter is de kans op mooi weer in het gebied aan de Canadese grens het grootst en zijn alle musea geopend. Wanneer het u vooral te doen is om de kleurenpracht van de bossen in de Indian summer komt oktober het meest in aanmerking. Dan is in ieder geval overdag de temperatuur zeer aangenaam.

**Het zicht vanaf de Staten Island Ferry op Manhattan is adembenemend. Men vraagt zich af waarom het eiland onder het gewicht van die gigantische wolkenkrabbers niet allang gezonken is. In de stad die nooit slaapt, is alles te beleven. New York City en meer in het bijzonder Manhattan vormen hun eigen kosmos.**

Manhattan is al met van alles vergeleken. Over sommige vergelijkingen valt misschien te wisten, maar een ding is zeker: de stad is uniek. Nergens anders ter wereld voelt men zich zozeer in het hart van de menselijke beschaving, met haar verworvenheden en haar uitwassen, als in de canyons van steen en glas van Manhattan. Als een reusachtig, door jachtige mensen en eindeloze rijen auto's aangedreven uurwerk drijft deze moloch de tijd voort.

Op 11 september 2001 (in de VS kortweg *nine/eleven* genoemd) stond dit uurwerk een tijdje stil. Onmiddellijk na de verschrikkelijke terreuraanslag was er niets meer te bespeuren van de razende hartslag van de Big Apple. Enkele uren na de ramp veranderde dat echter al. Samen met de stofwolken boven Manhattan verdween langzaamaan ook de collectieve shock die de stad na het instorten van de Twin Towers had lamgelegd. Met horten en stoten keerden de levensgeesten van het epicentrum van de Amerikaanse stedelijke wereld terug als de vitale functies van een zwaargewond mens. Het New York van vandaag is weer boomtown, megacity, cultuurmetropool en de *city that never sleeps* ineen. Dankzij het onwrikbare vertrouwen in de eigen overlevingskracht is het gewone leven in de stad teruggekeerd.

In New York City kan men maanden doorbrengen en toch niet alles gezien hebben. De belangrijkste stadsdelen met de bekendste en interessantste bezienswaardigheden liggen tussen Battery Park op de zuidpunt van Manhattan en Central Park, de groene oase in de stad. Vooral het zuidelijke deel van Manhattan rondom het voormalige World Trade Center is sinds 9/11 merkbaar veranderd. Hier bevindt zich het Financial District, het financiële centrum, dat zijn stempel drukt op het hele stadsdeel. Iets meer naar het noorden liggen het exotische Chinatown, het steeds kleiner wordende Little Italy, het trendy Tribeca, de kunstenaarsbuurt SoHo en het enigszins kleinsteeds aandoende Greenwich Village. Midtown met de twee grote spoorwegstations van Manhattan, de stijlvolle winkelstraten als Fifth Avenue, met zijn luxehotels en zijn vele bezienswaardigheden van het Empire State Building tot het Museum of Modern Art vormt hiermee een contrast. Ten oosten van Central Park zijn de belangrijkste kunstmusea van de stad, op het MoMA na, geconcentreerd.

## Het zuiden van Manhattan

Het zuiden van het eiland Manhattan, Lower Manhattan genaamd, loopt van Battery Park tot aan Houston Street. In dit stadsdeel hebben Nederlandse pioniers in de 17e eeuw met de stichting van Nieuw-Amsterdam de fundamenten gelegd voor het huidige New York. Oorspronkelijk nam de zuidpunt van Manhattan een veel kleiner oppervlak in beslag. In het begin van de 19e eeuw begon het stadsbestuur land te winnen op het water om zo de dringend benodigde bouwgrond te krijgen – een praktijk die tot op de dag van vandaag in New York wordt uitgeoefend.

## Onderweg met de auteur

### Uitzicht op de skyline

**Staten Island Ferry:** De Staten Island Ferry, gratis voor voetgangers, vaart langs Ellis Island en het Vrijheidsbeeld naar Staten Island. Van de veerboot hebt u een grandioos uitzicht op Miss Liberty, maar ook op de skyline van Manhattan – zeker op een zonnige dag een geweldige belevenis (zie blz. 170).

### Financieel centrum

In **Lower Manhattan:** Gezeten op de zo nu en dan om veiligheidsredenen gesloten toeschouwersgalerij van de **New York Stock Exchange** in Wall Street kunt u het voor buitenstaanders bijzonder chaotisch overkomende gehandel van de beursmakelaars volgen. Een rondleiding biedt meer inzicht in de wereld van de effectenhandel (zie blz. 174).

### In vogelvlucht

**Empire State Building:** Sinds de instorting van de Twin Towers na de terroristische aanslag van 11 september 2001 is het Empire State Building weer het hoogste gebouw van de stad. Vanaf het Observation Deck kunt u genieten van een mooi zicht op de wolkenkrabbers (zie blz. 183).

### Voor de ondernemende reiziger

**Fietsen in Central Park:** Central Park is erg groot en heeft van alles te bieden. Om het te leren kennen kunt u het beste een fiets huren aan Columbus Circle en u op een begeleide fietstour van twee uur alle bezienswaardigheden laten tonen (zie blz. 187).

**Harlem voor de liefhebber van gospel:** Iedere zondag worden om 9 en 11 uur in de Abyssinian Baptist Church diensten gehouden met gospelzang. De leden van de kerkgemeenschap trekken dan hun mooiste kleren aan. Wie erbij aanwezig wil zijn, moet zich aan de kledingvoorschriften houden en vroeg aankomen (zie blz. 189).

**Naar beroemde filmlocaties:** De On Location Tours verzorgen rondleidingen langs plaatsen in Manhattan die een rol spelen in bekende speelfilms of tv-series, zoals *Spiderman*, *Manhattan*, *Ghostbusters* en *Friends* (zie blz. 192).

### Pas op!

**Central Park:** Overdag is Central Park (zie blz. 184) een ideale plaats om te ontspannen, maar na zonsondergang moet u het beslist mijden. Vooral het noordelijke gedeelte is zeer onveilig; hier kunt u ook overdag beter niet komen.

---

**Castle Clinton 1**, een voormalig met kanonnen toegerust verdedigingsbolwerk ter bescherming van de Hudson River, was nadat het voltooid was nog omgeven door water en alleen over een dam te bereiken. Een klein museum in het kasteel documenteert nu de immigratiegeschiedenis van de stad (Battery Park, tel. 212-344-7220, www.nps.gov/cac/, dag. 8.30–17 uur, toegang gratis).

Hier worden ook de kaartjes verkocht voor de veerboten naar Ellis Island en het Vrijheidsbeeld op Liberty Island. Deze beide eilanden liggen in de baai van New York en zijn alleen per veerboot bereikbaar (Hornblower Cruises, tel. 1-866-STATUE4, www.statuereservations.com, $12).

### Boottochten

Voor vele bezoekers van New York is een boottocht naar de beroemdste dame van de stad een absolute must. Op het piepkleine **Liberty Island 2** rijst het met een groen patina overtrokken, 46 m hoge en 225 ton zware Vrijheidsbeeld omhoog, dat al van veraf zichtbaar is. 'Miss Liberty' kwam in 1885 tot stand naar plannen van de beeldhouwer Frédéric Auguste Bartholdi uit de Elzas. De fakkeldragende reuzin met een ondersteunende ruggengraat van Gustave Eiffel is tegenwoordig niet alleen het onmiskenbare symbool van de VS, maar vooral ook van New York (www.nps.gov/stli).

Wie het **Vrijheidsbeeld vanbinnen** wil bezichtigen, moet ofwel heel vroeg verschijnen, ofwel het bezoek reserveren bij het kaartverkooploket of telefonisch bij de betreffende veerbootmaatschappij, omdat er maar een beperkt aantal bezoekers per dag wordt binnengelaten. De fakkel en de kroon zijn om veiligheidsredenen niet meer toegankelijk (tel. 1-866-782-8834, van buiten de VS NY Ticket Office, tel. 212-269-5755, www.statuereservati ons.com, dag. 8.30–18.15 uur, laatste veerboot 18.30 uur).

Tot in de jaren tachtig van de 20e eeuw raakten de gebouwen van het voormalige immigratiecentrum op **Ellis Island** 3 in verval totdat de National Park Service het **Ellis Island Museum of Immigration** stichtte. Tussen 1892 en de sluiting van Ellis Island als immigratiecentrum in 1954 betraden rond de 12 miljoen immigranten voor het eerst de Amerikaanse bodem. Alleen al in 1907 kwamen 1,3 miljoen mensen door deze 'sluis' het land in. Ze werden medisch onderzocht en ondervraagd over politieke kwesties; wanneer ze zich hadden gekwalificeerd voor immigratie, werden ze gemerkt met een krijtstreep.

In het museum wordt een documentaire vertoond die het lot van zovele immigranten opnieuw tot leven laat komen. In de tentoonstellingsruimte krijgen de bezoekers aan de hand van foto's, affiches en gebruiksvoorwerpen interessante informatie over de jaren van de immigratie, en ze kunnen ook op een computer zoeken naar geëmigreerde familieleden. Buiten het museum zijn in de Wall of Honor de namen van honderdduizenden immigranten gegraveerd (dag. 8.30–18.15 uur, laatste veerboot 18.30 uur).

De **Staten Island Ferry** 4, die vanaf Battery Park vaart, biedt een voor voetgangers gratis boottocht door de baai van New York. Vanaf de boot, die op enige afstand Ellis Island en het Vrijheidsbeeld passeert, ziet u de wolkenkrabbers van New York in al hun pracht. Het veer vaart al sinds 1905 en vervoert elk jaar 20 miljoen passagiers op het 8,3 km lange traject (vertrek Whitehall Terminal, Battery Park, 24 uursdienst, dag. om de ca. 30 minuten).

## Rondom Battery Park

Het is maar weinig passen van Battery Park naar het classicistische US Customs House met zijn marmeren zuilenfaçade en beschilderde rotunda. Het hier gehuisveste **National Museum of the American Indian** 5 van het beroemde Smithsonian Institution documenteert aan de hand van een miljoen voorwerpen, van kleding en sieraden tot religieuze en ceremoniële objecten, het leven en de cultuur van de oorspronkelijke bewoners van Noord- en Zuid-Amerika vanaf het begin in precolumbiaanse tijden tot aan het heden. In een video-

Rondvaartboot voor de skyline van zuidelijk Manhattan

centrum worden films vertoond over verschillende perioden uit de geschiedenis van de indianen (One Bowling Green, tel. 212-514-3700, www.nmai.si.edu, dag. 10–17, do. tot 20 uur, toegang gratis).

Een van de nieuwere musea van de stad is het **Skyscraper Museum** **6**, dat zich bezighoudt met datgene wat New York zo uniek maakt: de wolkenkrabbers. Het gaat daarbij om de bekendste gebouwen van de stad, van het in 1902 door Daniel Burnham gebouwde Flatiron Building via het Chrysler Building met zijn ongeëvenaarde kroon tot aan het Empire State

Building, dat na de ineenstorting van de Twin Towers in 2001 weer het hoogste gebouw van de stad is (39 Battery Pl., tel. 212-968-1961, www.skyscraper.org, wo.–zo. 12–18 uur, $5).

Een van de gereconstrueerde historische gebouwen in Lower Manhattan is de oorspronkelijk van 1719 daterende **Fraunces Tavern** **7**. Hier opende Samuel Fraunces in 1762 een taveerne. Twintig jaar later nam George Washington, opperbevelhebber van het leger van de Unie, hier in de Long Room na het einde van de Vrijheidsoorlog afscheid van zijn officieren.

## Zuidelijke punt van Manhattan

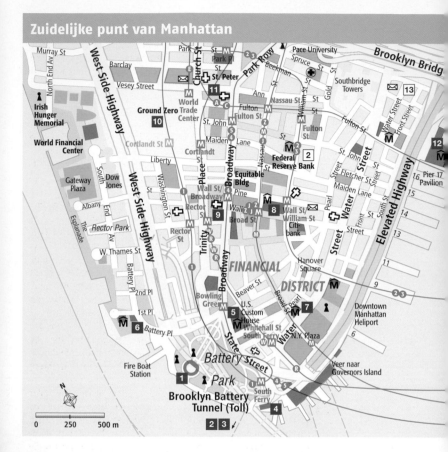

Het museum naast de taveerne, dat uit vier gebouwen bestaat, stelt voorwerpen tentoon uit de 18e en 19e eeuw. De menukaart van het restaurant op de begane grond is sinds de tijd van vroeger overigens sterk veranderd, want de regering van de VS onthaalt hier regelmatig officiële staatsgasten voor een chic diner (54 Pearl St., tel. 212-968-1776, www.fraunce stavernmseum.org, di.–vr. 12–17, za. 10–17 uur, vaste lunchprijs $22).

### In het hart van Zuid-Manhattan

Het kloppend hart van de Amerikaanse economie is de **New York Stock Exchange** 8. Dit is het epicentrum van de financiële aardbeving in oktober 1929, waarvan de catastrofale

schokgolven de economische crisis in gang zetten. De grootste beurs van de wereld gaat schuil achter een neoclassicistische zuilenfaçade uit 1903, die duidelijk maakt hoezeer de architectuur van het oosten van de VS in die tijd door die van de oude Grieken en Romeinen werd beïnvloed. Vele gerenommeerde Amerikaanse architecten zijn namelijk opgeleid aan de École des Beaux-Arts in Parijs en zo ook de bouwmeester van de beurs, George B. Post (Uit veiligheidsoverwegingen is de beurs tegenwoordig niet meer voor publiek geopend, www.nyse.com).

Tot het begin van het tijdperk van de wolkenkrabbers was de vierkante toren van de **Trinity Church** 9 uit 1846 het hoogste gebouw

## Bezienswaardigheden

van de stad. Een klein museum documenteert de geschiedenis van de kerk. Op de begraafplaats hebben prominenten als minister van Financiën Alexander Hamilton (1757–1804), die bij een duel om het leven kwam, en Robert Fulton (1765–1815), de uitvinder van de stoomboot, hun laatste rustplaats gevonden (89 Broadway, www.trinitywallstreet.org, ma.–vr. 9–11.45 en 13–15.45, za. 10–15.45, zo. 13–15.45 uur).

Midden tussen de wolkenkrabbers van het zuiden van Manhattan, waar vroeger het 420 m hoge World Trade Center (WTC) stond, gaapt nu een reusachtige bouwput: **Ground Zero 10**. In de Twin Towers van het WTC werkten meer dan 50.000 mensen en waren 1200 bedrijven en instellingen gevestigd. Al in 1993 was de noordelijke toren aan het wankelen gebracht door een bomexplosie in de ondergrondse garage. Op 11 september 2001 volgde een grotere ramp, toen aanhangers van de terroristische organisatie al-Qaida de beide torens lieten instorten door er gericht twee vliegtuigen in te laten vliegen. De beelden van de in brand staande en ineenstortende wolkenkrabbers gingen de wereld rond en openden een nieuw, gewelddadig en niets en niemand ontziend hoofdstuk in het boek van het terrorisme. Snel had men een naam gevonden voor de locatie waar deze gruweldaad, die aan

2749 mensen het leven kostte: Ground Zero. De term 'Ground Zero' schijnt voor het eerst gebruikt te zijn in 1946 in een artikel van de *New York Times*, waarin hij gebezigd werd voor het epicentrum van de atoombomexplosie in Hiroshima.

Nadat het puin was opgeruimd, moest de onder de fundamenten van het voormalige WTC lopende metrolijn worden hersteld en moest er een besluit worden genomen over de toekomstige bebouwing van de opengevallen ruimte. Op de Amerikaanse Onafhankelijkheidsdag 4 juli 2004, bijna drie jaar na de aanslagen, werd op Ground Zero de eerste steen gelegd voor de **Freedom Tower**: een 20 ton zwaar, grijszwart blok graniet met spikkels van granaatsteen uit de Adirondack Mountains in het noorden van de staat New York, met een opschrift dat de slachtoffers van de aanslagen herdenkt. De Freedom Tower wordt volgens de laatste plannen een 70 verdiepingen hoge, taps toelopende wolkenkrabber met een prisma-achtige voorgevel en een kern van staal, titanium en beton, die het centrum vormt van een gebouwencomplex. Het ontwerp is berekend op terroristische aanslagen, met bijvoorbeeld een basement van vrijwel bomvrij staalbeton.

Naast Ground Zero, aan de westzijde, staat het eveneens bij de aanslagen beschadigde **World Financial Center**. Het bestaat uit verscheidene gebouwen en is sinds het eind van de jaren zeventig opgerezen aan de oever van de Hudson River als onderdeel van Battery Park City, dat ontstond doordat voor de bouw van het WTC zoveel grond moest worden afgegraven dat delen van de rivier werden gedempt en de oppervlakte van Lower Manhattan met ca. 40 ha werd vergroot. De blikvanger van het kantoor- en bedrijvencomplex is de glazen Winter Garden, een kruising tussen een botanische tuin en een atrium. De palmen onder het glazen dak creëren een exotische sfeer. www.world financialcenter.com.

In de in 1766 gebouwde **St. Paul's Chapel 11** ging George Washington al ter kerke. Op wonderbaarlijke wijze heeft het gebouw de terroristische aanslagen op het WTC overleefd doordat een imposante plataan de door de in-

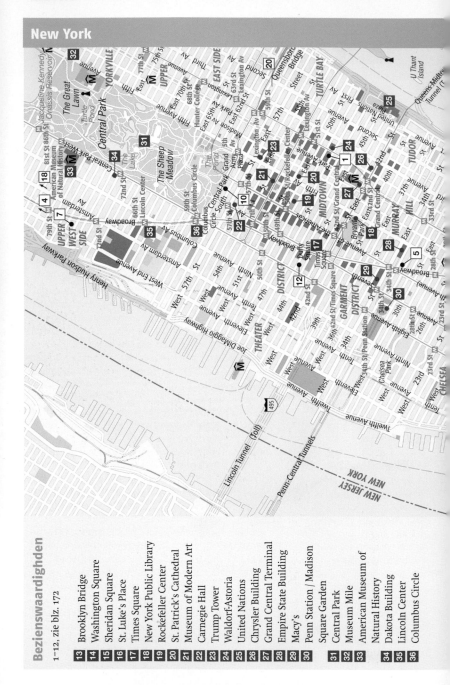

Bezienswaardigheden

1–12, zie blz. 172

13 Brooklyn Bridge
14 Washington Square
15 Sheridan Square
16 St. Luke's Place
17 Times Square
18 New York Public Library
19 Rockefeller Center
20 St. Patrick's Cathedral
21 Museum of Modern Art
22 Carnegie Hall
23 Trump Tower
24 Waldorf-Astoria
25 United Nations
26 Chrysler Building
27 Grand Central Terminal
28 Empire State Building
29 Macy's
30 Penn Station / Madison Square Garden
31 Central Park
32 Museum Mile
33 American Museum of Natural History
34 Dakota Building
35 Lincoln Center
36 Columbus Circle

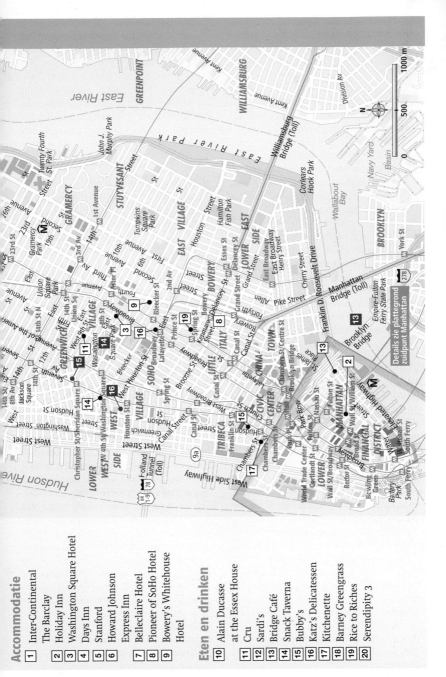

## Accommodatie

1 Inter-Continental
The Barclay
2 Holiday Inn
3 Washington Square Hotel
4 Days Inn
5 Stanford
6 Howard Johnson
Express Inn
7 Belleclaire Hotel
8 Pioneer of SoHo Hotel
9 Bowery's Whitehouse
Hotel

## Eten en drinken

10 Alain Ducasse
at the Essex House
11 Cru
12 Sardi's
13 Bridge Café
14 Snack Taverna
15 Bubby's
16 Katz's Delicatessen
17 Kitchenette
18 Barney Greengrass
19 Rice to Riches
20 Serendipity 3

storting veroorzaakte 'regen' van puin en as afschermde. In de dagen na de ramp werd het volledig witte interieur van de kerk veranderd in een hulpcentrum, dat acht maanden lang als zodanig heeft gefunctioneerd. Het smeedijzeren hek rondom het terrein van de kerk met daaraan vaantjes, plakkaten met de namen van vermiste personen, gedichten van kinderen over hun omgekomen vaders, brandweerhelmen en lange lijsten met de namen van slachtoffers vormde een indrukwekkend vertoon van verdriet en ontzetting (Church St., tel. 212-233-4164, www.saintpaulschapel .org, expositie ma.–za. 10–18, zo. 9–16 uur, gratis concerten ma. 13–14 uur).

## Aan de East River

De buurt rondom Water Street was in het laatste kwart van de 19e eeuw bijzonder berucht – het was een stadsdeel met goedkope hotelletjes voor zeelieden, ellendige dranklokalen en bordelen. Deze havensfeer is alleen nog in het **South Street Seaport Museum** 12 overgebleven, een openluchtmuseum met enkele tientallen historische gebouwen, waaronder een voormalige drukkerij en het Titanic Memorial Lighthouse, dat de slachtoffers van de scheepsramp van 1912 gedenkt. De vele restaurants, galeries en winkels trekken vooral toeristen aan. Schermerhorn Row, een huizenblok uit het begin van de 19e eeuw, vormt de historische kern van de buurt. Twee grote schepen, de viermaster 'Peking' uit 1911 en de in 1885 van stapel gelopen 'Wavertree', liggen hier permanent voor anker en zijn open ter bezichtiging (12 Fulton St., tel. 212-748-8600, www.southstseaport.org, apr.–okt. di.–zo. 10–18, nov.–mrt. vr.–zo. 10–17 uur).

**Pier 17** naast South Street Seaport is veranderd in een winkelcentrum, waar ook vaak sport- en muziekevenementen plaatsvinden. Op de bovenste verdieping kunt u in het Food Court de inwendige mens versterken of op het terras genieten van het uitzicht op de Brooklyn Bridge en de skyline van Lower Manhattan.

Een van de bouwkundige symbolen van New York is zeker de **Brooklyn Bridge** 13. Met zijn twee stenen pijlers en vloeiende stalen bogen doet de fotogenieke brug over de East River welhaast middeleeuws aan. De uit Thüringen in Duitsland afkomstige ingenieur John Roebling ontwierp met de brug een technisch wonder, dat na zijn dood in 1869 door zijn zoon Washington werd voltooid. Meer dan twintig jaar lang was dit bouwwerk de langste hangbrug ter wereld, die als eerste stalen draagkabels bezat. Voetgangers, joggers en fietsers kunnen over een autovrije baan ongehinderd de East River oversteken – een must voor iedere bezoeker van New York.

## Vier ongelijke wijken

**TriBeCa** (Triangle Below Canal Street) tussen Chambers Street en het westelijk deel van Canal Street is een rijzende ster onder de wijken van Manhattan. Tot luttele decennia geleden was het nog een trieste pakhuisbuurt, die in de jaren tachtig ervan profiteerde dat de wijk SoHo, die er in het noorden aan grensde, steeds duurder werd en onbetaalbaar voor de vele aldaar wonende kunstenaars en bohemiens. Velen van hen zochten in TriBeCa goedkopere woon- en werkruimten. Tegenwoordig is de buurt een chique woon- en restaurantwijk, met dure lofts, luxeappartementen en trendy cafés en bars. Al een tijd geleden hebben advocaten, beursmakelaars en bankiers zich gevoegd bij de hier woonachtige kunstenaars, en net als voordien in SoHo stijgen ook in deze wijk de prijzen.

Ten oosten van TriBeCa begint met **Chinatown** een andere wereld. Canal Street en de naburige straten worden omzoomd door oude bakstenen gebouwen, waar de trottoirs bezet zijn met rekken vol zonnebrillen, met kunstlederen handtassen en honkbalpetten van Afrikaanse straathandelaars en kraampjes van Chinese groente- en fruitwinkels. Op de tafels in de winkels stapelen de beschilderde soepborden en porseleinen lepels zich op, en daarbij ginsengwortels en schaaldieren die hun lange antennen laten bewegen. Exotische geuren van jasmijn en lotusbloem, oosterse karakters en een onverstaanbaar geroezemoes creëren een sfeer die eerder aan Shanghai of Hanoi dan aan Manhattan doet denken. Behalve Chinese zijn er ook Vietnamese, Cambodjaanse en Thaise eetgelegenheden, en

De indrukwekkende Brooklyn Bridge over de East River dateert al van 1883

zelfs tussen de Chinese is er verschil, al naar gelang men er de keuken van Kanton, Hunan, Sichuan of ook Fujian bereidt.

De razendsnelle groei van Chinatown is een logisch gevolg van de teruggave van de kroonkolonie Hongkong aan China in 1997. De uitbreiding van de Chinese gemeenschap heeft de wijk **Little Italy,** waar vroeger de uit Napels en Sicilië toegestroomde Italiaanse immigranten zich vestigden, het sterkst in de verdrukking gebracht. Het rood-wit-groene tijdperk lijkt ten einde te komen, want de Italiaanse wijk krimpt net zo snel in als de Aziatische uitdijt. Net als in Chinatown wemelt het in Little Italy van de restaurants, die zich vooral concentreren aan Mulberry Street. De hele zomer lang zijn de trottoirs veranderd in terrassen, waarboven de in de nationale Italiaanse kleuren beschilderde spandoeken wapperen in de wind.

Houston Street voert van de Lower East Side westwaarts en markeert op het kruispunt met Broadway de noordgrens van de wijk **SoHo.** SoHo heeft zich van een bescheiden buurt opgewerkt tot de wijk van de trendsetters, avantgardisten en overlevingskunstenaars. Modeontwerpers, musici, schilders en schrijvers huren nu een appartement achter de gietijzeren gevels van de voor een deel van de tweede helft uit de 19e eeuw daterende *cast-iron*-huizen en hebben de prijzen een flink stuk omhooggedreven.

Midden in deze wijk ligt Spring Street, een straatnaam waarvan het hart van iedere echte flaneur en elke snob sneller gaat kloppen. Hier wisselen exclusieve galeries af met in souterrains verstopte fijnproeversrestaurants en onbeschaamd dure boetieks. Meer dan elders in Manhattan dragen de muren van de huizen hier de sporen van middernachtelijke spuitwoede en menige onaanzienlijke blinde muur is door de penseelstreken van onbekende Andy Warhols veranderd in een kleurrijk schilderij.

## Greenwich Village

Een wandeling door Greenwich Village kan het vermoeden wekken dat deze wijk ver van de glazen en stenen wolkenkrabbers van Manhattan ligt. De Village komt weliswaar niet

# Cast-Iron Historic District in SoHo

## Thema

In 1973 'ontdekte' de New York City Landmark Commission midden in Manhattan een juweel: de grootste concentratie gebouwen met gietijzeren voorgevels ter wereld, voornamelijk daterend van de tweede helft van de 19e eeuw. Sindsdien staan verscheidene straten onder de naam Cast-Iron Historic District onder monumentenzorg.

Met stoom- en zandstralers gaan hele bataljons arbeiders, gehuld in beschermende kleding wat hen op astronauten doet lijken, het vuil en de roet te lijf die al tientallen jaren lang de oude huizen triest en lelijk maken. In de trendy wijk SoHo ('South of Houston Street') is stadsverfraaiing tegenwoordig een vanzelfsprekendheid. Het is lonend geworden om oude pakhuizen en kantoren met rijkversierde gietijzeren gevels een opknapbeurt te geven en om te toveren in een luxe loft (bovenverdieping die uit één grote ruimte bestaat) of galerie.

Al halverwege de 19e eeuw lieten welvarende kooplieden handelshuizen bouwen in SoHo die het zakelijke succes van de opdrachtgevers moesten weerspiegelen en een representatieve uitstraling hebben. Kosten noch moeite werden gespaard om de voorgevels een mooi aanzien te geven. De architecten hadden, naast zandsteen en marmer, vooral een voorkeur voor een nieuw bouwmateriaal: gietijzer.

Gietijzer is een legering van ijzer en delen koolstof en silicium, waaraan mangaan, zwavel, fosfor, chroom of nikkel wordt toegevoegd. Dankzij het hoge koolstofgehalte is het materiaal roestbestendig, stijf en drukbestendig. Door de goede gietbaarheid van gietijzer is elke vorm van decoratie mogelijk, zoals in de beeldhouwkunst. Het bouwmateriaal gietijzer is echter niet bij iedereen geliefd. In 1849 leverde de Engelse schrijver, schilder, kunsthistoricus en maatschappijfilosoof John Ruskin (1819-1900) met zijn werk *The seven lamps of architecture* een belangrijke bijdrage aan de architectuurtheorie, en in dit invloedrijke boek noemde hij de gietijzeren ornamenten 'koud, plomp en vulgair'.

Welgestelde investeerders bekijken het Cast-Iron Historic District al tientallen jaren lang met andere ogen en hebben er een trendy woon- en winkelwijk van gemaakt, die vooral bij modellenbureaus, kunstenaars en galeriehouders, maar ook bij bekende personen uit de wereld van film en televisie zeer in trek is. Hele etages werden tegen hoge kosten verbouwd tot luxe lofts van miljoenen dollars, die er door de van vloer tot plafond reikende ramen heel bijzonder uitzien.

Een woonoppervlak van meer dan 500 m² is heel gewoon voor deze lofts, waarvan het interieur vaak is vormgegeven door bekende designers naar de wens van de eigenaars of huurders. Op de begane grond is vaak een boetiek, galerie, café of restaurant gevestigd, waar u een indruk kunt krijgen van de binnenhuisarchitectuur van de gebouwen in het Cast-Iron District. De uiterlijke schoonheid van de voor het merendeel tussen 1860 en 1890 gebouwde voormalige pakhuizen en handelskantoren is vooral te danken aan de gietijzeren, met zuilen, lateien, kroonlijsten, portalen en bogen versierde voorgevels, die zwart zijn geworden door de smog.

Greenwich Village is nog steeds een wijk met een bijzondere flair

dorps over, zoals de naam suggereert, maar lijkt met zijn rijtjeshuizen van rode baksteen, met zijn kleine voortuinen en smalle, door bomen overschaduwde trottoirs eerder op een idyllische provinciestad, met een ouderwetse charme. Dat het stratenplan niet verloopt volgens een schaakbordpatroon, maar met zijn bochtige huizenrijen van Europese afkomst lijkt te zijn, draagt nog bij aan de charme.

Het sociale hart van de Village is **Washington Square** 14, dat aan het einde van de 18e eeuw diende als begraafplaats voor de slachtoffers van de steeds weer terugkerende gelekoorts- en tyfusepidemieën. Later was dit plein een militair exercitieterrein en werden er openbare executies voltrokken, totdat het stadsbestuur hier een park liet aanleggen. Nu dienen plein annex park vooral als ontmoetingspunt, joggingterrein en openluchtpodium voor concerten en optredens van straatkunstenaars. De blikvanger van het plein is de **Washington Memorial Arch,** die in 1889 werd gebouwd ter gelegenheid van het feit dat honderd jaar tevoren George Washington was beëdigd als eerste president van de VS – de houten boog werd later vervangen door een van wit marmer. Vlakbij staat een beeld van de

Spaanse schrijver Miguel de Cervantes (1547–1616), de auteur van de wereldberoemde roman *Don Quichot.*

**Washington Square North** vormt de noordgrens van het park. Rond 1830 was The Row, zoals de straat ook werd genoemd, een van de exclusiefste woongebieden van de stad met prachtige huizen in de toen in zwang zijnde neoclassicistische stijl. In het huis op nr. 3 schreef John Dos Passos *Manhattan Transfer* (1925), waarin de auteur een beeld schiep van de veelsoortige en altijd in beweging zijnde bevolking van deze metropool, waarvan hij de maatschappelijke en morele ondergang als onvermijdelijk beschouwde.

De buurt rond **Sheridan Square** 15, genoemd naar generaal Philip Sheridan uit de Burgeroorlog, en het belendende **Christopher Park** schreven aan het eind van de jaren zestig van de 20e eeuw geschiedenis. Homo's en lesbiennes begonnen zich toen tegen de steeds erger wordende homodiscriminatie door de politie te verzetten. Hoezeer in de daaropvolgende jaren de houding van de overheid tegenover homo's is veranderd, toont wel het feit dat homo's in 1994 Gay Games in New York organiseerden, waarvoor 40.000 homoseksuele sportlieden, mannelijk en vrouwelijk, naar New York togen.

Enkele huizen aan **St. Luke's Place** 16 hebben filmgeschiedenis geschreven. In het huis op nr. 4 werd in 1967 de thriller *Wait until dark* met Audrey Hepburn opgenomen, waarvoor zij een Oscarnominatie ontving. Op nr. 16 zat Theodore Dreiser (1871–1945) gebogen over het manuscript van zijn in 1925 verschenen magnum opus *An American tragedy*. Het behandelt een waar gebeurde moordgeschiedenis, waarbij Dreiser de kwestie van schuld en boete, misdaad en berouw aan de orde stelt. Van 1984 tot 1992 behoorde de *Bill Cosby show* tot de populairste televisieseries in de VS en ook hier te lande. De serie behandelde de lotgevallen van het gezin van de gynaecoloog dokter Huxtable, waarvan het woonhuis aan het begin van elke uitzending altijd goed in beeld komt. Dit huis is te vinden op St. Luke's Place nr. 10.

De noordgrens van Greenwich Village loopt door 14th Street, waarboven de wijk **Chelsea** begint. Halverwege de 19e eeuw kreeg de schrijver Clement Clark Moore een aanzienlijke erfenis, waardoor hij de eigenaar werd van een groot deel van Chelsea. Hij is verantwoordelijk voor de aanleg van de huidige straten, die al snel uitgroeiden tot een levendige wijk met winkels en kleine werkplaatsen, brouwerijen en slachthuizen. In de 20e eeuw werden hier steeds meer woonkazernes neergezet, zodat Chelsea langzaamaan aan aantrekkelijkheid inboette. De morbide uitstraling van het **Chelsea Hotel** trekt al tientallen jaren lang kunstenaars en andere bohemiens aan. Ernest Hemingway, Arthur Miller, Vladimir Nabokov, Bob Dylan, Janis Joplin en de Sex Pistols zijn maar enkele van de vele beroemde logés. In 1984 werd het hotel onder monumentenbescherming geplaatst, wat door het management niet helemaal goed is opgevat. Onder het beschermen van monumenten viel toch zeker niet het behoud van de druppelende kranen, de blanke elektriciteitsleidingen en de klemmende kastdeuren in de goedkopere kamers (222 W. 23rd St., tel. 212-243-3700, fax 212-675-5531, www.hotelchelsea.com, vanaf $195).

## Midtown

Een aantal brede verkeerswegen voert naar het hart van New York City: **Times Square** 17. Toen de New York Times hier in het begin van de 20e eeuw zijn redactiekantoor vestigde, kreeg het langgerekte plein zijn huidige naam. Op 2 januari 1905 begonnen de drukpersen te stampen op de kelderverdieping om de kranten, nog nat van de drukinkt, uit te spugen. In 1966 verkocht de uitgever het gebouw, waarin nu kantoren zijn ondergebracht.

Neonslingers, lichtkranten met het laatste wereldnieuws, gigantische toneel- en musicalreclames maken het plein te midden van de wolkenkrabbers tot een opwindende grotestadslocatie. Direct om de hoek verdringen mensenmassa's zich voor de bekendste podia van het Theater District. In cafetaria's zitten hongerige passanten aan plastic tafeltjes, op straat woedt een felle concurrentiestrijd tussen de exploitanten van de pretzel- en hotdogstalletjes en uit de subwayuitgangen dringt de onmiskenbare geur van de metro naar buiten.

Na zonsondergang veranderen grote lichtreclames, fonkelende straatlantaarns, verlichte kantoorramen en autokoplampen het plein in een reusachtig amfitheater, waarin elke nacht een door politiesirenes en dreunende motoren begeleid grotestadsspektakel te aanschouwen is. Het publiek bij deze voorstelling komt uit alle delen van de wereld, gemengd met zakenlieden, politieagenten, T-shirtverkopers en lange rijen wachtenden voor een theater. Beleggers drukken hun neus plat tegen de ruit van de NASDAQ, en televisiejournalisten presenteren voor draaiende camera's en flikkerende wanden met monitoren het nieuws van de technologiebeurs (www.timessquare.com).

### Bryant Park en Public Library

Vergeleken met Times Square is **Bryant Park** een groene oase. In de zomer gaan de mensen hier lunchen, als ze tenminste niet een vaste plaats hebben op de trap van de in 1911 in beaux-artsstijl gebouwde **New York Public Li-**

Times Square, het kloppende hart in het centrum van Manhattan

**brary** 18, die direct aan het park ligt. Daar bekijken de twee marmeren leeuwen genaamd Patience (geduld) en Fortitude (standvastigheid) het gekriocl van de mensen en de auto's voor de zuilenfaçade. De bibliotheek, waar overigens niet geleend kan worden, beschikt over 6 miljoen boeken en 17 miljoen documenten, waaronder zeldzaamheden als een Gutenbergbijbel en een afschrift van Thomas Jeffersons ontwerp van de Amerikaanse onafhankelijkheidsverklaring. Achter de entreehal vindt u de **Gottesman Exhibition Hall**, waarin wisselende tentoonstellingen worden gehouden onder een schitterend plafond (Fifth Ave./42nd St., tel. 212-930-0800, www.nypl.org, ma. en do.- za. 11–18, di.-wo. 10–18 uur, zo. gesloten).

## Rockefeller Center

Enige stratenblokken verder naar het noorden aan de stijlvolle Fifth Avenue ligt het **Rockefeller Center** 19. De 'stad in de stad' is aangelegd tussen 1931 en 1940, toen Amerika werd getroffen door de wereldwijde economische crisis, vele stadsbewoners hun baan kwijtraakten en de huur niet meer konden opbrengen en één op de vijf schoolkinderen in Man-

hattan aan ondervoeding leed. In deze tijd van grote nood leek het investeerders een goed idee om met de bouw van het Rockefeller Center de mensen weer hoop voor de toekomst te bieden. **Lower Plaza**, een onder straatniveau gelegen plein met 's zomers een groot terras en 's winters een schaatsbaan, wordt omringd door 19 kantoorgebouwen. Als symbool heeft het plein het vergulde, in 1934 geplaatste beeld van Prometheus door de kunstenaar Paul Manship.

Het hart van het centrum, waar meer dan 6500 mensen werken, is het 70 verdiepingen hoge **General Electric Building** met de bestuurskantoren en studio's van de televisiezender NBC. De showman David Letterman begon hier zijn *Late night show*, die hij nu in het Ed Sullivan Theater (1697 Broadway) voor de zender CBS produceert. Op veel plaatsen hebt u een mooi uitzicht op de wolkenkrabbers van Manhattan, maar vooral in de **Rainbow Room**, een stijlvol restaurant met draaiende dansvloer op de 65e verdieping (tel. 212-632-5005, www.rainbowroom.com, $50–75). Niet alleen bovengronds is het Rockefeller Center een bezoek waard. Op de ondergronds gelegen etages vindt u talrijke winkels, restaurants in alle prijs- en kwaliteitsklassen en ook een postkantoor.

Na bijna 20 jaar heeft het Rockefeller Center aan het eind van 2005 zijn **uitkijkplatform** op de 70e verdieping heropend. Op een hoogte van 260 m kan de bezoeker genieten van een grandioos zicht op heel Manhattan. In 1986 was dit uitkijkplatform gesloten vanwege de uitbreiding van de Rainbow Room. (30 Rockefeller Plaza, tel. 212-698-2000, dag. 8–24 uur, volw, $17,50, kind. 6–12 jr. $11,25).

Ook de in 1932 geopende **Radio City Music Hall** hoort bij het Rockefeller Center. Aan de buitenkant valt het gebouw op door de fraaie art-decoarchitectuur, binnenin kunt u behalve de in goudbrons gevatte gipsdecoraties ook de afmetingen bewonderen die dit eens tot het grootste gesloten theater van de VS maakten. Bij de feestelijkheden ter gelegenheid van de opening van de Radio City Music Hall in december 1932 waren onder anderen Charlie Chaplin en Clark Gable van de partij. In de daaropvolgende decennia had de bioscoop bijna een abonnement op alle filmpremières. Sinds de verbouwing aan het eind van de jaren zeventig worden hier grote concerten en shows gegeven (1260 Sixth Ave., tel. 212-307-7171, www.radiocity.com).

## Fifth Avenue en omgeving

Schuin tegenover het Rockefeller Center rijzen de twee in 1888 gebouwde neogotische torens van de rooms-katholieke **St. Patrick's Cathedral** 20 omhoog in de door wolkenkrabbers gedomineerde hemel van Manhattan. Met een hoogte van 100 m waren de twee torens ooit het summum van New Yorkse hoogbouw. Tegenwoordig komen ze te midden van de meer dan twee keer zo hoge wolkenkrabbers bijna over als miniaturen. Meer dan de helft van de talrijke gebrandschilderde vensters van de kerk is in Frankrijk vervaardigd.

U loopt over Fifth Avenue langs het modebolwerk Cartier en komt bij het **Museum of Modern Art** 21, dat na een ingrijpende verbouwing en uitbreiding heropend is met ongeveer tweemaal de oorspronkelijke tentoonstellingsruimte. Desondanks kan het museum maar een deel van zijn bezit exposeren, dat bestaat uit ca. 150.000 schilderijen, tekeningen, sculpturen, zeefdrukken, foto's, architectonische maquettes en designobjecten. Daar komen nog films, video's, multimediapresentaties, filmdraaiboeken en historische documenten bij. De bibliotheek van het museum telt meer dan 300.000 boeken en tijdschriften. Het hart van de tentoonstelling wordt gevormd door meer dan 3000 moderne kunstwerken, met werk van onder anderen Paul Cézanne, Vincent van Gogh, Fernand Léger, Willem de Kooning, Auguste Rodin, Paul Gauguin, Henri Matisse, Georges Braque, Pablo Picasso, Lyonel Feininger, Claes Oldenburg, Yves Klein en Andy Warhol (11 W. 53rd St., tel. 212-708-9400, www.moma.org, dag. 10.30–17.30, vr. tot 20 uur, di. gesloten).

In de wereldberoemde, in de stijl van de Italiaanse renaissance gebouwde **Carnegie Hall** 22 hebben sinds het openingsconcert in 1891 onder leiding van Pjotr Iljitsj Tsjaikovski tal van grote musici opgetreden, van operadiva's tot rocksterren, van instrumentalisten tot symfonieorkesten, onder wie de beste in hun genre zoals David Bowie, Liza Minelli, Leonard Bernstein, Luciano Pavarotti en de Beatles. In het recente verleden heeft een verbouwing plaatsgevonden, zodat er nu drie concertzalen zijn, waarvan het Isaac Stern Auditorium met 2800 plaatsen de grootste is (154 W. 57th St., tel. 212-247-7800, www.carnegiehall.org, dag. 11–16.30 uur, toegang gratis).

Met de 202 m hoge **Trump Tower** 23 heeft de miljardair Donald Trump, die zich zeer bezighield met het profileren van zichzelf, in 1984 een monument opgericht. Het pronkstuk van dit enorme bouwwerk is een vijf verdiepingen hoog atrium, dat met brons is gedecoreerd en met een waterval uitgerust, vervaardigd van zalmkleurig brecciëmarmer, waarin chique winkels en een café gevestigd zijn. Op de bovenverdiepingen zijn 260 luxeappartementen ingericht (725 Fifth Ave., tel. 212-832-2000, ma.–za. 10–18, zo. 12–17 uur).

## Klassieke wolkenkrabbers

Wanneer New York hoge gasten ontvangt, komt er eigenlijk maar één logeeradres in aanmerking: het chique, gerenommeerde **Waldorf-Astoria** 24, onderdeel van het Hiltonconcern. Het hotel was niet alleen zeer in trek bij gekroonde hoofden uit alle landen van de wereld, bij presidenten, captains of industry en topsporters, maar ook bij sterren uit de film- en showwereld. In het gastenboek staan tal van klinkende namen, zoals Diana Ross, Frank Sinatra en Ginger Rogers. Vroeger bezat het hotel, dat inmiddels met twee torens is uitgebreid, zelfs zijn eigen ondergrondse spoorwegstation, zodat prominente gasten met hun privéwagon konden arriveren. De art-decostijl van het hotel komt het meest tot zijn recht in de bijzonder fraaie lobby (301 Park Ave., tel. 212-355-3000, www.waldorf.com, vanaf ca. $200).

Het internationale brandpunt van New York City is het **United Nations Building** 25. De Sydney Pollackfilm *The interpreter* met Nicole Kidman en Sean Penn heeft het gebouw van de Verenigde Naties onder de ogen gebracht van filmfans uit de hele wereld. Van buiten ziet het complex er, ondanks enkele kunstwerken, uit als een verzameling anonieme kantoorkolossen. Het gebouw van de Algemene Vergadering, dat toegankelijk is indien men een rondleiding volgt, is een bezoek waard. Van de talrijke kunstwerken die daar te bewonderen zijn, moeten vooral de schilderijen van de Fransman Fernand Léger en de gebrandschilderde vensters van Marc Chagall worden genoemd. Gelimiteerde aantallen bezoekers worden toegelaten tot de zittingen van de Algemene Vergadering, van de Veiligheidsraad en andere bijeenkomsten (1st Ave., tel. 212-963-8637, www.un.org/tours, dag. 9.30–16.45 uur, jan.–feb. alleen ma.–vr.).

Het in 1929 in art-decostijl voltooide **Chrysler Building** 26 is een zeer bijzonder architectonisch monument. Korte tijd was het met 319 m het hoogste gebouw ter wereld. Vooral de artistieke top van de toren en de entreehal met Afrikaans marmer weten te bekoren. Eén dag voor de zogenaamde Zwarte Donderdag, 24 oktober 1929, toen met de koersval op de New Yorkse beurs de economische wereldcrisis begon, beleefde het Chrysler Building zijn hoogtepunt. In het geheim zetten arbeiders

en technici op de 65e verdieping van geprefabriceerde onderdelen de 26 ton zware spits in elkaar, die in anderhalf uur op de wolkenkrabber werd geplaatst. Met deze 37,5 m hoge spits erbij was het gebouw hoger geworden dan de Eiffeltoren, die 40 jaar lang het hoogste gebouw ter wereld was geweest (405 Lexington Ave.).

Op werkdagen is het in 1913 in beaux-arts-stijl voltooide **Grand Central Terminal** 27 één grote mierenhoop, want dagelijks arriveren meer dan een half miljoen forensen met een regionale trein uit de voorsteden en uit het naburige New Jersey hier in Manhattan. Dat deze terminal in de ogen van de lokale bevolking meer is dan alleen maar een spoorwegstation, bleek in de jaren zeventig en tachtig van de 20e eeuw, toen de 114 m lange en twaalf verdiepingen hoge stationshal gesloopt dreigde te worden. Dit plan werd verijdeld door prominente New Yorkers, die ervoor zorgden dat de terminal onder monumentenzorg werd geplaatst en in de jaren negentig grondig gerenoveerd. In de met kroonluchters en een marmeren vloer gedecoreerde hal waant men zich nu eerder in een enorme hotellobby dan in een station (www.grandcentralterminal.com).

Een bezienswaardigheid die er letterlijk boven uitsteekt, is het **Empire State Building** 28, dat met zijn hoogte van 381 m overigens allang niet meer het hoogste gebouw ter wereld is. Deze klassieke wolkenkrabber, die in 1930–1931 in slechts 19 maanden gebouwd is uit 365.000 ton materiaal, waaronder 60.000 ton staal, 30.000 m$^2$ marmer, 20.000 m$^2$ glas voor de 6500 ramen en 10 miljoen bakstenen, behoort echter nog steeds tot de bekendste bouwwerken van het land. Dat heeft misschien ook te maken met de rol die de toren speelde in tientallen films, zoals *King Kong*, waarin een verliefde gorilla op zoek naar de vrouw van zijn dromen omhoogklimt langs de grijze granietgevel van het gebouw.

Elk jaar brengen tienduizenden mensen een bezoek aan het 'dak' van het Empire State Building om op het Observation Deck op de 86e verdieping te genieten van een grandioos uitzicht (350 5th Ave., tel. 212-736-3100, www.

esbnyc.com, Observation Deck dag. 8–24 uur, volwassenen $18, kinderen 12–17 $16).

De voormalige walvisjager Rowland Hussey Macy opende in 1857 een winkeltje dat is uitgegroeid tot het, naar eigen zeggen, 'grootste warenhuis ter wereld'. Weliswaar hebben de Amerikanen de neiging om in superlatieven te spreken, maar het moet gezegd worden: **Macy's** 29 is inderdaad een gigantisch winkelparadijs, waar zo ongeveer alles te koop is wat iemand nodig heeft: dames-, heren- en kindermode, cosmetica, elektrische apparaten, elektronica, huishoudelijke artikelen, delicatessen en zelfs reproducties van kunstwerken uit het Metropolitan Museum of Art (151 W. 34th St./ Broadway, tel. 212-695-4400, www.macys .com, ma., do.–vr. 9.45–20.30, di.–wo. 9.45–18.45, za.–zo. 10–18 uur).

## Rondom Penn Station

Naast Grand Central Terminal is **Penn Station** 30 het tweede grote knooppunt voor Amtraktreinen naar alle delen van de VS, treinen naar de voorsteden en metro's. Tijdens spitsuren is het in deze ondergrondse doolhof vooral vanwege de treinen naar Long Island en New Jersey een gekrioel van mensen, waarbij het er chaotisch aan toegaat (33rd St., tel. 1-800-622-5000, www.transitcenter.com). De Port Authority Bus Terminal, vanwaar de bussen naar New Jersey rijden, maakt deel uit van dit reusachtige station (40th St. tot 42nd St., tel. 212-564-8484). Daar stoppen ook de langeafstandsbussen van de Greyhound Lines.

De **Madison Square Garden** tegenover het station biedt plaats aan 20.000 bezoekers en is de grootste zaal in Manhattan voor sportevenementen en concerten (kassa tel. 212-307-7171, www.thegarden.com).

Achter Penn Station ligt een architectonisch juweel. Het in 1913 in beaux-artsstijl gebouwde **General Post Office** wordt gekenmerkt door een bordes en een voorgevel met twintig Korinthische zuilen. Boven de zuilen is een meer dan 80 m lange inscriptie aangebracht met een beschrijving door Herodotus van de posterijen in het Perzische rijk. De post maakt maar voor een klein deel gebruik van dit paleiselijke gebouw, zodat er al jaren geleden plannen rezen om het te verbouwen en om te dopen in het naar een voormalige senator genoemde **Moynihan Station** voor langeafstandsverbindingen van Amtrak (421 8th Ave., tel. 212-330-2900, info@moynihansta tion.com).

# Central Park en omgeving

De schrijver en journalist William Cullen Bryant is niet alleen vereeuwigd door zijn geschriften, maar ook door zijn stedenbouwkundige plannen. Als uitgever van de *Evening Post* zorgde hij er in de jaren veertig van de 19e eeuw voor dat de stad in het toen nog onbebouwde noorden een stuk grond van meer dan 2000 ha aanschafte en een wedstrijd uitschreef voor landschapsarchitecten om een park te ontwerpen. Frederick Law Olmsted en Calvert Vaux kregen in 1858 toestemming om hun ontwerp te laten uitvoeren. Er gingen jaren voorbij voor er duizenden bomen waren geplant, vijvers aangelegd, heuvels opgehoopt en vrije ruimten ontworpen. Toen aan het eind van de 19e eeuw enkele welgestelde New Yorkers hun huizen langs het park lieten bouwen, deden zij daarmee de jonge groene oase aanzienlijk in waarde stijgen.

Sindsdien is het 4 km lange en 0,85 km brede **Central Park** 31 zeer geliefd bij de New Yorkers – niet alleen omdat het een ideaal gebied is om te joggen, fietsen en skeeleren. In de weekends trekken hele gezinnen naar 59th Street, waar midden in de huizenzee een natuurreservaat is uitgespaard. Bovendien vinden in het park regelmatig concerten en andere culturele evenementen plaats.

Bij de noordpunt van de ondiepe, door weiden omgeven **Pond** dartelen in de winter schaatsers en zij die dat nog willen worden, in het rond op de **Wollman Rink.** Schaatsen zijn ter plaatse te huur. Wie het ijs niet vertrouwt, kan op zijn minst genieten van het fabelachtige uitzicht op de wolkenkrabbers (tel. 212-439-6900, www.wollmanskatingrink.com, half okt.–eind mrt.).

IJsberen, zeeleeuwen, pinguïns en apen

Central Park doet zijn naam van groene oase alle eer aan

voelen zich thuis in het **Central Park Wildlife Center**. De zeeleeuwenvijver is een bijzondere attractie wanneer de dieren hun drie dagelijkse maaltijden krijgen (11.30, 14 en 16 uur). De jongste bezoekertjes kunnen in **Tisch Children's Zoo** geiten, schapen en hangbuikzwijnen van zeer dichtbij bekijken; verder is er een speciale ruimte met kikkers, schildpadden en bontgekleurde vogels (830 Fifth Ave., tel. 212-439-6500, www.centralparkzoo.org, dag. 10–17 uur).

## Museum Mile

In de omgeving van het park hebben zich niet alleen welgestelde burgers gevestigd, maar ook de gerenommeerdste musea van de stad, reden waarom Fifth Avenue ter hoogte van het park wel de **Museum Mile** 32 wordt genoemd.

De **Frick Collection** is ondergebracht in het voormalige woonhuis van de staalmagnaat en kunstverzamelaar Henry C. Frick (1849–1919), die dit stadspaleis in 1914 liet bouwen in Louis XVI-stijl. Al tientallen jaren lang zijn hier onschatbare werken van Boucher, Holbein, Titiaan, Rembrandt, Veronese, Turner, Van Dyck, Vermeer en El Greco te zien. De schoonheid

van het museum wordt niet alleen bepaald door de immense kwaliteit van de getoonde kunst, maar ook door de wijze van presenteren in een woonhuis dat zijn oude karakter bewaard heeft (1 E. 70th St., tel. 212-288-0700, www.frick.org, di.-za. 10–18, zo. 13–18 uur, ma. gesloten).

Met 12.000 schilderijen, grafiek, sculpturen, tekeningen en foto's behoort het **Whitney Museum of American Art** tot de musea met de omvangrijkste en representatiefste collectie Amerikaanse kunst van de 20e eeuw. In 1931 stichtte de steenrijke beeldhouwster Gertrude Vanderbilt Whitney dit museum, dat aanzienlijk heeft bijgedragen aan de reputatie van New York als stad van de kunst. Alle grote kunstenaars van Amerika zijn vertegenwoordigd, van Warhol via Rauschenberg, Jasper Johns, Wesselman, Pollock, De Kooning en Basquiat tot Keith Haring (945 Madison Ave., tel. 212-570-3676, www.whitney.org, wo.-do. 11–18, vr. 13–21, van 18–21 een vrijwillige bijdrage als toegangsprijs naar eigen beoordeling, za.-zo. 11–18 uur).

Had het museum vroeger de reputatie van een toevluchtsoord voor zonderlinge historici en saaie wetenschappers, het **Metropolitan**

**Museum of Art** heeft zich intussen allang ont-wikkeld tot het bekendste en grootste mu-seum van New York. Onder leiding van de voormalige directeur Thomas Hoving is het tussen 1967 en 1977 veranderd in een popu-lair kunstinstituut en een cultuurtempel van wereldformaat. Tot Hovings wapenfeiten be-hoort de aankoop van de Egyptische Tempel van Dendur, die is ondergebracht in een ei-gen glazen vleugel. Het aandeel van de kunst uit Amerika, Azië, Griekenland en het Mid-den-Oosten is net zo groot als dat van Euro-pese schilderwerken (1000 Fifth Ave./82nd St., tel. 212-535-7710, www.metmuseum.org, di.-do. en zo. 9.30-17.30, vr.-za. tot 21 uur).

Een van de jongste sterren aan het New Yorkse museumfirmament is de **Neue Gale-rie/Museum for German and Austrian Art.** Het verwierf in juni 2006 internationale bekendheid door de aankoop van het duur-ste schilderij ter wereld, *Adele Bloch-Bauer I* van Gustav Klimt, voor €106,7 miljoen. Op twee verdiepingen wordt Duitse en Oosten-rijkse kunst en kunstnijverheid tentoongeste-steld. Er is werk te zien van onder anderen Gustav Klimt, Ernst Ludwig Kirchner, Egon Schiele, Oskar Kokoschka, Paul Klee, August Macke, Franz Marc, Otto Dix, George Grosz en Ludwig Mies van der Rohe. In het mus-eumcafé Sabarsky zijn specialiteiten als apfel-strudel en Linzer Torte te bestellen (1048 Fifth Ave., tel. 212-628-6200, www.neuegale rie.org, za.-ma. en do. 11-18, vr. 11-21 uur, di. gesloten).

De architect Frank Lloyd Wright ontwierp het wereldberoemde **Guggenheim Museum** naar het voorbeeld van een slakkenhuis, waarin de etages zich als een spiraal slingeren rondom een tot direct onder het dak reikend atrium. Het scala aan moderne avant-gardis-tische kunst loopt van Van Gogh tot Kan-dinsky, van Matisse tot Kokoschka en van Franz Marc tot Modigliani (1071 Fifth Ave./89th St., tel. 212-423-3500, www.guggenheim .org, za.-wo. 10-17.45, vr. 10-20 uur, do. geslo-ten).

Met ca. 8000 kunstwerken van uitsluitend Amerikaanse kunstenaars geldt het **National Academy Museum and School of Fine Arts** als

een van de grootste musea ter wereld in zijn soort. Naast speciale tentoonstellingen is er in het door kunstenaars geleide museum werk te zien van bekende leerlingen van de School of Fine Arts zoals John Singer Sargent, Augustus Saint-Gaudens en Thomas Eakins (1083 Fifth Ave./89th St., tel. 212-369-4880, www.nationalacademy.org, wo.-do. 12-17, vr.-zo. 11-18 uur).

De tentoongestelde voorwerpen van het **Cooper-Hewitt National Design Museum,** dat onderdeel is van het beroemde Smithsonian Institute, hebben overwegend te maken met decoratieve kunst. Tot de beroemdste stuk-ken behoort het niet-gesigneerde ontwerp van een kroonluchter, dat het museum in 1942 samen met vier andere tekeningen voor $60 kocht van een Londense handelaar. In 2002 bracht een Schotse kunstexpert een be-zoek aan het museum en deed een sensatio-nele ontdekking: het tot dan toe anonieme ontwerp van de kroonluchter was van de hand van Michelangelo (2 E. 91st St., tel. 212-849-8400, www.si.edu/ndm, ma.-do. 10-17, vr. 10-21, za. 10-18, zo. 12-18 uur).

Schilderijen, sculpturen, foto's, etsen, ma-nuscripten en historische objecten als mun-ten en ceremoniële voorwerpen maken van het **Jewish Museum** een van de omvangrijkste en rijkste collecties judaïca van Amerika. In café Weissman kan de bezoeker op adem ko-men bij een van de koosjere gerechten (1109 Fifth Ave., tel. 212-423-3200, www.thejewish museum.org, za.-wo. 11-17.45, do. 11-21, vr. ge-sloten).

## Central Park West

Grote delen van het **American Museum of Na-tural History** 33 met tentoongestelde minera-len, reptielen, dinosaurusskeletten, schelpen, indiaanse kunstvoorwerpen uit Zuid-Ame-rika en culturele voortbrengselen uit Azië maken wellicht een enigszins stoffige indruk, maar het museum toont ook een ander ge-zicht. Het nieuwe **Rose Center for Earth and Space** hoort er namelijk ook bij, waarin het gemoderniseerde Hayden Planetarium met technisch perfecte multimediashows is geïn-tegreerd. Een door de acteur Tom Hanks gepresenteerde ruimteshow neemt de bezoeker mee op een avontuurlijke reis door de melkwegstelsels. Wie de schoolklassen wil mijden, moet het museum laat in de middag bezoeken (Central Park West/79th St., tel. 212-769-5100, www.amnh.org, dag. 10-17.45 uur, ruimteshow: zo.-do. en za. 10.30-16.30, vr. 10.30-19 uur, om de 30 minuten).

Wanneer u stadinwaarts gaat, ziet u het **Dakota Building** 34, dat er vanbuiten uitziet als een stijlvolle vesting. Hier nam Roman Polanski in 1968 de griezelfilm *Rosemary's baby* op, met Mia Farrow en John Cassavetes in de hoofdrollen. Het gebouw werd nog beroemder door de talrijke prominente bewoners, zoals Boris Karloff, Lauren Bacall, Leonard Bernstein, Roberta Flack, Kim Basinger en John Lennon, die op 8 december 1980 voor het Dakota Building werd doodgeschoten door een geestelijk gestoorde fan.

De weduwe van John Lennon, Yoko Ono, liet in 1983 de **Strawberry Fields** aanleggen ter herinnering aan de Beatle, genoemd naar een beroemd liedje van Lennon. Een zwart-wit mozaïek schuin tegenover het Dakota aan de rand van Central Park markeert deze plaats (tussen 71st en 74th St.).

Niet alleen ongeveer 1500 inwoners, maar ook een hele sloppenwijk moesten in de jaren zestig van de 20e eeuw plaatsmaken voor het **Lincoln Center** 35. Dit cultuurcentrum bestaat uit acht afdelingen, zoals het Metropolitan Opera House, het New York State Theater en de Avery Fisher Hall, die de thuishaven is van het **New York Philharmonic Orchestra**. Dit in 1842 opgerichte orkest behoort al lange tijd tot de beste van Amerika. Het staat onder leiding van Lorin Maazel. Het concertseizoen duurt van september tot juni (65th St./Columbus Ave., tel. 212-875-5900, http://nyphil.org).

Nog beroemder is de **Metropolitan Opera,** die sinds de oprichting in 1883 een van de belangrijkste operaorkesten van de wereld is. Het seizoen loopt van september tot mei. Wie bijzonder geïnteresseerd is in de 'Met', kan zich aansluiten bij een rondleiding achter de schermen (64th St./ Columbus Ave., tel. 212-362-600, www.metoperafamily.org, okt.-juni ma.-za. 15.30, zo. 10.30 uur).

Op **Columbus Circle** 36, het enige ronde plein in Manhattan, staat een beeld van Christoffel Columbus op een 22 m hoge marmeren zuil. Het is een geschenk uit 1892 van de Italiaanse gemeenschap van New York aan de stad naar aanleiding van het feit dat 400 jaar tevoren Amerika werd 'ontdekt'. Op de zuil zijn de drie schepen 'Nina', 'Pinta' en 'Santa Maria' afgebeeld waarmee de uit Genua afkomstige Columbus zijn reis ondernam.

Het aanzien van de omgeving van Columbus Circle is drastisch veranderd sinds het 229 m hoge **Time Warner Center** er staat. Het complex naast het luxe Mandarin Oriental Hotel herbergt de grootste levensmiddelensupermarkt van Manhattan, met ook een café, een sushibar, een kas met verse bloemen, kantoren van de televisiezender CNN, een akelig dure fitnessstudio, een aantal extravagante restaurants en boetieks en een zaal die zich richt op jazzoptredens, de **Frederick P. Rose Hall** (33 W. 60th St., tel. 212-258-9800, www.jazzatlincolncenter.org).

# Noordelijk Manhattan

Op de plaats waar Central Park in het noorden eindigt ter hoogte van Cathedral Parkway respectievelijk West 110th St., begint Morningside Heights, een wijk waarop het Union Theological Seminary, het Jewish Theological Seminary, het Barnard College en vooral de Columbia University hun stempel drukken.

## Columbia University

Deze universiteit, die net als Yale, Princeton en Harvard tot de zogenaamde Ivy League behoort, is een van de gerenommeerdste particuliere universiteiten van het land en heeft ook over de grenzen van Amerika heen een uitstekende reputatie. Aan de universiteit, die in 1754 als King's College werd gesticht door koning George I, kunnen 23.000 studenten na hun basisstudie studeren aan een tiental faculteiten. De goede reputatie van Columbia University berust niet in de laatste plaats op de Columbia Graduate School of Journalism, die in vakkringen ook wel het 'journalisten-Harvard' wordt genoemd. Sinds 1912 komt de schrijvende elite van Amerika van deze, door Joseph Pulitzer opgerichte journalistenacademie. U kunt de campus zelf verkennen of u aansluiten bij een rondleiding (Visitors Center, kamer 213 in de Low Library, tel. 212-854-4900, ma.–vr. 11 en 14 uur).

## The Cloisters

Fort Tryon Park ligt dan wel in het uiterste noorden van Manhattan, maar is vanwege **The Cloisters** zeker een bezoek waard. Dit is een complex uit de jaren dertig van de 20e eeuw dat bestaat uit veel onderdelen van gebouwen die uit Europa zijn geïmporteerd, en soms teruggaan tot aan de 12e eeuw. Behalve het hoofdgedeelte van het museum, dat bestaat uit vijf Franse kloosters, is er ook de Fuentiduenakapel, die in Spanje volledig is gedemonteerd en in New York weer in elkaar gezet. De gebouwen zijn volledig middeleeuws-Europees van karakter, bijvoorbeeld met portalen uit Franse kloosters en kerken, beelden en schilderijen uit de 13e tot 16e eeuw, Brusselse wandtapijten, glasschilderkunst en kostbare religieuze kunst zoals kelken en monstransen, die in een schatkamer verzameld zijn (Fort Tryon Park, tel. 212-923-3700, www.met museum.org, mrt.–okt. di.–zo. 9-17.30, nov.– feb. di.–zo. 9–17 uur, ma. gesloten).

## Harlem

**Harlem** en **East Harlem** gelden wellicht nog steeds als zwarte getto's waar armoede en criminaliteit heersen, maar de realiteit is dat de tijden in deze wijk veranderd zijn. Toeristen hoeven niet meer met een grote boog om het centrum van Harlem heen te lopen, dat tot voor enkele jaren toch nog gold als een no-go-area. Het zwarte hart van Manhattan was trouwens altijd al heel levendig en creatief als het om cultuur ging, maar het schortte aan de veiligheid.

De lage onroerendgoedprijzen hebben de afgelopen jaren steeds meer yuppies van Downtown Manhattan naar Harlem gelokt en een wedergeboorte van het stadsdeel ontketend, waar desondanks afgelegen stukken straat er net als vroeger bijliggen alsof ze ge-

bombardeerd zijn. In het hart van het stadsdeel is enkele jaren geleden een grote bouwnijverheid losgebarsten en nu schieten nieuwe winkel- en vermaakcentra als Harlem USA met bioscopen en modezaken als paddenstoelen uit de grond. Zelfs voormalig president Bill Clinton huurde nadat hij uit het ambt was getreden, een kantoor in een penthouse op de 14e verdieping van het gebouw aan 55 West 125th Street in Harlem. De voormalige basketbalheld Magic Johnson investeerde in deze zelfde buurt in een bioscoop en een filiaal van de koffieketen Starbucks.

## Clubs en theaters

Tot de populairste muziekgelegenheden behoorden de Sugar Cane Club en de nog steeds bestaande **Cotton Club**, waar grootheden als Bill 'Bojangles' Robinson, Lena Horne, Count Basie en Duke Ellington hun loopbaan zijn begonnen. In de jaren twintig en dertig van de 20e eeuw was dit de beroemdste nachtclub van Amerika, waarin voornamelijk zwarte artiesten optraden voor een blank publiek. In 1984 is er zelfs een film gemaakt over de club door Francis Ford Coppola getiteld *Cotton Club*, met Richard Gere en Nicholas Cage in de hoofdrollen (666 Malcolm X Blvd., tel. 212-663-7980, www.cottonclub-newyork.com).

De hoofdstraat en commerciële slagader van Harlem is 125th Street, die dag en nacht levendig is en vol staat met winkels, bars, clubs en restaurants. Een andere naam voor 125th Street is Martin Luther King Jr. Boulevard. Hier ligt het fameuze **Apollo Theater**, een amusementsgelegenheid die al in de jaren dertig heel populair was en waar later groten als B.B. King, James Brown, Ella Fitzgerald, Stevie Wonder en Michael Jackson hebben opgetreden. Al tientallen jaren is woensdagavond de zogenaamde Amateur Night; dan grijpen amateurs naar hun instrument en vermaken het muziekgekke publiek (253 W. 125th St., tel. 212-531-5300, www.apollo theater.com)

## Gospels en soulfood

Op zondagochtend wordt op veel plaatsen in Harlem 'Halleluja' gezongen. De **Abyssinian**

Livemuziek in de Sugar Hill Bistro in Harlem

**Baptist Church** heeft zich de laatste jaren ontwikkeld tot een soort toeristische trekpleister en niemand hoeft zich erover te verbazen wanneer midden in de zomer hele busladingen toeristen van over de hele wereld de dienst bijwonen en zich mengen onder de hoofdzakelijk zwarte lokale bewoners, die zonder uitzondering in hun mooiste zondagse kledij ter kerke gaan (132 Odell Clark Pl., 138th St., tel. 212-862-7474, zo. 9 en 11 uur).

Naast bolwerken van jazz, gospel en kunst kan Harlem ook bogen op heel bijzondere culinaire hoogtepunten zoals Restaurant **Sylvia's**, waar het karakteristieke soulfood een hapje tussendoor tot een speciale gebeurtenis maakt. Wie op de calorieën let, kan maar beter met een grote boog om het restaurant heen lopen; hier draait het om stevige kost als spareribs, gestoofde kip en gebakken vis. Behalve een flinke trek moet u ook de nodige tijd meenemen. Meestal staan er lange rijen wachtenden voor deze populaire eetgelegenheid, vooral voor de zondagse gospelbrunch (328 Lenox Ave., tussen 126th en 127th St., tel. 212-996-0660, http://sylviasrestaurant.com, ma.-za. 8-22.30, zo. 11-20 uur).

**Visitor Information Center:** 810 7th Ave. tussen 52nd en 53rd St., tel. 212-484-1200, www.nycvisit.com, geopend ma.-vr. 8.30-18, za.-zo. 9-17 uur. Ook voor kaartjes voor tours en evenementen. Informatiekiosk in Chinatown (kruising Canal St., Walker St. en Baxter St.) en in Harlem (163 W. 125th St.).

**Inter-Continental The Barclay** 1 : 111 E. 48th St., tel. 212-755-5900, fax 212-644-0079, www.ichotelsgroup.com. Groot en stijlvol hotel uit 1927 met 700 keurige kamers en een voortreffelijke service. Vanaf $250.

**Holiday Inn** 2 : 15 Gold St., tel. 212-232-7700, fax 212-425-0330, www.ichotels group.com. Hotel van 18 verdiepingen, kamers met bad of alleen met douche, fitnesscenter. Vanaf ca. $200.

**Washington Square Hotel** 3 : 103 Waverly Pl., tel. 212-777-9515, fax 212-979-8373, www.ws hotel.com. Hotel in het hart van Greenwich Village met stijlvol gedecoreerde kamers en art-decomeubels; inclusief ontbijt en gratis supersnel internet. Vanaf $190.

**Days Inn** 4 : 215 W. 94th St., tel. 212-866-6400, fax 212-866-1357, www.daysinn.com. Hotel met fitnessruimte, kamers met tv, dataport, koffiezetapparaat en airconditioning. Er gaat een pendelbus van en naar de luchthaven. Vanaf $180.

**Stanford** 5 : 43 W. 32nd St., tel. 212-563-1500, fax 212-629-0043, www.hotelstanford.com. Handig gelegen hotel in Midtown met eigen restaurant, coffeeshop en fitnessruimte. Vanaf $160.

**Howard Johnson Express Inn** 6 : 135 E. Houston St., tel. 212-358-8844, fax 212-473-3500, www.hojo.com. Niet bijzonder comfortabele kamers, maar voorzien van al het noodzakelijke. Vanaf $100.

**Belleclaire Hotel** 7 : 250 W. 77th St., tel. 212-362-7700, fax 212-362-1004, www.hotelbelle claire.com. Lichte, eenvoudig ingerichte kamers met bad. Vanaf $109.

**Pioneer of SoHo Hotel** 8 : 341 Broome St., tel. 212-226-1482, www.sohotel-ny.com. Accommodatie in SoHo, vier verdiepingen hoog, geen lift. De kamers zijn alleen voorzien van het hoognodige. Vanaf $139.

**Bowery's Whitehouse Hotel** 9 : 340 Bowery, tel. 212-477-5623, www.whitehousehotelofny .com. Onderdak voor jonge rugzaktoeristen, eenvoudige kamers voor 1-3 personen met airconditioning, badkamer op de etage. Vanaf $28.

🍴 **Alain Ducasse at the Essex House** 10 : 155 W. 58th St., tel. 212-265-7300, www. alain-ducasse.com, zo. gesloten. De Franse sterrenkok heeft met zijn exquise specialiteiten allang de top van de culinaire wereld bereikt. Vanaf ca. $60.

**Cru** 11 : 24 Fifth Ave., tel. 212-529-1700, www. cru-nyc.com, ma.-za. 17.30-23 uur. Shea Gallante is opgeleid aan het Culinary Institute of America en werd in 2005 uitgeroepen tot de beste kok van de VS. Specialiteit: koude moz-

zarellasoep met basilicum en abrikozen. $25-100.

**Sardi's** 12 : 234 W. 44th St., tel. 212-221-8440, ma. gesloten. Hier komt men graag voor of na een avondje theater; uitgelezen keuken. Vanaf $35.

**Bridge Café** 13 : 279 Water St., tel. 212-227-3344, zo.-vr. 11-24 uur, za. vanaf 17 uur. Restaurant dat dateert van 1794 en die leeftijd is het aan te zien. Hoofdgerechten als ravioli met wilde champignons ($18), heilbot met Aziatische groenten ($22) en *buffalo steak* ($27).

**Snack Taverna** 14 : 63 Bedford St., tel. 212-929-3499, lunch ma.-vr. 12-15, za.-zo. 12-16, diner ma.-za. 18-23, zo. 18-22 uur. Voortreffelijke Griekse keuken. Voorgerechten $4-11, hoofdgerechten $17-19.

**Bubby's** 15 : 120 Hudson St., tel. 212-219-0666, www.bubbys.com, ma.-vr. 8-23, za. 9-16.30, zo. 9-22 uur. Dit restaurant wordt altijd goed bezocht, want niet alleen de kenners schatten de eenvoudige, maar voortreffelijke keuken op waarde. $7-20.

**Katz's Delicatessen** 16 : 205 E. Houston St., tel. 212-254-2246, www.katzdeli.com, zo.-do. 8-22, vr.-za. 8-3 uur. Koosjere delicatessenzaak met restaurant; hier speelde een beroemde scène uit de film *When Harry met Sally* zich af, met Meg Ryan en Billy Crystal; topgerechten: corned beef en warme pastrami. Vanaf $12.

**Kitchenette** 17 : 80 W. Broadway, tel. 212-267-6740, ma.-vr. 7.30-22, za.-zo. 9-22 uur. Fantastisch ontbijt; kalkoengehaktballen ($15) en goede salades (ca. $8-10) voor het avondeten.

**Barney Greengrass** 18 : 541 Amsterdam Ave., tel. 212-724-4707, ma. gesloten. Uitstekende brunch met zeebanket in een bijna 100 jaar oude gelegenheid. Ook gerechten als een sandwich met gehakte lever al vanaf $6,50.

**Rice to Riches** 19 : 37 Spring St. tussen Mott St. en Mulberry St., tel. 212-274-0008, dag. vanaf 11 uur. Eerste rijstebrijrestaurant van Amerika. Porties vanaf $6.

**Serendipity 3** 20 : 225 E. 60th St., tel. 212-838-3531. Elke dag geopend fastfoodparadijs, vooral bekend om de hemelse nagerechten. Vanaf $4.

**'Shop till you drop'** (winkelen tot je erbij neervalt): nergens kan dat beter dan in New York. Van de chicste kleding tot een spionnenuitrusting – alles is er.

**Strand Book Store:** 828 Broadway, tel. 212-473-1452, www.strandbooks.com. Enorm antiquariaat met lage prijzen.

**Macy's:** 151 W. 34th St./Broadway, www.macys.com. Het grootste warenhuis ter wereld heeft altijd voordelige aanbiedingen.

**Saks Fifth Ave.:** 611 Fifth Ave., www.saksfifthavenue.com. Negen verdiepingen met de mooiste kleding.

**Century 21:** 22 Cortlandt St., tel. 212-227-9092, www.c21stores.com, ma.–vr. 7.45–20, za. 10–20, zo. 11–19 uur. Mode voor jong en oud, cosmetica, accessoires, elektronica en lingerie voor een fantastische prijs.

**Webster Hall:** 125 E. 11th St., tel. 212-353-1600, www.websterhall.com, do.–za. 22–4.30 uur. Gigantische nachtclub annex amusementscentrum met bars, vijf dansvloeren en de hotste dj's van de stad.

**China Club:** 268 W. 47th St., tel. 212-398-3800, www.chinaclubnyc.com, do.–za. vanaf 22 uur. Chique club; misschien komt u wel Paris Hilton, Melanie Griffith of Antonio Banderas tegen.

**The Bitter End:** 147 Bleecker St., tel. 212-673-7030, www.bitterend.com, zo.–do. vanaf 19.30, vr.–za. vanaf 20 uur. Legendarische club, waar onder anderen Bob Dylan en Neil Diamond hun carrière begonnen. Ook nu bestaat de kans dat u een toekomstige ster ziet optreden.

**Lincoln Center for the Performing Arts:** 140 W. 65th St., tel. 212-875-5456, www.lincolncenter.org. Dit is de thuisbasis van onder andere de **Metropolitan Opera** (tel. 212-362-6000, www.metoperafamily.org), het **New York City Ballet** (tel. 212-870-5570, www.nycballet.com), het **New York Philharmonic Orchestra** (tel. 212-875-5656, www.newyorkphilharmonic.org) en de **New York City Opera** (tel. 212-870-5570, www.nycopera.com). De liefhebber van klassieke muziek kan in de Metropolitan Opera Shop terecht voor cd's, posters, libretti en muziekliteratuur.

**Goedkope gidsen:** Sinds het programma Big Apple Greeter bestaat, kunt u zich voor een fooi door New York laten leiden door amateurgidsen, die zelf in de stad wonen. Informatie: Manhattan Borough President's Office, 1 Centre St., New York, NY 10007, tel. 212-669-8159, fax 212-669-3685.

**Opera Ebony:** 2109 Broadway, suite 1418, tel. 212-877-2110, www.operaebony.org. Het oudste zwarte operagezelschap van de VS treedt op met een mix van spirituals, blues, jazz en opera onder andere in het Aaron Davis Performing Arts Center in Harlem.

**Musicals, Broadwayshows, cabaret en kindertheater:** Het New Yorkse aanbod is bijna onoverzienbaar. De website www.nytheatre.com biedt uitkomst met een overzicht van uitvoeringen en achtergrondinformatie over de lokale scene.

**Rock en pop: Madison Square Garden:** (7th Ave./W. 33rd St., tel. 212-465-6000, www.thegarden.com). Ca. 600 optredens per jaar voor 6 miljoen toeschouwers op een gigantisch podium. Behalve sportwedstrijden ook concerten van internationale grootheden als de Rolling Stones.

**Feesten/evenementen**

**Chinees Nieuwjaar** (eerste helft van februari): Heel Chinatown staat op zijn kop. Optochten met draken en vuurwerk.

**St. Patrick's Day Parade** (17 maart): Feestdag van de Ierse patroonheilige met optochten, bands en doedelzakmuziek – en veel bier.

**Independence Day** (4 juli): Groot spektakel met vuurwerk dat op boten in de East River wordt afgestoken.

**New York Marathon** (begin november): Grootste marathon ter wereld door de vijf stadsdelen *(boroughs)* van New York.

**Thanksgiving Day Parade** (4e do. van november): Optocht om te danken voor de oogst.

**New Year's Eve Ball Drop** (31 december): Groots oudejaarsfeest op Times Square.

**Rondvaarten:** Circle Line, Pier 83, W. 42nd St., of Pier 16, South Street Seaport, tel. 212-563-3200, www.circleline.com. Drie uur durende rondvaart om heel Manhattan heen.

**On Location Tours,** tours naar de plaats waar televisieseries of films zijn opgenomen, zoals *Spiderman* of *Manhattan*. Vertrek dag. 11 uur voor Ellen's Stardust Diner, 1650 Broadway, hoek 51st St., tel. 212-209-3370.

**Wellness:** Oasis Day Spa, Union Sq., 108 E. 16th St., tel. 212-254-7722, www.oasisdayspa nyc.com, ma.–vr. 10–22, za.–zo. 9–21 uur. Schoonheids- en wellnesscentrum.

**Juvenex Spa,** 25 W. 32nd St. tussen 5th en 6th Ave., tel. 646-733-1330, www.juvenexspa.com. 24 uur per dag oosterse massages, aromatherapie en sauna. Van 7–19 uur alleen voor vrouwen, van 19–7 uur voor paren.

**Aankomst met het vliegtuig:** Wie uit Europa komt, landt meestal op John F. Kennedy Airport (JFK) of in het naburige Newark (New Jersey). Van JFK komt u met de AirTrain ($5) bij metrostation Howard Beach, waar u metrolijn A ($2) neemt naar Manhattan. Een taxi naar Manhattan kost ca. $45. Daarnaast zijn er ook een shuttle- (tel. 1-800-258-3826) en een limousineservice.

**Aankomst met de auto of de bus:** New York City ligt aan de noord-zuidverbinding I-95 en is vanuit het westen te bereiken via de I-80. Greyhoundbussen komen aan in de Port Authority Bus Terminal (tel. 212-971-6300).

**Aankomst met de trein:** Manhattan is door middel van de hogesnelheidslijn Acela Express verbonden met grote steden als Boston, Philadelphia en Washington D.C. De treinen vertrekken of komen aan in Grand Central Terminal (42nd St./Park Ave., tel. 1-800-872-72 45) of in Penn Station (7th Ave/33rd St., tel. 1-800-872-7245,).

**Lokaal openbaar vervoer**

**Bus:** Bushaltes zijn te vinden op kruispunten en te herkennen aan een gele markering op de stoeprand en aan een bord met daarop het lijn-nummer van de bus. U werpt het bedrag van de ritprijs, dat $2 bedraagt (expresbus $5), ge-past in een bus, geen penny's, geen bankbiljetten, de bestuurder heeft geen wisselgeld bij zich. Wie moet overstappen, vraagt om een *transfer ticket*, dat in de volgende bus aan de chauffeur wordt getoond. Bussen stoppen om de twee à drie zijstraten, die met het bord 'limited' erop stoppen minder vaak. Een plattegrond van het busnetwerk is bij vele verkooppunten in Downtown Manhattan te koop.

**Metro:** De ingang van een metrostation is te herkennen aan een gestileerde wereldbol; een groen bord betekent dat het station 24 uur per dag geopend is, een rood bord wijst op kortere openingstijden. Een Metrocard voor een rit van onbeperkte afstand kost $2. Internet: www.mta.nyc.ny.us. De 1-Day Fun Pass voor één dag onbeperkt reizen met de metro en de bus kost $7, de 7-Day Unlimited Ride Metro-Card $24 (voor 30 dagen $76). Bij de haltes vindt u een verkoopautomaat.

# Hudson Valley

In de 19e eeuw lieten de zaken- en industriemagnaten van Amerika door de bekendste architecten van het land residenties en paleizen bouwen van werkelijk koninklijk formaat. Dit bijzonder fraaie rivierdal met zijn beboste oevers doet op veel plaatsen sterk denken aan het Duitse Rijndal.

Zodra er een einde komt aan het stedelijk gebied van New York City en aan de uitlopers van deze enorme conglomeratie, wordt het heuvellandschap van de brede Hudson Valley opgesierd door bossen, weilanden en akkers. Geen wonder dat deze streek in de eerste helft van de 19e eeuw een aantrekkelijk onderwerp vormde voor de romantische landschapsschilders van de zogenaamde Hudson River School zoals Thomas Cole (1801–1848), David Johnson (1827–1908) en Thomas Doughty (1793–1856), dat zij in stralende kleuren en met af en toe overmoedige fantasie op het linnen doek vastlegden. In die tijd werd het dal allang bewoond door blanke immigranten, die zich er al in de 17e eeuw hadden gevestigd en daarmee de Hudson Valley tot een van de oudste kolonisatiegebieden van het oosten van de VS hadden gemaakt.

Onder hen waren veel Duitsers, wie het opviel dat de vallei zoveel leek op het Rijndal. Ook vandaag nog wekken namen als Rhinebeck, Rhinecliff en New Paltz dergelijke associaties op. In plaats van machtige middeleeuwse burchten zijn het hier echter trotse herenhuizen en sprookjesachtige paleizen die neerkijken op het dal. Zij weerspiegelen het leven en de welhaast onmetelijke welstand van vooraanstaande Amerikaanse dynastieën als de Vanderbilts, Roosevelts en Rockefellers, die de afgelopen eeuwen aan het roer van de economische en politieke macht in de VS zaten en in de Hudson Valley hun sporen hebben nagelaten, die de van enige afgunst vervulde bezoeker nu kan volgen.

Over een afstand van zo'n 500 km stroomt de Hudson River van zijn bron in de Adirondack Mountains in het noorden van de staat New York naar de baai van New York City. De rivier werd genoemd naar de voor de Nederlandse Oost-Indische Compagnie varende Engelse ontdekkingsreiziger Henry Hudson, die hem in 1609 'ontdekte' en met zijn schip 'Halve Maen' bevoer. Hij had zich laten misleiden door de machtige monding in de Atlantische Oceaan bij het huidige New York City en meende via deze zeeweg de legendarische noordwestpassage naar de Oriënt te zullen vinden. Later diende de rivier als belangrijke waterroute, waaraan dorpen lagen die hun producten eenvoudig en snel in New York City op de markt konden brengen. Andersom begonnen de in en rond Manhattan levende mensen de natuur van het dal te ontdekken, dat met zijn bossen 's zomers en 's winters een schitterend decor levert voor recreatie en sport.

## Zuidelijke Hudson Valley

### Tarrytown

**Atlas:** blz. 8, F 4

Op slechts 50 km van het hectische Manhattan drukken fruitgaarden en historische boerenhoeven hun stempel op de Hudson River, die in de richting van het zuiden steeds breder wordt. De architect Alexander Jackson Davis bouwde daar in 1838 het neogotische paleis Lyndhurst, dat de spoorwegkoning Jay Gould aan het eind van de 19e eeuw tot zijn

## Onderweg met de auteur

### Vorstelijke villa's

**Kykuit:** De voormalige residentie van de Rockefellerdynastie in beaux-artsstijl dient tegenwoordig als museum met zeer kostbare schatten en een collectie glanzende klassieke auto's (zie blz. 194).

**Vanderbilt Mansion:** De industrieel Frederick Vanderbilt liet aan het eind van de 19e eeuw in Hyde Park een zeldzaam fraai paleis bouwen met 50 kamers, gelegen in een schitterend park hoog boven de Hudson Valley (zie blz. 196).

### Verleidelijke geuren

**Knoflookfestival in Saugerties:** U hoeft niet per se een voorliefde voor knoflook te hebben om zich goed te voelen op dit feest. Ook de muzikale omlijsting en de aangename sfeer zijn al reden genoeg om er een bezoek aan te brengen (zie blz. 198).

residentie maakte. De luxe inrichting van het monumentale landhuis, waarin het hele jaar door vele festiviteiten plaatsvinden, geeft een beeld van de bijzonder exquise levensstijl van de toenmalige high society (635 S. Broadway, tel. 914-631-4481, www.lyndhurst.org, apr.–okt. di.–zo. 10–17, nov.–mrt. za.–zo. 10–15.30 uur).

Het 11.000 inwoners tellende Tarrytown ligt op de plaats waar de Tappan Zee Bridge als een van de weinige bruggen de Hudson River overspant. In het 17e-eeuwse huis **Sunnyside** ten zuiden daarvan woonde de schrijver Washington Irving (1783–1859), die vooral door zijn geestige, fantasierijke verhalen *The legend of Sleepy Hollow* en *Rip van Winkle* bij een brede laag van de Amerikaanse bevolking bekendheid geniet. Gekostumeerde gidsen geven rondleidingen door het huis (W. Sunnyside Ln., tel. 914-591-8763, www.hudsonvalley.org, apr.–okt. dag. behalve di. 10–17, nov.–dec. dag. behalve di. 10–16, mrt. za.–zo. 10–16 uur, jan.–feb. gesloten).

## Sleepy Hollow

**Atlas:** blz. 8, F 4

In 1996 besloten de bewoners van North Tarrytown dat hun woonplaats een andere naam moest krijgen, en baseerden zich daarbij op het verhaal van Washington Irving, die op het plaatselijke kerkhof zijn laatste rustplaats heeft gevonden (www.sleepyhollowcemetery .org). Zo is het dorp **Sleepy Hollow** aan zijn naam gekomen.

Tot de bekendste inwoners behoorden vier generaties van de schatrijke familie Rockefeller, die in 1913 haar landgoed Kykuit liet bouwen op een heuvel boven de oever van de Hudson. Dit juweel van de beaux-artsstijl te midden van tuinen en beelden van kunstenaars als Pablo Picasso, Alexander Calder, Henry Moore en Isamu Noguchi is tegenwoordig een museum met kostbare kunstschatten als antieke meubels, werken van keramiek en schilderijen. In een schuur zijn klassieke auto's en hun voorgangers, paardenkarren en koetsen, ondergebracht (200 Lake Rd., Pocantico Hills, tel. 914-631-3992, www.hudsonval ley.org, rondleidingen dag. 9–16 uur).

**Philipsburg Manor**, een uit het begin van de 18e eeuw stammend herenhuis met op het terrein een molen, een vijver en een schuur die voor een romantische flair zorgen, is minder elitair. In de weekends in de zomer komt het huis tot leven, wanneer 'bewoners' in klederdracht oude ambachten uitoefenen en moedertjes in lange rokken en mutsen met ruches op hun hoofd heerlijkheden uit de koloniale tijd bereiden boven een open vuur (Rte 9, tel. 914-631-3992, www.hudsonvalley.org, apr.–okt. dag. behalve di. 10–17, nov.–dec. dag. behalve di. 10–16, mrt. za.–zo. 10–16 uur, jan.–feb. gesloten).

## West Point

**Atlas:** blz. 8, F 4

Ook voor drillen en discipline kunt u in de Hudson Valley terecht: in West Point. In de **United States Military Academy** die daar gevestigd is, wordt sinds 1802 de militaire elite van het land opgeleid. Beroemde generaals als Grant, MacArthur en Eisenhower werden op hun toekomstige taak voorbereid in dit in neo-

De Hudson Valley, praktisch voor de deur van New York City

gotiek en Federal Style opgetrokken gebouw van baksteen en zandsteen. In het West Point Museum zijn uniformen, vlaggen, wapens en documenten uit allang vergeten oorlogen te zien alsmede militaire getuigenissen uit het jonge verleden, bijvoorbeeld 'Desert Storm' (tel. 845-938-2638, www.usma.edu, dag. 10.30–16.15 uur).

## Hyde Park

**Atlas:** blz. 8, F 3

Naast kunstenaars, schrijvers en captains of industry voelde ook de politieke elite van het land zich in de 19e en 20e eeuw aangetrokken tot de Hudson Valley. Het **Home of Franklin Delano Roosevelt** bij Hyde Park herinnert aan de 32e president van de VS (1882–1945), die zich vaak op zijn landgoed Springwood terugtrok van zijn ambtelijke bezigheden in het Witte Huis. Hij is als enige Amerikaanse president vier keer gekozen en vervulde zijn ambt van 1933 tot 1945.

De bezoeker kan door het landgoed slenteren en de *living room* bekijken waarin Roosevelt graag vertoefde en zich bezighield met zijn grootste hobby's: postzegels verzamelen en scheepsmodellen bouwen. De slaapkamer met zijn boeken en tijdschriften ziet er nog precies zo uit als toen de president voor het laatst, in de lente van 1945, kort voor zijn dood, in Springwood verbleef (Rte 9, tel. 845-229-9115, www.nps.gov/hofr, dag. 9–17 uur).

First Lady Eleonore Roosevelt hield van distantie en richtte haar bescheiden toevluchtsoord enige kilometers ten oosten van Springwood in, vooral ook omdat behalve de president ook diens moeder daar was ingetrokken. De **Eleonore Roosevelt National Historic Site** heet Val Kill, naar de buurt waarin deze gelegen is (Rte 9, tel. 845-229-9115, www.nps.gov/elro, mei–okt., rondleidingen dag. 9–17 uur, verder do.-ma.).

## Tip:
## Waar CIA-'agenten' een koksmuts dragen

In het stadje Hyde Park in de Hudson Valley staat een voormalig jezuïetenklooster. Hier zetelt sinds 1972 de CIA, niet een kantoor van de Amerikaanse geheime dienst, maar het wereldberoemde Culinary Institute of America. Kenners noemen deze academie ook wel 'het Harvard van de kookkunst'. Deze kookacademie heeft zich sinds 1946 ontwikkeld tot een gerenommeerde instelling, waar 2000 studenten ingewijd worden in de culinaire wereld.

Dag in, dag uit bereiden de studenten duizenden maaltijden, die in de vier restaurants en één café van de CIA door de argwanende docenten worden geïnspecteerd. Het American Bounty Restaurant is gespecialiseerd in typisch Amerikaanse gerechten met verse ingrediënten, terwijl het door de Franse keuken geïnspireerde Escoffier Restaurant specialiteiten uit bepaalde Franse regio's op de tafel zet, zoals de landelijke, stevige keuken van de Provence of juist uitgelezen Parijse delicatessen. Gasten kunnen zich onder Venetiaanse kroonluchters in het Ristorante Caterina de' Medici laten verwennen met Italiaanse klassiekers als rundercarpaccio met Parmezaanse kaas en truffelolie. Kleinere gerechten als sandwiches en pizza's worden in St. Andrew's Café opgediend.

Dat het bereiden van taarten en gebak ook wel degelijk deel uitmaakt van de CIA-opleiding, wordt overduidelijk in het luilekkerland dat **Apple Pie Bakery Café** heet (1946 Campus Dr., Hyde Park, NY 12538-1499, di.-za. 11.30-13 en 18-20.30 uur, behalve het Apple Pie Bakery Café ma.-vr. 8-18.30 uur, reserveren tel. 845-471-6608 of www.ciachef .edu.). In alle gelegenheden van de CIA wordt prijs gesteld op nette kleding (geen spijkerbroek en/of gymschoenen). De prijzen in de restaurants liggen tussen $20-50.

Kort nadat Frederick Vanderbilt aan het eind van de 19e eeuw zijn landgoed **Vanderbilt Mansion** had laten bouwen, noemde een verslaggever van de *New York Times* het het mooiste oord tussen New York City en Albany. Er waren het hele jaar door ongeveer 60 bedienden aan het werk in de reusachtige, luxeuze villa, hoewel de heer des huizes zich er alleen in het voor- en het najaar en af en toe in de winter een paar dagen liet zien.

Dat veranderde met de dood van Fredericks echtgenote Louise in 1926. Vanaf dat moment woonde hij tot aan zijn dood twaalf jaar later teruggetrokken in Hyde Park en hield zich bezig met de tuin en de bomen. Zoals het in neoklassieke stijl gebouwde paleis er met zijn zuilengevels vanbuiten uitziet, moet het al een vermogen hebben gekost; het koninklijk ingerichte interieur moet de prijs van het brandbestendig gebouwde paleis nog hebben verdrievoudigd. Wat meubilair, decoratie en kunst betreft was het duurste maar net goed genoeg, waardoor het herenhuis een adembenemend, sprookjesachtig geheel is geworden (Rte 9, tel. 845-229-91 15, www.nps.gov/vama, dag. 9-17 uur).

**Hyde Park Chamber of Commerce:** 532 Albany Post Rd., Hyde Park, 125 38, tel. 845-229-8612, fax 845-229-86 38, www.hyde parkchamber.org.

**Super 8 Motel:** 4142 Albany Post Rd., tel. 845-229-0088, www.super8.com. Op de vriendelijk ingerichte kamers kunt u draadloos internetten, inclusief ontbijt. Vanaf $80.

**Golden Manor Hotel:** 522 Albany Post Rd., tel. 845-229-2157, fax 845-229-6127, geen website. Standaardkamers, inclusief ontbijt en krant. Vanaf $50.

**Culinary Institute of America:** 1946 Campus Dr., tel. 845-471-6608, www.cia chef.edu, di.-za. 11.30-13, 18-21.30 uur. De gasten worden in drie 'nationale' restaurants (Frans, Amerikaans, Italiaans) en in twee cafés verwend door toekomstige sterrenkoks. $20–50.

# Noordelijke Hudson Valley

## Woodstock

**Atlas:** blz. 8, F 3

Het 6300 inwoners tellende **Woodstock** in de heuvelachtige uitlopers van de Catskill Mountains is op ongewone wijze wereldberoemd geworden. In 1969, midden in het flowerpowertijdperk, stroomden honderdduizenden naar het rockfestival dat ongeveer 80 km verderop plaatsvond bij Bethel. Joan Baez, Jimi Hendrix, Joe Cocker, Blood, Sweat & Tears, Grateful Dead, Jefferson Airplane, Janis Joplin, Carlos Santana, Bob Dylan en vele anderen probeerden met hun optredens te protesteren tegen het geweld in de wereld en tegen de Vietnamoorlog. De internationale rockgemeenschap vierde in 1994 de 25e verjaardag van het legendarische concert en Woodstock beleefde nog één keer de toestroom van de massa's, die zich ook deze keer niets gelegen lieten liggen aan de organisatie.

Wie nu door het plaatsje slentert, ziet niet alleen vrolijk gekleurde houten huizen, maar ook tientallen souvenirwinkels, waar T-shirts met het portret van Bob Marley, die niet op het festival optrad, en andere groten uit de popscene worden verkocht.

Woodstock is een prima basis voor uitstapjes naar de Catskill Mountains. Aan de rand van dit middelgebergte komt u bij het Bear Café en ziet u ook borden die de weg wijzen naar de plaats Bearsville, en dat betekent inderdaad dat u de wegen hier moet delen met zwarte beren. In het koude jaargetijde zijn de skigebieden Hunter (www.huntermtn .com), Windham (www.windhammountain .com) en Belleayre (www.belleayre.com) populair bij wintersportliefhebbers.

**Woodstock Chamber of Commerce & Arts:** Rock City Rd., tel. 845-679-6234, www.woodstockchamber.com.

**Blue Pearl Guest Cottage:** 7 Wiley Ln., tel. 845-679-1136, www.bluepearlguest cottage.com. Kleurrijke cottage met keuken, ingericht in Toscaanse stijl, geschikt voor maximaal 4 personen. $285.

**Woodstock Inn on the Millstream:** 48 Tannery Brook Rd., tel. 845-679-8211, www.woodstock inn-ny.com. Klein motel in de stijl van een bed and breakfast en gelegen aan de rivier. Hier hebben Bob Dylan en Van Morrison overnacht. Vanaf $109.

**New World Home Cooking:** 1411 Rte 212, tel. 845-246-0900, www.newworldhome cooking.com, ma.-za. 17–21, za. 12–15, zo. 11–14, 16–22 uur. Gerechten met een Thais of Cubaans accent. Verse ingrediënten. 3-gangen menu $18,95.

**Bread Alone:** 22 Mill Hill Rd., tel. 845-679-2108, dag. 10–18 uur. Geniet hier van smakelijk brood uit de houtskooloven en van prima sandwiches. Vanaf $7.

Een brochure van de Chamber of Commerce biedt informatie over alle galeries, exposities, musea en kunstenaarsateliers die te bezoeken zijn.

**Not Fade Away:** 42 Mill Hill Rd., tel. 845-679-8663, ma.-za. 10–19 uur. T- shirts van popsterren, gebatikte stoffen en memorabilia, alle met het Woodstockfestival als thema.

## Annandale-on-Hudson

**Atlas:** blz. 8, F 2/3

De 1500 studenten van het het in 1860 gestichte Bard College in **Annandale-on-Hudson** studeren weliswaar dans en theater, maar sinds 2003 kan men de indruk krijgen dat het de laatste tijd in moderne architectuur is gespecialiseerd. De toparchitect van de VS namelijk, Frank Gehry, heeft met het **Fisher Center for Performing Arts** een bouwkundig accent in het landschap geplaatst dat ook heel goed zou passen bij een miljoenenstad.

Het voor Gehry karakteristieke gebouw doet aan de ene kant denken aan een tuinpaviljoen, maar zou ook best een technisch la-

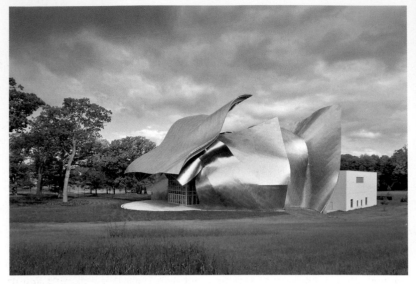

Het futuristische Fisher Center for Performing Arts naar ontwerp van Frank Gehry

boratorium uit de een of andere periode in de toekomst kunnen zijn. Wat voor associaties dit centrum voor uitvoerende kunst ook moge wekken, het is fantastisch (Bard College, tel. 845-758-68 22, www.bard.edu).

## Saugerties
**Atlas:** blz. 8, F 2/3

Eén keer per jaar verkeert het 5000 zielen tellende stadje **Saugerties** aan de oever van de Hudson in topvorm, namelijk wanneer in het laatste weekend van september zo'n 50.000 bezoekers afkomen op het beroemde Knoflookfestival. Bij dit culinaire feest, dat omlijst wordt met muziek, demonstreren verscheidene koks wat er allemaal met knoflook op smaak gebracht kan worden: pannenkoeken, ijs, aardappelpuree, champignons, pasta, pretzels, ravioli, soep, popcorn, zeep, bonbons en hondenkoekjes. Tot de lokale specialiteiten behoren *blooming onions*, twee grote, als een bloem opengevouwen uien die in deeg worden gedoopt en gebakken in olie. Dat er een zachte knoflookwalm over het feest hangt, behoeft eigenlijk geen vermelding.

# Albany
**Atlas:** blz. 8, F 1/2

De hoofdstad van de staat New York is met 101.000 inwoners weliswaar niet eens zo groot als een wijk van Manhattan, maar de zelfbewuste stad probeert ook niet om de concurrentie met de 'grote zus' aan te gaan.

## State Capitol en City Hall

Dit Capitol behoort tot de weinige in de Amerikaanse hoofdsteden die niet geënt zijn op het voorbeeld in Washington D.C. De zetel van het staatsbestuur in Albany, gebouwd tussen 1865 en 1899, doet met zijn monumentale bordes, met daaromheen balkonnetjes en met een groen patina bedekte lantaarns, eerder denken aan een Frans renaissancekasteel. Taferelen uit de geschiedenis van de staat en afbeeldingen van gezichten van vrienden en familieleden van de 500 beeldhouwers zijn uitgehouwen in steen. Aan het begin van de trap van het bordes zit de in Albany geboren generaal Philip Henry Sheridan, die gediend heeft in de Burgeroorlog, op een bronzen ros. De stijl van het interieur vormt met zijn ontleningen aan de romantiek, gotiek en renaissance geen eenheid, wat komt door het feit dat dit fraaie gebouw het resultaat is van de ontwerpen van verschillende architecten. Een deel van het State Capitol is in 1911 door een brand verwoest (Eagle St./Washington Ave., tel. 518-474-2418,http://assembly.state.ny.us/Tour, rondleidingen van één uur dag. 9–16 uur).

In Eagle Street staat voor het State Capitol de **City Hall**, een werk van de architect Henry Hobson Richardson (1838–1886) uit New England, die een voorliefde had voor de middeleeuwen en zijn gebouwen graag een romaans aanzien gaf. Met zijn aangebouwde, hoekige toren lijkt het gemeentehuis meer op een kerk dan op een bestuursgebouw.

## Empire State Plaza

Ten zuiden van het State Capitol ligt het Empire State Plaza tussen State Street en Madison Avenue; bij windstil weer ziet u het State Capitol en de omliggende regeringsgebouwen en culturele instellingen weerspiegeld in de vijver op het plein.

Het **Performing Arts Center** uit 1979 komt futuristisch over; vanuit een bepaald gezichtspunt lijkt het een reusachtige satellietschotel van staalbeton die de hemel afspeurt naar nieuwe bevindingen. Het gebouw wordt in de volksmond The Egg genoemd en er zijn twee theaters in ondergebracht, het Lewis A. Swyer Theatre voor kamermuziekconcerten, cabaret, lezingen en multimediapresentaties met 450 plaatsen en het Kitty Carlisle Hart Theatre voor grotere concerten en musicals met 1000 plaatsen (Center for the Performing Arts, Empire State Plaza, tel. 518-473-1845, www.the egg.org).

De van glas en marmer vervaardigde **Corning Tower** is met zijn 42 verdiepingen het hoogste gebouw van de staat New York, als we even afzien van Manhattan. Op de bovenste verdieping is een Observation Deck aangelegd, vanwaar u op een heldere dag de Adirondack Mountains en de staat Massachusetts kunt zien liggen (Empire State Plaza, tel. 518-474-2418, dag. behalve feestdagen 10–14.30 uur, paspoortcontrole, minimumleeftijd 16 jaar).

Het grote **New York State Museum** op de zuidpunt van het plein trekt met zijn schietgatvormige ramen de aandacht naar zich toe. Het museum verzamelt alle wetenswaardigheden over de staat New York, of probeert dat in ieder geval, en brengt ze op opwindende wijze over, bijvoorbeeld met exposities over de Adirondack Mountains in het noorden van de staat, over de cultuur- en natuurgeschiedenis sinds de laatste ijstijd van 12.000 jaar geleden of over het Harlem van de jaren twintig van de 20e eeuw. Verder een zeer indrukwekkende behandeling van de terroristische aanslag op het World Trade Center in Manhattan met geruïneerde brandweerapparatuur, een volledig vernietigde liftdeur en door de hitte gesmolten sleutels (Madison Ave., tel. 518-474-5877, www. nysm.nysed.gov, dag. 9.30–17 uur.

## Institute of Art and History

In het **Albany Institute of History and Art** draait het om de kunst en kunstnijverheid die in de noordelijke Hudson Valley is gemaakt in de 17e eeuw, met bijzonder omvangrijke collecties schilderijen, tekeningen, zeefdrukken, sculpturen, meubels, tafelzilver, keramiek, historische kostuums en andere voorwerpen. Wat de historische objecten betreft ligt het zwaartepunt op zaken die ook daadwerkelijk gebruikt zijn door de lokale bevolking, van schommelstoelen tot flessen drank van 130 jaar geleden (125 Washington Ave., tel. 518-463-4478, www. albanyinstitute.org, wo.–za. 10–17, zo. 12–17 uur, gesloten op feestdagen).

**Albany County Convention & Visitors Bureau:** 25 Quackenbush Sq., Albany, NY 12207, tel. 518-434-1217, www.albany.org. Hier vertrekken de trolleybussen voor een rondrit door de stad.

**The Morgan State House:** 393 State St., tel. 518-427-6063, www.state house.com. Mooie bed and breakfast in een stadsvilla uit het eind van de 19e eeuw, stijlvolle lobby met een parketvloer en gestukte muren, een grote keuken, een terras aan de achterzijde en ruime, traditioneel ingerichte kamers inclusief kabel-tv. $135–260.

**Days Inn:** 16 Wolf Rd., tel. 518-459-3600, fax

518-459-3677, www.daysinnalbany.com. Met zwembad en inclusief ontbijt. Gelegen in de buurt van talrijke restaurants en een winkelcentrum. Vanaf $69.

**Lark Street**, voor velen het Greenwich Village van Albany, is vooral interessant voor mensen die graag winkelen en uit eten gaan: Indiaas, Mexicaans, Japans of Italiaans, hier vindt iedereen zijn lievelingseten. Ook in **Central Avenue** ontbreekt het niet aan restaurants en cafés.

**Beffs:** 95 Everett St., tel. 518-482-2333, dag. lunch en diner. Bijzonder indrukwekkende menukaart. Stevige kost, met grote porties *chicken wings*, hamburgers, sandwiches, salades en pizza's. Verschillende soorten bier. Vanaf $5.

**Stuyvesant Plaza:** Western Ave., hoek Fuller Rd., tel. 518-482-8986, www.stuyvesantplaza.com, ma.–vr. 10–20, za. tot 18, zo. 12–17 uur. Groot winkelcentrum met mode, muziek, elektronica, cosmetica, sieraden en boeken; verscheidene restaurants, cafetaria's en cafés.

**Cafe Hollywood:** 275 Lark St., tel. 518-472-9043. Geanimeerde muziektent met een jong publiek.

**Nick's Sneaky Petes:** 711 Central Ave., tel. 518-489-0000, www.nickssneakypetes.com, do.–za. vanaf 22 uur. Dance, house en techno, hiphop, elke dag een speciale muzieksoort. Kledingvoorschriften: geen capuchons, geen baggypants, geen muscle shirts.

Avondschemering op het Empire State Plaza in Albany

# 4 Niagara Falls

**'Donderend water', zo noemden de indianen de Niagara Falls op de grens van Canada en de VS. De drie watervallen hebben meer water te verwerken dan enige andere waterval in Noord-Amerika. Ze worden beschouwd als een van de spectaculairste Amerikaanse natuurwonderen, en terecht. Wie dit grandioze schouwspel ooit heeft gezien, weet waarom.**

De brede, 57 km lange Niagara River stuwt zijn water door een diepe kloof in noordelijke richting van Lake Erie naar Lake Ontario. Dat zou op zich niet tot iets opwindends hoeven te leiden, ware het niet dat er een hoogteverschil van zeker 50 m is tussen beide meren, dat de rivier op spectaculaire wijze overbrugt: met de Niagara Falls. Ze zijn dan wel niet bijzonder hoog, maar worden door hun breedte, hun enorme watermassa en hun adembenemende aanblik tot de mooiste watervallen ter wereld gerekend. Over een breedte van vele honderden meters stort de ziedende watermassa zich als drie aparte watervallen, de American Falls, Horseshoe Falls en Bridal Veil Falls, donderend naar beneden in een waternevel.

Het natte natuurwonder wordt overigens gedeeld door de VS en Canada, aangezien de Niagara River de grens tussen de beide landen vormt en de exacte grenslijn dwars door de watervallen heen loopt. Nier ver van dit bruisende geweld wordt de rivier overbrugd door de Rainbow Bridge, absoluut een van de bruggen waar u het meest fantastische uitzicht van de wereld hebt. Deze brug verbindt de twee zustersteden Niagara Falls (VS) en Niagara Falls (Canada).

De eerste Europeanen in de Nieuwe Wereld kregen van de indianen al verhalen te horen over het 'donderende water'. De eerste blanke die ze te zien kreeg, was in december 1678 de jezuïtische missionaris Louis Hennepin. Zo'n honderd jaar later circuleerden er reisbeschrijvingen die het met de waarheid, zoals later zou blijken, niet zo nauw namen. Voor de Amerikaanse Burgeroorlog werden de watervallen nog gezien als symbool van de ware, onvervalste natuur, maar vooral tegen het eind van de 19e eeuw nam de houding van de mensen tegenover de Niagara Falls een wending. De voortschrijdende industrialisering had tot een nieuwe kijk op de wereld geleid en een hele reeks captains of industry liet reusachtige industriecomplexen verrijzen bij de watervallen, die draaiden op de door waterkracht van de Niagara River opgewekte elektriciteit.

## De Amerikaanse watervallen

Sinds de ijstijd in het gebied van de Grote Meren zo'n 12.000 jaar geleden ten einde kwam, heeft de Niagara River stroomopwaarts een diepe kloof uitgesleten, waarin de watervallen ongeveer 50 m de diepte in storten. Voordat de rivier begint aan dit donderend geraas, wordt hij door het op het territorium van de VS gelegen Goat Island verdeeld, wat resulteert in de Amerikaanse en de Canadese watervallen.

De **American Falls** 1 worden gevormd door een rechte, ca. 300 m lange rand, waarover ongeveer 10% van de totale watermassa van de Niagara River naar beneden stort. Ten noorden van de watervallen strekt **Prospect Park** 2 zich uit als onderdeel van het in 1885 ingerichte Niagara Falls State Park, waarin te mid-

### Nat wereldwonder

**Cave of the Winds:** Aan de Amerikaanse kant van Goat Island is een ontmoeting van zeer dichtbij met de donderende watermassa gegarandeerd (zie blz. 202).

**Skylon Tower:** Er zijn veel uitkijktorens, maar hier hebt u het mooiste zicht op de watervallen (zie blz. 206).

**Horseshoe Falls:** Aan de Canadese kant van de watervallen, waar wegen regelrecht naar de rand van de Horseshoe Falls voeren, hebt u een panoramisch uitzicht op de American Falls en de Bridal Veil Falls aan de Amerikaanse zijde (zie blz. 206).

### Gratis attracties

**Niagara Power Project:** Deze energiecentrale geeft een indruk van het belang van waterkracht voor de staat New York (zie blz. 205).

**Casino's:** U hebt ook in vrijetijdskleding toegang tot de onderhoudende gokbolwerken aan de Canadese en de Amerikaanse kant (zie blz. 206, 207, 208).

den van bloemperken grasvelden zijn aangelegd in de vorm van de Grote Meren. In het **Visitor Center** kunt u alle gewenste informatie krijgen en vandaar kunt u ook met de **Niagara Scenic Trolley** talrijke bezienswaardigheden bezoeken (vertrek vanaf 9.30 uur, elke 15 min.). In het Visitor Center kunt u ook een Passport to the Falls kopen waarmee u tot 30% bespaart op de entreekosten.

De 80 m hoge, boven de rand gebouwde **Observation Tower 3** biedt het mooiste uitzicht op de American Falls. De glazen liften gaan niet alleen omhoog naar het Observation Deck, maar ook naar beneden naar de bodem van de kloof, waar de rondvaartboten aanleggen. Een verharde weg en een lage trap leiden naar het **Crow's Nest,** waar u het koude, naar beneden stortende water tegen u aan voelt spetteren.

Het zuidelijkste deel van de American Falls is door het rotsige eilandje Luna Island afgescheiden van de overige watervallen en draagt de naam **Bridal Veil Falls 4** (Bruidssluierwatervallen), omdat het stuivende vallende water onder invloed van de wind soms als een witte bruidssluier uiteenwaaiert. U kunt deze watervallen bereiken vanaf **Goat Island**, het grootste eiland in de Niagara River. Op de plaats waar het water na een val van 55 m hoogte op de rotsen neerslaat, was tot voor enkele jaren nog een grot te vinden, maar die is steeds verder geërodeerd en uiteindelijk om veiligheidsredenen tot ontploffing gebracht. De verharde wegen en trappen die per lift te bereiken zijn en naar de onmiddellijke nabijheid van het donderende water leiden, dragen nog steeds de naam **Cave of the Winds**. Zonder regenkleding wordt dit een tamelijk vochtige aangelegenheid, maar bij de entreeprijs is de huur van een poncho inbegrepen (dag. 9–16.45 uur).

## De Niagarakloof

De Robert Moses Parkway ten noorden van de Rainbow Bridge volgt de kloof van de Niagara River. Wanneer u deze weg volgt, kunt u afslaan naar talrijke bezienswaardigheden.

Het **Aquarium of the Niagara 5** valt op verschillende manieren uit de toon. Het was het eerste aquarium ter wereld dat zijn zeedieren niet in echt oceaanwater onderbracht, maar zelf zijn zoute water synthetisch vervaardigde. Verder is dit een van de weinige Amerikaanse aquaria die zich bezighouden met de kweek van Peruaanse pinguïns, die met uitsterven worden bedreigd. Behalve deze pinguïns kan de bezoeker zich verheugen in de aanblik van zeeleeuwen, haaien, zeepaardjes, schildpadden, piranha's, palingen, robben en de nu in de vrije natuur zeldzaam geworden zeekoeien uit Florida (lamantijnen) (701 Whirlpool St., tel. 716-285-3575, www.aquariumofniagara.org, dag. 9–17 uur).

In het **Niagara Gorge Discovery Center 6**, waarin de lokale natuur en geschiedenis wor-

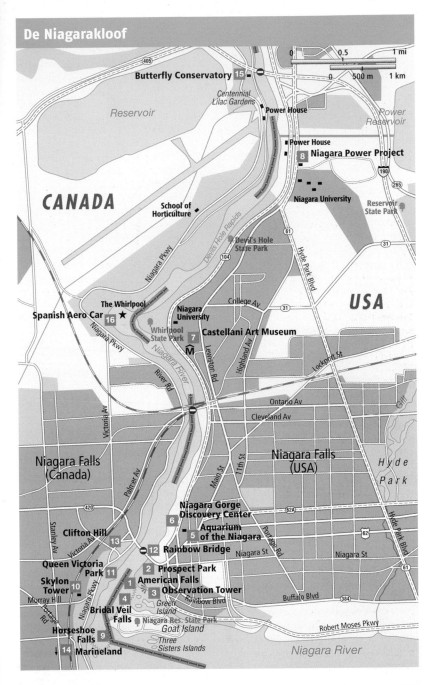

De Niagarakloof

Butterfly Conservatory **15**
Centennial Lilac Gardens
Power House
Power House
Niagara Power Project **8**
Niagara University
Reservoir State Park

CANADA

School of Horticulture

Devils Hole Rapids
Devil's Hole State Park

The Whirlpool
Spanish Aero Car **16**
Whirlpool State Park

Niagara University

College Av

USA

Castellani Art Museum **7**

Niagara River
River Rd

Lewiston Rd
Highland Av
Hyde Park Blvd

Ontario Av
Cleveland Av

Lockport St

Niagara Falls (Canada)

Victoria Av
Palmer Av

Niagara Falls (USA)

Main St
11th St

Hyde Park

Niagara Gorge Discovery Center **6**
Aquarium of the Niagara **5**

Clifton Hill **13**
Rainbow Bridge **12**

Queen Victoria Park **11**
Prospect Park **2**
American Falls

Skylon Tower **10**
Observation Tower **3**

Murray Hill
Bridal Veil Falls **4**
Green Island

Horseshoe Falls **9**
Marineland **14**

Niagara Res. State Park
Goat Island
Three Sisters Islands

Niagara St
Portdrge Rd
Niagara St

Buffalo Blvd

Rainbow Blvd

Robert Moses Pkwy

Niagara River

Reservoir
Power Reservoir

0    0.5    1 mi
0    500 m    1 km

Boot van maatschappij 'Maid of the Mist' in de waternevel van de Niagara Falls

den gedocumenteerd, leert de bezoeker interessante dingen over de geologische formaties, fossielen en mineralen van de Niagarakloof. Een presentatie op een 180°-doek toont hoe de rivier zich de afgelopen 12.000 jaar een weg heeft gebaand in de landengte tussen Lake Ontario en Lake Erie (Robert Moses Pkwy, tel. 716-278-10 70, www.niagarafallsstatpark .com, dag. 9–17 uur). Het **Niagara Gorge Trail-head Building,** het uitgangspunt voor verscheidene tochten te voet of met de fiets, maakt deel uit van het centrum. Dit is ook het beginpunt van vier rondleidingen met alle een andere bestemming. Voor wie van tevoren wil testen hoe fit hij of zij is, is er een 8 m hoge klimmuur.

De grafische kunst, foto's, schilderijen, tekeningen en sculpturen in het **Castellani Art**

wiston Rd., tel. 716-286-8200, www.niagara .edu/cam, di.–za. 11–17, zo. 13–17 uur, ma. ge- sloten).

Aan de bovenloop van de rivier liggen nog voor de watervallen twee hydro-elektrische centrales, een op Amerikaanse en een op Ca- nadese bodem, die ongeveer de helft van het water naar hun turbines laten vloeien. Nog een energiecentrale is het **Niagara Power Pro- ject** 8 6 km ten noorden van de watervallen, dat goed is voor ongeveer een zesde van de stroomvoorziening van de staat New York.

De elektriciteitsproductie en het verbruik van stroom worden aanschouwelijk gemaakt aan de hand van talrijke exposities. Vanaf een uitkijkplatform heeft de bezoeker een weids zicht op de Niagara River en de hydro-elektri- sche centrale (US 104, tel. 914-681-6200, www. nypa.gov, dag. 9–17 uur, toegang gratis).

**Niagara Tourism and Convention Corpo- ration:** 345 3rd St., suite 605, Niagara Falls, NY 14303, tel. 716-282-8992, www.niaga ra-usa.com.

**Ramada Inn by the Falls:** 219 4th St., tel. 716-282-1734, fax 716-282-1881, www.ra madainnbythefalls.com. Naast het Seneca Ca- sino. Met restaurant, sommige kamers met bubbelbad. Vanaf $89.
**Comfort Inn The Pointe:** One Prospect Pointe, tel. 716-284-6835, www.comfortinn thepointe .com. Dicht bij de Niagara Falls, degelijke ka- mers, sommige met bubbelbad, restaurant, in- clusief ontbijt. Vanaf $89.
**Travelers Budget Inn:** 9001 Niagara Falls Blvd., tel. 716-297-3228, fax 716-297-2790, geen web- site. Soort motel met standaardkamers. Vanaf $60.
Aan de Canadese zijde is een grotere keus aan accommodatie. Vooral aan Lundy's Lane lig- gen tal van voordelige motels.
**Niagara Falls Campground & Lodging:** 2405 Ni- agara Falls Blvd., Whitfield, tel. 716-731-3434, www.nfcampground.com. Deze camping is 10 km verwijderd van de stad; met schaduwrijke en zonnige plaatsen, een zwembad en huisjes.

**Museum** 7 geven een overzicht van de ont- wikkeling van de moderne kunst sinds onge- veer de helft van de 19e eeuw met werk van Dalí, Modigliani en Picasso. Het zwaartepunt van de tentoonstelling ligt echter op de wer- ken vanaf de jaren zeventig van de 20e eeuw van kunstenaars als Basquiat, Borofsky, Gil- liam, Pfaff, Garet, Salle, Benglis, Haring en Ba- selitz (campus van de Niagara University, Le-

## Tip:
## Boottocht in een heksenketel

Wie de Niagara Falls van hun avontuurlijke zijde wil leren kennen, kan zowel vanaf de Amerikaanse als de Canadese kant een boottocht van een halfuur maken met de **Maid of the Mist Boat Tour**. Iedere passagier krijgt een poncho en kan de tocht langs de American Falls en Bridal Veil Falls naar de bruisende heksenketel van de Horseshoe Falls naar keuze meemaken in de openlucht of in een afgesloten cabine.

Tijdens deze zeer vochtige en indrukwekkende boottocht probeert de kapitein het in de kolken en stromingen van de rivier bokkende schip zo dicht mogelijk naar de donderende muur van water van de Horseshoe Falls te manoeuvreren. Wie zich aan de reling heeft vastgeklampt, kan midden in dit razende geweld zichzelf niet meer verstaan. Op warme zomerdagen trekken de passagiers soms vrijwillig hun poncho uit om ten volle te genieten van de spectaculairste douche van hun leven (Prospect Point, tel. 716-284-8897, www. maidofthemist.com, half mei-okt.).

**Como:** 2220 Pine Ave., tel. 716-285-9341, dag. vanaf 11.30–22 uur. Restaurant met Italiaanse en Amerikaanse gerechten, heel geschikt voor gezinnen, Zo. brunch (mei-sept.). $7–18.
**Chu' Dining Lounge:** 1019 Main St., tel. 716-285-7278, dag. 11–23 uur. Grote keus aan gerechten uit het Verre Oosten. Vanaf $6.

**Art Park:** 450 S. 4th St. Lewiston, tel. 716-754-4375, www.artpark.net. Recreatieoord met amfitheater waar concerten worden gegeven; in de zomer elke dinsdagavond gratis.

**Fashion Outlets:** 1900 Military Rd., tel. 716-297-2022, www.fashionoutletsniagara.com, ma.–za. 10–21, zo. 11–18 uur. 150 zaken met fabrieksverkoop.

**Ballonvaren:** Great American Balloon Co., 310 Rainbow Blvd. S., tel. 716-278-0824, geen website. Mei-okt., vluchten van 15 min. met een heliumballon over de Niagara Falls, volwassenen $25, kinderen $15.
**Casino:** Seneca Niagara Casino, 310 Fourth St., tel. 716-299-1100, www.senecaniagaracasino .com. Groot casino dat eigendom is van indianen; voortreffelijke restaurants. Een 'all you can eat' Thunder Falls-buffet dag. vanaf 11 uur voor $21. Bij het casino hoort een luxehotel van 26 verdiepingen hoog, met een eigen gezondheids- en fitnesscentrum.

## De Canadese watervallen

Het allermooiste deel van de Niagara Falls ligt aan de Canadese kant: de **Horseshoe Falls** 9, die hun naam danken aan de in een hoefijzervorm gebogen, 671 m lange rand. De watervallen zijn één grote bruisende, donderende ketel, waarin het water lijkt te koken onder een reusachtige nevelsluier. De afgelopen eeuwen hebben missionarissen, dichters en schrijvers allerlei mythische verklaringen bedacht voor dit machtige schouwspel. De ongelooflijke watermassa's slaan met zo'n ontstellende kracht neer in de diepte dat zich op de bodem intussen een 56 m diepe kuil heeft gevormd. Elke seconde stort er ca. 2 miljoen liter water over de rand van de Horseshoe Falls en afhankelijk van het jaargetijde kan dat zelfs meer zijn. Zowel de Canadese als de Amerikaanse watervallen worden in de zomer 's avonds en 's nachts verlicht.

Het mooiste zicht op het geheel hebt u vanaf de Canadese **Skylon Tower** 10. Op het 160 m hoge platform voelt de toeschouwer zich alsof hij een vlucht met een helikopter maakt. Het panoramische uitzicht reikt over het bulderende water tot aan de twee zustersteden en de naar het noorden lopende kloof van de Niagara River (5200 Robinson St., tel. 905-356-2651, www.skylon.com, dag. 8.–24 uur).

Niet ver van de voet van de toren strekt het **Queen Victoria Park** 11 zich uit langs de Horseshoe Falls en de kloof van de Niagara River; u kunt over een voetpad tot aan de **Rainbow**

Bridge 🔢 wandelen. Wie vindt dat hij of zij dan nog steeds niet dicht genoeg bij het natuurwonder is, kan met een rondvaartboot zowel vanaf de Canadese als vanaf de Amerikaanse oever een tocht maken langs de American Falls en de Bridal Veil Falls om uiteindelijk midden in de kokende heksenketel van de Horseshoe Falls terecht te komen.

# De stad Niagara Falls (Canada)

Terwijl Niagara Falls (VS) het karakter heeft van een normale Amerikaanse stad en de afgelopen jaren verzuimd heeft om de winstgevende toeristenindustrie te omarmen, heeft Niagara Falls (Canada) met succes de overstap naar het toeristenmekka gemaakt. Rondom **Clifton Hill** 🔢 in de buurt van de Rainbow Bridge staan gruwelkabinetten, ijskarretjes, een wassenbeeldenmuseum en soortgelijk ter vermaak bedoelde instellingen, nog afgezien van souvenirwinkels ter grootte van een sportzaal. In het Rainforest Café wordt de gast begroet door een uit een kunstmatige nevel opduikende, brullende krokodil, en het nabije spookhuis van Frankenstein heeft ook een hoog kermisgehalte. De filialen van McDonald's, Kentucky Fried Chicken, Planet Hollywood en Hard Rock Café passen hier goed bij. Om de 's zomers enorm aanzwellende bezoekersmassa's de baas te kunnen, heeft de stad een ongelooflijke hoeveelheid motels en hotels uit de bodem gestampt.

Het casinowezen oefent de laatste jaren een nog grotere aantrekkingskracht uit dan Clifton Hill, en zo is een vleugje Las Vegas bij de Niagara Falls terechtgekomen. Het eerste gokbolwerk was in 1998 het **Casino Niagara** (www.casinoniagara.com), dat nog meer particuliere en openbare instellingen wist te lokken: hotels, restaurants, parken, het mariene park **Marineland** 🔢, vlinderpark **Butterfly Conservatory** 🔢, botanische tuinen en ook wandel- en fietspaden. De stad is erin geslaagd om het bezoekertal binnen tien jaar van 8 naar 14 miljoen te doen oplopen. Het enigszins bescheiden Casino Niagara richt

zich op lokale gasten, maar het mondainere, in 2004 geopende **Falls View Casino Resort** vooral op een internationale clientèle en het heeft daarom in 2005 een Wedding Chapel geopend met het doel Niagara Falls weer te maken tot wat het vroeger was: de ultieme wittebroodswekenbestemming voor jonggetrouwden (www.fallsviewcasinoresort.com).

## Spanish Aero Car

Op de plaats waar de Niagara River ten noorden van de stad een vrijwel rechte hoek maakt, heeft de rivier een machtige draaikolk gevormd met de toepasselijke naam Whirlpool. Hier werd al in 1916 een kabelbaan in gebruik genomen, waarin de nieuwsgierige kijkers in een open cabine de kloof op 76 m hoogte oversteken en kunnen genieten van hun kippenvel. Omdat dit historische gevaarte, dat nog steeds bestaat, door een Spaanse ingenieur is geconstrueerd, draagt het de naam **Spanish Aero Car** 🔢. Bij slecht weer en in de winter is de kabelbaan niet in gebruik. Er kan alleen worden uitgestapt op de Canadese oever van de watervallen (3850 Niagara River Pkwy, tel. 905-354-5711, ma.–vr. 9–17, za.–zo. 9–18 uur).

ℹ️ **Niagara Falls Tourism:** 5400 Robinson St., Niagara Falls, Ontario, CA LZ4 ZA6, tel. 905-356-6061, fax 905-356-5567, www.niagarafallstourism.com. Alle onderstaande prijzen zijn in US$. Wisselkoers najaar 2007: €1 = CN$1,458; US$1 = CN$0,9855. In Niagara Falls (Canada) kan overal met US$ worden betaald.

🛏️ **Fallsview Casino Resort:** 6380 Fallsview Blvd., tel. 1-800-FAALLSVU www.fallsviewcasinoresort.com. Casino met zeer luxe

**Dagtocht naar Canada** Wie vanuit de VS de Canadese kant van de watervallen wil bezoeken, heeft geen moeite om met de auto of te voet het land binnen te komen. U hoeft alleen uw paspoort te laten zien en een douanedocument te ondertekenen. In de zomer vormt zich bij de Rainbow Bridge vaak een file.

vijfsterrenhotel; sommige kamers met zicht op de watervallen. Van $129–489.

**Old Stone Inn:** 5425 Robinson St., tel. 1-800-263-6208, www.oldstoneinn.on.ca. Beetje ouderwets ingericht, maar comfortabel; 114 kamers en suites, zwembad op de binnenplaats, restaurant. Vanaf $120.

**Falcon Inn :** 7865 Lundy's Ln., tel 905-354-2279, www.falconinnniagara.com. Nette kamers met kleuren-tv, airconditioning, sommige met bubbelbad; buitenbad en picknickplaatsen in de tuin. Vanaf $40.

🍴 Het wemelt in de stad van de restaurants. Aan kwaliteit wordt helaas niet overdreven veel aandacht besteed, afgezien dan van enkele duurdere gelegenheden.

**Beef Baron Restaurant** 5019 Centre St., tel. 905-356-6110, geen website, mei–okt. dag. 16-23, nov.–apr. dag. tot 22 uur. Restaurant met *prime ribs*, pastagerechten en zeebanket; ook porties voor kinderen. Vanaf $13.

**Betty's Restaurant:** 8921 Sodom Rd., tel. 905-295-4436, dag. vanaf 7, zo. vanaf 9 uur. Echt Canadees restaurant, waar niemand met een rammelende maag weggaat. Vanaf $10.

🦋 **Vlinders:** Niagara Parks Butterfly Conservatory, Niagara River Pkwy, tel. 905-356-8119, www.niagaraparks.com, dag. 9–17 uur. Grote glazen koepel waarin vlinders uit de hele wereld vrij rondvliegen.

**Botanische tuin:** Niagara Parks Botanical Gardens, 2565 Niagara Pkwy, tel. 905-371-0254, www.niagara parks.com, geopend van zonsopgang tot zonsondergang. Oase van rust met honderden verschillende soorten bomen en struiken; ook met rozen- en groentetuinen.

**Themapark:** Marineland Theme Park, 7657 Portage Rd., tel. 905-356-9565, www.marineland canada.com, dag. 10–17 uur, okt.–half apr. gesloten. Mengeling van een mariene dierentuin met orcashows en een kermis.

**Whirlpool Aero Car:** 3850 Niagara Pkwy, tel. 905-354-5711, www.niagaraparks.com, dag. 10–16 uur, alleen bij goed weer. Ouderwetse kabelbaan over de Niagarakloof.

**Casino:** Casino Niagara Falls, 5705 Falls Ave., tel. 905-374-3598, http://casinoniagara.com.

Casino met 2700 automaten, 135 speeltafels, vier restaurants en diverse winkels; 24 uur per dag geopend.

✈ **Vliegtuig:** De dichtstbijzijnde grote luchthaven is Buffalo Niagara International Airport, tel. 716-630-6000, www.nfta.com/airport. Het vliegveld ligt ca. 16 km ten oosten van het centrum van Buffalo en verscheidene Amerikaanse luchtvaartmaatschappijen vliegen hier regelmatig op. Hier zijn filialen van vele grote autoverhuurmaatschappijen gevestigd. Met de Niagara Falls Shuttle kunt u naar Niagara Falls (VS) ($30) en naar Niagara Falls (Canada) ($40) worden vervoerd.

Er is ook een dichterbij gelegen kleinere luchthaven: Niagara Falls International Airport, Niagara Falls Blvd./ Porter Rd., tel. 716-297-4494.

**Trein:** Amtrak Terminal (USA), 27th St./ Lockport Rd., tel. 1-800-872-7245, www.amtrak.com. De internationale trein Maple Leaf rijdt heen en weer tussen New York en Toronto en stopt onderweg in Niagara Falls.

Amtrak Terminal (Canada), 4267 Bridge St., Niagara Falls (CN), tel. 1-800-872-7245.

**Bus:** Greyhound Terminal, 303 Rainbow Blvd., Niagara Falls, NY, tel. 1-800-858-8555, www.greyhound.com. Busverbindingen met plaatsen in de nabije omgeving en ook verder in de omtrek.

**Lokaal openbaar vervoer:** Aan de Amerikaanse kant rijden bussen van NFTA-Metro (prijs afhankelijk van de afstand tussen $1,50 en $2,25). Aan de Canadese kant rijdt de Falls Shuttle naar alle bezienswaardigheden en naar de motels aan Lundy Lane (www.niagaratransit.com, mei–nov., enkele reis volwassenen $2,25, 5–12 jaar $1, dagkaart $6,90).

# De zuidoever van Lake Erie

**Dromerige provinciedorpen en dynamische metropolen, rustige wijngaarden en een bruisend stadsleven, brave buurten in kleine steden en een meeslepende cultuur van wereldniveau: de zuidoever van Lake Erie, het op elf na grootste meer ter wereld, heeft de bezoeker een karakteristiek, contrastrijk Amerika te bieden.**

Wanneer men het in de VS heeft over het *heartland*, dan is er in de regel niet alleen sprake van de Midwest, maar ook van de staten Ohio, Pennsylvania en New York, die aan de zuidoever van Lake Erie grenzen. Ohio, in 1803 staat geworden, speelde een sleutelrol bij de kolonisering van de regio; Pennsylvania draagt niet ten onrechte de erenaam 'Wieg der Natie' gezien zijn historische rol in het onafhankelijkheidsproces; de staat New York was al ten tijde van de Amerikaanse onafhankelijkheid in 1776 een economische zwaargewicht. Afgezien daarvan heeft dit deel van het land de naam een typisch Amerikaanse regio te zijn, waar de mentaliteit, het gedrag en de waarden van de mensen overeenkomen met de oudste Amerikaanse normen.

Lake Erie drukt een beslissend stempel op de regio, die in het Duitse spraakgebied bekend is van het gedicht *John Maynard* van Theodor Fontane. Dit op elf na grootste meer ter wereld is 388 km lang en 92 km breed en is met een gemiddelde diepte van 15 m een van de ondiepste van de vijf Grote Meren. Hierdoor komt het dat het meer het snelst wordt opgewarmd, wat leidt tot een gemiddelde julitemperatuur van 21 °C. Dientengevolg duurt het vakantieseizoen rond Lake Erie langer, zwemt er meer vis in het meer en is de tijd dat er ijs ligt korter dan elders in de regio.

Veel streken aan de oever van Lake Erie zijn provinciaal te noemen, bijvoorbeeld langs de Purple Heart Highway in Pennsylvania of aan de Chautauqua Wine Trail met zijn maisvelden en wijngaarden. Aan de zuidoever liggen met Buffalo, Erie en Cleveland echter ook drie grote steden, die voorzien zijn van alles waaraan zo'n stad behoefte heeft. Alle drie zijn tot grote welvaart gekomen door het goederenvervoer over de Grote Meren. Cleveland ontwikkelde zich zelfs tot een van de grootste centra van de staalproductie van de VS: de benodigde kolen werden uit de Ohio Valley gehaald, de grondstof ijzererts uit Minnesota. Hier kwamen nog de scheepsbouw en de verwerking van aardolie, die in 1859 in Pennsylvania was gevonden, bij. In de 20e eeuw kreeg de stad met tegenslagen te kampen, maar de laatste jaren is hij als een feniks uit zijn as herrezen en veranderd in een toeristisch centrum met jaarlijks bijna 10 miljoen bezoekers.

## Buffalo

**Atlas:** blz. 6, E 1

De industriestad **Buffalo**, met haven aan Lake Erie, is met 360.000 inwoners de op een na grootste stad van de staat New York en ligt in het hart van een agglomeratie met in totaal ongeveer 1,3 miljoen bewoners. 's Zomers verandert de voetgangerszone rondom Lafayette Square in een buurt om te flaneren en zich te ontspannen. Hier zitten mensen op de sokkel van het Soldiers and Sailors Monument in het zonnetje en genieten zo nu en dan van een openluchtconcert. Op Niagara Square voor het stadhuis gedenkt een monument de republikeinse president William McKinley, die in 1901 in Buffalo werd vermoord.

## Onderweg met de auteur

### Een lust voor oog en oor

**Albright-Knox Art Gallery:** Het mooiste museum van Buffalo (zie blz. 210).

**Rock and Roll Hall of Fame:** Een must vanwege de moderne architectuur van het gebouw en de exposities (zie blz. 214).

**Cleveland Orchestra:** Een concert van dit internationaal vermaarde orkest in de Severance Hall is voor een muziekliefhebber het mooiste wat er in Cleveland te beleven valt (zie blz. 216).

### Cleveland by night

In de wijken **Warehouse District** en **The Flats** met kroegen, muziekgelegenheden, chique bars en restaurants komt 's avonds een publiek dat aan de jongere kant is (zie blz. 218).

### Voor niets naar het museum

**Gratis musea in Cleveland:** Elke vrijdag is het **Museum of Contemporary Art Cleveland (MOCA)** gratis te bezoeken (zie blz. 218). Het **Cleveland Museum of Art** vraagt in principe geen toegangsprijs (zie blz. 216).

## City Hall

Wie een mooi uitzicht over de stad wil hebben, kan de lift nemen naar de 28e verdieping van de **Buffalo City Hall Observation Tower**, waar het zicht vanaf het uitkijkplatform tot aan Canada reikt. Het in 1932 in gebruik genomen gebouw is ontworpen in de toen populaire art-decostijl. Zijn deels van zuilen voorziene voorgevel is opgesierd met friezen waarop figuratieve afbeeldingen staan. Het is ook aan te raden om een kijkje te nemen in de overwelfde lobby met zijn talrijke beelden (65 Niagara Sq., tel. 716-851-4200, ma.-vr. 9–15 uur, toegang gratis).

## Kunst en wetenschap

De **Albright-Knox Art Gallery**, die is ondergebracht in een gebouw in Greek Revivalstijl (neoklassiek) behandelt een spectrum van 5000 jaar, van de kunst uit de oudheid tot aan het heden, met abstract schilderwerk van bijvoorbeeld Polly Apfelbaum, Lynda Benglis, Arthuro Herrera, Piet Mondriaan, Jackson Pollock, Gerhard Richter en Pae White. Verder zijn er werken van Pablo Picasso, Edgar Degas, Willem de Kooning, Henri Matisse en Roy Lichtenstein te bewonderen, en ook beeldencollecties en wisselende tentoonstellingen van bijvoorbeeld hedendaagse Chinese kunst. In het stijlvolle Garden Restaurant kunt u de inwendige mens versterken met kleine gerechten (1285 Elmwood Ave., tel. 716-882-8700, www.albrightknox.org, wo.-zo. 10–17, vr. tot 22 uur).

De tentoonstellingsruimten in het **Buffalo Museum of Science** behandelen thema's als ruimtevaart, natuurwetenschap, edelstenen, mineralen, insecten, het leven in het oude Egypte, geologie en astronomie. Laatstgenoemde afdeling is een recente aanwinst, waar men op basis van een door een satelliet ondersteund systeem de aarde vanuit de ruimte kan bekijken (1020 Humboldt Pkwy, tel. 716-896-5200, www.sciencebuff.org, ma.-za. 10–17. In het observatorium kunt u de zon bestuderen in juni-aug. di.-vr. 11–13 uur).

**Buffalo Niagara Convention & Visitors Bureau:** 617 Main St., suite 400, Buffalo, NY 14203-1496, tel. 716-852-2356, www.buffalocvb.org.

**Hyatt Regency:** Two Fountain Plaza, tel. 716-856-1234, fax 716-852-6157 www.buffalo.hyatt.com. Comfortabele kamers, zwembad op het dakterras, fitnesscentrum. Vanaf $160.

**Best Western Inn on the Avenue:** 510 Delaware Ave., tel. 716-886-8333, fax 716-884-3070, www.innontheavenue.com. Hotel in de binnenstad met aantrekkelijk ingerichte kamers. Vanaf $100.

**Rue Franklin:** 341 Franklin St., tel. 716-852-4416, di.-za. 17.30-22 uur. De specialiteiten in dit restaurant met Franse invloeden zijn kreeft en lamsvlees. Di.-do. vast menu voor $ 25-30.

City Hall in Buffalo met het monument voor de vermoorde president McKinley

**Andersons:** 2634 Delaware Ave., tel. 716-873-5330, dag. 8–19 uur. Cafetaria met de in Buffalo populaire komijnbroodjes *beef on weck*, met rosbief en mierikswortel. Vanaf $3,70.

**McKinley Mall:** 3701 McKinley Pkwy, Koopparadijs ten zuiden van Buffalo, www.shopmckinleymall.com, ma.–za. 10-21, zo. 11–18 uur. Reusachtig winkel- en vermaakcentrum.

**Easternhills Mall:** Williamsville, 4545 Transit Rd., www.shopeasternhills.com, ma.–za. 9–21, zo. 11–18 uur. Mall met 85 winkels, grote Food Court en gratis draadloos internet.

**Walden Galleria:** Cheektowaga, 1 Walden Galleria, www.waldengalleria.com, ma.–za. 10-21.30, zo. 11–18 uur. 200 winkels, *food court*, 12 bioscopen.

**Club Marcella** 622 Main St., tel. 716-847-6850, www.clubmarcella.com. De hotste nachtclub van de stad, met twee dansvloeren, drie dj's, travestieshows en goede cocktails.

**Crocodile Bar & Grill:** 88 W. Chippewa St., tel. 716-853-2762, www.crocodilebar.com. 30 verschillende martini's.

**Chippewa Entertainment District:** Chippewa St. Zo'n 30 bars en nachtclubs zorgen voor de broodnodige afwisseling.

**Shea's Performing Arts Center:** 646 Main St., tel. 716-847-1410, www.sheas .org. Centrum van uitvoerende kunst met concerten, Broadwayshows en musicals in een grondig gerestaureerde bioscoop uit 1927.

**Feesten/evenementen**

**National Buffalo Wing Festival** (1e weekend van september): culinair festival waarbij veel, maar lang niet alles om *Buffalo wings* (pittig gekruide kipvleugels) draait, want er is een uitgebreid cultureel bijprogramma (www.buffalowing.com).

**Boottochten:** Miss Buffalo/Niagara Clipper Cruise Boats, Erie Basin, Marina, tel. 716-856-6696, www.missbuffalo.com, mei–

okt. di.–zo. Boottocht met commentaar langs de oever van het meer.

**Themapark:** Martin's Fantasy Island Grand Island, 2400 Grand Island Blvd., tel. 716-773-7591, www.martinsfantasyisland.com, juni–aug. dag. vanaf 11.30 uur, in mei alleen in het weekend. Amusementspark halverwege Buffalo en Niagara Falls.

**Vliegtuig:** Buffalo Niagara International Airport, tel. 716-630-6000,www.nfta.com/airport. De luchthaven ligt 16 km ten oosten van de stad. Alle grote Amerikaanse luchtvaartmaatschappijen en ook de prijsvechters als Jet Blue vliegen op Buffalo. Shuttlebussen naar de stad voor ca. $16. Alle grote autoverhuurmaatschappijen hebben hier een vestiging.

**Trein:** Amtrak Terminal, 75 Exchange St., tel. 1-800-USA-RAIL, www.amtrak.com. Buffalo ligt aan de spoorlijn Boston–Chicago. Er is ook een verbinding met Toronto (Canada).

**Bus:** Greyhound Terminal, 181 Ellicott St., tel. 716-855-7531, www.greyhound.com, of New York Trailways, zelfde adres, tel. 716-852-1750, www.trailways.com. Bussen naar alle grotere steden.

# Aan Lake Erie

Highway 5 volgt onder de naam **Seaway Trail** vanaf Buffalo ca. 145 km lang de zuidoever van Lake Erie tot aan de staatsgrens met Pennsylvania. Het tweede deel van de route vanaf Silver Creek, die door het fraaie landbouwgebied Chautauqua County voert met zijn talrijke wijngaarden, is het mooist.

Wanneer u vanaf Silver Creek de parallel aan de I-90 lopende Highway 20 neemt, zijn er vele mogelijkheden om dieper het binnenland in te gaan en een bezoek te brengen aan de wijnmakerijen langs de **Chautauqua Wine Trail**. Bijvoorbeeld: Roberian Winery (2614 King Rd., tel. 716-673-9255, tussen Sheridan en Forestville), Woodbury Vineyards (3230 S. Roberts Rd., tel. 716-679-9463, Fredonia), Vetter Vineyards Winery (8005 Prospect Station Rd., tel. 716-326-3100, Westfield) en Schloss Doep-ken Winery (9177 Old Rte 20, tel. 716-326-3636, Ripley), maar ook nog een tiental andere aan de wijnroute gelegen producenten zijn het proberen waard (www.chautauquawinetrail.org).

## Erie

**Atlas:** blz. 5, C 2

Met 280.000 inwoners is **Erie** de op twee na grootste stad van Pennsylvania en tegelijk dé havenmetropool van de staat aan het gelijknamige meer. De naam is afgeleid van de Eriez-indianen, die aan het begin van de 17e eeuw nog in dit gebied leefden. De zogenoemde Indianenoorlogen van 1653 samen met een in de stam woedende pestepidemie betekenden hun ondergang. De eerste Europeanen aan het meer in Pennsylvania waren de Fransen rond 1753 voordat tegen het eind van de 18e eeuw de Amerikaanse kolonisering begon. Rond het midden van de 19e eeuw was Erie uitgegroeid tot een krachtige, productieve gemeente en de groei is nog niet tot stilstand gekomen.

Het centrum van Erie komt eigenlijk niet echt over als dat van de gewone Amerikaanse grote steden, doordat de karakteristieke hoogbouw ontbreekt. In plaats daarvan leggen vele neoklassieke gebouwen getuigenis af van het verleden, toen de bedrijvige haven van de stad zorgde voor grote opbrengsten. Langs West Sixth Street en State Street rijgen de prachtige bouwwerken zich aaneen, zoals het **Custom House** uit 1839, waarin het **Erie Art Museum** is ondergebracht. Achter de schitterende, met Dorische zuilen versierde voorgevel van Vermontmarmer gaat een schat schuil met 4000 kunstwerken, waaronder Amerikaanse keramiek, Tibetaanse schilderijen, Japanse foto's uit de 19e eeuw, Etruskisch aardewerk en bronzen voorwerpen uit India. Het museum organiseert elk jaar verscheidene wisselende tentoonstellingen (441 State St., tel. 814-459-5477, www.erieartmuseum.org, di.–za. 11–17, zo. 13–17 uur, wo. toegang gratis).

Het **Erie Maritime Museum**, hét museale pronkstuk van de stad, houdt zich hoofdzakelijk bezig met de Grote Meren, hun geschiedenis, geologie en vele ecologische thema's. Het middelpunt van de tentoongestelde stukken is de uit 1990 stammende natuurgetrouwe reconstructie van het historische zeilschip US Brig Niagara, waarmee kapitein Oliver Hazard Perry in 1813 een legendarische slag leverde tegen de Britten. Elke zomer maakt het zeilschip als varende ambassadeur van zijn thuishaven boottochten op de Grote Meren en langs de Atlantische kust (150 Front St., tel. 814-452-2744, www.brigniagara.org, apr.–sept. ma.–za. 9–17, zo 12–17 uur, jan.–mrt. alleen do.–zo.).

Ten westen van de stad steekt een 11 km lang en 1300 ha groot schiereiland Lake Erie in. Het in het **Presque Isle State Park** ontstane vakantie- en vrijtijdsparadijs wordt omzoomd door kilometerslange zandstranden, waardoor paden lopen om op te wandelen, skaten of fietsen. Het park telt meer dan tien stranden, een jachthaven met plaats voor bijna 500 boten, paviljoens om bij te picknicken en visstekken. Er is 's winters zelfs de mogelijkheid om te ijsvissen.

**Erie Area Convention & Visitors Bureau:** 208 E Bayfront Pkwy, Suite 103, Erie, PA 16507, tel. 814-454-7191, fax 814-459-0241, www.visiteriepa.com.

**Boothby Inn:** 311 W. 6th St., tel. 814-456-1888, fax 814-456-1887, www.thebooth byinn.com. De themakamers zijn smaakvol ingericht in Franse, Japanse, Schotse en Afrikaanse stijl. Airconditioning, cd-speler, schrijftafel en kabel-tv, inclusief ontbijt. Vanaf $120.
**Lake Erie Lodge:** 1015 Peninsula Dr., tel. 814-833-9855, fax 814-835-3493, www.glasshouseinn .com. Rustiek motel met kamers van verschillende afmetingen, inclusief ontbijt, zwembad buiten. Gelegen bij de toegang tot Presque Isle. Vanaf $54.
**Sara's Campground:** 50 Peninsula Dr., tel. 814-833-4560, www.sarascampground.com. Van alle gemakken voorziene campings aan het meer. Per nacht $20.

**Safari Grille:** 7792 Peach St., tel. 814-868-9200, dag. 11–22 uur. Afrikaanse ambiance en exotische gerechten zoals *Congo co-*

*conut shrimps* of in soja, gember en ananas gemarineerde steaks. Vanaf $12.
**Quaker Steak & Lube:** 7851 Peach St., tel. 814-864-9464, dag. 11–23 uur. Restaurant als een benzinestation met ook een motorsportsfeer. Op de kaart: enorme salades, steaks, sandwiches en vooral *Buffalo wings* in vele variaties. Vanaf $6.

**Rondritten:** Historical Society, 419 State St., tel. 814-454-1813, juni–sept. do. 18.30 en 19.30 uur. Ritten met een koets langs de Millionaires' Row, met wijnproeverij.
**Dierentuin:** 5 km ten noorden van de I-90, afslag 7, tel. 814-864-4091, www.eriezoo.org, dag. 10–17 uur. In de dierentuin leven gorilla's, orang-oetans, leeuwen en tijgers. Speciale afdeling voor kleine kinderen.
**Themapark:** Waldameer Park & Water World, bij de toegang tot Presque Isle State Park, tel. 814-838-3591, www.waldameer.com, eind mei–begin sept., wisselende openingstijden. Amusementspark met zwembaden, waterglijbanen en mogelijkheid tot wildwatervaren.
**Golf:** In de regio rondom Erie liggen meer dan 25 golfbanen van verschillende categorieën (www.eriegolfcourses.com).

# Cleveland

**Atlas:** blz. 5, A 3/4, plattegrond blz. 215
Midden in het centrum van de 500.000 inwoners tellende metropool **Cleveland** steekt de bij het **Tower City Center** 1 horende Terminal Tower uit 1927 omhoog, het symbool van Cleveland, dat doet denken aan het Empire State Building in Manhattan. Binnenin lokken verdiepingen vol gespecialiseerde winkels en boetieks de consument. De afgelopen jaren heeft de wolkenkrabber gezelschap gekregen. In de directe omgeving van het gebouw rijzen concurrenten als de Key Tower, die nu met 289 m het hoogste gebouw van de stad is, zonder enig respect de hemel in. De skyline is echter niet het enige wat in de grootste havenstad van Ohio veranderd is. Cleveland was vroeger een door kolen zwart geworden en wegens milieuvervuiling verketterde industriestad, maar

heeft bij wijze van spreken zijn vuile werkkleding van zich afgeworpen om zich netjes aangekleed te presenteren in het toeristencircuit.

## Public Square

Op **Public Square** 2 midden in de stad staat een beeld ter herinnering aan de stichter van de stad, Moses Cleaveland. In 1796 legde hij de eerste steen, echter niet hier, maar aan de oever van de Cuyahoga River in de zogeheten Flats. Al in de 19e eeuw schrapte men de 'a' in de naam van de stichter en schreef 'Cleveland'. Een ander gedenkteken is het Soldiers and Sailors Monument in victoriaanse stijl, gewijd aan de strijders in de Amerikaanse Burgeroorlog.

De in 1885 in neoromaanse stijl voltooide **Old Stone Church** 3, met als *claim to fame* vier schitterende Tiffanyvensters en een venster gemaakt door de Amerikaanse kunstenaar John La Farge (1835–1910), staat in schril contrast tot de wolkenkrabbers op Public Square.

## Bezienswaardige musea

In de buurt van de Arena komen wetenschap en techniek samen in het **Great Lakes Science Center** 4. Op verscheidene verdiepingen kunnen de bezoekers technische handelingen verrichten op meer dan 400 interactieve installaties of natuurwetten bestuderen, een kunstmatig opgewekte tornado meemaken en alles over zeppelins te weten komen. In het filmtheater Omnimax worden speciaal geproduceerde imaxfilms geprojecteerd op zes verdiepingen hoog doek, zodat de kijker het gevoel krijgt dat hij zich midden in het verhaal bevindt (601 Erieside Ave., tel. 216-694-2000, www.glsc.org, dag. 9.30–17.30 uur).

De in de jaren negentig van de 20e eeuw door de toparchitect I.M. Pei ontworpen **Rock and Roll Hall of Fame** 5 is het duidelijkste bewijs van de wederopleving van de stad. De legenden van de rock-'n-roll mogen pas 25 jaar na hun eerste plaat worden opgenomen in deze relikwieschrijn. De Hall of Fame rijst aan de oever van het meer op als een futuristische waterburcht, een fantastisch geheel van glas

en beton, met scheve hoeken, rondingen, verticale en horizontale lijnen, piramiden, cilinders, kubussen, dat, zo was de bedoeling van de architect, de energie van de rock-'n-roll moet weerspiegelen.

Ze zijn allemaal vereeuwigd in deze heilige hal: Chuck Berry, James Brown, Ray Charles, Fats Domino, Jerry Lee Lewis, Elvis Presley, Roy Orbison, Muddy Waters, de Beach Boys, Bob Dylan, Simon & Garfunkel, Percy Sledge, U2, Bob Seger en vele anderen. Er zijn monitors waarop men zijn favoriet kan zoeken, alles over zijn of haar leven te weten kan komen en natuurlijk muziek kan horen (1 Key Plaza, 751 Erieside Ave., tel. 216-781-7625, www.rockhall.com, dag. 10–17.30, wo. tot 21 uur).

Het **Steamship William G. Mather Maritime Museum** 6 is te vinden op het 188 m lange vrachtschip William G. Mather, dat in 1925 van stapel is gelopen. Vrijwilligers hebben 250.000 manuren geïnvesteerd in de restauratie van het in 1980 uit de vaart genomen schip, dat als eerste, in 1946, op de Grote Meren werd uitgerust met radar (1001 East 9th St. Pier, tel. 216-574-6262, http://wgmather.nhlink.net, mei, sep.–okt. vr.–zo., jun.–aug. dag. 9.30–17 uur.

## Downtown

Het architectonisch interessante winkelcentrum **Galleria at Erieview** 7 met zijn hoge, lichte ruimten is een van de beste van de binnenstad. Het modeaanbod reikt van Ann Taylor tot Eddie Bauer. Verder zijn er schoenenzaken, elektronicawinkels, fitnessstudio's en restaurants (1301 E. 9th St., tel. 216-621-9999, www.galleriaaterieview.com, ma.–vr. 10–18, za. 12–16 uur).

Euclid Avenue is een van de grote straten die van Public Square afbuigen naar het oosten. Hij vormt een verbinding met de 8 km verderop gelegen University Circle, die rondom de universiteit loopt.

Vlak bij Public Square staat de historische **Cleveland Arcade** 8, een magnifiek gebouw, dat onder monumentenzorg staat. De grootste passage van Europa, de Galleria Vittorio Emanuele II in Milaan, diende als voorbeeld voor de arcade. Het complex bestaat uit twee

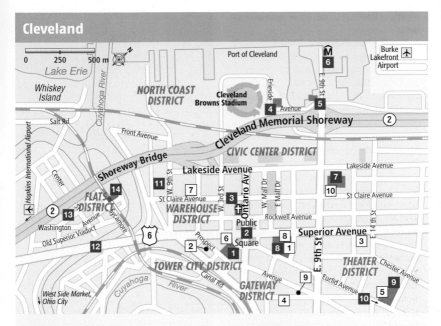

## Bezienswaardigheden

1 Tower City Center
2 Public Square
3 Old Stone Church
4 Great Lakes Science Center
5 Rock and Roll Hall of Fame
6 Steamship William G. Mather
  Maritime Museum
7 Galleria at Erieview
8 Cleveland Arcade / Hyatt Hotel
9 Playhouse Square District
10 University Circle
11 Warehouse District
12 Detroit-Superior Bridge
13 The Flats
14 Powerhouse Pub

## Accommodatie

1 Hyatt Regency
  Cleveland at the Arcade
2 Renaissance Cleveland Hotel
3 Embassy Suites
4 Radisson Hotel Cleveland-
  Gateway
5 Comfort Inn Downtown

## Eten en drinken

6 John Q's Steakhouse
7 Blue Pointe Grill
8 Vico
9 Winking Lizard
10 Food Court

vleugels van negen verdiepingen hoog en een van vijf verdiepingen en dateert van 1890, toen het land te kampen had met een economische depressie, maar het rijke industriële centrum Cleveland dankzij krachtige financiele investeerders als John D. Rockefeller toch prachtige gebouwen kon neerzetten. Een gla-

zen dak overwelft het vijf verdiepingen hoge atrium met de eromheenlopende galerijen. Enkele jaren geleden nam het eerste Hyatt Hotel van de stad beide torens en de bovenste drie verdiepingen van het atrium in beslag. De twee onderste galerijen zijn nog altijd openbaar terrein, met winkels en een *food court* (401 Euclid Ave., ma.–vr. 6–19 en za. 6–18 uur).

Het **Playhouse Square District** 9 heeft naam verworven als levendig stadsdeel en cultureel middelpunt van de stad. Behalve radio- en televisiestudio's van een lokale zender, restaurants en cafés zijn hier het Ohio Theater, State Theater, Palace Theater, Hanna Theater en Allen Theater de grote verlokkingen voor theaterbezoekers. De weelderig met trappen, foyers, luisterrijke decoratie en talrijke schilderijen opgesierde zalen werden in de jaren twintig van de 20e eeuw geopend als filmstudio's en variététheaters, maar raakten in de jaren vijftig door de opkomst van de televisie in steeds grotere problemen en moesten sluiten. Dankzij particuliere initiatieven is de sloop van de gebouwen verhinderd en zijn investeerders gevonden die sinds de jaren tachtig de renovatie van de sprookjesachtige cultuurpaleizen hebben gefinancierd (www. playhousesquare.com).

## University Circle

Tegenover zijn imago als 'mijnwerkersstad' plaatste Cleveland algauw een bevlogenheid voor de kunsten. Een stuk of vijftig wetenschappelijke, culturele en geneeskundige instellingen zijn ca. 8 km ten oosten van het centrum gevestigd in de **University Circle** 10.

Wanneer het wereldberoemde, in 1918 opgerichte **Cleveland Orchestra** een concert geeft in de Severance Hall, die aan 2000 mensen plaats biedt, is een zeer bijzonder kunstgenot gegarandeerd. Critici menen dat Christoph von Dohnányi, die het orkest bijna 20 jaar lang heeft geleid, het heeft klaargespeeld om Amerikaanse virtuositeit te verbinden met Europese traditie. Hetzelfde geldt vandaag de dag nog steeds, nu de Oostenrijkse dirigent Franz Welser-Möst de scepter zwaait over het orkest (11001 Euclid Ave., tel. 216-231-7300, www.cleve landorchestra.com).

Het in 1916 geopende **Cleveland Museum of Art** doet niet onder voor andere gerenommeerde Amerikaanse musea. De in een neoklassiek gebouw ondergebrachte collecties behoren volgens kenners allang tot de belangrijkste van de VS. Behalve op Amerikaanse en

Europese werken ligt het accent ook op Aziatische kunst, wat het museum te danken heeft aan de oriëntalist Sherman E. Lee, de voormalige directeur. Een van de bijzonderheden is een Chinees houten beeld uit de 3e eeuw v.Chr. Op de Europese afdeling zijn kunstwerken te zien uit de 14e tot de 20e eeuw, zoals delen van de Welfenschatz, een oorspronkelijk uit Braunschweig, Duitsland, afkomstige verzameling kostbaarheden die in de 19e eeuw in afzonderlijke stukken is verkocht, en werken van Riemenschneider, Dürer, Rembrandt, Velázquez, Turner, Picasso en Miró. De Amerikaanse kunst dateert van de 17e tot de 20e eeuw (11150 E. Blvd., tel. 216-421-7350, www.clevelandart.org, dag. behalve ma.

Hefbrug over de Cuyahoga River met de skyline van Cleveland op de achtergrond

9-17, wo. en vr. tot 21 uur, toegang tot de permanente collectie gratis). Door verbouwingswerkzaamheden zijn tot 2011 delen van het museum gesloten.

Het **Cleveland Museum of Natural History** heeft zich een nationale reputatie verworven met een fantastische natuurhistorische verzameling. Er zijn afdelingen met dinosauriërs en andere prehistorische wezens, er worden aardbevingen gesimuleerd en archeologische en botanische vondsten uit het verre verleden getoond. De Wade Gallery heeft een letterlijk schitterende tentoonstelling met meer dan 1500 edelstenen en als bijzondere attractie een stukje maansteen, dat werd meegenomen door de astronauten van de Apollo 12. In het

Shafran Planetarium, eveneens onderdeel van het natuurhistorisch museum, verschaffen multimediashows de bezoeker een indruk van verre melkwegstelsels en van alles wat er wetenschappelijk bekend is over de maan (1 Wade Oval, tel. 216-231-4600, www.cmnh.org, ma.-di. en do.-za. 10-17, wo. 10-22, zo. 12-17 uur; planetarium: tel. 216-231-1177, wo. 20.30-22 uur).

Het **Museum of Contemporary Art Cleveland (MOCA)** heeft zich de laatste jaren ontwikkeld tot een centrum van vernieuwende, hedendaagse en al gevestigde moderne kunst, met bijvoorbeeld werken van Lichtenstein, Warhol, Christo en Oldenburg. Er zijn ook grote speciale tentoonstellingen geweest, gewijd aan beroemdheden als Frank Gehry, Yoshitomo Nara, Douglas Gordon, Ilya Kabakov, Jim Hodges en Rona Pondick (8501 Carnegie Ave., tel. 216-421-8671, www.mocacleveland.org, di.–zo. 11–18, do. tot 20 uur, vr. volw. $4).

De oudste culturele instelling van Cleveland is de **Western Reserve Historical Society**, die in 1867 opgericht en een museum bezit dat een inzicht geeft in de geschiedenis van de stad en de regio. Het hart van het museum wordt gevormd door 20 zalen die met hun meubels en decoratieve kunst evenveel verschillende perioden tussen 1770 en 1920 weerspiegelen. In hetzelfde gebouwencomplex zijn nog andere collecties ondergebracht, zoals het **Crawford Auto-Aviation Museum** met oldtimers en oude vliegtuigen en de Chisholm Halle Costume Wing met historische mode (10825 E. Blvd., University Circle, tel. 216-721-5722, beide musea ma.–za. 10–17, zo. 12–17 uur, volw. $8,50).

## Uitgaanswijken

Net als in veel grote Europese steden is het in Amerika populair geworden om oude, vervallen industrie- en pakhuiswijken niet te slopen, maar te verbouwen en weer tot leven te brengen. Cleveland heeft deze trend gevolgd en de roodbruine bakstenen gebouwen in het **Warehouse District** 11 in de loop der jaren getransformeerd tot woningen, lofts en een aantrekkelijke uitgaanswijk met restaurants, jazz- en bierkroegen, romantische koffiehuizen en microbrouwerijen, waarheen de onmiskenbare moutgeur u de weg wijst.

Wanneer u de **Detroit-Superior Bridge** 12 over de Cuyahoga River in westelijke richting oversteekt, kijkt u vanuit de hoogte uit over het oude industriegebied **The Flats** 13, dat een soortgelijke ontwikkeling als het Warehouse District heeft doorgemaakt. Gun uzelf de tijd bij het slenteren door de straatjes, dan is de kans groot dat u iets bijzonders kunt gadeslaan: grote vrachtschepen worstelen zich in beide richtingen in een zeer langzaam tempo door de kronkels van de Cuyahoga River.

The Flats hebben zich ontwikkeld van een sjofele buurt met zware industrie tot een inmiddels beroemd geworden trendy wijk. Symbool voor deze verandering staat de bakstenen **Powerhouse Pub** 14 met zijn twee schoorstenen. Vroeger werd hier de elektriciteit voor de trams van Cleveland opgewekt. Sinds 1989 functioneert het gebouw als pub en restaurant (2000 Sycamore St., tel. 216-861-4982).

**Visitors Information Center:** Convention & Visitors Bureau of Greater Cleveland, 100 Public Sq., 3100 Terminal Tower, Cleveland, OH 44113-2290, tel. 216-875-6600, www. travelcleveland.com.

**Hyatt Regency Cleveland at the Arcade** 1 : 420 Superior Ave., tel. 216-575-1234, fax 216-575-1690, www.cleveland.hyatt.com/hyatt. Chic hotel in de door monumentenzorg beschermde Cleveland Arcade; voor de veeleisende gast. Vanaf $140.

**Renaissance Cleveland Hotel** 2 : 24 Public Sq., tel. 216-696-5600, fax 216-696-0432, http://mar riott.com. Hotel met bijna 500 kamers, midden in het centrum en van alle gemakken voorzien. $139–229.

**Embassy Suites** 3 : 1701 E. 12th St., tel. 216-523-8000, fax 216-523-1698, http://embassysui tes.com. Alle suites bestaan uit een slaap- en een woonkamer inclusief televisie, telefoon, koelkast, koffiezetapparaat, magnetron en dataport. Vanaf $139.

**Radisson Hotel Cleveland-Gateway** 4 : 651 Huron Rd., tel. 216-377-9000, fax 216-377-9001, www.radisson.com. Riant ingerichte kamers met gratis internetaansluiting, fitnessstudio en ontbijt met koffie. Vanaf $130.

**Comfort Inn Downtown** 5 : 1800 Euclid Ave., tel. 216-861-0001, www.choicehotels. com. Hotel van een keten, schone kamers en een eenvoudig ontbijt. Vanaf $79.

**John Q's Steakhouse** 6 : 55 Public Sq., tel. 216-861-0900, lunch ma.–vr. 11.30–16, diner dag. 16–23 uur. Boterzachte steaks van het Angusrund: New York Strip steak inclusief bijgerechten $31, *filet mignon* $40.

**Blue Pointe Grill** 7 : 700 W. St. Clair Ave., tel. 216-875-7827, lunch en diner, zo. alleen diner vanaf 16 uur. Eetgelegenheid met scheepvaartinterieur en hoofdzakelijk vis en zeebanket van uitmuntende kwaliteit. Vanaf $30.

**Vico** 8 : 1852 E. 6th St., tel. 216-622-1440, dag. behalve zo. 11–19 uur. Klein restaurant met Italiaanse pastaspecialiteiten, gevogelte en kalfsvleesgerechten. Vanaf $15.

**Winking Lizard** 9 : 811 Huron Rd., tel. 216-589-0313, dag. 11–24 uur. Echte sportbar met rustieke inrichting vol beeldschermen met sportuitzendingen. Stevige Amerikaanse kost en veel bier. Vanaf $8.

**Food Court** 10 : Galleria at Erieview, 1301 E. 9th St., tel. 216-861-4343, ma.–za. 10–20, zo. 11–18 uur. Een handvol verschillende keukens op één locatie. Vanaf $4.

**Galleria at Erieview:** 1301 E. 9th St., tel. 216-621-9999, www.galleriaaterieview .com, ma.–za. 10–20, zo. 11–18 uur. Winkelcentrum met hoge, lichte ruimten en zaken met mode en accessoires.

**Cleveland Arcade:** 401 Euclid Ave., ma.–vr. 6–19 en za. 6–18 uur. Winkelpassage in een historisch atrium uit 1890.

**House of Blues:** 308 Euclid Ave., tel. 216-523-2583, www.hob.com/venues/clubve nues/cleveland, dag. Shows vanaf 21 uur, zo. gospelbrunch 10 uur. Acteur Dan Aykroyd is een van de oprichters van dit muziekcentrum, met muzikale shows en de keuken van de zuidelijke VS (*voodoo shrimp*, *Tennessee baby back ribs* en jambalaya).

**Powerhouse Pub:** 2000 Sycamore St., tel. 216-861-4982, www.thepowerhousepub.com. Gelegenheid met cabaret en de populaire show Men of Steel, mannelijke strippers, elke zaterdagavond.

**Playhouse Square District:** Wijk met talrijke theaters; Broadwayshows, toneel, cabaret, ballet en komedies (zie blz. 216).

**Cleveland Orchestra:** Dit beroemde orkest treedt in Cleveland op in de Severance Hall (zie blz. 216). 's Zomers wijken de muzikanten uit naar het Blossom Music Center bij Cuyahoga Falls, 56 km ten zuiden van Cleveland.

**Themapark:** Cleveland Metroparks is een groenstrook om de stad heen met speciale wandel- en fietspaden, joggingpaden plus de mogelijkheid om paard te rijden, te vissen, picknicken of een wintersport te beoefenen (dag. 6–23 uur).

**Dierentuin:** Cleveland Metroparks Zoo, 3900 Wildlife Way, tel. 216-661-6500, www.clemet zoo.com, dag. 10–17 uur. De dierenwereld in het klein, met soorten uit alle delen van de wereld, sinds kort ook uit Australië.

**Vliegtuig:** Cleveland Hopkins International Airport (CLE), tel. 216-265-6030, www.clevelandairport.com, op 16 km ten zuiden van de stad. De shuttlebus rijdt in 25 minuten naar het centrum, waar u het meest hebt aan de metro's van de rode RTA-lijn (tel. 216-621-9500, www.gcrta.org, kaartje $1,50, express $1,75). Alle grote autoverhuurmaatschappijen hebben een vestiging op de luchthaven. Taxi: Yellow Cab, tel. 216-623-1500, basistarief $2,80 en daarna $1,60 per mijl. Regionale vluchten komen hoofdzakelijk aan op Cleveland Burke Lakefront Airport (BKL), 1501 N. Marginal Dr., tel. 216-781-6411.

**Trein:** Amtrak Terminal, 200 Cleveland Memorial Shoreway, tel. 216-696-5115, www.am trak.com. Treinen naar Chicago, New York, Washington D.C. en andere grote steden.

**Bus:** Greyhound Station, 1465 Chester Ave., tel. 216-781-0520, www.greyhound.com. Busverbindingen met vele grotere steden.

# Tussen Cleveland en Pittsburgh

Met grote voortvarendheid en toewijding vervangen voormalige industriesteden als Cleveland, Akron en Pittsburgh hun negatieve imago door een nieuw gezicht als dienstverleningscentrum en cultuurstad. Dit heeft de grote steden fundamenteel veranderd, maar de grootste amishgemeenschap van de VS is haar waarden en tradities al 300 jaar lang trouw gebleven.

De regio tussen Cleveland (Ohio) en Pittsburgh (Pennsylvania) staat in Amerika bekend als een de belangrijkste gebieden met zware industrie van het land. Ten zuiden van Cleveland hangen weliswaar nog steeds rookwolken boven dit Roergebied van de VS, waar in 1868 de eerste staalfabriek in gebruik werd genomen en John D. Rockefeller (1839–1937) twee jaar later met de Standard Oil Company een olieraffinaderij opzette, maar de traditionele industrie heeft daar allang aan belang ingeboet, nu Cleveland is veranderd in een stad van dienstverlening en toerisme.

En Pittsburgh? Rond 1850 luidden steenkool, aardolie en aardgas daar een nieuw tijdperk in. Staalfabrieken en hoogovens schoten als paddenstoelen uit de grond. In de jaren zeventig van de 19e eeuw was Pittsburgh met ongeveer de helft van de nationale productie aan gas en ijzer een van de belangrijkste industriesteden van de VS. De fabrieken breidden zich uit tot over de stadsgrenzen en creëerden zo een geheel eigen regio, waar de zon verscholen bleef achter een dichte nevel van stof en vuiligheid. Na 1945 is een 500 miljoen dollar kostend programma voor de verbetering van de luchtkwaliteit ingevoerd. In dezelfde tijd veranderde Pittsburgh van een kolen- en staalstad in een moderne stad met wetenschappelijke instituten en dienstverlenende instellingen. In het begin van de 21e eeuw was 85% van de beroepsbevolking actief in een niet-industrieel beroep. In het meest recente verleden heeft Pittsburgh zich ontwikkeld tot een van de steden in de VS waar zeer veel bedrijven hun zetel hebben.

Het industriële verleden van de regio is echter maar één kant van de medaille. Meer dan de helft van de grond tussen Cleveland en Pittsburgh wordt gebruikt voor de verbouw van mais, tarwe, haver en sojabonen, en een deel ook voor de (melk)veehouderij. De hier gevestigde amishgemeenschap, de grootste van de VS, bewerkt al 300 jaar lang het land en heeft er de afgelopen jaren met haar oudtestamentische levenswijze toe bijgedragen dat de streek ook toeristisch interessant is geworden, wat overigens mede te danken is aan de schoonheid van het afwisselende landschap.

## Ten zuiden van Cleveland

**Atlas** blz. 5, A 4

Na de Amerikaanse Vrijheidsoorlog waren vele gezinnen op zoek naar een plekje waar ze zich konden vestigen om te leven van de, zij het wellicht karige, opbrengst van het land. De Connecticut Land Company verkocht in die tijd in Ohio goedkope grond aan mensen uit New England, die aan het eind van de 18e eeuw ten zuiden van Cleveland het dorp Wheatfield stichtten. Hoe dit dorp er in 1848 uitzag, is te zien in het openluchtmuseum **Hale Farm & Village,** waarin de 'bewoners' in oude klederdracht het dagelijks leven van die tijd uitbeelden (I-77, afslag 143 Wheatley Rd.,

2686 Oak Hill Rd., Bath, tel. 330-666-3711, www.wrhs.org/halefarm, eind mei–begin sept. wo.–za. 11–17, zo. 12–17 uur, in okt. alleen za.–zo.).

## Akron

**Atlas:** blz. 5, A 4

Het is maar een korte weg die de landelijke idylle scheidt van de industriestad **Akron**. De 225.000 inwoners tellende stad stond vroeger vooral bekend als centrum van de rubber- en bandenproductie, maar de laatste decennia hebben andere takken van industrie zoals de polymeersector en de metaalverwerkig zich op de voorgrond gedrongen. De grote rubbermaatschappijen hebben echter nog steeds hun hoofdkwartier en hun researchinstellingen in de stad. De geografische ligging van Akron is ook voordelig voor de economie van de stad, aangezien dit industriegebied ongeveer op de grens van het oosten van de VS en de Midwest ligt.

Het **Akron Art Museum** houdt zich bezig met nationale en internationale kunst vanaf het midden van de 19e eeuw. Tot voor kort kon het minder dan één procent van zijn collecties tentoonstellen, maar het museumgebouw is in 2006 uitgebreid en biedt nu meer ruimte voor de kunst, zodat indrukwekkende schilderijen van onder anderen Andy Warhol, Frank Stella en Helen Frankenthal plus werk van beroemde fotografen als Margaret Bourke-White en Robert Frank nu beter gepresenteerd kunnen worden (70 E. Market St., tel. 330-376-9185, www.akronartmuseum.org).

Naast leeuwen, tijgers en beren zijn er in het **Akron Zoological Park** ca. 400 andere diersoorten te zien. Aan sommige daarvan is een eigen afdeling gewijd, zoals de Amerikaanse zeearend, het symbool van het land dat ook afgebeeld staat op het wapen van de VS, en de pinguïn. Een van de zeldzamere soorten die in Akron te zien zijn, is de uit Azië afkomstige kleine of rode panda (500 Edgewood Ave., tel. 330-375-2550, www.akronzoo.org, mei–okt. 10–17, nov.–apr. 11–16 uur).

**Akron Summit Convention & Visitors Bureau:** 77 E. Mill St., Akron, OH 44 308-

## Onderweg met de auteur

### Terug naar het verleden
**Holmes County:** De thuisbasis van de amish is niet alleen interessant vanwege hun traditionele levenswijze, maar ook om het prachtige landschap en de vele kleine dorpen (zie blz. 222).

### Fabuleus uitzicht
**Grandview Avenue:** Een weg op de Mount Washington ten zuiden van het centrum van **Pittsburgh** met een fantastisch uitzicht op de stad, vooral 's avonds (zie blz. 228).

### Pittsburgh by night
De meeste uitgaansgelegenheden voor een overwegend jeugdig publiek zijn in Pittsburgh te vinden in het stadsdeel **Strip District** en aan **Station Square** op de zuidoever van de Monongahela River (zie blz. 227 en 228).

### Aanrader!
**Cathedral of Learning:** In neogotische stijl opgetrokken universiteitsgebouw in **Oakland** bij Pittsburgh met een schitterende hal en 23 studiezalen, die alle zijn uitgevoerd in de stijl van een bepaald, steeds verschillend land (zie blz. 229).

1459, tel. 330-374-7560, fax 330-374-8900, www.visitakron-summit.org.

**Crowne Plaza Quaker Square:** 135 S. Broadway, tel. 330-253-5970, fax 330-253-2574, www.crowneplaza.com. Restaurant, coffeeshop, lounges, binnenbad, fitnessstudio, winkels en meer dan 200 comfortabele kamers of suites. Vanaf $140.

**Best Western Executive Inn:** 2677 Gilchrist Rd., tel. 330-794-1050, fax 330-794-8495, www.bestwestern.com. Onberispelijk hotel met eigen restaurant, lounge, zwembad, zakencentrum, en koffiezetapparaten op de kamers. Vanaf $75.

**Jillians':** 363 S. Main St., tel. 330-252-0085, www.jillians.com, dag. vanaf 11 uur. Levendige sportbar annex restaurant met gerechten waarop vaak een Thais accent is gelegd, zoals Coconut Island shrimps en een Thaise ribeye. $5-20.

**Don Drumm Studios & Gallery:** 437 Crouse St., tel. 330-253-6268, www. dondrummstudios.com, ma.–vr. 10–18, za. 10–17 uur. Dit is geen gewone winkel: vazen, beeldhouwwerk, poppen, decoratieve voorwerpen van 500 kunstenaars en beoefenaars van kunstnijverheid.

**Mustard Seed Market & Café:** 3885 W. Market St., tel. 330-666-SEED, www.mustardseedmarket.com. De grootste biologische winkel van Ohio, met ecoproducten, homeopathische middelen en een café.

## In het land van de amish

**Atlas** blz. 11, A 1/2

Ten zuidwesten van de industriecorridor Cleveland-Akron begint een wereld die nauwelijks meer hiervan zou kunnen verschillen. Aan het begin van de 18e eeuw vestigden wederdopers zich in **Holmes County** in Ohio die in Duitsland, Elzas-Lotharingen en Zwitserland steeds sterker onder druk werden gezet bij de uitoefening van hun geloof en daarom hadden besloten naar Amerika te emigreren.

Deze zogenaamde amish verspreidden zich over twee delen van Amerika, maar de grootste gemeenschappen werden gevormd in Ohio en het naburige Pennsylvania. Vandaag de dag wonen er nergens meer amish op Amerikaanse bodem dan in Holmes County en de omringende districten; hun aantal bedraagt inmiddels 40.000.

Niet dit grote aantal maakt de amish van Ohio zo bijzonder, maar hun levenswijze, die in de afgelopen 300 jaar niet echt is veranderd. Broederschap en collectieve voorzieningen zijn hun belangrijkste principes. Ze slaan overheidshulp als een bijstands- of werkloosheidsuitkering categorisch af, omdat ze liever uitgaan van hun gemeenschapszin en wederzijdse verantwoordelijkheid. Wat hen echter meer dan al het andere van hun medemensen onderscheidt, is het feit dat ze elke technische vooruitgang afwijzen. Ze vervoeren zich niet per auto, maar met een paard-en-wagen, en wanneer u bij een rondrit een boerenhoeve ziet waarheen geen enkele elektriciteits- of telefoondraad leidt, kunt u er zeker van zijn dat hij aan amish behoort.

Sinds 1923 wordt in het dorpje **Kidron** ten zuidwesten van Canton elke week een veeveiling gehouden, waarbij niet alleen amish, maar ook andere buurtbewoners bieden op koeien, schapen en geiten. In de grootste winkel, Lehman's Hardware, wisselen apparaten als door gas aangedreven koelkasten, handaangedreven karntonnen en zaklantaarns zonder batterijen (knijpkatten) van eigenaar, aangezien de amish geen elektrische apparaten gebruiken. Voor de winkel zijn speciale plaatsen bestemd voor paard-en-wagens. Bij Kidron Town & Country worden typische amishhoeden, ouderwetse schorten, bloemetjesmutsen met ruches en broeken met bretels verkocht, die alleen nog door de amish worden gedragen.

**Schrock's Amish Farm & Village** ligt in de zachtglooiende heuvels bij **Berlin** en is het best denkbare voorbeeld van een amishboerderij: een witgekalkt houten gebouw met bloemperken en goed onderhouden gazons rondom het huis. Binnen krijgt de bezoeker in de weliswaar sober, maar niet oncomfortabel ingerichte kamers een kijkje in de bescheiden levenswijze van de amish, die afzien van elektriciteit, maar wel gebruikmaken van allerlei apparaten die ofwel handmatig worden aangedreven ofwel op gas werken. Een minitrein voert de bezoeker over een 2 km lange spoorlijn over het terrein van de boerderij (4363 State Rte 39, Berlin, tel. 330-893-3232, www.amish-r-us.com, dag. 9–17 uur).

Op de **Rolling Ridge Ranch** in **Millersburg** kan de bezoeker met zijn eigen auto over het terrein rijden of hij of zij kan, gezeten in een paard-en-wagen, dieren als zebra's, apen, kamelen en reeën voeren. In deze openluchtdierentuin zijn meer dan 400 dieren uit alle delen van de wereld bijeengebracht. Leuk voor kleine kinderen is de kinderboerderij, waar zij de dieren mogen aanraken en aaien (3961 CR

Amishboeren op een parkeerplaats voor paard–en–wagens in Berlin

168, Millersburg, tel. 330-893-3777, geen eigen website, ma.–za. 9–17 uur).

De grotendeels overdekte Amish Flea Market in **Walnut Creek** is niet een doorsneevlooienmarkt met gebruikte goederen, maar een uit verscheidene hallen bestaande markt met meer dan 500 kramen, waar antiek, folkloristische kunst, meubels, kleding, speelgoed en vele, eveneens door amishfamilies vervaardigde levensmiddelen zoals marmelade, gebak, kaas, pasta en ook woningdecoratie worden aangeboden. Er zijn ook snackkraampjes, waar men kennis kan maken met typische amishshapjes (State Rte 39, Walnut Creek, tel. 330-893-2836, www.amishfleamarket.com, apr.–dec. do.–za. 9–17 uur).

**Holmes County Tourism Bureau:** 35 N. Monroe St., Millersburg bij Berlin, OH 44654, tel. 330-674-3975, fax 330-674-3976, www.holmescountychamber.com.

**Bluebird Inn Bed & Breakfast** 5335 CR 626, tel. 330-893-2276, www.bluebird-inn.com. Een boerenhoeve op vijf minuten rijden van Berlin met drie logeerkamers. Alle zijn voorzien van een bad, televisie en airconditioning, inclusief ontbijt. Vanaf $110.

**The Barn Inn:** 6838 CR 203, Millersburg, tel. 877-674-7600, www.thebarninn.com. Kamers met hemelbedden in een voormalige schuur. Vanaf $99.

**Carlisle Village Inn:** Walnut Creek, 4949 State Rte 515, tel. 330-893-3636. Verzorgd pension. Alle kamers zijn ingericht met amishmeubels. Vanaf $64,50.

**Dutchmann:** 4967 Walnut St., tel. 330-893-2981, ma.–za. 7–20 uur. Kalkoen, ham en karbonades met aardappelpuree, stevige sauzen en smakelijke toetjes. Vanaf $12,25 inclusief een alcoholvrij drankje.

**Mrs. Yoder's Kitchen:** Mt. Hope, SR 241, tel. 330-674-0922, ma.–za. 7–20 uur. Stevige amishkost, uiteraard met zelfgemaakte aardappelpuree. Heerlijk gebak. Vanaf $12.

**Excursies:** Amish Culture Tours, 5568 Township Rd., Millersburg ten westen van Berlin, tel. 330-893-3248, www.amishtoursofohio.com. Excursies van een halve en een hele dag inclusief eten.

**Country Coach Adventures,** Tel. 877-359-5282. Excursies en arrangementen voor een bezoek aan een amishhuis.

# Pittsburgh

**Atlas:** blz. 11, C 2

Vrijwel geen enkele andere grote Amerikaanse stad heeft in de laatste decennia zo veel veranderingen doorgemaakt als het 334.000 inwoners tellende Pittsburgh. De stad was de 'Steel City' van Amerika geworden door de grote steenkoolvoorraden in de regio en door de wat transport betreft voortreffeljke ligging aan de plaats waar de Allegheny River en de Monongahela River samenvloeien tot de Ohio River, maar begon al enkele tientallen jaren geleden als gevolg van de structuurcrisis noodgedwongen afscheid te nemen van de kolen en staal – een harde weg, die uiteindelijk toch lonend bleek. Het moderne gezicht van Pittsburgh wordt bepaald door banken, biotechnologie, dienstverlening en vier universiteiten, en dat gezicht is er behoorlijk van opgeknapt.

## Downtown Pittsburgh

Op de plaats waar de Allegheny River en de Monongahela River samenvloeien tot de Ohio River, is de stad ontstaan, in **Point State Park** 1. De militair-strategische ligging in de zogenaamde Golden Triangle speelde een doorslaggevende rol in de stadsgeschiedenis. In de French and Indian War (1754–1763) verdreven de Britten hun Franse rivalen uit dit gebied en bouwden Fort Pitt (1758), het toentertijd grootste militaire bolwerk in Noord-Amerika, waaruit Pittsburgh zich heeft ontwikkeld.

Van het voormalige fort is in het park met zijn grote fontein alleen nog het **Fort Pitt Blockhouse** over, het oudste huis van de stad. De tentoongestelde voorwerpen in het **Fort Pitt Museum** documenteren de tijden toen indianen, Fransen, Britten en Amerikanen streden om de overheersing in westelijk Pennsylvania. Ook wordt er aandacht besteed aan de Amerikaanse Revolutie, ook bekend als de Vrijheidsoorlog (Point State Park; tel. 412-471-1764, www.fortpittmuseum.com, wo.–zo. 9–17 uur).

Het centrum van Pittsburgh (Downtown) ligt op de driehoek tussen de Allegheny River in het noorden en de Monongahela River in

## Pittsburgh

### Bezienswaardigheden

1 Point State Park
2 Welcome Center
3 Market Square
4 PPG Place
5 Heinz Hall
6 Benedum Center / Performing Arts
7 Mellon Arena
8 Strip District
9 Andy Warhol Museum
10 Pittsburgh Children's Museum
11 National Aviary
12 Carnegie Science Center
13 Station Square
14 Monongahela Incline
15 Duquesne Incline
16 University of Pittsburgh

### Accommodatie

1 Westin Convention Center
2 Sheraton Station Square Hotel
3 Renaissance Pittsburgh
4 Springhill Suites North Shore
5 Holiday Inn Express

### Eten en drinken

6 Seventh Street Grille
7 Abruzzi's
8 1902 Tavern
9 James Street Tavern

het zuiden en is zo compact dat men het gemakkelijk te voet kan verkennen.

Wanneer u van Point State Park de stad in loopt, komt u bij het **Welcome Center** 2 van het Greater Pittsburgh Convention & Visitors Bureau, waar u alle informatie over de stad, de bezienswaardigheden, hotels en restaurants kunt krijgen (Liberty Ave. naast het Gateway Center, tel. 412-281-7711, www.visitpittsburgh.org).

Aan de zuidkant van **Market Square** 3 staat een rij oude huizen die een indruk geeft hoe het centrum er aan het eind van de 19e

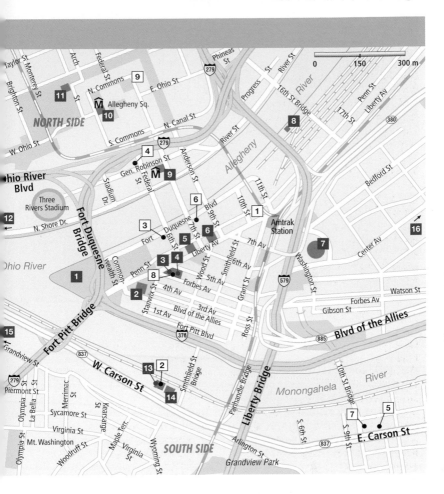

eeuw kan hebben uitgezien. Een contrast daarmee vormt de oostkant van het plein, die juist laat zien welke ontwikkeling het stadscentrum de afgelopen decennia heeft doorgemaakt. Op het plein met zijn groenstroken kunt u uitrusten op een bankje of het drukke stadsleven aanschouwen.

Tussen 4th en 5th Avenue rijst sinds de jaren tachtig van de 20e eeuw **PPG Place 4** de lucht in, een futuristisch aandoend complex, met een 194 m hoge 'kathedraal' van 40 verdiepingen, dat geheel bestaat uit zwarte glasvlakken, die van elkaar worden gescheiden

door lichtgekleurde aluminium omlijstingen. Op geen andere plaats is de gotische bouwstijl zo spectaculair opgenomen in een postmodern geheel. Wie te midden van deze glazen reuzen staat, waant zich in een obsidiaanzwarte buitenaardse kolonie. In het complex zijn kantoren ondergebracht, maar ook een tiental restaurants en veel winkels en boetieks. Elk jaar wordt kort voor Kerstmis een schaatsbaan aangelegd voor het gebouw, met in het midden een prachtig versierde kerstboom (One PPG Place, www.ppgplace.com).

Oude en nieuwe architectuur in het centrum van Pittsburgh

## Kunst en theater

In de **Heinz Hall** 5 vinden naast concerten van het Pittsburgh Symphony Orchestra onder leiding van Lorin Maazel ook Broadway-shows en popconcerten plaats. Al meer dan 100 jaar drukt het orkest een beslissend stempel op het culturele leven van de stad. Het heeft tijdens zijn tournees door alle delen van de wereld zijn hoge artistieke kwaliteit en professionaliteit duurzaam bewezen. Het orkest geeft 22 weken per jaar abonnementsconcerten en verder ook popconcerten, matinees, kamermuziekconcerten, zogenoemde *happy hour concerts* en over het hele jaar verdeelde gratis concerten in verschillende stadsparken (600 Penn Ave., tel. 412-392-4900, www.pittsburghsymphony.org).

Het huidige **Benedum Center for the Performing Arts** 6 werd in 1928 geopend als bioscoop en in 1987 na een omvangrijke renovatie heropend onder de nieuwe naam. Alle decoratieve details, zoals spiegels, bronzen handlijsten en verlichtingsinstallaties, zijn in de oorspronkelijke staat gebleven, inclusief de meer dan twee ton zware kristallen kroonluchter die in het auditorium, dat plaats biedt aan 2800 mensen, aan het plafond hangt. Op St. Patrick's Day 1936 werd de cultuurtempel geteisterd door een zware overstroming, waarbij verscheidene personen drie dagen lang van de buitenwereld waren afgesloten voor ze door de waterpolitie gered en per boot in veiligheid konden worden gebracht (719 Liberty Ave., Benedum Center, tel. 412-456-6666).

Het Benedum Center for the Performing Arts is tegenwoordig de thuisbasis van twee gezelschappen. Het **Pittsburgh Ballet Theatre** voert op het podium klassiek ballet en vernieuwende hedendaagse dans uit. Het seizoen duurt van oktober tot april (2900 Liberty Ave., tel. 412-281-0360, www.pbt.org). De in dit theatercomplex spelende **Pittsburgh Opera** draagt ieder jaar van september tot mei een forse steen bij aan het hoge niveau van de podiumkunsten in Pittsburgh. De uitvoeringen zijn vooral vanwege hun uitmuntende kwaliteit door de jaren heen vermaard geworden tot ver over de grenzen van de stad (719 Liberty Ave., tel. 412-281-0912, www.pittsburghopera.org).

De in 1961 als Civic Center geopende **Mellon Arena** 7 heeft als sport- en concertpaleis al vele beroemdheden ontvangen, zoals Frank Sinatra, Elvis Presley, de Rolling Stones, de Beatles, de countrylegende Garth Brooks, de Grateful Dead en Lenny Kravitz. Ook het gebouw zelf echter is een fenomeen, met een van de grootste beweegbare koepels ter wereld. De acht koepelonderdelen van roestvrij staal kunnen binnen een tijdsbestek van slechts twee minuten geopend of gesloten worden (66 Mario Lemieux Pl., tel. 412-642-1800, www.mellonarena.com).

## Strip District

Het stadsdeel **Strip District** 8, dat halverwege de 19e eeuw nog een wijk was waar 12.000 mensen woonden, veranderde aan het eind van diezelfde eeuw in een vervallen probleemgebied met een hoog criminaliteitscijfer. Toen in de 20e eeuw bedrijven zich hier vestigden en er productiewerkplaatsen en veilinghallen werden aangelegd, betekende dat een nieuwe verandering van gezicht voor de wijk. Aan deze opleving kwam evenwel een einde in de jaren dertig door de economische crisis en de catastrofale overstroming van 1936. De wijk onderging de volgende metamorfose in de laatste twee decennia van de 20e eeuw, toen het Strip District geleidelijk veranderde in een buurt vol eet- en drinkgelegenheden. In voormalige pakhuizen werden restaurants, bars en discotheken geopend. Elk jaar in de herfst wordt in de straten het vrolijke Penn Brewery *Oktoberfest* gevierd, met kraampjes, muziekbands en natuurlijk veel bier.

## North Side

Talrijke bruggen over de Allegheny River leiden van Downtown naar de North Side. De belangrijkste attractie in dit deel van Pittsburgh is het **Andy Warhol Museum** 9. In dit museum gewijd aan de beroemdste zoon van de stad, die zijn geboorteplaats op 21-jarige leeftijd verliet om nooit meer terug te keren, zijn op zeven verdiepingen meer dan 4000 schilderijen, grafische werken, tekeningen, sculpturen, films en videobanden te zien, die de pop-artkunstenaar zelf tonen of door hem werden vervaardigd of verzameld (117 Sandusky St., tel. 412-237-8300, www.warhol.org, dag. behalve ma. 10-17 uur). De kunstenaar is na zijn dood in 1987 ter ruste gelegd op de St. John the Baptist Cemetery in Bethel Park, ten zuiden van Pittsburgh. Onder de rouwende gasten bevonden zich zijn vrienden Roy Lichtenstein, Liza Minnelli en Don Johnson.

Het in een voormalig postkantoor met bijgebouwen ondergebrachte **Pittsburgh Children's Museum** 10 verrast zijn jeugdige bezoekers met bijvoorbeeld de Gravity Room, waarin de 25° schuin lopende vloer en evenzeer verschoven inrichting voor een desoriëntering van de zintuiglijke waarneming zorgen. Ook de Animateering Room is niet alledaags. Hier kunnen kinderen interactief op een monitor hun eigen poppentheater creëren, met zelf verzonnen personages, eigen muziek en een zelfgemaakt theaterdecor (10 Children's Way, Allegheny Sq., tel. 412-322-5058, www.pittsburghkids.org, ma.-za. 10-17, zo. 12-17 uur).

In de **National Aviary** 11 betreedt men de wereld van onze gevederde vrienden. Hier leven meer dan 600 vogelsoorten onder één dak, van de reusachtige condor uit de Zuid-Amerikaanse Andes tot aan de piepkleine kolibrie uit de tropen, van bonte papegaaien tot rozegekleurde flamingo's. De bezoekers kunnen aan voorstellingen deelnemen of kijken hoe de verschillende soorten worden gevoederd (Allegheny Commons West, tel. 412-323-7235, www.aviary.org, dag. 9-17 uur).

In de buurt van het Pittsburgh Steeler's Stadium ligt het **Carnegie Science Center** 12, waar de bezoeker zich op speelse wijze vertrouwd kan maken met natuurwetten, nieuwe uitvindingen en technische principes. Filmfans krijgen een kijkje in de wereld van de filmproductie en horen wetenswaardigheden over special effects, stunts en schminktechnieken. Bij het museum horen een planetarium en de **USS Requin** aan de oever, een onderzeeboot uit de Tweede Wereldoorlog (One Allegheny Ave., tel. 412-237-3400, www.carnegiesciencecenter.org, zo.-vr. 10-17, za. 10-19 uur).

## South Shore

Aan de zuidoever van de Monongahela River is **Station Square** 13 aangelegd rondom een niet meer in gebruik zijnd spoorwegstation; het plein dient als winkel-, restaurant- en amusementscentrum. Vooral in het weekend steken veel Pittsburghers de Smithfield Street Bridge over om een excursie te maken met een 'Mississippistoomboot' van de Gateway Clipper Fleet. In zekere zin voert het gedeelte van de tocht langs de Monongahela River de vaargast terug in de industriële geschiedenis van de stad, want langs beide zijden zijn gereedschap en machines uit de tijd van de kolen- en staalproductie te zien. Een van de nieuwigheden is de **Landing Tower**, met een uitkijkplatform waarvan men zicht heeft op de binnenstad, een aanlegplaats voor boten en een met helium gevulde ballon, waarin men kan opstijgen tot een hoogte van 130 m.

De bergspoorbaan op de 200 m boven de stad uitstekende Mount Washington heeft twee hoogtepunten te bieden. De in 1869 in bedrijf genomen **Monongahela Incline** 14 is niet alleen het oudste kabelspoor van de VS, maar ook het steilste. Met een relatief gezapig tempo van 10 km per uur zwoegt hij met zijn ouderwetse wagons maximaal 23 personen per rit omhoog over het 200 m lange gedeelte tussen het dal en het bergstation (E. Carson St., tel. 412-361-0873, ma.–za. 5.30–0.45, zo. en feestdagen 8.45–24 uur).

Ook de uit de jaren zeventig van de 19e eeuw stammende **Duquesne Incline** 15, eveneens een kabelspoorbaan, valt onder monumentenzorg. In 1963 viel bijna het doek voor deze oude trein met zijn rode wagons, maar de burgers namen het heft in handen en gingen het kabelspoor zelf exploiteren, zodat het bleef voortbestaan. De panoramische weg **Grandview Avenue** leidt van de ene kabelspoorhalte naar de andere over de Mount Washington. Bij helder weer hebt u hier een fantastisch uitzicht op de stad en vooral 's avonds, wanneer het laatste zonlicht de toppen van de wolkenkrabbers in een gloed zet terwijl beneden in de huizen en op straat de verlichting al wordt ontstoken (1220 Grand-

view Ave., tel. 412-381-1665, zelfde tijden als de Monongahela Incline).

## De campus in Oakland

De **University of Pittsburg** 16 is gevestigd in het stadsdeel Oakland. Op de campus van de in 1787 gestichte universiteit, waaraan zo'n 35.000 studenten staan ingeschreven, staan ongeveer 70 gebouwen, waarvan een deel het bezichtigen waard is.

De **Cathedral of Learning** is een gebouw dat er letterlijk boven uitsteekt. De 163 m hoge, neogotische wolkenkrabber is gebouwd tussen 1926 en 1937. Wanneer men het 42 verdiepingen hoge 'hoogste schoolgebouw ter wereld' betreedt via de hoofdingang aan Bigelow

Zicht van bergstation Duquesne Incline op Pittsburgh en de Monongahela River

Boulevard, kan men de trap nemen naar de vier verdiepingen hoge Commons Room, die de sfeer uitstraalt van een gotische kathedraal, waarin maar weinig licht door de glas-in-loodramen heen dringt. De studenten kunnen zich over hun boeken buigen aan de tafels die tussen de pilaren staan of in de kleine nissen, die maar net genoeg plaats bieden voor één lessenaar (4200 5th Ave., tel. 412-624-6000, dag. vanaf 9, zo. vanaf 11 uur).

Mensen die in de loop der eeuwen naar Pittsburgh zijn geëmigreerd, hebben **23 nationaliteitenzalen** ingericht in de stijl van hun land van herkomst, die tezamen een dwarsdoorsnede bieden van talrijke culturen. De Armeense zaal onder een stenen koepel maakt een welhaast spartaanse indruk door de sobere inrichting. De Syrisch-Libanese zaal aan de andere kant is prachtig vormgegeven, met een origineel interieur inclusief muur- en plafondschilderingen uit het Midden-Oosten. Enkele glas-in-loodramen in de Duitse zaal tonen taferelen uit de sprookjes van Grimm. Andere zalen zijn uitgevoerd in classicistische, Byzantijnse, romaanse en barokke stijl of brengen de bezoeker terug naar bijvoorbeeld het tijdperk van de renaissance of het empire. Zelfs exotische culturen als die van het West-Afrikaanse Ashantirijk uit de 18e eeuw zijn vertegenwoordigd.

In het cultureel complex **The Carnegie** zijn een concertzaal met 2000 plaatsen, de Carnegie Library met meer dan 4 miljoen boeken, documenten en geluidsdragers, het Carnegie Museum of Art met kunstwerken uit de 19e en 20e eeuw en een interessant natuurhistorisch museum ondergebracht.

In het **Carnegie Museum of Natural History** worden de meeste bezoekers vooral gefascineerd door de dinosauriërszaal, die recentelijk is verbouwd en uitgebreid om meer ruimte te bieden aan onder andere de reusachtige carnivoor *Tyrannosaurus rex* en de naar de stichter van het museum vernoemde *Diplodocus carnegii*. In vakkringen beschouwt men de collecties van meer dan 100.000 dinosauriërbotten en fossielen als behorend tot de beste ter wereld (4400 Forbes Ave., tel. 412-622-3131, www.carnegiemuseums.org, di.–za. 10–17, zo. 12–17 uur, sept.–juli ma. gesloten).

De topstukken in het **Carnegie Museum of Art** vallen in de categorieën architectuur, decoratieve kunst, film en video, schilder- en beeldhouwkunst. Tot de kostbaarste schilderijen behoren werken van Degas, Van Gogh, Hopper, Abbey en Joan Mitchell. Speciale afdelingen zijn gewijd aan de architectuur van Frank Lloyd Wright en het fotowerk van Luke Swank (1890–1944) (adressen en openingstijden gelijk aan die van Carnegie Museum of Natural History).

In de vorm van een kapel staat op het museumterrein het grootste monument dat aan een Amerikaanse componist gewijd is. Het qua stijl aan de Cathedral of Learning aangepaste **Stephan C. Foster Memorial** gedenkt de in 1826 in Lawrenceville (Pennsylvania) geboren beroemde liedjesschrijver Stephan C. Foster, die klassiekers als *Beautiful dreamer* en *My old Kentucky home* schreef. In de kapel annex museum zijn muziekinstrumenten van Foster, kopieën van zijn composities en memorabilia als een portemonnee met daarin 38 cent te zien – dat laatste was het enige wat Foster bezat bij zijn dood in 1864 (Forbes Ave./Bigelow Blvd, tel. 412-624-4100, ma.–vr. 9–16 uur).

Die kleine **Heinz Memorial Chapel** is te herkennen aan zijn naaldscherpe torenspits. De kapel is ingericht en gedecoreerd met meer dan 20 m hoge glas-in-loodramen, een orgel, houtsnijwerk en een marmeren altaar; er vinden regelmatig concerten en andere evenementen plaats (Fifth and Bellefield Ave., tel. 412-624-4157, ma.–vr. 9–16, zo. 13–17 uur).

ℹ️ **Welcome Center:** Liberty Ave. naast het Gateway Center, Pittsburgh, PA 15219-1865, tel. 412-281-7711, fax 412-644-5512, www.visitpittsburgh.org.

🛏️ **Westin Convention Center** [1]: 1000 Penn Ave., tel. 412-281-3700, fax 412-227-4500, wwwwestin.com/pittsburgh. Groot, stijlvol luxehotel in Downtown met sauna, verwarmd indoorzwembad en businesscenter. Vanaf $160.

**Sheraton Station Square Hotel** [2]: 300 West Station Square Dr., tel. 412-261-2000, fax 412-261-2932, www.sheraton.com. Het enige hotel aan het water in de stad, met indoorzwembad, bubbelbad, sauna, fitnessstudio en zeer comfortabele kamers. Vanaf $160.

**Renaissance Pittsburg** [3]: 107 6th St., tel. 412-562-1200, fax 412-992-2010, www.renaissancepittsburgh.com. Chic hotel midden in Downtown met een bijzonder fraaie lobby, kamers met bad of alleen douche, fitnessruimten en sauna. Vanaf $150.

**Springhill Suites North Shore** [4]: 223 Federal St., tel. 412-323-9005, fax 412-323-9555, http://marriott.com. Aangenaam hotel, ruime suites, zwembad en fitnesscenter. $109–159.

**Holiday Inn Express** [5]: 20 S. 10th St., tel. 412-488-1130, www.ichotelsgroup.com. Groot hotel met indoorzwembad, fitnesscenter en kamers met niet te veel comfort. $108.

🍴 **Seventh Street Grille** [6]: 130 7th St., tel. 412-391-1004, www.thegrilleonseventh.com, dag. 11.30–24 uur. Malse *porterhouse steak* $24, jakobsschelpen, garnalen en schelpdieren in knoflooksaus $20.

**Abruzzi's** [7]: 52 S. 10th St., tel. 412-431-4511, ma.–za. 11.30–22, zo. 16–21 uur. Bij mooi weer kunt u buiten genieten van de Italiaanse specialiteiten. $10–25.

**1902 Tavern** [8]: 24 Market Sq., tel. 412-471-1902, www.1902-tavern.com, dag. behalve zo. 11.30–2

uur. Meer dan 100 jaar oude taveerne, ruim aanbod aan vleesspecialiteiten. Vanaf $15.
**James Street Tavern** 9 : 422 Foreland St., tel. 412-323-2222, ma.–vr. lunch, ma.–za. diner. Typische Louisianaspecialiteiten als jambalaya en gumbo, begeleid door livejazz uit New Orleans. Vanaf $14.

**Pittsburgh Mills:** 590 Pittsburgh Mills Circle, Tarentum, www.pittsburghmills .com, ma.–do. 10–21, vr.–za. 10–21.30, zo. 11–18 uur. Winkelcentrum met meer dan 200 fabrieksverkooppunten, boetieks en detailhandels, en ook restaurants en amusementsmogelijkheden.
**Shops at Station Square:** Station Sq., ma.–za. 10–17, zo. vanaf 13 uur. In het oude station zijn tal van winkels ondergebracht.

De beste wijken voor nachtbrakers zijn het **Strip District** en **Station Square** op de zuidoever van de Monongahela River, waar vele restaurants, clubs, bars en kroegen te vinden zijn.
**Rosebud Café:** 1650 Smallman St., wo.–za., tel. 412-261-2232. De gasten zitten op banken en luie stoelen als in een woonkamer, livemuziek of dj-avonden, soms wordt er een toegangsprijs gevraagd.
**Club Millennium:** 108 19th St., tel. 412-281-6100, vr.–za. 21–2 uur. Dansclub met de modernste sound.

**Pittsburgh Symphony Orchestra:** 600 Penn Ave., tel. 412-392-4900, www.pitts burghsymphony.org. Het vlaggenschip van het Pittsburghse muziekleven treedt meestal op in de Heinz Hall.
**Pittsburgh Opera:** 719 Liberty Ave., tel. 412-281-0912, www.pittsburghopera.org. Het seizoen duurt van sept.–mei.
**Benedum Center for the Performing Arts:** 719 Liberty Ave., Benedum Center, tel. 412-456-6666. Vooral Broadwayshows.
**Pittsburgh Ballet Theatre:** 2900 Liberty Ave., Tel. 412-281-0360, www.pbt.org. Klassiek ballet en moderne dans.

**Feesten/evenementen**
**Carnegie International:** Reusachtige jaarlijkse tentoonstelling van hedendaagse kunst, al meer dan 50 jaar lang, met bekende kunstenaars uit de hele wereld (okt.–apr., www. cmoa.org).

**Tours:** Gateway Clipper Fleet, Station Square Dock, tel. 412-355-7980, fax 412-355-7987, www.gatewayclipper.com. Dagtochten, rondritten met diner en avondlijke rondvaarten op de rivieren rond Pittsburgh.

**Vliegtuig:** Pittsburgh International Airport, Airport Pkwy, 30 km ten noordwesten van de stad, tel. 412-472-3525, www.pi trairport.com De meeste Amerikaanse luchtvaartmaatschappijen vliegen op deze luchthaven. De twee terminals zijn door een metrolijn met elkaar verbonden. Er rijden taxi's en pendelbussen naar het centrum.
**Trein :** The Pennsylvanian Terminal, Liberty Ave./Grant St., tel. 412-471-6170, www.amtrak .com. Amtrakstation voor de treinen naar onder andere Philadelphia, Chicago, Washington D.C. en New York City.
**Bus:** Greyhound Bus Lines, 990 2nd Ave., tel. 412-392-6513, www.greyhound. com. Verbindingen met alle grotere steden.
**Lokaal openbaar vervoer:** De bussen en de metro worden beheerd door de Port Authority Transit (tel. 412-442-2000). De kortste metrolijn van de VS is in Downtown gratis.

# Pennsylvania en New Jersey

**Het oosten van de VS maakt vrijwel nergens zo'n provinciale indruk als tussen Pittsburgh in het zuidwesten van Pennsylvania en de Atlantische kust bij Newark. Wie hier rondreist, leert niet alleen het Amerika van de kleine steden kennen, maar ook plaatsen vol historie, waarmee alle Amerikaanse schoolkinderen vertrouwd zijn.**

Sinds de koloniale tijd is Pennsylvania een van de grote industriestaten van de VS. Dankzij de grote kolen- en aardolievoorraden is een enorme ijzer- en staalindustrie ontstaan. In de loop der jaren kwamen daar nog de textiel-, leder-, tabaks-, levensmiddelen- en houtindustrie bij. In de zuidelijke helft van het gebied is van grote industrie op een reis van Pittsburgh naar het oosten net zo weinig te bespeuren als in New Jersey: in plaats van fabrieksschoorstenen ziet de reiziger hier beboste heuvels, en waar men misschien moderne kantoortorens zou verwachten, zijn er op de weiden en velden alleen boerderijen en decoratieve schuren te vinden. In het heuvelige landschap met bossen, lage bergketens, kleine meren en vele rivieren is te zien dat de natuur in dit deel van het oosten weids en royaal is, zonder al te veel spectaculaire wonderen.

Grote steden zijn hier dun gezaaid. De dorpen en kleine steden hebben een provinciaal karakter, wat in zekere mate ook geldt voor de slechts 50.000 inwoners tellende hoofdstad Harrisburg, die niet eens probeert om de rol van een metropool te spelen. In de staat Pennsylvania wonen ca. 12,5 miljoen mensen. Alleen al de helft daarvan valt onder het stedelijke concentratiegebied Philadelphia. Wanneer men dan ook nog de nummers 2 en 3 van de staat in aanmerking neemt, de grote steden Pittsburgh en Erie met miljoenen inwoners, dan moet het duidelijk zijn dat hele streken in Pennsylvania maar relatief dun bevolkt zijn. Iets soortgelijks geldt voor het noordoosten van New Jersey.

Snel wordt het de reiziger duidelijk dat hij zich niet alleen in een ongekunsteld stukje Amerika bevindt, maar ook buiten de gebaande toeristenpaden. Dat heeft een niet hoog genoeg te waarderen voordeel: deze streek is niet gemaakt en onecht, maar doet zich gewoon voor zoals hij is: de vriendelijke Amerikaanse provincie.

Af en toe vormt het zuiden van Pennsylvania hierop een uitzondering, vooral daar waar de staat zijn naam als historische goudmijn eer aandoet. Gettysburg bijvoorbeeld was in 1863 de plaats waar de beslissende slag in de Amerikaanse Burgeroorlog werd gestreden en staat vol gedenktekens – en gezien het historische belang van de plaats zijn er natuurlijk ook de nodige toeristische voorzieningen. Historische sporen zijn ook te vinden in het provinciestadje York en in de staat New Jersey, waar het Morristown National Historic Park gewijd is aan de Amerikaanse Revolutie.

## York

**Atlas:** blz. 13, A 2/3

Het 41.000 inwoners tellende **York** is nu een dromerig provinciestadje, maar kijkt met trots terug op zijn verleden, toen het in 1777/1778 een halfjaar lang de hoofdstad van de VS was. De leden van het Continental Congress, de wetgevende vergadering van de Britse koloniën en na de onafhankelijkheid van de VS, waren toen uit Philadelphia gevlucht uit angst voor de Britten en beraadslaagden in het York County Colonial Court-house wat de volgende stappen zouden zijn in de onafhankelijkheidsstrijd. Dat is weliswaar al een lange tijd geleden, maar zeker nog niet vergeten. Aan het eind van de 20e eeuw gaf het gemeentebestuur de opdracht aan bekende Amerikaanse kunstenaars om het historische belang van York tot uitdrukking te brengen in tientallen muurschilderingen, die over het hele stadscentrum zijn verdeeld (http://w2.ydr.com/history/murals).

## Golden Plough Tavern

De van vakwerkbalken en baksteen gebouwde 'Taveerne de Gouden Ploeg' uit 1741 is voor een deel met de oorspronkelijke meubels ingericht en dient als herinnering aan lang vervlogen tijden. De taveerne speelde in die tijd een belangrijke rol omdat de afgevaardigden van het Congress er discussieerden over politieke kwesties. In het belendende **Gates House,** dat staat op het terrein van de Golden Plough Tavern, woonde in 1778 generaal Gates, die een jaar eerder volgens de wens van hoge militairen George Washington had moeten opvolgen als opperbevelhebber van het leger. Daar is het echter niet van gekomen. Het **Bobb House** geeft de bezoeker een indruk van het leven in York rond 1830 (157 W. Market St., tel. 717-845-2951, www.yorkheritage.org, di.–za. 10–16 uur, rondleidingen elk uur vanaf 10 uur).

## Harley-Davidson Museum

Het fabrieksmuseum naast de productiehallen documenteert de technische ontwikkeling van de Harley-Davidsonmotorfietsen sinds 1903, toen de 'Silent Gray Fellow' op de markt kwam, met een eencilinder-viertaktmotor van 3 pk en 580 cc. Ieder type wordt gepresenteerd met documentatie uit brochures, krantenartikelen en foto's, zodat de bezoeker een volledig chronologisch overzicht krijgt van de productie tot de dag van vandaag (1425 Eden Rd., tel. 877-883-1450, www.harley-davidson.com, ma.–vr. 9–14 uur, juni–half aug. ook za. Gratis rondleidingen, minimumleeftijd 12 jaar).

## Onderweg met de auteur

### Herinnering aan de slag
**Gettysburg National Military Park:** Een wandeling over de historierijke begraafplaats in Gettysburg brengt de in 1863 gestreden beslissende slag in de Amerikaanse Burgeroorlog in herinnering en is tegelijkertijd een overtuigend bewijs van de zinloosheid van de oorlog (zie blz. 234).

### Werkplaats van een genie
**Edison National Historic Site:** De voormalige werkruimten van Thomas A. Edison in West Orange zijn de plaats waar de geniale knutselaar de technische ontwikkeling van de wereld vooruithielp (zie blz. 243).

### Gratis attracties
**Harley-Davidson Motor Company:** Dit fabrieksmuseum in York leert de gepassioneerde motorrijder alles over de 100-jarige geschiedenis van dit beroemde merk (zie blz. 233).
**State Museum of Pennsylvania:** Dit Museum in Harrisburg biedt een veelomvattende kijk op de staat Pennsylvania, op de kunst, geschiedenis, geologie, archeologie, volkenkunde, wetenschap en industrie (zie blz. 236).
**Hershey Chocolate World:** Het is vooral voor de chocoladeverslaafde interessant om te weten hoe pralines en andere zoetigheden worden gemaakt. Hershey laat het allemaal zien (zie blz. 239).

**Downtown York Visitor Center:** 149 W. Market St., York PA 17401, tel. 717-852-9675, www.yorkpa.org.

**Yorktowne Hotel:** 48 E. Market/Duke St., tel. 717-848-1111, fax 717-854-4707, www.yorktowne.com. Mooi oud hotel in het historische centrum, met grote kamers en suites en een fitnesscenter. $120–135.
**Country Inn & Suites:** 245 St. Charles Way, tel. 717-747-5833, www.countryinns.com/ yorkpa. Groot binnenbad, fitnessruimten, sommige

Het Lincolnmonument in Gettysburg, waar de president een beroemde rede hield

kamers met bubbelbad, gratis toegang tot internet en inclusief ontbijt. Vanaf $95.
**Indian Rock Campground** 436 Indian Rock Dam Rd., tel. 717-741-1764, www.indianrock campground.com, hele jaar geopend. Rustige camping met 70 plaatsen.

**San Carlo's Restaurant:** 333 Arsenal Rd. tel. 717-854-2028, dag. 16–21 uur. Pasta, barbecue, steaks, schnitzels en sandwiches in een voormalige schuur. Twee dansvloeren en een openluchtbar, zo., di., do. karaoke, dag. 16–2 uur. Vanaf $6.
**Isaac's Deli:** 2960 Whiteford Rd., tel. 717-751-0515, ma.–za. 10–21, zo. 11–21 uur. Enorme keus aan belegde stokbroden, soep en salades. Vanaf $6.

**Central Market:** W. Philadelphia St., di., do., za. 6–14 uur. Boerenmarkt.

**Boerderij:** Perrydell Farm Dairy, 90 Indian Rock Dam Rd., tel. 717-741-3485, ma.–za. 7–21, zo. 12–18 uur. Bezoek aan een melkveehouderij, za. gratis rondleidingen.

# Gettysburg

**Atlas:** blz. 13, A 3
Tijdens de bloedigste slag tussen de Noordelijken en de Zuidelijken van juli 1863 werden in drie dagen meer dan 50.000 soldaten gedood of gewond. Sinds die tijd geniet het 7000 inwoners tellende provincieplaatsje Gettysburg een treurige faam.

## National Military Park

Het **Gettysburg National Military Park** omvat de slagvelden en begraafplaatsen uit de beroemde strijd in de Burgeroorlog; er voert een weg langs. U kunt uw rondgang het beste beginnen in het **Visitor Center,** waar de slag wordt gedocumenteerd tot in alle details. De bezoeker kan zich aansluiten bij een rondleiding of met behulp van een geluidscassette het terrein met zijn monumenten, gedenkplaten, oude kanonnen en beelden op eigen houtje verkennen. Kritische opmerkingen over de zin van dit historische bloedbad zal hij of zij echter tevergeefs zoeken. Pathos en heldenverering zijn daarentegen des te duidelijker aanwezig. Het **Cyclorama Center** in de buurt van het Visitor Center toont het verloop van de Slag bij Gettysburg door middel van een meer dan 100 m lange wandschildering met begeleiding van licht en geluid (97 Taneytown Rd, hoofdingang bij Visitor Center aan State Rte 134 ten zuiden van de stad, tel. 717-334-1124, www.nps.gov/gett, apr.-okt. dag. 6-22, verder 6-19 uur).

## National Cemetery

Op het **Gettysburg National Cemetery** liggen meer dan 6000 soldaten begraven, onder wie 3512 van het leger van de Unie (de Noordelijken). Het duurde vier maanden voor men de doden had gevonden en in hun laatste rustplaats had gelegd. Bij de inwijding van de begraafplaats hield de toenmalige president Abraham Lincoln een korte toespraak, die als Gettysburg Address de geschiedenis in is gegaan. In zijn drie minuten durende rede getuigde Lincoln van een onwrikbaar vertrouwen in het voortbestaan van de Unie (www. nps.gov/getc).

## Eisenhowers laatste woning

Nadat hij afscheid had genomen van het hoogste Amerikaanse ambt trok de 34e president Dwight D. Eisenhower in 1961 zich terug in de landelijke sfeer van zijn boerderij in Gettysburg. Af en toe was het daar een drukke bedoening, toen hoge staatsgasten als Winston Churchill, Nikita Chroesjtsjov of generaal De Gaulle hem een bezoek brachten. Het woonhuis en de omliggende boerderijgebouwen zijn niet zo bewaard gebleven als ze waren ten tijde van de beroemde bewoner (tel. 717-338-9114, www.nps.gov/eise, toegang alleen per shuttlebus vanaf National Military Park, dag. 9-16 uur).

**Gettysburg Convention and Visitors Bureau:** 102 Carlisle St., Gettysburg, PA 17325, tel. 717-334-6274, fax 717-334-1166, www.gettysburg.com, www.gettysburgtravel .org.

De kleine stad Gettysburg beschikt over prima accommodatie in alle prijsklassen.

**Best Inn:** 301 Steinwehr Ave., tel. en fax 717-334-1188, www.gettysburgbestinn.com. Motel met buitenbad, inclusief ontbijt, sommige kamers met keuken. Vanaf $75.

**Colton Motel:** 232 Steinwehr Ave., tel. 717-334-5514, fax 717-334-6116, geen website. Eenvoudige, schone kamers en een parkeerterrein direct voor de deur. $50.

**Gettysburg KOA Kampground:** 20 Know Rd., tel. 717-642-5713, www.koa.com, mei-okt. Goed voorziene camping met cabines, compleet toegeruste huisjes en verder een mini-golfbaan, zwembad en fietsverhuur.

**Dobbin House Tavern en Springhouse Tavern:** 89 Steinwehr Ave., tel. 717-334-2100, www.dobbinhouse.com, dag. 11.30-21 uur. Candlelight dinner in een taverne uit 1776; het personeel draagt historische kleding. Vanaf $18.

**Hickory Bridge Farm:** Orrtanna, 15 km ten westen van Gettysburg, tel. 717-642-5261, www. hickorybridgefarm.com, vr.-za. 17-20, zo. 12-15 uur. Groot aanbod aan gerechten in een 150 jaar oude schuur met veel antiek. Ook met een *country store* en een klein boerderijmuseum. Menu inclusief drankjes $21,95.

**Gettysburg Village Factory Stores:** 1863 Gettysburg Village Dr., www.gettysburg village.com, ma.-za. 10-9, zo. 10-18 uur. 'Dorp' met meer dan 70 fabrieksverkooppunten met mode, schoenen en huishoudelijke artikelen. In het Food Court kunt u de inwendige mens versterken.

**Battle of Gettysburg Re-Enactment** (2-4 juli): Hier wordt de de zwaarste veldslag van de Amerikaanse Burgeroorlog nagespeeld.

**Dierentuin:** Land of Little Horses, 125 Glenwood Dr., tel. 717-334-7259, www. landoflittlehorses.com, apr.-aug. ma.-za. 10-17, zo. 12-17 uur. Leuk voor de kleintjes: kinderboerderij, hardloopwedstrijden voor kippen, pony's, dwergezels, lama's, geiten en diverse dierenshows, steeds om 11 en 14 uur.

# Harrisburg

**Atlas:** blz. 13, A 2

Met ca. 53.000 inwoners is de hoofdstad van Pennsylvania een van de kleinste staatshoofdsteden van de VS. In 1979 haalde de stad de voorpagina's van alle kranten ter wereld toen het maar een haar scheelde of de reactorkern van een atoomcentrale op Three-Mile Island in de Susquehanna River was gesmolten. Hoewel de vrijgekomen straling het noodzakelijk maakte dat de in de omgeving wonende personen onmiddellijk werden geëvacueerd, bagatelliseerden de exploitanten van de centrale het voorval. De hieropvolgende discussies over de veiligheid van de bevolking en de geleden gezondheidsschade, zoals een verhoging van het aantal gevallen van leukemie, hebben het Amerikaanse kernenergiebeleid duurzaam veranderd.

Harrisburg is begonnen als een in 1710 door John Harris opgerichte handelspost aan de oever van de Susquehanna River. Harris' zoon John onderhield hier later een veerdienst over de rivier, waarmee hij pioniers op weg naar het westen overzette. Pas in 1785 werd de stad officieel gesticht en naar Harris genoemd, en in 1812 tot hoofdstad uitgeroepen. Zeven jaar later werd de eerste regeringszetel gebouwd, maar die ging in 1897 op in de vlammen. Enkele huizen in North Front Street (Governor's Row), waaronder de woonhuizen van drie gouverneurs, zijn gebouwd tussen 1812 en 1840 en dateren dus uit de begintijd van Harrisburg als hoofdstad.

## State Capitol

De Amerikaanse president Theodore Roosevelt omschreef het **State Capitol** van de staat Pennsylvania na de voltooiing in 1906 als 'het mooiste gebouw dat ik ooit gezien heb'. Wanneer men in de centrale hal onder de machtige koepel staat en de blik laat rondgaan over het marmeren interieur met stijlvolle trappen, monumenten en sculpturen, is de indruk inderdaad betoverend. De Sint-Pieter in Rome diende als voorbeeld voor de 83 m hoge koepel. De marmeren centrale trap vond zijn inspiratie in de entree van de Parijse Opéra.

Twee beeldengroepen van de uit Pennsylvania afkomstige George Grey Barnard staan aan weerszijden van de hoofdingang (Capitol Hill, tel. 717-787-6810, www.legis.state.pa.us, ma.-vr. 8.30–16, za.–zo. 9, 11, 13 en 15 uur gratis rondleidingen).

## Bezienswaardige musea

Het **State Museum of Pennsylvania** is het belangrijkste museum van de stad. De tentoongestelde voorwerpen behoren tot de categorieën kunst, geschiedenis, geologie, archeologie, volkenkunde, wetenschap, industrie en technologie. Vooral de indiaanse voorwerpen zijn interessant, van prehistorische stenen werktuigen tot kunstwerken van de Oklahoma-Delaware-indianen, wier voorvaderen onder andere in het oosten van Pennsylvania leefden (300 N. St. bij het Capitol, tel. 717-787-4980, www.statemuseumpa.org, di.–za. 9–17, zo. 12–17 uur, toegang gratis. Voorstellingen in het planetarium za.–zo. 13.30 en 15 uur).

Het **Whitaker Center** biedt niet alleen natuurwetenschappelijke exposities over bijvoorbeeld de menselijke bewegingen bij het dansen en turnen, interactieve installaties en tentoonstellingen over techniek, natuurverschijnselen en wiskunde, maar in het culturele deel van het centrum worden het hele jaar door opera's, toneelstukken, concerten en shows op- en uitgevoerd (222 Market St., tel. 717-214-8201, www.whitakercenter.org; de verschillende afdelingen van het centrum hebben ook verschillende openingstijden).

Het **National Civil War Museum** noemt zich het enige museum in de VS dat de volledige geschiedenis van de Amerikaanse Burgeroorlog verhaalt en zich daarbij zo neutraal mogelijk probeert op te stellen tussen de Noordelijken en de Zuidelijken.

Er worden wapens, uniformen, uitrustingsstukken van militairen, diorama's over het leven aan het front en plattegronden van slagvelden getoond. Enkele afdelingen zijn gewijd aan speciale thema's, zoals het eerste schot in Fort Sumter in South Carolina, vrouwen in de oorlog, muziek en de Slag bij Gettysburg (1 Lincoln Circle at Reservoir Park, tel. 717-260-

Het neoklassieke State Capitol in Harrisburg

1861, www.nationalcivilwarmuseum.org, ma.–za. 10–17, zo. 12–17 uur).

## City Island

Ter hoogte van Walnut Street leidt een meer dan 100 jaar oude, autovrije ijzeren brug naar **City Island**. Dit langgerekte eiland in de Susquehanna River werd in de jaren tachtig van de 20e eeuw door het stadsbestuur bestemd tot stedelijk recreatiegebied. Behalve over een strand, picknickplaatsen, een minigolfbaan, sportvelden en mogelijkheden om te watersporten beschikt het over een klein dorp met eetgelegenheden, souvenirwinkels en ook een raderstoomboot (10 N. 2nd St., tel. 717-233-7211).

**Harrisburg-Hershey-Carlisle Tourism & Convention Bureau:** 25 N. Front St., Harrisburg, PA 17101, tel. 717-231-7788, fax 717-231-7790, www.visithhc.com. Informatie over Pennsylvania vindt u op de website www.experiencepa.com.

De meeste hotels/motels liggen buiten de stad bij de Interstates.
**Crowne Plaza Harrisburg:** 23 S. 2nd St., tel. 717-234-5021, fax 717-234-6797, www.ichotelsgroup.com. Centraal gelegen hotel met comfortabele kamers, een verwarmd indoorzwembad en een fitnessruimte. Vanaf $149.
**Comfort Inn Riverfront:** 525 S. Front St., tel. 717-233-1611, fax 717-238-2172, www.comfortinn.com. Eveneens centraal gelegen, goed toegerust hotel; zwembad en fitnessruimte. Vanaf $70.

# Underground railroad: 'slavenspoorbaan'

## Thema

**Obers en serveersters in historische klederdracht zetten bij kaarslicht schalen vol overvloedige maaltijden, verse salades en hemelse desserts op tafel. Vroeger ging het er in de Dobbin House Tavern in Gettysburg minder luxe aan toe. In de 18e en 19e eeuw diende de toenmalige kroeg als schuilplaats voor ontsnapte slaven.**

Na de Vrijheidsoorlog tegen het eind van de 18e eeuw hadden de zwarten in het noorden van de VS weliswaar een zwaar bestaan, maar ze waren vrij – in tegenstelling tot hun broeders en zusters in de zuidelijke staten, die een leven leidden als slaaf. Niet zelden werden ze door hun eigenaars zo slecht behandeld dat ze in hun vertwijfeling zelfmoord pleegden. Vluchten leek hopeloos, helemaal nadat het Congress in 1793 de Fugitive Slave Law had aangenomen, die het slavenhouders mogelijk maakte om in het hele land op zoek te gaan naar weggelopen lijfeigenen.

Desondanks waren er steeds weer dappere zwarten die probeerden te vluchten. Het waren vooral jonge mannen die zich verzetten tegen hun lot. Soms sloten enkele vluchtelingen zich bij elkaar aan, de zogenaamde *maroons*, en vormden een gemeenschap. Vele ontsnapte slaven hadden Canada als doel, dat geen slavernij kende. De weg daarheen was echter lang en vol gevaren. Zowel blanken als zwarten die gevluchte slaven hielpen, zetten hun leven op het spel.

Aan het begin van de 18e eeuw had zich al een netwerk van vluchtwegen en schuilplaatsen ontwikkeld. Het begrip *underground railroad* dateert waarschijnlijk van 1831, toen een woedende eigenaar op zoek was naar zijn gevluchte slaaf. Deze leek van de aardbodem verdwenen te zijn en zijn vlucht te hebben voortgezet 'on some underground road'. Deze uitdrukking deed de ronde en in de loop der tijd werd de *road* een *railroad*. De spoorweg die Amerika ontsloot, werd zo een synoniem voor de vrijheid van de zwarten. Schuilplaatsen werden station genoemd en de vluchtelingen passagier.

Veel zwarten in deze organisatie waren succesvolle 'conducteurs', de beroemdste was Harriet Tubman uit Maryland. Als 19-jarige was zij naar Philadelphia gevlucht, maar korte tijd later keerde ze terug naar haar geboortegrond om haar zuster en dier kinderen te helpen ontsnappen. Harriet Tubman zat nooit verlegen om slimme trucs. Ze verkleedde haar medepassagiers, verstopte ze in dubbele bodems van koetsen en maakte op geraffineerde wijze gebruik van vervalste paspoorten of vrijheidsdocumenten.

Voortdurend werd Harriet Tubman achternagezeten door slavenhouders of betaalde achtervolgers die met honden jaagden op het kostbare 'menselijke materiaal'. Een jonge en krachtige slaaf had tenslotte een waarde van $1000–2000. In de loop der tijd nam het aantal verzoeken tot aanhouding van slavenbevrijdster Tubman toe en werd er een beloning van tot $ 40.000 uitgeloofd voor wie haar in de kraag zou pakken. Zij schudde echter alle achtervolgers van zich af en overleed op de gezegende leeftijd van 92 jaar.

Het succes van de underground railroad – het aantal gevluchte slaven tussen 1810 en 1850 wordt geschat op tienduizend – was te merken op de farms in het zuiden. De slavenhouders leden gevoelig onder het verlies van hun arbeidskrachten.

**Red Roof Inn-South:** 950 Eisenhower Blvd., tel. 717-939-1331, www.redroof.com. Ketenhotel met voortreffelijke prijs-kwaliteitverhouding. Vanaf $50.

**Country Oven Restaurant:** 300 N. Mountain Rd., tel. 717-533-1717, dag. 6.30–21 uur. Restaurant in een Best Westernhotel, waar u kunt eten in de coffeeshop of in het restaurant. *Prime rib*, zeebanket en gebraden kalkoen. Vanaf $12.

**Firehouse:** 606 N. 2nd St., tel. 717-234-6064, www.thefirehouserestaurant.com, dag. 11–22 uur. Levendig restaurant met bar in een oude brandweerkazerne. Typische Amerikaanse kost van hamburgers tot salades. Vanaf $5.

**Broad Street Market:** 1233 N. 3rd St., www.broadstreetmarket.com. Levensmiddelenmarkt sinds 1860, bestaande uit de Stone Market Hall (di. en vr. 8–18, za. 8–16 uur) en de Brick Market Hall (wo.–vr. 8–18, za. 8–16 uur).

**Harrisburg East:** I-83/Paxton St., ma.–za. 10–21, zo. 12–17 uur. Enorme mall met meer dan 90 winkels en supermarkten.

**Ruby's Red Garter Saloon:** 300 S. Hershey Rd., tel. 717-545-2338, www.pavones1.com/rubys.htm, di. za. vanaf 11, ma. vanaf 12 uur. Rustieke gelegenheid met grote keus aan bier en wijn en stevige gerechten.

**Dragonfly:** 234 N. 2nd St., tel. 717-232-6940, www.dragonflyclub.com, do.–za. 21–2 uur. Nachtclub met regelmatig wisselend programma.

Harrisburg bezit een bloeiend **cultureel leven**. Dit geldt zowel voor de uitvoerende kunsten (The Rose Herman Lehrman Arts Center, The Forum, Harrisburg Community Theater, Open Stage of Harrisburg, Harrisburg Ballet Company) als voor de muziek (Harrisburg Symphony Orchestra, Harrisburg Civic Opera, Harrisburg Choral Society, Chamber Singers of Harrisburg, Market Square Concerts, Central Pennsylvania Friends of Jazz).

**Raderboottochten:** Pride of the Susquehanna, Market St. bij de brug naar City Island, tel. 717-234-6500, www.harrisburgriverboat.com, mei-okt. Rondvaarten met diner op de Susquehanna River in een raderboot.

# Hershey

**Atlas:** blz. 13, A/B 2
De chocoladehoofdstad van Amerika ligt 16 km ten oosten van Harrisburg. In 1903 stichtte Milton S. Hershey daar een chocoladefabriek, waaromheen in de loop der decennia een stad met 13.000 inwoners is verrezen. Tegenwoordig is de Hershey Foods Corporation de grootste chocoladefabrikant van Noord-Amerika. De straten, met toepasselijke namen als Chocolate Avenue of Cocoa Avenue, zijn vervuld met een zoete geur.

## Het Hershey-imperium
Het chocolade-imperium biedt verscheidene mogelijkheden tot vermaak. De bezoeker kan voor typische kermisattracties terecht in het **Hershey Park**, terwijl het in het **Zooamerica North American Wildlife Park** draait om de flora en fauna van Noord-Amerika. De mooie **Hershey Gardens** zijn tientallen jaren geleden voortgesproten uit een rozentuin. Het **Hershey Museum** is niet alleen aan de chocoladeproductie gewijd, maar ook aan de cultuur van de indianen en het dagelijks leven in het Pennsylvania van de 19e eeuw. Glanzende oldtimers zijn de sterren in het **Antique Auto Museum at Hershey** (www.hersheypark.com).

Wie precies wil weten hoe chocolade wordt vervaardigd, kan in het officiële **bezoekerscentrum van het Hersheyconcern** een reis maken door de wereld van de chocolade van de cacaobonenteelt tot aan de productie – inclusief proeverij uiteraard. Tijdens de rondleiding krijgen de bezoekers onder andere een driedimensionale show te zien en kunnen ze door middel van interactieve installaties zelf een handje helpen bij een productielijn (800 Park Blvd., tel. 717-534-4900, www.hersheyschocolateworld.com, dag. 9–20 uur, 's zomers langer, toegang gratis).

🍴 **Bayleaf Brian Kent's:** 934 E. Chocolate Ave., tel. 717-533-3539, www.briankents .com, di.–za. 17–22 uur. Klein maar fijn restaurant, moderne Amerikaanse keuken. Op de menukaart staan vele visgerechten. Vanaf $19.

**Kreider Farms:** 17 Briarcrest Sq., tel. 717-533-8067, www.kreiderfarms.com, ma.–za. 6–22, zo. 8–22 uur. Stevige Amerikaanse boerderijkost. Het ontbijt is heel populair. Vanaf $6.

# Van Reading naar Newark

## Reading

**Atlas:** blz. 13, B/C 2

Het 80.000 inwoners tellende **Reading** bezit in het centrum langs 5th Street een historische wijk met kerken en herenhuizen uit de 18e en 19e eeuw. Aan het noordelijke deel van Fifth Avenue en omgeving staan gebouwen met voorgevels in diverse stijlen. De stad staat echter vooral bekend om zijn vele outlet centers, waar de goederen tegen fabrieksprijzen te koop zijn.

In het **Reading Public Museum**, met ook een grote tuin met zeldzame bomen, zijn tentoonstellingen te zien met thema's als kunst, wetenschap, geschiedenis en fotografie. Tot de schilderijen behoren werken van Edgar Degas, Lyonel Feininger, Max Beckmann, Albert Bierstadt, Paul Cézanne, Salvador Dalí, Francisco de Goya, Käthe Kollwitz, Claude Monet en Pablo Picasso. De avondlijke lasershows in het planetarium genieten een grote populariteit (500 Museum Rd., tel. 610-371-5850, www.rea dingpublicmuseum.org, di.–za. 11–17, wo. tot 20, zo. 12–17 uur, ma. gesloten).

Liefhebbers van klassieke militaire- en burgervliegtuigen komen in het **Mid-Atlantic Air Museum** in de buurt van de luchthaven aan hun trekken (11 Museum Dr., tel. 610-372-7333, www.maam.org, dag. 9.30–16 uur).

Op de Mount Penn ten oosten van het centrum staat een zeven verdiepingen en 186 m hoge **Japanse pagode**, die eigenlijk bestemd was om als chic hotel te dienen. Een plaatselijke zakenman met contacten in het Verre Oosten liet de pagode in 1908 bouwen en richtte haar in met Japans antiek, waaronder een meer dan 250 jaar oude tempelklok uit de stad Obama. Vanaf het uitkijkplatform kunt u tot ver over de stad en de Schuylkill River Valley heen kijken (Mount Penn, dag. behalve wo. en do. 12–17 uur).

🛍 **VF Outlet Village:** Hill Ave./Park Rd., tel. 610-378-0408, www.vffo.com/reading .htm, ma.–za. 9–19, zo. 12–17 uur. Reusachtige outlet met onder andere Vanity Fair, Lee, Nautica, Wrangler, Lily of France.

**Down East Outlet:** 916 N. 9th St., tel. 610-372-1144, ma.–za. 9.30–17.30, zo. 12–17 uur. Sportkleding.

**J.C. Penney Outlet Store:** 3050 N. 5th St. Hwy. tel. 610-921-9201, www.jcpenney.com, ma.–za. 10–21, zo. 11–17 uur. Kleding voor het hele gezin.

**Burlington Coat Factory:** 3050 N. 5th St. Hwy, tel. 610-929-0168, ma.–za. 10–21, zo. 10–19 uur. Jacks, jassen en babykleding en -schoenen voor de fabrieksprijs.

## Allentown

**Atlas:** blz. 13, C 1/2

Ten noorden van Philadelphia strekt de Lehigh Valley zich uit langs de gelijknamige rivier, die bij Easton uitmondt in de Delaware River. De twee grootste steden in dit brede dal zijn Allentown en Bethlehem met samen ongeveer 200.000 inwoners. Sinds de jaren zestig van de 20e eeuw heeft de regio moeilijke tijden doorgemaakt doordat veel productiewerkplaatsen ten offer waren gevallen aan de verandering van economische structuur en de nieuwe dienstverlenende sector zich nog niet ten volle had ontwikkeld.

Allentown werd in 1762 gesticht door de opperrechter William Allen, wiens zoon in 1770 het zomerhuis **Trout Hall** liet bouwen, dat tijdens de Vrijheidsoorlog promoveerde tot het woonhuis van de familie. Het interieur van het bescheiden gebouw dateert grotendeels van de 18e eeuw en laat zien hoe de betere standen in die tijd leefden (414 Walnut St., tel. 610-820-4043, apr.–nov. di.–za. 12–15, zo. 13–16 uur).

Het **Allentown Art Museum** verkreeg in 1960 van een stichting een aantal Italiaanse,

Duitse en Nederlandse schilderijen, die nog steeds de kern vormen van de eigen collectie. Interessant zijn ook de textielcollecties met quilts uit Pennsylvania Dutch Country en borduurwerk uit Zuid-Europa, Azië en het Midden-Oosten. De oorspronkelijk bij een in 1902 gebouwd huis behorende bibliotheek valt op door de architectuur; ze is ontworpen door niemand minder dan Frank Lloyd Wright (31 N. 5th St., tel. 610-432 4333, www.allentown artmuseum.org, di.–za. 11–17, zo. 12–17 uur).

Eén ruimte in de kelder van de **Zion's Church** is voor veel Amerikanen een bedevaartsoord. In de zogenoemde **Liberty Bell Shrine** werd in 1777 de Vrijheidsklok, die nu in Philadelphia te bezichtigen is, voor de Britten verstopt, want zij wilden alle klokken omsmelten om munitie en kanonnen te kunnen vervaardigen. De Liberty Bell die er nu te zien is, is naast tentoonstellingsobjecten die te maken hebben met de Amerikaanse Revolutie en de Burgeroorlog, is een kopie (622 Hamilton/ Church St., tel. 610-435-4232, ma.–za. 12–16 uur).

**Lehigh Valley Conventions & Visitors Bureau:** 2200 Ave. A, P.O. Box 20785, Bethlehem, PA 18017, tel. 610-882-9200, fax 610-882-0343, www.visitallentownpa.com en www.lehighvalleypa.org.

**Crowne Plaza Allentown:** 904 Hamilton St., tel. 610-433-2221, fax 610-433-6455, www.allentownpahotel.com. Comfortabel hotel met eigen restaurant, keurige kamers, sauna en businesscenter. Vanaf $120.
**Days Inn:** 2622 Lehigh St., tel. 610-797-1234, fax 610-797-3452, www.daysinn.com. Motel met één verdieping, geen lift, sommige kamers met bubbelbad, verwarmd indoorzwembad. Vanaf $80.
**Econo Lodge:** 2115 Downeyflake Ln., tel. 610-797-2200, fax 610-797-2818, www.econolodge .com. Praktisch motel met nette kamers, maar niet al te veel comfort. Vanaf $43.

**Bayleaf Restaurant:** 935 Hamilton St., tel. 610-433-4211, ma.–vr. 11.30–14 en 17–22, za. vanaf 17 uur, zo. gesloten. In de stijl-

volle eetzaal worden Amerikaanse en Aziatische gerechten opgediend. Lunch vanaf $8, diner vanaf $15.
**The Shanty Restaurant:** 617 N. 19th St., tel. 610-437-5358, ma.–do. tot 22, vr.–za. tot 23, zo. tot 21 uur. Restaurant dat gespecialiseerd is in zeebanket. Lunch vanaf $7, diner vanaf $15.

**Pennsylvania Shakespeare Festival** (juni–begin aug.): DeSales University, 2755 Station Ave., tel. 610-282-9455, www.pa shakespeare.org.

**Pretpark:** Dorney Park & Wildwater Kingdom, 3830 Dorney Park Rd., tel. 610-395-3724, www.dorneypark.com. Twee pretparken in één, met reuzenglijbanen in het water, spectaculaire achtbanen, artiesten en meer.
**Wijnproeverij:** Lehigh Valley Wine Trail; aan deze route ten noorden en westen van Allentown liggen negen wijnhuizen waar u wijn kunt proeven (www.lehighvalleywinetrail. com).

## Bethlehem
**Atlas:** blz. 13, C 1
**Bethlehem,** de buurstad van Allentown, werd in 1741 gesticht door leden van de protestantse Moravische Broederschap, die van Bohemen en Saksen naar Pennsylvania waren geëmigreerd.

In het **Moravian Museum,** een blokhuis van vijf verdiepingen, wordt de ongeveer 250-jarige geschiedenis van de Moravische Broederschap in de Nieuwe Wereld uit de doeken gedaan. De met bijna even oude meubels ingerichte kamers stralen de koele distantie uit die de leden van de sekte tot op de dag van vandaag in acht nemen tegenover het aardse bestaan (66 W. Church St. Bethlehem, tel. 610-691-6055, www.historicbethlehem.org/muse um, mrt.–nov. do.–za. 10–17, zo. 12–17 uur).

## Morristown
**Atlas:** blz. 14, D 1
In de buurt van dit 20.000 inwoners tellende stadje, waar in de winter van 1779/1780 de revolutionaire troepen onder George Washing-

ton hun kamp opsloegen, is in 1933 het eerste historische nationale park van de VS gesticht, **Morristown National Historic Park**.

Toeristen tonen de meeste belangstelling voor **Washington's Headquarters**. Een weduwe had aan George Washington, de opperbevelhebber van de troepen van de Unie, haar statige boerenhoeve Ford Mansion als hoofdkwartier ter beschikking gesteld. In een park niet ver van dit gebouw staat een museum met historische objecten en documentatie. Daar wordt ook een film van 20 minuten getoond over de gebeurtenissen in en om Ford Mansion. Het leger werd niet alleen geplaagd door de bijtende winterkou, maar ook door het feit dat het de soldaten ontbrak aan voldoende wapens, kleding en voedsel (30 Washington Pl., tel. 908-766-8215, www.nps.gov/morr, dag. 9–17 uur).

Het grootste deel van Morristown Park wordt ingenomen door de **Jockey Hollow Encampment Area**, waar een meer dan 3 km lange autoweg doorheen gaat. Meer dan 10.000 soldaten kampeerden wekenlang in deze bosrijke omgeving in tenten terwijl de sneeuw 60 cm hoog lag, voordat de blokhutten afgebouwd waren. De rondrit voert hier naar enkele bezienswaardigheden. In het **Wick House**, een idyllische boerderij met een fraaie tuin, sloeg Arthur St. Clair, generaal onder Washington, zijn kamp op. Verderop komt u langs blokhutten, waarin de soldaten waren ondergebracht, en de Grand Parade, een voormalig parade- en exercitieterrein midden in het bos (ten zuiden van Morristown aan de Tempe Wick Rd., Jockey Hollow Visitor Center, tel. 973-543-4030, www.nps.gov/morr, dag. 8 uur tot zonsondergang).

**Morristown County Visitors Center:** 6 Court St., Morristown, NJ 07960, tel. 973-631-5151, www.morristourism.org.

**Summerfield Suites by Wyndham:** 194 Park Ave., tel. 973-971-0008, fax 973-971-0013, www.summerfieldsuites.com. Bijzonder nette suites met een of twee slaapkamers en een keuken. Vanaf $130.

**Morristown Inn Best Western:** 270 South St., tel. 973-540-1700, fax 973-267-0241, www.bestwestern.com. Aangenaam, rustig gelegen hotel met ruime, mooi ingerichte kamers, een sauna en een wassalon met machines die op muntjes werken; inclusief ontbijt. Vanaf $105.

**Rod's Steak & Seafood Grill:** 1 Convent Rd., in het Madison Hotel, tel. 973-539-6666, dag. vanaf 11 uur, zo. geen lunch. Steaks, gegrilde lamskoteletten en zeebanket in een 19e-eeuwse ambiance. Diner vanaf $20.

**Tim Schafer's Cuisine:** 82 Speedwell Ave., tel. 973-538-7500, ma.–vr. 12–14 en 17–22, za.–zo. vanaf 17 uur. Klein restaurant met voortreffelijke keuken, alcoholhoudende drank moet zelf worden meegenomen. Lunch vanaf $8, diner vanaf $18.

**Landschapstuin:** Frelinghuysen Arboretum, 53 E. Hanover Ave., tel. 973-326-7603, www.arboretumfriends.org, dag. 9–16.30 uur. Voormalige boerderij die is getransformeerd tot een park met zeldzame bomen en een deftig landhuis.

**Wellness:** Cascata, The Spa, 60 South St., tel. 973-898-0808, www.cascatathespa.com. Wellnessprogramma, van zeewierlichaamsbehandeling via Zweedse massage tot oogbehandeling met zuurstof.

## West Orange

**Atlas:** blz. 14, E 1

Een van de grootste Amerikaanse uitvinders, Thomas A. Edison, leefde en werkte in West Orange. In een tijdsbestek van 44 jaar nam Edison patent op 1093 uitvindingen, waaronder nuttige gebruiksvoorwerpen als de gloeilamp en de batterij. In het museum is een zeer bijzondere pioniersprestatie te zien, de al in 1903 opgenomen film *The great train robbery*.

De **Edison National Historic Site** ziet er in grote lijnen nog net zo uit als in 1887, toen de geniale knutselaar Edison daar begon aan zijn uitvindersloopbaan. In oude schuren en voormalige fabricagehallen rijgen de machines en werkbanken zich aaneen. Verder zijn er voortbrengselen van Edisons werklust te zien, zoals de 'stamvader' van de moderne telefoon en verschillende versies van de cinematograaf, waarmee de 'foto's leerden lopen'.

In 1886 kocht Edison in de buurt van zijn laboratorium de op een heuvel gelegen **Glenmont Mansion**, een roze gesausde villa. De 23 kamers zijn grotendeels nog net zo ingericht als in de tijd van de beroemde heer des huizes die, kort voordat hij hier introk, met de 19-jarige dochter van een New Yorkse zakenman was getrouwd. Edison en zijn vrouw Minna zijn op het terrein van de villa ter aarde besteld in een eenvoudig graf. Zowel de laboratoria als Glenmont Mansion zijn in 2006 ingrijpend verbouwd en gerenoveerd (Main St./Lakeside Ave., tel. 973-736-0551, www.nps.gov/edis).

## Newark

**Atlas:** blz. 14, E 1

Newark, dat slechts 13 km van Manhattan verwijderd ligt, is met 320.000 inwoners het grootste stedelijke concentratiegebied van de staat New Jersey. Deze industriestad met zijn internationale luchthaven, waar jaarlijks ongeveer 25 miljoen passagiers uit binnen- en buitenland aankomen of vertrekken, is tevens een belangrijk zakencentrum en verkeersknooppunt.

Een van de weinige bezienswaardigheden van de stad is het uitstekende **Newark Museum** met Amerikaanse schilderkunst, een beeldentuin, een numismatische collectie, een Tibetaanse afdeling, een minidierentuin en een planetarium. Het gerenoveerde Ballantine House, een victoriaanse boerenhofstede uit 1885, hoort bij het museum (49 Washington St., tel. 973-596-6550, www.newarkmu seum.org, wo.–vr. 12–17, za.–zo. 10–17 uur).

**Hampton Inn:** 250 Harmon Meadow Blvd., tel. 201-867-4400, fax 201-865-7932, www.hamptoninn.com. Motel met sauna en fitnessruimte; inclusief ontbijt. Vanaf $100.

**Red Roof Meadowlands:** 15 Meadowlands Pkwy, Secaucus, NJ 07094, tel. 201-319-1000, fax 201-319-1097, www.redroof.com. Eenvoudig, maar net motel; kamers met bad of douche. Vanaf $80.

**Skaten:** Branch Brook Park Roller Skating Center: 7th and Clifton Ave., tel. 973-482-8900, www.bbpskating.com, ma.–vr. vanaf 18, za. vanaf 10.30, zo. vanaf 14 uur. Skatecentrum, waar de skates ook kunnen worden gehuurd.

**Vliegtuig:** Newark Liberty International Airport (EWR), tel. 973-961-6000, www.newarkairport.com. De luchthaven ligt 40 km ten zuidwesten van New York en wordt door tal van nationale en internationale luchtvaartmaatschappijen aangedaan. Verscheidene busmaatschappijen, zoals NJ Transit (tel. 973-762-5100), bieden pendeldiensten van en naar de luchthaven aan. Met de Airtrain Newark gaat u van de aankomstterminals naar het Rail Link Station en stapt dan over op een trein van NJ Transit of Amtrak naar bijvoorbeeld Penn Station in Manhattan. Een taxirit naar Manhattan kost $50–75. Alle grotere autoverhuurmaatschappijen hebben een filiaal op de luchthaven.

**Trein:** Amtrak Terminal Penn Station, 1 Raymond Plaza W., Market St., tel. 1-800-872-7245, www.amtrak.com. De hogesnelheidstrein Acela Express stopt op de lijn Boston–New York City–Philadelphia–Washington D.C. in Newark.

**Bus:** Greyhound Lines Terminal, Penn Station, 1 Raymond Plaza W., Market St., tel. 973-622-6740, www.greyhound.com. Busverbindingen door de hele VS.

# Centrale
# Atlantische kust

Philadelphia

Washington D.C.

Richmond

Appalachen

Outer Banks

# In een oogopslag:
# Centrale Atlantische kust

## Stadsleven en landelijke idylle

Aan de centrale Atlantische kust is de sterke polsslag van het oosten duidelijk te voelen. De grote bekoorlijkheid van dit gebied bestaat onder andere uit het relatief dicht bij elkaar liggen van dynamische stedelijke gebieden aan de ene kant en natuur, boerenland en landelijke dorpen aan de andere kant.

De *metropolitan areas* van Philadelphia, Washington D.C. en Baltimore behoren tot de dichtst bevolkte stedelijke gebieden van de VS met de plaatsen 4, 7 en 19 op de nationale ranglijst en tellen samen ongeveer 14 miljoen inwoners. Daar komt nog bij dat Washington D.C. fungeert als het politieke hart van de wereldmacht VS, en Philadelphia als wieg van de natie een grote historische en culturele betekenis heeft. Het is daardoor des te verbazender dat op slechts enkele minuten rijden van de stedelijke drukte ongerepte natuurlandschappen zijn te vinden, stille baaien, zonnige stranden, wandelpaden, fantastische druipsteengrotten, slaperige dorpen en eilanden waarvan de namen zelfs bij veel inwoners van de streek onbekend zijn. Bijna nergens in het oosten van de VS is de Atlantische kust zo gekloofd door baaien, riviermondingen, schiereilanden en zandbanken als in de staten New Jersey, Maryland, Delaware, Virginia en North Carolina.

Naast hoogtepunten in de steden en de natuur biedt de centrale Atlantische kust een grote hoeveelheid historische attracties waaraan is af te zien welke ontwikkeling de VS sinds zijn vroegste geschiedenis in de afgelopen 400 jaar heeft doorgemaakt. Daarbij gaat het niet alleen om begraafplaatsen voor slachtoffers van de Burgeroorlog of de met monumenten bezaaide slagvelden, maar ook om levendige museumdorpen zoals in de zogenaamde historische driehoek waarin de geschiedenis van het land aanschouwelijk wordt gemaakt.

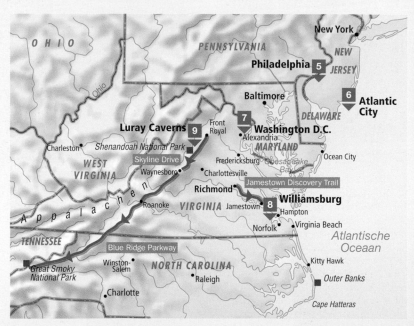

## Hoogtepunten

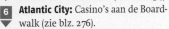

**5** **Philadelphia:** Met het historierijke National Historic Park (zie blz. 254).

**6** **Atlantic City:** Casino's aan de Boardwalk (zie blz. 276).

**7** **Washington D.C.:** De musea aan de National Mall (zie blz. 284).

**8** **Williamsburg:** Historisch Open-Air-Museum in Virginia (zie blz. 308).

**9** **Luray Caverns:** Fantastische ondergrondse wereld in Virginia (zie blz. 316).

## Aanbevolen routes

**Jamestown Discovery Trail:** Deze 40 mijl lange toeristische weg voert als de Hwy 5 ten zuiden van Richmond (Virginia) in zuidelijke richting langs de James River tot aan Jamestown. Langs deze weg liggen verscheidene historische plantages met bezienswaardige herenhuizen (zie blz. 309).

**Skyline Drive in het Shenandoah National Park:** Langs de gehele lengte van het nationale park loopt, over de bergkammen van de Appalachen in Virginia de 105 mijl lange Skyline Drive, waarlangs 75 uitkijkpunten liggen (zie blz. 315).

**Blue Ridge Parkway:** De 469 mijl lange Parkway begint aan de zuidgrens van het Shenandoah National Park en voert over de langgerekte rug van de Appalachen van Virginia door North Carolina tot in het Great Smoky National Park op de grens met de staat Tennessee (zie blz. 320).

## Reisplanning

Wie het wereldstedenduo Washington D.C. en Philadelphia een beetje wil leren kennen en op zijn minst de belangrijkste attracties en musea wil zien, zal daarvoor minstens drie dagen moeten uittrekken. Daarbij doen gepassioneerde museumbezoekers er verstandig aan om niet tijdens schoolvakanties te gaan, maar eerder begin mei of na het eerste weekeinde van september, als het Amerikaanse vakantieseizoen nog niet is begonnen, respectievelijk

## Tips

**Beachbars:** Tot de nieuwste hoogtepunten in Atlantic City behoren de aan het strand tussen de duinen gelegen hippe strandbars (zie blz. 280).

**Pony Penning Day:** Wilde pony's, die al verscheidene eeuwen in het zuiden van Assateague voorkomen, worden eenmaal per jaar op de zogenaamde Pony Penning Day bijeengedreven om ze te vervolgens op een veiling te verkopen (zie blz. 306).

**Als *Gejaagd door de wind*:** Plantages en villa's – een stukje van het oude zuiden dat door de moderne wereld vergeten is (zie blz. 309).

**Duikersparadijs:** Voor de kust van de Outer Banks ligt een van de grootste scheepskerkhoven van de wereld (zie blz. 324).

afgelopen is.

De duur van de tocht rond de Chesapeake Bay of in de Appalachen hangt in de eerste plaats af van wat u wilt zien. U hebt grofweg tussen de vier dagen en een week nodig om niet al te veel bezienswaardigheden te hoeven overslaan.

## Klimaat en reisperiode

Omdat het in de zomer in de grote steden langs de centrale Atlantische kust onverdraaglijk warm is, kunt u steden het best in de vroege zomer of vroege herfst bezoeken. In juli en augustus vluchten veel stedelingen naar de Chesapeake Bay, de nabijgelegen Atlantische kust of de door de koele zee omspoelde Outer Banks, om in de frisse wind afkoeling te vinden.

De mooie campus van de beroemde universiteit in Princeton, waar Albert Einstein meer dan 20 jaar lang onderzoek deed, de dorpse sfeer in Trenton, de hoofdstad van New Jersey, en historische resten langs de Delaware River, waar tijdens de Vrijheidsoorlog het lot van de VS werd bepaald: de corridor tussen Manhattan en Philadelphia bezit een heel bijzondere aantrekkingskracht.

Wie van New York City naar Philadelphia reist, zal zich al vlak na het passeren van de staatsgrens van New Jersey afvragen waar de bijnaam Garden State ('tuinstad') vandaan komt. Er is in het hart van de staat niets te zien wat op een bloemrijke natuuroase lijkt.

Zijn reputatie van vakantiestaat – jaarlijks wordt de staat aangedaan door meer dan 50 miljoen, overwegend Amerikaanse, bezoekers – dankt New Jersey niet alleen aan zijn functie als corridor tussen New York City in het noorden en Washington D.C. in het zuiden, maar eerder aan de landelijke gebieden in de zuidelijke helft van de staat en zijn lange kust (blz. 276 e.v.). Bijna 40 procent van het oppervlak van de staat is bebost, zo ongeveer het hele gebied Pine Barrens tussen Camden en de Atlantische Oceaan. Maar ook het overwegend stedelijke New Jersey heeft zijn aantrekkelijke kanten, zoals men op een rit door de corridor tussen New York City en Philadelphia gemakkelijk kan vaststellen.

De twee grootste steden van het Amerikaanse oosten liggen zo'n 120 mijl uit elkaar. Op de New Jersey Turnpike kan men deze afstand in zo'n twee uur afleggen, wanneer het doorgaans drukke verkeer dat althans toestaat. Behalve tolstations, tankstations, enorme verkeersborden en rustplaatsen voor vrachtwagens is er langs de snelweg niet veel te zien. Deze tolweg is een van de drukste snelwegen van de VS. Interessanter is de rit vanaf Elizabeth op de US 27. Deze alternatieve route, waarop weinig files voorkomen, voert door kleinere steden waar men hier en daar halt kan houden.

Interessante stopplaatsen zijn Princeton, Trenton en Camden. Het mooie Princeton is de vestigingsplaats van de gerenommeerde Princeton University, die als even prestigieus als Harvard en Yale geldt. Meer dan twintig jaar lang werkte Albert Einstein daar aan het beroemde Institute for Advanced Studies. Trenton is de hoofdstad van New Jersey. In het Washington Crossing State Park ten noordwesten van de stad doorstonden de door George Washington aangevoerde Amerikaanse troepen in de Vrijheidsoorlog tegen Engeland een moeilijke periode. En aan de oever van de Delaware in Camden ligt een aquarium dat een uitstekend inkijkje biedt in de onderwaterwereld van de zee.

## Jersey City

**Atlas:** blz. 14, E 1

Het 240.000 inwoners tellende, in 1630 door Nederlandse kolonisten gestichte **Jersey City** wordt alleen door de Hudson Rivier en de straatsgrens tussen New York en New Jersey van Manhattan gescheiden. De op een na grootste stad van de Garden State strekt zich uit over het schiereiland tussen de Hudson Rivier en de Hackensack River respectievelijk Newark Bay en is een knooppunt van talrijke belangrijke verbindingen, die uit het noorden, het westen en zuiden naar New York lopen.

Ten zuiden van het centrum strekt zich langs de oever van de Hudson het **Liberty State Park** uit. U kunt over een boulevard langs de rivieroever wandelen en uitkijken op de imposante skyline van Manhattan, met het Vrijheidsbeeld en Ellis Island. Met de Miss Freedomveerboot kunnen bezoekers het Statue of Liberty en Ellis Island bezoeken (Hornblower Cruises, tel. 1-866-STATUE4).

# Princeton

**Atlas:** blz. 14, D 2

Deze vriendelijke, Europees aandoende kleine stad dankt zijn bekendheid in de eerste plaats aan de wereldberoemde universiteit, die vooral op het gebied van wiskunde en natuurkunde veel Nobelprijswinnaars voortbracht en in een adem met Harvard en Yale wordt genoemd. Na in 1746 in Elizabeth als College of New Jersey te zijn gesticht, betrok de onderwijsinstelling tien jaar later de net voltooide **Nassau Hall** in Princeton, waar in 1783 de deelnemers van het Continental Congress samenkwamen en de plaats voor een half jaar tot hoofdstad van de VS uitriepen.

In de eerst alleen uit de Nassau Hall bestaande, maar later flink uitgebreide **Princeton University** volgden vele kunstenaars en schrijvers als T. S. Eliot en F. Scott Fitzgerald, en latere presidenten als James Madison, Woodrow Wilson en Grover Cleveland, alsook gerenommeerde wetenschappers hun academische opleiding. De Duitse schrijver Thomas Mann werkte er in 1938 twee jaar lang als gastdocent, tot hij naar Californië verhuisde.

## Campusarchitectuur

Naast de Nassau Hall, het oudste gebouw op de campus, kunnen er enkele andere architectonische hoogstandjes worden bewonderd, zoals bijvoorbeeld de in 1892 voltooide **Alexander Hall** met hoektorentjes, dakkapellen en een met sculpturen versierde gevel. Vlak bij staat de **Blair Hall Tower** met twee achthoekige torens. De tussen 1925 en 1928 in neogotische stijl gebouwde **University Chapel** met een

Franse kansel uit de middeleeuwen en mooie kleurrijke ramen is geïnspireerd op de kapel van het King's College in het Engelse Cambridge (rondleidingen door studenten ma.–za. 9.35–15.30, zo. 13.30–15.30 uur).

De meer dan 60.000 kunstwerken in het **Art Museum** stammen overwegend uit de periode tussen antieke oudheid en moderne tijd en zijn veelal afkomstig uit het Middellandse Zeegebied, West-Europa, de VS en Latijns Amerika (campus van de universiteit, tel. 609-258-3788, www.princetonartmuseum.org, beide di.–za. 10–17, zo. 13–17 uur, toegang gratis).

## In het spoor van Einstein

Albert Einstein was in 1933 op de vlucht voor de nazi's naar Princeton gekomen, waar hij gedurende laatste 22 jaar van zijn leven aan het Institute for Advanced Studies werkte. Zijn woning in de Mercer Street nr. 112 is privébezit en daarom niet openbaar toegankelijk. Het is verrassend dat de stad maar één, in het jubi-

**Einstein in Princeton:** Echte Einsteinmemorabilia vindt u daar waar niemand ze zou vermoeden: in de kledingwinkel Landau. De eigenaar van deze winkel, Robert Landau, heeft in de loop der jaren memorabilia, documenten en foto's verzameld die hij in achterzijde van de winkel exposeert, alsof hij zijn privémuseum voor de wereld wil verstoppen (Landau's, 102 Nassau St., tel. 609-924-3494, ma.-za. 9.30-17.30, zo. 11.30-16.30 uur, toegang gratis).

leumjaar 2005 opgericht Einsteinmonument telt. Het staat voor de Borough Hall en bestaat uit een buste, die op een lichtgrijze granieten sokkel met informatief opschrift staat.

Dat in Princeton weinig aan de vroegere inwoner herinnert is in overeenstemming met de wil van Einstein, die gekant was tegen elke vorm van persoonsverheerlijking. De Historical Society of Princeton, die in Bainbridge House een stadsmuseum onderhoudt, bezit enkele meubelstukken die het eigendom zijn geweest van de grootste natuurkundige die de 20e eeuw heeft voortgebracht (158 Nassau St., tel. 609-921-6748, www.princetonhistory.org, di.-zo. 12-16 uur).

**Chamber of Commerce:** 9 Vandeventer Ave., Princeton, NJ 08542, tel. 609-924-1776, www.princetonchamber.org.

**Holiday Inn:** 100 Independence Way, tel. 609-520-1200, www.ichotelsgroup. com. Met eigen restaurant, zwembad, fitness-studio en internet. Vanaf $109.
**Clarion Palmer Inn:** 3499 Route One S., tel. 609-452-2500, www.palmerinnprinceton.com. Goed businesshotel met zwembad, restaurant en bar. Vanaf $99.

**Lahiere's:** 11 Witherspoon St., tel. 609-921-2798, ma.-vr. 11.30-14, 17.30- 21 uur, zo. rustdag. Traditierijk familiebedrijf in het centrum, degelijke atmosfeer en klassieke keuken. $17-38.
**Teresa's Pizzetta Café:** 21 Palmer Sq., tel. 609-921-1974, ma.-za. 11-23, zo. 12-22 uur. Populair lokaal met Italiaanse gerechten. Vanaf $7.

**Princeton Forrestal Village:** College Rd. W./Rte 1, tel. 609-799-7400, ma.-za. 10-18, zo. 11-17 uur. Mooie winkelgalerij met *food court.*
**Honey West Boutique:** 63 Palmer Sq. W., tel. 609-688-1914, ma.-do. 10-18, vr.-za. tot 20.30, zo. 12-18 uur. Chique mode van Amerikaanse ontwerpers.

**Rondleiding:** rondleidingen op de campus van Princeton University, Orange Key Guide Service, Frist Campus Center, tel. 609-258-1766, www.princeton.edu/frist, ma.-za. 10, 11, 13.30 en 15.30, zo. 13.30 en 15.30 uur.

**Trein:** Princeton heeft zelf geen treinstation, maar in Princeton Junction ca. 6 km naar het zuidoosten, stop de regionale trein tussen New York en Philadelphia. De sneltrein Acela Express stopt hier niet.

# Trenton

**Atlas:** blz. 14, D 2
Deze stad aan de oever van de rivier de Delaware fungeert sinds 1790 weliswaar als hoofdstad van de staat New Jersey, maar speelt op toeristisch gebied een marginale rol. De economische ontwikkeling liet op zich wachten tot na de Burgeroorlog, toen pottenbakkerijen en staal- en rubberfabrieken zich er begonnen te vestigen. Een van de zonen van de stad is John Roebling, die de plannen voor de Brooklyn Bridge in New York uitwerkte.

Het in 1792 gestichte **State House** is de op een na oudste ononderbroken gebruikte regeringszetel van de VS. Het gebouw onderging wel talrijke aanpassingen en uitbreidingen, zoals bijvoorbeeld na een grote brand in 1885. Rondleidingen beginnen meestal in de door galerijen omgeven rotunda waarin de bronzen ballustrades op decoratieve wijze met de roodbruine muren harmoniëren (W. State St., informatie bij het Office of Public Information, tel. 609-633-2709, www.njleg.state.nj.us, rondleidingen elk uur ma.-vr. 10-15, za. 12-15 uur).

In de omgeving van het State House staat het **Old Barracks Museum**, dat in een u-vormig, natuurstenen gebouw uit 1758 is ondergebracht. Net als vier vergelijkbare, niet meer bestaande bouwwerken werd het tijdens de French and Indian War gebouwd als onderkomen voor Britse soldaten omdat de Amerikaanse kolonisten weigerden Engelsen in hun huizen in te kwartieren. In de kamers tonen in historische kostuums geklede gidsen hoe de soldaten destijds hun dagen doorbrachten (Barrack St./W. Front St., tel. 609-396-1776, www.barracks.org, dag. 10-17 uur).

**Trent House**, de voormalige residentie van William Trent, naar wie de stad is genoemd, werd gebouwd van 1716 tot 1719, toen de omgeving rond de Delaware River nog een ongerepte wildernis was. De heer des huizes vergaarde met zijn molens en zijn handel een vermogen dat hij deels in de bouw van de latere hoofdstad investeerde. De door een klein park omgeven villa biedt de bezoekers een blik in het luxe leven van de geldaristocratie uit de koloniale tijd. Vooral het interieur is erg bezienswaardig. Later fungeerde het gebouw als woning van vier gouverneurs van New Jersey (15 Market St., tel. 609-989-3027, www.williamtrenthouse.org, rondleidingen dag. 12.30-16 uur).

Het **New Jersey State Museum** is gewijd aan archeologie, dinosauriërs, schilderkunst, cultuurgeschiedenis, natuurkunde en mineralogie. Een 150 plaatsen tellend planetarium met wisselende shows is onderdeel van het museum. (205 W. State St., tel. 609-292-6464, www.state.nj.us/state/museum).

## Sculpturenpark

Op de **Grounds for Sculpture** ten oosten van Trenton staan moderne sculpturen en plastieken van kunstenaars uit alle delen van de wereld. Om de twee jaar worden de in een park opgestelde werken omgewisseld om op die manier zo veel mogelijk beeldhouwers de gelegenheid te geven om hun werk voor een groot publiek toegankelijk te maken. Tot de exposerende artisten behoorden onder

meer grootheden als Patrick Dougherty, Sarah Haviland, J. Seward Johnson Jr., Brower Hatcher en Bruce Beasley. Veel kunstwerken zijn in gesloten galeries ondergebracht (18 Fairground Rd., tel. 609-586-0616, www.groundsforsculpture.org, mrt.-nov. di.-zo. 10-18 uur).

**Trenton Convention & Visitors Bureau:** Old Barracks Museum, tel. 609-777-1770, www.trentonnj.com.
Informatie over New Jersey: **New Jersey Commerce & Economic Growth Commission:** P. O. Box 820, Trenton, NJ 08625-0820, tel. 609-777-0885, www.state.nj.us/travel.

De stad is 'berucht' om zijn gebrek aan hotels. U kunt eventueel naar de omgeving uitwijken.
**Marriott Trenton:** 1 W. Lafayette St., tel. 609-421-4000, fax 609-421-4002, www.marriott.com. Groot, verzorgd hotel met fitnessruimte en businesscentrum, kamers met badkamer of alleen douche. Vanaf $180.

**Diamond's:** 132 Kent St., tel. 609-393-1000, ma.-vr. 11.30-14 30, 17-22, vr.-za. tot 24, zo. 17-22 uur. Goede vleesgerechten; in de cocktailbar mag worden gerookt. Vanaf $15.
**Delorenzo's Tomato Pies:** 530 Hudson St., tel. 609-695-9534, di.-zo. 15.30-22, vr. 11-1 uur. Legendarische, eenvoudige pizzeria, alcohol moet worden meegebracht (BYO, *Buy your own*), u kunt ook pizza's afhalen, opgelet: er zijn geen toiletten. Vanaf $10.

# Washington Crossing State Park

**Atlas:** blz. 14, D 2
In de ijskoude kerstnacht van het jaar 1776 staken in Pennsylvania verblijvende Amerikaanse troepen de Delaware River bij Titusville over om de in Trenton gelegerde Britten te verrassen. Tijdens tien kritische dagen, die bepalend waren voor het verdere verloop van de Vrijheidsoorlog, behaalden de door George

Washington aangevoerde troepen hun eerste overwinning op de Britten. In het Visitor Center staan vitrines en objecten, die gedetailleerde informatie over de veldslag bieden. De Swan Collection bestaat uit zo'n 900 uniformen, medailles en wapens uit die tijd.

In het park staan enkele historische gebouwen zoals het Ferry House, waarin Washington de aanval op Trenton zou hebben uitgedacht. Gekostumeerde vrijwilligers bereiden boven het open vuur eenvoudige gerechten volgens recepten uit de koloniale tijd. Ten zuiden van het Ferry House voert een houten trap over Route 29 en het parallel lopende Delaware & Raritan Canal naar de oever van de rivier de Delaware, waar de historische oversteek plaatsvond. De in Schwäbisch Gmünd geboren, later naar de VS geëmigreerde schilder Emmanuel Leutze (1816–1868) legde het historische tafereel vast in zijn beroemde schilderij *Washington steekt de Delaware over* (River Rd., tel. 215-493-4076, di.–za. 9–17, zo. 12–17 uur).

# Camden (NJ)

**Atlas:** blz. 14, D 2/3
Hoewel het door de machtige Delaware River van de staat Pennsylvania wordt gescheiden, is het rond de 80.000 inwoners tellende **Camden** onderdeel van het stedelijke gebied Philadelphia, dat zich in oostelijke richting tot Cherry Hill bij de New Jersey Turnpike uitstrekt. Camden was vroeger een belangrijk industrie- en transportcentrum voor het zuidwesten van de staat, maar verloor deze rol in de loop der tijd, waardoor hele wijken afgleden in armoede en werkloosheid. Het is geen wonder dat in veel delen de criminaliteitscijfers heel erg hoog zijn; toeristen kunnen hier beter wegblijven.

Wie het park aan de oever van de Delaware bezoekt, hoeft zich geen zorgen te maken over zijn veiligheid. Begin jaren negentig ondernam het stadsbestuur pogingen om het door verval bedreigde centrum van de volledige ondergang te redden en aantrekkelijker te maken. Een eerste stap was de bouw van het Ulysses S. Wiggins Waterfront Park aan de oever van de Delaware River, waar 's avonds het uitzicht op de verlichte skyline van Philadelphia prachtig is.

## Aan de oever van de Delaware

Het uitstekende **Adventure Aquarium**, met meer dan 500 verschillende soorten zeedieren, is onderdeel van het Waterfront Park. Het hart van het aquarium wordt gevormd door een bassin met een inhoud van bijna 2,5 miljoen liter, dat met een van de vloer tot het plafond reikende glazen wand aan het Ocean Realm Theater grenst, waarin u als in een bioscoop kunt zitten kijken hoe pijlstaartroggen, exotische vissen en zeeschildpadden hun rondjes zwemmen. Het wordt hier vaak heel druk als duikers het bassin ingaan om de zeedieren te voeren.

In een aan de fauna van West-Afrika gewijd gedeelte van het Adventure Aquarium leven nijlpaarden, krokodillen, stekelvarkens, schildpadden, meer dan 1000 vissen en vrijvliegende vogels. In de Jules Verne Gallery draait het om nog exotischer levensvormen, zoals fantastische kwallen, reuzeninktvissen en zeekatten. De haaien hebben een eigen 1,5 miljoen liter groot bassin met daarin een glazen haaientunnel waarin u van dicht bij grote en kleine exemplaren kunt bewonderen. Bij het aquarium horen buitenverblijven waar in de warme seizoenen regelmatig shows met robben plaatsvinden (aan het Waterfront, dag. 9.30–17.00 uur, tel. 856-365-3300, www.adventureaquarium.com).

Naast het recent aan het Waterfront in het leven geroepen attracties is er ook nog een oudere: de **USS New Jersey**. Het uit actieve dienst gehaalde slagschip van de Amerikaanse marine ligt al sinds eind 1999 voor anker aan de oever van de Delaware, nadat het in de Tweede Wereldoorlog, en vervolgens in de Korea- en in de Vietnamoorlog was ingezet (62 Battleship Pl., tel. 856-966-1652, www.battleshipnewjersey.org, 's zomers dag. 9–17 uur, andere seizoenen korter).

Literatuurliefhebbers komen naar Camden om in de voetstappen van een Amerikaanse beroemdheid te treden. Walt Whitman (1819–1892) bracht de laatste 18 jaar van zijn le-

Het Adventure Aquarium in Camden is een bijzondere belevenis voor jong en oud

ven door in het twee verdiepingen tellende **Walt Whitman House**. Er zijn daar behalve originele meubels veel boeken, manuscripten en foto's te zien van de dichter, die op de Harleigh Cemetery aan de Haddon Avenue begraven werd (328 Mickle St., tel. 856-964-5383, wo.-vr. 9–12 en 13–18, za. 10–12 en 13–18, zo. 13–18 uur).

### In Cherry Hill:

Ten oosten van Camden ligt de stadswijk Cherry Hill met enkele hotels. Deze bieden zich aan als de accommodatie in Philadephia te duur is of volgeboekt.

**Clarion Hotel:** Rte 70 en I-295, tel. 856-428-2300, fax 856-354-7662, www.clarionofcherry hill.com. Goed geoutilleerd hotel voor veeleisende gasten, met zwembad, tennisbanen en fitnesscentrum. Vanaf $120.

**Holiday Inn:** Rte 70/Sayer Ave., tel. 856-663-5300, fax 856-662-2913, www.holidaycherry hill.com. Met binnen- en buitenbad, fitnesscentrum, eigen restaurant. Vanaf $90.

**Olive Restaurant:** 482 Eversham Rd., tel. 856-428-4999, dag. lunch en diner. Smakelijke mediterrane keuken. Diner vanaf $10.

**Red Lobster:** 106 E. Marlton Pike, tel. 856-429-5088. Restaurantketen met zeebanketgerechten. Vanaf $10.

**Veerboot:** River Link Ferry, tel. 215-925-5465, www.riverlinkferry.org, dag. 9–18 uur. Veerboten tussen Penn's Landing in Philadelphia en Waterfront Park in Camden, retourkaartje $6.

Na New York City is de metropool Philadelphia met vijf miljoen inwoners het op een na grootste stedelijke gebied in het oosten van de VS en de op vier na grootste van het land. Tot het belang van de metropool van de 'broederliefde' draagt, naast de historische rol in de onafhankelijkheidsstrijd, de rijkdom aan kunst en cultuur bij.

## 5 Philadelphia

▼

**Plattegrond:** blz. 258

Elke Amerikaanse staat bezit een motto. Dat van Pennsylvania luidt: *America starts here* ('Hier begint Amerika'). Uit zo'n 300 jaar geschiedenis blijkt dat deze boude bewering niet op niets gebaseerd is. Want in de grote stad Philadelphia, Grieks voor 'broederliefde', staat de wieg van de VS. Op 4 juli 1776 riep het congres hier de onafhankelijkheid uit. Deze verklaring, die naast de in 1787 eveneens in Philadelphia aangenomen grondwet tot de belangrijkste documenten uit de geschiedenis van de VS behoort, stond aan het begin van de dynamische ontwikkeling van het land tot de hedendaagse wereldmacht.

Na de onafhankelijkheid van Groot-Brittannië luidde de beroemde Liberty Bell (Vrijheidsklok) in Philadelphia een nieuw tijdperk in. De jonge stad had zich al eerder op zijn eigen krachten bezonnen, waarbij mannen als Benjamin Franklin naar voren traden. Hij stichtte in 1731 de eerste uitleenbibliotheek van de VS. In 1740 ontstond met de University of Pennsylvania de eerste universiteit op Amerikaanse bodem, in 1790 gevolgd door de eerste beurs van de VS.

In strijd met het oorspronkelijke idee van zijn stichters ontwikkelde Philadelphia zich in de 19e eeuw niet tot een groene oase, maar tot een enorme, stinkende stad met zware industrie. Tegenwoordig is daar in het hart van de stad niets meer van te zien omdat het centrum in de jaren negentig van de 20e eeuw ingrijpend werd gesaneerd. De belangrijkste historische attracties, die in een Historisch Nationaal Park zijn samengebracht, worden gepresenteerd in een hoedanigheid die in overeenstemming is met hun historische rol bij de vorming van de staat.

Ook buiten de stad liggen interessante historische bezienswaardigheden, maar ook de nederzettingen van de strengchristelijke amish, die de afgelopen decennia tot een toeristische attractie uitgroeiden vanwege hun afwijzen van technologische ontwikkeling en hun zeer bijbelvaste levenswijze.

## Independence National Historical Park

Philadelphia's bewaarplaats voor historische schatten is het door de National Park Service beheerde Independence National Historical Park midden in het centrum. Binnen de meest historische vierkante mijl van de VS zijn ongeveer 40 gebouwen geopend voor bezichtiging. In het middelpunt van het park ligt tussen de Fifth und Sixth Street de Independence Mall met de mijlpalen van de Amerikaanse onafhankelijkheidsstrijd.

## Symbolen van de Amerikaanse geschiedenis

Als eerste instelling van deze soort in Amerika houdt het **National Constitution Center** 1 zich uitsluitend bezig met de geschiedenis en rol van de Amerikaanse grondwet en maakt daarbij gebruik van de modernste technieken, zoals bijvoorbeeld bij een inleidende, zeer patriottische multimediapresentatie op een 360°-filmdoek. Vanaf de Grand Hall boven de ingang kijkt men door een glazen gevel over de Independence Mall uit op de in het zuiden gelegen Independence Hall, een door de architect met opzet gegenereerd uitzicht. In de Signer's Hall kunnen bezoekers rondlopen tussen de levensgrote bronzen sculpturen van de 41 afgevaardigden van de Conventie, die op 17 september 1787 de Amerikaanse grondwet ondertekenden (525 Arch St., Independence Mall, tel. 215-409-6600, www.constitutioncenter.org, ma.–vr. 9.30–17, za. tot 18, zo. 12–17 uur)

Het **Independence Visitor Center** **2** fungeert niet alleen als centraal oriëntatiecentrum voor het Independence National Historical Park (INHP) en de stad Philadelphia. Naast een reserveringsdienst voor hotels en restaurants biedt het touchscreens waarmee men beschrijvingen van bezienswaardigheden en evenementen kan raadplegen, en kaartjes voor plaatselijke attracties kan kopen. In het videotheater kunt u een film bekijken met een overzicht van de stad en zijn vele bezienswaardigheden (1 N. Independence Mall W., tel. 215-925-6101, www.indepen dencevisitorcenter.com, dag. 8.30–17 uur).

Het **Liberty Bell Center** **3** op de Independence Mall is het gebouw dat het belangrijkste historische bezit van de stad herbergt: de Vrijheidsklok (blz. 256). Recentelijk verhuisde deze klok voor de derde keer, maar hij moet nu zijn definitieve plaats gevonden hebben in een uit veel glas bestaand paviljoen, waar de klok, met op de achtergrond de Independence Hall, zonder storende moderne gebouwen in de buurt kan worden aanschouwd (Market St. tussen 5th/6th St., www.nps.gov/inde, dag. vanaf 9 uur, toegang gratis).

Aan de andere kant van de Chestnut Street, waar de paardenkoetsen voor stadsrondritten parkeren en waar een George Washingtonmonument staat, ligt de **Independence Hall** **4** waar sinds zijn voltooiing in de eerste helft van de 18e eeuw belangrijke his-

## Onderweg met de auteur

### Historische symbolen

**Independence National Historical Park:** Dit bevat de belangrijkste historische plaatsen in Philadelphia. De meeste hiervan hebben betrekking op de onafhankelijkheidsstrijd van de VS (zie blz. 254).

**Liberty Bell:** de belangrijkste historische schat van de VS is de zogenaamde Vrijheidsklok die in 1776 de onafhankelijkheid inluidde (zie blz. 256).

**Library Hall:** De bibliotheek bezit enkele van de belangrijkste documenten uit de Amerikaanse geschiedenis (zie blz. 257).

### Reading Terminal Market

**Reading Terminal Market:** De overdekte markt behoort met zijn flair tot de mooiste markten in de VS. Bovendien kan men er goed en betaalbaar eten (zie blz. 261).

### Kunstgenot

**Philadelphia Museum of Art:** Dit kunstmuseum behoort tot de belangrijkste in Amerika (zie blz.. 262).

### Landelijke levenswijze

**The Amish Farm & House:** Een rondleiding helpt om u een beeld te vormen van het boerenbestaan van de amish in het zuidwesten van Pennsylvania (zie blz. 271).

### Voor liefhebbers van tuinen

**Longwood Gardens:** Wie van prachtige tuinen houdt, zal dit park weten te waarderen (zie blz. 274).

torische gebeurtenissen plaatsvonden. In mei 1775 kwam het Tweede Continental Congres in de Assembly Hall samen en besloot in de afzonderlijke kolonies voorbereidingen te treffen voor de verdediging tegen de Engelsen. Een maand later benoemden de congresleden George Washington op deze plaats tot opperbevelhebber van het continentale leger.

# Liberty Bell: een nationale relikwie

Thema

Voor veel Amerikanen is er slechts één nationaal symbool voor vrijheid en onafhankelijkheid: de Liberty Bell. Een kopie ervan siert talrijke capitolen in de staten van toen. Het origineel is in het Independence National Historical Park in Philadelphia in een hiertoe gebouwd paviljoen te zien.

De bijna 1000 kg zware, voor 70% uit koper en voor 25% uit tin en kleinere hoeveelheden lood, arseen, zink, goud en zilver bestaande *Liberty Bell* kijkt terug op een afwisselende geschiedenis. In opdracht van het stadsbestuur van Philadelphia werd in 1752 in Engeland een klok met een tekst uit Leviticus '... en vrijheid in het land afkondigen voor al zijn bewoners' gegoten. Toen de klok echter voor de eerste keer werd geluid, ontstond er een scheur in die invloed had op de toon. Tot tweemaal toe werd hij door de lokale klokkengieters Pass & Stow met gebruikmaking van het oorspronkelijke materiaal nagegoten – en telkens ontstond er een nieuwe scheur in de klok.

Om hem te beschermen tegen de Britten die kerkklokken tot munitie en ander oorlogstuig omsmolten, verstopten de burgers van Philadelphia het symbool van hun onafhankelijkheid in de oorlog tegen Engeland in het 60 mijl verderop gelegen Allentown (blz. 240). De klok werd voor het laatst geluid tijdens de feestelijkheden ter gelegenheid van de 114de geboortedag van de eerste president van de VS, George Washington in 1846. Daarna werd hij opgesteld in de Independence Hall.

Ter gelegenheid van de 200e verjaardag van de Amerikaanse onafhankelijkheid in het jaar 1976 kreeg de klok een eigen paviljoen dat te klein bleek voor de grote toestroom van bezoekers, waarna hij in 2003 ten slotte in het huidige Liberty Bell Center werd opgesteld. Zijn in een stalen raamwerk bevestigde ophanging bestaat uit een juk van iepenhout. Waar het vroegere 'onderkomen' van de Liberty Bell net genoeg ruimte voor de klok zelf bood, is het nieuwe paviljoen voorzien van een extra tentoonstelling met wetenswaardighedigheden over de ontstaansgeschiedenis van de Liberty Bell en zijn huidige rol als vrijheidssymbool. Buitenlandse bezoekers kunnen in een speciaal ingerichte ruimte in een tiental verschillende talen informatie lezen en een film bekijken die in opdracht van de National Park Service werd geproduceerd.

Er zijn soms heftige nationale discussies gevoerd over de recentste 'verhuizing' van de Liberty Bell omdat in de begeleidende expositie ook documenten getoond worden die handelen over minder fraaie zaken uit de geschiedenis en duidelijk in tegenspraak zijn met idealen die met de Liberty Bell worden geassocieerd, zoals vrijheid en broederschap.

Bij de bouw van de negen paviljoens stuitten de bouwvakkers op restanten van de in 1832 afgebroken Robert Morris Mansion. Hier woonden de Amerikaanse presidenten George Washington en John Adams toen Philadalphia tussen 1790 en 1800 de hoofdstad van Amerika was. Historici hebben erop gewezen dat George Washington, toen hij van 1789 tot 1797 als president dit huis bewoonde, acht slaven in dienst had. In die tijd nog een normale zaak.

Een jaar later namen de gedelegeerden in dit gebouw de Amerikaanse Onafhankelijkheidsverklaring aan. Net zo belangrijk was de formele aanvaarding van de Amerikaanse grondwet door de Federal Constitution Convention op 17 september 1787. Gezien deze belangrijke historische gebeurtenissen wordt de Independence Hall als een nationaal heiligdom beschouwd (Independence Mall, tel. 215-597-8974, www.nps.gov/inde, dag. 9–17 uur, gratis rondleidingen).

## Schatkamer voor kunstkenners

De **Library Hall** `5`, tegenwoordig de bibliotheek van de American Philosophical Society, bezit waardevolle rariteiten. Hiertoe behoren de originele aantekeningen van de Lewis & Clarkexpeditie van 1804 tot 1806, die een bevaarbare waterweg tussen de Mississippi en de Grote Oceaan en de mogelijkheden van de ontwikkeling van dit gebied onderzochten. Bovendien bezit de bibliotheek de Amerikaanse onafhankelijkheidsverklaring in een door Thomas Jefferson handgeschreven tekst (105 S. Fifth St., tel. 215-440-3400, www.amphilsoc.org/about/libhall.htm, do.–zo. 10–16, wo. 17–20 uur, toegang gratis).

Naast de Library Hall staat de zuilenfaçade in Greek Revivalstijl van de **Second Bank of the United States** `6`. Dit naar het voorbeeld van het Parthenon gebouwde voormalige bankgebouw uit 1824 bezit een uitgelezen verzameling portretten van de leiders in de Vrijheidsoorlog, de ondertekenaars van de Onafhankelijkheidsverklaring, de Amerikaanse grondwet, en schilderijen van hoge militairen en diplomaten uit die tijd (420 Chestnut St., tel. 215-965-2305, wo.–zo. 11–16 uur, toegang gratis).

## Carpenter's Hall

In de **Carpenters' Hall** `7` vertoont men een videopresentatie met meer informatie over de Amerikaanse geschiedenis. In het gebouw kwam in 1774 het First National Congress samen voor overleg over de toenemende betutteling van de Amerikaanse kolonies door Engeland. Op hun verzoeken om grotere zelfstandigheid werd door de Kroon meestal afwijzend gereageerd, zodat het Congress aandrong op een gemeenschappelijke politieke koers ten opzichte van het Britse moederland. Onder leiding van John en Samuel Adams, die tot de invloedrijkste voorvechters van de onafhankelijkheid behoorden, en geïnspireerd door de vlammende toespraken van de patriot en latere vrijheidstrijder Patrick Henry, besloten de gedelegeerden uit de twaalf koloniën – Georgia ontbrak – tot een boycot van Engelse waren en het instellen van import en export beperkende maatregelen tegen Engeland. Bovendien verlangden zij van de Kroon dat belastingen en heffingen werden geschrapt, die na het einde van de Zevenjarige Oorlog tegen Frankrijk in 1763 waren verhoogd om de oorlogskosten te betalen en de Britse schatkist te vullen (Chestnut St. tussen de 3rd en de 4th St., tel. 215-925-0167, www.ushistory.org/carpentershall, dag. behalve ma. 10–16 uur, jan.–feb. behalve ma. en di., toegang gratis).

## In het spoor van B. Franklin

Aan de andere kant van de Chestnut Street bouwde de talentrijke Benjamin Franklin (1706–1790) in 1763 in het **Franklin Court** `8` een huis, waarin de drukker, staatsman, schrijver, uitvinder, diplomaat, filantroop en wetenschapper de laatste vijf jaren van zijn leven doorbracht. Zijn huis bestaat niet meer sinds 1812, maar de omtrek is door een witte stalen constructie gemarkeerd. Onder de Franklin Court gaat een museum verscholen met een galerij met familieportretten, vele memorabilia en een 22 minuten durende film over het leven van Franklin (tussen 3rd en 4th St. en Chestnut/Market St., tel. 215-597-8974, www.ushistory.org/franklin/court, dag. 9–17 uur).

Tot de 'inventaris' van het Franklin Court behoort Ralph Archbold, die een vaste plaats had op een houten bank onder een moerbeiboom en al meer dan 30 jaar als Franklin-imitator optreedt. Met zijn tot op de schouders hangende dunne haar ziet hij eruit zoals men Franklin van oude schilderijen kent.

Na zijn dood in 1790 werd Benjamin Franklin op de **Christ Church Burial Ground** `9` be-

## Bezienswaardigheden

1. National Constitution Center
2. Independence Visitor Center
3. Liberty Bell Center
4. Independence Hall
5. Library Hall
6. Second Bank of the United States
7. Carpenters' Hall
8. Franklin Court
9. Christ Church Burial Ground
10. City Tavern
11. Penn's Landing
12. South Street
13. Italian Market
14. Edgar Allan Poe National Historic Site
15. African American Museum
16. Chinatown
17. Reading Terminal Market
18. Lord & Taylor
19. City Hall
20. Logan Square
21. Academy of Natural Sciences
22. Franklin Institute Science Museum
23. Rodin Museum
24. Philadelphia Museum of Art

## Accommodatie

1. Crowne Plaza Philadelphia Center City
2. Wyndham Philadelphia
3. Alexander Inn
4. Hampton Inn Center City
5. Travelodge
6. Comfort Inn at Penn's Landing
7. Rodeway Inn

## Eten en drinken

8. Fountain Restaurant
9. Vetri
10. Moshulu
11. Fez Maroccan Cuisine
12. Indonesia Restaurant

graven. Ter herinnering aan zijn beroemde devies 'Een gespaarde penny is een verdiende penny' liggen er vaak munten van één cent op het graf, dat hij met zijn vrouw Deborah deelt. Op de historische begraafplaats liggen onder andere ook vier andere ondertekenaars van de Amerikaanse Onafhankelijkheidsverklaring begraven (hoek Fifth St./Arch St.).

## City Tavern

In de uit de 18e eeuw stammende **City Tavern** **10** vindt u een historische ambiance. Het personeel begroet u in kostuums die er precies zo uitzien als de kostuums in de 18e eeuw. Gasten lopen over een krakende houten vloer en nemen plaats in een van de over de twee etages verspreide eetzalen. Vroeger aten hier beroemdheden als George Washington, Benjamin Franklin en Paul Revere. De uit Duitsland stammende chef-kok Walter Staib, die zich de 'culinaire ambassadeur van de stad Philadelphia' mag noemen, zorgt ook in de keuken voor historische correctheid en serveert bijvoorbeeld specialiteiten als bataatkoekjes, een lievelingsgerecht van Thomas Jefferson (Second St./Walnut St., tel. 215-413-1443, www.citytavern.com, lunch dag. vanaf 11.30, diner dag. vanaf 16, zo. vanaf 15 uur, reservering aanbevolen, diner vanaf $18).

## Penn's Landing

Aan de oever van de Delaware River ligt **Penn's Landing** **11**, een populair uitstapje binnen de stad. Hier zou William Penn in 1682 aan land zijn gegaan. Aan de parkachtige oever, waar 's zomers vaak bigbandconcerten en jazzavonden plaatsvinden, ligt de in 1883 van stapel gelopen Portugese zeilboot Gazela voor anker, wanneer hij niet als 'drijvende ambassadeur van Philadelphia' aan het varen is. Een tweede oldtimer, de USS Olympia, was het vlaggenschip van de vloot van admiraal George Deweys tijdens de Slag van Manila in 1898 in de Spaans-Amerikaanse oorlog. Van recenter datum is de onderzeeboot USS Becuna, die sinds 1943 in het zuiden van de Grote Oceaan opereerde, maar na de Tweede Wereldoorlog enkel nog als trainingsschip werd gebruikt. Een andere in de

buurt voor anker liggende oldtimer is de in 1904 gebouwde Moshulu. Deze zeewaardige viermaster werd omgebouwd tot restaurantschip en ligt permanent voor anker aan Penn's Landing (100 S. Columbus Blvd.).

# Society Hill

Ten zuidwesten van Penn's Landing ligt de stadswijk Society Hill. Deze kreeg zijn naam van de Free Society of Traders, een groep winkeliers die op instigatie van William Penn in Philadelphia een bedrijf stichtten. Talrijke gebouwen uit de 18e en 19e eeuw geven Society Hill een symphatiek-nostalgische sfeer. Rond het Head House Square liggen enkele traditierijke restaurants. Vroeger verkochten de boeren uit de omgeving op deze plaats hun waren aan de stedelingen.

Met bijna 500 boetieks, galeries, theaters, nachtclubs, cafés, kiosks en restaurants is de **South Street** **12** een populaire uitgaanswijk, met name voor nachtbrakers. Oud geworden hippies zitten hier tussen pak en stropdas dragende zakenlui, skaters met gepiercete neusvleugels delen een tafeltje met platinablonde schoonheidsspecialisten uit de ernaast gelegen nagelstudio die hier hun pauze doorbrengen.

Dat het in de levendigste uitgaans- en restaurantwijk van de stad ook minder conventioneel toe kan gaan, blijkt uit bedrijfsnamen als Zipperhead, Erogenous Zone, Condom Nation en Trash (Front St. tot 10th St. en Lombard St. tot Bainbridge St., www.southstreet net.com).

Een traditioneel, al meer dan 100 jaar bestaand instituut in Society Hill is de **Italian Market** **13**, die wordt gehouden op de 9th Street. Op overdekte trottoirs staan stapels kisten met groente, karrenvrachten verse watermeloenen, plastic tonnen met verse vis en blauwe zwemkrab *(blue crab)* uit de Chesapeake Bay. Doordeweeks barst de markt 's ochtends uit zijn voegen en doet vanwege zijn chaos en zijn geuren aan Palermo of Napels denken. Tussen de uitstallingen gaan kleine cafés, bloemenwinkels en winkels voor

huishoudelijke artikelen en ondergoed schuil. Weliswaar is het strikt Italiaanse karakter van de markt in de loop der decennia verdwenen door de toestroom van andere nationaliteiten, maar over het geheel genomen domineren de kleuren groen-wit-rood er nog altijd (9th St., di.–za. 9–17, zo. 9–14 uur).

De beroemde Amerikaanse schrijver Edgar Allen Poe bewoonde het nu als museum ingerichte **Edgar Allan Poe National Historic Site** **14** vermoedelijk tussen de herfst van 1842 en de zomer van 1843 om het in april 1844 alweer te verlaten. Tijdens rondleidingen vertellen de parkrangers spannende verhalen. De rondleiding eindigt in de kelder. Aan een muur zit de schoorsteen van een open haard. In *De Zwarte Kat* metselde de ik-persoon, die zijn vrouw met een bijl gedood had, daar haar lijk in (532 7th St./Spring Garden St., tel. 215-597-8780, www.nps.gov/edal, ma.–wo. 9.00–17.00 uur).

## Centrum

Met meer dan 400.000 objecten zoals documenten, schilderijen, meubels, foto's, boeken, kleding en volkskunst biedt het **African American Museum** **15** informatie over alle aspecten van het leven van de Afro-Amerikaanse inwoners van Philadelphia – van het dagelijks leven tot de burgerrechtenbeweging, van geneeskundige verzorging tot religie, en van sportieve prestaties tot kunst en architectuur. Elk jaar in februari organiseert het museum een **All-Night Jazz Jam** met bekende muzikanten (701 Arch St., tel. 215-574-0380, www.aampmuseum.org, di.–za. 10–17, zo. 12–17 uur).

Waar zich tegenwoordig **Chinatown** **16** uitstrekt stond rond 1860 slechts één Chinese wasserij. Ongeveer tien jaar later opende op Race Street Nr. 913, waar tegenwoordig een informatietafel staat, het eerste Chinese res-

taurant, Mei-Hsian Lou, zijn deuren. In de daarop volgende decennia kreeg het vervolgens tientallen buren. In een recenter verleden werd de wijk door de opening van Vietnamese, Birmese en Japanse zaken steeds internationaler (9th tot 12th St./Vine tot Arch St.).

De 'buik van Philadelphia' ligt in het centrum in een voormalig station, dat tot in de jaren zeventig van de 20e eeuw als zodanig in gebruik was. Na vele pieken en dalen in de afgelopen decennia presenteert de in 1892 gestichtte **Reading Terminal Market** **17** zich als gastronomische bazaar en is voor veel inwoners van de stad een onontbeerlijke instelling geworden. Frankrijkkenners zullen tussen het aanbod van vlees en worsten, haantjes, tientallen bakkersproducten en bloemenstalletjes herinnerd worden aan de oude Hallen in Parijs. De zeer drukke markt dankt zijn populariteit mede aan de talrijke kraampjes. Van woensdag tot zaterdag zetten amishboerinnen uit Pennsylvania Dutch Country hun kraampjes neer en dragen met handgebreide quilts, zelfgebakken koeken en andere amishspecialiteiten bij aan de verscheidenheid van het marktaanbod (12th St./Arch St., tel. 215-922-2317, www.readingterminalmarket.org, ma.–za. 8–18, zo. 9–16 uur).

Een van de oudste, in 1861 gestichte warenhuizen van de VS, dat tegenwoordig onder de naam **Lord & Taylor** **18** opereert, werd in 1910 verbouwd door de sterarchitect Daniel Burnham en veranderd in een consumptietempel die alle andere winkels overtroefde. Toen het paleis zijn poorten opende stond de verblufte klandizie in een vijf verdiepingen hoge, door galerijen omgeven glimmende, bronzen lobby, die met zijn barok aandoende orgel met 30.000 pijpen leek op een kathedraal (tussen Market St./Chestnut St. en 13th St./Juniper St., tel. 215-241-9000, orgelconcerten dag. 12 en 17, wo. 19 uur).

Op het snijpunt van de belangrijke verkeersaders Market Street en Broad Street staat onmiskenbaar de tussen 1871 en 1901 gebouwde **City Hall** **19**. Tot 1988 was het verboden om hoger te bouwen dan de 167 m hoge toren van het stadhuis. De hemel boven

Uitzicht over de Franklin Parkway op de stadhuistoren van Philadelphia

Philadelphia was gereserveerd voor de stichter van de staat en de stad, William Penn, wiens 11 m hoge standbeeld de toren van het stadhuis bekroont. Bezoekers van de City Hall hebben vanaf het platform van de toren hetzelfde uitzicht als het bronzen beeld. Met zijn maar liefst 642 kamers geldt het in de stijl van de Franse renaissance opgetrokken reuzenbouwwerk als het grootste stadhuis in de VS (Market St./Broad St., toegang gratis).

# Logan Square

De met patina bedekte indianenbeelden van het Swann Memorial Fountain op het **Logan Square** 20 symboliseren de drie belangrijkste waterwegen van de stad – Delaware River, Schuylkill River en Wissahickon Creek.

Op de zuidzijde van het plein ligt de **Academy of Natural Sciences** 21 met talrijke levende dieren zoals reptielen en hagedissen. Vooral de sauriërexpositie, waar kinderen door een gereconstrueerde schedel van een *Tyrannosaurus rex* kunnen klauteren, trekt veel bezoekers. In een sprong door de tijd worden bezoekers naar de middeleeuwen verplaatst (19th St./Benjamin Franklin Pkwy, tel. 215-299-1000, www.acnatsci.org, ma.-vr. 10–16.30, za.-zo. 10–17 uur).

Het **Franklin Institute Science Museum** 22 met vele technische installaties die u kunt uitproberen, is gewijd aan een verscheidenheid aan zaken, variërend van astronomie tot militaire technologie en buitensporig grote mensenharten tot meteorologie. De Free Library of Philadelphia met meer dan 2 miljoen boeken is niet alleen populair bij boekenwurmen. In het dakcafé van de bibliotheek kunt u uitrusten van de inspannende culturele drukte. Het museum bezit naast een planetarium ook nog een IMAX-theater met films over de leeuwen van de Kalahari, het menselijk lichaam en de maanwandelingen van de Apolloastronauten (222 N. 20th St., tel. 215-448-1200, www2.fi.edu, dag. 9.30–17.00 uur).

## Museumhoogtepunten

Nergens buiten Frankrijk komen bewonderaars van Rodin zo zeer aan hun trekken als in het **Rodin Museum** 23. Voor het gebouw staat een kopie van het beroemde beeld *De denker*. De verzameling kunstwerken van de beroemde Franse beeldhouwer Auguste Rodin (1840–1917) was een geschenk van de zakenman Jules E. Mastbaum aan de stad Philadelphia. Sinds 1929 wordt zijn waardevolle collectie in dit gebouw tentoongesteld (22nd St./Benjamin Franklin Pkwy, tel. 215-568-6026, www.rodinmuseum.org, di.-zo. 10–17 uur).

De Franklin Parkway eindigt buiten in de stad midden in het antieke Griekenland – dat zou men tenminste kunnen denken. Op een verhoging ligt als een geweldige zuilentempel het **Philadelphia Museum of Art** 24, waarvan de brede trap bij veel bioscoopbezoekers bekend is omdat bokslegende Rocky Balboa alias Sylvester Stallone daarop voor de film *Rocky* trainde.

In het enorme complex vindt u naast schilderijen van Rubens, Renoir en Van Gogh ook werken van 20e-eeuwse kunstenaars als Alexander Calder, wiens monumentale *Mobile* in de toegangshal boven de grote trap hangt. Impressionistische schilderijen, een boeddhistische tempel, een Japans theehuis, door amish gemaakte meubels, klederdracht en kostuums, maar ook een nagebouwd Frans klooster uit de 12e eeuw behoren tot de diverse bezienswaardigheden die bezoekers op hun reis door de wereld der kunst leren kennen (Benjamin Franklin Pkwy, tel. 215-763-8100, www.philamuseum.org, di.-zo. 10–17, vr. tot 20.45 uur).

**Independence National Historical Park/ Visitor Center:** Third St. en Chestnut St., tel. 215-965-2305, www.nps.gov.inde.

**Crowne Plaza Philadelphia Center City** 1: 1800 Market St., tel. 215-561-7500, fax 215-561-4484, www.ichotelsgroup.com. Groot stadshotel met ideale ligging ten opzichte van Logan Square en de museumboulevard, eigen restaurant, buitenbad. Vanaf $200.

**Wyndham Philadelphia** 2: 17th St./Race St., tel. 215-448-2000, fax 215-448-2864, www.star

Swann Memorial Fountain op het Logan Square en Philadelphia Museum of Art

woodhotels.com. 29 verdiepingen hoog hotel, 760 kamers, steakhouse, sportfaciliteiten, sauna, fitnessruimte en kamers met veel voorzieningen. $120-200.

**Alexander Inn** 3 : 12th St./Spruce St., Tel. 215-923-3535, www.alexanderinn.com. Grote Inn in de buurt van het Pennsylvania Convention Center met fitnessapparaten, health club en spa, inclusief ontbijt. $119-159.

**Hampton Inn Center City** 4 : 1301 Race St., tel. 215-665-9100, fax 215-665-9200, http://hamptoninn1.hilton.com. Op 12 etages liggen kamers met badkamer of alleen douche en één-kamersuites, whirlpool, verwarmd binnenbad, fitnessfaciliteiten. Vanaf $100.

**Travelodge** 5 : 1227 Race St., tel. 215-564-2888, fax 215-564-2700, www.travelodge.com/philadelphia30031. Centraal gelegen filiaal van een motelketen met 50 nette kamers zonder veel comfort. Vanaf $90.

**Comfort Inn at Penn's Landing** 6 : 100 N. Columbus Blvd., tel. 215-627-7900, fax 215-238-0809, www.choicehotels.com. Een van de weinige betaalbare accommodaties in de binnenstad, standaardkamer. $90-140.

**Rodeway Inn** 7 : 1208 Walnut St., tel. 215-546-7000, fax 215-546-7573, www.choicehotels.com. Sommige kamers met badkamers, veel kamers met alleen met douche, strijkijzer en föhn op de kamer, ontbijt is in de prijs inbegrepen. Vanaf $70.

🍴 **Fountain Restaurant** 8 : Four Seasons Hotel, 1 Logan Sq., tel. 215-963-1500, dag. 6.30-14.30 en 17.45-23.00 uur. Elegant toprestaurant met uitstekende, creatieve keuken. 's Avonds is avondkleding verplicht. Vanaf $50.

**Vetri** 9 : 1312 Spruce St., tel. 215-732-3478, alleen diner, zo gesloten. De meermalen bekroonde chef-kok Marc Vetri kookt Italiaans. Een van zijn beroemde nagerechten heet *chocolate polenta soufflé*. Hoofdgerechten vanaf $20, op za. alleen een menu met vijf gangen voor $65 of een menu met zeven gangen voor $90.

**Moshulu** 10 : 401 S. Columbus Blvd., tel. 215-923-2500, www.moshulu.com, dag. lunch en diner vanaf 11.30 uur. Tot restaurantschip omgebouwde, romantische viermaster met exquis aanbod van gerechten en wijnen. $21-30.

**Fez Maroccan Cuisine** 11 : 620 S. 2nd St., tel. 215-925-5367, zo.–do. 17–22.30, vr.–za. tot 23.30 uur. U eet in een Marrokkaanse bruiloftstent terwijl gekostumeerd personeel uitstekende Noord-Afrikaanse gerechten serveert. $10–25.

**Indonesia Restaurant** 12 : 1029 Race St., tel. 215-829-1400, dag. 11–23 uur. Uitstekend oosters restaurant met relaxte atmosfeer en heerlijke, exotische gerechten. $8–20.

**Jewelers' Row:** Sansom St. tussen 7th St./8th St. en 8th St. van Chestnut St. tot Walnut St. Sinds meer dan 150 jaar oude juwelierswijk met verscheidene honderden juweliers en sierradenontwerpers.

**King of Prussia Mall:** ten noordwesten van Philadelphia in King of Prussia, 160 N. Gulph Rd., ma.–za. 10–21.30, zo. 11–19 uur. Enorm winkelcentrum met alles dat consumentenharten sneller doet kloppen.

**Souvenir Philadelphia:** 307 Arch St., tel. 215-923-2565. Souvenirs, souvenirs ... Wie een sou-

In de trendy wijk South Street ziet u veel felle en bonte kleuren

venir uit Philadelphia nodig heeft, zal hier zeker wat vinden. De Amerikaanse Onafhankelijkheidsverklaring kunt u hier als poster krijgen.

**World Cafe Live:** 3025 Walnut St., tel. 215-222-1400, www.worldcafelive.com. Dagelijks klinkt er tijdens het avondeten livemuziek. **Tastytreats:** 613 S. Fourth St., www.fluidnight club.com. Elke za. 22–2 uur dansfeest, vanaf 21 jaar. Toegang voor 24 uur $7, na middernacht $10.

**The Five Spot:** 1 S. Bank St., tel. 215-574-0070, www.thefivespot.com. Livemuziek, dj's, dans, bars – de club is in de hele stad bekend.

**Redhead Lounge:** 135 S. 17th St., in het historische Latham Hotel, tel. 215-563-8200. Pianobar met livemuziek vanaf 20 uur bij kaarslicht.

**Kimmel Center for the Performing Arts:** 260 S. Broad St., tel. 215-790-5800, kaartjes tel. 215-893-1999. Het futuristisch aandoende gebouw onder een glazen gewelf is het belangrijkste centrum voor uitvoerende kunsten. Onderdeel van het centrum is de Verizon Hall voor verschillende evenementen en het Perelman Theater, dat slechts een van de vele theaters in de stad is.

**Academy of Music:** Broad St./Locust St., kaartjes tel. 215-893-1999, www.academyofmu sic.org. Het grandioze operagebouw van Philadelphia uit 1857 biedt plaats aan bijna 3000 bezoekers. De Opera Company of Philadelphia en het Pennsylvania Ballet maken samen gebruik van deze zaal.

**Mann Music Center:** Fairmount Park, www. manncenter.org. In dit centrum worden in de zomer concerten uitgevoerd.

**Old City Arts Association**: www.oldcityarts.org. Deze vereniging organiseert elke 1e vrijdag van de maand tussen 17 en 21 uur een openhuisavond, waarop u 26 galeries en culturele organisaties in de stad gratis kunt bezoeken.

**Feesten en evenementen**

**Equality Forum** (apr./mei): Een week durend homofestival, www.equalityforum.com.

**Philadelphia-Pass:** www.philadelphiapass. com. Met deze pas kunnen bezoekers bezienswaardigheden, musea en theaters van de stad leren kennen en meedoen met stadsrondleidingen. De eendagspas is inclusief toegang tot 20 attracties in de stad. Daarnaast biedt de pas nog korting in elf restaurants. De dagpas voor volwassenen kost $39, voor kinderen tot 12 jaar $35, de tweedaagse pas kost $64 resp. $54, de driedaagse pas $67,20 resp. $55,20 de vijfdaagse pas $84 resp. $71,20.

**Manayunk Arts Festival** (juni): Groot kunstfestival in de openlucht, www.manayunk.com/manayunkartfest_files/artsfestival.html.
**Philadelphia Folk Festival** (aug.): Volksmuziekfestival, www.folkfest.org.
**Puerto Rican Week Festival Parade** (sept.): Portoricaans straatfeest met grote kostuumparade.
**Philadelphia Fringe Festival** (sept.): Cultuurfestival, www.livearts-fringe.org.
**Annual German-American Steuben Parade** (sept.): Duits-Amerikaanse parade met *Oktoberfest*, www.steubenparade.com.
**Columbus Day Parade** (okt.): Optocht ter ere van Columbus.

**Tours:** Ghost Tours of Philadelphia, 5th St./Chestnut St., tel. 215-413-1997, www. ghosttour.com/Philadelphia.htm. Spooktochten met nachtelijke bezichtingen van begraafplaatsen en historische gebouwen.
**Independence Historic National Park,** gratis rondleidingen door Park Rangers.
**Aquarium:** Uitstapje naar het Adventure Aquarium. Bij de Ferry Dock (Penn's Landing) varen de River Link-veerboten naar het Adventure Aquarium in Camden (NJ) af (tel. 215-925-5465, www.riverlinkferry.org, dag. 9–18 uur), zie blz. 252.
**Golf:** Olde Course of Cobb's Creek Golf Club, 72nd St./Lansdowne Ave., tel. 215-877-87 07, www.golfphilly.com. Het in het Fairmount Park gelegen terrein is een van de beste stedelijke golfbanen in de VS.
**Schaatsen:** Blue Cross River Rink, 121 N. Columbus Blvd., tel. 215-925-7465, www.riverrink .com, nov.–feb. ma.–do. 18–21, vr.–za. 12.30–22.30, zo. 12.30–21 uur. Schaatsbaan bij Penn's Landing met schaatsverhuur.

**Vliegtuig:** Philadelphia International Airport, tel. 215-937-6800, www.phl.org. Op de 8 mijl van het centrum gelegen luchthaven wordt door alle Amerikaanse en vele buitenlandse luchtvaartmaatschappijen gevlogen. Elke dag stijgen en landden er meer 1000 vliegtuigen. De lokale trein SEPTA vervoert reizigers in ca. 30 min. naar de stad (6.10–0.10 uur). Een taxi naar het centrum kost ca. $21.

**Trein:** Amtrak Terminal, 30th St./Market St., tel. 1-800-USA-RAIL. Station voor de Amtrak-verbindingen naar alle delen van de VS. De treinen van NJ Transit rijden naar Atlantic City.
**Bus:** Greyhound Lines Terminal, 10th St./Filbert St., tel. 215-931-4075, www.greyhound .com.
**Openbaar vervoer:** Binnen de stad rijden bussen, metro's en trolleys van SEPTA (Southeast Pennsylvania Transportation Authority, www. septa.org). Lijn 76 (Ben FrankLine) stopt bij veel bezienswaardigheden. Met de DayPass ($5,50) kunt u een dag lang onbeperkt gebruikmaken van alle vormen van openbaar vervoer.

# Historische plaatsen

## Valley Forge
**Kaart:** blz. 269
Het **Valley Forge National Historical Park** 1 houdt de herinnering aan de grimmige winter van 1777/78 levend, toen George Washingtons Continental Army aan het eind van zijn krachten, slecht uitgerust en door honger en ziekte geplaagd, de bitterste fase van de Vrijheidsoorlog doormaakte. Eind 1777 verscheen in deze heuvelachtige omgeving een haveloos geklede, ongemotiveerde troep van 12.000 Amerikaanse soldaten om er te overwinteren.

Langs de weg, die zich door het heuvelige nationale park slingert, liggen herbouwde blokhutten die de soldaten als onderkomen gebruikten. George Washingtons toenmalige hoofdkwartier bevond zich in het woonhuis van een molenaar, waarin nu een museum is gevestigd. Daarnaast staan de van boomstammen opgetrokken hutten waarin de lijfwacht van Washington was ingekwartierd. Ook de Washington Memorial Chapel met een klokkenspel van 58 klokken herinnert aan de grote generaal. Films en tentoonstellingen in het bezoekerscentrum geven een overzicht van de toenmalige oorlogshandelingen.

Eind februari 1778 keerde het tij. Vanaf dat moment nam de Pruisische generaal baron Friedrich Wilhelm von Steuben, die met een aanbevelingsbrief van de in Parijs wonende di-

Amishkinderen op weg van school naar huis

plomaat Benjamin Franklin in de VS was aangekomen, de training van de soldaten op zich en maakte van hen in korte tijd een slagvaardig, gedisciplineerd en en moreel sterk leger. Von Steuben sprak nauwelijks Engels. Hij schreef zijn exercitieaanwijzingen op in het Frans en liet ze vervolgens, in Engelse vertaling, onder de manschappen verdelen. Later werden zijn in het *blue book* samengevatte regels een kazerneklassieker.

Toen het leger van Washington op 19 juni 1778 in Valley Forge opbrak om de uit Philadelphia naar New York vertrekkende Britse troepen te achtervolgen, slaagden ze erin om in een precaire situatie een beslissende overwinning te behalen – de triomf over zichzelf. Toen Von Steuben op 64-jarige leeftijd in november 1794 aan een beroerte overleed, lieten de Amerikanen in zijn grafsteen metselen: 'Zijn inzet was onontbeerlijk voor het bereiken van de Amerikaanse onafhankelijkheid.'

**Welcome Center:** 1400 Outer Line Dr., King of Prussia, PA 19406, tel. 610-783-1077, www.nps.gov/vafo, dag. 9-17 uur. Men kan audiogidsen huren voor een rit door het Nationale Park.

**Best Western King of Prussia:** 127 S. Gulph Rd., King of Prussia, tel. 610-265-4500, fax 610-354-8905, www.bwkop.com. Hotel met verwarmd buitenbad, spa, fitnessfaciliteiten en inclusief ontbijt, in de buurt van de King of Prussia Mall. $70–119.
**Comfort Inn Valley Forge:** 550 W. DeKalb Pkwy, King of Prussia, tel. 610-962-0700, fax 610-962-0218, www.comfortinn.com/hotel/PA189.
Groot motel met goed geoutilleerde kamers inclusief minibar, koelkast en koffiezetapparaat. Vanaf $80.

**Morton's the Steakhouse:** 500 Mall Blvd., King of Prussia, tel. 610-491-1900, www.mortons.com, dag. diner 17–22 uur. Men serveert er weliswaar ook vis, maar dit etablissement onderscheidt zich door zijn uitstekende steaks. Vanaf $16.

**Peppers Italian Restaurant:** 239 Town Center Rd., King of Prussia, tel. 610-265-2416, www.pep persitalianrestaurant.com, dag. 11–2 uur. Italiaanse keuken met grote porties. Een van de specialiteiten is kip amaretto. Diner $10–18.

## Hopewell Furnace

Tijdens zomerweekends brengen gekostumeerde arbeiders en boerinnen in oude klederdracht **Hopewell Furnace National Historic Site 2** tot leven. In een grote loods draait een gigantisch waterrad dat door middel van drijfriemen ouderwetse apparaten in beweging zet. Aan de bosrand werken kolenbranders in een ondoordringbare walm aan een houtskoolmeiler. In dit tafereel passen ook boerinnen in lange dracht en met koddige mutsen, die in middeleeuws aandoende keukens met lange houten lepels in messing ketels met hete appelsiroop roeren.

Op de plaats waar tegenwoordig het sfeervolle museumdorp ligt werd 112 jaar lang op eenvoudige wijze, maar volgens de stand der techniek van die tijd, ruwijzer gefabriceerd, waarvan de bloeitijd tussen 1820 en 1840 lag. De fabriek uit die tijd is voor de hedendaagse bezoeker opnieuw ingericht. Naast de Ironmaster's Mansion kunt u verscheidene andere gebouwen bezichtigen, zoals een smederij, schuren, stallen en onderkomens voor de arbeiders. De beste tijd voor een bezoek zijn de zomerweekends wanneer traditioneel geklede inwoners naar het dorp terugkeren en demonstreren hoe de mensen in de eerste helft van de 19e eeuw hun dagelijks leven doorbrachten en werkten (Second Mark Bird Ln., Elverson, tel. 610-582-2768, www.nps.gov/ hofu, dag. 9–17 uur).

# Pennsylvania Dutch Country

Ten zuiden van de in oost-westrichting lopende Interstate 76 ligt het heuvelachtige **Pennsylvania Dutch Country** met wit of rood gekleurde boerderijen, slanke silo's en tussen dorpen en bossen gelegen velden. In dit deel van Pennsylvania domineert niet de moderne agrarische industrie, maar een traditionele vorm van landbouw. Dat is vooral te danken aan de amish, die hun akkers op zeer ouderwetse wijze bewerken.

## Een film als toerisme-aanjager

Sinds het eind van de jaren tachtig is Pennsylvania Dutch Country veranderd in een toeristische attractie – met groeiende bezoekersaantallen. Oorzaak van deze ontwikkeling was de in 1985 in de bioscopen vertoonde film *Witness*. In deze spannende thriller begeeft politieman John Book, gespeeld door Harrison Ford, zich onder de amish om een moord op te lossen waarvan een amishjongetje getuige was. Al snel raakt hij zelf in gevaar en verstopt zich op een boerderij in Pennsylvania Dutch Country. De regisseur gebruikte een echte amishboerderij uit Lancaster County als decor voor een groot deel van de film. De amish hadden in het begin grote moeite met het project. Maar nadat duidelijk was geworden hoe fijngevoelig, tactvol en met respect de amish in de film werden neergezet, verdween de aanvankelijke vijandigheid.

## De levenswijze van de amish

De vaak kinderrijke amishfamilies – tien kinderen zijn geen zeldzaamheid – voeren een eenvoudig bestaan zonder elektriciteit en auto's. Hun traditionele transportmiddel is de zogenaamde buggy, een vierwielige, meestal gesloten, zwarte paardenkoets, waarvan de buitenverlichting op batterijen loopt – een kleine knieval aan de moderne tijd. Getrouwde mannen dragen doorgaans een baard en gaan in het zwart of donkerblauw gekleed, terwijl de vrouwen hun lange haar onder mutsen verbergen en in het openbaar alleen zijn gekleed in bijzonder onmodieuze, maar wel zeer decente op de knie of enkel hangende rokken.

Hoe dichter men Lancaster nadert, des te idyllischer worden de zacht glooiende heuvels waarop boerderijen, tabaksakkers en weiden liggen. Bossen en weiden worden afgewisseld met akkers waarop drie jaar lang ver-

**Omgeving van Philadelphia**

schillende gewassen of groenten worden verbouwd. In het vierde jaar ligt het land braak en kan het weer op krachten komen. Amishboeren, die gemiddeld genomen boerderijen van 25 ha bezitten, produceren hun agrarische producten zonder chemische bestrijdingsmiddelen te gebruiken wat hun waren aantrekkelijk maakt voor klanten die op hun gezondheid letten. In de regel zijn schuren en woningen wit geschilderd en onderscheiden zich van Amerikaanse boerderijen doordat er geen elektrische leidingen naar de gebouwen lopen. Veel boeren verkopen hun producten direct aan klanten, die naar de boerderij komen en interesse hebben in zelfgemaakte marmelade, zelfgemaakte dranken of quilts.

### Ephrata

In het jaar 1732 vestigde een piëtistische Duitse gemeenschap zich in **Ephrata** 3 en stichtte daar een van de eerste religieuze gemeenschappen van de VS. De stichter van deze sekte was de uit Eberbach aan de Neckar afkomstige bakkerszoon Conrad Beissel (1691–1768), die in 1720 naar de VS emigreerde, zich in Pennsylvania bij de Tunkersekte aansloot en vier jaar later een eigen sekte en het klooster Ephrata stichtte. Hij werd daarbij gevolgd door 300 aanhangers die in ascetische eenzaamheid wensten te le-

ven en te werken. De zachtaardige broeders en zusters maakten vooral naam als drukkers, boekbinders en schoonschrijvers. In het jaar 1748 brachten zij de 1200 bladzijden tellende mennonietenbijbel *Martyrs' mirror* uit, het omvangrijkste boek uit de koloniale tijd van Amerika. In de kloostertuin staat een aantal gerestaureerde houten gebouwen die, grijs en onversierd, een beeld geven van het strenge gemeenschapsleven van weleer. Aan het begin van de 19e eeuw bestond de orde niet meer (632 W. Main St., tel. 717-733-6600, ma.-za. 9-17, zo. 12-17 uur).

Sinds 1932 wordt elke vrijdag aan de rand van Ephrata de **Green-Dragonmarkt** gehouden. Meer dan 400 boeren, handelaars en handarbeiders verkopen en kopen op deze markt hun producten in de hallen of in de openlucht. Bij tijd en wijle kunt u ook veeveilingen meemaken (955 N. State St., tel. 717-738-1117, www.greendragonmarket.com, vr. 9-21 uur).

## Lancaster

Al voor de Amerikaanse onafhankelijkheid was **Lancaster** 4 een economisch en politiek centrum. Tegenwoordig is de kleine stad het agrarische centrum en de toeristenmetro-

# Bijbel of bier: amish-tieners en de *rumspringa*

## Thema

De amish worden vanwege hun diepe religiositeit en hun door velen als ouderwets beschouwde levenswijze vaak als een soort heiligen gezien. Dat deze bevolkingsgroep echter met dezelfde problemen wordt geconfronteerd als de rest van de VS, blijkt uit een over het algemeen onbekend amishgebruik: de *rumspringa*.

De amish leiden met hun oude tradities en waarden een teruggetrokken bestaan gevangen binnen de Amerikaanse 'coca-colacultuur' – en tegelijkertijd toch ook helemaal daarbuiten. Ze gebruiken geen elektriciteit, rijden in plaats van in een auto met paard-en-wagen als ze op bezoek gaan of gaan winkelen, bewerken hun velden met echte paardenkrachten en kleden zich met eenvoudige kleren, die met haken en ogen in plaats van met ritsen of knopen worden dichtgedaan. Het dragen van knopen beschouwen zij als hoogmoedig.

Deze te verbazender is het hoe de zeer religieuze amishfamlies met hun opgroeiende kinderen omgaan. Zodra tieners het 16e levensjaar achter de rug hebben, breekt voor velen van hen de *rumspringa*-periode aan, een fase waarvan niet van tevoren is vastgelegd hoe lang hij mag duren, waarbij ze de verder verboden wereld van de Amerikaanse maatschappij met al zijn uitwassen mogen ontdekken om naar eigen goeddunken te kiezen tussen bijbel en bier, zedelijk leven en seks. Uitgerust met mobieltjes spreken jongeren van beide geslachten af voor soms wilde feesten op afgelegen boerderijen, in bossen en zelfs in oude mijngangen. De alcohol stroomt daarbij rijkelijk en de theoretische kennis van de jonge wilden over het andere geslacht kan zonder ouderlijke straffen in de praktijk worden bestudeerd.

Bij tijd en wijle lopen *rumspringa*-ruzies zodanig uit de hand dat de politie moet ingrijpen om er een einde aan te maken. In Leon (Ohio) moest de sheriff optreden toen op een maandagochtend in een greppel langs de weg buiten het dorp een dood paard en de restanten van een buggy werden gevonden. In de loop van het onderzoek ontdekte hij dat er tijdens een paardenbuggyrace tussen drie jongeren een zware botsing had plaatsgevonden.

Hoe lang de *rumspringa*-fase duurt en wat er allemaal is toegestaan respectievelijk verboden, verschilt niet alleen per familie, maar ook per religieuze gezindte. Bij de zeer conservatieve Swarzentrubergroepen kan de jeugd tijdens de *rumspringa* helemaal uit de band springen en tot het uiterste gaan. Minder strenge New Ordergroepen remmen de adolescenten af om excessen te voorkomen. Zij doen dat bijvoorbeeld door samen met andere gemeenschappen sportieve evenementen of concerten te organiseren waarbij de jongeren elkaar mogen leren kennen.

De amishouders hebben een goede reden om hun nageslacht grote vrijheden te gunnen. De kinderen moeten de decadentie van de 'buitenwereld' leren kennen en uit eigen vrije wil in de schoot van hun gemeenschap terugkeren om zich ten slotte te laten dopen. Daarna moeten ze zich evenwel aan het strenge reglement van hun gemeenschap onderwerpen – en voor altijd. Wie na de *rumspringa* voor de moderne wereld kiest, breekt met familie en gemeenschap – eveneens voor altijd.

pool van Pennsylvania Dutch Country. Ingebed in de schilderachtige en traditierijke regio wist de plaats de charme van de 19e eeuw vast te houden in de hedendaagse tijd. De inwoners leven weliswaar niet in een groot openluchtmuseum, maar ze wonen ver genoeg van de hectische metropolen van de oostkust om er een levensstijl op na te houden die met zijn langzame ritme op stadsbewoners een welhaast provocerend beschouwelijke indruk moet maken. Een zeer rustgevende ervaring.

## Stadsrondleiding

Puntige kerktorens, rode bakstenen muren, bontgekleurde voordeuren en zelfs een gevangenis, die met zijn middeleeuwse kasteelarchitectuur als de mooiste van het land geldt, maken van Lancaster een uitstalraam van het verleden. De in 1889 in neoromaanse stijl gebouwde **Central Market** is al van verre te herkennen aan zijn massieve, vierkante torens, en behoort tot de oudste overdekte markten in de VS. Boeren uit de wijde omgeving verkopen hier verse producten zoals vlees, kaas, brood en banket, kunstnijverheid en bloemen (King St./Queen St., Penn Sq., tel. 717-291-4723, di.-vr. 6-16.30, za. 6-14 uur).

De in 1770 geopende **Demuth Tobacco Shop** is de oudste tabakswinkel van de VS en een lokaal instituut. Als u een blik werpt op de schappen kunt u zien dat het aanbod sindsdien haast onmerkbaar is veranderd: pijpen in alle vormen en van alle materialen, mooi versierde asbakken voor binnen en buiten, decoratieve lege sigarendoosjes met exotische etiketten en natuurlijk een enorme verscheidenheid aan sigaren en sigaretten (114-120 E. King St., tel. 717-397-6613, ma.-vr. 9-17, za. 9-15 uur).

Tijdens een wandeling door het **Landis Valley Museum** kunt u goed zien hoe het er in de 2e helft van de 19e eeuw aan toeging het door veel Duitse immigranten bewoonde landelijke Pennsylvania. De broers Henry en George Landis verzamelden ongeveer 75.000 objecten van een blokhut tot een wafelijzer om een beeld van het leven van toen te schetsen. Onder de originele gebouwen zijn een herberg, een

school, een huis, een drukkerij, een hotel en een boerderij waarin een kokkin allerhande keukengeheimen uit grootmoeders tijd prijsgeeft (2451 Kissel Hill Rd., tel. 717-569-0401, www.landisvalleymuseum.org, mrt.-dec. ma.-za. 9-17, zo. 12-17 uur).

De talrijke huizen of boerderijen die u in de omgeving van Lancaster kunt bezichtigen geven niet alleen een beeld van de traditionele levenswijze van de amish, maar ook de inrichting van hun bedrijven.

**The Amish Farm & House** bestaat uit een natuurstenen, meer dan 200 jaar oude woning waarin tien kamers zijn te vinden. De keuken, de slaapkamers en de woonkamer zijn zo ingericht dat het lijkt alsof ze nog steeds door een amishfamilie worden bewoond. Dat is weliswaar niet meer het geval, maar er lopen nog wel kleinvee, koeien en paarden rond op de boerderij, die daardoor zeer authentiek overkomt (2395 Lincoln Hwy, tel. 717-394-6185, www.amishfarmandhouse.com, dag. 8.30-16, volwassenen $7,50, kinderen 5-11 jr. $5).

**Pennsylvania Dutch Convention & Visitors Bureau:** 501 Greenfield Rd., aan Rte 30, Lancaster, PA 17601, tel. 717-299-8901, fax 717-299-0470, www.padutchcountry.com.

**Best Western Eden Resort Inn & Suites:** 222 Eden Rd., tel. 717-569-6444, fax 717-569-4208, www.edenresort.com. Groot, comfortabel hotel met zwembad, sauna, tennisbaan en fitnessruimte. Vanaf $110.

**Howard Johnson Inn:** 2100 Lincoln Hwy E., tel. 717-397-7781, fax 717 397 6340, www.howardjohnson.com. Alleen kamers voor niet-rokers, met koffiezetapparaat en veelal een koelkast. De prijzen voor het huren van een kamer beginnen bij $75.

**Smucker's Farm Guest House:** 484 Peters Rd., ten oosten van Lancaster, New Holland, tel. 717-354-6879. Overnachting op een echte, nog in bedrijf zijnde amishboerderij in de stijl van bed-and-breakfastaccommodatie in een normale kamer of in een suite. De prijzen beginnen bij $69.

**Outdoor World Circle M Camping Resort:** 2111 Millersville Rd., Lancaster, tel. 717-872-4651.

Grote kampeerplaats met goede speelmogelijkheden voor kinderen.

**Good 'n Plenty:** 150 Eastbrook Rd., tel. 717-394-7111, www.goodnplenty.com, dag. behalve zo. 11.30–20.00 uur. Het eten wordt opgediend in schalen aan een tafel die men, ongewoon voor de VS, met andere gasten deelt. De stevige en smakelijke gererechten uit Dutch Pennsylvania doen de naam van het etablissement eer aan: goed en overvloedig. Diner $17.

**Amish Barn Restaurant:** Rte 340, tussen Bird-in-Hand en Intercourse, tel. 717-768-8886, www.amishbarnpa.com, in de zomer 7.30–21, andere seizoenen 8–20 uur. Vleesgerechten, groenten en brood en banket volgens recepten uit de Pennsylvania Dutchkeuken. Diner $10–19.

**Jennie's Diner:** Lincoln Hwy E. ten oosten van de kruising van Rte 896 en Rte 30 E., tel. 717-397-2507. De klok rond geopend etablissement met weelderig ontbijt. Vanaf $5.

In amishwinkels worden o.a. door gidsen ingesproken cd's met rondleidingen aangeboden door Amish Country. De populairste amishsouvenirs zijn houten speelgoed en quilts.

**Kitchen Kettle Village:** Rte 340, Intercourse ten oosten van Lancaster, tel. 717-768-8261, www. kitchenkettle.com, ma.–za. 9–17 uur. Landelijk complex met ca. 30 winkels, amishbedrijven en restaurants.

**Rockvale Square Outlets:** Rtes 30/896, www. outletsonline.com, ma.–za. 9.30–21, zo. 11–17 uur. Groot winkelcentrum voor rechtstreeks uit de fabriek afkomstige waren.

# Naburige gemeenten

Het dorpje **Bird-in-Hand** [5], bestaande uit een handjevol oudere gebouwen, is bij toeristen waarschijnlijk vooral in trek omdat het de atmosfeer van een oude en klein gebleven landelijke gemeente uitstraalt. Met enkele kanttekeningen. Het toenemende toerisme heeft in bijna elk huis een winkel doen ontstaan en op de boerenmarkt zijn, net zoals in het Amish Barn Restaurant dat al zo'n 30 jaar lang stevige streekgerechten serveert, meer vreemdelingen dan autochtone bewoners te zien.

Op veel boerderijgebouwen ziet u zogenaamde heksentekens, gekleurde, geometrische symbolen. Ze worden door de huidige inwoners als versiering gebruikt, maar ontstonden uit emblemen waarmee de vroege Duitssprekende immigranten geboortebewijzen en textiel versierden. Amishboeren wijzen de tekens af omdat zij ze beschouwen als symbolen van bijgeloof (Old Philadelphia Pike, www.bird-in-hand.com).

Het naast Bird-in-Hand gelegen **Intercourse** [6] is een van de bekendste dorpen van Pennsylvania Dutch Country. Het dankt zijn populariteit niet alleen aan zijn buitengewone naam (Eng. *intercourse* = geslachtsverkeer), waarvan de oorsprong niet duidelijk is. Intercourse behoort tot de typische amishdorpen en werd daarom ook voor enkele scènes in de film *Witness* als decor gebruikt. In talrijke leuke *country stores* worden amishproducten aangeboden. Bovendien is er een groot aantal restaurants en accommodatiemogelijkheden. Een ander bewijs dat het toerisme daar al lange tijd voet aan de grond heeft, is een kleine band, die 's zomers populaire melodieën ten beste geeft.

Twee mijl ten noorden van **Strasburg** [7] ligt het **Amish Village** met een boerderij en talrijke bijgebouwen zoals een rookkamer, stallen, een smederij, een watermolen en een piepkleine school – een leuk dorp dat op aanschouwelijke wijze het door tradities en ouderwetse normen en waarden bepaalde leven van de amish toont (199 Hartman Bridge Rd., tel. 717-687-8511, www.amishvillagestore.com, 's zomers ma.–za. 9–17, zo. 10–17 uur, andere seizoenen kortere openingstijden).

De **Strasburg Rail Road** eert het gouden tijdperk van de trein. Naast mooie, door lak en chroom glanzende oude en nieuwe locomotieven en wagons staat een gereconstrueerd station in vroeg-20e-eeuwse stijl. Tochten met stoomlocomotieven door de landelijke omgeving duren 45 minuten. Tijdens de rit kunt u

De koets is nog altijd het belangrijkste transportmiddel van de Amish

zich culiniair laten verwennen (Rte 741 E., tel. 717-687-7522, www.strasburgrailroad.com).

### In Bird-in-Hand:
**Tours:** Aaron & Jessica's Buggy Rides: 3121A Old Philadelphia Pike, tel. 717-768-8828, www.amishbuggyrides.com. Door mennonieten geleide tochten door amishland.
**Abe's Buggy Rides,** Rt. 340, tel. 717-392-1794, www.800padutch.com/abes.html. Uitstapjes met de paardenkoets.
**Amish Country Tours,** Tel. 717-768-3600. Bustochten door het land van de amish.

## Brandywine Valley

### Chadds Ford
**Atlas:** blz. 13, C 3
In september 1777 leed het Continental Army bij **Chadds Ford** een nederlaag tegen de Britten. Na de gewonnen slag konden de Engelsen de verdedigingsring rond Philadelphia opblazen waardoor de leden van het Tweede Conti-

nental Congess gedwongen werden naar York te verkassen. Het slagveld van de grootste veldslag van de Amerikaanse Vrijheidsoorlog kan worden bezichtigd. Op het terrein ziet u onder andere het hoofdkwartier van generaal George Washington en de accommodatie van de jonge markies De Lafayette, die in Chadds Ford voor het eerst een rol speelde in de oorlog (Brandywine Battlefield Park, Chadds Ford, tel. 610-459-3342, di.–za. 9–17, zo. 12–17 uur).

Het **Brandywine River Museum,** dat deels in een gerenoveerde molen uit de 19e eeuw is ondergebracht, toont werken van Edward Moran, Asher Durand en de familie Wyeth alsook illustraties van Thomas Nast, Maxfield Parrish en Howard Pyle. De Illustrator Pyle (1853–1911) heeft in Wilmington de Brandywine School of Painting gesticht en ook les gegeven aan Newell Convers Wyeth, die zijn talent doorgaf aan zijn zoon Andrew en zijn kleinzoon Jamie. Langs de rivier voert een wandelpad van het museum naar het 1,5 km verderop gelegen **John Chad House,** waar in de 18e eeuw een herbergier en een een veerman

Schilderachtig boerenlandschap met zachtgroene weiden in de Brandywine Valley

woonden (US Rte 1, tel. 610-388-2700, www. brandywinemuseum.org, dag. 9.30–16.30 uur).

## Parken en musea

**Atlas:** blz. 13, C 3

De in opdracht van de steenrijke familie DuPont aangelegde **Longwood Gardens** zijn een verplicht nummer voor natuurliefhebbers. Het mooie park met talrijke vijvers waaruit geweldige fonteinen de hemel in spuiten, is in mei en juni, wanneer de azalea's en magnolia's zich van hun mooiste kant laten zien, ongelooflijk fraai. Een deel van de meer 11.000 planten bloeit in enorme kassen zodat de tuinen ook op regenachtige dagen en in koudere jaargetijden kunnen worden bezichtigd (Rte 1, Kennett Sq., tel. 610-388-1000, www.longwood gardens.org, dag. 9–18 di., vr., za. tot 22 uur).

Alfred I. DuPont leefde met **Nemours Mansion and Gardens** zijn royalistische ambities uit. Hij liet het kasteel in 1910 bouwen in Lodewijk XVI-stijl. De 102 kamers van het prachtige gebouw vormen een museum vol antieke kostbaarheden, oosterse tapijten, schilderijen van oude meesters en zware, van gestuukte plafonds hangende kristallen kroonluchters. Het omliggende park is geïnspireerd op Versailles (1600 Rockland Rd., tel. 302-651-6912, www.nemours.org, mei–nov. rondleidingen di.–za. 9–15, zo. vanaf 11 uur).

De kunstverzamelaar Henry Francis DuPont bouwde het complex van de **Winterthur Museum and Gardens** als zomerresidentie, waarin hij van 1880 tot 1951 leefde. De gepassioneerde verzamelaar concentreerde zijn hartstocht vooral op voorwerpen die tussen de 17e en de 19e eeuw in Amerika werden gebruikt of geproduceerd – meubels, textiel, glaswerk, porselein en tapijten. Na dood werd de uit 89.000 objecten bestaande privécollectie onder de naam Winterthur Museum and Gardens in een museum veranderd. De tuin is vooral tijdens de bloei in het voorjaar prachtig om te zien (Rte 52, Kennett Pike, tel. 302-888-4600, www.winterthur.org, di.–zo. 10–17 uur).

# Wilmington

**Atlas:** blz. 13, C 3

De met maar liefst 70.000 inwoners grootste stad van Delaware haalde begin jaren negentig negatieve krantenkoppen vanwege drugs en misdaad. Om ondanks het gebrek aan politie de misdaad toch te kunnen aanpakken ging Wilmington er als eerste stad in de VS toe over om zijn centrum bijna helemaal met camera's bewaken.

## Stadswandeling

Het aan de oever van de Brandywine River gelegen complex van het **Hagley Museum and Library** bezit twee zwaartepunten. Aan de ene kant geeft het een beeld van de geschiedenis van de beroemde familie DuPont, die op Wilmington zijn stempel drukte. Zowel het museum als de bibliotheek bieden informatie over de levensstijl van de toenmalige beau monde. Aan de andere kant laat de expositie met stoommachines, turbines en watermolens zie hoe de industriële vooruitgang verliep, die door het DuPont-imperium werd bevorderd en die van Wilmington de chemiemetropool van de VS maakte (298 Buck Rd. E., tel. 302-658-2400, www.hagley.org, mrt.–dec. dag. 9.30–16.30, jan.–mrt. ma.–vr. een rondleiding om 13.30, za.–zo. 9.30–16.30 uur).

Zweden, Nederlanders en Engelsen waren meer dan 350 jaar lang de eerste blanke kolonisten die langs de Delaware River voet aan wal zetten en verantwoordelijk waren voor de bouw van het steunpunt, **Fort Christina**. Nu herinnert aan het in 1638 gebouwde fort alleen nog een in 1938 door de Zweedse regering opgericht monument aan het eind van de 7th Street en een naderhand gebouwd blokhuis. De **Old Swedes Church** uit 1698 behoort tot de oudste kerken in de VS en wordt nog altijd voor zijn oorspronkelijke doel gebruikt.

Het **Delaware Art Museum** is vooral gewijd aan Amerikaanse kunst sinds de 19e eeuw en toont werken van Thomas Eakins, John Sloan, Winslow Homer, Howard Pyle, Maxfield Parrish en de familie Wyeth. Ook de glaskunstenaar Dale Chihuly en de lichtkunstenaar James Turrell waren betrokken bij de bouw van het nieuwe museum (2301 Kentmere Pkwy, tel. 302-571-9590, www.delart.org, di., di.–za. 10–16, zo. 12–16 uur).

**Greater Wilmington Convention & Visitors Bureau:** 100 W. 10th St., tel. 302-652-4088, www.wilmcvb.org.

**Best Western Brandywine Valley Inn:** 1807 Concord Pike, tel. 302-656-94 36, fax 302-656-8449, www.brandywineinn.com. Speciale aanbieding: tweepersoonskamer met ontbijt en toegang tot musea respectievelijk tuinen voor twee personen. De prijs bedraagt $119.

**Days Inn:** 5209 Concord Pike, tel. 302-478-0300, fax 302-478-0833, www.daysinn.com. Filiaal van motelketen met grote kamers. Vanaf $75.

**Columbus Inn:** 2216 Pennsylvania Ave., tel. 302-571-1492, ma.–vr. 11–15 en 17–23.00 za.–zo. 10–23 uur. Vleesgerechten met Angusrundvlees en zeevruchten, grote keur aan wijnen. Diner $17–29.

**Iron Hill Brewery & Restaurant:** 620 S. Madison St., tel. 302-658-8200, fax 302-266-9050, dag. 11.30–1 uur. Fijnproeverspizza's, Texaans-Mexicaanse gerechten, kip. Diner $15–20.

**St. Anthony's Italian Festival** en **Greek Festival** (juni): Met cultureel programma en recreatiemogelijkheden.
**Caribbean Festival** (juli): Met parade.

Sinds Atlantic City, het mekka voor goklustigen, als een feniks verrees uit de corruptie, de schandalen en de economische neergang, bloeit het toerisme aan de zuidkust van New Jersey weliger dan ooit. Cape May met zijn onvergelijkbare victoriaanse ambiance en badplaatsen met brede stranden dragen ook bij aan de conjunctuur.

De 130 mijl lange Atlantische kust van New Jersey strekt zich van de Lower New York Bay uit tot het zuiden van de staat en de monding van de Delaware River, die de grens met de ernaast gelegen staat Delaware markeert. Het vakantiegebied bestaat uit een reeks van 60 badplaatsen, vakantiecentra, pretparken, golfterreinen, jachthavens en onbebouwde stranden.

In toeristische opzicht bestaat de Atlantische kust van New Jersey uit twee delen. De noordelijke helft begint met het schiereiland Sandy Hook, dat men in Manhattan kan zien liggen en strekt zich in zuidelijke richting uit tot in de buitenwijken van Atlantic City. Daartussen liggen kustplaatsen als Long Branch, dat zijn beste tijd al lang heeft gehad. Na in de 19e eeuw een populaire badplaats te zijn geweest verloor de plaats in de 20e eeuw zijn aantrekkingskracht. Een vergelijkbaar lot trof andere gemeenten zoals bijvoorbeeld Asbury Park. De stad ontwaakte in de zomer van 2002 evenwel nog eenmaal uit zijn lethargie toen Bruce Springsteen zijn album *The rising* presenteerde op de plaats waar hij eind jaren zestig in de plaatselijke Stone Pony Club zijn carrière was begonnen.

In tegenstelling tot de in een Doornroosjeslaap gevallen noordkust bloeit het toerisme aan de zuidkust tussen Atlantic City en het mooie, victoriaanse Cape May. Bepalend is daarbij de dynamiek die uitgaat van de grootste gokmetropool van het oosten, Atlantic City. Eind 19e eeuw was de stad een van de grootste badplaatsen in het oosten van de VS en bezat

een reputatie zoals alleen het Franse Biarritz of het Engelse Brighton kenden. Maar 40 jaar later werd het geregeerd door corrupte gemeentepolitici onder wier bescherming tijdens de drooglegging geheime drankholen, bordelen en illegale renbanen goede zaken deden. Tot het begin van de jaren zeventig van de 20e eeuw paste Atlantic City als armste stad van de staat New Jersey in het Guinness Book of Records. Tegenwoordig staat het 'Las Vegas van het oosten' met jaarlijks 30 miljoen bezoekers onbetwist boven aan de lijst met toeristische bestemmingen aan de Atlantische kust.

 **Atlantic City**

**Atlas:** blz. 14, E 3

Het gokeldorado **Atlantic City** heeft een zeer gunstige ligging. Het vormt de top van de driehoek met als basis Washington-New York. Het ligt op nog geen uur rijden van Philadelphia, op twee uur rijden van New York City en op slechts drie uur rijden van Washington D.C. Het is dus niet verwonderlijk dat de hotelkamers in de weekends vol zitten en de casino's druk worden bezocht. Daarbij is van belang dat deze avonturierspeelplaats aan zee de afgelopen jaren zijn provinciale flair heeft afgeschud en intussen over een arsenaal thematische casino's beschikt en een breed palet aan amusementsmogelijkheden bezit, zoals deze verder alleen in Las Vegas zijn te vinden.

De recentste opleving is deels te danken aan de indianen. Sinds de native Americans zich in hun reservaten met de kansspelindustrie mogen bezighouden is Atlantic City gedwongen om zijn eigen gokpaleizen aantrekkelijker en daarmee concurrerender te maken. In 1980 waren er vier gokpaleizen, waarin rouletteballen rolden en black-jackkaarten werden geschud. Midden jaren negentig kreeg een tiental hotelcasino's vergunningen, waaronder prominente gokkersoases als de Indisch-Oosterse Taj Mahal en Caesar's Atlantic City Hotel Casino in de stijl van het antieke Rome.

## De grote casino's

Donald Trump, de bekendste onroerendgoedkoning van Amerika heeft met de **Taj Mahal** een extravagant gokkersparadijs geschapen dat zelfs in het extroverte Atlantic City opvalt. In het met torentjes en voorportalen, stenen olifanten en Byzantijnse tierlantijntjes versierde monumentale gebouw worden de gasten verzorgd door een leger van bedienden die met bonte tulbanden en in haremkleding het plaatje compleet maken. De hotelrestaurants proberen niet alleen met een drakenkamer en een sultanspaleis een oosterse sfeer te scheppen, maar ook met namen als Sheherazade of Bombay Cafe (1000 Boardwalk, tel. 609-449-1000, www.trumptaj.com).

Net als zijn grote voorbeeld in Las Vegas hanteert ook **Caesar's Atlantic City** het antieke Rome als thema. In marmeren hallen treft men er Caesar en Cleopatra niet alleen in marmer en gips, maar ook in vlees en bloed wanneer het paartje in historisch verantwoord kostuum zijn ronde door het casino maakt. In casinocomplexen als Cleopatra's Garden en Palace Court rinkelen de speelautomaten, terwijl de Toga Bar moe gespeelde gasten met longdrinks als Aphrodites kus of Eva's verleiding weer in een gokstemming probeert te krijgen. Wie na een gokmarathon honger heeft gekregen, kan in Nero's Grill of de Gladiator Grill terecht. Winkelen is mogelijk in de Via Appia, waar de etalages vol liggen met glinsterende en extravagante sieraden. De gevel van de hoogbouw van het hotel is versierd met een enorme betonnen kopie van een beeld van de Romeinse dictator Julius Caesar (2100 Paci-

## Onderweg met de auteur

### Het verlichte casinoboulevard
Aan de ene kant strand en zee, aan de andere kant in neonlicht badende casinogevels: de **Boardwalk** in Atlantic City is een van de belangrijkste attracties van de gokmetropool (zie blz. 277).

### Voor ondernemende types
Voor mensen die iets willen meemaken is de Boardwalk in **Wildwood** met zijn waterpark en enorme amusementsporgramma het juiste adres (zie blz. 282).

### Schilderachtige architectuur
**Cape May** behoort tot de Amerikaanse steden met de mooiste victoriaanse straten van de VS (zie blz. 282).

fic Ave., tel. 1-609-348-4411, www.harrahs.com).

Ook het winkel- en amusementscomplex The Quarter in het **Tropicana Casino** is geïnspireerd op Las Vegas. Het 275 miljoen dollar kostende project laat beter dan alle andere zien waar de toekomst van casino's zal liggen. In de Tropicanaquarter domineert in drie etages vol winkels en restaurants een Caribische flair: bezoekers lopen op geplaveide straten onder een kunstmatige hemel langs palmen en fonteinen, die aan de gouden jaren veertig in 'Old Havanna' moeten herinneren, toen Cuba nog niet tot de aartsvijanden van de VS hoorde. Hemingway zou zich in de Rum Bar van het Cuba Libre Restaurant met zijn 60 soorten rum thuis hebben gevoeld. Wie wil genieten van Cubaanse gerechten en daarna wil dansen op Latin Music, moet zorgen dat hij bijtijds aanwezig is. Het epicentrum van het nachtleven op zondagavond is Planet Rose Karaoke in de Tiffany Lounge, waar onder enthousiaste aanmoediging van het publiek uit twintig karaokezangeressen en zangers de winnaar van de dag wordt gekozen (S. Brighton Ave./Boardwalk, tel. 609-340-4000, www.tropicana.net).

## De pieren

Afgezien van de **Boardwalk** trekken, behalve de casino's, vooral de vier pieren kijklustigen en flaneerders aan. De na 1870 gebouwde aanlegsteigers stonden op houten palen, maar de nieuwe pieren zijn met stalen en betonnen peilers in de zeebodem verankerd. Ze worden met steeds geraffineerdere verleidingen uitgerust.

De **Garden Pier** strekt zich ter hoogte van de Showboat Casino verscheidene honderden meters in de zee uit. In de vroegere balzaal werkte de toneellegende Rudolph Valentino als dansleraar voordat hij aan zijn loopbaan op het witte doek begon. Tegenwoordig is het **Atlantic City Historical Museum** met presentaties over de geschiedenis van de stad op de culturele pier te vinden (tel. 609-347-5839, www. acmuseum.org, dag. 10.00–16.00 uur, toegang gratis) en het **Atlantic City Art Center,** waar elke maand wisselende exposities, concerten en lezingen van schrijvers worden gehouden (tel. 609-347-5837, www.acartcenter.org, dag. 10.00–16.00 uur, toegang gratis).

De **Steel Pier** bezat altijd al een heel ander karakter dan de Garden Pier. Vroeger trokken attracties zoals boksende kangoeroes, Siamese tweelingen, een hond op waterski's, dansende tijgers en de dikste mensen van de wereld het publiek aan. Ook de expositie 'zeemonsters', waarbij door vissers aan land gebracht zeldzame zeewezens konden worden bewonderd, was zeer populair.

Maar het beroemdst was het circusnummer van de blinde amazone Sonora Carver, die zittend in het zadel met haar paard van een 12 m hoge toren in een waterbekken sprong. Haar geschiedenis werd in 1991 onder de titel *Het hart van een Amazone* verfilmd. In plaats van variéténummers worden tegenwoordig kermisattracties- en hightechinstallaties gebruikt voor het lokken van bezoekers, die zich met elastieken banden de hemel in laten schieten, op een go-kartbaan in de uitlaatgassen rondjes rijden of op een klimmuur hun sportiviteit testen (Boardwalk, ma.–vr. 15–24, za.–zo. 12–1 uur, www.steelpier.com).

Op de sinds 1884 bestaande **Central Pier** heeft de moderne techniek eveneens zijn in-

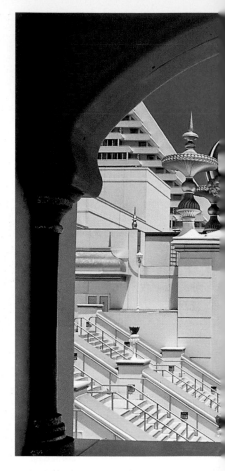

trede gedaan in de vorm van videospelletjes. Bovendien kunnen bezoekers op een racebaan hun rijvaardigheid testen of zich vermaken in de kermisattracties.

De 145 miljoen dollar kostende **Pier at Caesar's**, die deel uitmaakt van het Caesar's casinohotel, werd als vierde en nieuwste pier aan de Boardwalk toegevoegd. De vier verdiepingen hoge pier is door middel van een brug met het eigenlijke casino verbonden. Negen restaurants met bekende chef-koks onder wie Stephen Starr uit Philadelphia lokken klanten

Een van de origineelste gebouwen aan de Boardwalk: de exotische Taj Mahal

met exclusieve menu's en panoramisch uit-
zichten over de Atlantische Oceaan. Daarnaast
zijn er nog 100 chique boetieks van onder
meer designermerken als Hugo Boss, Louis
Vuitton en Gucci. Verder vindt u er een spa
en een bruiloftskapel. Het hoogtepunt is een
water-, licht- en geluidsshow (www.thepier
shopsatceasars.com).

**Greater Atlantic City Convention & Visi-
tors Bureau:** 2314 Pacific Ave., Atlantic
City, NJ 08401, tel. 888-228-4748, fax 609-345-
3685, www.atlanticcitynj.com, www.cityatlan-
tic.com.

Wie wil logeren in een casinohotel
spaart geld uit als hij er zo.–do. overnacht. Op vrijdag en in het bijzonder op zaterdag kosten de kamers minstens het drievou-
dige.
**Trump Plaza Hotel & Casino:** Mississippi Ave./
Boardwalk, tel. 609-441-6000, fax 609-441-
2729, www.trumpplaza.com. Luxehotel aan de
Boardwalk met tien restaurants en een fit-

## Tip:
## Beach bars

Atlantic City heef zich weten te ontwikkelen tot een *cool party town*. Het beste bewijs daarvoor zijn de recentelijk uit de grond gestampte strandbars, waarmee Atlantic City zijn imago als renteniersoord wil afschudden. De **Hilton Beach Bar, Beach Bar at Trump Plaza, The Sand Box at Caesar's** en de **Bikini Beach Bar at Bally's** liggen vlak naast de Boardwalk en zijn via kleine houten steigers te bereiken. Waar vroeger de gestadige oceaanbries op enkele stappen van de casino-ingangen verwijderd duinlandschappen liet ontstaan, liggen tegenwoordig *young and beautiful people* in strandstoelen en nippen aan exotische longdrinks.

Van de hippe en chique beach bars is **Nikki Beach** in het recente verleden het succesvolst gebleken. Wie de *cover charge* ter hoogte van $20 heeft betaald, mag op Vietnamese gestoffeerde meubels plaatsnemen of zich op witte ligstoelen tussen enorme pluche kussens te rusten leggen. De zeer dure drankjes die worden geserveerd tijdens de 'sexiest party on Earth' worden gebracht door op hun schoonheid geselecteerde serveersters – bij grote drukte moet u rekening houden met lange wachttijden (voor Resorts Atlantic City, tel. 609-340-6000, www.nikkibeach.com).

nesscentrum met tennisbaan. Vanaf $165.
**Borgata Hotel, Casino & Spa:** 1 Borgata Way, tel. 609-317-1000, www.theborgata. com. Aangename kamers en suites. Wie de spa wil bezoeken, moet het pakket *rejuvenation* boeken, 1 overnachting, 2x ontbijtbuffet, 2x 50 min. Zweedse massage of gezichtsbehandeling kosten dan $379. Voor de rest van het spaaanbod krijgt u een korting van 20%. Voor andere kamers betaalt u minimaal $149.
**Clarion West Atlantic City:** 6821 Black Horse Pike, tel. 609-272-0200, www.choicehotels .com. In het rustiger achterland gelegen, nette kamers, WLAN, fitnesscentrum. Vanaf $120.
**Days Inn Atlantic City Boardwalk:** Board-

walk/Morris St., tel. 609-344-6101, www.days inn.com. Standaardmotel met buitenbad, ontbijtbuffet, direct aan de Boardwalk. Vanaf $69.
**Blueberry Hill Campground:** Port Republic, 283 Clarks Landing Rd., tel. 609-652-1644, mei-okt.; 13 mijl van Atlantic City gelegen kampeerterrein.

Wie niet kan kiezen uit het grote aanbod aan restaurants kan ook een bezoek aan een buffet overwegen. Ballys, Harrahs en Showboat behoren tot de casino's met de populairste *All you can eat* ('eet zoveel u wil'-buffets.
**Cuba Libre Restaurant:** 2831 Boardwalk, tel. 609-348-6700, www.cubalibrerestaurant.com, dag. 11–23 uur, vr.–za. langer. Cubaans eten en drinken met salsamuziek. Vanaf $12.
**Pho Hoa Cali:** 3808 Ventnor Ave., tel. 609-340-0063, dag. 10–21 uur. Beste Vietnamesische noedelsoepen, garnalen en rijstschotels. $5–8.

**Wellness:** Bluemercury Spa, The Quarter, tel. 609–347-7778, www.tropicana .net/spa, dag. 9–20 uur. Topspa, die geen wens onvervuld laat. Gezichtsverzorging vanaf $85, Zweedse massage $95, alle andere luxueuze lichaamsbehandelingen $190.

Als de *beach bars* sluiten zorgen de talrijke bars en danszalen van de casino's voor een afwisselend nachtleven. De populairste zijn de diverse bars in het **Borgata,** het **Caesar's** en het **Tropicana**.
**Club Tru:** 9 S. Dr. Martin Luther King Blvd., tel. 609-347-3535. Een van de beste clubs van de stad met drie danszalen en vier bars – een daarvan bevindt zich onder de sterrenhemel.

**The Walk:** Michigan Ave./Arctic Ave., tel. 609-343-0081, www.acoutlets. com, ma.–za. 10–21, zo. 10–19 uur. Outlets met onder andere een Banana Republic en een H&M.
**The Quarter:** 2801 Pacific Ave., www.tropica na.net. Chique winkels in 'Old Havanna'-atmosfeer, zoals Swarovski, Salsa Shoes met schoenen van Prada en Fendi.
**The Pier at Caesar's:** aan de Boardwalk, talrijke exclusieve winkels, goede restaurants en

talloze andere amusements- en recreatiemogelijkheden.

**Vliegtuig:** Atlantic City International Airport, tel. 609-645-7895, www.acairport.com. Op 10 mijl afstand van Downtown in Egg Harbor Township, afslag 9 van de Atlantic City Expressway. Op de luchthaven zijn de autoverhuurders Hertz, Avis en Budget vertegenwoordigd. De stad bereikt u met de taxi of met behulp van de Yellow Van Shuttle Services (Tel. 1-800-224-9945).

**Trein:** New Jersey Transit, tel. 800-582-5946, www.njtransit.com. Directe treinverbinding tussen Philadelphia en Atlantic City.

**Bus:** Greyhound Terminal, 1901 Atlantic Ave., www.greyhound.com.

**Openbaar vervoer:** De minibussen van Jitney rijden op diverse trajecten, de kaartjes zijn betaalbaar (201 Pacific Ave., tel. 609-344-8642, www.jitneys.net).

## Kustplaatsen

### Margate City

**Atlas:** blz. 14, E 3

De ten zuidwesten van Atlantic City gelegen buurgemeente Margate City bezit met **Lucy**, de olifant, een vaak afgebeelde attractie. Het zes etages hoge, decoratief beschilderde dier van hout en blik werd in 1881 door een makelaar in onroerend goed gebouwd als reclamezuil en kantoor. Nu fungeert het bouwwerk al heel lang als een kinderspeelplaats (9200 Atlantic Ave., half juni–begin sept. dag. 10–18, apr.–half juni en begin sept.–eind okt. za., zo. 10–16.30 uur).

### Ocean City

**Atlas:** blz. 14, D/E 4

Ocean City is de bekendste van de gezinsbadplaatsen aan de zuidelijke kust van New Jersey. Aan de houten strandboulevard liggen kiosken, restaurants en amusementshallen. Welbewust probeert Ocean City zich te onderscheiden van zijn grote zusterstad Atlantic City. In plaats van roulettetafels en speelautomaten vindt u hier strandplezier, zonnescher-

men en vele zomerse evenementen, variërend van Venetiaanse nachten tot een wedstrijd zandkastelen bouwen. Ter hoogte van de Sixth Street ligt het pretpark **Gillian's Wonderland Pier** met een reuzenrad en een draaimolen. Slechts een paar stappen verder garandeert **Gillian's Island Water Park** in de zomer natte verkoeling met avontuurlijke reuzenglijbanen (Plymouth Pl./Boardwalk, tel. 609-399-0483, www.gillians.com, juni-aug. ma.–za. 9.30–18.30 uur).

Vele van de in het **Historical Museum** tentoongestelde objecten stammen uit de in 1901 voor de stad gezonken viermaster Sindia. Dit schip liep onderweg van Japan naar New York City aan de grond en dook bij eb tot in de jaren negentig als een spookschip uit de zee op. Intussen is het in zijn geheel in de zandrijke oceaanbodem weggezonken.

Het feit dat Ocean City in 1879 door vier methodistische dominees als 'zedelijk verantwoord kustresort' werd gesticht, is nog altijd merkbaar. Het tientallen jaren bestaande verbod op zwemmen op zondag werd in 1987 weliswaar afgeschaft, maar tot de dag van vandaag is de verkoop en consumptie van alcohol er verboden.

**Ocean City Chamber of Commerce:** 854 Asbury Ave., Ocean City, NJ 082 26, tel. 609-399-1412, www.oceancityvacation.com, www.njoceancity.com.

**Brown's Nostalgia B & B:** 1001 Wesley Ave., tel. 609-398-6364, www.brownsnostalgia.com. Kleine, eenvoudige bed and breakfast niet ver van de Boardwalk; sommige kamers met whirlpool, alleen voor niet-rokers. Vanaf $110.

**Ocean 7:** 7th St./Boardwalk, tel. 609-398-2200, www.ocean7hotel.com. Direct aan de Boardwalk, verwarmd buitenbad. Wasserette, kamer en suites met keuken. Vanaf $90.

**Cousin's:** 104 Asbury Ave., tel. 609-399-9462, mei-okt. dag. 16.00-22.00 uur. Soepen, salades, Italiaanse specialiteiten, van 16.00-17.30 uur lagere prijzen. Vanaf $10.

**Blue Planet Diner:** 841 Asbury Ave., tel. 609-

525-9999, www.blueplanetdiner.com, dag.
8.00–22.00 uur. Ontbijt tot 16.00 uur. Kip,
sandwiches, salades, hamburgers. U betaalt
minimaal $6.

## Wildwood

**Atlas:** zie blz. 14, D 4
Het kleine dorp Wildwood, dat 5400 inwoners
telt, verwelkomt in het zomerseizoen ca.
250.000 bezoekers. De 2,5 mijl lange **Boardwalk** vormt het levendige centrum van een
van de grootste pretparken aan de oostkust.
Deze funzone bestaat om precies te zijn uit
twee parken en de geweldige Morey's Pier met
80 bliksemsnelle en deels zeer spannende kermisattracties, waaronder achtbanen, die als
zich als 'oerschreeuwtherapie'-instellingen
presenteren. Daarnaast zijn er nog talloze sou-
venirshops, kiosken, suikerspinpaviljoens,
pizzabakkerijen, hamburgertenten, speelhallen en minigolfbanen. Om bezoekers aan te
trekken organiseert men onder meer ijseet-
wedstrijden, zomerse optochten, schoonheids-
wedstrijden voor baby's, professionele boks-
wedstrijden, strandyoga, talentenjachten,
worstelavonden, vlooienmarkten, stripboek-
exposities, kampioenschappen vliegeren met
papieren draken en bluesfestivals. Overigens:
Wildwood heeft ook een strand.

# Cape May

**Atlas:** blz. 14, D 4
De zuidelijkste badplaats van New Jersey onderscheidt zich van de andere badplaatsen
niet alleen door zijn ligging op de punt van
een schiereiland. In tegenstelling tot bijvoorbeeld Wildwood wordt Cape May gekenmerkt
door landelijke charme, ongereptheid en wonderschone victoriaanse straten.

De ooit door Leni-Lenape-indianen bewoonde omgeving werd in 1623 onder leiding
van de uit Manhattan afkomstige Nederlander Cornelius Mey gekoloniseerd. Al snel volgden vissers, walvisjagers en scheepsbouwers,
en sinds het midden van de 18e eeuw ook de
beau monde uit steden als Philadelphia en
New York. Na een grote brand in 1878 was de
as nog niet afgekoeld toen de eerste inwoners
alweer een begin maakten met de wederop-
bouw waaraan Cape May tegenwoordig zijn
onvergelijkelijke victoriaanse flair dankt. In
de loop der jaren werden de meeste van de ca.
600 *painted ladies*, zoals deze huizen ook wel
genoemd werden, gerestaureerd. Vooral aan
Columbia Avenue, Hughes en Jackson Street
staan vele mooie bouwwerken met voor een
deel prachtige tuinen en gezellige terrassen.

## Painted Ladies

Tot de mooiste overblijfselen uit de victoriaanse tijd behoren de **Wilbraham Mansion**
(133 Myrthle Ave.) uit het jaar 1840, het in
1872 in Italiaanse renaissancestijl gebouwde
**Mainstay Inn** (635 Columbia Ave.) en **The Abbey** (34 Gurney St.), dat in 1869/1870 in neogotische stijl verrees, met origineel meubilair is
ingericht en tegenwoordig, zoals veel andere
victoriaanse schoonheden als bed and break-
fastaccommodatie wordt geleid. Een uitzondering wordt gevormd door het in 1872 als privéclub voor heren gebouwde **Emlen Physick
Estate** (1048 Washington St.), dat tegenwoordig door het Mid-Atlantic Center for the Arts
wordt gebruikt als museum van het victoriaanse tijdperk.

De zuidelijkste punt van New Jersey wordt
van de historische wijk gescheiden door een
goeddeels onbebouwd stuk land. Sinds 1859
waakt het Cape May Point Lighthouse over het
scheepsverkeer. 199 treden leiden naar het
uitkijkplatform dat rondom uitzicht biedt. In
het Oil House naast de vuurtoren is een klein
maritiem museum ingericht (tel. 609-884-
5404, www.capemaymac.org, in de zomer dag.
10–17 uur).

## Historic Cold Spring Village

Drie mijl ten noorden van Cape May ligt het
Historic Cold Spring Village dat een levendige
indruk biedt van het leven van kolonisten in
de 19e eeuw. Op het beboste terrein staan
meer dan 25 historische gebouwen, waaronder een smederij en een school. 'Inwoners' in
historische kostuums verrichten werkzaamheden uit die tijd en demonstreren hun ambachtelijke vaardigheden, die tegenwoordig bijna

zijn vergeten. Men organiseert er talrijke evenementen, waaronder zomerconcerten en het Celtic Festival in juni met dans en muziekuitvoeringen (720 Rte 9, tel. 609-898-2300, www.hcsv.org, mei–juni za.–zo. 10–16.30, eind juni-begin sept. dag. 10–16.30 uur).

**Chamber of Commerce of Greater Cape May:** 513 Washington St., tel. 609-884-5508, www.capemaychamber.com. **Cape May Welcome Center:** 405 Lafayette St., tel. 609-884-9562.

**Southern Mansion:** 720 Washington St., tel. 609-884-7171, www.southernmansion.com. Luxueuze bed and breakfast in een voormalige Italiaanse villa uit 1863, zeer smaakvol ingericht met antiek. De minimumprijs bedraagt $220.

**Chalfonte Hotel:** 301 Howard St., tel. 609-884-8409, www.chalfonte.com, geopend van Memorial Labor Day tot Columbus Day. Het hotel bestaat als sinds 1876. Kamers met of zonder eigen badkamer, alle zonder tv, telefoon en airconditioning. Gezinskamers en cottages. Kinderen hebben een eigen eetzaal. Bij de prijs inbegrepen zijn een rijk ontbijt, een uitstekend viergangenmenu 's avonds en alle belastingen. Vanaf $231.

**Gingerbread House:** 28 Gurney St., tel. 609-884-0211, www.gingerbreadinn.com. Traditioneel ingerichte accommodatie in een victoriaans complex met behaaglijke kamers met airconditioning, WLAN. $98–275.

**Beachcomber Camping Resort:** 462 Seashore Rd., Cape May, tel. 609-886-6035, www.beachcombercamp.com, april–okt. Met veel recreatiemogelijkheden, verhuur van *cabins* en trailers.

**Cape Island Campground:** 709 Rte 9, Cape May, tel. 609-884-5777, www.capeisland.com, mei-okt. Met zwembad, tennisbanen, minigolf en markt.

**410 Bank Street:** 410 Bank St., tel. 609-884-2127, dag. 17–22 uur. Toprestaurant met cajun-, creoolse en Caribische keuken. Vanaf $10,95.

**Mad Batter:** 19 Jackson St., tel. 609-884-5970, www.madbatter.com, feb.–dec. dag. 8–22 uur. Met terras, stevig ontbijt, lunch en diner met goede vis- en vleesgerechten; specialiteiten van het huis zijn: *crab cakes*. Vanaf $10.

 **Secret Garden Tours** (april): Bezichtiging van bijzonder mooie privétuinen.

Het lentefeest **Cape May's Spring Festival** en het **Cape May Jazz Festival** vinden eveneens plaats in april.

**Cape May Music Festival** (mei).

**Victorian Week** (sept./okt.): Rondleidingen en verkoop van antiek.

**Tours:** Atlantic Center for the Arts, 1048 Washington St., tel. 609-884-5404, www.capemaymac.org. Het aanbod: onder andere voettochten en tochten met de trolleybus door het oude centrum, ook bij maneschijn.

**Washington Street Mall:** www.washingtonstreetmall.com. Leuke voetgangerszone met veel verschillende soorten winkels en goede restaurants.

**Veerboten:** Cape May Terminal, tel.1-800-643-3779, Lewes Terminal, tel. 1-800-643-3779, www.capemaylewesferry.com. Tussen Cape May en Lewes (Delaware) vaart dagelijks een veerboot. De overtocht duurt 75 minuten. Bij slecht weer varen de veerboten minder frequent dan anders.

**Washington, zetel van de machtigste regering ter wereld, vestigings-plaats van nationale en internationale verenigingen en organisaties, beroemde musea en culturele instellingen, trekpleister voor mensen uit alle landen, telt 572.000 inwoners en is zelfbewust en mondain, zonder in praalzucht te vervallen.**

Het regeringscentrum van de wereldmacht VS herinnert met zijn weliswaar compacte, maar toch open aandoende centrum eerder aan een Europese metropool. Er staan geen hoge gebouwen, omdat geen enkel gebouw, behalve het aan de eerste Amerikaanse president gewijde Washington Monument, hoger mag zijn dan het Capitool. Het 'onamerikaanse' uiterlijk is te danken aan de Franse architect Pierre Charles L'Enfant, maar ook aan de bouwmeesters van de monumenten en architectonische blikvangers. Ze oriënteerden zich op Rome en Athene bij het scheppen van een machtscentrum voor de Nieuwe Wereld met wit marmer voor de grootste 'etalage' van de Verenigde Staten.

Er ging bijna 200 jaar voorbij voordat de hoofdstad zijn huidige uiterlijk kreeg. Het Amerikaanse Congres vergaderde in acht verschillende steden totdat president George Washington in 1790 koos voor een stuk grond aan de oever van de Potomac River. Omdat er weinig geld was voor het project 'hoofdstad', ontstonden er al snel onenigheden tussen grootschalige plannen smedende, eigenmachtige Franse architect L'Enfant en zijn opdrachtgevers. Twee jaar na het begin van de werkzaamheden was de Fransman zijn baan alweer kwijt.

Van stadsontwikkeling in de ware zin kon pas na 1870 worden gesproken, toen Washington D.C. na het eind van de Burgeroorlog door de toestroom van tienduizenden bevrijde slaven snel groeide en de bouw van de regeringsgebouwen in hoog tempo voortschreed. Des-tijds vormden de National Mall en de omringende straten een enorme bouwput. Enkele symbolen zoals het Lincoln Memorial en het Jefferson Memorial ontstonden pas in de 20e eeuw.

Washington D.C. is geen hoofdstad als elke andere: hij bezit een speciale status. De afkorting D.C. betekent District of Columbia, dat in de grondwet van de VS werd vastgelegd als locatie om de instituten van de statenbond in onder te brengen. Op deze wijze zouden deze niet onder de jurisdictie van een ondergeschikte federale staat komen te vallen.

## De National Mall

De 3 km lange en drie huizenblokken brede National Mall is niet alleen de paradeboulevard van de VS, maar ook het politieke en culturele hart van de natie met het nationale parlement, de regeringszetel in het Witte huis en de belangrijkste musea en monumenten van het land.

### Capitol Hill

De National Mall begint in het oosten op de **Capitol Hill.** Op deze kleine heuvel troont het **Capitool 1**, de zetel van het Huis van Afgevaardigden en de Senaat. Het machtige koepelgebouw, geïnspireerd op de Sint-Pieter in Rome, diende als het architectonische voorbeeld van de State Houses van vele staten binnen de federatie. Na het leggen van de eerste steen in 1793 duurde het tot de Burgeroorlog

## Onderweg met de auteur

### Etalage van de hoofdstad

Het **Capitool** met zijn machtige koepel is de zetel van het Amerikaanse parlement en daarmee naast het **Witte Huis** het belangrijkste gebouw van de hoofdstad (zie blz. 284).

De **musea van het Smithsonian Institution** behoren tot de beste van het land en zijn allemaal een bezoek waard. Een van de grootste publiekslievelingen is het **National Air and Space Museum** (zie blz. 288).

Stations zijn normaliter geen bezienswaardigheden. Het grandioze **Union Station** is een uitzondering (zie blz. 294).

### Nostalgisch

De boottochten op het **Chesapeake and Ohio Canal** vormen een nostalgisch pleziertje. Het is niet absoluut nodig om zelf mee te varen, u kunt het varen op het kanaal ook als toeschouwer meemaken (zie blz. 294).

### Nachtbrakerswijk

Wie 's avonds wil genieten van de café- en restaurantcultuur van de hoofdstad, kan het beste naar de wijken **Adams Morgan** en **Georgetown** gaan (zie blz. 294).

### Gratis attracties

De belangrijkste bezienswaardigheden van Washington D.C. zijn niet duur: alle **musea van het Smithsonian Institution** (zie blz. 289) en alle **monumenten op de National Mall** (zie blz. 284) kunnen gratis worden bezichtigd. Dat geldt ook voor de **National Archives** (zie blz. 292), **Ford's Theatre National Historic Site**, de **National Portrait Gallery**, de **National Zoo** en het **National Building Museum** (zie blz. 293).

### Veiligheid

Er verschijnen in de media voortdurend verontrustende berichten over onveilige wijken in Washington D.C. Wie zich beperkt tot de toeristische attracties op de National Mall, in Downtown, Adams Morgan of in Georgetown hoeft zich over zijn veiligheid niet meer zorgen te maken dan in welke andere grote stad ook.

voordat de bijna 79 m hoge koepel van het gebouw werd voltooid. Deze vertraging kwam niet alleen door gebrek aan geld. Nadat de Britten het bouwwerk bij de bezetting van Washington in 1814 in brand hadden gestoken, was het aan hogere machten te danken dat delen van het gebouw door een zware stortbui werden gered. Het machtswoord van Abraham Lincoln was nodig om in 1863 de 4000 ton zware ijzeren koepel te voltooien en hem met het bijna 6 m hoge vrijheidsbeeld te sieren.

De meer dan 50 m hoge koepel midden op het Capitool wordt versierd met een enorm fresco met afbeeldingen van de Amerikaanse geschiedenis. Verscheidene kunstenaars hadden meer dan 75 jaar nodig voor de voltooiing ervan. Enkele historische schilderijen in de rotunda werden gemaakt door John Trumball, die als adjudant van George Washington de geschilderde taferelen persoonlijk had meegemaakt. In de aangrenzende Statuary Hall eren de Amerikaanse staten hun belangrijkste persoonlijkheden met 100 standbeelden (tel. 202-225-6827, www.aoc.gov, alleen rondleidingen ma.–za. 9–16.30 uur, kaartverkoop bij de Capitol Guide Service Kiosk, ten zuidwesten van het Capitool).

Voor Amerika's in 1935 voltooide gebouw van de hoogste rechtbank, het **Supreme Court** **2**, koos de architect Cass Gilbert een classicistisch ontwerp met een imposante gevel met Korintische zuilen, waarmee de waardigheid van het instituut werd uitgedrukt. Het hoogste gerechtshof bestaat uit acht rechters *(Associate Justices)* en een voorzitter *(Chief Justice)*, die op voorspraak van de Amerikaanse president levenslang worden benoemd. Het gerecht heeft tot taak om te waken over de grondwet en de grondwettelijkheid van wetten en

## Washington D.C.

### Bezienswaardigheden

1 Capitool
2 Supreme Court
3 Library of Congress
4 Nat. Museum of the American Indian
5 National Air and Space Museum
6 Smithsonian Institution
7 US Holocaust Memorial Museum
8 Jefferson Memorial
9 Franklin Delano Roosevelt Memorial
10 Korean War Memorial
11 Lincoln Memorial
12 Vietnam Veterans Memorial
13 World War II Memorial
14 Washington Monument
15 National Museum of American History
16 National Museum of Natural History
17 National Gallery of Art
18 National Archives
19 J. Edgar Hoover Building
20 Old Post Office
21 D. C. Visitors Center
22 Witte Huis
23 Renwick Gallery
24 Ford's Theater
25 International Spy Museum
26 Chinatown
27 Union Station
28 Adams Morgan
29 Arlington National Cemetery
30 Georgetown

### Accommodatie

1 Park Hyatt
2 Hotel George
3 Melrose Hotel
4 Jurys Normandy Inn
5 Comfort Inn Convention Center
6 Red Roof Inn Downtown
7 American Youth Hostels

### Eten en drinken

8 City Zen
9 Capital Grille
10 Kinkead's
11 Old Ebbitt Grill
12 Dean & DeLuca

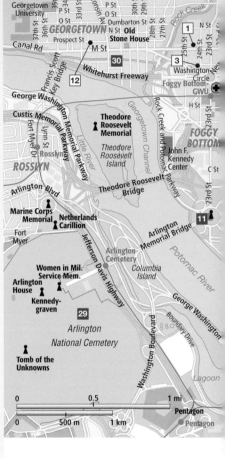

verordeningen van de uitvoerende macht en belangrijke beslissingen te nemen over vragen ten aanzien van burgerrechten, abortus, euthanasie of de doodstraf. Als de rechters iets schriftelijk moeten vastleggen, dan gebruiken ze net als vroeger een veer om mee te schrijven. In de kelder van het gebouw draait een film over het Supreme Court (1 First St. NE., tel. 202-479-3000, www.supremecourtus.gov, ma.–vr. 9–16.30, rondleidingen elk uur 9.30–15.30 uur, als het gerechtshof niet vergadert).

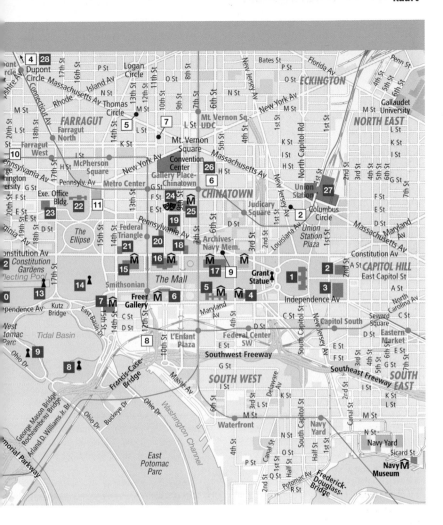

Elk jaar raadplegen meer dan 800.000 bezoekers het **Library of Congress** 3, het in 1800 gestichte 'geheugen van de wereld'. In drie gebouwen zijn in totaal 800 km rijen met meer dan 120 miljoen manuscripten, boeken, foto's en kaarten in 500 talen ondergebracht. Lang geleden werd de hele boeken- en tijdschriftencatalogus in de computer gezet en elektronisch raadpleegbaar gemaakt. De verzameling zeldzame uitgaven bestaat uit 6000 boeken die voor het begin van de 16e eeuw werden gedrukt, waaronder een van de slechts drie nog bestaande Gutenbergbijbels uit 1455 (101 Independence Ave. SE., tel. 202-707-8000, www.loc.gov, rondleidingen ma.–za. 10.30–15.30 uur). Een zeer bijzondere plaats voor alle boekenliefhebbers is de enorme leeszaal met marmeren muren waarop een met koper overtrokken koepel rust.

## Beroemde musea

Het **National Museum of the American Indian**

Het National Air and Space Museum: een hoofdattractie aan de National Mall

**4** herinnert met zijn kale kalkstenen façade aan een klip van geelachtig gesteente en past daarmee niet midden tussen de classicistische architectuur van de National Mall. De collecties omvatten 800.000 objecten, die 10.000 jaar geschiedenis van duizend indianenculturen uit Noord-, Midden- en Zuid-Amerika representeren. Hiertoe behoren een gesneden totempaal van de Tlingit, een bronzen sculptuur van de Pueblo-indianen uit New Mexico en textiel van de Diné (Navajo). Maar in de tentoonstellingen gaat het niet alleen om kunst en cultuur, maar ook om presentaties zoals Our Lives, waar het dagelijks leven van indiaanse stammen in de 21e eeuw wordt getoond (4th St./Independence Ave. SW., tel. 202-633-1000, www.nmai.si.edu, dag. 10–17.30 uur, toegang gratis).

Het **National Air and Space Museum 5** is niet alleen interessant voor mensen met technische belangstelling. De expositie over de geschiedenis van de vliegkunst begint met de in 1903 door de gebroeders Wright gebouwde Flyer, waarmee de beide luchtvaartpioniers op de Outer Banks van North Carolina de deur naar een nieuw tijdperk openden. De Spirit of

St. Louis, waarmee Charles Lindbergh als eerste over de Atlantische Oceaan vloog, is er te zien, net als de ruimtecapsule van de Apollo-11-missie. De toekomst wordt door een origineel model van de Enterprise uit de tv-serie Star Trek gerepresenteerd. In de IMAX-theater hebben bezoekers de keus tussen vier spannende films op een reuzenfilmdoek (Independence Ave./4th St. SW., tel. 202-633-1000, www.nasm.si.edu, dag. 10–17.30 uur, toegang gratis).

Omdat het museum uit ruimtegebrek slechts een klein deel van zijn expositie toegankelijk kon maken, ontstond in de buurt van Washington Dulles International Airport (Virginia) met het **Steven F. Udvar-Hazy Center** een in een enorme hangar ingericht filiaal. Daar zijn meer dan 200 vliegtuigen tentoongesteld, waaronder de spaceshuttle Enterprise, de beroemde B-29 Superfortress Enola Gay en de legendarische Concorde (14390 Air & Space Museum Pkwy, Chantilly, Virginia 20151, www.nasm.si.edu, dag. 10–17.30 uur, toegang gratis, maar de parkeerplaats kost $12).

Het **Smithsonian Institution 6**, dat zestien musea en een dierentuin omvat, behoort tot de meest gerenommeerde culturele instellingen van de wereld. Het werd gesticht door de Britse wetenschapper James Smithson. Hij zette weliswaar nooit voet op Amerikaanse bodem, maar maakte zijn vermogen van 500.000 dollar over naar de hoofdstad van de VS voor de stichting van een inrichting 'ter vermeerdering en verbreding van kennis'. Drie jaar na de stichting in 1846 betrok het Smithsonian Institution het neoromaanse Castle, intussen een informatiecentrum dat is omgeven door een park en musea zoals het **Arts and Industries Building** met het **Discovery Theater** (www.discoverytheater.si.edu), het **Hirshhorn Museum** (www.hirshhorn.si .edu) met meer dan 6000 schilderijen en een beeldentuin, het in Aziatische kunst gespecialiseerde **Freer Gallery of Art** (www.asia.si .edu), de **Sackler Gallery** (www.asia.si.edu) met Chinese collecties en het **Museum of African Art** (www.nmafa.si.edu) met Afrikaanse kunst (1000 Jefferson Dr. SW., tel. 202-633-1000, www.si.edu/visit, alle musea dag. 10–17.30 uur, toegang gratis).

## Gedenkplaatsen

Het **US Holocaust Memorial Museum** 7 documenteert op aangrijpende wijze de tragedie van 6 miljoen Joden en een miljoen Roma, Jehova's getuigen, en Poolse en Russische krijgsgevangenen tijdens de naziheerschappij in Duitsland. Op drie etages worden foto's en vitrines gebruikt om weer te geven wat er toen allemaal gebeurd is. Tot de deprimerendste objecten behoren hoge stapels schoenen en brillen van concentratiekampslachtoffers die in de gaskamers verdwenen (100 Raoul Wallenberg Plaza, tel. 202-488-0400, www. ushmm.org, dag. 10–17.30 uur).

In 1943 werd voor de 200e geboortedag van Thomas Jefferson met het **Jefferson Memorial** 8 een van de nieuwere monumenten van de Mall opgericht. Het Romeinse Pantheon fungeerde als voorbeeld voor het ronde koepelvormige gebouw met voorzaal. De met 54 Ionische zuilen en een 6 m hoog bronzen beeld uitgeruste tempel is een eerbetoon aan de staatsman en architect Thomas Jefferson. De binnenmuur is versierd met citaten uit de On-

afhankelijkheidsverklaring. Bij de inwijdingsfeestelijkheden kon het beeld van Jefferson alleen in een gipsen versie worden gepresenteerd. Pas toen na de oorlog de rantsoenering van strategisch belangrijke metalen was gestopt, kon de staatsman in brons worden gegoten (900 Ohio Dr. SW., tel. 202-426-6841, www. nps.gov/thje, dag. 8–23.30 uur).

Het uit vier open delen bestaande **Franklin Delano Roosevelt Memorial** 9 herinnert aan de vier termijnen van de 32e president van de VS (1933–1945), tot wiens verdiensten het tijdens de economische crisis geïnitieerde hervormings- en hulpprogramma New Deal behoorde (900 Ohio Dr. SW., tel. 202-426-6841, www.nps.gov/fdrm, altijd toegankelijk, toegang gratis).

Met 19 beelden van Amerikaanse soldaten die met hun wapen in de hand, een helm op het hoofd en een regenponcho om, door een veld lopen, oogt het **Korean War Memorial** 10 als een oorlogsscène. De Koreaoorlog tussen 1950 en 1953 kostte aan Amerikaanse zijde meer dan 54.000 doden en vermisten (Daniel French Dr. 4/Independence Ave. SW., tel. 202-426-6841, www.nps.gov/kwvm, dag. 8–24 uur, toegang gratis).

Aan het westelijke uiteinde van de National Mall staat het **Lincoln Memorial** 11. Op de monumentale trappen hiervan kijkt u uit op het Washington Monument en het Capitool in de verte. Het gebouw ter ere van de vroegere president Abraham Lincoln ontstond tussen 1915 en 1922 naar plannen van Henry Bacon, die zich door het Parthenon in Athene liet inspireren. In een open hal in het gebouw zit, omgeven door in de muren gegraveerde teksten uit het Gettysburgh Address (zie blz. 235), de marmeren Lincoln, die door de gebroeders Piccarilli uit steen werd gehouwen naar het ontwerp van de beeldhouwer Daniel Chester French. Op de trap van het memorial hield de vijf jaar later vermoorde Martin Luther King in 1963 ten overstaan van 750.000 demonstranten na een protestmars voor burgerrechten zijn beroemde redevoering *I have a dream*, waarin hij een politiek van rassengelijkheid predikte als voorwaarde voor een vreedzame toekomst voor de VS (23rd St. tussen Constitution en Independence Ave. NW., tel. 202-426-6841, www.nps.gov/linc, altijd toegankelijk, toegang gratis).

Zeer sober, maar daardoor des te indrukwekkender zijn de in een rechte hoek op elkaar staande, half in de aarde verzonken, zwarte granieten muren van het **Vietnam Veterans Memorial** 12, een eerbetoon aan de bijna 60.000 Amerikanen die omkwamen in de Vietnamoorlog. Dag in, dag uit speuren vrienden en familieleden de namen van de oorlogsslachtoffers af die er in alfabetische volgorde zijn ingegraveerd. Een jury koos het ontwerp voor het monument in 1980 uit 1421 inzendingen. Het ontwerp is afkomstig van de 21-jarige architectuurstudente Maya Ying Lin van de Yale University (Constitution Ave./Henry Bacon Dr. NW., tel. 202-426-6841, www.nps.gov/vive, altijd toegankelijk, toegang gratis).

Het **World War II Memorial** 13 werd na 17 jaar discussiëren over ontwerp en standplaats gebouwd tussen het Washington Monument en het Lincoln Memorial. Het granieten complex rond een centrale watervlakte ter ere van de gevallenen en overleven-

Het Jefferson Memorial tijdens de kersenbloeitijd in de lente

den uit de Tweede Wereldoorlog werd sinds zijn voltooiing behoorlijk bekritiseerd omdat het op banale wijze verdriet en glorie in grijs graniet verpakt. 'Mussolini zou het gewaardeerd hebben', schreef TIME Magazine over het bouwwerk, dat herineringen oproept aan de hoogdravendheid van de fascistische architectuur (900 Ohio Dr. SW., tel. 202-426-6841, www.nps.gov/nwwm, www.wwiimemorial.com, altijd toegankelijk, toegang gratis.

In het centrum van de National Mall staat het tere ere van de eerste Amerikaanse president gebouwde **Washington Monument** 14.

De 170 m hoge marmeren toren, het hoogste bouwwerk van de stad, werd in 1884 openbaar toegankelijk gemaakt. Jaarlijks bezoeken honderdduizenden het uitzichtsplatform dat over het gehele District of Columbia uitkijkt. Het gebouw ziet er weliswaar uit als een obelisk, maar werd in werkelijkheid gemetseld (W. 15th St./Constitution Ave., tel. 202-426-6841, www.nps.gov/wamo, dag. 9-17 uur, toegangskaarten bij de kiosk, 15th St. vanaf 7.30 uur, toegang gratis).

## Exposities en galeries

Het **National Museum of American History** 15 presenteert zich als tempel van het technologische en culturele erfgoed van de VS. Op drie etages presenteert men bezienswaardigheden op een keur aan gebieden zoals geneeskunde, wegvervoer, elektriciteit, damesmode, geschiedenis van na de Burgeroorlog, keramiek, geld en het leger. Een bijzonder 'sieraad' is de originele sterrenvlag die bij de aanval van de Britten in 1814 op Baltimore boven Fort McHenry waaide. Veel bezoekers interesseren zich eerder voor alledaagse zaken, zoals bijvoorbeeld de valse tanden van George Washington of de nachthemden die door in het Witte Huis residerende *first ladies* werden gedragen (14th St./Constitution Ave., tel. 202-633-1000, www.americanhistory.si.edu, dag. 10-17.30 uur, toegang gratis.

Aan de hand van omvangrijke tentoonstellingen en op zichzelf staande objecten informeert het **National Museum of Natural History** 16, een schatkamer op het gebied van natuurlijke historie, over de evolutie van de mens en het ontstaan van kunst en cultuur. Er zijn dinosaurusskeletten, fossielen, opge-

**Kersenbloesemfeest:** Het Jefferson Memorial oogt het mooist in de lente wanneer de kersenbomen rond het Tidal Basin bloeien. Bijna 100 jaar lang schonken de burgemeesters van Tokio de hoofdstad verscheidene duizenden kersenbomen. Het National Cherry Blossom Festival gaat elk jaar in maart/april gepaard met concerten, vuurwerk en parades.

zette vogels, zoogdieren, insecten, mineralen en meteorieten te zien. Tot de interessantste objecten behoren de 45,5-karaat Hope-Diamant uit Zuid-Afrika en modellen van een Afrikaanse mannetjesolifant en een blauwe vinvis. De grootste fossiele plant die ooit werd opgegraven in een kolenmijn in Iowa is 3,9 m lang, 3,7 m hoog en 16 ton zwaar. Het museum omvat ook het Johnson IMAX-theater met 3D-films over bijvoorbeeld de diepzee, een safari in Zuid-Afrika of het vliegen in een hete luchtballon of een vliegtuig. In het IMAX & Jazz Café gaat het er elke vrijdag van 18 tot 22 uur met livemuziek en films heel onmuseaal aan toe (10th St./Constitution Ave., tel. 202-633-1000, www.mnh.si.edu, dag. 10–17.30 uur, toegang gratis).

El Greco, Rubens, Titiaan, Rembrandt, Renoir, Cézanne en Whistler zijn kunstenaars van wereldklasse wier werken in een van de bijzonderste kunsttempels van de VS, de **National Gallery of Art** 17, worden gepresenteerd. In het **West Building,** volgens plannen van John Russell Pope in 1941 gebouwd, wordt het werk van kunstenaars van de 13e tot en met de 20e eeuw getoond. Als bijzonder waardevol geldt het Portret van Ginevra Benci, het enige meesterwerk van Leonardo da Vinci dat buiten Europa is te zien. Het moderne equivalent van het classicistische West Building is het in 1978 gebouwde **East Wing-Building** van de sterarchitect I. M. Pei. De daar geëxposeerde schilderijen, grafieken en sculpturen stammen zonder uitzondering uit de 20e eeuw. Het betreft werken van Alexander Calder, Henry Moore, Pablo Picasso en Joan Miró (tussen 3rd en 9th St. aan de Constitution Ave. NW., tel. 202-737-4215, www.nga.gov, ma.–za. 10–17, zo. 11–18 uur, toegang gratis).

# Centrum

## Pennsylvania Avenue

Tegenwoordig vormt de **Pennsylvania Avenue** de hoofdslagader van de metropool, waarop persoonlijkheden als John F. Kennedy ten grave werden gedragen, protestmarsen tegen rassendiscriminatie en de Vietnamoorlog werden georganiseerd en parades werden gehouden. Feministen eisten op deze weg hun politieke emancipatie, de Klu-Klux-Klan gaf er lucht aan zijn weerzin tegen de gelijkberechtiging van zwart en wit, en onder leiding van generaal Eisenhower hield men er een parade om de overwinning op het naziregime te vieren. Men kan de Pennsylvania Avenue dus beschouwen als een moderne triomflaan.

In de **National Archives** 18 liggen documenten van onschatbare waarde – nationale en internationale verdragen en akkoorden, wetboeken, kaarten, bewijsstukken voor het aan- of verkopen van land, honderden oorkondes, de Onafhankelijkheidsverklaring, de Amerikaanse grondwet, twee capitulatieverklaringen, zoals de Japanse aan het eind van de Tweede Wereldoorlog, en de ontslagbrief van president Nixon na de Watergateaffaire. De belangrijkste documenten van de Amerikaanse geschiedenis zijn in de rotunda in speciale vitrines tentoongesteld, waarin heliumgas het verval van het papier verhindert en andere maatregelen deze schatten beschermen tegen beschadiging of diefstal (700 Pennsylvania Ave. NW., tel. 202-357-5000, www.nara.gov, dag. 10–17 uur, toegang gratis).

Twee instituten, die verwante taken uitvoeren, zijn door de Pennsylvania Avenue, en vooral ook door bepaalde opvattingen van het recht, van elkaar gescheiden: het Department of Justice (Ministerie van Justitie) en het **J. Edgar Hoover Building** 19, het hoofdkantoor van de federale politie, de FBI, dat er vanbuiten uitziet als een streng bewaakte gevangenis voor zware criminelen. De in 1908 door Teddy Roosevelt opgerichte FBI (Federal Bureau of Investigation) werd sinds 1924 door zijn chef J. Edgar Hoover gevormd (935 Pennsylvania Ave. NW., tel. 202-324-3000, www.fbi.gov).

Het **Old Post Office** 20 halverwege het Capitool en het Witte Huis is een goede plek om u te ontspannen bij een gezellige lunch. Het in 1899 gebouwde, voormalige hoofdkantoor van de federale post ontsnapte tweemaal op een haar na aan de slopershamer, voordat het neoromaanse gebouw in 1983 een atrium met een winkelcentrum en een grote *food court* kreeg. Op het uitzichtsplatform van de 96 m hoge klokkentoren kijkt u uit over Washington (12th St./Pennsylvania Ave. NW., tel. 202-289-4224, apr.–sept. 7.30–23 uur, 's winters korter).

Het bezoekerscentrum **D. C. Visitors Center 21** bevindt zich in het Ronald Reagan International Trade Center Building. Toeristen kunnen zich daar bij toerisme-experts of per computer in hun landstaal informatie inwinnen over bezienswaardigheden, een tafel in een restaurant of accommodatie reserveren (1300 Pennsylvania Ave. NW., tel. 202-328-4748, fax 202-408-7956, www.dcvisit.com, lente/zomer ma.–vr. 8.30–17.30, za. 9–16 uur, zo. gesloten, in de herfst/winter korter).

Het **Witte Huis 22**, de residentie van de Amerikaanse president, ligt als een klein kasteeltje in het weelderige groen van de White House Grounds. Geen enkel machtscentrum in de wereld stond tot de aanslagen van 11 september 2001 zo open voor bezoekers als de ambtswoning van de Amerikaanse president, waar dag in dag uit toeristen uit alle landen van de wereld kwamen kijken. Tegenwoordig zijn in het Witte Huis alleen nog bezichtigingen mogelijk na telefonische aanmelding. (1600 Pennsylvania Ave. NW., tel. 202-456-2121, www.whitehouse.gov).

## Bezienswaardig in Downtown

Het zwaartepunt van de **Renwick Gallery 23**, Washingtons oudste kunstmuseum uit 1869, ligt op Amerikaanse kunst van de koloniale tijd tot heden. U kunt er onder andere werken zien van grote kunstenaars als John Singer Sargent, Frederic Edwin Church, Albert Bierstadt, Mary Cassatt, Thomas Eakins, Thomas Cole, James Abbott McNeill Whistler en Edward Hopper. Verder vindt u er Nederlandse, Franse en Vlaamse schilderijen en meer dan 5000 foto's, tekeningen en gravures

(W. 500 17th St. NW., tel. 202-639-1700, www.corcoran.org, wo.–zo. 10–17, do. tot 21 uur, toegang gratis, maar donaties zijn welkom).

Op de avond van 14 april 1865 was Abraham Lincoln in het **Ford's Theater 24** het slachtoffer van een moordaanslag. De president bezocht samen met zijn vrouw een opvoering van het stuk 'Our American Cousin', toen hij door de toneelspeler en fanatieke aanhanger van de zuidelijke staten John Wilkes Booth werd neergeschoten. Meer informatie over de aanslag vindt u in een museum in de kelder (W. 511 10th St. NW., tel. 202-426-6924, www.fordstheatre.org, dag. 9–17 uur, tijdens repetities andere openingstijden, toegang gratis).

Afluisterapparaten, minicamera's voor in het knoopsgat van uw revers, onzichtbare inkt, in polshorloges verstopte geheime camera's, sabotagegereedschap, schoenen met ingebouwde zenders, als lippenstift vermomde schietwapens, onder KGB-medewerkers bekend als *kiss of death*, apparaten voor satellietbewaking en het ontcijferen van geheime codes: zelfs James Bond, wiens Walther PPK tot de tentoongestelde objecten behoort, zou onder de indruk zijn van de instrumenten die te zien zijn in het **International Spy Museum 25**. Specialisten van de CIA, de FBI, het Amerikaanse leger, spionnen van de NAVO en de KGB adviseerden en hielpen mee bij de totstandkoming van de exposities (800 F St. NW., tel. 202-393-7798, www.spymuseum.org, apr.–okt. 10–20, nov.–mrt. 10–18 uur).

Via de exotische Friendship Arch aan de 7th en F St. NW. bereikt u **Chinatown 26**, dat slechts een paar blokken groot is. Net als in andere grote steden met Chinese wijken bestaat Chinatown ook in de hoofdstad uit een groot aantal Aziatische restaurants, soepkeukens en kraampjes, waar men Chinese, Cambodjaanse en Vietnamese gerechten kan proberen.

Andere steden beschikken over een station, maar Washington D.C. bezit met zijn **Union Station 27** over een waarachtig paleis, dat door de beroemde architect David Burnham in beaux-artsstijl werd ontworpen en met bladgoud, marmer en graniet versierd. Eind jaren zeventig speelde de gemeente met de gedachte om het station af te breken. Ten slotte besloot men echter tot een renovatie met als doel om het station nieuw leven in te blazen door er een winkelgalerij met meer dan 130 winkels, een bioscoop en een *food court* in te richten (50 Massachusetts Ave., tel. 202-289-1908, www.uni onstationdc.com, winkels ma.–za. 10–21, zo. 12–18 uur).

## Buiten het centrum

Ten noorden van Dupont Circle strekt zich de wijk **Adams Morgan** 28 uit, aan de ene kant een typische woonwijk met huizen van bruine baksteen, aan de andere kant een wijk met restaurants en cafés waarin verschillende etnische groepen en kunstenaars leven. Aan de 18th Street en de Columbia Road vindt u talrijke exotische restaurants met Ethiopische, Thaise, Chinese, Mexicaanse of Caribische gerechten.

De wijk ontstond in de jaren twintig toen rijke burgers aanzienlijke huizen bouwden. Deze rijkelui trokken na de Tweede Wereldoorlog naar de voorsteden, waarna veel grote woonhuizen werden opgedeeld in kleinere eenheden met een betaalbare huur. Ze werden betrokken door immigranten van verschillende nationaliteiten en jonge autochtonen. Jaarlijks in september vieren de inwoners de Adams Morgan Day met dans, tentoonstellingen en specialiteiten uit vele delen van de wereld.

Op de enorme begraafplaats **Arlington National Cemetery** 29 herinneren meer dan 200.000 grafstenen aan de mannen en vrouwen die omkwamen in dienst van hun land. Het drukst bezocht zijn de graven van president John F. Kennedy en diens broer Robert, die beiden omkwamen bij een aanslag. Het wit marmeren monument van de onbekende soldaat staat voor de doden uit beide wereldoorlogen en de Korea-oorlog, de Vietnamoorlog en de Golfoorlog. Traditioneel wordt het monument bewaakt door soldaten van de derde US-Infanteriedivisie. De wisseling van de wacht is een toeristische attractie (www.ar lingtoncemetery.com, toegang gratis).

**Georgetown** 30 heeft zijn identiteit behouden, wat de wijk tegenwoordig toeristisch aantrekkelijk maakt. Elke inwoner van de hoofdstad kent de wijk als trendy, waar goede en dure restaurants, musea en boetieks te vinden zijn. Het straatbeeld wordt gekenmerkt door 18e- en 19e-eeuwse gevels met erkers, bont geschilderde deuren en steile trappen naar de voordeuren. Vroeger ontsierde een vreselijke cementfabriek de oever van de Potomac in Georgetown. Na de sloop ontstond met de Washington Harbour een tot de rivieroever open gebouwencomplex – een ideale plaats om zich op een warme vrijdagavond op het naderende weekeinde voor te bereiden. Het epicentrum van het geheel wordt gevormd door **Tony & Joe's** en **Nick's Riverside Grill,** twee openluchtbars aan de rand van een verlichte vijver die met zijn omhoogspuitende fonteinen voor afkoeling zorgt. Eromheen drinkt men bier, wijn, champagne, cocktails en sapjes. Zodra de schemering de Potomac River loodgrijs kleurt, meren de eerste jachten af aan de waterkant. Gezeten op goed gevulde koelboxen genieten de bemanningen van hun meegebrachte waren of mengen zich onder de mensen.

De tegenstelling tot de bonte drukte in Georgetown kan niet groter zijn: Het **Chesapeake and Ohio Canal** in het midden van Georgetown waarin krom gegroeide bomen hun takken baden, doet aan als een nostalgische herinnering aan de goede, oude tijd. Als kanaalschippers verkleed Park Rangers met breedgerande hoeden en wijde broeken trekken de schepen met behulp van muilezels over de waterweg, zoals vroeger de trekschuiten door op het jaagpad lopende paarden werden voortbewogen (Georgetown Ranger Station, 1057 Thomas Jefferson St., tel. 202-653-5190, www.nps.gov/choh, kanaaltochten eind juni–eind aug. wo.-vr. 11, 13.30 en 15, za.–zo. 11, 13.30, 15 en 16.30 uur, andere maanden korter).

**i** **D.C. Visitors Center:** 1300 Pennsylvania Ave. NW., Ronald Reagan International Trade Center Building, tel. 202-328-4748, fax 202-408-7956, www.dcvisit.com, lente/zomer

Georgetown ontwikkelde zich tot een populaire wijk met restaurants en winkels

ma.–vr. 8.30–17.30, za. 9–16 uur, zo. gesloten, korter in de herfst/winter.

**Park Hyatt** [1]**:** 1201 24th St. NW., tel. 202-789-1234, fax 202-419-6795, www. park.hyatt.com. Groot chic hotel met kamers en suites, een whirlpool, verwarmd binnenbad, sauna, businesscenter. Vanaf $200.

**Hotel George** [2]**:** 15 E. St. NW., tel. 202-347-4200, fax 202-347-0359, www.hotelgeorge. com. Modern ingerichte, gezellige kamers die met hun hippe design afwijken van het gebruikelijke, eigen bistro in Franse stijl. Vanaf $180.

**Melrose Hotel** [3]**:** 2430 Pennsylvania Ave. NW., tel. 202-955-6400, fax 202-775-8489, www.melrosehoteldc.com. Netjes, gunstig tussen Downtown en Georgetown gelegen hotel met eigen restaurant en bar, zeer comfortabel ingerichte kamers, fitness- en businesscentrum, vriendelijke bediening. Vanaf $170.

**Jurys Normandy Inn** [4]**:** 2118 Wyoming Ave. NW., tel. 202-483-1350, fax 202-387-8241, www. jurysdoyle.com. Kamers en suites met meer of minder comfort midden in de ambassadewijk. $100–220.

**Comfort Inn Convention Center** [5]**:** 1201 13th St. NW., tel. 202-682-5300, fax 202-408-0830, www.comfortinn.com. Filiaal van motelketen met standaardkamers, in het hoogseizoen geldt een minimumverblijf van twee nachten. $120–180.

**Red Roof Inn Downtown** [6]**:** 500 H St. NW., Tel. 202-289-5959, fax 202-289-0754, www.red roof.com. Filiaal van motelketen; kamers met badkamer of enkel douche, sauna, enkele fitnessapparaten. $120–150.

**American Youth Hostels** [7]**:** 1009 11th St. NW., tel. 202-737-2333, fax 202-737-1508, www.hi washingtondc.org. Bedden in slaapzalen, gebruik van keuken, wasserette en internettoegang. Vanaf ca. $30.

**City Zen** [8]**:** in het Mandarin Oriental, 1330 Maryland Ave. SW., tel. 202-787-6006, di.–do. 18–21.30, vr.–za. 17.30–21.30 uur. Chef-kok Eric Ziebold werd in 2005 in de ranglijst van beste koks opgenomen. Tot zijn bijzondere specialiteiten behoren onder meer ri-

Ranger met bezoeker bij het Vietnam Veterans Memorial aan de National Mall

cotta met artisjokken en citroensaus. Een driegangenmenu in dit etablissement kost $75.

**Capital Grille** 9: 601 Pennsylvania Ave. NW., tel. 202-737-6200, www.thecapitalgrille.com, ma.–za. lunch, diner dag. Degelijk trefpunt voor poitici met uitstekende steakspecialiteiten en een bar, waarin de gasten mogen roken. $20–40.

**Kinkead's** 10: 2000 Pennsylvania Ave. NW., tel. 202-296-7700, www.kinkead.com, dag. lunch en diner. Kenners van het populaire lokaal waarderen vooral de visspecialiteiten zoals rauwe tonijn in deegkorst met peper. Voor een hoofdgerecht in dit etablissement betaalt u minimaal $20.

**Old Ebbitt Grill** 11: 675 15th St. NW., tel. 202-347-4800, www.clydes.com, dag. In Washingtons oudste bar heerst een Engelse clubatmosfeer. Gegrilde kalfslever met aardappels en knoflook $15,95; Parmezaanse forel met sauce hollandaise $16,95.

**Dean & DeLuca** 12: 3276 M St., Georgetown, tel. 202-342-2500, dag. 11–20 uur. Uitstekend café met terras. Hemelse gebak en kleinere gerechten. Bijbehorende supermarkt met goede, maar dure delicatessen. Vanaf $6.

**Winkel van het Air & Space Museum:** tel. 202-357-2700, www.smithsonian store.com. In elk museum van het Smithsonian Institution in de hoofdstad is een winkel te vinden, waar men voorwerpen kan kopen die in andere winkels nauwelijks te krijgen zijn. Meestal hebben ze betrekking op het thema van het desbetreffende museum. In de winkel van het Air & Space Museum vindt u bijvoorbeeld bomberjacks voor kinderen, maar ook tal van andere interessante zaken.

**Shops at Georgetown Park:** 3222 M St. NW.,

tel. 202-342-8190, www.shopsatgeorgetown park.com, ma.–za. 10–21, zo. 12–18 uur. Elegant winkelcentrum met veel boetieken, speciaalzaken en een *food court.*

**9:30 Club:** 815 V St. NW., tel. 202-393-0930, www.930.com, zo.–do vanaf 19.30, vr.–za. vanaf 21.00 uur. De club behoort tot de beste etablissementen met livemuziek. U kunt dansen of slechts toekijken. Veel shows.
**Rhino Bar:** 3295 M St. NW., tel. 202-333-3150, dag. In het centrum van Georgetown gelegen populair café voor een jong publiek. Vooral druk in de avond.
**Bottom Line:** 1716 I St. NW., tel. 202-298-8488, ma.–do. 11.30–1.30, vr.–za. tot 2.30 uur. Lokaal, waarin u kunt eten, dansen of gelijkgezinden ontmoeten.

**John F. Kennedy Center for the Performing Arts:** 2700 F St. NW., tel. 202-467-4600, www.kennedycenter.com. Op vijf podia worden jaarlijks twee miljoen toeschouwers en toehoorders vermaakt; thuisbasis van de Washington National Opera en het National Symphony Orchestra, rondleidingen ma.–vr. 10–17, za.–zo. 10–13 uur.
Op de dag van de uitvoering zijn er toegangskaartjes te koop voor de halve prijs bij: TICKET-place, 407 7th St. NW., tel. 202-842-5387 of online bij www.ticketplace.org, di.–vr. 11–18, za. 10–17 uur.

**Feesten/evenementen**
**Chinees Nieuwjaar** (jan./feb.): Bont programma met optochten.
**Kersenbloesemfeest** (mrt./apr.).
**St. Patrick's Day Parade** (mrt./apr.): Feest ter ere van de nationale heilige van Ierland.
**Smithsonian Kite Festival** (mrt./apr.): (Papieren) drakenfeest.
**Washington International Film Festival** (april): Filmfestival met onder andere films uit landen als China en India.
**Carnival Extravaganza** (juni): Caribisch carnavalsfeest met steelbands, culinaire specialiteiten en gekostumeerde optochten.
**Barbecue Battle** (juni): Nationale barbecue-kampioenschappen.

**Festival of American Folklife** (juli): Historisch feest met cultureel programma.
**Adams Morgan Festival** (sept.): Cultureel wijkfeest.

**Vliegtuig:** In de omgeving van Washington D.C. liggen drie luchthavens. Baltimore/Washington International Airport, tel. 410-859-7111, www.bwiairport.com, die 30 mijl ten noordoosten van Washington ligt. De lokale trein MARC (tel. 410-672-6169, www.mta maryland.com) rijdt in ca. 30 min. naar het Union Station. Een shuttlebus rijdt elk uur van de luchthaven naar het centrum (www.super shuttle.com). Taxi's kosten ca. $63.
Ronald Reagan National Airport, tel. 703-417-8000, www.mwaa.com/reagan. De luchthaven ligt 10 mijl verderop in Virginia. Van 7–22 uur gaat er elke 30 minuten een bus en van 5.30–24 uur, za.–zo. tot 2 uur elke 5 min. een metro naar de binnenstad.
Washington Dulles International Airport, tel. 703-572-2700, www.mwaa.com/dulles. Deze ligt 26 mijl verderop in Virginia. De Washington Flyer Expressbus rijdt om de 30 min. (5.30–24 uur op werkdagen, 8–24 uur in de weekeinden, www.washfly.com) tussen de luchthaven en het metrorailstation (metrostation) West Falls Church.
**Trein:** Union Station, First St./Massachusetts Ave., tel. 1-800-USA-RAIL, www.amtrak.com. De Acelatreinen rijden op het traject New York–Philadelphia–Baltimore–Washington. Andere treinverbindingen gaan via Richmond naar Florida.
**Interlokaal vervoer:** Veel bezienswaardigheden zijn te bereiken met de metrorail (metro, weekdagen tot 24, za.–zo. tot 2 uur, www. wmata.com). In het stedelijke gebied is er bovendien een uitgestrekt busnetwerk. U kunt zonder extra kosten van de metro op de bus overstappen, maar niet omgekeerd. Op de Potomac: waterbussen tussen Jefferson Memorial en Georgetown, elke 20 minuten.

Maryland, Delaware en Virginia delen de enorme Chesapeake Bay. Terwijl de eerste twee – afgezien van de grote stad Baltimore – zich vooral van hun landelijke kant laten zien, zijn er nergens in de VS zoveel historische plaatsen als in Virginia, waar bijna 400 jaar geleden de eerste Engelse kolonisten neerstreken en zowel de onafhankelijkheidsstrijd als de Burgeroorlog diepe littekens achterlieten.

Al eeuwen bepalen de nabijheid van de zee en het uitgesproken landelijke karakter het leven van de mensen in de kleine steden en dorpen. In het noorden vormt de Delaware Bay de grens met buurstaat New Jersey. In het oosten liggen de stranden aan de Atlantische kust met bekende badplaatsen, terwijl in het westen de hoofdarm van de 8300 km² grote Chesapeake Bay het gebied bijna van het Amerikaanse continent scheidt.

De Chesapeake Bay behoorde vroeger ooit tot de rijkste visgronden van de wereld. Maar de visstand is door overbevissing en watervervuiling achteruit gegaan. Desondanks is de regio nog altijd een paradijs voor fijnproevers die daarbij vooral een bijzondere specialiteit op het oog hebben: *blue crab*. Dit schaaldier, dat zijn naam dankt aan zijn groenblauw gekleurde bepantsering, komt hier nog altijd op grote schaal voor. Rond de baai wordt in veel visrestaurants de blauwe zwemkrab overwegend op twee manieren bereid: helemaal gekookt of als *crab pie*, wat lijkt op een grote frikadel van krabbenvlees.

Op weinig plaatsen laat het moderne Amerika zich zo van zijn romantische zijde zien als in Virginia. Nog altijd strekken de katoen- en tabaksvelden zich uit tot aan de horizon, en villa's van plantagebezitters met witgekalkte zuilenfaçades herinneren aan een glansrijk verleden. Nostalgie en melancholie vermengen zich als mensen tijdens historische feesten lange gewaden en oude uniformen aantrekken om vroegere tijden tot leven te wekken. Klankrijke namen roepen herinneringen op aan de oorspronkelijke indianenbevolking, Engelse zeevaarders en Europese kolonisten. Nergens voelt men zich meer in oude tijden teruggeworpen dan in Colonial Williamsburg, een onder monumentenzorg vallende, gerestaureerde stadswijk waar de 'inwoners' in historische kostuums het leven uit de koloniale tijd naspelen.

## Baltimore

**Atlas:** blz. 13, A 3/4, B 3/4

Baltimore was altijd al een belangrijke havenstad, maar een toeristische tip is de metropool pas sinds enige jaren. Nog altijd kampt het grootste stedelijke gebied van Maryland met het vroegere imago van een saaie industriestad, vermoedelijk ook omdat het stadsvernieuwingsprogramma zich hoofdzakelijk beperkte tot de Inner Harbor en de ernaast gelegen wijk.

### In de Inner Harbor

De 'binnenhaven' van Baltimore ligt ver verwijderd van de open zee aan een hoofdarm van de enorme, diep in het achterland van de kust reikende Chesapeake Bay. Op zomerweekenden treden orkesten, bands en entertainers op om de mensenmassa's te onderhouden. Het Observation Deck op de 27e etage van het World Trade Center direct aan de waterkant biedt heel mooi uitzicht op de haven

(401 E. Pratt St., www.baltimore.to/TopOf World, ma.–za. 10–19, zo. 11–19 uur).

In het **Aquarium** wacht de bezoekers een exotische wereld met 10.000 levensvormen, van vissen, vogels en reptielen tot amfibieën. De attractie is uitgegroeid tot meer dan alleen een aquarium, maar de dolfijnenshows en het haaienbasin zijn nog altijd de populairste bezienswaardigheden. Behalve een Atlantisch koraalrif kunt u er een regenwoud bezichtigen met apen in de bomen. Tot de recentste aanwinsten behoren een Australië-afdeling met dieren van het vijfde continent en een nieuw buitenpark (501 E. Pratt St., Pier 4, tel. 410- 576-3800, www.aqua.org, dag. 9–17, vr tot 20 uur).

## Musea

Tot de nautische flair van de Inner Harbor wordt het meest bijgedragen door het **Baltimore Maritime Museum**. Het afgedankte vuurtorenschip Chesapeake, dat tussen 1933 en 1973 als drijvende vuurtoren in de monding van de Chesapeake Bay lag, vormt een mooi plaatje in de haven. Daarnaast zijn er nog andere schepen, zoals de historische onderzeeboot USS Torsk, die in 1972 na 11.884 keer te hebben gedoken met pensioen ging. De USS Taney is het laatste nog intacte oorlogsschip dat de Japanse aanval op Pearl Harbour in 1941 doorstond. Het in 1797 in Baltimore van stapel gelopen fregat Constellation doet niet alleen de harten van zeilers sneller kloppen. Ook het ronde, op spinnenpoten staande Seven Foot Knoll Lighthouse uit 1856 is onderdeel van het museum (pieren 3 en 5, Inner Harbor, tel. 410-396-3453, www.baltomaritimemuseum.org, dag. 10–17 uur, langer in de zomer).

Films in een IMAX-theater, interactieve installaties voor natuurwetenschappelijke onderzoeken, een planetarium en veel exposities over verschillende wetenschappelijke disciplines zorgen dat een bezoek aan het gerenoveerde en uitgebreide **Maryland Science Center** een groot genoegen is (601 Light St., tel. 410-685-5225, www.mdsci.org, meisept. do.–za. 10–20, zo.–wo. 10–18 uur, okt.–apr. korter).

Het middelpunt van het **Reginald F. Lewis**

**Museum** is het Afro-Amerikaanse erfgoed van de staat Maryland, waarbij het om de invloed van 200 jaar slavernij op de toenmalige en huidige maatschappij draait. Er is ook aandacht voor de waarden en de culturele tradities en de kunsten die de slaven bij hun deportatie uit Afrika met zich mee brachten (830 E. Pratt St., tel. 443-263-1800, www.africanamericanculture.org, di.–zo. 10–17 uur).

Matisse, Picasso, Renoir, Degas, Cézanne, Van Gogh – het **Baltimore Museum of Art** is het beste kunstmuseum van de stad. Regelmatig vinden er wisselende tentoonstellingen plaats. De vaste collectie van het museum bestaat uit Europese kunst van de 15e tot de 19e eeuw (10 Art Museum Dr., tel. 443-573-1700, www.artbma.org, ma.–vr. 11–17, za.–zo. 11–18 uur, toegang gratis).

Het **Walters Art Museum** is hoofdzakelijk gespecialiseerd in Griekse, Romeinse en Aziati-

De Inner Harbor van Baltimore met het afgedankte lichtschip Chesapeake

sche kunstwerken, maar er kunnen ook werken uit de renaissance worden bewonderd. Er zijn in het museum verder Tibetaanse schilderkunst, Indische miniaturen en kunstvoorwerpen van de Maya's, Inca's en Azteken te zien (600 N. Charles St., tel. 410-547-9000, www.thewalters.org, wo.-zo. 10-17, vr. tot 20, za. 10-13 uur, toegang gratis).

Wie de tandenborstel wil zien die met de Apollobemanning in 1969 baantjes om de maan draaide, is bij het **National Museum of Dentistry** aan het juiste adres. Bezoekers leren alles over tandheelkunde van eergisteren tot vandaag, kunnen aan tanden gewijde postzegels bewonderen, en zich laten informeren over de bijdrage van Afro-Amerikaanse (zwarte) artsen aan de tandheelkunde (31 S. Green St., tel. 410-706-0600, www.dentalmuseum.u maryland.edu, wo.-za. 10-16, zo. 13-16 uur).

## Little Italy en Fell's Point

Little Italy ligt ten oosten van de Inner Harbor. De kern van deze Italiaanse wijk met een twintigtal pasta- en pizzarestaurants ligt aan de Exeter Street rondom de kerk St. Leo the Great, die in de jaren tachtig van de 18e eeuw werd gebouwd door Italiaanse immigranten.

Aan de rand van Little Italy staat het in 1793 gebouwde **Star-Spangled Banner Flag House,** dat elke Amerikaan tijdens een bezoek aan Baltimore zal willen bezichtigen. In het bescheiden, door een vlaggenpark en museum omgeven huisje woonde de naaister Mary Pikkersgill, die het prototype van de huidige Amerikaanse vlag met 13 sterren en 13 strepen vervaardigde (844 E. Pratt St., tel. 410-837-1793, www.flaghouse.org, di.-za. 10-16 uur).

In de 18e eeuw loste men aan de oever van **Fell's Point** voornamelijk hout voor de scheepsbouw op de werven in de omgeving. In het voetspoor van de industrialisatie vestigden zich vervolgens arbeiders in de kleine huizen aan de smalle straten, waarna de wijk later langzaam in verval raakte. Pas in de jaren tachtig veranderden investeerders het weer in een levendig woon- en werkgebied, waarbij de oude gebouwen behouden bleven. Op bijna elke hoek staan tegenwoordig cafés en restaurants met decoratieve uithangborden en 'antiekwinkels' met meer of minder originele uitstallingen voor de etalage die aan een rommelmarkt doen denken (www.fellspoint.us).

## Baltimore-vips

Het enfant terrible van de rockmuziek, Frank Zappa, was niet de enige bekende zoon van de stad. De maatschappijkritische essayist Henry Louis Mencken werd er in 1880 geboren en leefde 68 jaar lang in de Hollins Street. Misdaadschrijver Dashiell Hammett zag in 1894 in Baltimore het levenslicht. Edgar Allan Poe woonde en werkte van 1832 tot 1835 in de stad en werd op de Westminster Burying Ground begraven (W. Fayette St./Greene St.).

## Maryland Zoo

Om de fauna van Afrika te leren kennen hoeft u Baltimore niet te verlaten. In de Maryland Zoo leven olifanten, neushoorns, luipaarden, leeuwen, giraffen, gazelles en primaten. De natuurlijke leefomgeving van de dieren werd er zo natuurgetrouw mogelijk nagebootst. Naast dieren uit Afrika zijn er ook vertegenwoordigers uit andere delen van de wereld aanwezig, zoals bijvoorbeeld ijsberen, die men door een onder het wateroppervlak liggend venster kan waarnemen (Druid Hill Park, tel. 410-396-LION, www.marylandzoo.org, 10–16. uur, jan.–feb. gesloten).

**Baltimore Visitor Center:** 401 Light St., Baltimore, MD 21202, tel. 1-877-BALTI-MORE, www.baltimore.org, dag. 9–18 uur. Film van 11 minuten over hoogtepunten van de stad. Ingesproken inlichtingen voor internationale bezoekers: tel. 410-837-4636.

In Downtown zijn hotels zeer duur, betaalbaarder hotels vindt u meer richting luchthaven. Goede accommodatie vindt u verder ook op de volgende website: www.baltimore.hotels-nb.com.

**Renaissance Harborplace Hotel:** 202 E. Pratt St., tel. 410-547-1200, fax 410-539-5780, www.renaissancehotels.com. Luxehotel aan de haven met binnenbad, sauna, whirlpool, zonneterras en fitnessapparatuur. Het huren van een goed geoutilleerde kamer kost u $220–280.

**Mount Vernon Hotel:** 24 W. Franklin St., tel. 410-727-2000, fax 410-576-9300, www.mountvernonbaltimore.com. Midden in de stad liggend hotel met standaardkamers, vele met whirlpool. U betaalt hier voor een kamer en de bijbehorende faciliteiten $109–129.

**Motel 6:** Raynor Ave., I-695 afslag 8, tel. 410-636-9070, fax 410-789-0669, www.motel6. com. Zo'n 6 mijl ten zuidwesten van de stad, filiaal van een motelketen met gratis koffie in de ochtend; kinderen overnachten gratis. Vanaf $56.

**Prime Rib:** 1101 N. Calvert St., tel. 410-539-1804, www.theprimerib.com, ma.–za. 17–24, zo. 16–23 uur. Een van de populairste zaken van de stad met uitstekende vlees- en zeevruchtengerechten. Heren moeten een colbertje dragen. Een maaltijd kost vanaf $56.

**Phillips Harborplace:** 301 Light St., tel. 410-685-6600, www.phillipsseafood.com/phillips harborplace, dag. 11–22.30 uur. Een instituut met krabbenkoeken ($26), zeevruchtenplateau ($30), garnalensalade ($13), Phillips bouillabaisse ($17).

Aan de de noordclijke en westelijke zijde is de Inner Harbor omgeven door enkele winkelcentra met winkels en food courts.

**Lexington Market:** 400 W. Lexington St./Eutaw St., sinds 1872 wordt hier doordeweeks vers fruit, groente, vlees, kaas en worst verkocht.

**Arundel Mills:** 7000 Arundel Mills Circle, Hanover, tel. 410-540-5110, www.arundelmills mall.com, ma.–za. 10–21.30, zo. 11–19 uur. Reusachtig winkelcentrum met meer dan 200 winkels. Sommige hotels in de omgeving bieden den *shop & stay-packages* aan.

**Gardel's:** 29 S. Front St., tel. 410-837-3737, www.gardels.com, dag. vanaf 20 uur. De tangoclub met drie danszalen werd gebouwd naar een voorbeeld in Buenos Aires. Wie niet wil dansen kan genieten van de overheerlijke Argentijnse vleesgerechten die hier worden geserveerd.

**Buddies:** 313 N. Charles St., tel. 410-332-4200, Pub & Jazz-club, op do.–za. klinkt er livemuziek.

**Shows:** Hippodrome, 12 N. Eutaw St., tel. 410-727-7787, www.hippodrome foundation.org. In het in 1914 gebouwde, oudste bioscooppaleis van de stad, dat over een prachtig interieur beschikt, vertoont men shows in Broadwaystijl.

**Vliegtuig:** Baltimore/Washington International Airport, tel. 410-859-7111, www.bwiairport.com. De luchthaven ligt 10 mijl ten zuiden van het centrum. De meeste vluchten binnen de VS en talrijke internationale vluchten beginnen en landen daar. Om in de stad te komen, kunt u gebruikmaken van de zogenaamde Super Shuttle (tel. 1-800-258-3826, www.supershuttle.com) of de metro met de Light Rail Service. Een taxi voor de 15 minuten durende rit kost ongeveer $23.

**Trein:** Amtrak Terminal, Pennsylvania Station, 1500 N. Charles St., tel. 1-800-872-7245, www.amtrak.com. Baltimore ligt aan de Acela-sneltreinverbinding tussen Washington D.C. en Boston. Een tweede station ligt 1,5 mijl van de luchthaven (busverbinding naar de terminals).

**Bus:** Busstations, Baltimore Travel Plaza, 5625 O'Donnell St., tel. 410-633-6389 en 210 W. Fayette St., tel. 410-752-7682. Halte van de bussen van Greyhound (tel. 1-800-231-2222, www.grey hound.com) en Peter Pan (tel. 1-800-343-9999, www.peterpanbus.com).

**Watertaxi:** Kane's Water Taxi, tel. 1-800-658-8947, www.thewatertaxi.com. De watertaxi vaart tussen Inner Harbor en Fell's Point.

# Annapolis

**Atlas:** blz. 13, B 4

De in 1649 gestichte hoofdstad van de staat Maryland ligt aan de diep in het achterland reikende Chesapeake Bay en is niet alleen door zijn ligging met de zee verbonden. In verscheidene kleinere baaien in de omgeving liggen honderden zeiljachten in ideale wateren, die de hoofdstad tot een bekende watersportplaats hebben gemaakt. Bovendien is de academie van de Amerikaanse marine, waar kadetten hun opleiding volgen, in het 35.000 inwoners tellende stadje gevestigd. U hebt voor het bezichtigen van het centrum geen auto nodig.

## State House

Op een verhoging in het centrum van de hoofdstad met een schilderachtig koloniaal stratenbeeld en mooie, oude, bakstenen gevels staat het fraaie **State House** uit 1772, dat al langer dan welk ander parlement in de VS voortdurend in gebruik is geweest. Met zijn verschillende verdiepingen tellende, houten, degelijk grijs gekleurde koepel vormt het een van de architectonische blikvangers van de stad.

De afgevaardigden komen bijeen in een oude vergaderzaal, die nog in dezelfde staat verkeert als in de tijd van George Washington. In 1783/84 diende het gebouw een half jaar lang als het Capitool van Amerika, voordat het congres uiteindelijk in Washington D.C. belandde. In het jaar 1783 trad George Washington in de Old Senate Chamber terug als opperbevelhebber van de troepen. Een jaar later ratificeerde het Continental Congress op de zelfde locatie het Verdrag van Parijs, waarmee de onafhankelijkheidsstrijd officieel werd beëindigd.

Naast George Washington waren andere beroemdheden als Thomas Jefferson en Benjamin Franklin vaak in de stad. Franklin zou de maker zijn geweest van de bliksemafleider op de top van het State House (State Circle, tel. 410-974-3400, www.mdarchives.state.md.us, ma.–vr. 9–17, za.–zo. 10–16, rondleidingen om 11 en 15 uur. Men moet een legitimatiebewijs met foto laten zien, toegang gratis).

## City Dock

De door oudere gebouwen omzoomde Main Street loopt van de Church Circle bergafwaarts naar de waterkant aan de Chesapeake Bay. In plaats van oude zeilschepen met exotische waren legt daar tegenwoordig de modieuze jetset met moderne waterscooters aan, waardoor de waterkant door de inheemse bevolking spottend tot Ego Alley werd omgedoopt. In de 18e eeuw was het **City Dock** aanlegplaats voor slavenschepen.

Met een ervan kwam de jonge Afrikaan Kunta Kinte naar Amerika, wiens verhaal door Alex Haley in diens roman *Roots* vereeuwigd werd. De auteur zelf zit in brons gegoten aan de waterkant en geniet van het uitzicht. Wie zich bij hem wil aansluiten kan het beste plaatsnemen voor de uit de 18e eeuw stammende Middleton Tavern, onder de roodwit gestreepte markiezen. Het lokaal maakt van binnen een museale indruk met musketten uit de Burgeroorlog, oude kadettenuniformen en nautische schilderijen aan de muren (2 Market Space, tel. 410-263-3323, www.middletontavern.com, ma.–vr. 11.30–1.30, za.–zo. 10–1.30 uur).

## US Naval Academy

Slechts enkele stappen verderop begint het terrein van de **US Naval Academy**, een traditierijk opleidingsinstituut van de Amerikaanse marine op het terrein van het vroegere Fort Severn. Driemaal per semester houden de wit geüniformeerde kadetten tijdens hun vierjarige opleiding een grote parade. Op het terrein is niets te merken van een kazerneatmosfeer. De met bonte markiezen versierde officiersonderkomens langs de King George Street doen denken aan elegante strandhotels. Tijdens rondleidingen door de academie wandelen bezoekers door de smetteloze gangen van de slaapzalen en ontdekken hier en daar foto's van beroemde voormalige kadetten zoals de vroegere president Jimmy Carter en de vroegere presidentskandidaat Ross Perot, die hier beiden examen deden. In de Preble Hall toont het Naval Academy Museum modellen van Amerikaanse en Engelse oorlogsschepen (Armel-Leftwich Visitor Center, 52 King George St., tel. 410-263-6933, www.usna.edu, ma.–za. 9–17, zo. 11–17 uur, bezoekers ouder dan 16 jaar hebben een identificatiebewijs nodig.).

ℹ **Annapolis & Anne Arundel County Conference & Visitors Bureau:** 26 West St., Annapolis, MD 21401, tel. 410-280-0445, fax 410-263-9591, www.visitannapolis.org.

🛏 **Annapolis Bed & Breakfast Association:** tel. 410-626-1506, fax 410-263-4841, www.annapolisbandb.com. Vereniging van aanbevelenswaardige bed and breakfasts in het oude centrum van de stad.

**Charles Inn:** 74 Charles St., tel. 410-268-1451, www.charlesinn.com. Bed-and-breakfastaccommodatie uit de tijd van de Burgeroorlog met gezellige kamers. Vanaf $125.

**Loews Annapolis Hotel:** 126 West St., tel. 410-263-7777, www.loewsannapolishotel.com. Luxueus hotel met alle comfort, centraal gelegen. $99–259.

**Super 8:** 74 Old Mill Bottom Rd. N., tel. 410-757-2222, www.super8.com. Motel op 4 mijl van de historische wijk met eenvoudig ingerichte kamers. $75–120.

**Cherry Hill Park:** College Park, 9800 Cherry Hill Rd., tel. 301-937-7116, www.cherryhillpark.com, het hele jaar. Veel faciliteiten. U kunt er trailers, hutten en joerten huren.

🍴 **Treaty of Paris:** 16 Church Circle, tel. 410-2632641, www.annapolisinns.com/dining.php, dag. lunch en diner. Amerikaanse fijnproeverskeuken in een 18e-eeuwse atmosfeer, goede zondagsbrunch 10–14.30 uur. Vanaf $18.

**Rams Head Tavern:** 33 West St., tel. 410-268-4545, www.ramsheadtavern.com, ma.–za. 11–2, zo. 10–2 uur. 170 biersoorten, liveoptredens, biertuin, zondagsbrunch en een menukaart die varieert van scherpe 'Jamaican Jerk Rasta-Pasta' tot normale hamburgers. Vanaf $8.

**Chick and Ruth's Delly:** 165 Main St., tel. 410-269-6737, www.chickandruths.com, ma.– di. 6.30–16, wo., do., zo. tot 22 uur, vr.–za. tot 23.30 uur. Delicatessenwinkel en eetgelegenheid met goed ontbijt, sandwiches, hamburgers en salades. Vanaf $4.

**Pennsylvania Dutch Farmers Market:** 2472 Solomons Island Rd., do.-vr. 10-18, za. 9-15 uur. Specialiteiten uit de keukens van de amish en de mennonieten.

**Arundel Mills:** Hanover, 7000 Arundel Mills Circle, www.arundelmills.com, ma.-za. 10-21.30, zo. 11-19 uur. 220 winkels, zoals filialen van Saks Fifth Avenue en Banana Republic.

**Rams Head Tavern** (zie onder restaurants), een populair etablissement, waar vaak bekende muzikanten spelen.

**Maryland Seafood Festival** (in het tweede weekend in sept.): Sandy Point State Park, tel. 410-268-7682, www.mdseafoodfestival.com, vr.-zo. vanaf 11 uur. Alles draait hierbij om vis en zeevruchten.

**Maryland Renaissance Festival** (eind augustus tot begin oktober): Bij het middeleeuwse spektakel in Crownsville bij Annapolis gaat het er middeleeuws aan toe met riddertoernooien en liermuziek. Voor eten en drinken is natuurlijk ook gezorgd. Bezoekers kunnen historische kostuums kopen of huren (vanaf $20) en op het festival zelfs trouwen in dergelijke kleren (Rte 450, tel. 800-296-7304, www.rennfest.com, za.-zo. 10-19 uur).

**Stadsrondleidingen:** Three Centuries Tours of Annapolis, 48 Maryland Ave, tel. 410-268-7601, www.annapolistours.com, dag. vanaf 9.30, nov.-mrt. alleen zo. 14.30 uur. In 18e-eeuwse stijl geklede gidsen leiden u rond door het historische Annapolis.

**Segs in the City,** 42 Randall St., tel. 1-800-734-7393, www.segsinthecity.net. Dit bedrijf biedt twee uur durende bezichtigingstochten met het futuristische tweewielige transportmiddel Segway Human Transporter, een klein, door batterijen aangedreven step, dag. 10 en 14.30, wo. 12.30 en 17 uur.

Romantische sfeer na zonsondergang op Chincoteague Island

# Atlantische kust

**Atlas:** blz. 18, D 1

De bekendste en populairste badplaats van Delaware is het van een brede boulevard voorziene **Rehoboth Beach**. Tot in het laatste kwart van de 19e eeuw was dit stuk kust praktisch ontoegankelijk, totdat er een spoorweg, en in de jaren twintig van de 20e eeuw, een weg werden aangelegd. De bijnaam 'zomerhoofdstad van de VS' voert de plaats niet zonder reden. In de vakantietijd ontvluchtten veel regeringsambtenaren het hete Washington D.C. om af te koelen aan zee. De hele kust van Delaware geldt bij windsurfers en zeilers als een goed watersportgebied. Aan de vele regenboogvlaggen is te zien dat Rehoboth Beach populair is onder homoseksuelen. Toch is de plaats ook een vakantieparadijs voor gezinnen gebleven.

**Ocean City**, gelegen aan de zuidpunt van een 16 km lang eiland, heeft zich in de loop der jaren ontwikkeld tot de bekendste strandplaats aan de kust van Maryland. Kermisattracties, waterparken, minigolfterreinen, achtbanen, go-kartbanen, souvenirwinkels en talloze fastfoodkraampjes maken van de strandboulevard een zomerse speelplaats voor gezinnen met kinderen. Op de pier is al van verre een geweldig reuzenrad te zien.

**Ocean City Convention & Visitors Bureau:** 4001 Coastal Hwy, Ocean City, MD 21842, tel. 410-289-8181, www.ococean.com.

Hotels in Ocean City moeten in het hoofdseizoen minstens drie dagen vooruit worden gereserveerd.
**Days Inn Oceanfront:** Boardwalk/23rd St., tel. 410-289-7161, www.daysinnboardwalk.com. Direct aan het strand gelegen, 3 zwembaden. Vanaf $115.
**Quality Inn Oceanfront:** 54th St. 5400 Coastal Hwy, tel. 410-524-7200, www.ocmdhotels.com. Direct aan het strand, zwembad, coffeeshop, bar, deel van de kamers inclusief keuken. Vanaf $99.
**Bayshore Camping:** Ocean View, Rd. 1, tel. 302-539-7200, www.bayshorecampground.com, mei–okt. Rustig terrein voor campers.
**Assateague State Park:** Berlin, Rt. 611, 7307 Stephen Decatur Hwy, tel. 410-641-2120, half apr.–okt. Groot terrein voor campers en tenten, kleine campingwinkel.

**Fager's Island:** 60th St. at The Bay, tel. 410-524-5500, www.fagers.com, dag. 11–24, bar tot 2 uur. Uitstekend zeebanketrestaurant, op de drankenkaart staan meer dan 100 soorten bier en een goed wijnaanbod. Mooi uitzicht op de oceaan. Lunch vanaf $8, diner vanaf $24.
**Antipasti:** 3101 Philadelphia Ave., tel. 410-289-4588, www.ristoranteantipasti.com, dag. lunch en diner. Veelgeprezen Italiaan, de specialiteit van het huis is *filetto ai pepi*, boterzachte steak met knoflook en Italiaanse kruiden. Vanaf $19.

**Party Block:** 17th/Coastal Hwy, tel. 410-289-6331. Drie clubs ineen.
**Seacrets:** 49th St./The Bay, tel. 410-524-4900, www.seacrets.com. Atmosfeer als op Jamaica, livebands, direct aan het strand.

# Virginia's eilandenrijk

## Chincoteague Island

**Atlas:** blz. 18, D 2

Te midden van zoutmoerassen strekt zich langs de Atlantische kust het 12 km lange en 2,5 km brede **Chincoteague Island** uit, het enige vakantie-eiland van de staat Virginia. In de late 17e eeuw stichten zeelui het gelijknamige vissersdorp, dat tegenwoordig een piepklein toeristencentrum vormt, dat vooral vanwege zijn landelijk-maritieme atmosfeer vakantiegangers aantrekt. Net als vroeger is de kweek van oesters en mosselen een belangrijke inkomstenbron. Meer daarover leert u in het kleine **Oyster & Maritime Museum** (7125 Maddox Blvd., tel. 757-336-6117, mei–sept. dag. 10–17 uur). Het eiland, dat een heel mooi landschap kent, is vooral geschikt voor activiteiten in de openlucht zoals fietsen, wandelen, vogels kijken en kajaktochten op de ondiepe wateren.

**Chincoteague Chamber of Commerce:** 6733 Maddox Blvd., tel. 757-336-6161, www.chincoteaguechamber.com. **Virginia Welcome Center:** New Church, VA 23415, tel. 757-824-5000, fax 757-824-0294. Informatiecentrum over de staat Virginia.

**Refuge Inn:** 7058 Maddox Blvd., tel. 757-336-5511, www.refugeinn.com. Standaardkamers of ruime suites met keuken in een aantrekkelijke omgeving met zwembad, kinderspeeltuin, fietsverhuur. U betaalt hier minimaal $85.

**Best Value Inn & Suites:** 6151 Maddox Blvd., tel. 757-336-6562, www.bestvaluein nva.com. Alle kamers hebben een balkon, sommige ook een keuken; zwembad, picknickterrein. Vanaf $65.

**Tom's Cove Park:** op het zuidoostelijke uiteinde van het eiland, tel. 757-336-6498, www.tomscove park.com, mrt.–nov. camping met zwembad en winkel.

**Chincoteague Inn:** 6262 Marlin St., tel. 757-336-6110, dag. 11.30–23.30 uur. Garnalen, oesters, *crab cakes*, steaks en pizza's aan de Intercoastal Waterway, met bar en livemuziek. Vanaf $8.

## Assateague Island

Chincoteague Island wordt van het bijna 60 km lange **Assateague Island** gescheiden door een waterweg, die sinds 1962 door een brug wordt overspannen. Assateague strekt zich in het noorden voor de kust van Maryland uit tot voorbij Ocean City. In het zuidelijke deel van het eiland werd in 1943 het **Chincoteague National Wildlife Refuge** – verwarrend genoeg gelegen op Assateague – ingericht, waar otters, reeën, wasberen, konijntjes en talrijke zeldzame vogelsoorten leven.

Van Chincoteague Island worden met een gratis **Island Trolley** (tel. 757-336-3696) in de zomer natuurtochten met explicatie gegeven in dit gebied (dag. 10, 13 en 16 uur, buiten het hoogseizoen alleen za.–zo.).

## Chesapeake Bay Bridge-Tunnel

De bijna 30 km lange **Chesapeake Bay Bridge-Tunnel** tussen Cape Charles en Norfolk vormt de verbinding tussen Eastern Shore, over de monding van de Chesapeake Bay, en het vasteland van Virginia. De weg loopt deels over een brug, maar duikt op twee plaatsen in een tunnel onder de open zee. Als ondersteuning dienen vier kunstmatige eilanden. De zuidelijkste daarvan, Sea Gull Island, dient als uitkijkpunt en rustplaats met restaurant. Vanwege de trek van vissen tussen de baai en de kustwateren geldt de 190 m lange pier als een van de beste locaties om te vissen in de wijde omgeving (www.cbbt.com, auto's $12).

# Hampton Roads

**Atlas:** blz. 17, C 3

Hampton Roads wordt door de bewoners met twee zaken geassocieerd: als eerste de baaien en waterwegen rond de monding van de James River, en ten tweede de zeven rond deze natuurlijke haven gelegen steden Norfolk, Virginia Beach, Portsmouth, Chesapeake, Suffolk, Hampton en Newport News, dat met 1,6

---

## Tip:
## Pony Penning Day

Het **Chincoteague National Wildlife Refuge** werd ver buiten Virginia bekend vanwege de wilde pony's die al verscheidene eeuwen in het zuiden van Assateague voorkomen. Het is onbekend hoe ze op het eiland kwamen. Waarschijnlijk liep in de 16e eeuw een Spaans schip met pony's aan boord voor de kust aan de grond. De grootste toestroom van bezoekers kennen de beide eilanden jaarlijks in de laatste week van juli tijdens Pony Penning Day. Enkele tienduizenden toeschouwers stromen toe wanneer zoutwatercowboys de wilde pony's op woensdag tussen 7 en 13 uur van het Assateague Island over de waterweg naar Chincoteague Island drijven, waar veel dieren tijdens een veiling op donderdagochtend verhandeld worden.

miljoen mensen het drukst bevolkte stedelijke gebied van de staat Virginia vormt.

Ten tijde van de Burgeroorlog was **Norfolk** een van de belangrijkste havens van de Confederatie. Nog altijd toont de grootste marinebasis van de wereld met het Naval Station zijn betekenis, wanneer een groot deel van de daar thuis horende 130 schepen in de haven voor anker ligt. Tijdens een rondvaart door de haven krijgt u een indruk van de enorme schepen, waaronder de USS Enterprise, dat het eerste door atoomkracht aangedreven vliegdekschip van de wereld is. De grootste attractie van Norfolk is het **National Maritime Center Nauticus**, waarin onder meer een multimediashow over exotische zeedieren wordt gegeven, en waar men kleine en ongevaarlijke dieren in de touch tank kan aanraken. Ernaast ligt het Battleship USS Wisconsin voor anker, het grootste en laatste in opdracht van de US Navy gebouwde slagschip (1 Waterside Dr., www.nauticus.org, 's zomers dag. 10–18 uur, andere seizoenen korter).

Het **Chrysler Museum** is een van de belangrijkste kunstmusea in de VS. Naast werken van grote meesters als Rubens en Renoir, Picasso en Gainsborough biedt het museum een indrukwekkende verzameling glazen kunstwerken, die zich uitstrekt van historische stukken uit het antieke Rome tot Tiffanylampen (245 W. Olney Rd., tel. 757-664-62 00, www.chrysler.org, wo. 10–21, do.-za. 10–17, zo. 13–17 uur).

**Norfolk Convention and Visitors Bureau:** 232 E. Main St., Norfolk, Virginia 23510, tel. 757-664-6620, www.norfolkcvb.com.

**Courtyard by Marriott:** 520 Plume St., tel. 757-963-6000, fax 757-963-6001, http://marriott.com. Slechts twee blokken van het Waterside Festival Marketplace gelegen, goed geoutilleerd stadshotel met zwembad, fitnessstudio en wasautomaten. De prijs van een kamer bedraagt $149–189.
**Tides Inn:** 7950 Shore Dr., tel. 757-587-8781, geen website. Motel met groot zwembad en nette kamers. $50–95.

Op het **Waterside Festival Marketplace** is er 's avonds veel te doen. Op nog geen steenworp afstand van het water liggen tientallen bars, discotheken, een comedy club, winkels en restaurants, in sommige waarvan u in de openlucht kunt eten.

**Havenrondvaart:** Carrie B, Waterside Festival Marketplace, tel. 757-393-47 35, www.carriebcruises.com, dag. twee-en-eenhalf uur durende havenrondvaarten, onder andere naar het Naval Station.

# Historische Driehoek

Nergens op het oppervlak van de VS presenteert de Anglo-Amerikaanse geschiedenis van het land zich zo compact als in de Historische Driehoek ten zuidoosten van de hoofdstad Richmond. De centrale wegverbinding door het daar in 1936 aangelegde Colonial National Historical Park is de Colonial Parkway van Jamestown via Williamsburg tot Yorktown.

## Jamestown
**Atlas:** blz.. 17, B 3
In mei 1607 gingen aan de oever van een klein eiland in de James River drie schepen voor anker: de Susan Constant, de God-speed en de Discovery. Ter ere van de Engelse koning noemden de 104 hier aan land gaande Engelsen hun toekomstige vaderstad Jamestown, de eerste permanente Engelse nederzetting in Amerika. Er waren genoeg redenen in het toenmalige Engeland voor dergelijke koloniale expedities in de goeddeels onbekende nieuwe wereld. Velen droomden van grote rijkdommen. Anderen richtten zich op de bekering van de indianen of het veroveren van nieuwe markten.

In Jamestown herinneren slechts nog weinig sporen aan de tijd van de eerste kolonisering. Het oudste overblijfsel is de kerktoren uit de jaren veertig van de 17e eeuw die in de in 1907 gebouwde Memorial Church werd geïntegreerd. In het begin van de 20e eeuw werd ter ere van kapitein John Smith, die de kolonisten hiernaartoe bracht, een standbeeld opgericht.

Levende geschiedenis: het Open-Air-Museum Jamestown Settlement

Omdat in Jamestown talrijke confrontaties plaatsvonden tussen Engelsen en indianen wijdden de nakomelingen van de kolonisten een tweede monument aan de indiaanse opperhoofdsdochter Pocahontas, die Smith het leven redde. Hier en daar staan enkele door de eerste kolonisten geplande moerbeibomen, waarmee zij zijde wilden gaan produceren. Van later opgerichte gebouwen resteren vaak alleen gemarkeerde fundamenten of ingestorte muren (Rte 31 S., tel. 757-898-2410, www. nps.gov/colo, dag. 9–17 uur).

Niet ver van de oorspronkelijke nederzetting ontstond in 1957 met Jamestown Settlement een historisch openluchtmuseum met een gereconstrueerd dorp van de Powhatanindianen en een nederzetting, die het leven van de pioniers van Jamestown toont. In leuke lemen huizen verrichten 'inwoners' in historische kostuums dagelijkse werkzaamheden. Aan de rivieroever liggen getrouwe kopieën voor anker van de schepen waarmee de eerste kolonisten de Atlantische Oceaan overstaken (Route 31 S., tel. 757-253-4838, www.historyis

fun.org, dag. 9–17 uur, in het hoofdseizoen tot 18 uur).

##  Williamsburg

**Atlas:** blz. 17, B 3

Nergens anders in de VS waant men zich zozeer in de 18e eeuw als in Williamsburg, van 1699 tot 1780 de bloeiende hoofdstad van Virginia en politiek en cultureel centrum, dat kan wedijveren met Philadelphia, Boston en New York. Na de onafhankelijkheid begon de ster van Williamsburg te verbleken omdat de dynamische metropolen in het oosten op de voorgrond traden. Tot in de 20e eeuw verkeerde de plaats in een lange Doornroosjesslaap. De gebouwen vervielen en onkruid rukte op in de ooit mooie tuinen van de huizen. In 1926 brak een nieuw tijdperk aan met de restauratie van de koloniale metropool.

### Colonial Williamsburg

In **Colonial Williamsburg** vormen intussen

## Tip:
## Als *Gejaagd door de wind*

Een romantische reis voert over de 40 mijl lange **Jamestown Discovery Trail** (Rte 5) ten noorden van de Historische Driehoek. Aan de idyllische noordoever van de James River liggen piepkleine dorpen, akkerland, maisvelden, kleine bossen en moerasland, maar ook verscheidene historische plantages.

**Evelynton Plantation** was tot na de Burgeroorlog in het bezit van een onbuigzame familie uit de zuidelijke staten. De rond 1847 gestichte plantage kreeg het in de Burgeroorlog zwaar te verduren. De gebouwen brandden bijna allemaal af en werden twee generaties na het einde van de oorlog weer opgebouwd (6701 John Tyler Hwy, Charles City, tel. 804-829-5075, www.jamesriverplantations.org, dag. 9–17 uur, $10,50).

**Sherwood Forest** was eigendom van John Tyler, die zijn buurman William Henry Harrison opvolgde als president, nadat deze vlak na zijn inaugurale rede was overleden. Omdat zowel John Tyler als zijn zoon Harrison Tyler nog op hoge leeftijd nakomelingen kregen, werd de plantage, in tegenstelling tot andere, in de afgelopen 150 jaar maar aan weinig generaties doorgegeven waardoor het complex veel van

zijn authenticiteit behield (5416 Tuckahoe Avenue, tel. 804-282-5377, www.sherwoodforest .org, dag. 9–17 uur, $10).

Het hoofdhuis van de **Berkeley Plantation** staat verscholen in een aan de rivieroever gelegen park tussen hoge bomen. Elk jaar viert men op de plantage het dankfeest voor de oogst, dat in 1619 op deze oever van de James River voor de eerste maal op Amerikaanse bodem werd gevierd (12602 Harrison Landing Rd., Charles City, tel. 804-829-6018, www.berkeleyplantation.com, dag. 9–17 uur, $11).

**Shirley Plantation**, de oudste plantage op deze route, werd in 1613 slechts zes jaar na Jamestown gesticht. Het tussen 1723 en 1738 gebouwde herenhuis ziet er nog net zo uit als vroeger. Het interieur is versierd met een familieportrettengalerij, antiek meubilair en herinneringen aan de vroegere eigenaars. De nok van het hoofdhuis is versierd met een ananas van een meter hoog, ooit een symbool van gastvrijheid (501 Shirley Plantation Rd., Charles City, tel. 804-829-5121, fax 804-829-6322, www.shirley plantation.com, dag. 9–17 uur, $10,50).

zo'n honderd herbouwde gebouwen een idyllisch dorp in de stijl van de 18e eeuw met een bakstenen buskruitopslag, een kerk en wit geverfde huizen waar men het liefst zelf zou intrekken. Voor een bezoek aan een café als de **Chownings Tavern,** die u kunt vinden met behulp van een als wegwijzer fungerende zilveren kruik, moet u de benenwagen omdat Colonial Williamsburg autovrij is.

Niet ver van Robertsons windmolens hameren kuipers aan nieuwe vaten, terwijl de smidse op zijn bankschroef aan een scharnier voor een oude deur werkt. Op de ongeasfalteerde wegen zijn toeristengidsen in tot de enkels hangende rokken onderweg naar het **Capitool,** een reconstructie van het oorspronkelijke gebouw dat uit 1705 stamde en na een

brand in 1753 weer werd opgebouwd. Daar bogen de raadsheren zich over de ontwerpen van de Onafhankelijkheidsverklaring voordat het document in 1776 in Philadelphia werd aangenomen.

In het **Governor's Palace** uit 1720 resideerden zeven Britse viceroys en tijdens de Revolutie de gouverneurs Patrick Henry en Thomas Jefferson. Ook dit gebouw is een reconstructie op basis van de oorspronkelijke plannen. Het naar de beroemde Engelse architect genoemde Wren Building van het William and Mary College werd gerestaureerd in de stijl van de vroege 18e eeuw (een voordelige entreekaart is de Capital City Pass voor één dag, $36 voor volwassenen, $18 voor kinderen en jeugd van 6–17 jaar).

**i** **Colonial Williamsburg Visitors Center:** 421 N. Boundary St., P. O. Box 3585, Williamsburg, VA 23187, tel. 757-253-0192, www. visitwilliamsburg.com.

**War Hill B & B:** 4560 Long Hill Rd., tel. 757-565-0248, www.warhillinn.com. Kamers, suites en hutten deels met open haard. Vanaf $85.
**Aldrich House:** 505 Capitol Court, tel. 757-229-5422, fax 757-229-1749, www.aldrichhouse .com. Kamers, deels met hemelbed en open haard. Vanaf $125.

**Pretpark:** Busch Gardens Williamsburg, Exit 242A van de I-64, tel. 1-800-343-7946, www.buschgardens.com, 's zomers dag. vanaf 10 uur, sluitingstijden wisselen. Pretpark met historische thema's, nagebouwde dorpen uit negen verschillende landen en meer dan 40 pretparkattracties.
**Waterpark:** Water Country USA, 176 Water Country Pkwy, tel. 1-800-343-7946, www.water countryusa.com, dag. 10–18 uur, in de zomer tot 20 uur. Enorm waterpark, dat voor avontuurlijke verkoeling zorgt.

**Tram:** Williamsburg Transportation Center, 468 N. Boundary St., tel. 757-229-8750. Enkele straten van het historische centrum gelegen station voor de Amtraktreinen uit of naar Washington D.C.
**Bus:** Greyhoundbussen, tel. 757-229-1460. Vertrek van het station in de Boundary St.

## Yorktown

**Atlas:** blz. 17, B/C 3
De derde plaats in de historische driehoek is Yorktown, beroemd geworden door de laatste dagen van de Vrijheidsoorlog. Tijdens een beslissende slag in 1781 stonden de Britse troepen onder generaal Cornwallis tegenover de Frans-Amerikaanse troepenonder leiding van markies De Lafayette, generaal Rochambeau en George Washington.

Op 28 september begonnen zo'n 9000 Amerikanen en 7800 Fransen met de belegering van de 8000 Britten, die drie weken later capituleerden. Een witte triomfzuil, opgeworpen

wallen en talrijke kanonnen op het toenmalige slagveld herinneren aan de overwinning (Rte 1020, www.historyisfun.org).

# Richmond

**Atlas:** blz. 17, A 2/3
De hoofdstad van Virginia ontwikkelde zich in de loop van zijn geschiedenis tot een kleine historische schatkamer. Niettemin is de 200.000 inwoners tellende metropool aan de James River geen stoffig openluchtmuseum.

## State Capitol

Na het Capitool in Annapolis is het **State Capitol** in Richmond – in 1788 volgens de plannen van Thomas Jefferson gebouwd – het op één na oudste nog gebruikte parlementsgebouw in de VS. De architect en latere president zou zich hebben laten inspireren door het Romeinse Maison Carrée in het Zuid-Franse Nîmes.

In de rotunda staat het enige standbeeld van George Washington waar de president zelf model voor heeft gestaan, in dit geval voor de Franse beeldhouwer Jean Antoine Houdon. Om het levensgrote kunstwerk van carraramarmer, dat voor de verscheping naar de VS in 1796 in het Louvre in Parijs werd tentoongesteld, zijn de bustes van zeven latere presidenten uit Virginia verzameld. In het park van het Capitool is George Washington vereeuwigd met een ruiterstandbeeld, dat in München werd gegoten (9th St./E. Grace St., tel. 804-786-43 44, http://legis.state.va.us).

## Bezienswaardige musea

Voor de bewoners van de stad is het **Museum of The Confederacy** het belangrijkste geschiedenismuseum van de stad. In de hoofdstad van de zuidelijke staten resideerde van 1861 tot het einde van de Burgeroorlog de president van de Confederatie, Jefferson Davis. Hij richtte in het in 1818 verbouwde Brockenbrough House zijn ambtsresidentie in. Sinds die tijd geldt het gebouw als het Witte Huis van de Confederatie. In 1976 bouwde de stad er een museumvleugel aan vast, waarin tegen-

Uitzicht op het Washingtonmonument bij het State Capitol en het Stadhuis

woordig wapens en uniformen, kostuums en documenten tentoongesteld liggen die afkomstig zijn uit de zuidelijke staten of het leger van de Geconfedereerden (1201 E. Clay St., tel. 804-649-1861, www.moc.org, ma.–za. 10–17, zo. 12–17 uur. Een combinatieticket is ook geldig voor het Witte Huis, $11).

Het **Virginia Museum of Fine Arts** biedt een breed scala aan beroemde werken van kunstenaars als Monet, Renoir, Degas, Picasso en de poparticoon Andy Warhol. Men toont er naast kunstwerken uit het antieke Griekenland en oude Rome, maskers en sculpturen uit West-Afrika, Engels zilver en de Pratt Collection, een van de grootste verzamelingen Russische kunst buiten Europa (200 N. Blvd., tel. 804-340-1400, www.vmfa.state.va.us, toegang gratis, maar men verwacht een donatie van minstens $5). In het oudste, tussen 1737 en 1740 gebouwde huis van Richmond heeft men het **Poe Museum** ondergebracht. Talrijke objecten zoals bijvoorbeeld een met een monogram versierde wandelstok herinneren aan de schrijver, die in Richmond opgroeide, daar trouwde en als schrijver van de *Southern Literary Messenger* literaire erkenning vond (1914–16 E. Main St., tel. 804-648-5523, www.poemuseum.org, di.–za. 10–17, zo. 11–17 uur).

**Metro Richmond Convention & Visitor's Bureau:** 550 E. Marshall St., Richmond, VA 23219, tel. 804-782-2777, fax 804-780-2577, www.richmond.com.
**Richmond Region Visitor Center:** 405 N. 3rd St., Richmond, VA 23219, tel., 804-783-7450, www.richmondcenter.com.

Veel hotels en motels in alle categorieën liggen langs de W. Broad St. ten noordwesten van het centrum en parallel aan de I-64. Ook bij de afslagen 61 en 92 van de I-95 liggen verscheidene overnachtingsmogelijkheden.
**Jefferson Hotel:** 101 W. Franklin St., tel. 804-788-8000, fax 804-225-0334, www.jeffersonhotel.com. Zeer stijlvol, deels indrukwekkend met wandtapijten, marmeren zuilen, sculpturen en glas-in-lood uitgerust historisch hotel uit 1895 met bijna koninklijke lobby. Vanaf $165.

**Virginia Cliffe Inn:** 2900 Mountain Rd., Glen Allen, 19 km ten noorden van Richmond, tel. 804-266-7344, fax 804-266-2946, www.bbon line.com/va/cliffeinn. Romantisch chique adres met vijf ruime niet-rokerskamers met eigen badkamer. Vanaf $125.

**Limani Fish Grill:** 3123 W. Cary St., tel. 804-353-7117, dag. 11.30–14.30 en 18-22 uur. De geserveerde visgerechten zijn mediterraan van stijl. Diner $18–30.

**Southern Culture:** 2229 Main St., tel. 804-355-6939, ma.–za. 17-23.30, zo. ook 11.30–14.30 uur. Keuken van het Amerikaanse zuidwesten en specialiteiten uit Louisiana. Diner $7–17.

**Wildwatertochten:** Richmond Raft Co., 4400 E. Main St., tel. 804-222-7238, fax 804-222-1709, www.richmondraft. com. Avontuurlijke wildwatertochten op een vlot. Zo.–vr $54, za. $58/persoon, Duur: vanaf 4 uren, het voorjaar is het beste jaargetijde.

# Fredericksburg

**Atlas:** blz. 17, A 1

Op de ranglijst van Amerikaanse kleine steden met een hoge leefbaarheid staat het 20.000 inwoners tellende Fredericksburg hoog genoteerd. Zijn aantrekkingskracht dankt de plaats niet alleen aan zijn historische stadsgezicht met klinkerstraten, bloempotten voor leuk ingerichte winkels en Amerikaanse vlaggen als bewijs van een patriotische inborst. Qua toerisme profiteert Fredericksburg vooral van het feit dat George Washington opgroeide op de nabijgelegen Ferry Farm en een deel van zijn familie later in Fredericksburg woonde.

## Historische gebouwen

In de aan de oever van de Rappahannock River gelegen stad kan men de bewegwijzerde Heritage Tour volgen, die naar de meeste bezienswaardigheden voert, zoals bijvoorbeeld **Kenmore Mansion,** een voor Washingtons zuster Betty en haar echtgenoot gebouwd huis met een heel erg mooi gestuct plafond in de eetka-

mer. Aan het eind van elke rondleiding door het huis worden in de keuken thee en zelfgemaakte peperkoek uitgedeeld (1201 Washington Ave., tel. 540-373-3381, www.kenmore.org, dag. 10–17 uur, in het huis alleen rondleidingen).

Washingtons moeder woonde sinds 1772 in het **Mary Washington House,** dat George had gekocht, waarmee zij in de buurt van haar dochter Betty kon zijn. Het huis, waarin Mary de laatste 17 jaar van haar leven doorbracht, is grotendeels ingericht met meubilair waarmee de familie op de Ferry Farm had geleefd (1200 Charles St., tel. 540-373-1569, mrt.–nov. ma.–za. 9-17, zo. 12–16 uur, dec.–feb. korter).

De nabije, in 1760 gebouwde **Rising Sun Tavern** bewijst dat het goed toeven was in de cafés van de 18e eeuw. Het vroegere etablissement werd bewaard in de toestand waarin het begin 19e eeuw verkeerde en is grotendeels met oorspronkelijk meubilair ingericht (1304 Caroline St., tel. 540-371-1494, mrt.–nov. ma.–za. 9-17, zo. 12–16 uur, dec.–feb. korter).

Uit dezelfde eeuw als de Rising Sun Tavern stamt de **Hugh Mercer Apothecary Shop**, waar de drankorgels de volgende dag hun hoofdpijn te lijf konden gaan moet poedertjes. Ook Mary Washington kwam in dit rijk van dozen, flacons en flessen met medicijnen (1020 Caroline St., tel. 540-373-3362, mrt.–nov. wo.–za. 9-17 uur, zo. 12–16 uur, dec.–feb. korter).

Naast George Washington was de vijfde president James Monroe de tweede beroemdheid in de geschiedenis van Fredericksburg. In het **James Monroe Museum** herinneren memorabilia, meubels en documenten aan de vroegere president (1817-1825), die eerder ambassadeur in Parijs was (1794-1796). Aan achterkant van het huis staat een gedenktafel gewijd aan de door hem bedachte beroemde Monroe-doctrine. Dit document uit 1823 wees de inmenging van andere machten in Amerikaanse aangelegenheden streng af (908 Charles St., tel. 540-654-1043, www.umw.edu/ja mesmonroemuseum, mrt.–nov. ma.–za. 10–17, zo. 13–17 uur, dec.–feb. korter).

**Fredericksburg Visitor Center:** 706 Carolina St., Fredericksburg, VA 22401, tel. 540-373-1776 of 1-800-678-4748, www.frede

# Alexandria

ricksburgva.com, dag. 9–17, 's zomers tot 19 uur.

**Howard Johnson Hotel:** 5327 Jefferson Davis Hwy, tel. 540-898-1800, www.hojo.com. Grote kamers met koffiezetapparaat, buitenbad en restaurant op het terrein. $70–110.
**Best Western Fredericksburg:** 2205 William St., tel. 540-371-5050, www.bestwestern.com. Hotel met meer dan 100 kamers met twee queensizebedden of een kingsizebed, buitenbad, wasautomaten. U betaalt hier $70–90.
**Aquia Pines Campground:** 3971 Jefferson Davis Hwy, Stafford, tel. 540-659-3447, www.aquiapines.com. Deels bebost kampeerterrein, ook met ruime *cabins*.
**Fredericksburg KOA:** 7400 Brookside Ln., tel. 540-898-7252, www.koa.com. Goed geoutilleerde accommodatie met *cabins* en zwembad.

**Augustine's:** 525 Caroline St., tel. 540-310-0063, di.–do. 17–21, vr.–za. 17–22 uur. Elegant, romantisch restaurant met goede keuken. Men hecht hier waarde aan nette kleding. Diner $21–40.
**La Petite Auberge:** 311 William St., tel. 540-371-2727, dag. 11.30–14.30 en 17.30–22 uur. Franse keuken in een bistroachtige zaak. Diner $10–26.

**Antique Court of Shoppes:** 1001 Carolina St., ma.–do. 10–17, za. 10–18, zo. 12–18 uur. Ruim twintig antiekwinkels met klokken, zilveren voorwerpen, waardevol porselein en glaswerk.

**Atlas:** blz. 17, B 1
Een groep Schotse tabakshandelaars stichtte in 1749 de tegenwoordig 130.000 inwoners tellende stad Alexandria. De tijdens de oprichting nog kleine haven aan de oever van de Potomac River groeide uit tot een belangrijke overslagplaats, waar waardevolle goederen van schepen uit Engeland werden uitgeladen, terwijl voornamelijk tabak uit de grote kolonie Virginia naar Europa werd vervoerd.

## Het historische centrum

Het oudste gebouw in het historische centrum van Alexandria is het in 1749 gebouwde **Ramsay House,** dat in 1949 afbrandde en door het huidige bouwwerk werd vervangen. In de kamers zit het Visitor Center (zie blz. 314) van de stad. Het **Gadsby's Tavern Museum** bestaat uit twee gebouwen die eind 18e en in de 19e eeuw een populaire plaats voor feesten en bijeenkomsten waren voor de notabelen. George Washington vierde hier tweemaal zijn verjaardag. Andere beroemde gasten waren onder meer John Adams, Thomas Jefferson, James Madison en markies De Lafayette (134 N. Royal St., tel. 703-838-4242, http://gadsbys.home.att.net, apr.–sept. di.–za. 10–17, zo.–ma. 13–17 uur).

Net zo oud als het historische pension is het in 1792 geopende **Stabler-Leadbeater Apothecary Museum.** De tot 1933 geopende apotheek is nu een museum waar op aanschouwelijke wijze onderricht wordt gegeven in het maken van poeders en pillen, die vroeger in mooie dozen en met de hand gemaakte flessen werden bewaard (107 S. Fairfax St., tel. 703-836-3713, www.apothecarymuseum.org, ma.–za. 10–16, zo. 13–17 uur).

## Waterfront

Naast het oude centrum met zijn met bakstenen bestrate trottoirs is het **Waterfront** het bezienswaardigste deel van Alexandria. Rond de kleine haven met plezierboten is het in de zomerweekenden een drukke boel. Vakantiegangers en de plaatselijke bevolking zitten in het restaurant op een paar passen van het water onder parasols en genieten van de ontspannende atmosfeer.

Het **Torpedo Factory Art Center** vormt het middelpunt van de boulevard aan de Potomac River. In totaal is in tien van de in 1918 als torpedofabriek opgerichte gebouwen in de Tweede Wereldoorlog nog munitie gemaakt. Tegenwoordig zijn er meer dan 80 ateliers ingericht waar men schilders en beeldhouwers aan het werk kan zien (105 N. Union St., tel. 703-838-4565, dag. 10–17 uur). Boven in de oude fabriekshallen is het **Alexandria Archaeology Museum** gevestigd, waar meer dan 5000 jaar oude, in de regio opgegraven prehistorische stenen werktuigen zijn tentoongesteld (tel. 703-838-4399, di.–vr. 10–15, za. 10–17, zo. 13–17 uur).

## Mount Vernon

Op 14 km ten zuiden van Alexandria ligt Mount Vernon, het laatste woonhuis van de eerste president van de Verenigde Staten, George Washington, die behalve het herenhuis in totaal twaalf gebouwen bezat, waaronder een korenmolen, stallen en schuren. Hij betrok de plantage aan de oever van de Potomac River in 1759, nadat hij met Martha Dandridge Custis was getrouwd. Men kan er onder andere het bed zien waarin hij in 1799 stierf, en zijn zwaard. Bijgebouwen, zoals bijvoorbeeld slavenhutten brandden in 1835 af, maar werden later herbouwd. De eerste Amerikaanse president ligt samen met zijn vrouw op het landgoed begraven (George Washington Memorial Pkwy, tel. 703-799-8697, april–aug. 8–17, mrt., sept. en okt. 9–17, nov.–feb. 9–16 uur).

**Visitor Center:** 221 King St., Alexandria, VA 22314, tel. 703-838-5005, fax 703-838-4683, www.funside.com. dag. 9–17 uur.

Omdat Alexandria tot de regio Washington D.C. behoort, zijn de hotelprijzen zeer hoog.

**Holiday Inn Old Town:** 480 King St., tel. 703-549-6080, fax 703-684-6508, www.ichotelsgroup.com. Het enige hotel in het historische centrum, zwembad, fitnessruimte, sauna, standaardkamer of suites. Vanaf $210.

**Best Western Old Colony:** 1101 N. Washington St., tel. 703-739-2222, fax 703-549-2568, www.bestwestern.com. Kleiner hotel met 49 kamers op twee etages (geen lift), fitnesszaal, zakencentrum. U betaalt hier minimaal $160.

**Red Roof Inn:** 5975 Richmond Hwy, tel. 703-960-5200, fax 703-960-5209, www.redroof.com. Buiten Alexandria gelegen filiaal van een motelketen met restaurants in de buurt. $70–95.

**Bull Run Regional Park Campingground:** Fairfax Station, 5400 Ox Rd., I-66, afslag 52, ten noordwesten van Alexandria, tel. 703-631-0550, half mei–okt. Eenvoudige staplaatsen voor tenten, maar ook voor campers met elektriciteitsaansluiting, minigolf en klein zwembad in de buurt.

**Fish Market:** 105 King St., tel. 703-836-5676, dag. 11–24 uur. Vis, sandwiches en pasta in een levendige atmosfeer, do.–vr. vanaf 20 uur livemuziek. Hoofdgang vanaf $14.

**King Street Blues:** 112 N. St./Asaph St., tel. 703-836-8800, dag. 11.30–2 uur. Combinatie van restaurant en bar met jong publiek en goede keuken, ma.–vr. 16–19 uur happy hour. De kosten van een diner bedragen slechts $7–14.

**Fietsverhuur:** Big Wheel Bikes, 2 Prince St., tel. 703-739-2300, www.bigwheelbikes.com.

# De Appalachen

**Beboste bergruggen waar wasberen en lynxen leven, grandioze druipsteengrotten, statige presidentswoningen, na rode en witte wijn geurende wijngaarden, bloeiende rododendrons en azalea's: in de landelijke omgeving van de Appalachen is het landschap overigens niet het enige dat u kunt bewonderden.**

De Appalachen liggen op nog geen twee uur rijden van Washington D.C.: een blauwe bergrug die, naarmate u hem dichter nadert, steeds duidelijker tegen de hemel afsteekt. Tot de spectaculairste landschappen van deze bergketen die zich uitstrekt van Canada tot Alabama behoort het Shenandoah National Park, waarvan de indiaanse naam 'dochter der sterren' betekent – ook al komen de hoogste bergen van het beboste middengebergte nergens boven de 1200 m uit. De Appalachen zijn een populaire vrijetijdsbestemming bij de Amerikanen zelf. Meer dan 800 km aan wandelpaden inclusief de Appalachian Trail ontsluiten het vooral in de herfst drukbezochte gebied, wanneer in de Indian summer de eikenbossen op grandioze wijze verkleuren. Maar ook in de lente tijdens de bloeitijd van struiken en wilde bloemen heeft het park natuurliefhebbers veel te bieden. Er zitten zelfs bezienswaardigheden onder het aardoppervlak, zoals de Luray Caverns bewijzen met hun druipsteengrotten, groot als paleiszalen.

Aan de voet van de bergketen strekken zich tot in het centrum van Virginia de Piedmont heuvels uit, waar wijngaarden en fruitplantages liggen. In dit gebied wordt intensief landbouw bedreven, sinds enkele decennia vooral door wijnboeren die in de voetstappen van de eerste serieuze, maar niet erg succesvolle wijnboer, Thomas Jefferson, een nieuwe agrarische sector zijn begonnen. Hoewel het universele genie Jefferson zijn leven lang met druiven experimenteerde, ontstond pas in de 20e eeuw, in het gebied tussen Charlottesville in het zuiden en de grens van Maryland in het noorden een belangrijk wijnbouwgebied. In 1985 zaten er 29 wijnboeren, tegenwoordig zijn het er circa 100. Elk jaar vinden er in Virginia meer dan 300 wijnfeesten plaats. Zelfs in de winter organiseren de wijnboeren evenementen met wijnproeverijen, houtvuren en lekker eten, vooral op Valentijnsdag in februari.

Hoewel de regio hoofdzakelijk landelijk van aard is, bieden enkele plaatsen kleinstedelijke afwisseling. Dat geldt in de eerste plaats voor Charlottesville, dat vanwege de in 1819 door Thomas Jefferson gestichte University of Virginia een van de belangrijkste academische centra van het oosten van de VS is. Ook Roanoke bezit een universiteit, maar heeft vooral als commercieel centrum naam gemaakt.

## Shenandoah National Park

**Atlas:** blz. 16, E 1

De noordelijke toegang van dit 125 km lange park ligt bij het stadje **Front Royal**, dat sinds de stichting van het enige nationale park van Virginia in 1926 in een klein toeristencentrum veranderde.

De avenue van het nationale park is de bij mijlpaal 0 bij de zuidelijke uitgang van de plaats Front Royal beginnende **Skyline Drive.** Hij loopt grotendeels op de tussen 850 en 1100 m hoogte gelegen bergkam van de veel bezongen Blue Ridge Mountains, zoals de Appalachen in hun centrale gebied ook worden

## Onderweg met de auteur

### Prachtige onderwereld

De **Luray Caverns** met hun onderaardse druipsteenrijk behoren tot de mooiste en grootste grotten in het oosten van de VS (zie blz. 316).

### Hier leefden presidenten

De voormalige woning van Thomas Jefferson, **Monticello**, in de buurt van Charlottesville is een bedevaartsplaats voor veel Amerikanen (zie blz. 318). De boerderij **Ash Lawn-Highland** van de vijfde president James Monroe vormt een aantrekkelijk contrast met deze residentie (zie blz. 318).

### Puur natuur

Vooral tijdens verkleuren van het bos in de herfst is de rit over de **Skyline Drive** in het Shenandoah National Park een bijzondere belevenis (zie blz. 315). De legendarische **Blue Ridge Parkway** is het verlengde van deze weg in zuidwestelijke richting door de Appalachen (zie blz. 320 en 321).

genoemd. Op meer dan zestig uitzichtspunten kunt u kleine wandelingen maken en genieten van het panorama van de ronde bergtoppen. Er komen in het park meer dan 100 boomsoorten en 1500 soorten kruidachtige planten voor. Daarnaast zijn er nog de meeste in Noord-Amerika voorkomende vogels en zoogdieren zoals wasberen, opossums, lynxen, zwarte beren en stinkdieren.

In de lente bloeien rododendrons, azalea's en weidebloemen. In de herfst verandert het gebied in een kleurenpracht wanneer vanaf half oktober de bladeren van de verschillende soorten eiken, de bitternoten en de berken verkleuren tot licht rood of geel en een welhaast kitschachtig contrast met de diepblauwe hemel vormen. In het enkele kilometers voorbij de parkingang gelegen Dickey Ridge Visitor Center informeren de rangers u over de beste wandelpaden en uitzichtspunten (3655 Hwy 211 E. Luray, VA 22835-9036, tel. 540-999-3500, www.nps.gov/shen, dag. 9–17 uur).

Binnen het nationale park liggen drie rustieke lodges. U kunt ze reserveren via de concessiehouder ARAMARK Sports and Entertainment (P. O. Box 727, Luray, VA 22835, tel. 540-743-5108, www.visitshenandoah.com).
**Skyland Resort:** Mijlpaal 41,7, 177 kamers, eenvoudige *cabins* en moderne suites. Vanaf $62.
**Big Meadows Lodge:** Mijlpaal 51, circa 100 kamers. Vanaf $67.
**Lewis Mountain Lodge:** Mijlpaal 57,5, rustieke kleine hutten met eigen badruimte vanaf $71; ingerichte tenten kosten $25.
**Kampeerterreinen:** Mathews Arm bij mijlpaal 22,1; Matthews Arm bij mijlpaal 22,2; Big Meadows bij mijlpaal 51,3; Lewis Mountain bij mijlpaal 57,5 en Loft Mountain bij mijlpaal 79,5. Met uitzondering van Matthews Arm zijn alle kampeerterreinen uitgerust met douches en een kleine winkel.

Binnen het park vindt u de volgende restaurants: **Elkwallow Wayside,** mijlpaal 24,1; **Panorama Restaurant,** mijlpaal 31,5; **Skyland Restaurant,** mijlpaal 41,7; **Big Meadows Wayside,** mijlpaal 51,2; **Big Meadows Lodge,** mijlpaal 51,2; **Loft Mountain Wayside,** mijlpaal 79,5.

## 9 Luray Caverns

**Atlas:** blz. 16, E 1

De **Luray Caverns** vormen het grootste en mooiste grottenstelsel van het oosten van de VS na de Mammoth Cave in Kentucky. Het hele jaar door trekt de tot 59 m diepe onderaardse wereld 500.000 bezoekers aan, die het fascinerende rijk van druipsteengrotten, barok gevormde stalagmieten, sierlijke stalactieten en ondergrondse meren komen bewonderen. Een in 1954 door ingenieur Leland Sprinkle uitgevonden orgel dat in plaats van pijpen tot 400 miljoen jaar oude stalagmieten gebruikt, verandert de Cathedral Room in een klein Disneyland (970 Hwy 211 W., Luray, tel. 540-743-6551, www.luraycaverns.com, rondleidingen in de zomer, dag. 9–18 uur, andere seizoenen korter).

Grandioze onderaardse wereld met druipsteenformaties: de Luray Caverns

# Charlottesville

**Atlas:** zie blz. 16, E 2

De Piedmont in het centrum van Virginia tot aan de voet van de Appalachen wordt gekenmerkt door zacht glooiende heuvels. Tot de grootste steden in de omgeving behoort het 50.000 inwoners tellende Charlottesville met zijn aantrekkelijke voetgangerszone in het centrum en de door Thomas Jefferson gestichte **University of Virginia.** De universiteit ging van start in 1825, nadat de voor een deel door Jefferson ontworpen gebouwen waren voltooid. Een van de studenten hier was Edgar Allan Poe, wiens studentenkamer kan worden bezocht, en de latere president Woodrow Wilson, die voor zijn 14puntenvredesplan aan het eind van de Eerste Wereldoorlog de Nobelprijs voor de Vrede kreeg (US 29/250 bus, tel. 434-924-7969, http://scs.student.virginia.edu, sept.–apr. dag. behalve op examendagen).

**Charlottesville/Albemarle Convention & Visitors Bureau:** P. O. Box 178, 600 College Dr., Charlottesville, Virginia 22902, tel. 434-977-1783, fax 434-295-2176, www.charlot tesvilletourism.org.

**Inn at Monticello:** Rte 19, tel. 804-979-3593, fax 434-296-1344, www.innatmon ticello.com. Gerestaureerd complex uit ca. 1850 met vijf kamers met eigen bad. $140-200.

**Courtyard by Marriott:** 638 Hillsdale Dr., tel. 434-973-7100, fax 434-973-7128, www.court yard.com/choch. Kamers en suites met koelkast, koffiezetapparaat en gratis internet. Vanaf $90.

**Budget Inn University:** 140 Emmet St., tel. 434-293-5141, fax 434-979-4529, www.budgetinn cha.com. Eenvoudig motel met buitenbad, inclusief klein ontbijt. $42-82.

**Charlottesville KOA Kampground:** 3826 Red Hill Rd., tel. 434-296-9881, www.charlottesvil lekoa.com. Rustig, bebost terrein met zwembad, winkel, staplaatsen voor tenten en campers, hutten.

**Blue Light Grill:** 120 E. Main St., tel. 434-295-1223, ww.bluelightgrill.com, dag. diner vanaf 17.30 uur. Zeebanketspecialiteiten, lange wijnkaart, lokale bieren en smakelijke aperitieven. Diner vanaf $15.

**Hardware Store:** 316 E. Main St., tel. 434-977-1518, dag. lunch en diner. Vroeger een ijzerwarenwinkel, tegenwoordig worden salades, ribjes, crêpes en zeebanket geserveerd. Vanaf $6.

## Omgeving van Charlottesville

Het rustieke pension **Mitchie Tavern** uit de late 18e eeuw, dat vroeger gunstig langs de postkoetsroute lag, werd in 1927 naar zijn huidige locatie verplaatst. Tot de nevengebouwen behoren een rookhok, een keuken en een brongebouw. Gasten worden verwend met gerechten naar recepten uit de 18e eeuw zoals een stevig standaardmenu met gebraden haan en gerookte ribben en nagerechten. Onderdeel van de taveerne is een piepklein, maar interessant wijnmuseum (683 Jefferson Pkwy, tel. 434-977-1234, www.michietavern.com, middageten dag. 11.30-15 uur, standaardmenu $15, museum dag. 9-17 uur).

Thomas Jefferson (1743-1826), derde president van de VS, die zich ook als architect deed gelden, begon in 1769 met de bouw van zijn classicistische woning **Monticello,** die pas in 1808 werd voltooid. De entreehal is gevuld met talrijke souvenirs, die door de Lewis & Clark Expedition in 1804-1806 uit het westen van de VS werden meegenomen, waaronder een bizonschedel, hertengeweien en mammoetbeenderen.

Jefferson was een fanatieke tuinier, die veel pogingen tot kruising van druivenrassen ondernam, maar er niet in slaagde om goede wijn te verbouwen. Hij stierf in 1826 op 83-jarige leeftijd en werd op de familiebegraafplaats op de helling onder zijn residentie begraven (afslag 64 van de I-64, tel. 434-984-9822, www.monticello.org, mrt.-okt. 8-17, nov.-feb. 9-16.30 uur; de in het Conventions & Visitors Bureau, zie blz. 317, verkochte President's Pass geldt ook voor Ash Lawn-Highland en de historische Michie Tavern; de prijs voor volwassenen bedraagt $27).

**Wijnproeven:**

In de omgeving van Charlottesville kunt u bij de volgende wijngaarden wijnen proeven: **Oakencroft Vineyard & Winery** (1486 Oakencroft Ln., tel. 434-296-4188, www.oakencroft.com, apr.-dec. dag. 11-17 uur, voor wijn $1); **First Colony Winery** (1650 Harris Creek Rd., tel. 434-979-7105, www.firstcolonywinery.com, dag. 11-17 uur, rondleidingen en proeven gratis); **Blenheim Vineyards** (31 Blenheim Farm, tel. 434-293-5366, www.blenheimvineyards.com, rondleiding op afspraak, proeven dag. 9-17 uur gratis); **Jefferson Vineyards** (1353 Thomas Jefferson Pkwy, Tel. 434-977-3042, www.jeffersonvineyards.com, rondleidingen dag. 12-16 uur, proeven dag. 11-17 uur, $1 per wijn). Op de wijngaarden wordt geen eten geserveerd. Meer informatie vindt u op: www.virginiawines.org/wineries/index.html.

Terwijl Monticello wat formeel aandoet, maakt **Ash Lawn-Highland** een aantrekkelijke landelijke indruk. De door tuinen omgeven tabaksplantage met zijn wit geschilderde houten gebouwen was van 1799 tot 1823 de residentie van de vijfde president James Monroe (1758-1831). Het complex is bescheiden ingericht, wat niet zozeer een kwestie van smaak was, maar vooral te maken had met de financiële slagkracht van de eigenaar. Tijdens zijn termijn als ambassadeur in Parijs had hij schulden gemaakt. In 1825 zag hij zich daardoor zelfs gedwongen om het bezit te verkopen (1000 James Monroe Pkwy, tel. 434-293-9539, www.ashlawnhighland.org, apr.-okt. 9-18, nov.-mrt. 11-17 uur).

De derde president uit de omgeving van Charlottesville was de in **Montpelier Mansion** in het dorp Orange residerende James Madison (1751-1836). Dit in 1760 gebouwde herenhuis ligt in een park, maar er staan nog maar weinig oorspronkelijke objecten in, omdat de president grote delen van zijn bezit moest verkopen om de gokschulden van zijn stiefzoon te betalen. Het gebouw is recentelijk gerenoveerd en teruggebracht in de toestand ten tijde van Madison (11407 Constitution Hwy, tel. 540-672-2728, www.montpelier.org, nov.–mrt. 9.30–16.30, apr.–okt. tot 17.30 uur).

## Lexington

**Atlas:** blz. 16, D 2
Op de historische landkaart van de VS neemt dit stadje een belangrijke plaats in – niet omdat het een mooie plattelandsgemeente is, maar omdat er een tijd lang twee beroemde helden van de zuidelijke staten woonden, Robert E. Lee en Thomas J. 'Stonewall' Jackson.

Generaal Lee, in de burgeroorlog opperbevelhebber van het Army of Northern Virginia in de strijdkrachten van de zuidelijke staten, werkte van 1865 tot 1870 als president van de plaatselijke hogeschool, die in 1871 in Washington en Lee University werd omgedoopt. In de **Lee Chapel** op de campus werd de in 1870 overleden Robert E. Lee in zijn familiegraf begraven. Het in 1867 opgerichte bakstenen gebouw dient als museum met talrijke portretten en een liggend marmeren beeld van Lee door de beeldhouwer Edward Valentine. In de kelder van de kapel is de spartaans ingerichte werkkamer van de generaal te zien (campus, tel. 540-458-8400, http://chapelapps.wlu.edu, apr.–okt. ma.–za. 9–17, zo. 13–17, nov.–mrt. tot 16 uur, toegang gratis).

Ten zuidwesten van Lexington sleet de Cedar Creek een kalksteenformatie in een enorme natuurlijke boog uit, de zogenaamde **Natural Bridge**. Thomas Jefferson was zo onder de indruk van deze natuurlijke attractie dat hij het gehele gebied in 1774 kocht. Tegenwoordig is de boog privébezit en wordt goed geëxploiteerd. Op het terrein ligt ook het **Monacan Indian Living History Village**, een interessant indiaans openluchtmuseum met handwerk- en kookdemonstraties (Rte 11 S., Natural Bridge, VA 24578, tel. 540-291-2121, apr.–mei en nov. 9–17, jun.–okt. 10–18 uur).

## Roanoke

**Atlas:** blz. 15, C 3
's Nachts is deze 95.000 inwoners tellende stad al van verre te herkennen aan de enorme, rode neonster, die op de Mill Mountain

Aantrekkelijk landschap aan de voet van de Appalachen

brandt. Het centrum ligt rond het historische Market Square. Boeren uit de omgeving verkopen er in de zomer op de overdekte Farmer's Market elke zaterdagmiddag vers fruit en groenten en brengen op deze wijze landelijke sfeer in de stad.

De exposities in het **Virginia Museum of Transportation** herinneren aan de tijden dat Roanoke nog een belangrijk knooppunt was van de Norfolk & Western Railway en de Shenandoah Valley Railroad. Veel nostalgische gevoelens worden opgeroepen bij de oude stoom- en diessellocomotieven die bij het jaarlijkse treinenfeest samen met de gerestaureerde wagons worden ingezet. Een ware must voor spoorliefhebbers (303 Norfolk Avenue, tel. 540-342-5670, www.vmt.org, ma.–za. 10–17, zo. 13–17 uur).

Het onderhoudende **Virginia's Explore Park** belicht drie verschillende periodes in de geschiedenis van Virginia. Een indianennederzetting herinnert aan de *native Americans*, die de regio in de 17e eeuw bewoonden; in een pioniersdorp wordt het leven van de Engelse immigranten rond 1740 gedemonstreerd; een boerderij met een smederij en een schoolgebouw zien eruit als een filmdecor uit het midden van de 19e eeuw (mijlpaal 115, Blue Ridge Pkwy, tel. 540-427-1800, www.explorepark.org, wo.–za. 10–17, zo. 12–17 uur).

De rit op de Mill Mountain is de moeite waard vanwege het uitzicht en vanwege het **Mill Mountain Zoological Park** met zijn tijgers, sneeuwluipaarden, Aziatische reptielen en vele vogelsoorten. Deze hoort tot de weinige dierentuinen waar de bezoeker rode panda's te zien krijgt (J. P. Fishburne Pkwy/Prospect Rd., tel. 540-343-3241, www.mmzoo.org, dag. 10–16.30 uur).

**Roanoke Valley Convention & Visitors Bureau:** 101 Shenandoah Ave. NE., Roanoke, VA 24016, tel. 540-342-6025, www.visitroanokeva.com.

**Best Western Valley View:** 5050 Valley View Blvd., tel. 540-362-2400, fax 540-362-2400, www.bestwestern.com. Groot hotel met overdekt zwembad, koffiezetapparaat op elke kamer. $75–150.

**Sleep Inn:** 4045 Electric Rd., tel. 540-772-1500, fax 540-772-1500, www.choicehotels.com. De kamerprijzen van dit nette motel zijn incusief internettoegang en ontbijt. Ze bedragen $40–100.

**Roanoker Restaurant:** 2522 Colonial Avenue SW., tel. 540-344-7746, di.–za.. 7–21, zo. 8–21 uur. Amerikaanse kost, bereid volgens grootmoeders recepten. Diner $5–11. **Historic Brugh Tavern:** Mijlpaal 115, Blue Ridge Pkwy, tel. 540-427-2440, wo.–do. 11–21, vr.–za. 11–22, zo. 12–21 uur. In het Explore Park van Virginia gelegen historisch restaurant, omvangrijke menukaart met uiensoep, zeebanket, ribbetjes of steaks. Diner vanaf $12.

**Binaba Shop:** 120 E. Campbell Ave., tel. 540-345-7064, www.binabamission.org. Door een maatschappelijk betrokken vereniging gedreven winkel met voorwerpen uit Afrika zoals sieraden, decoratieve objecten, stoffen en kleding.

**Trein:** Het voormalige spoorwegcentrum is niet meer op het spoorwegnet van Amtrak aangesloten. De dichtstbijgelegen stations zijn die in de plaatsen Clifton Forge en Lynchburg.

# Blue Ridge Parkway

**Atlas:** blz. 15, A/B/C 3/4

De 'blauwe bergen' worden in talrijke liederen door de Amerikanen bezongen. Zij verwijzen daarmee naar het langgerekte middelgebergte, de Appalachen. Deze bijnaam is toepasselijk. De uit de dalen opstijgende nevel hult het berglandschap in een blauwe aquarelsfeer. Het gebergte vormt van Canada tot in Alabama de stenen ruggengraat van het oosten van Amerika. Vroeger jaagden indianen in enorme wouden op herten en beren of verzamelden zij bessen en wortels. Tegenwoordig liggen in de dunbevolkte gebieden eenzame bergwoningen van vreemde, als achterlijk beschouwde hillbillies.

Ten zuidoosten van Roanoke loopt de **Blue**

**Ridge Parkway**, de veel geroemde panoramaweg door de Appalachen. Hij begint in het noorden in het Shenandoah National Park en strekt zich over een lengte van in totaal 750 km van Virginia via North Carolina uit tot het Cherokee Indian Reservation aan de voet van de Great Smoky Mountains. De Parkway begon in 1935 tijdens de economische crisis als arbeidsvoorzieningsproject, maar werd pas in 1987 voltooid en was Amerika's eerste uitsluitend voor toeristisch verkeer gebouwde weg, waar geen reclameborden langs staan, en waar behalve natuur en enkele rustplaatsen weinig is te zien.

Bij mijlpaal 176 staat een van de bekendste bezienswaardigheden in Virginia, **Mabry Mill**, een gerestaureerde, in circa 1930 opgeheven korenmolen. In het warme jaargetijde demonstreren mannen en vrouwen in historische kostuums, terwijl ze appelsiroop koken of in een smederij werken, hoe de mensen vroeger in de Appalachen leefden. Wie geïnteresseerd is in de uit de Appalachen afkomstige bluegrassmuziek, kan halthouden bij het **Blue Ridge Music Center** (mijlpaal 213). Tussen juni en september treden daar muzikanten en bands op in de openlucht en in een amfithea-

ter. Het bezoekerscentrum bezit een grote keur aan cd's en boeken over deze vorm muziek (op de internetsite www.ncta.net kunt u lezen wie wanneer optreedt).

Bij mijlpaal 217 passeert de Parkway de grens met de staat North Carolina en slingert zich in zuidwestelijke richting langs uitkijkpunten, informatieborden, een mineralogisch museum en enkele restaurants. De bewegwijzering voert u naar wandelpaden waarop u de afwisselende natuur van de Appalachen van zeer nabij kunt leren kennen. Langs de hele parkway is maar een enkel tankstation te vinden, maar bij veel kruisingen kunt u de panoramaweg verlaten om in de nabije omgeving te tanken (www.blueridgeparkway.org).

Een populaire attractie: de Mabry Mill aan de Blue Ridge Parkway

Zand, zout, zon, wind en branding zijn de 'ingrediënten die van een vakantie op een eiland een belevenis maken. Een bezoek aan de luchtvaartpioniers, de gebroeders Wright, een beklimming van het hoogste duin in het oosten van de VS en een duikexcursie naar een scheepswrak kunnen van de belevenis zelfs een waar avontuur maken.

De 50 km voor het vasteland gelegen Outer Banks beschermen de kusten van North Carolina, de Albemarle en de Pamlico Sound als een smalle, 280 km lange, bij tijd en wijle door openingen onderbroken natuurlijke dam van zand. Een blik op de landkaart is genoeg om te zien dat deze zich van de grens met Virginia tot en met het Cape Lookout National Park in het zuiden uitstrekkende, merkwaardige keten van eilanden een bijzonder natuurfenomeen is.

Niet alleen bij storm en orkaan, maar ook bij rustig weer verandert deze zandbank voortdurend. Niets blijft er zoals het is. Elke golfslag verandert de grotendeels ongerepte stranden. In de buurt van de branding staande vakantiehuizen merken het meest van het bewegen van de kustlijn, als bijvoorbeeld een heftige wervelwind hele stukken strand doet verdwijnen of nieuw doet verschijnen. Aan de andere kant is het Atlantische 'balkon' van North Carolina door de natuur met welhaast paradijselijke lieflijkheid bedeeld. Veel delen van de zijn Outer Banks zien er met hun duinen en helm volkomen ongerept uit. In enkele gebieden delen de wilde paarden het eiland met meer dan 250 verschillende soorten vogels.

De voortdurende veranderingen door de natuur hebben niet alleen invloed op de eilandketen zelf, maar ook op de daarvoor liggende zeebodem. De zeekaarten konden in het verleden niet snel genoeg aangepast worden om de Outer Banks goed in kaart te brengen. De zeelui konden daarover meepraten.

Het is dan ook geen wonder dat dit deel van de zee de bijnaam 'Kerkhof van de Atlantische Oceaan' kreeg. De afgelopen eeuwen gingen daar duizenden schepen ten onder – een ware goudmijn voor duikers. De commerciële ontwikkeling rond Kitty Hawk en Nags Head, waar de gebroeders Wright vlieggeschiedenis schreven laat zien wat voor toekomst ook voor eventuele andere eilanden in het vooruitzicht ligt. Het recreatieve potentieel van de eilandketen is optimaal, zolang investeerders er tenminste van af blijven.

## Kitty Hawk

**Atlas:** blz. 22, F 1

Het noordelijkste dorp van de Outer Banks zou een anoniem vlekje op het eiland zijn gebleven wanneer de broers Orville en Wilbur Wright tussen het duinstruweel geen luchtvaartgeschiedenis zouden hebben geschreven. Op 17 december 1903 legden zij met een zelfgebouwd vliegtuig genaamd Flyer de eerste gemotoriseerde vlucht in de geschiedenis van de mensheid af – 36 m ver. Op dezelfde dag volgden drie andere experimenten waarbij ze bij de laatste poging zelfs een afstand van 260 m overbrugden. Daar waar bij de Kill Devil Hills de hoogste zandduinen van de oostkust liggen, herinnert een 20 m hoog granieten monument op een heuvel aan de baanbrekende onderneming van de broers. Naast het oorspronkelijke vliegveld ligt het bezoekerscentrum van het **Wright Brothers National Memorial** en een hal met vele voorwerpen die betrekking hebben op ruim 100 jaar vliegen, waaronder natuurlijk een reconstructie van de *Flyer* (US 158 Bypass, mijlpaal 8, Kill Devil Hills, tel. 252-473-2111, www. nps.gov/wrbr, 's zomers 9–18, 's winters 9–17 uur).

## Nags Head

**Atlas:** blz. 22, F 1

Supermarkten, winkelcentra, fastfoodrestaurants, T-shirtwinkels – Nags Head is het stedelijke hart van de Outer Banks, dat in de afgelopen jaren telkens groter is geworden.

Midden in het dorp strekt het grootste duingebied van de Amerikaanse Atlantische kust van de VS in het **Jockey's Ridge State Park** zich uit tot de doorgaande weg. Zijn hoogte varieert tussen de 25 en 35 m omdat de wind het zandeiland voortdurend verandert. Op het eerste gezicht ziet het duin eruit als een kleine woestijn, maar toch gedijen er in de zomer in deze hete en droge omgeving talrijke planten zoals mirte- en laurierachtigen. Vroeg in de ochtend maakt u een goede kans om hazen, vossen, wasberen en hagedissen waar te nemen. Vanwege de voortdurende wind is het State Park een bij gezinnen populair vliegergebied. Er zijn ook ondernemingen die zich hebben gespecialiseerd in hanggliding (Carolista Dr., mijlpaal 12 aan de Hwy 158 bypass, www.jockeysridgestatepark .com, in de zomer dag. 8–19 uur, in de winter 8–18 uur).

De in 1939 gebouwde **Jennette's Pier** is de oudste van de talrijke houten pieren op de Outer Banks. Hij heeft bovendien het meest te bieden omdat hij niet alleen als stek voor vissers dient, maar ook als zeemuseum van een bijzonder soort. In zijn binnenste zijn grote aantallen geprepareerde vissen zoals tijgerhaaien, barracuda's en zwaardvissen tentoongesteld, die vissers voor de Outer Banks aan de haak sloegen (7223 South Virginia Dare Trail, tel. 252-441-6421, www.jennettespier.net, dag. 8–18 uur).

**Cahoon's Cottages:** 7213 South Virginia Dare Trail, tel. 252-441-5358, fax 252-

441-1734, www.cahoonscottages.com. Op enkele meters van het strand gelegen kleine huisjes met uitzicht op de zee of aan de kant van de binnenplaats, alle met badruimte en keuken. Vanaf $150.

**Sandspur Motel & Cottage Court:** 6607 Virginia Dare Trail, tel. 252-441-6993, www.sandspur.net. Motel met standaardkamers of cottages met keuken, maar zonder telefoon. Kamers vanaf $45, cottages vanaf $70.

**Tale of the Whale Restaurant:** Nags Head Cswy, tel. 252-441-7332, dag. Diner vanaf 18 uur. Visrestaurant aan zee met goede reputatie, sint-jakobsschelpen in botersaus $20, botfilet $15, zeevruchtenschotel met bot, garnalen en schelpen $21.

**Hanggliding:** Kitty Hawk Kites Hang Gliding School, Jockey's Ridge State Park, Carolista Dr., tel. 252-441-2426, fax 252-441-7432, www.kittyhawk.com/hg. Hangliding ook voor beginners, tandemvluchten.

**Tip:**
**Duikersparadijs**

Een bijzonder uitstapje voor duikers is de Duitse onderzeeboot U-85, die in 1942 voor de kust van Nags Head door de US destroyer Roper in het ondiepe water water werd ontdekt en tot zinken gebracht. De 46-koppige bemanning kwam daarbij om het leven. Tegenwoordig ligt de U-85 op een voor duikers gemakkelijke diepte van 30 m. In de Tweede Wereldoorlog werd het stuk zee voor de Outer Banks ook wel Torpedo Junction genoemd vanwege de vele Duitse onderzeeboten waarvan er enige daar een nat graf vonden. Dit stuk van de Atlantische kust werd echter al veel eerder een scheepskerkhof. Sinds sir Walter Raleighs vlaggenschip 'Tiger' in het jaar 1585 hier op de warme wateren van de Golfstroom voer, werden meer dan 2000 scheepsrampen gedocumenteerd. Tegenwoordig liggen er meer dan 1500 bekende wrakken. Vele daarvan liggen zo gunstig dat ze door duikers met de juiste uitrusting makkelijk kunnen worden gevonden.

Op de Outer Banks zijn talrijke ondernemingen actief die zich hebben gespecialiseerd in duikexcursies:

**Nags Head Diving:** tel. 252-473-1356, www. nagsheaddiving.com. U kunt onder profesionele begeleiding duikcursussen volgen en schepen en uitrustingen huren.

**Nags Head Pro Dive Center:** tel. 252-441-7594. Veel excursiemogelijkheden zoals verhuur van duikersuitrustingen.

**Outer Banks Diving:** 7540 Hwy 12, Hatteras, tel. 252-986-1056, www.outerbanksdiving .com. Gespecialiseerd in het duiken naar wrakken in de warme Golfstroom.

# Roanoke Island

**Atlas:** blz. 22, F 1

Beschermd door de noordelijke Outer Banks ligt Roanake Island aan de kant van het vasteland. Al sinds het einde van de 16e eeuw bewaart het eiland een duister geheim dat historici al heel lang proberen te ontrafelen – zonder succes.

## Historische sporen

In de lente van 1585 zeilden op instigatie van de zeevaarder sir Walter Raleigh, die in opdracht van koningin Elizabeth I in Amerika de Britse koloniale ambities tegen de Spanjaarden moest verdedigen, 500 man naar de kust van North Carolina, om op Roanoke Island een kolonie te stichten en Fort Raleigh te bouwen. Hun leider John White reisde twee jaar later naar Engeland terug om dringend noodzakelijke levensmiddelen en uitrustingen op te halen. Toen hij in 1590 naar Roanoke Island terugkeerde, waren zijn landgenoten verdwenen. Het enige spoor dat ze achterlieten was het in de bast van verscheidene bomen gekraste woord Croatan. Wetenschappers zijn er tot nog toe niet achtergekomen wat het betekent. Vermoedelijk trokken de kolonisten na het afreizen van White naar het noorden waar zij waarschijnlijk werden omgebracht door de Powhatan-indianen. Het sinds 1937 elke zomer in het **Waterside Theater** opgevoerde drama *The lost colony* van de Pulitzerprijswinnaar Paul Green gedenkt het mysterieuze verdwijnen van de kolonisten (aan het noordeinde van Roanoke Island, tel. 252-473-5772, www.nps .gov/fora, juni–aug. dag. 9–20, anders tot 17 uur, bezichtiging gratis).

Op Ice Plant Island ligt, in het zicht van de waterkant van het dorp Manteo, een reconstructie van het zeilschip **Elizabeth II** voor anker, dat de kolonisten van de zogenaamde *Lost Colony* naar Amerika bracht. Bij de bouw van het schip gebruikten ambachtslieden uitsluitend traditionele methoden en materialen. Gekostumeerde zeelui vertellen bezoekers aan boord uiterst spannende verhalen over de raadselachtige kolonie van Fort Raleigh. Aan land demonstreert een smid oude ambachtskunst (Roanoke Island Festival Park, tel. 252-

475-1500, www.roanokeisland.com, apr.–okt.
dag. 9–19, mrt. en nov.–dec. dag. 10–17 uur).

## North Carolina Aquarium

In het **North Carolina Aquarium** is in bekkens
en aquariums alles samengebracht wat in de
waters van North Carolina zwemt, kruipt
en vliegt. Daarbij gaat het niet alleen om zeedieren, maar ook om de 'bewoners' van rivieren en meren. In twee *touch tanks* kunnen
bezoekers heremietkreeften of pijlstaartroggen aanraken. Naast exposities over orkanen
kan men ook kippenvel krijgen bij terraria
met zwarte weduwen, tarantella's en gifslan-
gen (3 mijl ten noorden van Manteo, tel. 252-
473-3494, www.ncaquariums.com, dag. 9–17
uur).

**Outer Banks Visitors Bureau:** 1 Visitors
Center Circle, Manteo, NC 27954, tel.
252-473-2138, fax 252-473-5777, www.outer
banks.org.

**Roanoke Island Inn:** Waterfront, Manteo, tel. 252-473-5511, www.roanokeis
landinn.com. Van buiten toegankelijke kamers met koffiezetapparaat, alleen van Pasen
tot okt. $108–168.
**Wanchese Inn:** Wanchese in het zuiden van eiland, tel. 252-475-1166, www.wancheseinn.
com. Leuke bed and breakfast op een rustige locatie met kamer inclusief ontbijt. $89–129.
**Dare Haven Motel:** Manteo, tel. 252-473-2322,
www.darehaven.com. Eenvoudige motelkamers met bescheiden comfort inclusief koelkast. $60–80.

**Full Moon Café:** Queen Elizabeth St.,
Manteo, tel. 252-473-MOON, www.the
fullmooncafe.com, dag. lunch en diner. Naast
zeebanket en gevogelte een grote keur aan vegetarische gerechten. Vanaf $18.
**Hurricane Mo's Restaurant:** Pirates Cove Marina, tel. 252-473-2266, dag. lunch en diner.
Zeebanket, steaks, pastagerechten in een ontspannen atmosfeer en met uitzicht op de Roanoke Sound. Vanaf $12.

# Het zuiden van het eiland

**Atlas:** blz. 22, F 2
In het natuurreservaat **Pea Island National
Wildlife Refuge** leven in de winter duizenden
sneeuw- en grote Canadese ganzen, meer dan
twintig soorten eenden, plevieren, fluitzwa-
nen, slechtvalken en andere vogelsoorten zoals
meeuwen en reigers.

Het eiland dankt zijn naam aan het feit dat
sneeuwganzen bij voorkeur zeelathyrus eten.
Van mei tot september patrouilleren natuurbeschermers langs de stranden om de eieren
van schildpadden op te sporen en deze in geval van nood naar beschermde plaatsen te
brengen. De warme Golfstroom die langs de
kust trekt, zorgt zelfs in het koude jaargetijde
voor een zacht klimaat (www.fws.gov/peais
land).

Aan de beroemde diagonaal zwart-wit gestreepte vuurtoren van **Cape Hatteras**, met
zijn 63 m de hoogste vuurtoren van Noord-
Amerika, is goed te zien hoezeer de krachten
van de natuur inwerken op de Outer Banks.
De kusterosie en de stijgende zeespiegel be-
dreigden het uit 1,2 miljoen bakstenen bestaande bouwwerk zodanig dat het in 1999
circa 150 m verder landinwaarts moest worden verplaatst. Het licht van het kuststation
is bij helder weer op 80 km afstand te zien.
268 treden voeren naar het uitkijkplatform,
vanwaar men een fantastisch uitzicht heeft
(tel. 252-995-4474, www.nps.gov/caha, apr.–
okt. dag. 10–14, in de zomer tot 18 uur, toegang gratis).

Een autoveer vaart van het kleine vissersdorp **Ocracoke** in twee uur en een kwartier
naar Cedar Island, waar men op het vasteland
richting Morehead City kan verder reizen.

**Veerboot:** www.ncferry.org. Wie zeker
wil zijn van een plaats op de veerboot,
moet vooraf telefonisch reserveren en minstens 30 min. voor vertrek bij de terminal
zijn. Reservering voor Ocracoke, tel. 1-800-
345-1665 of 252-928-3841; voor Cedar Island,
tel. 1-800-856-0343 of 252-225-3551, auto $15.

# Het zuiden

Nashville

Appalachen

Atlanta

Charleston

Savannah

# In een oogopslag: Het zuiden

## Nostalgisch Amerika

Georgia, Tennessee en South Carolina hebben tot op de dag van vandaag het imago van oude, traditionele zuidelijke staten. Meer dan 200 jaar lang ploeterden uit Afrika afkomstige slaven op katoen- en rijstplantages, voordat de overwinning van de Noordelijken in de Burgeroorlog een eind maakte aan deze vorm van dwangarbeid. Gebleven zijn de clichés en herinneringen die vooral zullen blijven voortbestaan dankzij de roman *Gejaagd door de wind* van Margaret Mitchell.

Bij nader inzien blijkt dat veel clichés kunnen dienen als beschrijving van de huidige toestand. Het gebied ten zuiden van de Mason-Dixon Line (de grens tussen Pennsylvania en Maryland) namelijk, die in de eerste helft van de 19e eeuw de demarcatielijn vormde tussen de staten waar slavernij bestond en de staten die geen slavernij kenden, is inderdaad anders dan dat ten noorden ervan. De zuidelijke sta-

ten hebben hun economische basis in de landbouw, de noordelijke in de industrie. Hieruit zijn sociaal-culturele tegenstellingen voortgevloeid, die door alle maatschappelijke lagen en politieke partijen heen gaan en ook na de Burgeroorlog hun stempel hebben gedrukt op de verhouding tussen noord en zuid.

Afgezien van de metropolen Atlanta en Nashville toont het zuiden zich eerder van een provinciale kant. Dat geldt zowel voor het berglandschap van de zuidelijke Appalachen als voor de landstreken in Tennessee, Georgia, North Carolina en South Carolina. Zelfs de aan de kust gelegen prachtige steden Savannah en Charleston verschuilen hun urbane karakter achter een romantisch decor van lanen met eikenbomen, stadsvilla's van voor de Burgeroorlog en plantages, die zo nu en dan overkomen als een filmdecor uit een lang vervlogen tijd.

## Hoogtepunten

**10 Savannah:** Op veel plaatsen in deze stad aan de kust krijgt men de indruk dat de tijd is blijven stilstaan in een ver verleden (zie blz. 369).

**11 Charleston:** Deze kustplaats in South Carolina met zijn stijlvolle villa's, mooie parken en historische plantages is een van de mooiste steden van het oosten van de VS (zie blz. 379).

## Aanbevolen routes

**Door de Blue Ridge Mountains:** De route door de Blue Ridge Mountains tussen Lake Lanier, het indianenreservaat van de Cherokees ten noorden daarvan en Knoxville in Tennessee brengt u door een van de mooiste delen van de Appalachen (zie blz. 342).

**Antebellum Trail:** Aan de toeristische route tussen Athens en Macon in Georgia liggen diverse dorpen en kleine steden uit de tijd voor de Amerikaanse Burgeroorlog (1861–1865) met een bijzonder fraaie architectuur (zie blz. 358).

**De kust van Georgia met de Golden Isles:** Op verscheidene van deze eilanden heerst de typische sfeer van de zuidelijke staten, waarvan men hier met volle teugen kan genieten. Verder hebben eilanden als Jekyll Island en Sea Island enkele zeer exclusieve restaurants en hotels te bieden (zie blz. 364).

## Reisplanning

De af te leggen afstanden in het zuiden van de VS zijn groot, maar de zeer verschillende landschappen maken een reis bijzonder afwisselend. Hetzelfde geldt voor de bezienswaardigheden. U hebt ongeveer drie weken nodig om deze hele deelregio goed te verkennen. Voor het geval er nog andere bestemmingen zoals de centrale Atlantische kust of Florida op uw programma staan, zult u keuzes moeten maken om uw reis goed te plannen.

Wanneer u Atlanta neemt als beginpunt, moet u in ieder geval de tocht over de Ante-

## Tip

**Country in overvloed:** Nashville, de hoofdstad van Tennessee, is dé plaats om u in de wereld van de country te storten. Deze wereld omvat kroegen, clubs, vaak nogal schaars toegeruste theaters en natuurlijk de bekende Grand Ole Opry, waar alle countrysterren en -sterretjes optreden (zie blz. 355).

bellum Trail en de tocht langs de kust maken met een bezoek aan de Golden Isles en de mooie kuststeden Savannah en Charleston. Nadat u twee dagen hebt verbleven in deze miljoenenstad in Georgia kunt u voor deze routes het beste acht dagen uittrekken en dan hebt u, vooral in de twee kuststeden, nog lang niet alles gezien.

Begint u in Atlanta en hebt u het Great Smoky Mountains National Park en Tennessee als bestemming, dan hebt u minstens drie dagen nodig om door de Blue Ridge Mountains te trekken. Wilt u Chattanooga en Nashville ook bezoeken, dan wordt dat al snel een week met inbegrip van enkele avondjes uitgaan in het bolwerk van de countrymuziek.

## Klimaat en reisperiode

De temperaturen aan de kust van Georgia en South Carolina kunnen tussen juni en eind augustus flink oplopen. Wilt u de kuststreek bezoeken, maar gaat het u niet in de eerste plaats om zonnebaden of zwemmen, dan kunt u beter mei of september uitkiezen, wanneer de temperatuur aangenamer is. Voor meer landinwaarts gelegen gebieden en de Appalachen kunt u het beste de periode tussen mei en oktober kiezen. Dit geldt eveneens voor de staat Tennessee.

**Atlanta, de hoofdstad van Georgia, is een verkeersknooppunt, het zuidelijke centrum van de media, de zetel van nationale en internationale bedrijven – de stad bezit niet de typische charme van de zuidelijke staten, maar is wel een bruisende metropool.**

De zuidelijke romantiek gaat schuil in de buitenwijken waar de welgestelden wonen in luisterrijke huizen. In het centrum van glas en beton kunt u echter zien wat deze 21e-eeuwse metropool vooral is: een dynamische 'stijger', die de afgelopen decennia steeds meer een een soort centrum van de zuidelijke staten is geworden. De 420.000 inwoners tellende stad – in de agglomeratie wonen ongeveer 4,5 miljoen mensen – hoort aan het begin van de 21e eeuw tot de vijf snelst groeiende bevolkingsconcentraties van het land. De echte groei vindt niet in het centrum, maar in de buitenwijken plaats. Zelfs voor een passant is het duidelijk dat deze stad met zijn wolkenkrabbers, asfaltwegen en klaverbladen niets te maken heeft met de elders in het zuiden heersende 'magnoliamythe'.

Atlanta staat voor het nieuwe gezicht van het oude zuiden met een internationale uitstraling: vestigingen van tientallen banken van over de hele wereld en van meer dan 1000 multinationals. Het past in dit beeld dat ongeveer 10% van de bewoners van de agglomeratie Atlanta niet in Amerika zelf is geboren.

Maar Atlanta heeft een grotere betekenis, ook internationaal. Onder de krachtige leiding van Martin Luther King, die hier werd geboren, ontwikkelde zich in de zuidelijke staten van de VS een beweging voor zwarteburgerrechten, waarvan de burgerlijke ongehoorzaamheid en het geweldloze protest tot voorbeeld zouden dienen voor tal van organisaties in andere landen.

Atlanta is een jonge stad. Hij werd in 1837 gesticht en had 27 jaar later al een hele geschiedenis achter de rug. In 1864 trok generaal William T. Sherman van de noordelijke staten na een belegering van 117 dagen de toen 15.000 inwoners tellende stad in en stelde een afschrikwekkend voorbeeld. Na evacuatie van de bevolking liet hij alles van de stad in de as leggen wat nog niet ten offer was gevallen aan de artilleriebombardementen. Slechts ongeveer 10% van de huizen bleef onbeschadigd.

## Bezienswaardigheden in Downtown

Met **Downtown** beschikt Atlanta over een compact wolkenkrabbercentrum met financiële instellingen, kantoorflats en winkelcentra, maar het zijn eerder de buitenwijken die kenmerkend zijn voor de stad, stadsdelen met soms een zeer verschillend karakter. Sinds kort proberen de stadsbestuurders om Downtown nieuwe impulsen te geven door projecten op te zetten, vooral in de omgeving van het Centennial Olympic Park. Het eigenlijke centrum van Downtown is te vinden rondom het **Five Points Station 1** met zijn centrale bus- en metrostations. In deze buurt bloeit de straathandel. Verder verkondigen predikers hier hun heilsboodschap, terwijl bankiers en kantooremployés uit de glazen torenflats bij mooi weer in de openlucht hun lunch verorberen. Hier is het onmogelijk om over het hoofd te zien dat twee derde van de bevolking uit Afro-Amerikanen bestaat.

Het nabijgelegen **Underground Atlanta 2**

laat bij de bezoeker vaak een gevoel van teleurstelling achter omdat het geen recht doet aan de in brochures en folders beloofde attractiviteit. Op een onder de straten gelegen terrein waar vroeger stoomlocomotieven en wagons rangeerden, zijn nu restaurants, winkels en kraampjes met honkbalpetten, zonnebrillen en T-shirts met 'Atlanta' erop te vinden, die sommige toeristenharten sneller doen kloppen, maar andere niet (50 Upper Alabama St., Tel. 404-523-2311, www.underground-atlanta.com, dag. 10–20 uur, restaurants langer).

Het **CNN Center 3** is genoemd naar de in 1980 door Ted Turner opgerichte nieuwszender. In het reusachtige atrium van het gebouw, met het Omni Hotel en een *food court*, hebt u de mogelijkheid om op een rondleiding door de CNN-studio's een indruk te krijgen van het werk van de nieuwsredactie en van de special-effectsmensen (1 CNN Center, tel. 404-827-2300, www.cnn.com/studiotour, rondleidingen dag. 8.3–17 uur, $12).

## Rondom het Centennial Olympic Park

Voor het CNN Center strekt zich het voor de Olympische Spelen van 1996 aangelegde **Centennial Olympic Park 4** uit, met zijn gazons, fonteinen, vijvers, *reflecting pool*, bloemperken, amfitheater en bezoekerscentrum. Het brengt tevens een eerbetoon aan de twee slachtoffers die tijdens de Spelen vielen bij een bomaanslag. Het pronkstuk van het park is de Fountain of Rings (Fontein van de Ringen), de grootste fontein ter wereld, die het olympische symbool van de vijf aaneengesloten, verschillend gekleurde ringen weergeeft met 25 watersproeiers (International Blvd./Techwood Dr., www.centennialpark.com, dag. 7–23 uur).

De getallen alleen al zijn indrukwekkend. Het nieuwe **Georgia Aquarium 5** herbergt meer dan 100.000 dieren van meer dan 500 verschillende soorten in bijna 30 miljoen liter zout en zoet water. In de eerste paar maanden werd het meteen duidelijk: de onbetwiste helden zijn Ralph en Norton, twee onschuldige walvishaaien, de grootste vissoort op aarde, die in alle tropische en subtropische oceanen ter wereld voorkomt. Volwassen exemplaren

## Onderweg met de auteur

### Aanraders!
In de hoofdvestiging van het mediaconcern **CNN** in Atlanta kunt u tijdens een rondleiding door de studio's over de schouders van de nieuwsmakers kijken (zie blz. 331).
In het stadsdeel **Sweet Auburn** volgt u de sporen van dominee Martin Luther King, de grote strijder voor de burgerrechten (zie blz. 335).

### Dierentuin en pretpark
De reputatie van de **Zoo Atlanta** is de laatste tientallen jaren sterk gestegen en de dierentuin wordt nu beschouwd als een van de beste van de VS (zie blz. 335).
Het **Stone Mountain Park** buiten Atlanta is een onderhoudend pretpark, waar van alles te doen is (zie blz. 339).

### Gratis attracties
De **Oakland Cemetery** met het graf van Margaret Mitchell en het **Georgia State Capitol** met zijn museum over de staat Georgia zijn gratis te bezoeken (zie blz. 332).

### Veelzijdig uitgaansleven
In het stadsdeel **Buckhead** hoeft u zich na zonsondergang niet te vervelen. Deze hippe buurt voldoet met zijn restaurants en cafés ook aan mensen die hoge eisen stellen (zie blz. 339).

### 's Avonds oppassen!
Na zonsondergang kunt u de buurt rond Five Points beter mijden en de publieke parken eveneens.

kunnen een gewicht bereiken van meer dan 20.000 kg. Anders dan andere haaien zijn walvishaaien geen roofdieren, maar voeden ze zich met plankton. Behalve deze twee reuzen dingen vijf beluga's en veel andere interessante en vaak zeldzame soorten naar de gunst van het publiek (255 Baker St., tel. 404-581-4000, www.georgiaaquarium.org).

Voor **The New World of Coca-Cola 6**, een gigantisch complex gewijd aan de beroemdste frisdrank ter wereld, staan de mensen vaak in lange rijen. Het is het in 2007 geopende vervolg op het oude museum in Underground Atlanta. Het oude museum is verkocht aan de staat Georgia. In het nieuwe gebouw, dat twee keer zoveel tentoonstellingsruimte heeft als het vorige, vindt u meer dan 1200 stukken die te maken hebben met de dorstlesser en het hoofdkantoor daarvan in Atlanta, van oude affiches via nog oudere flessen tot bottelinstallaties. De bezoekers mogen natuurlijk ook proeven, en dan niet alleen de alom bekende Coca-Cola, maar ook in andere landen geproduceerde merken, waarbij een duidelijk smaakverschil te onderscheiden is (Pemberton Place in Centennial Park aan de overkant van Baker Street, tel. 404-676-5151, www.woccatlanta.com, juni–aug. dag. 8–18, overig 9–18 uur, volwassenen $15, kinderen 5–12 $9.

## Georgia State Capitol

Het in 1889 voltooide **Georgia State Capitol 7** met zijn glanzende koepel, bedekt met goud uit het in de buurt gelegen Dahlonega, is moeilijk over het hoofd te zien. De rotonde valt op met zijn 77 m hoge plafond en talrijke busten van beroemde inwoners van Georgia. Brede trappen leiden naar de tweede verdieping met de vergaderzalen van het Huis van Afgevaardigden en de Senaat, waarin de gedelegeerden vanaf half januari tijdens een 40 dagen durende zittingsperiode beraadslagen. Op de verdieping daarboven worden in de tentoonstellingszalen van het Georgia Capitol Museum de belangrijkste landbouwproducten van de staat getoond: katoen, perziken en pinda's, en verder ook flora en fauna, mineralen en kunstvoorwerpen van indianen (206 Washington St., tel. 404-656-2844, www.sos.state.ga.us, ma.-vr. 8–17, rondleidingen ma.-vr. 10, 11, 13 en 14 uur, toegang gratis).

## Ten zuiden van het centrum

Ten zuidoosten van Downtown ligt de **Oakland Cemetery 8** met het sobere graf van Margaret Mitchell, die met de roman *Gejaagd door de wind* wereldfaam vergaarde. De toe-

## Atlanta

### Bezienswaardigheden

1 Five Points Station
2 Underground Atlanta
3 CNN Center
4 Centennial Olympic Park
5 Georgia Aquarium
6 The New World of Coca-Cola
7 Georgia State Capitol
8 Oakland Cemetery
9 Cyclorama
10 Zoo Atlanta
11 Sweet Auburn
12 Jimmy Carter Library and Museum
13 Fernbank Museum of Natural History
14 Fox Theatre
15 Margaret Mitchell House
16 Woodruff Arts Center
17 Atlanta Botanical Garden

### Accommodatie

1 Omni Hotel
2 Shellmont Inn
3 Holiday Inn-Express
4 Howard Johnson Plaza Suites
5 E Hotel Downtown
6 Stratford Inn
7 Stone Mountain State Park Camping

### Eten en drinken

8 Morton's Steakhouse
9 Ray's in the City
10 The Abbey
11 Thelma's Kitchen

rist zal in de stad vergeefs op zoek gaan naar Tara, het landgoed van de familie van Scarlett O'Hara. Toen David O. Selznick aan het eind van de jaren dertig van de 20e eeuw dit epos over de Amerikaanse Burgeroorlog verfilmde, was de plantage alleen te vinden in de coulissen van Hollywood in Californië (248 Oakland Ave.).

In 1885, toen er nog geen sprake was van film, begonnen Duitse kunstenaars in Wis-

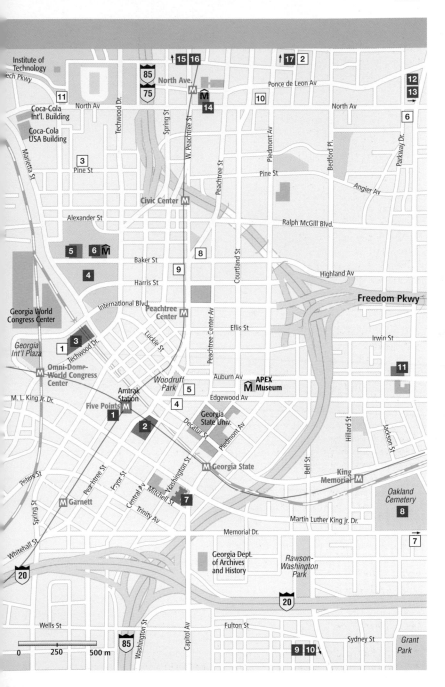

consin met de vervaardiging van het grootste olieverfschilderij ter wereld, dat de in de Burgeroorlog uitgevochten *Slag bij Atlanta* uitbeeldt. Een latere eigenaar van het gigantische kunstwerk vermaakte het aan de stad Atlanta, die het in het vuurbestendige **Cyclorama** 9 als panorama tentoonstelt. Het belendende museum toont kunstwerken, documenten en memorabilia met als thema de tijd van de Burgeroorlog (800 Cherokee Ave., tel. 404-624-1071, www.webguide.com/cyclora ma.html, dag. 9–16.30 uur).

In Grant Park, zo'n 3 km ten zuiden van Downtown, leven naast neushoorns, leeuwen, olifanten, zebra's en giraffen ook nog twee zeldzame vertegenwoordigers van de Aziatische dierenwereld: de panda's Lun Lun en Yang Yang. Een van de belangrijkste onderdelen van de **Zoo Atlanta** 10 is de primatenafdeling, waar met succes gorilla's worden gefokt en hun gedrag wordt bestudeerd (800 Cherokee Ave., tel. 404-624-5600, www.zooatlanta .org, dag. 9.30–17.30 uur).

## Sweet Auburn

In de tijd van de rassenscheiding leefden Afro-Amerikanen die waren opgeklommen tot de middenklasse, tot in de jaren vijftig van de 20e eeuw in het stadsdeel **Sweet Auburn** 11. De huizen aan de historische modelboulevard Auburn Avenue zijn in de jaren negentig met het zicht op de Olympische Spelen door de National Park Authority deels gerestaureerd, deels opnieuw opgebouwd en omgetoverd in een populaire bezienswaardigheid, waarin de nadruk ligt op herinneringen aan de burgerrechtenstrijder Martin Luther King. De historische plaatsen die met hem te maken hebben, worden onder de naam **Martin Luther King Jr. National Historic Site** beheerd door de National Park Service.

*Het nieuwste symbool van Atlanta:*
*The New World of Coca-Cola*

## Herinneringen aan M.L. King

**Auburn Avenue 501** is een bekend adres in Atlanta. In dit sobere huis met één verdieping kwam op 15 januari 1929 de latere leider van de zwarteburgerrechten Martin Luther King ter wereld. De kamers maken duidelijk dat het gezin in bescheiden welstand verkeerde. Er hangen veel foto's die de jonge King tonen in de familiekring (tel. 404-331-5190, www.nps .gov/malu, dag. 9–17 uur). In dezelfde straat staat de **Ebenezer Baptist Church**, de kerk waarin de grootvader en vader van King al actief waren als dominee en waar hij zelf in de voetsporen van zijn voorouders trad (407 Auburn Ave., dag. 9–17 uur, www.ebenezer.org, toegang gratis).

De belangrijkste herinnering aan King vormt het **Martin Luther King Jr. Center for Nonviolent Social Change,** een complex met tentoonstellingsruimten en bestuurskamers rondom een fontein. Midden in een vijver ziet u de witmarmeren sarcofaag van King. Dagelijks komen hier busladingen bezoekers uit het hele land, schoolklassen, maar ook de meest uiteenlopende groepen geïnteresseerden, vooral Afro-Amerikanen, voor wie de laatste rustplaats van King een bedevaartsoord is geworden (449 Auburn Ave., tel. 404-331-6922, www.thekingcenter.org, dag. 9–18, 's winters tot 17 uur).

## Midtown

Volg vanuit Downtown de centrale Peach Street in noordelijke richting en u komt, aan de overzijde van de Ponce de Leon Avenue, in het stadsdeel Midtown, met zijn eigen centra van kunst en cultuur, maar ook met groene oases midden in de stad.

De **Jimmy Carter Library and Museum** 12 in het oosten van Midtown herinnert aan de eerste Amerikaanse president (1976–1980) uit Georgia. Voorwerpen, foto's, films en schilderijen documenteren de carrière van Jimmy Carter van pindaboer tot drager van het hoogste ambt. In één zaal is het Oval Office uit het Witte Huis precies zo gereconstrueerd als het was in de tijd van Carter. Een van de recentste tentoongestelde stukken is de oorkonde van de Nobelprijs voor de Vrede, die hij in 2001 ontving (441 Freedom Pkwy, tel. 404-865-7100, www.jimmycarterlibrary.org, ma.–za. 9–16.45, zo. 12–16.45 uur).

Het om een binnenplaats met een glazen dak aangelegde **Fernbank Museum of Natural History** 13 documenteert de natuurlijke historie van Georgia. De met fossielen bedekte rotsplaten in de lobby zijn overigens afkomstig uit Europa, uit de Schwäbische Alb. De bezoeker van dit interactieve wetenschappelijk museum kan zich bezighouden met de Amerikaanse fauna, maar ook met milieuproblemen. In het imaxtheater zijn indrukwekkende films over bijvoorbeeld de Grand Canyon te zien (767 Clifton Rd., tel. 404-929-6300, www.fernbankmuseum.org, ma.–za. 10–17, zo 12–17 uur). In het naburige **Fernbank Forest and Science Center** worden we ver buiten Georgia gevoerd. In het planetarium en astronomisch observatorium komt de bezoeker dankzij voorstellingen en demonstraties dichter met de kosmos in aanraking (156 Heaton Park Dr., tel. 678-874-7102, indeling van de shows te vinden op http://fsc.fernbank.edu).

Het **Fox Theatre** 14, oorspronkelijk de tempel van een sekte, werd in 1926, elf jaar na de voltooiing van het gebouw, heropend als theater. Dankzij de weelderige oriëntaalse inrichting komt het vanbinnen over als een waar sprookjespaleis. Het hele jaar door vinden hier zeer verschillende culturele voorstellingen plaats, van opera's tot Broadwayshows en ballet. U kunt het grandioze theater op een rondleiding bezichtigen (660 Peachtree St., tel. 404-688-3353, www.foxtheatre.org, rondleidingen ma., wo., do. 10, za. 10 en 11 uur).

## Margaret Mitchell House

Een eindje verderop toont het **Margaret Mitchell House** 15 tal van stukken die herinneren aan de beroemde schrijfster, die van 1925 tot 1932 met haar echtgenoot John Marsh in dit huis woonde en er het grootste deel van de roman *Gejaagd door de wind* schreef. Jarenlang werd het huis met sloop bedreigd totdat het in 1997 dankzij de financiering door een bekend automerk gerenoveerd kon worden en her-

opend als museum. De rondleidingen van één uur beginnen in het bezoekerscentrum, waar een 17 minuten durende film over het leven van Mitchell wordt getoond. De voormalige woonvertrekken zijn grotendeels nog ingericht zoals in de tijd van Margaret Mitchell. U ziet onder andere haar schrijfmachine en de Pulitzer Prize, die ze kreeg voor haar bestseller (990 Peachtree St., tel. 404-249-7015, www.gwtw.org, dag. 9–16 uur).

## Robert W. Woodruff Arts Center

Het **Woodruff Arts Center** 16 heet ook wel Woodruff's Village, omdat het totale complex een soort klein kunstdorp is met verschil-

Wandschildering ter herdenking van belangrijke personen uit Atlanta

lende culturele instellingen zoals het Alliance Theater, een kunstmuseum en een kunstacademie. Het centrum is genoemd naar Robert W. Woodruff, voormalig president van Coca-Cola en filantroop. De concerten van het gerenommeerde Atlanta Symphony Orchestra worden gegeven in de Symphony Hall, die 1800 plaatsen telt (www. woodruffcenter.org).

Door zijn ronde voorgevel van witte keramische tegels is het door Richard Meier ontworpen **High Museum of Art** gemakkelijk te herkennen. De tentoongestelde werken reiken van keramiek, tekeningen, sculpturen van bijvoorbeeld Alexander Calder, textiel, film- en videokunst, glas en metaal tot schilderijen, grafiek en foto's (1280 Peachtree St. SW., tel. 404-733-4400, www.high.org, di.-wo. vr.-za. 10-17, do. 10-20, zo. 12-17 uur, elke 3e vr. van de maand tot 22 uur).

## Atlanta Botanical Garden

De **Atlanta Botanical Garden** 17 van 12 ha groot in de buurt van Piedmont Park is een groene en zeer veelzijdige oase. In het Dorothy Chapman Fuqua Conservatory zijn bijvoorbeeld zeldzame en met uitsterven bedreigde tropische en in woestijngebieden levende plantensoorten te bewonderen. Het personeel van de botanische tuin kweekt en

# Gejaagd door de wind: Margaret Mitchell

Thema

Tot op de dag van vandaag is er in de VS geen roman zo goed verkocht als *Gejaagd door de wind* van Margaret Mitchell. Sinds de nederlaag van de Zuidelijken in de Amerikaanse Burgeroorlog is de voormalige glans van deze staten in de literatuur vaak tot thema gekozen. Niemand echter deed dat zo raak als deze schrijfster uit Atlanta.

Margaret Mitchell kwam op 8 november 1900 in Atlanta ter wereld als dochter van een advocaat en een strijdster voor vrouwenrechten van Ierse afkomst. Vanaf 1922 werkte ze als journaliste voor de *Atlanta Journal*. Door een zware artritis was het lopen haar soms onmogelijk en moest ze vier jaar later haar journalistieke loopbaan opgeven. Ze was steeds vaker aan bed gekluisterd en begon boeken te verslinden. Toen kreeg ze, in 1926, een schrijfmachine van haar tweede echtgenoot, waarmee ze begon aan *Gejaagd door de wind*.

Tien jaar lang werkte Margaret Mitchell achter haar zwarte Remington 2000 aan dit epos, dat de Amerikaanse Burgeroorlog (1861–1865) beschrijft vanuit het gezichtspunt van de zuidelijke staten, met Atlanta als belangrijkste plaats van handeling. Wat de meer dan 1000 bladzijden tellende roman echter tot een bestseller maakte was niet deze historische achtergrond, maar de beschrijving van de ongelukkige liefde tussen de mooie, egoïstische, lastige en onweerstaanbare Scarlett O'Hara, dochter van een katoenplantagehouder, en de charmante avonturier Rhett Butler.

Jaren later reisde een uitgever die op zoek was naar nieuwe schrijvers, door Georgia en leerde daar toevallig Margaret Mitchell kennen. Pas na een lang gesprek vertrouwde ze hem haar manuscript toe, dat op 10 juni 1936 als roman op de markt kwam. In oktober waren er al meer dan een miljoen exemplaren over de toonbank gegaan. Korte tijd later verwierf de producer David O. Selznick de film-

rechten voor het voor die tijd enorme bedrag van $50.000. Een jaar later werd de schrijfster bekroond met de prestigieuze Pulitzerprijs voor literatuur en sindsdien was ze een beroemde Amerikaan.

Het door Selznick geproduceerde filmepos werd voor het eerst vertoond in 1939 in Atlanta in aanwezigheid van de beide hoofdrolspelers Clark Gable en Vivien Leigh. Sinds de publicatie van het lijvige boek midden in de economische wereldcrisis hebben miljoenen lezers en lezeressen samen met Scarlett O'Hara en Rhett Butler liefgehad, gestreden en geleden. Hoewel roman en film geen sociaalkritisch karakter hadden, behandelden ze rassenkwesties en maakten die tot een landelijk bespreekbaar thema.

Tijdens het leven van Margaret Mitchell hebben uitgever en lezers steeds gehoopt op een vervolg van het verhaal – liefst met een happy end. De schrijfster liet zich echter niet tot een tweede deel overhalen. Die eer was voorbehouden aan Alexandra Ripley. Ondersteund door een gigantische reclamecampagne werd in 1992 de roman *Scarlett* gepubliceerd.

Op 11 augustus 1949 werd Margaret Mitchell voor haar huis aangereden door een dronken taxichauffeur en raakte zo zwaar gewond dat ze enkele dagen later overleed. Ze ligt begraven op de Oakland Cemetery.

verzorgt ook vleesetende planten, die in de vrije natuur steeds zeldzamer worden door de toenemende milieuvervuiling. In de oranjerie ligt de nadruk op economisch bruikbare tropische en subtropische bomen die citrusvruchten, kaneel, cacao, kokosnoten, papaja's, olijven en vanille voortbrengen (1345 Piedmont Ave. NE., tel. 404-876-5859, www.atlanta botanicalgarden.org, apr.–sept. 9–19, okt.–mrt. 9–17 uur).

# Buckhead

Het stedelijke landschap van de agglomeratie Atlanta strekt zich in alle windrichtingen ver uit. Ten noorden van Midtown, ongeveer 10 km van Downtown, heeft vooral het stadsdeel **Buckhead** de laatste jaren van zich doen spreken als hippe buurt. Behalve met reusachtige winkelcentra als Lenox Square en Phipps Plaza maakt deze wijk, ook het 'Beverly Hills van het oosten' genoemd, furore met luxehotels, topklasserestaurants, chique bars en clubs, uitnodigende cafés en exclusieve modeboetieks. Een van de interessantste musea van de stad is het **Atlanta History Center,** dat niet alleen voorzien is van de gebruikelijke tentoonstellingsruimten, maar ook beschikt over een groot terrein met afwisselende bebouwing. Het museum legt het accent op de ontwikkeling van de stad van 1835 tot het begin van de 21e eeuw. Op andere afdelingen draait het om de geschiedenis van de staat Georgia en die van het hele zuiden van de VS. Op het terrein staat ook het tegenwoordig als restaurant dienende **Swan House**, een boerenhoeve uit 1928 met tuin. Geheel tegengesteld aan dit stijlvolle gebouw is de landelijk-eenvoudige **Tullie Smith Farm** in de stijl van de 19e eeuw, waar schapen en geiten worden gehouden (130 W. Paces Ferry Rd., tel. 404-814-4000, www.atlantahistorycenter.com, ma.–za. 10–17.30, zo. 12–17.30 uur).

# Stone Mountain Park

**Stone Mountain Park**, gelegen ten oosten van Atlanta aan Highway 78, ongeveer twintig minuten rijden met de auto, is een originele mengeling van commercie en natuur, en behoort tot de grootste attracties in de omgeving van de stad. Een groot aantal handwerkslieden is jarenlang bezig geweest om een 28 m hoog en 58 m breed reliëf uit de gladde noordwand van Stone Mountain te houwen. Het reliëf toont een tafereel uit de Burgeroorlog met het in het zuiden van de VS aanbeden driemanschap Jefferson Davis, Robert E. Lee en 'Stonewall' Jackson hoog te paard.

Het park is voor mensen uit de grote stad een populair doel voor een uitstapje, met attracties als een kabelbaan naar de top van Stone Mountain, een Mississippi-rader-stoomboot op het Stone Mountain Lake, een groot aanbod voor kinderen en een nachtelijke lasershow. Er is ook een kleine plantage, bestaande uit gebouwen van het begin van de 19e eeuw, met daarbij een karakteristiek herenhuis en een slavenverblijf (Hwy 78 E., tel. 770-498-5690, www.stonemountainpark.com, attracties mrt.–dec. 10–17 uur, 's zomers tot later).

ℹ️ **Atlanta Convention and Visitors Bureau:** 233 Peachtree St. NE., Atlanta, GA 30303, tel. 404-521-6600, fax 404 577-3293.

🛏️ **Omni Hotel** 1 **:** 100 CNN Center, tel. 404-659-0000, fax 404-525-5050, www.omni hotels.com. Hotel in de stad met meer dan 1000 kamers en suites, 2 restaurants, kabel-tv, fitness- en gezondheidscentrum, zwembad en businesscenter. $180–220.

**Shellmont Inn** 2 **:** 821 Piedmont Ave. NE., tel. 404-872-9290, fax 404-872-5379, www.shell mont.com. Bed and breakfast het eind van de 19e eeuw, uitgevoerd in victoriaanse stijl en enigszins museaal ingericht. Kamers in het hoofdgebouw of in het belendende Carriage House, waarvan sommige met open haard en bubbelbad. $125–200.

**Holiday Inn-Express** 3 **:** 244 North Ave. NW., tel. 404-881-0881, fax 404-874-8838, www.holi day-inn.com. Net en schoon hotel zonder tierelantijnen, 100 kamers. Vanaf $110–160.

**Howard Johnson Plaza Suites** 4 **:** 54 Peachtree

St., tel. 404-223-5555, www.hojo.com. Alleen suites met woon- en slaapkamer, sommige een beetje ouderwets ingericht; met koffiezetapparaat, magnetron, koelkast. Vanaf $89.

**E Hotel Downtown** 5 : 70 John Wesley Dobbs Ave. NE., tel. 404-659-2660, geen website. Met zwembad en fitnessruimte. $59-99.

**Stratford Inn** 6 : 585 Pkwy Dr., tel. 404-607-1010, fax 404-892-8146, geen website. De kamers zijn toegerust met alleen het allernoodzakelijkste. $51.

**Stone Mountain State Park Camping** 7 : tel. 770-498-5710. Kampeerterrein ten oosten van Atlanta aan de I-285.

**Morton's Steakhouse** 8 : 303 Peachtree St. NE., tel. 404-577-4366, dag. diner 17.30-23, zo. tot 22 uur. Perfect gebakken steaks met smakelijke bijgerechten, maar wel duur. Vanaf 50 $.

**Ray's in the City** 9 : 240 Peachtree St., tel. 404-524-9224, ma.-vr. 11-22, za. 16-22 uur. Populair visrestaurant, ook voor schelp- en schaaldieren. Alles is natuurlijk vers. $20-30.

**The Abbey** 10 : 163 Ponce de Leon Ave., tel. 404-876-8532, dag. 18-22 uur. Verbouwde neogotische kerk. De als franciscaner monniken geklede obers serveren kalfskoteletten ($32), halve kip (19,50 $) of lamszadel ($28,50).

**Thelma's Kitchen** 11 : 768 Marietta St. NW., tel. 404-688-5855, ma.-vr. 7.30-16.30, za. 8-15 uur. Eenvoudig restaurant met de echte Amerikaanse keuken; goede kip, steaks en vegetarische gerechten. Hoofdgerecht $4-12.

**Lenox Square:** 3393 Peachtree Rd. NE., www.simon.com/mall, ma.-za. 10-21, zo. 12-18 uur. Een van de grootste malls van het zuidoosten. Hier is alles te koop wat een mens nodig heeft, maar u kunt u ook vermaken met *window shopping* of in een van de meer dan twintig eetgelegenheden.

**Your DeKalb Farmer's Market:** 3000 E. Ponce de Leon Ave., Decatur, ten oosten van het centrum, www.dekalbfarmersmarketcom, dag. 9-21 uur. Grote markt met specialiteiten uit 30 landen, dag. 9-21 uur.

**Blind Willie's:** 828 N. Highland Ave., tel. 404-873-2583, ma.-za. vanaf 19 uur. Kleine, voortreffelijke bluesgelegenheid, genoemd naar de uit Georgia afkomstige grootheid Blind Willie McTell.

**Dante's Down The Hatch:** 3380 Peachtree Rd., tel. 404-266-1600, www.dantesdownthehatch .com, ma.-za. vanaf 16, zo vanaf 17 uur. Club ingericht in de stijl van een historisch zeilschip. U zit 'aan boord' of 'op de pier'. Elke avond behalve ma. goede jazz.

**Sambuca Jazz Café:** 3102 Piedmont Rd., tel. 404-237-5299, www.sambucajazzcafe.com. Stijlvol jazzcafé in het stadsdeel Buckhead met een wisselend muzikaal aanbod, optredens dag. vanaf 19.30 uur.

**Mama's Country Showcase:** 3952 Covington Hwy, Decatur, tel. 404-288-6262, do. 20-1, vr. 20-4, za. 20-3 uur. Enorme countrygelegenheid met vijf bars, dansvloeren en mechanische stieren.

**Atlanta Symphony Orchestra:** 1293 Peachtree St. NE., tel. 404-733-5000, www.atlantasymphony.org. Markant orkest, dat in 1977 bij de ambtsaanvaarding van president Carter en in 1996 bij de opening van de Olympische Spelen heeft opgetreden.

**Atlanta Opera:** 728 W. Peachtree St. NW., tel. 404-881-8801, www.atlantaopera.org. Een van de vlaggenschepen van het lokale kunstleven. Optredens deels in Fox Theatre.

**Atlanta Ballet:** 1400 W. Peachtree St. NE., tel. 404-873-5811, www.atlantaballet.com. Het oudste balletgezelschap van de VS voert stukken als *Carmen*, *Hamlet*, de *Notenkraker* en het *Requiem* van Mozart op.

**Actor's Express:** 887 W. Marietta St., tel. 404-875-1606, www.actorsexpress.com. Innovatief theatergezelschap, dat moderne en klassieke stukken speelt.

**Feesten en evenementen**
**Cracker Barrel 500** (mrt.): autoraces.
**Atlanta Jazz Festival** (mei).
**Lesbian and Gay Pride Festival** (juni): feest voor homo's en lesbiennes, met optochten.
**Black Arts Festival** (juli): 10 dagen durend feest met Afro-Amerikaanse kunst.

Glazenwasser in Downtown Atlanta zonder last van hoogtevrees

**Peach Bowl Parade** (dec.): oudjaarsfeest met muziekgroepen uit heel Amerika.

**Pretpark:** Six Flags Over Georgia, 7561 Six Flags Rd. aan de I-20 West, tel. 770-739-3400, www.sixflags.com, verschillende openingstijden. Groot pretpark met zenuwslopende wildwaterbaan, Broadwayshows en een groot aanbod voor kinderen van alle leeftijden.

**Rondritten:** City Segway Tours, 50 Upper Alabama St., tel. 1-877-734-8687, www.CitySegway Tours.com, dag. half feb.–half dec. Rondritten met de Segway Human Transporter, minimumleeftijd 12 jaar, reserveren verplicht.

**Museumdag:** 'First Thursday', elke 1e do. van de maand 17–21 uur. Gratis toegang tot 18 galeries, musea en andere culturele instellingen (tel. 404-658-1877).

**Vliegtuig:** Hartsfield International Airport, tel. 404-530-7300, www.atlanta-airport.com. De luchthaven ligt 15 km ten zuidoosten van Downtown. Er rijdt voortdurend een treintje van terminal naar terminal. Tussen de terminals en de stad rijden pendeltreinen en -bussen van MARTA. Verbindingen met de hele wereld. Alle autoverhuurbedrijven hebben hier een vestiging.

**Trein:** Brookwood Station, 1688 Peachtree Rd., tel. 1-800-872-7245, www.amtrak.com. Amtraktreinen gaan dagelijks naar bijvoorbeeld Washington D.C. (ca. 11,5 uur.) of Louisiana.

**Bus:** Greyhound Terminal, 232 Forsyth St., Garnett St. MARTA Station, tel. 1-800-231-2222, www.greyhound.com. Bussen naar alle delen van het land.

**Openbaar lokaal vervoer:** Vervoersmaatschappij MARTA (Metropolitan Atlanta Rapid Transit Authority, www.itsmarta.com) beheert twee metro- en verscheidene buslijnen (5–1 uur).

**Taxi:** Voor taxi's betaalt men een basisprijs van $2 voor de eerste mijl en $1,75 voor elke volgende mijl. Een taxi voor twee personen van de luchthaven naar het centrum kost ca. $28.

**Een reis door de Blue Ridge Mountains in de driehoek Georgia, North Carolina en Tennessee voert niet alleen door de schitterende bergland-schappen van het Great Smoky Mountains National Park, maar aan de voet van de Appalachen ook door interessante kleine steden, de baker-mat van de Cherokee-indianen en commerciële toeristenoorden.**

Nog geen uur rijden ten noorden van Atlanta begint het terrein langzaam te hellen als aankondiging van dat wat zich steeds duidelijker aan de horizon aftekent: de Blue Ridge Mountains. Dit zuidelijke deel van de machtige Appalachenketen, die zich van de grens met Canada uitstrekt tot in de zuidelijke staten van de VS, verliest op het grondgebied van Georgia langzaamaan hoogte en eindigt dan aan de rand van de vlakten waar de pinda's worden verbouwd.

Georgia deelt de Blue Ridge Mountains met zijn buurstaten North Carolina en Tennessee, waar deze bergketen in het beroemde Great Smoky Mountains National Park als een soort grandioze finale nog eenmaal alle registers van landschappelijke schoonheid opentrekt. Met meer dan 20 miljoen bezoekers per jaar wordt dit nationale park vaak gezien als een van de drukstbezochte van Amerika, tot schrik van alle natuurvrienden. De waarheid is echter dat deze bezoekerscijfers 'vervalst' worden door de weg die midden door het park voert, want die is een van de weinige routes in oost-westrichting over de zuidelijke Appalachen tussen Tennessee en North Carolina en wordt derhalve ook gebruikt door mensen op doorreis. Wanneer men de weg verlaat, kan men in de Great Smoky Mountains soms in geen velden of wegen een levende ziel tegenkomen.

In de uitlopers van de Blue Ridge Mountains komen de bezoekers kleine dorpen als het eerste goudzoekersstadje van Amerika, Dahlonega, en het Duits aandoende Helen te-

gen. De liefhebber van Thomas Wolfe kan in Asheville in de voetsporen van de bekendste zoon van de stad treden, die in het pension van zijn moeder zijn grote succes *Look homeward, angel* schreef.

Aan de oostflank van de Great Smoky Mountains breidt het schitterende Appalachenlandschap van het stamgebied van de Cherokee-indianen zich uit, met als hoofdstad Cherokee. Hotels, motels en restaurantjes omzomen de straten, waar maar één bron van inkomsten lijkt te bestaan: toerisme.

## De voet van de Blue Ridge Mountains

### Lake Sidney Lanier

**Atlas:** blz. 20, D/E 4

Ten noorden van Atlanta ligt **Lake Sidney Lanier**, een bekend vakantieparadijs. Dit door Chattahoochee River en Chestatee River gevoede meer is genoemd naar de lokale dichter en componist Sidney Lanier (1842–1881), die in veel van zijn werken de lof zong van de schoonheid der natuur. Bij de Olympische Spelen van 1996 was dit meer het toneel van de roei- en kajakwedstrijden, waardoor het zeer geliefd werd als doel van een uitstapje. Bij de bevolking van Atlanta was Lake Lanier al lange tijd in trek als bestemming voor een vakantie of voor een weekenduitje, aangezien het niet ver weg lag en de in totaal 864 km lange oever goed ontsloten was door wegen. Langs het meer zijn tal van kampeerterreinen, sportvelden, accommo-datiemogelijkheden, picknickplaatsen en stranden te vinden.

## Dahlonega

**Atlas:** blz. 20, D 4

Sinds 1954 wordt er elk jaar in **Dahlonega** een goudkoortsfestival gehouden, dat herinnert aan de letterlijk gouden tijd van het stadje. Hier werd in 1828 voor het eerst goud op Ame-rikaanse bodem gevonden. In de 3600 inwo-ners tellende gemeente zijn de sporen van de eerste Amerikaanse goldrush nog zichtbaar. In het **Dahlonega Gold Museum** wordt een film vertoond over het leven van de toenmalige goudzoekers. Verder zijn er nuggets en gouden munten te zien die van het plaatselijk gevon-den goud zijn geslagen (1 Public Sq., tel. 706-864-2257, ma.–za. 9–17, zo. 10–17 uur). De be-zoeker van het stadje krijgt een authentiekere indruk van de goldrush tijdens een 45 minu-ten durende rondleiding door de **Consolidated Gold Mine,** waarin het eerste goud werd gedol-ven (185 Consolidated Gold Mine Rd., tel. 706-864-8473, www.consolidatedgoldmine.com, 's zomers 10–17, 's winters 10–16 uur).

## Helen

**Atlas:** blz. 20, E 3

Het plaatsje **Helen** maakt aanschouwelijk hoe Amerikanen zich het Duitse Beieren voorstel-len. Voor de winkels in de hoofdstraat wappe-ren blauw-witte vlaggen in de wind. Hier wor-den vooral veel lederhosen, bierpullen, koe-koeksklokken en kerstballen verkocht. Deze Beierse enclave in Georgia is verder verfraaid met buitenproportionele tuinkabouters, windmolens en kerstmannen. De restaurants en cafés zijn gesierd met namen als Black Fo-rest Restaurant, Old Heidelberg Restaurant en Hofbrauhaus Inn, waaruit blijkt dat het hier soms ontbreekt aan een grondige geografi-sche kennis van Duitsland.

## Asheville

**Atlas:** blz. 20, E/F 3

De westelijkste punt van de staat North Caro-lina grenst aan het noordoosten van Georgia. De grootste stad is hier Asheville met 60.000

## Onderweg met de auteur

### Vorstelijk paleis

Bij Aheville in North Carolina staat het Versailles van Amerika. **Biltmore Estate** is een imposant slot in de stijl van de Franse renaissance en weerspiegelt de geldingsdrang van de familie Vanderbilt, de industriemagnaten (zie blz. 344).

### Te gast bij indianen

Het dorp **Cherokee** in het gelijknamige india-nenreservaat heeft zich ontwikkeld tot een waar toeristenparadijs. Hier worden de geschiedenis en het dagelijks leven van de indianen gede-monstreerd, wat veel harde toeristendollars op-levert (zie blz. 344).

### Appalachenschoonheid

Het **Great Smoky Mountains National Park** met zijn schitterende berglandschap is het pronkstuk van de zuidelijke Appalachen (zie blz. 344).

inwoners, een bolwerk van art-decoarchitec-tuur en een bedevaartsoord voor liefhebbers van de schrijver Thomas Wolfe.

Het **Thomas Wolfe Memorial** bestaat uit het in 1880 gebouwde en in 1998 door een brand zwaar beschadigde Old Kentucky Home, het pension dat door de moeder van Thomas Wolfe (1900–1938) werd gedreven. Hier bracht de auteur zijn kinderjaren door en hier speelt ook zijn eerste, autobiografische roman *Look homeward, angel* zich af. Zes jaar na de brand werd het Memorial heropend, maar nog steeds is niet alles gerestaureerd. Een mo-dern bezoekerscentrum achter het gebouw verschaft door onder andere een audiovisuele presentatie informatie over leven en werk van de schrijver. Na zijn vroege dood werd Wolfe begraven op de Riverside Cemetery, waar 28 jaar eerder ook de verteller Sydney Porter alias O. Henry (1862–1910) zijn laatste rustplaats vond (52 N. Market St., tel. 828-253-8304, www. wolfememorial.com, di.–za. 9–17, zo. 13–17, 's winters tot 16 uur).

## Biltmore Estate

George Vanderbilt, de kleinzoon van de legendarische spoorwegmagnaat en financier Cornelius Vanderbilt, liet tussen 1889 en 1895 midden in een schitterend park de grootste particuliere residentie van de VS bouwen. De architect Richard Morris Hunt ontwierp een kasteel met 255 vertrekken, dat omdat het de bouwstijl van de Franse renaissance als voorbeeld had, graag wordt aangeduid als het Amerikaanse Versailles. Vanderbilt en Hunt kochten op hun reizen door Europa en de Oriënt schilderijen van meesters als Renoir en Whistler, porselein uit het Verre Oosten, kostbare tapijten en antiek, en ook een schaakspel waarachter Napoleon op het eiland St.-Helena heeft zitten piekeren – dit alles wordt tentoongesteld op twee etages in het paleis (1 Approach Rd., tel. 828-225-1333, www.biltmore.com, jan.–eind mrt. dag. 9–16, apr.–dec. 8.30–17 uur).

## Cherokee

Dit dorp aan de rand van het **Cherokee Indian Reservation** (www.cherokee-nc.com) heeft zich volledig overgeleverd aan het toerisme. In het reservaat wonen 10.500 nazaten van de indianen die in de eerste helft van de 19e eeuw op de 'Trail of Tears' naar Oklahoma werden gedeporteerd (zie blz. 30). Het **Museum of the Cherokee Indian** documenteert over deze zwarte bladzijde in de Amerikaanse geschiedenis en over de cultuur van de Cherokees (Hwy 441/Drama Rd., tel. 828-497-3481, dag. 9–17 uur).

Het **Oconaluftee Indian Village** in de stijl van 1750 biedt een goede indruk van het leven van de indianen in vroeger eeuwen. Hier wordt gedemonstreerd hoe ceremoniële maskers, steengravures en prachtig gevlochten manden worden vervaardigd (Hwy 441 N., tel. 828-497-2111, www.oconalufteevillage.com, mei–okt. dag. 9–17.30 uur).

Net als de indianen in de meeste andere reservaten proberen de Cherokees een inkomen te verwerven uit het gokken. Dat het casino **Harrah's Cherokee** allang gevestigd is als regionaal amusementshoogtepunt, wordt wel bewezen door het feit dat artiesten als Kenny Rogers, Jay Leno, Bill Cosby, BB King en Loretta Lynn hier hebben opgetreden (777 Casino Dr., tel. 828-497-7777, www.harrahs.com).

# Great Smoky Mountains

**Atlas:** blz. 20, D/E 2/3

Tennessee en North Carolina delen het 85 km lange en 30 km brede **Great Smoky Mountains National Park,** waarvan de hoogste bergen tot de hoogtepunten van het oosten van de VS behoren. Op de midden door dit beschermde natuurgebied lopende Newfound Gap Road is het in de zomer altijd spitsuur.

Gelukkig zijn er ook wandelpaden, zoals de 11 km lange Alum Cave Bluffs Trail, die een hoogteverschil van bijna 900 m overwint, of de 4 km lange Chimneys Tops Trail door een nagenoeg verlaten landschap met loof- en naaldbossen, kleine meren en beken en zacht glooiende bergruggen. Het langste pad is het 109 km metende stuk van de Appalachian Trail over de 2080 m hoge Clingman's Dome, vanwaar men uitkijkt over de in 'rokerige' nevel gehulde bergketens waaraan het park zijn naam dankt (Visitor Information: tel. 865-436-1200, www.nps.gov/grsm, altijd geopend, toegang gratis).

## Gatlinburg en Pigeon Forge

**Atlas:** blz. 20, E 2

**Gatlinburg** in de directe omgeving van de noordgrens van het nationale park vormt met zijn concentratie aan motels, shopping malls, souvenirwinkels, pretparken en restaurants een scherp contrast met het natuurschoon van het park. Dit in een nauw dal liggende toeristenbolwerk is een soort Torremolinos in de bergen. Midden in de zomer is er op de hoofdstraten vrijwel geen doorkomen aan, niet voor auto's, noch voor voetgangers.

Een van de nieuwste attracties van het park is **Ripley's Aquarium of the Smokies,** een interessant aquarium met meer dan 3 m lange haaien, 8000 exotische vissen zoals vraatzuch-

De Cherokees hebben een nieuwe bron van inkomsten ontdekt: poseren

tige piranha's en de enigszins griezelig overkomende Japanse spinkrabben, de grootste schaaldieren ter wereld (88 River Rd., tel. 865-430-8808, www.ripleysaquariumofthesmokies .com, 's zomers. 9–23 uur).

Ook in het naburige **Pigeon Forge** is de ongebreidelde commercie heer en meester. Elk weekend in de zomer stort een geweldige vloedgolf van mensen zich over het dorp uit en ze zijn vastbesloten om zich bij shows en theatervoorstellingen te amuseren in de pretgelegenheid **Dollywood** van Dolly Parton (1020 Dollywood Ln., tel. 865-428-9488, www. dollywood.com) of te winkelen in reusachtige malls en outlets tot ze erbij neervallen.

**Pigeon Forge Department of Tourism:** P. O. Box 1390, Pigeon Forge, Tennessee 37868, tel. 865-453-8574, www.mypigeonforge .com.

**La Quinta Inn:** 219 Emert St., tel. 865-429-3010, www.laquintainnpigeonfor ge.com. Alleen kamers voor niet-rokers, met koffiezetapparaat, inclusief ontbijt. Vanaf $60.

**Days Inn:** 2760 Pkwy, tel. 865-453-4707, www.daysinn.com. Groot motel met 144 kamers, enkele suites met whirlpool, verwarmd zwembad. Vanaf $60.

**Bennett's Pit Bar-B-Que:** 2910 Pkwy, tel. 865-429-2200, dag. 8–21, za.–zo. tot 22

Zicht op de uitgestrekte Great Smoky Mountains

uur. Hier eet u in een rustieke sfeer; voortreffelijke barbecuegerechten. Diner $12–22.
**Old Mill:** 164 Old Mill Ave., tel. 865-429-3463, dag. 7.30–21 uur. Hier worden niet alleen gebakken runderlever, ribeyesteaks en gebraden kippen opgediend, maar ook schotels zeebanket – de karakteristieke stevige keuken van het binnenland, zonder poespas. Diner vanaf $12.

## Knoxville en omgeving

**Atlas:** blz. 20, D 2
Voordat Nashville werd uitgeroepen tot hoofdstad van Tennessee, speelde het tegenwoordig 165.000 inwoners tellende Knoxville aan de oever van de Tennessee River deze rol. De eerste blanke die zich hier vestigde was generaal James White in 1786, die zijn zeven blokhutten omheinde met palissaden. Nu is **White's Fort** een klein openluchtmuseum met historisch ingerichte hutten, waarin alleen de airconditioning de 21e eeuw verraadt (205 E. Hill Ave., tel. 865-525-6514, www.discoveret.org/jwf, wisselende openingstijden).

In de **Knoxville Zoo** is groot Afrikaans wild te zien als giraffen, olifanten, gorilla's en andere zoogdieren, en vogels en reptielen, maar de dierentuin houdt zich tevens bezig met het fokken van kleine of rode panda's en heeft daar internationale faam mee verworven (3500 Knoxville Zoo Dr., tel. 865-637-5331, www.knoxville-zoo.com, dag. 9.30–18 uur).

### Sequoyah Birthplace Museum
**Atlas:** blz. 20, D 3
Terwijl andere beroemde indianen als Sitting Bull, Crazy Horse of Geronimo hoofdzakelijk vanwege hun strijd tegen de blanke beschaving een prominente plaats in de annalen van de Amerikaanse geschiedenis hebben verworven, maakte de Cherokee Sequoyah (1776–1843) naam door een ongeëvenaarde culturele prestatie. Hij werd in 1760 geboren als zoon van een Cherokeevrouw en een Duitse handelaar en kreeg een indiaanse opvoeding. Op de jacht raakte hij gewond aan een been en hij bleef zijn leven lang gehandicapt. Op de missionarissenschool kwam hij in aanraking met het Engelse schrift en hij stelde zich tot opdracht zijn eigen taal ook van een schrift te voorzien. Na 12 jaar had hij een uit 85 tekens bestaand Cherokeealfabet ontworpen. Daarna zijn er verscheidene publicaties in het Cherokee verschenen (Sequoyah Birthplace Museum, Citico Rd., Vonore, TN 37885, tel. 423-884-6246, ma.-za. 9–17, zo. 12–17 uur).

Op de weg naar Nashville, het bolwerk van de countrymuziek, komt u herinneringen tegen aan reeds lang ten onder gegane indianenculturen, bezienswaardigheden als de beroemde spoorlijn Chattanooga Choo-Choo en door een moutgeur omgeven whiskeystokerijen.

Op basis van vondsten van prehistorische pijlpunten concluderen archeologen en antropologen dat er al meer dan 12.000 jaar geleden mensen leefden bij Cartersville ten noorden van Atlanta. Deze vroege tijden gaan verscholen in het duister van de geschiedenis, maar over latere perioden kan de wetenschap meer informatie bieden. Dat geldt bijvoorbeeld voor de zogenaamde Mississippiperiode tussen 1000 en 1600. Aan de Mississippi begonnen de mensen in die tijd het land te cultiveren en nieuwe maatschappelijke organisatievormen te ontwikkelen, wat zich uitbreidde naar het oosten en leidde tot het ontstaan van een nieuwe cultuur bij de Etowah Indian Mounds in Georgia.

De enige grotere stad tussen Atlanta en Nashville is Chattanooga, direct voorbij de grens met Tennessee. Tot voor enkele tientallen jaren was dit nog een saai plaatsje aan de oever van de Tennessee River, maar de stadssanering heeft intussen vruchten afgeworpen en van de grensstad een populaire toeristenbestemming gemaakt. De eerste mijlpaal op weg naar een betere toekomst was de uitbouw van het Tennessee Aquarium, dat zich vroeger uitsluitend bezighield met zoetwaterdieren, maar sinds de uitbreiding ook soorten uit de wereldzeeën toont.

Nashville onderscheidt zich met zijn moderne kern hierdoor van andere Amerikaanse steden van vergelijkbare grootte dat veel bezienswaardigheden in het compacte centrum gemakkelijk te voet te bereiken zijn. Nog een verschil: de bevolking van de hoofdstad van Tennessee kenmerkt zich niet bijzonder door

hectisch en opgewonden gedrag. Dit past goed bij de lokale countrymuziek, waarmee Nashville al tientallen jaren wordt geassocieerd. In 1925 begon een radiostation met het maken van dansprogramma's met country. De uitzendingen werden razend populair. Door de moderne media is er in de loop der tijd weliswaar veel veranderd, maar een countryoptreden is nog steeds de belangrijkste culturele gebeurtenis die de stad kent.

## Op weg naar Tennessee

**Atlas:** blz. 20, D 4

Bij Cartersville ten noorden van Atlanta leefden ten tijde van de Mississippiperiode enkele duizenden indianen op de huidige **Etowah Indian Mounds Historic Site**, waar ze een verbazingwekkende nederzetting bouwden met zes begrafenis- en ceremoniële heuvels. Behalve op de beenderen van overledenen stuitten onderzoekers in de vlakker gemaakte heuvels op de resten van een indianendorp met begrafenisgeschenken als koperen oorhangers, verschillende soorten haarversiering en unieke stenen beeldjes. De objecten zijn te zien in een klein museum (813 Indian Mound Rd. SE., tel. 770-387-3747, www.georgiastateparks.org, di.–za. 9–17, zo. 14–17.30 uur).

Buiten het dorp Calhoun ten westen van de I-75 ligt **New Echota State Historic Site**, nog zo'n belangrijke historische vindplaats. Hier stichtten de Cherokees in 1825 de hoofdstad van hun indianenrepubliek, die zich ver over de grenzen van Georgia tot aan North Carolina, Tennessee en Alabama uitstrekte. Op het terrein staan talrijke gerestaureerde of gereconstrueerde gebouwen als het Council House, het Hooggerechtshof, de Vann Tavern en een drukkerij, waarin de *Cherokee Phoenix* van de persen rolde, het eerste indiaanse tijdschrift in het door Sequoyah (zie blz. 347) ontwikkelde Cherokeeschrift (1211 Chatsworth Hwy NE., tel. 706-624-1321, http://ngeorgia.com/parks/new.html, dag. 9–17 uur).

## Rome

**Atlas:** blz. 19, C 4

Deze stad ligt op zeven heuvels en verdient zijn prestigieuze naam dus zeker. Tussen de heuvels ligt het kleine historische centrum met baksteenhuizen. Het beeld van Romulus en Remus voor de City Hall is een geschenk uit 1929 van de Italiaanse dictator Benito Mussolini. De mecenas Martha Berry verbouwde in 1902 een school in blokhuisstijl tot het naar haar genoemde **Berry College**, waartoe 35 gebouwen behoren op een enorme campus, die wel wat lijkt op een kloostercomplex. De 2000 studenten krijgen college in soms prachtige gebouwen, die zijn gefinancierd door rijke industriëlen als Henry Ford en Andrew Carnegie (2277 Martha Berry Hwy NW., tel. 706-232-5374, www.berry.edu).

In Rome staat het **Chieftain's Museum,** de in 1794 gebouwde woning van het beroemde Cherokeeopperhoofd Major Ridge. Deze sloot eind 1835, in de overtuiging daarmee het voortbestaan van de Cherokees te garanderen, een overeenkomst met de Amerikaanse regering waarbij hij het volledige territorium van de Cherokees voor ca. $5 miljoen plus een nieuw grondgebied in Oklahoma aan de VS verkocht. Volgens de afspraken kregen de indianen twee jaar de tijd om naar hun verbanningsoord in Oklahoma te vertrekken. Aangezien het verdrag nooit is goedgekeurd door de regering van de Cherokees, beschouwden de meeste leden van de stam het als niet rechtsgeldig. Enkele jaren eerder nog had Ridge een wet laten aannemen waarbij op de verkoop van grondgebied van de stam de doodstraf stond. Het museum besteedt de meeste aan-

## Onderweg met de auteur

### De Chattanoogabeleving

**Chattanooga Choo-Choo:** Niemand verlaat deze stad zonder de wereldberoemde trein in de voormalige Southern Railway Terminal bekeken te hebben (zie blz. 349).

**Tennessee Aquarium:** De oever van de Tennessee River in Chattanooga is de laatste jaren een toeristische trekpleister geworden, niet in de laatste plaats door het uitgebreide Tennessee Aquarium en het belendende IMAX Theatre (zie blz. 350 en 351).

**Lookout Mountain:** Wie van de vrije natuur houdt en wil genieten van het prachtige uitzicht op Chattanooga, moet vooral de Lookout Mountain ten zuiden van de stad niet overslaan (zie blz. 351).

### Mekka van de country

**Country Music Hall of Fame:** Een bezoek aan Nashville is een must voor de liefhebber van de echt Amerikaanse countrymuziek (zie blz. 355).

dacht aan de beruchte 'Trail of Tears', de deportatie van de Cherokees naar Oklahoma (501 Riverside Pkwy, tel. 706-291-94 94, www.chieftainsmuseum.org, di.–vr. 9–15, za. 10–16 uur).

# Chattanooga

**Atlas:** blz. 19, C 3

Onmiddellijk voorbij de grens met Tennessee ligt een middelgrote stad met een pakkende, welluidende naam: het 160.000 inwoners tellende **Chattanooga**. Glenn Miller maakte de stad in de jaren veertig van de 20e eeuw wereldberoemd met het nummer *Chattanooga Choo-Choo*, dat ging over een historische spoorlijn. De Chattanooga Choo-Choo is een van de grootste bezoekersmagneten in deze stad aan de Tennessee River. De vrolijk gekleurde stoomlocomotief staat in de voormalige **Southern Railway Terminal,** die al jaren in

De Chattanooga Choo-Choo, de bekendste attractie van Chattanooga

gebruik is als hotel en waar men zelfs kan overnachten in een historische wagon (zie blz. 351).

## Aan het Riverfront

Een Amerikaans tijdschrift heeft Chattanooga een tijdje geleden gekozen tot de voetgangersvriendelijkste stad van het land. Deze onderscheiding heeft de stad onder andere verdiend met de River Walk, een voetpad langs de oever van de Tennessee River. Op het centrale deel van het voetpad in het centrum van de stad, bij Ross's Landing, voert een trap regelrecht naar de rivier, waar op een warme zomerdag de mensen in kano's, rubberboten en andere vaartuigen strijden om het koelste plaatsje onder het spuitende water van een fontein.

Het heeft jaren geduurd eer de vroede vaderen van de stad de oever van de brede Tennessee River zagen als vrijetijdsgebied. Het helemaal opgeknapte Riverfront is nu een mooi voorbeeld van geslaagde stadssanering.

## Tennessee Aquarium

Onder de bezienswaardigheden van de stad neemt het veelgeprezen **Tennessee Aquarium** een bijzondere plaats in. Het is recentelijk uitgebreid en heeft nu een twee keer zo grote oppervlakte als voorheen, waardoor het momenteel het grootste zoetwateraquarium ter wereld is. Hier zijn meer dan 9000 vissen, vogels, zoogdieren en reptielen te zien in hun natuurlijke leefomgeving. Het lijkt alsof de alligators, visotters, schildpadden, meervallen en piranhas gewoon in de vrije natuur rondzwemmen. Een van de nagebootste habitats is bijvoorbeeld een stuk van de Tennessee River tussen de bron in de Appalachen en de Mississippi. Van achter een andere ruit ziet de verblufte bezoeker een reusachtige cipres en vraagt zich af hoe het de architecten van het aquarium is gelukt om deze enorme boom op de derde verdieping te krijgen. Sommige bassins zijn verscheidene verdiepingen hoog, zodat men bij het door de halfduistere gangen van boven naar beneden lopen, de indruk krijgt steeds dieper in een meer af te dalen. In het nieuwe deel van het aquarium komen de bezoekers in contact met zeedieren en exotische vlinders (1 Broad St., tel. 423-265-0695, www.tnaqua.org, dag. 10–18 uur).

Het **IMAX 3D Theatre** in de buurt van het aquarium vertoont adembenemende driedimensionale films op een reusachtig doek, bijvoorbeeld over haaien bij Mexico, Colombia, Egypte en Polynesië of over een safari in Zuid-Afrika, waarbij men zo dicht in de buurt komt van het grote wild dat men bijna gelooft de gefilmde situatie werkelijk mee te maken (tel. 1-800-262-0695, dag. vanaf 11 uur).

## Bluff View Art District

Het **Bluff View Art District** op een klif hoog boven de Tennessee River heeft zich ontwikkeld tot een populaire uitgaansbuurt met restaurants, cafés, galeries en boetieks. In dit stadsdeel staat ook het verbouwde en uitgebreide **Hunter Museum of American Art** met een voortreffelijke collectie Amerikaanse kunst. Tot de getoonde schilderijen behoren werken van kunstenaars als Thomas Cole van de Hudson River School, van vertegenwoordigers van het Amerikaanse impressionisme als Mary Cassatt, John Twachtman, Lila Cabot Perry en Maurice Prendergast en van abstract-expressionisten als Willem de Kooning (10 Bluff View, tel. 423-267-0968, www.huntermuseum.org, ma.–di. en vr.–za. 10–17, wo. en zo. 12  17, do. 10–21 uur).

De **River Gallery Sculpture Garden** aan een steile oever van de rivier verbindt kunst met natuur. Een twintigtal oorspronkelijke kunstwerken wordt hier in de openlucht tentoongesteld langs verharde wegen (400 E. 2nd St., dag. 10 uur tot zonsondergang, toegang gratis).

## Lookout Mountain

Vanaf Point Park op de Lookout Mountain, te bereiken met de tandradbaan Lookout Mountain Incline Railway, hebt u een prachtig zicht op de stad. Op de berg liggen de bizarre rotsformaties en nauwe kloven van de Rock City Gardens. Kinderen vermaken zich opperbest in de ondergrondse sprookjestuin. In een donkere mijnschacht zijn nissen uitgehakt waarin verlichte scènes uit bekende sprookjes en legenden worden uitgebeeld (1400 Patten Rd., dag. 9–17 uur).

Een smal pad leidt via druipsteengrotten naar de machtige **Ruby Falls** in de berg, die met 44 m tot de hoogste en ook de ongewoonste watervallen ten oosten van de Rocky Mountains horen (1720 S. Scenic Hwy, tel. 423-821-2544, www.rubyfalls.com, dag. vanaf 8 uur).

**Chattanooga Area Convention & Visitors Bureau:** 2 Broad St., Chattanooga, TN 37402, tel. 423-756-8687, fax 423-265-1630, www.chattanoogafun.com.

**Mayor's Mansion Inn:** 801 Vine St., tel. 423-265-5000, fax 423-265-5555, www.mayorsmansioninn.com. Bed and breakfast in de voormalige woning van een burgemeester; 18 betoverende kamers, chic ingericht. Vanaf $150.

**Pettit House:** 109 Ochs Hwy, tel. 423-821-4740, www.pettithouse.com. Stijlvolle bed and breakfast met hoge kamers, oosterse tapijten op een parketvloer, badkamer en ontbijt. $150–225.

**Chattanooga Choo Choo Holiday Inn:** 1400 Market St., tel. 423-266-5000, fax 423-265-4635, www.choochoo.com. De hotellobby en het restaurant bevinden zich in een gerestaureerd station uit het begin van de 20e eeuw. Spoorwegliefhebbers kunnen overnachten in een verbouwde 19e-eeuwse wagon, nog helemaal in oude staat. Vanaf $110.

**Motel 6:** 2440 Williams St., tel. 423-265-7300, fax 423-265-1140, www.motel6-chattanooga-downtown.com. Eenvoudig motel met nette kamers. Vanaf $42.

**Lookout Valley KOA Kampground:** 3714 Cummings Hwy, tel. 706-657-6815. Goed toegeruste kampeerplaats, op het grondgebied van de staat Georgia.

**Big River Grille & Brewing Works:** 222 Broad St., tel. 423-267-2739, dag. 11–22 uur. Na de pasta jambalaya ($13) of de Hawaii-kip ($13) en het bier van eigen huis kunt u de microbrouwerij bezichtigen.

**212 Market Restaurant:** 212 Market St., tel. 423-265-1212, dag. lunch en diner. Vrolijk beschilderd restaurant met een galerij, waar een ongedwongen sfeer heerst, ma.–vr. 16–19 uur happy hour met livemuziek; ravioli met spinazie en artisjokharten, olijven en pesto $17,95.

**Mt. Vernon:** 3509 Broad St., tel. 423-266-6591,

# Amerika: land van vreemde alcoholwetten

Thema

Vreemde wetten in een land waarin zelfs de bigotte Pilgrim Fathers op hun reis naar de Nieuwe Wereld met de Mayflower meer bier dan drinkwater vervoerden en waarvan de eerste president George Washington behoorde tot de eerste commerciële stokers van sterkedrank van het land.

Ook lange tijd na de Drooglegging (1917–1933) bestaan er in de VS nog alcoholwetten zoals wij ons die in Europa niet kunnen voorstellen. Daarbij heersen er van staat tot staat en van district tot district verschillen. Zelfs sommige steden en kleinere plaatsen hebben hun eigen regelgeving betreffende de alcoholconsumptie. Twee dingen zijn standaard voor alle staten: de minimumleeftijd voor de koop en consumptie van alcohol is 21 jaar en de promillegrens voor automobilisten bedraagt 0,8.

Naast deze 'nationale' wetten heerst een onoverzichtelijke warboel van regels en verordeningen, waarin af en toe niet eens overeenstemming bestaat over definities. Sommige wetten hebben alleen betrekking op sterkedrank, zoals whiskey en wodka, andere ook op bier en wijn. In Virginia bestaan bijvoorbeeld 'droge' districten met 'natte' steden. In andere staten zijn er wel alcoholwetten, maar per referendum zorgen de burgers van de steden en gemeenten zelf voor de reguleringen.

De zogenaamde *blue laws* verbieden hier en daar bijvoorbeeld de verkoop van alcohol op zondag en sommige feestdagen. In supermarkten worden de schappen met bier en wijn soms op 'verboden' dagen onzichtbaar gemaakt met een doek, opdat niemand op het idee komt om een sixpack mee te nemen naar de kassa. Het alcoholverkoopverbod op zondag is echter op zijn retour, omdat veel winkels weten dat zondag, na zaterdag, de op een na beste omzetdag van de week is en veel filialen niet willen afzien van de verkoop van alcohol.

Een voorbeeld is het stadje Rockport in New England, ten noorden van Boston. Daar gloorde in het voorjaar van 2005 een nieuwe toekomst. Sinds halverwege de 19e eeuw was dit stadje 'droog' geweest, omdat één enkele vrouw indertijd een onverbiddelijke veldtocht tegen alcohol had gevoerd. In 2005 vond een stemming plaats over de lokale alcoholwetten, en deze keer besloten de inwoners om het al meer dan een eeuw oude verbod van de verkoop van alcohol en van het schenken van alcohol in cafés en restaurants op te heffen.

In cafetaria's en fastfoodgelegenheden zal men in de regel moeten afzien van een glaasje wijn of bier bij het eten. Dat komt doordat men een alcohollicentie nodig heeft om alcoholische dranken te mogen schenken, en zo'n licentie is niet goedkoop. Om die reden zien de bedrijsleiders van eenvoudige gelegenheden af van de aanschaf van een alcohollicentie. In andere zaken geldt 'BYO', wat *bring your own* betekent, dat wil zeggen: men kan zijn eigen wijn of bier meebrengen en ter plaatse opdrinken. Voor het beschikbaar stellen van openers en glazen wordt kurkengeld gevraagd. De grotere restaurants beschikken in het algemeen wel over een alcoholvergunning, want ze weten dat hun gasten graag een glaasje drinken bij het eten.

ma.–vr. 11–21.30, za 16.30–21.30 uur, zo gesloten. Schelvisfilet met kruiden en limoen $11,
*sirloin steak* $11, excellente nagerechten zo-
als *amaretto cream pie* en apfelstrudel naar
eigen recept $3,50.

**Chattanooga Market:** 1826 Carter St.,
www.chattanoogamarket.com, ma.–za.
12–18 uur. Levendige markt met groente,
fruit, aardewerk, kunstnijverheid en livemuziek. Het marktcafé gaat om 11 uur open.
**Lodge Discount Factory Outlet:** 5th at Cedar
St., South Pittsburg, www.lodgemfg.com,
ma.–za. 9–19, zo. 12–18 uur. Outlet met keukenbenodigdheden.

**Riverbend Festival** (juni): Chattanooga's grootste stadsfeest, 9 dagen lang,
met jazz, blues, country en klassieke muziek; beeldhouwers en schilders stellen hun
werk tentoon, koks serveren de keuken van
de zuidelijke staten.

**Stoomboottochten:** Southern Belle Riverboat, 201 Riverfront Pkwy, Pier 2,
tel. 423-266-4488, www.chattanoogariverboat
.com. Reisje met een Mississippi-stoomboot
over de Tennessee River.

**Openbaar vervoer:** Om de 5 à 10 minuten rijden elektrische bussen naar de
belangrijkste punten in de binnenstad, $1,25
per rit (tel. 423-629-1473, www.carta-bus.org.).

## In het rijk van de whiskey

**Atlas:** blz. 19, B 3
Lynchburg is een vreemd stadje. Boven het
centrum met zijn Courthouse hangt dag na
dag een sterke, moutige whiskeygeur, en die
is niet afkomstig van bars en kroegen, maar
van de in 1866 gestichte, voor bezoekers toegankelijke whiskeystokerij **Jack Daniel's Dis-
tillery.** Het vreemde nu is dat Lynchburg in
een district ligt waar zowel de verkoop als de
consumptie van sterkedrank verboden is.

In het Visitor Center kan de bezoeker,
voordat hij door de distilleerderij wordt

rondgeleid, zich laten voorlichten over de
fijne kantjes van de productie van de houts-
koolgefilterde Tennessee Whiskey en over de
geschiedenis van de edele drank. Wie denkt
dat hij daarna een glaasje mag proeven,
heeft het mis (10 Short St., tel. 931-759-4221,
www.jackdaniels.com, dag. 9–16.30 uur).

Ten noordoosten van Lynchburg bij de
plaatst Normandy staat nog een whiskeydis-
tilleerderij. Ook bij **George Dickel** kan men aan
een rondleiding door het bedrijf deelnemen
(Cascade Hollow Rd., tel. 931-857-3124, lijn 230,
www.dickel.com, di.–za. 9–16 uur).

## Franklin

**Atlas:** blz. 19, B 2/3
In het centrum van dit stadje van 20.000 inwoners staan prachtige 19e-eeuwse huizen,
waarin stijlvolle boetieks, antiekwinkels, galeries, souvenirwinkels, uitstekende restaurants en cafetaria's voor de snelle hap gevestigd zijn. Deze bekoorlijkheid doet haast vergeten dat eind november 1894, tijdens de
Burgeroorlog, bij Franklin een slechts vijf uur
durende slag werd gestreden, die het leven
kostte aan 8000 soldaten, onder wie zes generaals van de Geconfedereerden (de Zuidelijken).

De Slag bij Franklin liet ook het in 1830 gebouwde **Carter House** niet met rust. Meer dan
1000 kogels sloegen in dit bakstenen gebouw
in, waarin nu een museum over de Burgeroorlog met een videopresentatie is ondergebracht. Het was een van de zwaarst beschadigde gebouwen uit de oorlog, maar het
heeft de vijandelijkheden toch weten te weer-
staan (1140 Columbia Ave., tel. 615-791-1861,
dag. ma.–za. 9–17, zo 13–17 uur).

Ook aan de **Carnton Plantation** ging de Burgeroorlog niet ongemerkt voorbij. Deze beeldschone villa met zijn zuilenfaçade diende als
veldlazaret voor de troepen van de Zuidelijken;
hier bliezen honderden gewonden hun laatste
adem uit. De vrouw des huizes Carrie McGa-
vock heeft meer dan 1500 gesneuvelden ter
aarde laten bestellen op een op haar eigen terrein aangelegde privébegraafplaats, die nog

steeds te bezichtigen is in het bij het landgoed behorende park. Robert Hicks beschrijft de oorlogsgebeurtenissen in zijn in 2005 verschenen roman *The widow of the South* (1345 Carnton Ln., tel. 615-794-0903, www.carnton.org, ma.–za. 9–17, zo. 13–17 uur).

## Natchez Trace Parkway

Franklin ligt aan de historische, 444 mijl (710 km) lange **Natchez Trace Parkway**, die begint in het stadje Natchez in de staat Mississippi en 24 km voorbij Franklin eindigt in Nashville. Zo'n 8000 jaar geleden denderden grote kudden bizons over dit pad, dat later werd gebruikt door indianen, pelsjagers, handelaars, missionarissen en soldaten. Er lagen veel gevaren op de loer, afkomstig van indianen, bandieten en wilde dieren, waaraan de weg de bijnaam Devil's Backbone ('Ruggengraat van de Duivel') dankt.

Aan het begin van de 19e eeuw was dit de enige verbinding tussen de beschaafde wereld aan de oostkust en de beschavingsgrens aan de Mississippi. Met de uitvinding van de stoomboot was de weg overbodig geworden en in de 20e eeuw werd hij verbouwd tot een moderne toeristenroute (www.nps. gov/natr).

**i** **Williamson County Visitor Information Center:** Second Ave., Franklin, TN 37064, tel. 615-591-8514, fax 615-790-5337, www.visitwilliamson.com.

**Best Western Franklin Inn:** 1308 Murfreesboro Rd., tel. 615-790-0570, www. bestwesternfranklin.com. Onberispelijk hotel met zwembad, businesscenter, fitnessruimte, inclusief ontbijt. Vanaf $65.
**Best Value Inn & Suites:** 4201 Franklin Commons, tel. 615-591-5678, fax 615-591-5676, www.motelfranklin.com. Groot motel met zwembad en nette kamers dan wel suites. Vanaf $60.

**Factory at Franklin:** 230 Franklin Rd., www.factoryatfranklin.com, dag. vanaf 9 uur. In elf voormalige fabrieksgebouwen zijn winkels en restaurants ondergebracht. Verder is er een groot aanbod aan amuse-mentsmogelijkheden. Vaak worden hier exposities, concerten en theatervoorstellingen gegeven.

# Nashville

**Atlas:** blz. 19, B 2
Elke Amerikaan kent Nashville als de bakermat van de countrymuziek, die artiesten als Hank Williams en Willie Nelson roem bezorgde en nu nieuwe sterren kent als Garth Brooks en Reba McEntire. De 490.000 inwoners tellende stad is tegelijkertijd ook de zetel van de regering en het parlement van Tennessee, maar dat wordt minder belangrijk gevonden.

Anders dan het grootste deel van de oostkust van de VS ligt Nashville niet in de Eastern Time Zone, maar in de Central Time Zone, dat wil zeggen dat het tijdsverschil met Nederland/België niet 6, maar 7 uur bedraagt.

## Countrybolwerken

Het **Ryman Auditorium** werd in 1892 gebouwd als gospelkerk en diende later als theater, waarin beroemdheden als Sarah Bernhardt, Enrico Caruso, Orson Welles en Mae West door het publiek werden bejubeld. In de tweede helft van de 20e eeuw begon het theater een glanzende carrière als tempel van de countrymuziek. Van 1943 tot 1973 hebben alle sterren van de country hier opgetreden. Nadat het in 1994 wederom was verbouwd, vinden in het auditorium, dat plaats biedt aan 2100 bezoekers, diverse culturele evenementen plaats (116 Fifth Ave. N., tel. 615-458-8700, www.ryman.com, rondleidingen en backstagetours op dagen dat er geen voorstelling is 9–16 uur).

## Grand Ole Opry

Behalve in de winter, wanneer de **Grand Ole Opry** verhuist naar het Ryman Auditorium, worden in deze enorme hal concerten gegeven door de elite van de countryzangers en -zangeressen. Niemand stoort zich eraan dat tijdens de op radio en televisie uitgezonden optredens op het podium reclame wordt gemaakt voor allesreiniger en broodbeleg. In het **Grand Ole Opry Museum** documenteren multimediashows de carrières van grote countrysterren en er zijn talloze memorabilia te zien (2802 Opryland Dr., tel. 615-871-5043, ma.-za. 9-17, zo. 13-17 uur).

## Country Music Hall of Fame

Het walhalla van de bekendste countrygrootheden, geopend in 2001, kostte het muziekgekke Nashville ongeveer $37 miljoen. Wie altijd al het bewijs van ontslag uit het leger van Johnny Cash heeft willen zien of de gouden Cadillac van Elvis Presley of 3000 andere voorwerpen die te maken hebben met meer of minder beroemde zangers en zangeressen, is hier aan het goede adres. Een permanente tentoonstelling getiteld 'Sing me back Home' met kleding, herinneringsobjecten, muziekinstrumenten, foto's en manuscripten van songs stelt de bezoeker in staat om een reis te maken door tientallen jaren countrymuziek (222 Fifth Ave. S., tel. 615-416-2001, www.coun trymusichalloffame.com, dag. 9-17 uur).

## State Capitol

De regeringszetel van de staat Tennessee staat op een heuvel in Downtown en vertoont wat uiterlijk betreft overduidelijke neoklassieke invloeden. Het in 1859 naar ontwerp van William Strickland voltooide gebouw wordt omgeven door een park met daarin talrijke monumenten, waaronder een ruiterstandbeeld van de zevende Amerikaanse president Andrew Jackson, die afkomstig was uit Nashville. De elfde president James K. Polk ligt samen met zijn vrouw in het park begraven (Charlotte Ave. tussen 6th en 7th Ave., tel. 615-741-2692, www.state.tn.us, ma.-vr. 9-16 uur, toegang gratis).

## Musea

Het voormalige hoofdpostkantoor, dat in 1934 is gebouwd in art-decostijl, herbergt nu het **Frist Center for the Visual Arts**, een belangrijk kunstcentrum in Nashville. Het Frist Center bezit weliswaar slechts een kleine eigen collectie, maar biedt het hele jaar door reizende tentoonstellingen over bijvoorbeeld Veneti-

aanse glaskunst, landschapsfotografie of het Franse impressionisme (919 Broadway, tel. 615-244-3340, www.fristcenter.org, ma.-wo. en za. 10-17.30, do.-vr. 10-21, zo. 13-17.30 uur).

Het **Tennessee State Museum** overbrugt een tijdsbestek van 15.000 jaar van de prehistorie via de Engelse kolonisering tot aan de Burgeroorlog en de periode daarna. Historisch meubilair, wapens, vlaggen en tal van memorabilia met betrekking tot beroemdheden als Andrew Jackson, Daniel Boone, James K. Polk, David Crockett en Sam Houston maken het museum tot een interessante historische schatkamer (5th/Deaderick St., tel. 615-741-2692, www.tnmuseum.org, di.-za. 10-17, zo. 13-17 uur, toegang gratis).

Dat Nashville soms 'het Athene van het zuiden' wordt genoemd, heeft te maken met een eeuwfeesttentoonstelling die in 1897 in Centennial Park werd gehouden. Het hart van de expositie was een kopie van gips en hout van het **Parthenon** in Athene op ware grootte, die in 1931 werd nagebouwd in het beduidend bestendigere zandsteen.

Naast de stedelijke kunstcollecties met belangrijk Amerikaans werk is daar een 13 m hoog beeld van Athena te zien, de Griekse godin van de wijsheid, weerbaarheid en de kunsten (West End Ave./25th Ave., Tel. 615-862-8431, www.nashville.gov/parthenon, di.-za. 9-16.30, zo. 12.30-16.30 uur).

**The Hermitage** was de particuliere residentie van de zevende Amerikaanse president Andrew Jackson (1767-1845), die van 1829 tot 1837 het hoogste staatsambt bekleedde. Hij is onder andere de geschiedboeken in gegaan als de verantwoordelijke voor de wrede verdrijving van de indianenstammen uit het zuidoosten.

In 1834 ging zijn villa op in de vlammen en twee jaar later werd hij opnieuw opgebouwd. De kamers zijn ingericht met meubels en kunstwerken uit de tijd van Jackson zelf. De president ligt naast zijn vrouw Rachel begraven in een paviljoen op het terrein (4580 Rachel's Ln., tel. 615-889-2941, www.thehermi tage.com, dag. 9-17 uur, 3e week in januari gesloten).

## Tip:
## Country in overvloed

Het muziekleven van Nashville speelt zich vooral af in doorrookte kroegen, waar elke avond jonge talenten op kleine podia staan en een hoed of een emmer rondgaat om hen van een honorarium te voorzien. Sinds de tijd van de Drooglegging gelden sommige straten als een paradijs voor muziekliefhebbers en nachtbrakers.

Wanneer de groten van de country 's winters niet in de Grand Ole Opry, maar net als vroeger in het Ryman Auditorium optreden, lopen ze in de pauze snel de hoek om, om in **Tootsie's Orchid Lounge** (422 Broadway, tel. 615-726-0463, www.tootsies.net, dag. vanaf 19 uur) een glaasje te drinken. Zijn de sterren niet in levenden lijve aanwezig in dit kleine etablissement, dan toch op zijn minst in de vorm van foto's met handtekening aan de muur. Elke avond livemuziek, en wie een plaats aan een tafeltje wil, moet zorgen dat hij of zij tijdig aanwezig is.

De moeilijk te vinden **Printer's Alley** in het centrum van Nashville, waar nu nog ge-legnheden als de **Bourbon Street Blues & Boogie Bar** (220 Printer's Alley, tel. 615-242-5837 www.bourbonstreetblues.com, dag. vanaf 16 uur) het historische erfgoed in ere houden, doet denken aan vervlogen tijden.

Het kleine **Bluebird Café** (4104 Hillsboro Rd., tel. 615-383-1461, www.bluebirdcafe.com, dag. vanaf 18 uur) is een buitenbeentje. Het ligt niet in het muzikale hart van de stad, maar aan de rand te midden van winkels. Hier heeft al een hele reeks musici op het podium gestaan die het in de jaren daarop ver zouden schoppen tot aan 's lands grote concertzalen toe.

Wie genoeg krijgt van de countrymuziek in Nashville, kan vluchten in de rhythm-and-bluesscene. Het hoogtepunt daarvan vormt de **B.B. King's Blues Club** (152 Second Ave., tel. 615-256-2727, zo.–do. 17–1 uur), waarin de grootmeester en eigenaar B.B. King zelf af en toe de gitaar ter hand neemt. De club bezit twee podia en tijdens de shows kan er worden gegeten.

Typisch Nashville: een countrymuzikant in Tootsie's Orchid Lounge

**Nashville Visitor Information Center:** Glass Tower Nashville Arena, Fifth Ave. S. & Broadway, tel. 615-259-4747, www.music cityusa.com.

**Hermitage Hotel:** 231 Sixth Ave. N., tel. 615-244-3121, fax 615-254-6909, www. thehermitagehotel.com. Het beste hotel tussen Memphis en Atlanta met een koninklijke lobby en luxueus ingerichte kamers en suites, waarin het de gast aan niets ontbreekt. Vanaf $220.

**Carole's Yellow Cottage:** 801 Fatherland St., tel. 615-226-2952, www.bbonline.com/tn/ yellow-cottage. Huis in victoriaanse stijl uit 1902 met hoge kamers, houten vloeren en schilderijen aan de muren, kabel-tv, alleen voor niet-rokers. $100-125.

**Fiddlers Inn:** 2410 Music Valley Dr., tel. 615-885-1440, fax 615-883-6477, www.fiddlers-inn.com. Motel bij de Grand Ole Opry met zwembad en businesscenter, nette kamers. $70-110.

**The Bound'ry:** 911 20th Ave. S., tel. 615-321-3043, alleen diner. Groot restaurant met neoklassiek interieur en gerechten met een mediterraan accent. $20-50.

**Hog Heaven:** 115 27th Ave. N., tel. 615-329-1234, zo.-ma. gesloten. Restaurant waar een ontspannen sfeer heerst. Goede vleesgerechten zoals barbecues en gebraden gevogelte. $10-20.

**Bluebird Café:** 4104 Hillsboro Rd., tel. 615-383-1461, alleen diner. Dit restaurant wordt druk bezocht, aangezien het een goede keus biedt aan vis- en barbecuegerechten, vaak onder begeleiding van live-countrymuziek. $10-20.

**Hatch Showprint:** 316 Broadway, tel. 615-256-2805, ma.-za. 10-18 uur. Wie op zoek is naar een poster van een country-ster als souvenir, komt zeker aan zijn trekken in deze drukkerij, die al bestaat sinds 1879.

**Opry Mills:** 433 Opry Mills Dr., www.opry mills.com, ma.-za. 10-21.30, zo. 11-19 uur. Enorm winkel- en amusementscomplex met meer dan 200 winkels, restaurants en bioscopen.

Cowboylaarzen zijn een typisch souvenir om uit Nashville mee te nemen; vaak zijn ze van uitstekende kwaliteit. In het centrum en aan Church Street zijn tal van laarzenwinkels te vinden.

**Wildhorse Saloon:** 120 Second Ave. N., tel. 615-902-8200, www.wildhorsesa loon.com, dag. vanaf 11 uur. De saloon is zowel een populair restaurant als een levendige muziekgelegenheid.

**Gold Rush:** 2205 Elliston Pl., tel. 615-321-1160, www.goldrushnashville.com, dag. 11-2 uur. Mexicaanse gerechten, een biljartzaal, een martinibar en een westernbar.

**Tennessee Performing Arts Center:** 505 Deaderick St., tel. 615-782-4000, www. tpac.org. Dit tot ver over de stadsgrenzen van Nashville bekende cultuurcentrum is de thuisbasis van de Nashville Symphony, het Tennessee Repertory Theatre, de Nashville Opera en het Nashville Ballet. Het complex telt vier auditoria, waarvan het grootste plaats biedt aan 2400 personen.

**Stoomboottochten:** General Jackson Showboat, Gaylord Opryland Complex, 2800 Opryland Dr., tel. 615-889-1000, www.gay lordhotels.com. Tochten van verschillende aard aan boord van een zogenaamde Mississippistoomboot, met diner en amusement.

# Antebellum Trail

Enkele plaatsen tussen Athens en Macon in Georgia die grotendeels aan de verwoestingen van de Burgeroorlog zijn ontkomen, hebben de toeristische Antebellum Trail op touw gezet. Deze plaatsen kunnen bogen op schitterende straten met meer dan 150 jaar oude villa's en karakteristieke kleinere huizen.

Witgekalkte plantervilla's, eindeloze katoenvelden, schaduwrijke lanen met eeuwenoude knoestige eiken, nevelige moerassen, magnoliatuinen en dames uit de betere kringen in hoepelrokken, die door stijlvolle plantagehuizen schrijden: al is er veel veranderd de afgelopen decennia, toch is zo'n idylle in het Amerikaanse zuiden tussen de supermoderne miljoenenstad Atlanta en de Atlantische kust nog steeds te vinden.

Aan de bijna 150 km lange Antebellum Trail, die ten oosten van Atlanta begint in het universiteitsstadje Athens en in Macon aan de Ocmulgee River eindigt, is de oude pracht van de zuidelijke staten vooral nog in verscheidene kleine steden te vinden. In de Burgeroorlog vielen op het gebied van de toenmalige Confederatie van zuidelijke staten namelijk veel grotere steden ten offer aan de bloedige gevechten. Zo zijn er regio's in Georgia waar generaal William T. Sherman van de Noordelijken op zijn mars van het verwoeste Atlanta naar Savannah een spoor van vernietiging achterliet. Zijn soldaten plunderden en brandschatten, of het nu ging om belangrijke militaire objecten of niet. Zij pikten van de farms en de velden alles wat ze konden gebruiken en namen niet de moeite om te stoppen bij de hutten van de slaven.

Slechts weinige oorden in dit deel van Georgia bleven bespaard voor de wrede strategie van de verbrande aarde. Madison had bijvoorbeeld het geluk dat senator Joshua Hill daar zijn stralend witte buitenverblijf had laten bouwen. Hij was met de broer van gene-

raal Sherman bevriend en gold als een tegenstander van de afscheiding van de zuidelijke staten. Bij een treffen met de generaal pleitte Hill er met succes voor dat Madison gespaard zou blijven, zodat de meeste huizen van voor de Burgeroorlog bewaard zijn gebleven en nu tot de juwelen van de Antebellum Trail behoren.

De Amerikanen noemen deze huizen *gingerbread houses* ('peperkoekhuizen'), omdat de houten balkonleuningen en witgeverfde voorgevels enigszins lijken op het suikerwerk van een peperkoek. Naast deze sfeervolle huizen, niet zelden omgeven door een prachtige, verzorgde tuin, zijn in de tijd voor de Burgeroorlog ook luxueuze paleizen gebouwd, die een kijkje in de levenswijze van de toenmalige hogere kringen geven. De plantage Tara uit *Gejaagd door de wind* zal men ook op de Antebellum Trail vergeefs zoeken: die is alleen in de filmstudio's van Hollywood te vinden.

## Athens

**Atlas:** blz. 23, B 1

De in 1785 gestichte campus in Athens met meer dan 300 gebouwen maakt deel uit van het historische erfgoed van de stad. Op het parkachtige universiteitsterrein vallen de gebouwen met colonnades op, uitgevoerd in classicistische stijl, een stijl die zich in 1832 met de bouw van de universiteitskapel doorzette en de stad de bijnaam The Classic City opleverde. In het bij de universiteit behorende **Georgia Museum of Art** worden schilderijen uit de Italiaanse renaissance, moderne Amerikaanse schilderkunst en kunstvoorwerpen uit de hele wereld tentoongesteld.

Het in 1845 eveneens in classicistische stijl gebouwde **Taylor-Grady House** is verfraaid met dertien Dorische zuilen die symbool staan voor de dertien oorspronkelijke staten van de VS. Het **President's House** (1857–1858) van de voormalige voorzitter van de University of Georgia is ook gebaseerd op Griekse voorbeelden met een voorgevel met Korinthische en zijgevels met Dorische zuilen. Het oudste huis van Athens, het **Church-Waddel-Brumby House,** is in 1820 gebouwd als woning van een hoogleraar wiskunde en dient nu als toeristenbureau.

Athens heeft echter niet alleen naam gemaakt als bastion van wetenschap en architectonische toonzaal, maar ook als kolonie van musici, waar jonge muzikanten in het voetspoor zijn getreden van uit Georgia stammende grootheden als Otis Redding, Little Richard en James Brown. Dat geldt bijvoorbeeld voor de drie uit Athens afkomstige en internationaal beroemde bands Indigo Girls, B-52s en R.E.M., en ook voor de zanger Kenny Rogers.

**Athens Welcome Center:** 280 E. Dougherty St., Athens, tel. 706-353-1820, fax 706-353-1770. Classic City Tours per minibus, 90 minuten durend, met explicatie.

**Magnolia Terrace:** 277 Hill St., tel. 706-548-3860, fax 706-369-3439. Stijlvolle woning uit 1912 van een rijke katoenhandelaar, nu verbouwd tot hotel. Alle 8 kamers beschikken over een eigen badkamer. $85–150.
**Grand Oaks Manor B & B:** 6295 Jefferson Rd., tel. 706-353-2200, fax 706-353-7799, www.bbonline.com/ga/nicholson. Bed and breakfast met kamers inclusief eigen badkamer, telefoon, tv en airconditioning. $109–159.

**40 Watt Club:** 285 W. Washington St., tel. 706-549-7871, www.40watt.com, ma.–za. vanaf 20 uur. De bekendste muziek-

## Onderweg met de auteur

### Classicisme in de provincie
Met zijn vele classicistische gebouwen straalt **Athens** de sfeer uit van een elegant provinciestadje (zie blz. 358).

### Architectonische schoonheden
**Madison** is de mooiste stad aan de Antebellum Trail. Deze schoonheid dankt het onder andere aan het victoriaanse **Hunter House** en het classicistische **Joshua Hill House** (zie blz. 360).

### Burgerpaleizen
De mooiste 19e-eeuwse architectuur aan het eind van de Antebellum Trail vindt u in Macon: het grandioze **Hay House** en het **Old Cannonball House** (zie blz. 362).

club van Georgia heeft in het verleden geprofiteerd van lokale beroemdheden als R.E.M. en de B-52s.

**AthFest** (juni): muziekfeest met meer dan 120 bands, die een heel weekend binnen en buiten optreden, www.athfest.com.

# Madison

**Atlas:** blz. 23, B 1
Dit stadje met nog geen 4000 inwoners wordt beschouwd als de parel van de Antebellum Trail en komt in veel straten over als een openluchtmuseum. De door historische huizen omzoomde straten komen bijeen bij het Morgan County Courthouse in het centrum, dat goed te herkennen is aan zijn koepelvormige klokkentoren.

Veel statige villa's en mooie cottages aan South Main en Academy Street zijn gebouwd tussen 1830 en 1860, toen kooplieden en boeren uit de regio met hun katoen soms uiterst lucratieve zaken deden.

Het meest gefotografeerde landgoed in Madison is het sprookjesachtige **Hunter**

Het 19e-eeuwse Hunter House lijkt op een sprookjeskasteel

**House** uit 1883. Zijn onnavolgbare pracht dankt het in Queen Annestijl gebouwde huis aan de hoekige architectuur, met erkers en dakkapellen, een rondom lopend, overdekt en van balustrades voorzien balkon, en een schitterende tuin met azaleastruiken en zich om het tuinhek heen slingerende rozen (580 S. Main St.). Samen met het meer dan 170 jaar oude **Dovecoat House** (201 S. Main St.) behoort het **Joshua Hill House** (485 Old Post Rd.) tot de mooiste bouwwerken van de stad. Senator Joshua Hill, die er dankzij zijn persoonlijke inzet voor zorgde dat de stad tij-

dens de Burgeroorlog niet werd verwoest, was de heer des huizes van dit neoklassieke paleis met zijn sneeuwwitte zuilen.

**ℹ** **Madison-Morgan Chamber of Commerce:** 115 E. Jefferson St., Madison, GA 30650-1362, tel. 706-342-4454, www.madison ga.org. In mei en december worden rondleidingen door privéhuizen gegeven.

**🛏** **Madison Oaks Inn:** 766 E. Ave., tel. 706-343-9990, www.madisonoaksinn. com. Prachtig herenhuis uit 1905 in Greek Revival-

🍴 **Ye Olde Colonial Restaurant:** 108 E. Washington St., tel. 706-342-2211, dag. behalve zo. lunch en diner. Voortreffelijke gerechten uit het zuiden van de VS, geserveerd in een bankgebouw uit 1800. Vanaf $14.

## Op weg naar Macon

**Atlas:** blz. 23, C 1/2

De historische kern van **Eatonton**, met 7000 inwoners, valt minder op dan die van Madison, al staan er in talrijke zijstraten zeer bezienswaardige huizen uit de 19e eeuw. In Eatonton is Joel Chandler Harris (1848–1908) geboren, die met het konijn Br'er Rabbit en de vos Br'er Fox twee populaire fabeldieren in het leven riep; zij duiken op in vele van zijn Uncle Remus-vertellingen. Het Uncle Remus Museum met een open haard en enkele memorabilia is ondergebracht in een blokhuis dat is samengesteld uit twee slavenhutten (114 N. Madison Ave., tel. 706-485-6856, www.unclere mus.com, mei–sept. 10–17 uur).

Wanneer u Lake Sinclair, dat in 1953 is ontstaan nadat de stuwdam in de Oconee River was gebouwd, passeert, komt u in **Milledgeville**, de hoofdstad van Georgia van 1803 tot 1868. Het in 1806 gebouwde Old State Capitol herinnert nog aan die tijd; hier kwam in 1861 de zogenaamde Secession Convention bijeen. Na drie dagen verbitterd debatteren besloten de gedelegeerden uit de Amerikaanse Unie te treden, waarmee Georgia zich in de Burgeroorlog aan de zijde der Zuidelijken schaarde. In het hoofdgebouw en de jongere bijgebouwen is een militaire universiteit ondergebracht, het **Georgia Military College**. Het **Old Governor's Mansion**, dat in 1838 werd voltooid in classicistische stijl, met zijn door zuilen verfraaide voorgevel behoort eveneens tot dit complex dat zo beladen is met geschiedenis.

stijl, gelegen in een park. Uiterst verzorgde kamers inclusief ontbijt. $185–250.

**Brady Inn:** 250 N. 2nd St., tel. 705-342-4400, fax 705-342-9287, www.bradyinn.com. Bed and breakfast in een victoriaanse cottage, 7 kamers met eigen badkamer, alleen mrt.–juni en sept.–dec. geopend. $125.

**Days Inn:** 2001 Eatonton Rd., tel. 706-342-1839, fax 706-342-1839, www.daysinn.com. Ketenmotel bij de Interstate buiten het stadje. Vanaf $60.

## Macon

**Atlas:** blz. 23, B 2

Het 106.000 inwoners tellende **Macon** is de grootste stad aan de Antebellum Trail. Macon

**Zuidelijk gesleep en geneuzel:** De inwoners van Milledgeville gaan er prat op dat de twee hoofdrolspelers van de film *Gejaagd door de wind*, Clark Gable en Vivien Leigh, voor het begin van de opnamen naar hun stadje zijn gestuurd om te oefenen op de *Southern twang*, het slepende accent van de bewoners van de zuidelijke staten.

ligt aan de Ocmulgee River, die stroomt door de landstreek tussen de heuvelachtige Piedmont Region in het noorden en de kustvlakte in het zuiden. De stad werd in 1823 gesticht als zakencentrum te midden van de uitgestrekte plantages. Welvarende tijdgenoten lieten imposante paleizen neerzetten in het centrum, die voor een deel nog bewaard gebleven zijn.

## Kapitale villa's

Een van de mooiste voorbeelden van de zogenaamde Italian Renaissance Revivalstijl (een soort neorenaissance) is het 24 kamers grote **Hay House**. Dit prachtige, in een tuin gelegen huis met zijn gekromde trap die naar de hoofdingang leidt, is gebouwd tussen 1855 en 1859. Dergelijke paleizen met pleisterornamenten, kristallen luchters, antieke meubels en exquise porselein bevinden zich tegenwoordig nog maar zelden in privébezit, aangezien de kosten voor het onderhoud ervan meestal te hoog zijn. Dat geldt ook voor het door de Georgia Trust for Historic Preservation beheerde Hay House. Ten tijde van de voltooiing maakte dit niet alleen indruk door het prachtige uiterlijk, met zijn tegenstelling tussen het rode baksteen en de sneeuwwitte zuilen, balkons en raamomlijstingen. Binnenin werd gebruikgemaakt van de modernste techniek, zoals een centrale watervoorziening, een lift en een uitgekiend ventilatiesysteem (934 Georgia Ave., tel. 478-742-8155, www.georgiatrust.org, rondleidingen dag. 10–16 uur).

Het enige gebouw in de stad dat tijdens de Burgeroorlog werd beschadigd, is het **Old Cannonball House**. In de vloer van dit in 1853 voor een rechter gebouwde huis zit een ijzeren kogel vast, die in 1864 door troepen van de Unie werd afgevuurd. De schade was niet al te groot doordat het projectiel insloeg tussen de Ionische zuilen van de voorgevel door, één venster doorboorde en toen in de vloer bleef steken. De met chic meubilair, kostbare tapijten en kunstwerken ingerichte kamers doen een luxe levenswandel van de toenmalige bewoners vermoeden (856 Mulberry St., tel. 478-745-5982, www.cannonballhouse.org, rondleidingen ma.–za. 10–17 uur).

## Hal van de Roem

In de ongeveer 4000 m² grote **Georgia Music Hall of Fame** worden extravagante memorabilia tentoongesteld van meer dan 450 uit Georgia afkomstige muzikanten, onder wie grootheden als Little Richard, Otis Redding, de Allman Brothers Band en James Brown, die allen in Macon begonnen met hun carrière. Een van de grootste artiesten in deze 'Hal van de Roem' is Ray Charles (1930–2004), die in Albany (Georgia) ter wereld kwam en wiens versie van *Georgia on my mind* is uitgeroepen tot het volkslied van de staat (200 Martin Luther King Jr. Blvd., tel. 478-750-8555, www.gamusichall.com, ma.–za. 9–17, zo. 13–17 uur).

De populaire en drukbezochte **Georgia Sports Hall of Fame** documenteert het leven en de carrières van uitblinkers in verschillende sporten, van golf en American football tot honkbal, basketbal en autoracen. De vitrines van dit grootste sportmuseum van de staat staan vol persoonsgebonden objecten, zoals shirts, sportschoenen en gewonnen prijzen. In de Locker Room (kleedkamer) worden geen kleren uitgetrokken, maar sportuitrustingen, video's van wedstrijden, foto's van sportsterren en trainingskleding verkocht (301 Cherry St., tel. 478-752-1585, www.gshf.org, ma.–za. 9–17, zo. 13–17 uur).

## Ocmulgee National Monument

Al 10.000 jaar voor de stichting van Macon zwierven nomadische jagers door de oeverstreken van de Ocmulgee River. Aanwijzingen hiervoor hebben archeologen gevonden in de vorm van eenvoudige speer- en pijlpunten. Vondsten die onderzoekers buiten het huidige stadscentrum in het **Ocmulgee National Monument** hebben gedaan, dateren van veel later. Daar leefden tussen 900 en 1400 een landbouw bedrijvende gemeenschap van de zogenaamde Mississippicultuur, die zich vanaf ca. 750 n.Chr. van het middelste Mississippidal over uitgestrekte gebieden in het midden en oosten van de VS verbreidden.

De Mississippi-indianen hebben aan de Ocmulgee River verbluffende bouwwerken neergezet. Niet ver van het Visitor Center, waar talrijke vondsten worden getoond en een film over de indianen te zien is, staat een reconstructie van een met aarde bedekt ceremonieel gebouw, dat er van een afstand uitziet als een afgeronde heuvel. Onder het ronde, door pilaren ondersteunde houten dak kwamen vermoedelijk de politieke en religieuze leiders van de gemeenschap bijeen. Het volk woonde in hutten op de heuveltjes boven de oever van de rivier. In het zuidelijke deel van het National Monument liggen twee *temple mounds*, afgevlakte heuvels waarop waarschijnlijk in rechthoekige houten bouwwerken belangrijke ceremonies werden gehouden. In het museum van Ocmulgee worden vele voorwerpen van de Mississippicultuur tentoongesteld. Andere stukken, vooral aardwerk, wijzen op een Woodlandoorsprong of horen bij de Lamarcultuur, die zich vanaf de 14e eeuw aansloot bij Mississippicultuur (1207 Emery Hwy, dag. 9–17 uur, tel. 478-752-8257, www.nps.gov/ocmu, toegang gratis).

**Macon-Bibb County Convention & Visitors Bureau:** 200 Cherry St., Macon GA 31208, tel. 478-743-3401, fax 478-745-2022, www.maconga.org.

**1842 Inn:** 353 College St., tel. en fax 478-741-1842, www.1842inn.com. Prachtig gebouw met zuilen, 22 kamers, wandtapijten, antiek, oude schilderijen; sommige kamers met bubbelbad en open haard, Inclusief ontbijt $139–230.

**Best Western Inn:** 2400 Riverside Dr., tel. 478-743-6311, fax 478-743-9420, www.bestwestern .com. Degelijk hotel met zwembad en restaurant. $59.

**Travelodge:** 5000 Harrison Rd., tel. 478-471-6116, www.travelodge.com. Ketenmotel met standaardkamers en grotere suites, binnenbad, dataports. $50.

**The Back Burner:** 2242 Ingleside Ave., tel. 478-746-3336, di.–za. 11.30–14 en 18–21.30 uur. De uit Nice afkomstige chef-kok tovert verrukkelijke Franse gerechten tevoorschijn. Diner $18–30.

**Hooters of Macon:** 112 Riverside Pkwy, tel. 478-471-7675, dag. vanaf 11.30 uur. Vrolijk ketenrestaurant, met aantrekkelijke serveersters die in hotpants Amerikaanse kost serveren. Vanaf $7.

**Karla's Shoe Boutique:** 603 Cherry St., tel. 478-741-2066, ma.–vr. 10-17.30, za. 10–16 uur. De eigenares van deze schoenenwinkel is de dochter van Otis Redding. Ze verkoopt modieuze merkschoenen.

**Old Asia Gallery & Antiques:** 3170 Vineville Ave., tel. 478-755-1978, di.–za. 11–17 uur. Aziatisch antiek en collector's items.

**Grand Opera House:** 639 Mulberry St., tel. 478-301-5300, www.mercer. edu/the grand. In 1884 gebouwde opera met een van de grootste theaterpodia van het zuiden.

**Historic Douglass Theatre:** 355 Martin Luther King Jr. Blvd., tel. 478-742-2000. In dit theater begon Otis Redding zijn carrière. Tegenwoordig vinden er verschillende evenementen plaats en worden er films vertoond.

### Feesten en evenementen

**Cherry Blossom Festival** (mrt.): 10-daags cultureel feest ter gelegenheid van 285.000 bloeiende kersenbomen, www.cherryblossom.com.

Aan de Atlantische kust van Georgia kan islandhoppen tot verslaving leiden. Geen wonder dat Amerikaanse miljonairs zich al in de 19e eeuw enkele van deze droomparadijzen cadeau gaven. Tegenwoordig staan de eilanden net als de overblijfselen van de plantagecultuur en de stadjes op het toeristische repertoire van Georgia.

Bizar gevormde baaien, in zee uitstekende stukken land, schiereilanden, moerasgebieden en vooral een reeks barrière-eilanden, die zich noordwaarts in South Carolina en zuidwaarts in Florida voortzet – dit zijn de voornaamste kenmerken van de 160 km lange kust van de staat Georgia. Aan de ene kant zijn sommige gebieden welhaast ongerept en in het geval van Cumberland Island of Sapelo Island slechts door weinig mensen bewoond. Aan de andere kant zijn enkele van de zogeheten Golden Isles zoals Jekyll Island en Sea Island al in de 19e eeuw door industriemagnaten veranderd in chique resorts voor miljonairs, met een schitterend subtropisch landschap, goed onderhouden golfbanen, kilometers lange zandstranden en luxeuze hotels, en dit alles is tegenwoordig vaak openbaar toegankelijk. Dankzij bruggen en dammen zijn deze paradijselijke eilanden gemakkelijk te bereiken vanaf het vasteland.

De natuurlijke condities van de kust van Georgia, met inbegrip van de ongewone geologie van de oceaanbodem, zorgen ervoor dat de getijdenverschillen hier groter zijn dan elders aan de Atlantische kust. Daardoor zijn weer moerassen ontstaan, waar de bijzondere flora en fauna bijdragen aan de verscheidenheid van de natuur. Het grootste zoetwatermoerasgebied van Noord-Amerika ligt in het achterland van de kust en verbindt Georgia en Florida met elkaar. De enorme Okefenokee Swamp met zijn kanalen, poelen en meren vol bruin moeraswater vormt een ideale habitat voor alligators, schildpadden en vogels, en le-

vert de bezoekers een prachtige ontmoeting met een exotisch natuurlandschap op.

Afgezien van Savannah liggen er geen grotere steden aan de Atlantische kust. Plaatsen als Brunswick en Darien, waar in de havens de viskotters krakend tegen elkaar schuren, stralen nog steeds de sfeer van de koloniale tijd uit, gemengd met de romantisch-melancholische flair van het zuiden. Daar horen magnolia's bij, kornoeljes, jasmijn en vooral de altijdgroene eiken met de verwarde 'baarden' van Spaans mos die uit hun fraaie kruinen hangen.

## Bestemmingen aan de kust

### Okefenokee Swamp
**Atlas:** blz. 24, D 4
De indianen noemden de 1800 km² grote **Okefenokee Swamp**, die van de zuidoostpunt van Georgia tot in de buurstaat Florida reikt, het 'land van de bevende aarde'. Daarmee verwezen ze naar het tot 5 m diepe veenland, dat gaat deinen en de boomtoppen laat trillen wanneer men zich erover voortbeweegt.

Het beste uitgangspunt voor een tocht naar het moeras is de plaats Waycross. Grote delen zijn alleen per boot over de in totaal 190 km lange, met bruin water gevulde kanalen toegankelijk. Op sommige plaatsen, maar niet zoveel, voeren houten vlonders door het natuurparadijs, waarlangs reusachtige alligators liggen te zonnen, of langbenige Amerikaanse blauwe reigers met stijve poten door de waterlelies lopen. Witte wolken hangen als een donzen dekbed aan de hemel als de mist aan het eind van de ochtend is opgetrokken. De bomen hebben baarden van Spaans mos en werpen hun schaduw over de groene wildernis, die een unieke habitat vormt voor een stuk of 60 reptiel- en evenveel amfibiesoorten (US Hwy 1 S., Waycross, Georgia 31501, tel. 912-283-0583, www.okeswamp.com, dag. 9–17.30 uur, er worden boot- en kanotochten aangeboden).

## Cumberland Island National Seashore
**Atlas:** blz. 24, E 4

De 10 km voor de kust liggende Cumberland Island National Seashore is alleen vanuit St. Marys toegankelijk, per veerboot. De rangers van de National Park Service letten erop dat maar een beperkt aantal bezoekers per keer wordt overgezet naar het afgelegen eilandenrijk met zijn moerassen, stranden, eikenbossen en duinen, waar hotels noch toeristische voorzieningen te vinden zijn.

Eigenaars van enkele privéterreinen rakelden in het verleden discussies op over een toeristische ontwikkeling van de eilanden of de bouw van een dam in het natuurgebied, tot nu toe zonder succes. De Cumberland Island National Seashore haalde in 1996 de voorpagina's van de Amerikaanse kranten toen John F. Kennedy Jr. en Carolyn Bessette elkaar in de piepkleine First African Baptist Church op Burbank Pointhet jawoord gaven.

**Mainland Visitor Information Center:** St. Marys, GA 31558, tel. 912-882-4336, www.nps.gov/cuis, dag. 8.15–16.30 uur.

**Veerboten:** Verbindingen mrt.–nov. vanaf St. Marys, dag. 9 en 11.45, vanaf Cumberland Island dag. 10.15 en 16.45, in het hoogseizoen ook 14.45 uur; 's winters geen veerboten di.–wo., geen vervoer van auto's, fietsen of kajaks.

## Brunswick
**Atlas:** blz. 24, E 3

Bontgeverfde garnalenkotters liggen in de na

## Onderweg met de auteur
### Ver van de beschaving
Op een uitstapje naar de Cumberland Island National Seashore komt u in contact met de zuivere natuur (zie blz. 365).

### Islandhoppen
De **Golden Isles** staan bekend als de Miljonairseilanden. Ook voor de bezoekers met een kleine beurs is er echter alles om een onvergetelijke vakantie te beleven (zie blz. 366).

tuurlijke haven van het stadje Brunswick voor anker, en 's nachts gaan ze op vangst uit. De straten worden omzoomd door machtige eiken, die in de zwoele zomermaanden groene, schaduwrijke tunnels vormen.

Afgezien van het centrum van deze halverwege de 18e eeuw uit een plantage ontstane stad, zijn er nog maar weinige van deze trotse bomen te vinden aan de kust, doordat tot in de 20e eeuw de houtexport en de scheepsbouw te kampen hadden met een groot gebrek aan hout. Op de hoek van Albany Street en Prince Street steekt de **Lovers' Oak** zijn reusachtige bladerdak de hemel in. Deze ongeveer 900 jaar oude boom heeft een stam met een doorsnede van 4 m.

**Brunswick-Golden Isles Chamber of Commerce:** 4 Glynn Ave., Brunswick, Georgia 31520, tel. 912-265-0620, fax 912-265-0629, www.brunswick-georgia.com.

**Hostel in the Forest:** 3901 Hwy 82, tel. 912-264-9738, www.foresthostel.com, tussen 10 en 20 uur telefonisch reserveren (verplicht). Jeugdherberg midden in het bos aan een kleine vijver. U kunt overnachten in een spartaans ingerichte houten hut of – indien u geen last hebt van hoogtevrees – in een echte boomhut. Eerste nacht $20, iedere volgende $15.

 **Gokken midden op zee:** Emerald Princess Casino Cruises: 1 Gisco Point Dr.,

Sea Island met zijn prachtige kustlandschap

tel. 912-265-3558, www.emeraldprincesscasino
.com. Dag. vaarten 19–24 uur naar internationale wateren buiten de 3 mijlszone, waar gokken is toegestaan, vanaf 18 jaar.

## Golden Isles

**Atlas:** blz. 24, E 3
Brunswick vormt de poort tot de Golden Isles,
een stuk of tien kleinere eilanden voor de kust,
waarvan enkele onder natuurbescherming vallen en soms moeilijk toegankelijk zijn, terwijl
vier al tientallen jaren lang gerenommeerde
toeristenbestemmingen zijn, met luxehotels en
golfcomplexen. Ze zijn door bruggen en dammen verbonden met het vasteland.

## Jekyll Island

**Atlas:** blz. 24, E 3
Aan het begin van de 20e eeuw creëerden
schatrijke ondernemers van de categorie Rockefeller, Astor, Vanderbilt en Pulitzer een
goed beschut toevluchtsoord op dit kleine eiland, waar de leden van de Amerikaanse Millionaires' Club tijdens het golfen en bridgen
in alle rust zaken konden doen. Aangezien
deze uit New York, Boston en Philadelphia afkomstige Yankees (de Noordelijken uit de Burgeroorlog) ondanks hun rijkdom niet erg geliefd waren in Georgia, kochten ze dit toentertijd onbewoonde eiland en maakten er een
luxueuze vakantiekolonie van, en dat is Jekyll
Island nog steeds. Tevens richtten ze de Jekyll
Island Club op, die vroeger zo exclusief was

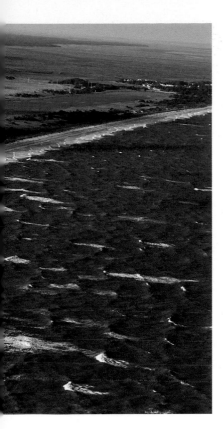

**Jekyll Island Club Hotel:** 371 Riverview Dr., tel. 912-635-2600, fax 912-635-2818, www.jekyllclub.com. Gerenommeerd traditioneel hotel met eigen strand, tennis- en golfbanen en een groot zwembad. $129–399.

**Villas by the Sea:** 1175 N. Beachview Dr., tel. 912-635-2521, fax 912-635-2569, www.jekyllis landga.com. 1-, 2- of 3-kamerwoningen met keuken op luttele passen van het strand. $110–399.

**Jekyll Island Quality Inn and Suites:** 700 N. Beachview Dr., tel. 912-635-2202, fax 912-635-2927, www.jekyllislandquality.com. Enkele kamers en suites met 2 kamers en keuken; koffiezetapparaat, buitenbad. Vanaf $82.

**Jekyll Island Campground:** 1197 Riverview Dr., tel. 912-635-3021. Zeer goed toegerust kampeerterrein met toegang tot het strand.

**Latitude 31:** 1 Pier Rd., tel. 912-635-3800, dag. lunch en diner. Aan de Jekyll Marina geniet u van verse vis, schelp- en schaaldieren bij een schitterende zonsondergang. Vanaf $16.

**SeaJay's Waterfront Cafe & Pub:** 1 Harbor Rd., tel. 912-635-3200, dag. lunch en diner. Dit restaurant aan de haven biedt de gast elke dag wisselende dagschotels. Do.–za. livemuziek. Vanaf $15.

## Sea Island
**Atlas:** blz. 24, E 3

Een dam, waarvoor tol moet worden betaald, voert van Brunswick naar Sea Island en St. Simons Island. Aan beide zijden van de dam en van de twee bruggen strekt zich een moerasland met poelen en waterwegen uit.

Het piepkleine Sea Island, nog kleiner dan Jekyll Island, is een bekend adres voor gefortuneerde toeristen, want daar bevindt zich een van de meest luxueuze vakantiehotelcomplexen aan de Atlantische kust, **Sea Island Resort**, dat behalve uit het tophotel The Cloister bestaat uit verschillende andere overnachtingsmogelijkheden. In 2005 vond hier in alle

dat John D. Rockefeller van een lidmaatschap afzag vanwege de hoge kosten.

Tegenwoordig is het 10 km² grote Jekyll Island 'America's best kept secret', toegankelijk voor het publiek, indien dat tenminste bij de tolpoort $3 toegang wil betalen. Achter de slagboom openbaart zich een wereld met 'gemanicuurde' gazons, tennisbanen, golfcourses, restaurants, cafés en luxewinkels.

Natuurlijk bezit dit juweel van een eiland aan de andere kant, de naar de open Atlantische Oceaan toegekeerde zijde, ook wonderschone stranden, waar u op sommige dagen met enig geluk zelfs dolfijnen kunt observeren.

afzondering der G8-top van de acht leidende industrielanden plaats (The Cloister, 100 Retreat Vlg., tel. 912-638-5159, fax 912-634-0623, www.seaisland.com. Vanaf $240).

## St. Simons Island

Aan de noordelijke punt van **St. Simons Island** liet de Britse generaal Oglethorpe in 1736 Fort Frederica bouwen, een bastion dat bedoeld was om het Georgiaterritorium te beveiligen tegenover het Spaanse Florida. Hier in de buurt staat ook de meer dan 100 jaar oude Christ Church met een bezienswaardig kerkhof. Het kleine park in de buurt van de vuurtoren van St. Simons is een leuk plaatsje om u te ontspannen, met een aanlegplaats voor boten en een schaduwrijk picknickterrein.

# Aan de Altamaha River

**Atlas:** blz. 24, E 3

Waar tot aan het begin van de 19e eeuw een cipressenmoeras lag aan de oever van de Altamaha River, begon een boer uit Charleston rond 1807 aan de bouw van de **Hofwyl-Broadfield Plantation**. Zijn schoonzoon nam na zijn dood het bedrijf over en breidde het uit, zodat er uiteindelijk 357 slaven aan het werk waren. Na de Burgeroorlog was de slavernij afgeschaft en raakte de plantage langzaam in verval, totdat een hele reeks orkanen haar in 1915 de doodssteek toediende. In 1973 vermaakten de eigenaars het land aan de staat Georgia, die het als 'Historic Site' onder overheidsbescherming plaatste.

De voormalige plantage ziet er nu meer uit als een verwilderd park met eiken, magnoliabomen en camelia's. In het hoofdgebouw is een klein museum ingericht, waarin een film wordt vertoond over het leven van de plantagehouders en de slaven (5556 US Hwy 17 N., tel. 912-264-7333, http://gastateparks.org/info/hofwyl, di.–za. 9–17, zo. 14–17.30 uur).

In het historische centrum van **Darien** met zijn antiek- en kunstnijverheidswinkels gaat het er rustig aan toe. Daar komt ook geen verandering in wanneer de garnalenkotters in Waterfront Park afvaren voor de vangst of juist van de oceaan terugkeren. In het park vindt ieder jaar het festival *Blessing of the Fleet* plaats, waarbij op een zondag in het voorjaar onder grote belangstelling en met een feestelijke parade de vissersvloot van het stadje wordt gezegend.

In 1721 stichtten de Britten **Fort King George** aan de monding van de Altamaha River, de zuidelijkste militaire post van hun invloedsgebied in Noord-Amerika, om rivaliserende machten en indianen in de gaten te houden. Het fort, bestaande uit een (nu gereconstrueerd) blokhuis van cipressenstammen, barakken en aarden wallen, werd bemand door Schotse Highlanders, die ook nu nog, avontuurlijk bewapend en gekleed in Schotse rokken, te zien zijn bij de palissadeomheining van de vesting (1600 Wayne St., tel. 912-437-4770, http://gastateparks.org/info/ftkinggeorge, di.–za. 9–17, zo. 14–17.30 uur).

**Chamber of Commerce:** 105 Fort King George Dr., P. O. Box 1497, Darien, Georgia 31305, tel. 912-437-6684, www.mcintoshcounty.com.

**Alexander's Historic Inn:** 306 Fort King George Dr., tel. 912-437-3430, fax 912-437-3430, www.alexandershistoricinn.com. Bijzonder fraai landhuis met de karakteristieke balkons van het zuiden van de VS en luxueus ingerichte suites. Vanaf $140.
**Blue Heron Inn:** Sea Breeze Rd., Tel. 912-437-4304, www.blueheroninngacoast.com. Vijf keurig ingerichte kamers in een mooi huis aan de rand van de zoutwatermoerassen. $85–160.

**Georgia Islands Factory Shoppes:** afslag 49 van de I-95, www.outletbound.com, ma.–za. 10–20, zo. 11–18 uur. Een paradijs voor de shopper met winkels in vele soorten en maten.

Sinds jaar en dag wordt de bezoeker bedwelmd door de statige lanen omzoomd door eiken, de honderden prachtige herenhuizen uit de 18e en 19e eeuw, de lommerrijke pleinen met historische monumenten en de alom aanwezige zuidelijke sfeer van Savannah. Henry Miller schreef: 'Savannah is een soort levend monument, waaromheen een zinnelijk aura zweeft als om het oude Korinthe.'

Deze 140.000 inwoners tellende kuststad is de bestuurszetel van Chatham County en een van de belangrijkste zeehavens van het zuidoosten van de VS. Vroeger werd hier veel geld verdiend met katoen, tegenwoordig met scheepswerven, papierindustrieën, chemie en levensmiddelenverwerking. Wie dan denkt aan rokende schoorstenen en door pakhuizen geflankeerde straten, heeft het danig mis. Savannah speelt de glansrijke rol van de diva van het zuiden, een beetje excentriek en exotisch, zoals dat hoort bij een grande dame, met een hang naar het morbide, wat echter geen afbreuk doet aan de nadrukkelijke levenslust van de stad.

Savannah is de oudste stad van Georgia. Hij werd in 1733 door de Engelse generaal James Oglethorpe gesticht tegelijk met de kolonie Georgia, om een eventuele opmars van de Spanjaarden uit Florida een halt toe te kunnen roepen. Oglethorpe liet qua stadsplanning niets aan het toeval over en ontwierp het stratenpatroon op de tekentafel. Op de kruispunten in het centrum liet hij 24 plantsoenen aanleggen, waarvan er nog 21 over zijn. Deze met fonteinen, obelisken en standbeelden verfraaide oases worden omringd door luisterrijke villa's uit de 18e en 19e eeuw, die in uitgestrekte tuinen met palmenbosjes schuilgaan achter smeedijzeren hekken. Het romantische, aan oude tijden herinnerende stadsbeeld bij, bijvoorbeeld, Chippewa Square en Wright Square viel zo goed in de smaak bij regisseurs als Robert Zemeckis en Robert Red-

ford dat ze het gebruikten als decor van hun films *Forrest Gump* en *The legend of Bagger Vance*.

Dat Savannah zich sinds halverwege de jaren negentig van de 20e eeuw heeft ontwikkeld tot toeristische trekpleister heeft het onder anderen te danken aan de New Yorkse journalist John Berendt. In 1994 schreef hij de documentaire roman *Middernacht in de tuin van goed en kwaad* over Savannah, een onopgesmukte zedenschildering van de stad. Het verhaal gaat over een rijke antiquair die wordt beschuldigd van de moord op een homoseksueel. Nadat Clint Eastwood het boek had verfilmd, was Savannah in één klap beroemd, en niet alleen in de VS.

Bezoekers die de film dan wel de roman kennen, willen graag de plaats zien waar deze moord ook inderdaad is gepleegd, bij Mercer House aan Monterey Square, maar in de ogen van vele toeristen zijn de kilometers lange lanen met imposante eiken, waarvan de kruinen een groene tunnel vormen, veel aantrekkelijker. Victory Drive en Washington Avenue zijn daarvan goede voorbeelden.

## Het historische district

Het stedelijke **Visitor Information Center** **1** is ondergebracht in het voormalige Georgia Railroad Station. Hier is alle informatie over de stad voorhanden en kunt u aan de hand van documenten, diorama's en films een goed

## Onderweg met de auteur

### Romantische straten

**Victory Drive** en **Washington Avenue** behoren tot de mooiste eikenlanen in het zuiden van de stad, waar het specifieke karakter van de zuidelijke staten niet alleen voel-, maar ook zichtbaar is (zie blz. 369).

### Kunst en stadsgeschiedenis

Kunstkenners geven hoog op van het **Telfair Museum of Art,** het oudste kunstmuseum van de zuidelijke staten (zie blz. 370).

Aan het **Historic Savannah Waterfront** aan de oever van de Savannah River is het voor de bezoeker niet moeilijk om zich het lang vervlogen verleden van de stad als omslagplaats voor katoen voor te stellen (zie blz. 372).

### Uitstapje naar een eiland

**Tybee Island** ligt op maar ca. 20 minuten rijden van het centrum van de stad. In de buurt van de vuurtoren kunt u een verkwikkende strandwandeling maken en de karakteristieke eilandsfeer opsnuiven (zie blz. 374).

overzicht van de geschiedenis en de bezienswaardigheden van Savannah krijgen.

### Interessante musea

De met beelden van Rubens, Rafaël, Michelangelo en Rembrandt versierde voorgevel van het **Telfair Museum of Art** 2 is al een aanwijzing dat dit het oudste, in 1818 gestichte museum is van de zuidelijke staten, met schilderijen, sculpturen en decoratieve kunstvoorwerpen. Tot voor kort werd de collectie in twee gebouwen gepresenteerd, maar in 2006 is daar het Jepson Center for the Arts bij gekomen, met vooral reizende tentoonstellingen (Telfair Museum: Telfair Sq., tel. 912-790-8800, www.telfair.org, ma. 12–17, di.–za. 10–17, zo. 13–17 uur; zie ook blz. 373, Owens-Thomas House; Jepson Center for the Arts, West York St./ Barnard St.).

In de 18e en 19e eeuw was de overzeese handel tussen Engeland en Amerika van groot belang. Hiervan profiteerde Savannah vooral in de periode tot aan het uitbreken van de Burgeroorlog in 1861, omdat het een van de grootste omslaghavens voor katoen ter wereld was. In 1819 liet de reder William Scarbrough het stijlvolle Scarbrough House bouwen, waarin nu het **Ships of the Sea Museum** 3 is ondergebracht. Tot de vloot van Scarbrough hoorde het koopvaardijschip S.S. Savannah, dat als eerste stoomschip de Atlantische Oceaan overstak. Op de tentoonstelling is behalve

De fontein in Forsyth Park: typisch zuidelijke ambiance

veel andere scheepsmodellen, scheepsanti-quiteiten en schilderijen ook een verkleinde kopie van de Savannah te zien. Het schip begon in mei 1819 aan zijn grote reis naar Europa en stopte daarbij in Liverpool, Stockholm, St. Petersburg, Kopenhagen en Arendal in Noorwegen. Vier jaar later leed het schipbreuk voor de kust van New York en zonk (41 Martin L. King Jr. Blvd. tel. 912-232-1511, http://shipsofthesea.org, di.–zo. 10–17 uur).

## City Market

Al meer dan 200 jaar geleden gold de omgeving van de **City Market** 4 als de 'buik van Savannah'. Boeren en vissers boden hier hun verse waar aan en kappers die hun klanten in de openlucht schoren, droegen bij aan de sfeer, terwijl in de nabije omgeving paarden werden beslagen. Dit oude centrum is nu een verkeersluwe wijk geworden met kleine winkels die schuilgaan achter de bloembakken, met restaurants voor elke smaak en elke beurs, ijssalons, delicatessenwinkels en ouderwetse paard-en-wagens voor rondritten, waarvan het de bedoeling is dat ze enige authenticiteit brengen op deze voetgangerpromenades met hun tientallen galeries. Straatmuzikanten en bandjes zorgen in het weekend voor gratis amusement (Jefferson St./W. Saint Julian St., tel. 912-232-4903, www.savannahcitymarket.com).

## Historic Savannah Waterfront

De waterkant van Savannah is niet aan de kant van de Atlantische Oceaan gelegen, maar verder landinwaarts aan de Savannah River, die de grens tussen South Carolina en Georgia markeert. En met deze waterkant is de havenstad meteen voorzien van een indrukwekkend decor. Aan de **Historic Savannah Waterfront** 5 rijgen de voormalige pakhuizen met hun verweerde gevels zich aaneen. In de kelders zijn geen grote balen katoen meer opgestapeld, maar biervaten van de kroegen die hier, behalve de *candy stores* en gezellige restaurants, het straatbeeld bepalen. Elke avond verandert de met hobbelige kinderkopjes geplaveide promenade aan de oever in een flaneerboulevard voor de inwoners en in een podium voor jongleurs en straatmuzikanten totdat de zon achter de wirwar van hijskranen aan de andere kant van de brug naar South Carolina is ondergegaan (www.riverstreetsavannah.com).

## Stadswandeling

De **City Hall** 6 met zijn koepel aan het noordelijke einde van Bull Street, waar de stadsbestuurders zitten te zweten boven hun stapels dossiers, is niet te overzien. Toen het in neorenaissancestijl gebouwde stadhuis in januari 1906 werd ingewijd, waren er 10.000 burgers aanwezig om deze gebeurtenis te vieren. Het representatieve gebouw bestaat grotendeels uit graniet, hier en daar bekleed met kalksteen en een terracottaversiering. Twee beelden die de kunst en de handel symboliseren, verfraaien het balkon op de tweede verdieping. De toren was tot 1987 bedekt met koper, maar daar is toen een flinterdun laagje van 23-karaats goud overheen gelegd, niet ten koste van de belastingbetaler, maar betaald

## Savannah

### Bezienswaardigheden

1. Savannah Visitor Information Center
2. Telfair Museum of Art
3. Ships of the Sea Museum
4. City Market
5. Historic Savannah Waterfront
6. City Hall
7. Cotton Exchange
8. Johnson Square
9. Owens-Thomas House
10. Wright Square
11. Chippewa Square
12. Cathedral of St. John the Baptist
13. Forsyth Park

### Accommodatie

1. Foley House Inn
2. Forsyth Park Inn
3. Best Western Historic District
4. Thunderbird Inn
5. Skidaway Island State Park Campground

### Eten en drinken

6. Belford's Savannah Seafood & Steaks
7. Shrimp Factory
8. Moon River Brewing Co.
9. Crab Shack

door een welgestelde burger (Bull St./Bay St., tel. 912-651-6410, www.ci.savannah.ga.us).

De neoromantische baksteengevel van de de **Cotton Exchange** 7 ter rechterzijde van het stadhuis herinnert nog aan het tijdperk van de katoen, die Savannah tot aanzienlijke welstand verhief. Nu zetelt hier de lokale vrijmetselaarsloge. De leeuwenfontein voor het gebouw is zo vaak afgebeeld in brochures dat hij nu wordt beschouwd als een soort symbool van de stad (100 E. Bay St.).

Het nog in het jaar van de stichting van Savannah in 1733 aangelegde **Johnson Square** 8 is het oudste plein van de stad. Het is genoemd naar Robert Johnson, de eerste gouverneur van Georgia. Het plein fungeert nu als groene long midden in het bankdistrict van de stad. In het

midden staat een monument voor Nathanael Greene (1742–1786), die als kwartiermeester-generaal na George Washington de belangrijkste bevelhebber was tijdens de Vrijheidsoorlog.

Het in 1819 naar ontwerp van William Jay voltooide **Owens-Thomas House** 9 heeft een tweeledige functie. Ten eerste is het voor de architectuurliefhebber het mooiste Amerikaanse voorbeeld van de Britse Regencystijl, die in de periode 1790–1830, tussen de georgian en de victoriaanse stijl, in zwang was. Ten tweede is het Owens-Thomas House onderdeel van het Telfair Museum of Art en stelt het tal van decoratieve objecten en meubels tentoon waarmee het tussen 1750 en 1830 was ingericht (124 Abercorn St., tel. 912-233-9743, www.telfair.org, ma 12–17, di.–za. 10–17, zo. 13–17 uur).

## Pleinen en parken

Op **Wright Square** 10 bij Bull Street werd Tomo-Chi-Chi, het opperhoofd van de Yamacrawindianen die tot de Cree behoorden, in 1739 in aanwezigheid van Oglethorpe begraven. Tomo-Chi-Chi had zich bewezen als goede vriend van de Engelsen. Hij sloot met Oglethorpe een verdrag dat de juridische basis voor de kolonisering van Georgia zou vormen. Het opperhoofd maakte in 1734 op de leeftijd van 84 jaar samen met zijn vrouw Senaukee een bezoek aan het Engelse hof en werd door zowel de koning als de aartsbisschop van Canterbury ontvangen. Hij stierf in 1739 in Yamacraw Indian Village en werd volgens zijn wens naar Savannah gebracht om te midden van zijn Engelse vrienden met militaire eer begraven te worden (Bull Street tussen State Street en York Street).

In het midden van **Chippewa Square** 11 staat het monument voor de stichter van de stad, James Oglethorpe (1696–1785). Het bronzen beeld, van de hand van Daniel Chester French, beeldt de Britse generaal uit in het uniform dat in die tijd bij zijn functie paste, met het zwaard in de hand en een vastbesloten blik in de ogen, gericht op het zuiden, waar de potentiële vijand zich bevond, namelijk de Spanjaarden in Florida (Bull Street).

Die in 1876 gebouwde **Cathedral of St. John the Baptist** 12 is architectonisch interessant en bezit kunstvoorwerpen die in 1898 een brand zo goed en zo kwaad als het ging hebben overleefd, met daarbij enkele fraaie glas-in-loodramen. Door een brandstichting in 2003 werd onder meer de kansel in de as gelegd, maar er is een getrouwe reconstructie vervaardigd met Italiaans houtsnijwerk dat de vier evangelisten afbeeldt (222 E. Harris St., www.savannahcathedral.org).

Op een warme zomerdag trekken de bewoners naar het beeldschone **Forsyth Park** 13, waar de in 1858 aangelegde fontein voor afkoeling zorgt. Het grootste stadspark van Savannah is een groene oase, waarin men kan wandelen tussen de eiken en camelia's, door platsoenen vol azalea's, of gezeten op een bankje kan kijken naar de rondrennende joggers (Bull St./Gaston St.).

# Buiten Savannah

**Atlas:** blz. 24, E 2

Noble Jones, een van de eerste Britse kolonisten in Georgia, stichtte in 1737 16 km ten zuidoosten van het huidige centrum van Savannah de **Wormsloe Plantation** op het Isle of Hope. Van het oude hoofdgebouw van de plantage is maar weinig overgebleven. In het in 1828 gebouwde nieuwe herenhuis zijn allerlei kunstvoorwerpen te zien. De meeste mensen maken een uitstapje naar de plantage vanwege de 1600 m lange oprijlaan naar het huis, omzoomd door eikenbomen (7601 Skidaway Rd., tel. 912-353-3023, www.wormsloe.org, di.–za. 9–17, zo. 14–17 uur).

Op weg naar Tybee Island komt u langs het tussen 1829 en 1847 gebouwde **Fort Pulaski**, dat de monding van de Savannah River in de Atlantische Oceaan bewaakt. De stervormige vesting, een mooi bewaard gebleven voorbeeld van 19e-eeuwse militaire architectuur, werd in 1862 tijdens de Burgeroorlog anderhalve dag beschoten door troepen van de Unie voordat het kon worden ingenomen (US 80, ongeveer 25 km ten oosten van Savannah, tel. 912-786-5787, www.nps.gov/fopu, dag. 8.30–17.15 uur).

Wie de verkenningstocht door de historische stadskern van Savannah nogal inspannend vond, kan een ontspannen dagje doorbrengen op het strand van **Tybee Island** ten oosten van Savannah. Vanaf de spits van de uit 1867 daterende vuurtoren, waar een klein museum bij hoort, kijkt u uit over dit hele paradijselijke eilandenrijk, waar de mensen vooral komen om op het strand te liggen, te zwemmen en mosselen te zoeken (Tybee Island Light Station, tel. 912-786-5801, www.tybeelighthouse.org, dag. behalve di. 9–17.30 uur).

**Parkeren zonder problemen:** Met de Visitor DayPass kunt u een dag lang onbeperkt parkeren op alle openbare parkeerplaatsen en in alle parkeergarages van de stad voor $8. De pas is te koop bij het Visitor Center en in veel hotels (Parking Services, tel. 912-651-6470).

**Savannah Visitor Information Center:** (301 Martin Luther King Blvd., Savannah, GA 31401, tel. 912-944-0455, www.savcvb.com, ma.–vr. 8.30–17, za.–zo. 9–17 uur).

**Foley House Inn** 1 : 14 W. Hull St., tel. 912-232-6622, www.foleyinn.com. Geweldige bed and breakfast in het historische centrum, 19 met Engelse en Franse meubels ingerichte kamers, waar men waarlijk vorstelijk overnacht. Vanaf $225.

**Forsyth Park Inn** 2 : 102 W. Hall St., tel. 912-233-6800, fax 912-233-6804, www.forsythpark inn.com. Historische bed and breakfast aan Forsyth Park met schitterend ingerichte kamers en een romantisch huisje. Vanaf $195.

**Best Western Historic District** 3 : 412 W. Bay St., tel. 912-233-1011, www.bestwestern.com. Centraal gelegen hotel met comfortabele kamers en een buitenbad. Vanaf $120.

**Thunderbird Inn** 4 : 611 W. Oglethorpe Ave., tel. 912-232-2661, fax 912-233-5551, www.the thunderbirdinn.com. Hotel in Downtown met licht en luchtig ingerichte, gezellige kamers. $99–139.

**Skidaway Island State Park Campground** 5 : Diamond Causeway, 10 km ten zuidoosten van Savannah, tel. 912-598-2300, www.gastate parks.org/info/skidaway.
Aan de I-95 ten westen van de stad liggen tal van voordelige motels.

**Belford's Savannah Seafood & Steaks** 6 : 315 W. St. Julian St., tel. 912-233-2626, ma.–za. 8–22, zo brunch 11.30–15 uur. Smakelijke zalm met limoen en peper $22, *crab cakes* $26 of ribeyesteak $27.

**Shrimp Factory** 7 : 313 E. River St., tel. 912-236-4229, dag. vanaf 11 uur. Toeristenrestaurant aan het water dat gespecialiseerd is in zeebanket: *Maine lobster* $27, garnalen en *chicken jambalaya* $20.

**Moon River Brewing Co.** 8 : 21 W. Bay St., tel. 912-447-0943, dag. lunch en diner. Microbrouwerij met restaurant; *sirloin steak* met bijgerechten $15,75, kip en *sausage Creole* $14.

**Op Tybee Island:**

**Crab Shack** 9 : 40 Estill Hammock Rd., tel. 912-786-9857, www.thecrabshack.com, dag. 11.30–23 uur. Rustiek restaurant buiten de stad, nog niet zo bekend, waar u in de tuin kunt eten; twaalf oesters met zure room en kaviaar ($8,99), een half pond garnalen met maiskolven en boter ($17,99), koningskrabben uit Alaska ($34,99), *frozen margarita* ($5,50).

**Broughton Street** is een van de beste winkelstraten van het centrum, met modezaken, souvenirwinkels en andere winkels in alle soorten en maten.

**Rondritten:** Old Town Trolley Tours, 234 Martin Luther King Blvd., tel. 912-233-0083, www.historictours.com/savannah. Ritten van 90 minuten met een trolleybus; 17 haltes.

**Savannah Walks,** 37 Avercorn St., tel. 912-238-9255, www.savannahwalks.com. Tal van begeleide wandelingen, met alle een verschillend thema.

**Boottochten:** Savannah's Riverboat Cruises: 9 E. River St., tel. 912-232-6404, www.savannahri verboat.com. Excursies over de Savannah River met de River Queen of de Georgia Queen.

**Dankzij het subtropische klimaat is de kust van South Carolina zeer in trek bij allerlei soorten vakantiegangers. Op Hilton Head Island komt de high society elkaar tegen bij het golfen of het zeilen, in Beaufort ontspannen de natuurliefhebbers zich, in Myrtle Beach gaat het hele gezin naar het strand en in Charleston komen de romantici.**

Niemand ontkomt aan Charleston, de parel van de 300 km lange kust van South Carolina. Charme, historie en traditie komen hier bij elkaar en vormen een prachtig straatbeeld. De romantische, enigszins melancholische sfeer van de zuidelijke staten is in vrijwel geen enkele andere stad aan de Atlantische kust zo voelbaar als op het schiereiland tussen de Cooper River en de Ashley River, waar men kan flaneren door lanen met luisterrijke villa's en door lommerrijke zijstraten met sprookjesachtige tuinen – afgezien van de oude plantages, waar de met groen overwoekerde vijvers, de eikenbomen waarover Spaans mos is gedrapeerd, en de chique herenhuizen die aan boeken als *De hut van oom Tom* en *Gejaagd door de wind* doen denken.

Met een oppervlakte van 108 km² is Hilton Head Island het grootste eiland aan de Atlantische kust tussen New York en Florida. Het heeft de vorm van een schoen en bestaat uit moerasgebied, dennenbossen en een 20 km lang, door palmen en magnolia's omzoomd zandstrand aan de kant van de Atlantische Oceaan. Zijn huidige aanzien als vrijetijdsparadijs voor vermogende vakantiegangers bezit het eiland sinds 1956, toen het door een weg met het vasteland werd verbonden.

Myrtle Beach heeft door de jaren heen al verscheidene titels in de wacht gesleept: wereldcentrum van aan de kust gelegen golfterreinen, campingmetropool van de VS, mekka van het minigolf en vakantiebolwerk voor studenten. De plaats met meer dan 100 golfterreinen is erin geslaagd het seizoen over de 'strandmaanden' heen te verlengen in het voor- en najaar, zodat het nu negen maanden duurt, vanwege de gunstige aanbiedingen voor de golfliefhebber. De lokale toeristenbranche kan alleen van half november tot half februari zijn batterijen opladen, want in de tweede helft van februari komen mensen uit de noordelijke staten, op de vlucht voor de winter, om hier hun golftassen uit te pakken. In mei wordt het druk in Myrtle Beach, wanneer horden ongeregelde studenten hun *spring break* gebruiken om neer te strijken in deze badplaats, die, volgens oudere lokale bewoners, vastbesloten zijn om drie vakantiedoelen na te streven: bruin worden, levercirrose kweken en 'interactie' hebben met het andere geslacht. Zodra deze massale orgieën ten einde zijn, komen de eerste gezinnen voor hun jaarlijkse vakantie.

## Hilton Head Island

**Atlas:** blz. 24, E 2

Langs de weg naar de Atlantische kust staan rijen reusachtige eikenbomen. Daarna gaat de rit door dichte naaldbossen en eindeloze moerasgebieden tot aan de Intracoastal Waterway. Aan de andere kant van de brug strekt zich een eilandenparadijs uit dat door 34.000 mensen permanent wordt bewoond. In de zomer worden zij overtroefd door 45.000 bezoekers, van wie velen hun golfuitrusting meenemen. Behalve kilometers lange stranden met poederachtig zand bezit het exclusieve, door de

Maritieme romantiek op het vakantie-eiland Hilton Head

warme Golfstroom omspoelde eiland namelijk 22 voortreffelijke golfcomplexen. De beroemdste golfbaan is de in 1969 aangelegde Harbour Town Golf Links, waar alle topgolfers ter wereld al met hun club hebben gezwaaid en waar ook amateurs mogen spelen; wel moet daarvoor $180 tot $250 worden neergelegd. De 18e hole is spectaculair gelegen, want hier kijkt u uit op de vuurtoren van de Sea Pines Plantation. Ieder jaar wordt hier de Heritage Classic gespeeld. Behalve aan golf wordt er op het eiland eigenlijk alleen aan tennis gedaan.

## Stranden

Alle stranden op het eiland zijn dan wel openbaar, maar niet overal toegankelijk, aangezien veel kustzones bebouwd zijn of in handen van particulieren. De volgende vijf stranden zijn geschikt om te zonnen of het water in te duiken: **Alder Lane Beach** (South Forest Beach Drive), **Coligny Beach** (Coligny Circle), **Driessen Beach Park** (eind van de Bradley Beach Road), **Folly Field Beach Park** (Folly Field Road) en **Islanders Beach Park** (bij Folly Field Road). Elk strand beschikt over toiletten, verkleedcabi-

nes, douches, kleine kiosken en in het hoofdseizoen een strandwacht.

**Hilton Head Island Welcome Center:** 71 Pope Ave., tel. 800-621-1518, 888-271-7666, www.islandvisitorcenter.com.
**Hilton Head Island Chamber of Commerce:** 1 Chamber Dr., tel. 843-785-3673, www.hilton headisland.org. Uitgebreide informatie over evenementen is te vinden in de tijdschriften *Hilton Head Monthly*, *Hilton Head News* en *The Island Packet*.

**Westin Resort:** Port Royal Plantation, 2 Grasslawn Ave., tel. 843-681-4000, www. starwoodhotels.com/westin. Luxeresort met 3 zwembaden en golf- en tennisbanen. Vanaf $199.
**Holiday Inn Oceanfront:** 1 S. Forest Beach Dr., tel. 843-785-5126, www.hihiltonhead. com. Alle kamers met koelkast, koffiezetapparaat en strijkijzer. Direct aan de oceaan gelegen, met zwembad en leuke strandtent. Vanaf $189.
**Red Roof Inn:** 5 Regency Pkwy, tel. 848-842-3352, www.redroof.com. Standaardhotel met

## Onderweg met de auteur

### Betoverend Charleston

De hele **historische binnenstad van Charleston** is op zichzelf al een zeer bijzondere bezienswaardigheid. De bezoeker moet zich behalve de prachtige oude stad met zijn majestueuze huizen ook niet het voortreffelijke **South Carolina Aquarium** (zie blz. 379) en vooral de **villa's aan de East Battery** (zie blz. 382) laten ontgaan. Wie in de geschiedenis geïnteresseerd is, ontkomt niet aan **Fort Sumter** (zie blz. 380), want op die plaats viel in 1861 het eerste schot in de Amerikaanse Burgeroorlog.

### Voor de liefhebbers

Natuurliefhebbers vinden aan de kust van South Carolina tal van oorden die ver van de bewoonde wereld liggen. Een daarvan is **Huntington Island State Park** ten oosten van Beaufort (zie blz. 379).
Een reis door het zuiden is vooral een bijzondere belevenis vanwege de **romantiek van de zuidelijke staten** een hele belevenis. Behalve de stad Charleston behoren hier ook de talrijke **plantages** tot de mooiste bezienswaardigheden (zie blz. 383).
Wie op zijn vakantie ook nog wat van de sfeer van een badplaats wil opsnuiven, heeft daarvoor in **Myrtle Beach** (zie blz. 386) ruimschoots de gelegenheid.

### Na zonsondergang

De **Broadway at the Beach** (zie blz. 387) in **Myrtle Beach** is met zijn kroegen en clubs het epicentrum van avondlijk vermaak.

---

zwembad; kinderen onder de 18 jaar gratis op de kamer van de ouders. Vanaf $70.

**Alexander's:** 76 Queens Folly Rd., tel. 843-785-4999, dag. 17–22 uur. Vis- en vleesspecialiteiten, grote wijnkaart. Voordelige gerechten *(early bird specials)* 17–17.45 uur. Vanaf $19.
**Old Oyster Factory:** Marshland Dr., tel. 843-681-6040, dag. 17–22 uur. Steaks en zeebanket met

een mooi uitzicht op de Broad Creek. Vanaf $18.
**Taste of Thailand:** 807 William Hilton Pkwy, tel. 843-341-6500, ma.–za. 17–23 uur. Thaise specialiteiten volgens originele receptuur. Vanaf $12.

**In Bluffton:**
**Tanger Outlet:** 1414 Fording Island Rd., tel. 843-837-4339, ma.–za. 10–21, zo. 12–18 uur. Outlet met 100 vestigingen van bijvoorbeeld GAP, Banana Republic, Vitamins World, Samsonite en Polo Ralph Lauren.

**Monkey Business:** 25 Park Plaza, tel. 843-686-3545, di.–zo. 20-2 uur. Danstent met opwindende ritmes.
**Salty Dog Café:** 232 S. Sea Pines Dr., tel. 843-363-2198, www.saltydog.com, mrt.–nov. dag. 11–24 uur. Op de zuidpunt van het eiland; tafels buiten met zicht op de oceaan, livemuziek. Vanaf $6.

**Harbour Fest:** Shelter Cove Harbour, www.sheltercovehiltonhead.com.
Juli–aug. elke di. (bij regen wo.) 18–21.30 uur. Gratis amusement met vuurwerk en veel eetkraampjes.

**Rondleidingen:** Bij de Chamber of Commerce (zie blz. 377) kunt u rondleidingen door het moerasland en het Pinckney Island National Wildlife Refuge boeken. Boottochten waarbij dolfijnen worden gevoerd, zijn zeer in trek; Paardrijtochten: Lawton Stables, tel. 843-671-2586, kajaktochten: Awesome Expeditions, tel. 843-842-9763.

# Beaufort

**Atlas:** blz. 24, E 2
Terzijde van kustweg 17 leidt Beaufort, gelegen aan een stuk kust met verschillende kleine eilanden, een bezadigd bestaan. Het dorp aan een licht golvende baai komt sprookjesachtig over met beeldschone villa's te midden van oeroude eiken. Hier bepaalt niet hectiek, maar een rustig tempo het dagelijks leven.

De grootste attractie van Beaufort wordt niet gevormd door de liefdevol gerestaureerde huizen uit de koloniale tijd en evenmin door de straten met kinderhoofdjes en oude gaslantaarns, maar door de ten oosten van het stadje gelegen eilanden, die via bruggen en dammen te bereiken zijn. Bontgekleurde garnalenkotters weerspiegelen zich in het stille water.

In **Huntington Island State Park** kunt u vanaf de 50 m hoge vuurtoren een overzicht krijgen van deze wereld van zandstranden, moeraslandschappen en wandelpaden, of gezeten op de houten pier de zeemeeuwen en dolfijnen observeren. In State Park kan overnacht worden op een camping met huisjes; in het bezoekerscentrum krijgt u informatie over alles wat het park te bieden heeft (aan de US 21 ca. 25 km ten oosten van Beaufort, 2555 Sea Island Pkwy, tel. 843-838-2011, www.south carolinaparks.com, dag. 6–18, in het hoogseizoen tot 21 uur).

#  Charleston

**Atlas:** blz. 24, F 2, plattegrond: blz. 381
Deze in 1670 ter ere van de Engelse koning Karel (Charles) II gestichte stad, oorspronkelijk Charles Town geheten, houdt als geen andere in de VS de aristocratie van de plantagehouders en de charme van de zuidelijke staten in stand. Wanneer Amerikanen spreken over oude steden in hun land met een onmiskenbaar stratenpatroon en een heel eigen sfeer, dan gaat het al snel over Charleston. Met zo'n 1500 historische gebouwen vormt het een levendig openluchtmuseum vol luxe paleizen, stadsvilla's en cottages. Groot of klein: bijna alle gebouwen staan achter door rozen omkrulde houten of smeedijzeren hekken te midden van prachtige tuinen, die de meeste bewoners als hun visitekaartje beschouwen.

Het **Visitor Center** 1 is ondergebracht in een voormalige spoorwegremise uit 1856. Het professionele personeel is de bezoeker met raad en daad van dienst. Hier kunt u ook stadsplattegronden krijgen en informatie over korting op kaartjes voor bezienswaardigheden en evenementen.

## Historische sporen

Het **Aiken-Rhett House** 2 is het enige met alle nevengebouwen bewaard gebleven landgoed van voor de Burgeroorlog in de stad. Het hoofdgebouw ziet er met zijn meubilair en inrichting nog ongeveer net zo uit als in 1858, maar het gaat vooral om de slavenverblijven, de enige in de stad zelf die te bezichtigen zijn (48 Elizabeth St., tel. 843-723-1159, www.histo riccharleston.org, ma.–za. 10–17, zo. 14–17 uur).

De welstand van Charleston in vroeger tijden berustte in eerste instantie op de productie van de talrijke rijstplantages in het achterland. De nadruk van de afdelingen van het **Charleston Museum** 3 ligt op de weergave van het leven en het werk op deze landerijen. Sommige voorwerpen, zoals fossielen en walvisskeletten, gaan echter nog veel verder terug in de geschiedenis van de stad. Bij het museum hoort het rond 1803 voltooide **Joseph Manigault House,** waarin het Amerikaanse, Engelse en Franse meubilair getuigt van de hoge levensstandaard van de toenmalige rijstplanters (360 Meeting St., tel. 843-722-2996, www.charlestonmuseum.org, ma.–za. 9–17, zo. 13–17 uur).

## South Carolina Aquarium

Het voortreffelijke **South Carolina Aquarium** 4 houdt zich weliswaar ook bezig met de fascinerende geheimen van het Amazonegebied, maar de nadruk ligt op de flora en fauna van South Carolina van de oceaan via de kustvlakte en de heuvelige Piedmont Region tot aan het berglandschap van de Appalachen. Vooral de oceaanbassins met haaien, murenen en kwallen fascineren de bezoekers. Naast het aquarium staat het Charleston IMAX Theatre, dat films projecteert op een extra groot doek (100 Aquarium Wharf, tel. 843-720-1990, www.scaquarium.org, apr.–half aug. ma.–za. 9–16, zo. 12–18, half aug.–eind mrt. ma.–za. 9–17, zo. 12–17 uur; IMAX Theatre, www.char lestonimax.com).

## Herinneringen aan de Burgeroorlog

Charleston heeft Amerikaanse geschiedenis

geschreven. In Fort Sumter op een kunstmatig eiland in de Charleston Harbor viel in april 1861 het eerste schot in de Amerikaanse Burgeroorlog toen de troepen van de Geconfedereerden (Zuidelijken) het door de Unie (Noordelijken) bezette fort aanvielen en na een strijd van 34 uur innamen. In de daaropvolgende twee jaar is zwaar gevochten om de vesting, die vrijwel volledig vernietigd werd, zonder dat de troepen van de Zuidelijken hun verzet opgaven. In het **Fort Sumter Visitor Education Center** 5 wordt het begin van de oorlog uitgebreid gedocumenteerd. Dit is ook het vertrekpunt van de boten die een rondvaart door de haven maken en naar Fort Sumter varen voor een één uur durende bezichtiging (340 Concord St., tel. 843-883-3123, www.nps.gov/fosu, dag. 8.30–17.30 uur, toegang gratis; Fort Sumtertours, tel. 843-881-7337, www.fortsumtertours.com). In de voormalige markthallen uit 1841 heeft de organisatie Daughters of the Confederacy het kleine **Confederate Museum** 6 ingericht, waar vlaggen, uniformen, wapens en vele andere parafernalia te zien zijn die te maken hebben met de troepen van de Geconfedereerden, die in de Burgeroorlog van 1861 tot 1865 streden tegen die van de Unie (Market Hall, 188 Meeting St., tel. 843-723-1541, za.–zo. 12–16 uur).

## Voor museumliefhebbers

Het **Gibbes Museum of Art** 7 richt zich vooral op Amerikaanse kunst en probeert de werken van plaatselijke kunstenaars daarbij niet uit het oog te verliezen. Behalve een indrukwekkende portret- en miniatuurverzameling ziet u hier ook landschapsschilderingen, sculpturen en foto's (135 Meeting St., tel. 843-722-2706, www.gibbesmuseum.org, di.-za. 10–17, zo. 13–17 uur).

Het oudste openbare gebouw in Charleston is het in 1712 binnen de stadsmuren verrezen **Powder Magazine** 8, waarin vroeger buskruit werd opgeslagen. In 1748 is weliswaar een nieuwe opslagplaats gebouwd, die beter geschikt was, maar de oude toren behield zijn functie tot aan de Amerikaanse Revolutie. Tegenwoordig is er een tentoonstelling te zien van de stedelijke historische vereniging over

## Charleston

## Bezienswaardigheden

| | |
|---|---|
| 1 | Visitor Center |
| 2 | Aiken-Rhett House |
| 3 | Charleston Museum |
| 4 | South Carolina Aquarium |
| 5 | Fort Sumter Visitor Education Center |
| 6 | Confederate Museum |
| 7 | Gibbes Museum of Art |
| 8 | Powder Magazine |
| 9 | Slave Mart Museum |
| 10 | Old Exchange and Provost Dungeon |
| 11 | Cabbage Row |
| 12 | Rainbow Row |
| 13 | East Battery |
| 14 | Edmondston-Alston House |
| 15 | White Point Gardens |

## Accommodatie

| | |
|---|---|
| 1 | French Quarter Inn |
| 2 | The Elliott House Inn |
| 3 | The Anchorage Inn |
| 4 | King Charles Inn |
| 5 | Indigo Inn |
| 6 | Camping: Charleston KOA |

## Eten en drinken

| | |
|---|---|
| 7 | Grill 225 |
| 8 | FIG |
| 9 | Hyman's Seafood Company |
| 10 | Sticky Fingers |
| 11 | Baker's Cafe |

Charleston in koloniale tijden (79 Cumberland St., tel. 843-722-9350, www.historiccharleston.org, half mrt.–begin sept. ma.–za. 10–17, zo. 14–17 uur).

Het **Slave Mart Museum** 9 in Chalmers Street, waar in 1863 de laatste slavenveiling plaatsvond, herinnert aan duistere tijden. Hier wordt de geschiedenis van de mensonterende dwangarbeid in de zuidelijke staten uit de doeken gedaan, vanaf 1670, toen de eerste arbeidskrachten van Afrika naar Georgië werden gedeporteerd. In Charleston werden de slaven na 1856 in een hal verhandeld omdat

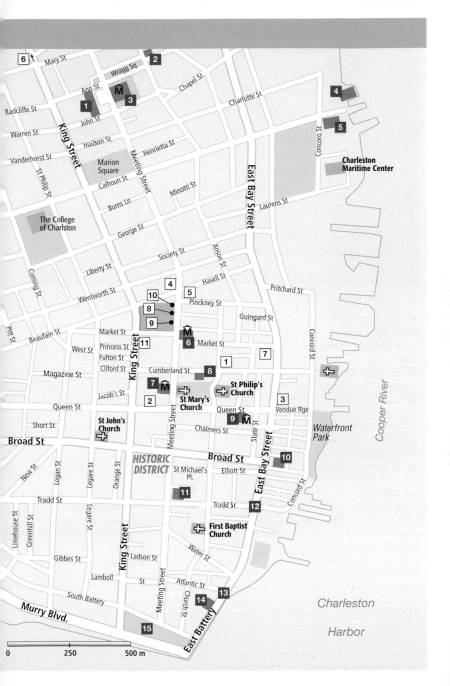

Mary St

Wragg Sq

Chapel St

Charlotte St

Ann St

Radcliffe St

King Street

John St

Warren St

Hudson St

Vanderhorst St

Henrietta St

St Philip St

Meeting Street

Marion Square

East Bay Street

**Charleston Maritime Center**

Calhoun St

Minotti St

Laurens St

Concora St

Burns Ln

**The College of Charlston**

George St

Society St

Anson St

Liberty St

Hasell St

Pritchard St

Corning St

Wentworth St

Pinckney St

Guingard St

Concord St

Pitt St

Beaufain St

Market St

West St

Princess St

Fulton St

**Cooper River**

Magazine St

Cliford St

Cumberland St

Clifd St

**St Philip's Church**

Jacob's St

Queen St

**St Mary's Church**

Queen St

Vendue Rge

**Waterfront Park**

Short St

Chalmers St

**Broad St**

**St John's Church**

**HISTORIC DISTRICT**

St Michael's Pl.

Broad St

New St

Logan St

Legare St

Orange St

Elliott St

Tradd St

Legare St

Tradd St

Limehouse St

Greenhill St

**First Baptist Church**

Gibbes St

Ladson St

Meeting Street

Water St

Lamboll

St

Atlantic St

Church St

East Battery

**Charleston**

Murry Blvd.

South Battery

**Harbor**

0     250     500 m

De boulevard van Charleston, East Battery

sindsdien de 'menselijk waar' niet meer in de openlucht mocht worden verkocht (6 Chalmers St., tel. 843-958-6467, ma.–za. 10–17, zo. 14–17 uur).

In de 1771 door de Britten gebouwde gewelven van de **Old Exchange and Provost Dungeon** 10 werden tijdens de Amerikaanse Vrijheidsoorlog Amerikaanse patriotten gevangengezet. Tegenwoordig dient het als historisch museum, waar in historische kleding gestoken poppen voorzien van een elektromotor taferelen uit de Amerikaanse Vrijheidsoorlog aanschouwelijk maken (122 E. Bay St., tel. 843-727-2165, www.oldexchange.com, dag. 9–17 uur).

De particuliere **Cabbage Row** 11 is een zijstraatje van Church Street. De schrijver DuBose Heyward nam dit als voorbeeld voor Catfish Row in zijn roman *Porgy*, die in 1935 wereldberoemd werd in de vorm van de opera *Porgy and Bess* van George Gershwin. Heyward schreef het libretto voor de opera samen met Ira Gershwin. Vanwege de in de opera behandelde rassenthematiek mocht deze pas in de jaren zeventig in Charleston worden opgevoerd (89–91 Church St.).

## Straten met karakter

De 14 18e-eeuwse woonhuizen staan bekend onder de naam **Rainbow Row** 12, maar ze zijn zeker niet in regenboogkleuren geschilderd, eerder in rustige pasteltinten. Oor-spronkelijk waren op de begane grond winkels gevestigd en woningen op de bovenverdieping. De huizen stonden in die tijd pal aan het water, zodat de kooplieden gemakkelijk de vlakbij aangemeerde schepen konden bereiken (79–107 E. Bay St.).

De boulevard **East Battery** 13 langs het water is een toonzaal van romantische pronkstukken: de ene Antebellumvilla is nog luisterrijker dan de andere; sommige zijn ware sprookjespaleizen met sneeuwwitte colonnades en ver uitstekende balkons. De eigenlijke East Battery bestaat uit een brede kademuur, die de villa's tegen de oceaan beschermt en waar de mensen nu flaneren, joggen en skaten.

Een van de mooiste villa's is het **Edmonston-Alston House** 14. Het is rond 1825 gebouwd voor een Schotse koopman, die niet lang blij kon zijn met zijn vorstelijke onderkomen omdat hij het in 1837 moest verkopen wegens financiële problemen. Een van zijn opvolgers liet het stadspaleis renoveren in de neoklassieke stijl die het nog steeds kenmerkt. Het huis is zo gezellig ingericht met kostbare meubels, zilver en porselein dat het lijkt alsof de laatste bewoners pas onlangs zijn vertrokken (21 East Battery, tel. 843-722-7171, www.middletonplace.org, rondleidingen di.–za. 10–16.30, zo.–ma. 13.30–16.30 uur).

Het schiereiland tussen de Cooper River en de Ashley River waarop Charleston ligt, eindigt in het zuiden met de **White Point Gardens 15**. In dit kleine park staan machtige eiken, historische beelden en monumenten, en kanonnen die vroeger de haven beschermden. In een klein paviljoen in het park worden regelmatig bruiloften gevierd en concerten gegeven. In de omgeving rijden koetsen door de straten met de mooiste villa's.

# Plantages bij Charleston

South Carolina was in de 19e eeuw een van de grootste rijstproducenten van de westerse wereld. Verscheidene plantages even buiten de stadsgrenzen van Charleston bestaan nog steeds. Tegenwoordig fungeren de meeste echter niet meer als rijstproducent, maar als toeristische attractie voor de liefhebbers van de romantische sfeer van de zuidelijke staten.

De **Boone Hall Plantation** is een van de oudste plantages van het zuiden die ook nog steeds als zodanig worden geëxploiteerd. Een door statige eiken omzoomde laan voert van de ingang van het terrein naar het in 1936 gebouwde huidige plantagehuis in 19e-eeuwse stijl, waar men door dames in historische kleding rondgeleid kan worden. Enkele slavenverblijven, gebouwd van op het terrein zelf gemaakte bakstenen, hebben de eeuwen overleefd (Hwy 17 N., Mount Pleasant, tel. 843-884-4371, www.boonehallplantation.com, sept.–eind mrt. ma.–za. 9–17, zo. 13–16 uur, apr.–aug. ma.–za. 8.30–18.30, zo. 13–17 uur).

Niet ver van de oever van de Ashley River is tussen 1738 en 1742 de imposante bak-stenen **Drayton Hall**, met twee verdiepingen, gebouwd, die meer dan tweeënhalve eeuw later nog nauwelijks veranderd is en ook de Burgeroorlog schadevrij heeft doorstaan. De 15 kamers van deze residentie zijn niet meer ingericht. Zijn onvergelijkelijke schoonheid dankt het landgoed mede aan de geweldige ligging op een groot, door bomen omgeven gazon (3380 Ashley River Rd., 14 km ten noorden van Charleston, tel. 843-769-2600, www.draytonhall.org, jun.–aug. 8.30–16, sept.–okt. 9.30–16, nov.–feb. 9.30–15 uur, rondleidingen elk heel uur).

Schitterende vijvers met waterlelies en bekoorlijke bruggen, drassige landschappen met machtige moerascipressen, weelderige bloemperken en statige eiken met 'baarden' van Spaans mos maken de **Magnolia Plantation** tot een beeldschoon landgoed. Er zijn meer dan 900 verschillende camelia- en 250 azaleasoorten te zien op het terrein, waartoe ook de Audubon Swamp Garden behoort. Laatstgenoemde is een 24 ha grote moeraswildernis, waar vlonderpaden doorheen lopen; met zijn imposante cipressen vormt hij een ideale habitat voor alligators en vele vogelsoorten (3550 Ashley River Rd., tel. 843-571-1266, fax 843-571-5346, www.magnoliaplantation.com, dag. 8 uur tot zonsondergang).

Aan het begin van de 18e eeuw waren in continentaal Europa en Engeland formele, streng geometrische tuinen in de mode. Deze opvatting van landschapsarchitectuur sloeg ook in de VS aan. Een bijzonder mooi voorbeeld daarvan is **Middleton Place**, met een herenhuis uit 1755 waaromheen zich prachtig vormgegeven, deels terrasvormig aangelegde tuinen uitbreiden, die naar het schijnt in een tijdsbestek van 10 jaar door ca. 100 slaven zijn gecreëerd (4300 Ashley River Rd., tel. 843-556-6020, www.middletonplace.org, dag. 9–17 uur).

**Charleston Area Convention & Visitors Bureau:** 375 Meeting St., P. O. Box 975, Charleston, SC 29402, tel. 843-853-8000, fax 843-853-0444, www.charlestoncvb.com.

**French Quarter Inn 1:** 166 Church St., tel. 843-722-1900, www.fqicharleston .com. Aangename luxe in de historische wijk. Doorlopend gratis koffie uit een zilveren samowar, ontbijt op het terras, 's middags wijn en kaas bij de open haard. De 'kussenconciërge' biedt u de keus uit verschillende kussens. Vanaf $199.

**Elliott House Inn** 2 : 78 Queen St., tel. 843-723-1855, www.elliotthouseinn.com. Goede bed and breakfast in 18e-eeuwse stijl. Mooie tuin met zwembad, stijlvolle ambiance, 's middags wijn en kaas op de veranda, gratis fietsen. $120-180.

**The Anchorage Inn** 3 : 26 Vendue Range, tel. 843-723-8300, www.anchoragencharleston .com. 17 kamers en 2 suites in de stijl van de 18e eeuw. $89-189.

**King Charles Inn** 4 : 237 Meeting St., tel. 843-723-7451, www.kingcharlesinn.com. Smaakvol ingericht hotel van de Best Westernketen met zwembad en restaurant, draadloos internet, parkeergelegenheid, 's middags wijn met kaas, inclusief ontbijt. Vanaf $139.

**Indigo Inn** 5 : 1 Maiden Ln., tel. 843-577-5900, www.indigoinn.com. 40 kamers in 18e-eeuwse stijl, mooie, rustige tuin, uitgebreid ontbijt. Vanaf $89.

**Charleston KOA Kampground** 6 : Ladson, tel. 843-797-1045, 32 km ten noordoosten van de stad, www.koa.com, het hele jaar geopend. Met zwembad en huisjes.

**Grill 225** 7 : 225 E. Bay St., tel. 843-26-4222, www.grill225.com, ma.-zo. 11.30-15, 17.30-22 uur, vr.-za. langer. Voortreffelijk steakhouse met ook uitmuntende schelp- en schaaldieren voor gepeperde prijzen. Steaks $32-36.

**FIG** 8 : 232 Meeting St., tel. 843-805-5900, www.eatatfig.com, ma.-do. 18-23, vr.-za. 18-24 uur. Bistro met verse gerechten in Franse stijl; de ingrediënten zijn afkomstig van de boerijen rondom Charleston. Specialiteit: *hanger steak* $18.

**Hyman's Seafood Company** 9 : 215 Meeting St., tel. 843-723-6000, www.hymansseafood .com, dag. 11-23, nov.-feb. ma.-do. tot 21.30 uur. Levendig restaurant, populaire visgerechten als gebakken bot, tonijn, snapper en goudmakreel *(mahi)*. Reserveren aanbevolen. Vanaf $10.

**Sticky Fingers** 10 : 235 Meeting St., tel. 843-853-7427, www.stickyfingersribhouse.com, dag. 11-23 uur. Uitstekende gebarbecuede spareribs met diverse sauzen, weifelaars kiezen de *sampler* en nemen daarbij een *pitcher* (kan) bier. Vanaf $10.

**Baker's Cafe** 11 : 214 King St., tel. 843-577-2694, ontbijt en lunch. Ideaal om de dag te beginnen. Grote ontbijtkeus met onder andere croissants, specialiteiten als *Russian tea cake muffin* en cappuccino. Vanaf $8.

Een oase van rust op de Litchfield Plantation

## Georgetown

**Atlas:** blz. 24, F 1

Dit vroegere vissersstadje van 9000 inwoners, omgeven door voormalige rijst- en indigoplantages, heeft zijn 19e-eeuwse straatbeeld behouden. Enkele van de bekendste bezienswaardigheden liggen echter buiten het stadje.

### Hampton Plantation

Op de **Hampton Plantation** ten zuidwesten van Georgetown krijgt de bezoeker een indruk hoe het er in de tijd van de slavernij aan toeging op de plantages. Een tijd lang woonde de uit deze omgeving afkomstige dichter Archibald Rutledge in het prachtige hoofdgebouw van deze voormalige rijstplantage uit rond 1850 met zijn colonnade en stallen en schuren (1950 Rutledge Rd., 25 km ten zuidwesten van Georgetown bij de US 17, tel. 843-546-9361, www.discoversouthcaro lina.com/stateparks, eind mei– begin sept. dag. 11–16, begin sept.–eind mei do.–ma. 13–16 uur, terreinbezichtiging gratis).

## Brookgreen Gardens

Wie goed kijkt, bespeurt op het terrein van de **Brookgreen Gardens** ten noorden van Georgetown een eikenlaan die vroeger de oprit vormde van een rijstplantage. Tegenwoordig treffen kunst en natuur elkaar in de tuinen, waar tussen boomgroepen, fonteinen en grasvelden meer dan 550 beelden van Amerikaanse kunstenaars uit de 19e en 20e eeuw staan opgesteld, waaronder werk van bekende beeldhouwers als Frederic Remington en Daniel Chester French (5 km ten zuiden van Murrells Inlet aan de US 17, tel. 843-237-4218, www.brookgreen.com, juni–sept. wo.–vr. 9.30–21, za.–di. 9.30–17, okt.–mei dag. 9.30–17 uur).

Op Tara Auf Pawley Island 24 km ten noorden van **Georgetown** kan de liefhebber net zo overnachten als Scarlett O'Hara in *Gejaagd door de wind*. Aan het eind van een 500 m lange eikenlaan ligt de **Litchfield Plantation**, een schitterend paleis, typisch voor de zuidelijke staten, dat nu dient als chique bed and breakfast en helemaal niets te wensen overlaat (Kings River Rd., P. O. Box 290, Pawleys Island, SC 295 85, tel. 843-237-9121, fax 843-237-1041, www.litchfieldplantation.com, $138–620).

# Myrtle Beach

**Atlas:** blz. 24, F1

Myrtle Beach, South Carolina's antwoord op Mallorca, is onomstreden een van de belangrijkste badplaatsen aan de Atlantische kust. Aan het Grand Strand rijgen zover het oog reikt de op vakantie gerichte instellingen zich aaneen – motels in alle soorten, hotels die eerder groot dan mooi zijn, pretparken met spookhuizen en draaimolens, winkels met strandkleding, hamburgertenten en snackbars. Al jaren geleden heeft aan het Grand Strand, zoals de 90 km lange strook zand rond Myrtle Beach heet, de countrymuziek haar intrede gedaan. In de twee grote theaters Dixie Stampede en The Carolina Opry worden elke avond concerten gegeven door sterren en sterretjes. Het aanbod aan cultuur is echter niet zo groot in deze stad. Behalve het bijzonder lange zandstrand zijn golfcourts, minigolfbanen, achtbanen en kartcircuits hier de grote attracties. Het aantal vaste inwoners bedraagt ongeveer 25.000, maar in het hoogseizoen verblijven hier en in de omgeving een slordige 150.000 mensen, onder wie in het begin van het seizoen veel studenten, die Myrtle Beach de laatste jaren hebben uitverkoren als hun zomervakantiebestemming.

> **Myrtle Beach Area Chamber of Commerce:** 1200 N. Oak St., P. O. Box 2115, Myrtle Beach, SC 29577, tel. 843-626-7444, www.myrtlebeachinfo.com.

> **Ocean Dunes Resort & Villas:** 201 75th Ave. N., tel. 843-449-7441, fax 843-449-0558, www.stockbin.com. 403 kamers direct aan het noordelijke strand van de badplaats, met zwembaden, sauna's en stoombaden. Vanaf $80.
> **Boardwalk Beach Resort:** 2301 N. Ocean Blvd., tel. 843-448-8545, www.boardwalkresort.com. Levendig resort met 6 zwembaden en het zandstrand voor de deur. Sommige kamers en suites beschikken over een keuken, $50–200 afhankelijk van de tijd van het jaar.
> **Forest Dunes Resort:** 5511 N. Ocean Blvd., tel. 843-449-0864, www.forestdunes.com. Aan het strand, 3 zwembaden, suites voor maximaal 6 personen. Vanaf $55.
> **Myrtle Beach KOA Kampground:** 5th Ave., South Myrtle Beach, tel. 843-448-3421, www. myrtlebeachkoa.com, het hele jaar geopend. Groot kampeerterrein met zwembad, volledig toegeruste huisjes, pretparken in de omgeving.
> In Myrtle zijn net zoveel kampeerterreinen te vinden als er zandkorrels op het strand zijn.

 **The Melting Pot:** 5001 N. Kings Hwy, tel. 843-692-9003, ma.–zo. 17–22 uur. Fon-

In Myrtle Beach gaat het er in de zomermaanden heftig aan toe

due, fondue en nog eens fondue. Als toetje zijn er chocoladefondues. Grote wijnkaart. Vanaf $15.

**Fusco's:** 5308 N. Ocean Blvd., tel. 843-497-0440, dag. voor diner. Uitgelezen Italiaanse keuken; voor 18 uur krijgt u 10% korting. Vanaf $14.

**Sea Captain's House:** 3002 N. Ocean Blvd., tel. 843-448-8082, dag. 7-22 uur. Ontbijt, lunch en diner met zicht op het strand. Vanaf $6.

**Bass Pro Shops Outdoorworld:** 10177 N. Kings Hwy., tel. 843-361-4800, www. basspro.com, ma.–za. 9–22, zo. 10–19 uur. Alles voor de vrije tijd, met restaurant Islamorada Fish Co.

**Coastal Grand Mall:** 2000 Coastal Grand Circle, www.coastalgrand.com, ma.–za. 10–21, zo. 12–18 uur. Grote mall, *food court* en de warenhuizen Belk, Dillard's en Sears.

**Barefoot Landing:** North Myrtle Beach, www.bflanding.com. Meer dan 100 winkels en 13 outlets, restaurants, House of Blues aan het water.

**Broadway at the Beach:** www.broadwayatthebeach.com. Wie zich hier veelt, eigen schuld: 100 winkels, 20 restaurants, 10 nachtclubs, romantische gondeltochten met zingende gondeliers, in het seizoen elke dinsdagavond vuurwerk.

**Sun Fun Festival** (begin juni): Vier dagen vol activiteiten, bijvoorbeeld een missverkiezing, bootraces, optochten, vliegtuigshows en parachutespringen, www.sunfunfestival.com.

# Florida

Tallahassee
Pensacola
Jacksonville
Orlando
Tampa
St. Petersburg
Miami

*Florida Keys*

# In een oogopslag: Florida

## Zon, zand en surfen

Schitterende landschappen en een aangenaam zeeklimaat lokten ruim 100 jaar geleden de eerste toeristen naar de kust van Florida. Maar ook nu trekt het subtropische natuurschoon met zijn witte zandstranden, door palmenbossen verfraaide eilanden en warme surflocaties nog altijd veel liefhebbers. Wel zijn er sindsdien tussen de grens met Georgia en Alabama in het noorden en het kunstenaars- en toeristenmekka Key West in het zuiden tientallen topattracties bijgekomen, die Florida hebben doen uitgroeien tot een attractiepark voor zowel kinderen als volwassenen. Het levendige duo Miami en Miami Beach biedt grootsteedse voorzieningen onder palmen. In de exclusieve miljonairsenclave Palm Beach mengen zich gewone toeristen onder de Amerikaanse high so-

ciety. Op de lanceerbasis Kennedy Space Center leert u alles over het NASA-ruimteprogramma. Voor de oostkust en op de Florida Keys nodigen honderden scheepswrakken uit tot het duiken naar schatten. En in Orlando verrees binnen enkele decennia op door muskieten geteisterd braakland het grootste, populairste en veelzijdigste imperium van amusementsparken ter wereld.

Florida's gigantische, moderne aanbod op het gebied van vrije tijd wekt de indruk dat de Sunshine State een zeer jonge staat is. In werkelijkheid gaat de geschiedenis van deze nietindiaanse staat verder terug dan welke andere staat op Amerikaanse bodem ook. Al in 1565 stichtten de Spanjaarden met St. Augustine de oudste, tot heden permanent bewoonde stad in heel Nood-Amerika.

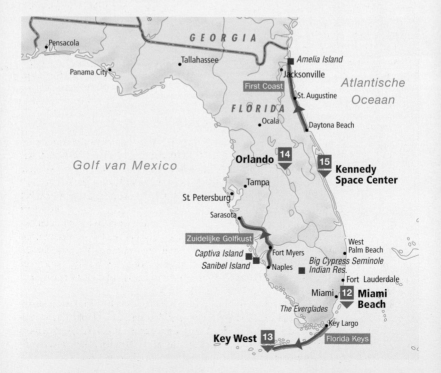

## Hoogtepunten

**12** ▼ **Miami Beach:** De pastelkleurige art-decowijk South Beach (zie blz. 401).

**13** ▼ **Key West:** Het elektriserende einde van de Florida Keys (zie blz. 409).

**14** ▼ **Orlando:** Amusementsparadijs met talrijke themaparken (zie blz. 444).

**15** ▼ **Kennedy Space Center:** Lanceerbasis bij Cape Canaveral (zie blz. 454).

## Panoramische routes

**Florida Keys:** De ca. 160 km lange keten van de Florida Keys met 42 grote en tienduizenden kleine eilanden geldt met zijn subtropische landschap en Caribische ambiance als de publiekstrekker van de Sunshine State (zie blz. 405).

**Zuidelijk Golfkust:** Tussen Naples en Sarasota omzomen kleine steden en nauw met de natuur verbonden eilanden deze schilderachtige kust aan de Golf van Mexico (zie blz. 418).

**First Coast:** Tussen Daytona Beach en Amelia Island is het verre van saai. Grootsteedse ambiance zoals in Jacksonville en historische bezienswaardigheden zoals in St. Augustine worden afgewisseld met verlaten eilandstranden, victoriaanse stadsgezichten en moderne uitgaansmogelijkheden (zie blz. 454).

## Reisplanning

Van **Orlando en de themaparken** zult u in een gewone vakantie maar een klein gedeelte te zien krijgen, omdat het aanbod enorm en de prijzen gepeperd zijn. Op één dag kunt u, zelfs als u er vaart achter zet, bijvoorbeeld op zijn hoogst twee grote Disneyparken bezoeken.

In Orlando kunt u een ca. twee weken durende rondreis beginnen, die via het Kennedy Space Center langs de oostkust naar Miami voert. Vandaar gaat u naar Naples aan de Golfkust en dan via Fort Myers en Tampa Bay terug naar Orlando. Als u meer tijd kunt investeren, is het beslist een aanrader om van Miami een uitstapje van minimaal drie dagen naar de Florida Keys in te plannen.

## Tips

**Wellness onder de palmen:** In Miami en Miami Beach treffen bezoekers een keur aan wellnessfaciliteiten aan (zie blz. 402).

**Avontuur rond het koraalrif:** Het John Pennekamp Coral Reef Park in Key Largo biedt volop mogelijkheden om het eilandenrijk van Florida Keys te leren kennen (zie blz. 407).

**Met indianen op sluipjacht:** In het Big Cypress Seminole Indian Reservation biedt een indiaans bedrijf tochten door de natuur aan (zie blz. 417).

**Schelpen zoeken:** Op Sanibel en Captiva Island is schelpen zoeken een volkssport geworden. Vooral na stormen wordt naar bijzondere exemplaren gezocht (zie blz. 420).

**Disneyprijzen:** Wie de Disneyparken wil bezoeken, moet diep in de buidel tasten (zie blz. 451).

## Klimaat en reisperiode

In feite heersen er op het langgerekte schiereiland Florida twee klimaatzones met verschillende weersomstandigheden. De beste tijd voor een vakantie in de zuidelijke helft van de staat zijn de koelere maanden van het jaar. Ongeveer van Miami tot aan Key West heersen zelfs midden in de winter – met uitzondering van vorstperioden, die maar zelden voorkomen – voorjaarsachtige temperaturen met geringe neerslag. Daarom duurt het hoogseizoen op de Florida Keys van november tot april.

In de noordelijke helft begint het hoogseizoen in mei en duurt tot oktober. In de Panhandle en aan de First Coast stijgen de temperaturen tot 27 °C. Orkanen komen vooral voor in de maanden juli tot oktober.

**Mensen die gek zijn op Miami bedoelen meestal Miami Beach. Het metropolitane duo wordt van elkaar gescheiden door de Biscayne Bay en elk deel bezit een heel eigen karakter. Miami is meer het zakelijke gedeelte. In Miami Beach heersen een dynamische sfeer en een Caribische leefstijl. Beide steden zijn multiculturele hotspots.**

Met 2,4 miljoen inwoners vormen Miami en Miami Beach het grootste verstedelijkte gebied van Florida. Eigenlijk zijn net als Miami Beach ook South Miami, Coral Gables en Bal Harbour zelfstandige steden. Ze worden echter gewoonlijk gerekend tot de zogenaamde Metropolitan Area (grootstedelijk gebied), dat zich uitstrekt tussen de 25e en 26e graad noorderbreedte en daarmee ongeveer ligt op de Kreeftskeerkring, waar geografisch gezien de subtropen beginnen.

Het grotendeels op het vasteland gelegen Miami heeft de afgelopen jaren met zijn torenhoge kantoren en bankgebouwen zijn skyline steeds verder de hoogte in gedreven en samen met het eilandenrijk Miami Beach intensief gewerkt aan zijn flitsende reputatie van zonovergoten metropool die de toon aangeeft. In de jaren tachtig van de vorige eeuw had de stad nog helemaal niet zo'n goede naam. Hoge criminaliteit, rassenrellen en een enorme stroom Cubaanse vluchtelingen van vaak twijfelachtige reputatie, plus het feit dat Miami zich ontwikkelde tot het internationale centrum van de handel in heroïne en cocaïne en tegelijkertijd tot witwascentrum van het machtige Colombiaanse drugskartel sloegen een diepe krater in het imago van de stad.

Halverwege de jaren tachtig tekenden zich op het gebied van de economie lichtpuntjes af aan de horizon. Het handelsvolume met Latijns-Amerikaanse landen nam geleidelijk aan toe en in het centrum van Miami gingen banken en ondernemingen weer vestigingen openen. Ook begon de meest zuidelijk gelegen grote stad van Florida meer toeristen te trekken. Hier was ook de filmische reclamecampagne van de televisieserie *Miami vice* op gericht, die in een groot aantal landen over de hele wereld werd uitgezonden en een belangrijke boodschap verspreidde: Miami is weliswaar een stad vol gevaren, maar ook een van de boeiendste metropolen van de VS.

Dat geldt vooral voor Miami Beach, dat op het zuidelijkste puntje van een voor de kust gelegen eiland ligt en van het vasteland gemakkelijk te bereiken is via verscheidene bruggen en dammen. Op een bepaald moment begon de mooie subtropische stad de trend te bepalen. Binnen enkele jaren veranderden de tot dan toe verwaarloosde gevels van de art-decowijk door de inspanningen van bouwlieden, schilders en designers in een betoverend filmdecor. Bijna van het ene moment op het andere ontwikkelde Miami Beach zich tot een hippe modemetropool en tot het trefpunt van de internationale beau monde.

## Downtown Miami

Het centrum van Miami maakt het bezoekers gemakkelijk de stad te verkennen. De gratis volautomatische bovengrondse spoorweg, de de zogeheten Metromover, loopt over drie lussen door het stadscentrum. Eén traject voert onder andere dwars door het Cen-Trust Building. Vanuit de als door een magische kracht voortbewogen wagons hebt u het beste uit-

## Onderweg met de auteur

### Aanraders!

Een van de meest bezienswaardige gebouwen in Groot-Miami is de **Villa Vizcaya.** Hij ligt in een sprookjesachtige tuin, waarvan het gedeelte aan de **Biscayne Bay** is ingericht in Venetiaanse stijl (zie blz. 398).

Of u nu met of zonder kinderen op pad bent, het **Miami Seaquarium** biedt volop vertier en leerzame uren voor iedereen die zich interesseert voor zeedieren (zie blz. 399).

De art-decowijk **South Beach** aan de zuidpunt van Miami Beach is het architectonische hoogtepunt van de stad, dat vooral 's avonds bij neonverlichting een grote indruk maakt (zie blz. 401).

### Cubaanse sfeer

De metropool toont zijn Cubaanse gezicht in het stadsdeel **Little Havana** met Cubaanse restaurants en cafés (zie blz. 394).

### De mooiste stranden

Pal langs de Ocean Drive in Miami Beach strekt zich een kilometers lang strand uit. Rustiger is het in het **Bill Baggs Recreation Area** aan de zuidpunt van Key Biscayne (zie blz. 399).

### Gratis attracties

's Avonds en in het weekend vinden op de **Bayside Marketplace** vaak gratis concerten aan de haven plaats. In de buurt kunt u winkelen of een van de talrijke cafés en restaurants bezoeken (zie blz. 393).

**CocoWalk** midden in Coconut Grove is een levendig centrum met winkels en cafés, waar het leuk is om te flaneren (zie blz. 398).

### Na zonsondergang

De **Ocean Drive** in het stadsdeel South Beach in Miami Beach is het toppunt van het nachtleven in het zuiden van Florida. De ene horecagelegenheid rijgt zich hier aan de andere. Een zeer populair trefpunt voor nachtbrakers en 'barliefhebbers' is het Mango's Tropical Café (zie blz. 403).

### *No-go*-wijken

Miami's probleemwijken liggen hoofdzakelijk ten noorden van Downtown. De wijken Liberty City en Hialeah kunt u beter mijden, omdat deze tot de sociale brandhaarden van de stad behoren. Als u deze buurt met de auto wilt doorkruisen, kunt het best de grote autowegen gebruiken.

---

zicht over Miami. Eén station van de Metromover ligt bij Bayfront Park.

Een goed startpunt voor een bezichtiging van Downtown is **Bayside Marketplace** 1, een enorm complex met restaurants, cafés en boetieks, pal aan Biscayne Bay. Hoe populair de wijk is blijkt wel uit de 10 miljoen bezoekers die hij per jaar trekt. 's Avonds en in de weekends barst de buurt bijna uit zijn voegen. Dan geven plaatselijke artiesten gratis liveconcerten, en soms laten zich ook beroemde sterren zien. Van de bars en restaurants kijkt u uit op de haven of de skyline van de stad, wat vooral even na zonsondergang een belevenis is (401 Biscayne Blvd., tel. 305-577-3344, ma.-do. 10-22, vr.-za. 10-23, zo. 11-20 uur, bars en restaurants ruimere openingstijden).

De rumoerigste en levendigste winkelstraat is de in oost-westrichting lopende Flagler Street. De straat voert voorbij Dade County Courthouse naar het **Metro-Dade Cultural Center** 2. Het plein van dit centrum met zijn mediterrane sfeer verandert rond het middaguur in een 'lunchoase' voor zakenlieden en kantoorpersoneel. Het rond het plein gelegen cultuurcentrum bestaat uit drie gebouwen, die met hun boogramen, pannendaken en smeedijzeren versiering aan de Spaanse bouwstijl doen denken (101 W. Flagler St.).

De **Miami-Dade Public Library,** de centrale bibliotheek van de stad en het bestuursdistrict, bezit een enorme verzameling literatuur over Florida (tel. 305-375-5010, ma.-wo. en vr.-za. 10-17, do. 9-21, zo. 13-17 uur). Met zijn

De skyline van Miami is 's avonds gehuld in een geheimzinnig glinsterende gloed

prehistorische vondsten, voorwerpen die de cultuur van de Seminole-indianen belichten, diavoorstellingen en documentatie over de roerige jaren twintig van de vorige eeuw geeft het **Historical Museum of Southern Florida** inzicht in de bewogen geschiedenis van Zuid-Florida en Miami (tel. 305-375-1492, www.historical-museum.org, ma.–za. 10–17, iedere 3e do. 10–21, zo. 12–17 uur). Het zwaartepunt van het kleine **Miami Art Museum (MAM)** is Noord- en Zuid-Amerikaanse kunst met een reeks werken van bekende kunstenaars als Alexander Calder en Robert Rauschenberg. De dagen van het museum in het Metro-Dade Cultural Center zijn geteld, aangezien de tentoonstellingen binnenkort verhuizen naar het nieuwe **Museum Park Miami** (tel. 305-375-3000, www.miamiartmuseum.org, di.–vr. 10–17, iedere 3e do. 10–21, za.–zo. 12–17 uur, ma. gesloten).

Het Bicentennial Park ten zuiden van de toegangsweg naar de MacArthur Causeway was lange tijd niet echt een lust voor het oog. Nu legt de stad Miami hier het nieuwe **Museum Park Miami 3** aan. Op het omgevormde terrein aan de Biscayne Bay zullen over enige tijd het nieuwe Miami Art Museum en het nieuwe Miami Museum of Science hun deuren openen.

## Little Havana

In het stadsbeeld van Miami is de Caribische invloed op veel plaatsen onmiskenbaar, maar nergens zo duidelijk als in het stadsdeel **Little Havana 4** rond de Calle Ocho, zoals de zuidwestelijke 8th Street door de plaatselijke be-

## Coral Gables

Geen enkele stad in Greater Miami houdt zijn eigen stijl zo consequent intact als Coral Gables. De gemeente ontstond in de jaren twintig van de vorige eeuw, toen aan de zuidkust van Florida enorm werd gebouwd. In tegenstelling tot andere speculanten, die vooral uit waren op het snelle geld, onderscheidde de stichter van Coral Gables, George Merrick, zich als estheet. Tijdens zijn reizen had hij kennisgemaakt met het Middellandse Zeegebied, waarvan hij de architectuur en het stadsbeeld als voorbeeld nam. Er werden brede, door palmen omzoomde boulevards en open pleinen met fonteinen aangelegd en met stucwerk versierde huisgevels gebouwd, die evengoed in het Spaanse zuiden hadden kunnen staan.

### Wandeling door de stad

Toen de stad in de jaren twintig uit de grond werd gestampt, werd als bouwmateriaal voor de huizen gedeeltelijk het versteende koraal in de bodem gebruikt. Een van deze steengroeven is niet dichtgegooid, maar veranderd in de **Venetian Pool 5**, een schitterend openluchtbad onder palmen met 3 miljoen liter zoet water. Naast het kristalheldere water zorgen omlijstingen van stukken versteend koraal, bloemen, een prachtige waterval, palmen en fraaie gebouwen in mediterrane stijl rond de ligweide voor een tropische sfeer (2701 DeSoto Blvd., tel. 305-460-5306, www.venetianpool.com, ma.–vr. 11–16.30, in de zomer tot 19.30, za.–zo. 10–16.30 uur).

Het architectonisch visitekaartje van Coral Gables is het monumentale **Biltmore Hotel 6** met een 90 m hoge toren, waarvoor de Giralda in het Spaanse Sevilla model heeft gestaan. Vroeger liepen in dit tophotel prominente gasten als Bing Crosby, Ginger Rogers, Judy Garland en Al Capone in en uit. In het zwembad van het hotel, vanwaar u uitkijkt op het gazon dat met een nagelschaartje lijkt te zijn bijgepunt, was vroeger niemand minder dan Johnny Weissmuller, de Tarzan van het witte doek, de baas. Hij leerde als winnaar van olympische gouden zwemmedailles de high society zwemmen (1200 Anastasia Ave.,

woners wordt genoemd – een verzameling goedkope winkels met textiel, speelgoed en bossen met plastic bloemen, waarmee de inwoners thuis graag de glimmende bronzen schrijnen van hun heiligen sieren.

De straten verraden de ware identiteit van Miami als een stad, die weliswaar op Noord-Amerikaanse bodem ligt, maar in demografisch opzicht allang is gelatiniseerd en daardoor een deel uitmaakt van het Caribische gebied. In de cafés en eetgelegenheden kan het soms wat lastig zijn om te begrijpen wat er bedoeld wordt, als u geen Spaans spreekt. Specialiteiten als *milanesa* (schnitzel), *baho* (Cubaans eenpansgerecht) en varkensvlees met zwarte bonen ontbreken zelden op de menukaart.

## Miami – Miami Beach

### Bezienswaardigheden

1. Bayside Marketplace
2. Metro-Dade Cultural Center
3. Museum Park Miami
4. Little Havana
5. Venetian Pool
6. Biltmore Hotel
7. Lowe Art Museum
8. Coco Walk
9. The Barnacle
10. Villa Vizcaya
11. Miami Museum of Science
12. Miami Seaquarium
13. Bill Baggs Cape Florida State Recreation Area
14. Parrot Jungle and Gardens
15. Children's Museum
16. Port of Miami
17. Ocean Drive
18. Wolfsonian
19. Bass Museum
20. Holocaust Memorial
21. Ancient Spanish Monastery

### Accommodatie

1. Miami Marriott Biscayne Bay
2. Waldorf Hotel
3. Miami River Inn
4. Days Inn International Airport
5. Riviera Court Motel
6. Banana Bungalow
7. Miami Everglades
8. Miami South

### Eten en drinken

9. The Forge
10. Caffe Abbracci
11. Joe's Stone Crab Restaurant
12. News Café

tel. 305-445-1926, fax 305-913-3159, www.bilt morehoTel.com).

Midden door de mediterraan ogende stad loopt de Granada Boulevard, die net als de meeste andere straten een Spaanse naam heeft. Aan het zuidelijke uiteinde strekt zich

de met een eigen zwembad uitgeruste campus van de University van Miami uit, waarop het **Lowe Art Museum** **7** kunst uit de renaissance en de barok, Europese, precolumbiaanse, Aziatische en Afrikaanse kunst en werken van Amerikaanse kunstenaars uit de

19e eeuw toont (1301 Stanford Dr., tel. 305-284-3535, www.lowemuseum. org, di.-wo. en vr.-za. 10-17, do. 12-19, zo. 12-17 uur, ma. gesloten).

# Coconut Grove

Deze levendige, chique wijk met bistro's en dure boetiks ziet zichzelf graag als de zuidelijke tegenhanger van het New Yorkse Greenwich Village – en niet geheel ten onrechte. The Grove, zoals de bewoners hun wijk noemen, was in de jaren zestig en zeventig populair als woonplaats bij kunstenaars, schrijvers en bohemiens. Tegenwoordig zijn de restaurants, galeries, theaters, nachtclubs, chique cafés en toonaangevende muziekgelegenheden de grote trekpleisters. De belangrijkste attractie is de niet ver van de Biscayne Bay gelegen, sneeuwwitte **Coco Walk** 8, een stijlvol winkelcentrum met restaurants, bars, zaken en een bioscoop. Het uit verschillende verdiepingen bestaande, bijna antiek aandoende complex met trappen, fraaie balustrades en allerhande terrassen omsluit een binnenhof met kraampjes vol parfumflesjes, zonnebrillen en moderne accessoires (3015 Grand Ave., tel. 305-444-0777, www.cocowalk.net, zo.-do. 11-22, vr.- za. 11-24, veel bars tot 2 uur, toegang gratis).

## Museumtrio

Naast lifestyle en trends is in **The Grove** ook de geschiedenis vertegenwoordigd met de **The Barnacle** 9. De scheepsbouwer Ralph Munroe liet deze cottage met brede balkons inrichten aan het eind van de 19e eeuw. Talrijke details wijzen op de ambachtelijke achtergrond van de hobbyarchitect, die voornamelijk materialen uit de omgeving gebruikte en het huis op palen zette om het beter te ventileren en te beschermen tegen overstromingen. Door de toevoeging van een onderetage veranderde de oorspronkelijke paalwoning in een heel gewoon huis (3485 Main Hwy, tel. 305-448-9445, do.-ma. 9-16 uur).

De naam van Villa Vizcaya 10 komt uit het Baskisch en betekent 'hooggelegen plaats'. Zo'n 1000 deels Europese vaklieden werkten jarenlang aan de bouw van de schitterende villa in de stijl van de Italiaanse renaissance, voordat de industrieel James Deering erin kon trekken. Het fraaie huis doet nu dienst als museum. In 34 zalen zijn meubels en kunstvoorwerpen te bewonderen, die de architect op zijn reizen door de oude wereld kocht. Om de waardevolle kunstwerken voor de zoute lucht en de door de nabijheid van de zee veroorzaakte vochtigheid te beschermen, heeft men het binnenhof later overdekt met een glazen koepel. In een baai voor de villa ligt een klein rotseiland in de vorm van een Venetiaanse gondel. De villa wordt omgeven door een prachtig park met beelden, basins en fonteinen (3251 S Miami Ave., tel. 305-250-9133, www.vizcayamuseum.org, dag. 9.30-16.30 uur).

Shows in het planetarium, een Wildlife Center waar gewonde reptielen en zeldzame roofvogels worden opgeknapt, en interactieve natuurwetenschappelijke installaties maken het Miami Museum of Science 11 beslist interessant. Het museum verhuist binnenkort naar een nieuwe locatie in het Museum Park Miami (3280 S. Miami Ave., tel. 305-646-4200, www.miamisci.org, dag. 10-18, vr. tot 22 uur).

## Zuid-Miami

De **Fairchild Tropical Garden** is een prachtige botanische tuin met tropische en subtropische vegetatie rond verscheidene meren. U kunt per tram een rit maken door het complex (10901 Old Cutler Rd., tel. 305-667-1651, www.fairchildgarden.org, dag. 9.30-16.30 uur).

In de **Monkey Jungle** kunnen meer dan 400 primaten zich vrij bewegen op een open terrein, terwijl de bezoekers achter hekken moeten blijven (14805 SW 216th St., tel. 305-235-1611, www.monkeyjungle.com, dag. 9.30-17 uur). Veel bewegingsvrijheid hebben ook de dieren in de **Miami Metrozoo**, waar ze grotendeels in een aan de natuur aangepast buitenverblijf worden gehouden (12400 SW 152 St., tel. 305-251-0400, www.miamimetrozoo com, dag. 9.30 -17.30 uur).

In de **World & U.S. Chess Hall of Fame** worden grote schaakmeesters geëerd – van Anatoly Karpov tot Bobby Fisher en van Tigran Petrosian tot Boris Spassky (13755 SW. 119th Ave. tel. 786-242-4255, www.chessmuseum.org, ma.-vr. 10.30-17 uur, za.-zo. gesloten).

Papegaaienpaartje op Parrot Jungle Island in Miami

# Virginia Key en Key Biscayne

Ten zuiden van Downtown kunt u rijdend op de Bayshore Drive de afslag Rickenbacker Causeway nemen, die een verbinding vormt met twee eilanden in de Biscayne Bay.

Op Virginia Key is het **Miami Seaquarium**  al jaren een trekpleister voor gezinnen, die dolfijnen, zeeleeuwen en vooral de enorme orka Lolita in shows willen zien optreden. Nog belangrijker is dat het instituut zich bezighoudt met de bescherming en het fokken van bedreigde diersoorten, waaronder zeekoeien (4400 Rickenbacker Cswy, tel. 305-361-5705, www.miamiseaquarium.com, dag. 9.30–18 uur).

Het langwerpige, 8 km van het vasteland gelegen koraaleiland Key Biscayne is voor de inwoners van de stad een aangenaam nabijgelegen gebied om te ontspannen, met schilderachtige stranden en de Bill Baggs Cape Florida State Recreation Area **13** aan het zuidelijke uiteinde. De in 1825 gebouwde vuurtoren met een uitkijkplatform weerstond in 1836 een aanval door de Seminolen en in de Burgeroorlog de inname door het leger van de zuidelijke staten (1200 S. Crandon Blvd., tel. 305-361-5811).

# **12** Miami Beach

De Mac Arthur Causeway, een van de diverse verbindingen tussen Miami en Miami Beach, is gemakkelijk te vinden dankzij de slanke Freedom Tower, die zich bij deze toegangsweg verheft. Een dam voert via enkele eilanden, waaronder Palm Island waar de gangsterleider Al Capone woonde, naar het zuidelijke uiteinde van de stad Miami Beach.

## Aan de Mac Arthur Causeway

Wie in een papegaaienoerwoud alleen kleurrijke verenkleden verwacht, zal verbaasd staan over de veelvoud aan dieren en planten in de **Parrot Jungle and Gardens 14**. Weliswaar vormen exotische papegaaien de hoofd-

De Ocean Drive kent een exotisch nachtleven in Caribische sfeer

attractie, maar ook orang-oetans en andere apen, alligators (waaronder een zeldzame albinoalligator), nachtdieren en vele reptielen, leven in het complex. In speciale shows kunt u het leervermogen van bijvoorbeeld papegaaien aanschouwen. Voor kinderen is een speciaal park ingericht waar ze de dieren kunnen aanraken (11000 SW. 57th Ave., tel. 305-400-7000, www.parrotjungle. com, dag. 10–18 uur).

Met boeiende, interactieve tentoonstellingen wil men bij kinderen in het **Children's Mu-**seum **15** belangstelling kweken voor zaken als gezonde voeding, geld en consumptie, het omgaan met huisdieren, communicatie en het zeeleven (980 Mac Arthur Cswy, tel. 305-373-5437, www.miamichildrensmuseum. org, dag. 10–18 uur).

Ten zuiden van de Mac Arthur Causeway valt de Port of Miami **16** op door de cruiseschepen die er aangemeerd liggen. In de loop der jaren is de Port of Miami uitgegroeid tot de grootste haven voor cruiseschepen ter wereld met ruim drie miljoen passagiers per jaar. Aan de

economische depressie op een decoratieve manier moest worden overwonnen. Zo ontstond met South Beach een wijk die wordt gekenmerkt door geometrische gebouwen met een grote verscheidenheid aan ornamenten. In pastelkleurige stucversieringen op de gevels zijn hier voorkomende vogelsoorten te herkennen, naast motieven van druiven en meloenen, die deuren en vensters omranken. 'SoBe', zoals South Beach hier wordt genoemd, bezit sinds de jaren tachtig een cultstatus en valt op door zijn hotels, winkels en restaurants in artdecostijl die mooier zijn dan ooit (Art Déco Welcome Center, 1001 Ocean Dr., tel. 305-672-2014, www.mdpl.org. De Miami Design Preservation League verzorgt rondleidingen door het stadsdeel).

## Belangrijke attracties

Prachtige art-decogebouwen rijgen zich aaneen langs **Ocean Drive** 17, die evenwijdig aan het door palmen omzoomde, niet door bebouwing bedorven zandstrand loopt. Overdag is het hier op een steenworp afstand van de branding een en al drukte onder de talloze gekleurde parasols. 's Avonds kleden de zonnebaders zich voor een culinaire wandeling naar de met neon verlichte restaurants, om zich daarna in *poolbars* en discotheken te ontspannen tot in de kleine uurtjes.

Het Wolfsonian 18 probeert een antwoord te geven op de vraag hoe kunst en design in de periode tussen 1885 en 1945 door de geschiedenis en de menselijke ervaringen zijn beïnvloed en hoe deze invloeden tot uitdrukking kwamen. Het gaat daarbij onder meer om de wisselwerking tussen kunst en propaganda, bijvoorbeeld in het Derde Rijk, maar ook om de invloed van de tijdgeest op de vormgeving van alledaagse gebruiksvoorwerpen (1001 Washington Ave., tel. 305-531-1001, www.wolfsonian.fiu.edu, eind mei–begin sept. do.–vr. 12–21, za.–zo. 12–18, verder ma.–di., za.–zo. 12–18, do.–vr. 12–21 uur).

Het in art-decostijl opgetrokken Bass Museum 19 is gespecialiseerd in de Europese kunst van de middeleeuwen en de renaissance en toont werken van Dürer en Rubens. Daarnaast ziet u hier ook collecties uit Amerika en Azië. Ver-

kaden in Biscayne Bay leggen de grootste schepen ter wereld aan, waarvan sommige plaats bieden aan meer dan 2000 passagiers (Dante B. Fascell Port of Miami, tel. 305-371-7678, fax 305-347-4843, www.miamidade.gov/portofmiami).

## South Beach

In het zuidelijkste deel van Miami Beach lieten bouwlieden in de jaren dertig van de vorige eeuw in zeer kort tijd hele rijen straten in art-decostijl verrijzen, waarmee de tijd van de

## Tip:
## Wellness onder de palmen

In de VS spelen wellness, fitness en gezondheid een belangrijke rol. Steeds meer hotels en resorts beschikken dan ook over faciliteiten op dit terrein. In de regel worden er geheel verzorgde kuurprogramma's aangeboden, die zich niet alleen richten op vrouwelijke, maar ook op mannelijke gasten.

In het stijlvolle **Doral Golf Resort & Spa** in Miami waant u zich in een Toscaanse villa met een subtropische ambiance. Naast ruim twintig programma's voor groepen, uiteenlopend van yoga tot tai chi, worden er ook individuele behandelingen gegeven, zoals gezichtsmassages, body fango, hydrotherapie en kruidenmaskers. Tot het personeel behoren diëtistes, die niet alleen computeranalyses maken over de dagelijkse hoeveelheid calorieën, maar ook over tekorten aan vitamines en mineralen (4400 NW. 87th Ave., tel. 305-592-2000, fax 305-594-6653, www.doralresort. com, dagprogramma's $185-495). Het **Eden Roc Resort** met kuurcentrum en Lifestyles Wellness Center ligt vlak aan het lange zandstrand van Miami Beach. Een brede trap voert naar de lobby van het kuurcentrum, waar massagetherapieën, lichaamsvetanalyses, acupunctuur, stressmanagement en maskers worden aangeboden als privébehandelingen. Deze worden gecompleteerd door lezingen over natuurgeneeswijzen, aerobic, zumba dance en yogaoefeningen op het strand (4525 Collins Ave., Miami Beach, tel. 786-276-0526, fax 786-276-2005, www.edenrocresort.com, vanaf $120 voor een behandeling van 50 minuten). In het gezondheidscentrum van het **Sheraton Bal Harbour Beach Resort** in Bal Harbour kunt u de dag beginnen met een fitnessadvies of een reflexzonemassage. Hier behoren cellulitisbehandelingen, therapeutische hand- en voetverzorgingen, aromamassages en speciale huidbehandelingen tot het standaardaanbod (9701 Collins Ave., Bal Harbour, tel. 305-868-2591, fax 305-868-2459, www.sheraton.combalharbour, introductiepakket $145).

der kunt u er hedendaagse kunst bekijken, waaronder videopresentaties en foto's van Marilyn Monroe (2121 Park Ave., tel. 305-673-7530, www.bassmuseum.org, di.-za. 10-17, zo. 11-17, 2e do. 10-21 uur).

Een uit honderden kleine menselijke sculpturen bestaande, naar de hemel grijpende arm met geopende hand staat in het middelpunt van de indrukwekkende **Holocaust Memorial** **20**. Het complex bestaat uit een meditatietuin met een waterlelievijver en rondom gelegen lage gebouwen, waaronder een kleine contemplatiekoepel, een herinneringsmuur waarin een groot aantal namen zijn gegraveerd van slachtoffers van het naziregime, en het Lonely Path, een gemetselde tunnel, waarin alleen daglicht naar binnen valt door spleten in de muur (1933-1945 Meridian Ave., tel. 305-538-1663, www.holocaustmmb.org, dag. 9-21 uur).

## Ancient Spanish Monastery

De Californische krantenmagnaat en kunstverzamelaar William R. Hearst, door Orson Welles gespeeld in diens film *Citizen Kane*, kocht in 1925 op een reis door Europa in het Spaanse Segovia een klooster dat uit de 12e eeuw stamde, liet het helemaal uit elkaar halen in genummerde delen en vervolgens naar de VS verschepen. Pas in 1964 werden de historische muren uitgepakt en in North Miami weer in elkaar gezet. Tegenwoordig is het **Ancient Spanish Monastery** **21**, althans het klooster zelf, het oudste museum op Amerikaans grondgebied, waar u historische kunstwerken kunt bekijken, zoals een ruim 700 jaar oud gesneden Christusbeeld en antiek meubilair, waaronder een houten kast die al door paus Urbanus VIII (1623-1644) werd gebruikt (16711 W. Dixie Hwy, North Miami Beach, ma.-za. 10-16, zo. 12-16 uur).

**Greater Miami Convention & Visitors Bureau:** 701 Brickell Ave., suite 2700, Miami, FL 33131, tel. 305-539-3000, fax 305-539-3113, www.gmcvb.com.

**Miami Beach Visitors Center:** 1920 Meridian Ave., Miami Beach, FL 33139, tel. 305-672-1270, fax 305-548-4336, www.miamibeachchamber.com.

**Miami Marriott Biscayne Bay** 1**:** 1633 N. Bayshore Dr., tel. 305-374-3900, fax 305-375-0597, www.marriott.com. Centraal gelegen, luxueus hotel. Van de meeste kamers kijkt u uit op Biscayne Bay. $159–219.

**Waldorf Hotel** 2**:** Art-decohotel in het bruisende centrum, kleine, schone kamers. In de kelder verkoopt de bijbehorende supermarkt bier, wijn, cosmetica, kranten en tijdschriften. $99–179.

**Miami River Inn** 3**:** 118 SW. South River Dr., tel. 305-325-0045, fax 305-325-9227, www.miamiriverinn.com. Miami's enige bed and breakfast met 38 kamers en tweekamerappartementen plus een zwembad in de tuin. $79–149.

**Days Inn International Airport** 4**:** 7250 NW. 11th St., tel. 305-261-4230, fax 305-264-9685. Motel van een keten bij de luchthaven met standaardkamers, buitenbad en fitnessapparaten. $70–100.

**Riviera Court Motel** 5**:** 5100 Riviera Dr., tel. 305-665-3528, geen website. Twee verdiepingen tellend hotel met schone kamers, klein zwembad, relatief rustig gelegen in de buurt van de universiteit; sommige kamers met volledig ingerichte keuken. $70–80.

**Banana Bungalow** 6**:** 2360 Collins Ave., tel. 305-538-1951, fax 305-531-3217, www.bananabungalow.com. Populaire, zeer goed geoutilleerde accommodatie voor rugzaktoeristen, met zwembad en restaurant, waar u maaltijden kunt krijgen voor nog geen $4. Bed in een zespersoonskamer $17–19, eenpersoons- en tweepersoonskamer vanaf $68.

**Miami Everglades** 7**:** 20675 SW. 162nd Ave., tel. 305-233-5300, www.miamicamp.com. Camping met staanplaatsen, mooie blokhutten en recreatiefaciliteiten.

**Miami South/Everglades KOA** 8**:** 20675 SW. 162nd Ave., tel. 305-233-5300, www.koakampgrounds.com. Plaatsen voor tenten en kampeerauto's, supermarkt.

**The Forge** 9**:** 432 W. 41st St., tel. 305-538-8533, ma.–do. 16–24, vr.–za. 17–3, zo. 12–24 uur. Met antiek en internationale kunst verfraaid toprestaurant met een uitstekende Franse keuken. Hoofdgerechten vanaf $30.

**Caffe Abbracci** 10**:** 318 Aragon Ave., tel. 305-441-0700, ma.–vr. 11.30–15, zo.–do. 18–23.30, vr.–za. 18–0.30 uur. Een aanrader voor liefhebbers van de Italiaanse keuken in een romantische omgeving. $15–30.

**Joe's Stone Crab Restaurant** 11**:** 11 Washington Ave., tel. 305-673-0365, okt.–mei lunch en diner, mei–begin aug. alleen diner. Gerenommeerd krabrestaurant; reserveren is raadzaam. Hoofdgerechten vanaf $15.

**News Café** 12**:** 800 Ocean Dr., tel. 305-538-6397, 24 uur per dag geopend. Trendy café met sandwiches, ontbijt op ieder moment van de dag, omeletten en een krantenkiosk voor als u iets wilt lezen. $6–17.

**Dadeland Mall:** 7535 N. Kendall Dr., ten zuiden van Downtown, www.simon.com, ma.–za. 10–21.30, zo. 12–19 uur. Enorm overdekt winkelcentrum met zo'n 200 zaken, *food court* en speeltuin.

**Mango's Tropical Café:** 900 Ocean Dr., tel. 305-673 4422, www.mangostropicalcafe.com. Prima café met iedere dag Latijns-Amerikaanse livemuziek, waarbij de diensters in strakke luipaardjurkjes op de toog dansen.

**Alcazaba:** 50 Alhambra Plaza, Coral Gables, tel. 305-569-4614, wo. 17.30–3.30, do.–za. 22–3.30 uur. Club met Latijns-Amerikaanse muziek.

**Jazid:** 1342 Washington Ave., Miami Beach, tel. 305-673-9372, ma.–zo. 21–5 uur. Populair bij liefhebbers van jazz en rhythm & blues.

Adressen en een uitgaanskalender vindt u in *This Week in Miami – Miami Beach*. Deze krant is verkrijgbaar in alle hotels en bij kiosken.

Cafés en restaurants aan de Bayside Marketplace nodigen uit tot een bezoek

Een vooraanstaand bolwerk in lokale cultuurkringen is het **Gusman Center for the Performing Arts**, waar het seizoen bijna het hele jaar duurt (www.gusmancenter.org).
Het **Jackie Gleason Theater of the Performing Arts:** Washington Ave./17th St., tel. 305-673-7300, www.gleasontheater.com, is de thuishaven van het **Beach Symphony Orchestra**.
**Het Actors' Playhouse:** 280 Miracle Mile, Coral Gables, tel. 305-444-9293, www.actorsplayhouse.org, is een muziektheater met een toeschouwersgedeelte dat plaats biedt aan 600 mensen, maar ook door het ensemble voor uitvoeringen wordt gebruikt.

### Feesten en evenementen

**Calle Ocho Festival** (maart): Cubaans feest met muziek en optochten in Little Havana.
**Caribbean Carnival** (okt.): Caribisch feest met kleurrijke optochten in Miami.

**Vliegtuig:** Miami International Airport, tel. 305-876-7000, www.miami-airport.com. De luchthaven ligt 8 km ten noordwesten van de stad en wordt aangevlogen door de meeste internationale luchtvaartmaatschappijen, waaronder Amerikaanse budgetmaatschappijen. Een pendelbus rijdt 24 uur per dag tussen de luchthaven en Downtown en stopt op verzoek bij grote hotels. Er rijdt ook een metrobus naar het centrum, ritduur ca. 15 min.
**Trein:** Amtrak Terminal, 8303 NW. 37th Ave., tel. 800-872-7245, www.amtrak.com. Een rit naar New York duurt 26–29 uur.
**Bus:** Greyhound Lines Terminal, 4111 NW. 27th St., Miami, tel. 305-871-1810, www.greyhound.com. Bussen in alle richtingen, ook op de Florida Keys.
**Lokaal openbaar vervoer:** Miami-Dade Transit, tel. 305-770-3131, www.miamidade.gov/transit. De bovengrondse Metrorail doet 22 stations aan in het stadscentrum van Miami. Het vervoer is gratis.

# Florida Keys

**De naam Keys is afgeleid van het Spaanse cayo (zandeiland). Honderden kleine een grote eilanden op voormalige koraalriffen vormen een opmerkelijke eilandenreeks tot aan Key West in het uiterste puntje. De toeristen- en kunstenaarskolonie ligt slechts 150 km verwijderd van Cuba – en op de Florida Keys heerst dan ook een Caribische sfeer.**

Amerika's verbinding met het Caribisch gebied bestaat uit een ruim 200 km lange, smalle, licht gebogen reeks eilanden, die in de Golf van Mexico lijkt te zijn 'uitgestrooid'. Tussen Key Largo en Key West strekt zich een schijnbaar betoverende wereld van koraalriffen en eilanden uit. In werkelijkheid zijn de Keys echter allang ontsloten door een wegverbinding en heeft het eilandenrijk door de toestroom aan vakantiegangers veel van zijn vroegere ongerepte karakter verloren. Toch is op veel plaatsen op de eilandenreeks tussen de Atlantische Oceaan en de Golf van Mexico de Caribische ambiance bewaard gebleven.

De Spaanse zeevaarder Ponce de León en de kroniekschrijver Antonio de Herrera waren waarschijnlijk de eerste Europeanen die in 1513 de Florida Keys zagen liggen. Vanaf dat moment werden de stukjes land weliswaar op zeekaarten aangegeven, maar nog tot in de 18e eeuw lieten de blanken de Calusa-indianen, die al sinds oudsher de eilandengroep bewoonden, met rust.

Het beslissende uur van de Keys brak aan in de 20e eeuw. Henry Morton Flagler gaf in 1906 het startsein om de Florida East Coast Railway via Miami door te trekken tot aan Key West. De spoorbaan zou een waar internationaal project worden. Met speciaal uit Duitsland geïmporteerd cement liet Flagler pijlers voor bruggen bouwen in het ondiepe water tussen de eilanden, alsof er geen technische problemen bestonden. Staal haalde men uit Pennsylvania, grind uit de Hudson River in de staat New York en rond de 5000 werklieden

uit allerlei landen over de hele wereld, onder wie velen uit Ierland. Al in het eerste jaar werd het project getroffen door een orkaan, waarbij 130 mensen om het leven kwamen. Maar zelfs toen een wervelstorm drie jaar later 60 km aan spoorrails in zee deed storten, bleef Flagler vastbesloten om de spoorbaan te voltooien. Op 22 januari 1912 maakte de 82-jarige ondernemer de eerste rit naar Key West persoonlijk mee.

Flagler was al ruim 20 jaar dood toen op Labour Day 1935 opnieuw een verschrikkelijke storm over de Florida Keys raasde en zware golven de brugpijlers neerhaalden. Dit betekende het definitieve einde van de spoorlijn. In plaats daarvan richtte men zich op de bouw van een wegverbinding, die in 1938 gereed kwam en op sommige plaatsen nog steeds parallel loopt aan de oude spoorrails. In 1982 is het traject naar Key West grondig gerenoveerd en zijn 37 van de 42 bruggen vernieuwd. Zogenaamde Mile Markers (MM) vergemakkelijken de oriëntering: Key West als zuidelijkste punt ligt bij MM 0 en in Florida City op het vasteland staat de laatste markering MM 127. Met Bayside wordt de westzijde bedoeld en met Oceanside de Atlantische kust.

## Upper Keys

**Atlas:** blz. 32, E 3–D 4

De eilandenreeks van de Florida Keys bestaat geografisch gezien uit twee delen. De Upper Keys omvatten het hele gebied van het Bis-

## Onderweg met de auteur

### Strandparty's zijn hip

Als u naast het natuurschoon van de Florida Keys ook mensen wilt leren kennen, krijgt u daartoe volop de mogelijkheid in het **Holiday Isle Resort** tijdens strandparty's in en rond de zwembaden (zie blz. 407).

### Een belevenis

Het **John Pennekamp Coral Reef Park** op Key Largo biedt u bij uitstek de gelegenheid om meer te weten te komen over de flora en fauna van de Florida Keys (zie blz. 407).

'Zwemmen met dolfijnen' kunt u tijdens een speciaal programma bij **Dolphin Research Center** op Grassy Key (zie blz. 408) en bij **Theatre of the Sea** op Islamorara (zie blz. 408).

### Beslist bekijken!

**Key West** is verreweg het bezienswaardigste stadje op de Florida Keys met veel prachtige huizen in weelderige tuinen (zie blz. 409).

In het **Mel Fisher Maritime Museum** in Key West kunt u fascinerende schatten bekijken die eeuwenlang in Spaanse scheepswrakken op de bodem van de zee hebben gelegen, voordat ze omhoog zijn gehaald (zie blz. 410).

### De beste plaatsen om te zwemmen

Het zandstrand in **Bahia Honda State Park** ligt te midden van een betoverende subtropische idylle (zie blz. 409). Ook talrijke stranden in Key West zijn beslist een bezoek waard, waaronder het strand bij **Fort Zachary Taylor** (zie blz. 412).

cayne National Park tot aan Marathon en de Lower Keys strekken zich uit van de Seven Mile Bridge tot aan Key West.

Voordat Hwy 1 uitkomt bij Florida Keys, kunt u bij Homestead een omweg maken naar het **Biscayne National Park**. Dit 730 km² grote beschermde natuurgebied bestaat voor 95% uit water, op ongeveer 30 onbewoonde eilan-

den na, waar sinds de ontdekking van Florida door de Spanjaarden niet al te veel veranderd zal zijn. Hotels, restaurants en zelfs cafetaria's zoekt u in het park tevergeefs. Op het grootste eiland, het 11 km van het vasteland gelegen Elliot Key, zetten excursieboten bezoekers af voor een wandeling op een educatief natuurpad. Als u iets wilt zien van de fantastische onderwaterwereld met zijn natuursponzen, zeeanemonen, hoorn- en hersenkoralen, zeewaaiers en zeeveren plus roggen, murenen, alen, dolfijnen en zeeschildpadden, bent u aangewezen op een boot en op een duik- of snorkeluitrusting (9700 SW. 328th St., Homestead, FL 33033-5634, tel. 305-230-7275, www. nps.gov/bisc).

### Key Largo

**Atlas:** blz. 32, E 3

Met circa 50 km is Key Largo het langste eiland in de keten van de Florida Keys. De gelijknamige stad heet pas zo sinds 1952, voor die tijd droeg hij de naam Rock Harbor. Onroerendgoedbedrijven drongen aan op deze verandering om het imago van de stad een impuls te geven, nadat John Houston hier vier jaar eerder verscheidene scènes van de gangsterfilm *Key Largo* met Humphrey Bogart, Lauren Bacall en Edward G. Robinson had opgenomen. Bij Mile Marker 104 vindt u de Caribbean Club, de toenmalige filmset. De muren zijn versierd met herinneringen aan de film. In 1996 kwamen de filmmakers terug en gebruikten het café als filmlocatie om enkele scènes op te nemen voor de thriller *Blood & Wine* met Jack Nicholson en Jennifer Lopez (tel. 305-451-4466, vr.-za. livemuziek, zo.-avond karaoke).

Ook de rivierstoomboot *African Queen*, die bij Holiday Inn Key Largo ligt aangemeerd, is de filmgeschiedenis ingegaan. Met dit schip voeren Katherine Hepburn en Humphrey Bogart in de gelijknamige avonturenfilm door Afrika. Tegenwoordig wordt hij gebruikt voor toeristische uitstapjes.

In juni 2002 heeft men in het **Florida Keys National Marine Sanctuary** bijna 10 km voor de kust het 150 m lange militaire vrachtschip *Spiegel Grove* laten zinken om het deel uit te

laten maken een kunstmatig koraalrif. Sindsdien hebben zich op alle delen van het schip
algen, sponzen, oesters en koralen genesteld,
die het op 41 m diepte gelegen wrak in de loop
der jaren volledig zullen bedekken (http://spie
gelgrove.com).

**Chamber of Commerce:** 106000 Overseas Hwy, Key Largo, FL 33037, tel. 305-
451-4747, fax 305-451-4726, www.keylargo
chamber.org.

**Jules' Undersea Lodge:** MM 103, tel. 305-
451-2353, fax 305-451-4789, www.jul
.com. Dit is een van de opmerkelijkste hotels
in de VS, want het is ingericht in een voormalig onderzoekslaboratorium op de bodem van
de zee. Het onderwaterhotel is tegenwoordig
echter van alle gemakken voorzien en beschikt zelfs over tv en telefoon. Vanaf $295 per
persoon; een verblijf van 3 uur kost $125 per
persoon.
**Holiday Inn Key Largo:** 99701 Overseas Hwy,
tel. 305-451-2121, fax 305-451-5592, www.holi
dayinnkeylargo.com. Alle kamers zijn voorzien van een tweepersoonsbed en kabel-tv, en
voorts vindt u hier zwembaden in een tropische ambiance. $99–255.
**Best Western Suites at Key Largo:** 201 Ocean
Dr., MM 100, tel. 305-451-5081, fax 305-451-
4173, www.bestwestern.com. 40 suites, allemaal met één kamer, niet aan de kust gelegen, buitenbad. $120–180.
**Marina del Mar Resort:** 527 Caribbean Dr., MM
100, tel. 305-451-4107, fax 305-451-1891, www.
marinadelmarkeylargo.com. Een- of tweeka-
merstudio's met keuken en jacuzzi. Vanaf $99.

**Frank Keys Café:** MM 100, tel. 305-453-
0310, alleen diner, di. gesloten. Café in
victoriaanse stijl waar u buiten kunt eten; bij
deze ambiance past de snapper met tropische
vruchten en rumsaus prima. $12–30.
**Fish House:** MM 102,4, tel. 305-451-4665, dag.
lunch en diner. Zeer gewaardeerd visrestaurant met vismarkt, koningskrabben en garnalen met kokos, maar ook vleesgerechten en
pasta. Diner $10–25.

## Tip:
## Avontuur rond het koraalrif

Van Fort Lauderdale in het noorden tot het uiterste zuiden van de Florida Keys strekt zich
aan de Atlantische kust het enige koraalrif
van het Noord-Amerikaanse continent uit met
52 koraalsoorten, die de leefomgeving vormen
van zo'n 500 soorten vissen. Een deel van het
rif ligt in het **John Pennekamp Coral Reef Park**,
waar duikers en snorkelaars de onderwaterwereld kunnen verkennen. In Key Largo Dry
Rocks heeft men een 3 m hoog en 2 ton zwaar
Christusbeeld van brons in zee laten zinken
als attractie voor de duikers. De riffen die in het
park beginnen ongeveer 5 km voor de kust.
Goed gespecialiseerde bedrijven rusten watersporters uit met al het noodzakelijke en brengen ze per boot naar de duikgebieden. In de
winter heerst er grote bedrijvigheid onder het
wateroppervlak, maar de duikmogelijkheden
zijn in de zomer het best, als het water het
kalmst is en de golven de zeebodem niet ver-
storen. Als u bij het bekijken van de onder-
terwereld liever droog blijft, kun u een uitstapje maken met een van de boten die voorzien zijn van een glazen bodem (MM 102,5, tel.
305-451-1202, www.pennekamppark.com, dag.
8 uur tot zonsondergang; in het Visitor Center treft u een aquarium aan en worden films
gedraaid).

## Islamorada
**Atlas:** blz. 32, E 4

Ten zuiden van het stadje Tavernier ligt het uit
vier eilanden bestaande Islamorada, een
mekka voor hengelaars op volle zee. Nergens
kunt u gemakkelijker een boot met schipper en
een uitrusting huren voor een hengelexcursie.
Als de jachten 's middags terugkeren van zee,
is de kans groot dat u hier en daar een gevangen blauwe marlijn kunt fotograferen.

Islamorada is niet alleen een paradijs voor
watersporters en natuurvrienden, maar ook
voor liefhebbers van feesten. Het **Holiday Isle
Resort** bezit verscheidene fraaie zwembaden
en tikibars in Polynesische stijl, waar 's mid-

dags al op het zandstrand onder de palmen strandparty's met Caribische livemuziek en dans losbarsten om iedereen in de juiste stemming te brengen (84001 Overseas Hwy, tel. 305-664-2321, fax 305-664-2703, www.holiday isle.com).

Het **Theater of the Sea** is een combinatie van een aquarium en een dierenpark en laat bezoekers het zeeleven rond de Florida Keys zien. Het populairst zijn de shows met dolfijnen, zeeleeuwen en papegaaien, die regelmatig worden gegeven. Als u altijd al eens samen met dolfijnen, roggen en zeeleeuwen had willen zwemmen, krijgt u hier de kans. Een tocht per boot met glazen bodem is bij de prijs inbegrepen (84721 Overseas Hwy, MM 84,5, Islamorada, tel. 305-664-2431, www.theaterofthsea .com, dag. 9.30–16 uur).

In het **Dolphin Research Center** op Grassy Key werd in de jaren vijftig van de vorige eeuw de populaire televisieserie *Flipper* opgenomen. Tegenwoordig is het centrum een bekende toeristische attractie. Dolfijnentrainsters demonstreren hoe en op welke handgebaren de zeezoogdieren reageren. Als onderdeel van een speciaal programma kunt u de sterren van de show in het basin gezelschap houden en een paar rondjes met ze zwemmen (58901 Overseas Hwy, tel. 305-289-0002, www. dolphins.org, dag. 9–16 uur).

**Islamorada Chamber of Commerce:** MM 82,5, in een rode treinwagon, P. O. Box 915, Islamorada, FL 33036, tel. 305-664-4503, fax 305-664-4289, www.islamorada chamber.com.

**Chesapeake Resort:** 83409 Overseas Hwy, tel. 305-664-4662, fax 305-664-8595, www.chesapeake-resort.com. Goed geoutilleerd vakantiehotel aan de Atlantische kust met een eigen strand en jachthaven. Vanaf $175.

**Casa Thorn:** 114 Palm Ln., tel. 305-852-3996, fax 305-852-3996, www.casathorn. com. Gasten kunnen in deze bed and breakfast kiezen tussen suites in Indonesische, Marokkaanse en Pacifische stijl of overnachten in normale suites. $69–239.

**Smuggler's Cove:** 85500 Overseas Hwy, tel. 305-664-5564, dag. 11–22 uur. Aan een jachthaven gelegen, door buurtbewoners vaak bezocht restaurant met ongekunstelde, smakelijke gerechten van vis tot steaks en van pasta tot vegetarisch. $7–25.

**Lorelei Restaurant:** MM 82, Bayside, tel. 305-664-4656, dag. 17–22.30 uur. Sfeervol restaurant vlak aan het water met tafels binnen of buiten, diner vanaf $13. In de aangrenzende Cabana Bar genieten de bezoekers van de zonsondergang.

**Fietsenverhuur:** Tavernier Bicycles and Hobbies: 91910 Overseas Hwy, Tavernier, tel. 305-852-2859, www.tavernierbikes .com.

## Marathon

**Atlas:** blz. 32, D 4

In het geografische en commerciële centrum van de Florida Keys ligt de plaats **Marathon**. Tijdens de aanleg van Flaglers spoorbaan deed het dienst als arbeiderskamp en materiaalopslagplaats. Nu is dit na Key West het grootste toeristische centrum van het eilandenrijk, dat bezoekers trekt met een golfterrein met 18 holes en de langste pier ter wereld, een bijna 20 km lang stuk van een oude brug waar heerlijk kan worden gehengeld.

# Lower Keys

**Atlas:** blz. 31–32, C 4–D 4

Ten zuiden van Marathon vormt de Seven Mile Bridge de verbinding tussen de Upper en Lower Keys. Voor de ingenieurs van Henry Flagler was dit project de grootste uitdaging bij de bouw van de spoorlijn naar Key West. Meer dan 700 werklieden werden slachtoffer van een dodelijk ongeluk. Ieder jaar wordt op een zondagochtend in april de brug afgesloten voor de Seven Mile Bridge Run, een van de bekendste sportevenementen op de Keys.

Als een inspannende hardloopwedstrijd niets voor u is en u liever op een strand ligt, kunt u aan het zuideinde van de brug in het **Bahia Honda State Park** een geschikt plekje uit-

Avondstemming op de aanlegsteiger van Marathon

zoeken. Hoog boven de palmen houdt een bijzondere ruïne de herinnering levend aan minder zorgeloze tijden: een gedeeltelijk ingestorte brug waarvan een orkaan een circa 200 m lang stuk rijbaan wegrukte. Het zandstrand in het park is een van het mooiste op de Florida Keys, en u kunt hier in zee prima zwemmen en snorkelen (MM 37, tel. 305-872-2353, www.bahiahon dapark. com).

## Big Pine Key

Het hoofdeiland van de Lower Keys is **Big Pine Key**. Dit eiland onderscheidt zich duidelijk van de overige Florida Keys door de dichte dennenbossen. Heel bijzonder is ook de National Key Deer Refuge met een populatie van ca. 300 Key-witstaartherten die een schouderhoogte van slechts zo'n 60 cm bereiken. In dit natuurgebied ligt de Blue Hole, het grootste kunstmatig aangelegde zoetwatermeer van de eilandengroep. Het Great White Heron Refuge wijdt zich onder meer aan de bescher-

ming van de witte vorm van de Amerikaanse blauwe reiger. Het Looe Key National Marine Sanctuary houdt zich op zijn beurt bezig met de bescherming van het zeeleven, maar is bovendien een populair duikgebied (Looe Key Dive Center, MM 27,5, tel. 305-872-2215, www. diveflakeys.com).

 **Key West**

**Atlas:** blz. 31, C 4

Het zuidelijkste eiland van de Florida Keys is Key West, het onbetwiste toeristische middelpunt, trefpunt van de de homoscene en de betoverende Caribische 'uithoek' van Florida. Ooit was dit een afgelegen piratennest, maar tegenwoordig worden de aardige stadjes hier geregeerd door de commercie en de *American way of life*, met een exotisch Caribisch tintje.

Het leven van de mensen die zich vanaf het begin van de 19e eeuw op Key West vestigden was niet eenvoudig door de beperkte economische mogelijkheden. Velen leefden van het plunderen van scheepswrakken of lieten zich goed betalen voor het verrichten van reddingen op zee. Later werden hier conserven- en sigarenfabrieken gebouwd, waardoor Key West in de tweede helft van de 19e eeuw uitgroeide tot de grootste stad van Florida. In 1886 legde een grote brand al deze welvaart in de as. Pas tientallen jaren later begon Key West zich weer een beetje te herstellen.

## Conch Republic

Uit de jongste geschiedenis van het eiland stamt de volgende interessante anekdote. Toen de politie in april 1982 op de Upper Keys wegversperringen oprichtte en ieder uit het zuiden afkomstig voertuig doorzocht op illegale immigranten en verdovende middelen, leidden deze controles bij veel inwoners tot zoveel woede dat ze hun eiland prompt onafhankelijk verklaarden van de VS en de Conch Republic uitriepen (de inwoners van Key West worden *conchs* genoemd). Deze onafhankelijkheidsverklaring werd wel niet zo serieus bedoeld, maar onderstreepte wel de in het zuiden diepgewortelde onafhankelijkheidsdrang van de bewoners, die door de geografische ligging te begrijpen is. Nog steeds laten toeristen zich tegen een vergoeding een paspoort van de Conch Republic uitreiken.

## Rondwandeling door de musea

Iedereen spreekt 's avonds af bij het openluchtfeest op Mallory Square. Goochelaars en muzikanten, artiesten en handelaars, makers van kunstnijverheid en toeschouwers bereiden zich bij dit 'evenement vol tradities' voor op de lange nacht bij country en calypso, bij frozen margarita's en *conch chowder* (een soep van venusschelpen).

In het in 1891 gebouwde douanekantoor van Key West documenteert het **Key West Museum of Art & History** de geschiedenis van de stad en veel van zijn burgers, onder wie Ernest Hemingway, aan wie zijn uniform uit de Tweede Wereldoorlog en talrijke memorabilia herinneren. Andere tentoonstellingen zijn

gewijd aan piraten en hun duistere praktijken, en aan de Amerikaanse Navy, die daaraan een einde probeerde te maken (281 Front St., tel. 305-295-6616, dag. 9.30–16.30 uur).

Amerika's beroemdste schatzoeker Mel Fisher (zie blz. 411) haalde tijdens zijn leven geregeld de voorpagina. Tot zijn spectaculaire ondernemingen behoorde zoektocht naar twee in 1622 gezonken Spaanse galjoenen, waarvan hij de onmetelijke schatten met zijn bemanning bergde en een gedeelte tentoonstelde in het **Mel Fisher Maritime Museum**. De vitrines van het museum liggen vol munten en wapens, staven goud en sieraden, porselein en religieuze voorwerpen van puur zilver. Bezoekers krijgen ook inzicht in de onderwaterarcheologie en de technische uitrusting die bij zoektochten naar schatten wordt gebruikt (200 Greene St., tel. 305-294-2633, www.melfisher .org, dag. 9.30–17 uur).

Harry S. Truman (1884–1972), van 1945 tot 1953 president van de Verenigde Staten, kwam na de Tweede Wereldoorlog voor het eerst naar Key West om uit te zieken van een verkoudheid. Het eiland beviel hem zo goed dat hij in de jaren erna regelmatig zijn vakantie doorbracht in het **Little White House**. De hier uitgestalde voorwerpen vertellen interessante details en verhalen over Truman (111 Front St., tel. 305-294-9911, www.trumanlittlewhite house.com, dag. 9–17 uur).

Van groot belang voor de populariteit van van Key West was het door Ernest Hemingway in 1931 genomen besluit om hierheen te verhuizen. De Nobelprijswinnaar maakt postuum op alle mogelijke plaatsen reclame voor de 25.000 inwoners tellende gemeente, die jaarlijks meer dan 1 miljoen bezoekers trekt. Voor velen van hen is een bezoek aan de in een weelderige tropische tuin gelegen **Hemingway Home & Museum** een must. De beroemde heer des huizes bracht hier met onderbrekingen acht jaar van zijn leven door en schreef romans als *For whom the bell tolls*, *Death in the afternoon* en *A farewell to arms* (907 Whitehead St., tel. 305-294-1575, www.hemingwahome.com, rondleidingen dag. 9–17 uur).

Vlakbij voeren in totaal 88 treden omhoog naar het uitkijkplatform van een in 1848 ge-

# Mel Fisher, koning van de schatzoekers

Thema

Op 20 juli 1985 kwam op 13.05 uur het bericht binnen van de *Dauntless*, die 65 km ten westen van Key West in het azuurblauwe water voer. Kapitein Kane Fisher kon zijn opwinding nauwelijks verbergen, toen zijn vader Mel Fisher via de radio zijn sensationele mededeling deed: 'Leg de kaarten weg. Wij hebben de jackpot gewonnen!'

Na een moeizame zoektocht van ruim 16 uur was de droom van de schatzoeker eindelijk uitgekomen: zijn bemanning had het op de zeebodem gelegen wrak van de Spaanse *Nuestra Señora de Atocha* gevonden. Al als tiener droomde Mel Fisher ervan om schatten op te sporen in de verre zeeën. In 1964 was het zo ver en haalde hij meer dan 1000 gouden munten naar boven uit een in 1715 gezonken galjoen. Dit succes spoorde hem aan om op zoek te gaan naar de *Atocha*, die in 1622 was gezonken met onmetelijke rijkdommen aan boord, waarover hij had gelezen in een duikgids. Tegelijkertijd speurde hij naar het zusterschip *Santa Margarita* en had geluk toen hij in 1980 aan boord van het historische zeilschip goud en andere rijkdommen ter waarde van ruim $20 miljoen ontdekte.

De vondst van de *Atocha* vijf jaar later overtrof alle verwachtingen. Uit zijn gebarsten buik borgen Fishers duikers 47 ton zilver, 150.000 gouden munten en goudstaven en honderden onbewerkte smaragden van tussen een half en 77 karaat, waaronder een edelsteen ter waarde van meer dan $2 miljoen. In totaal werd de schat van de *Atocha* geschat op $400 miljoen. Om de sieraden, munten, siervoorwerpen, wapens en nautische voorwerpen aan het publiek te kunnen tonen, kocht Amerika's beroemdste schatzoeker in Key West een voormalig station van de kustwacht en stichtte de Mel Fisher Maritime Heritage Society om een museum voor schatten te beheren. Mel Fisher was niet alleen een succes-volle schatzoeker. Hij verstond ook de kunst om van zijn avontuurlijke activiteiten een lucratief bedrijf te maken.

Als duikpionier leidde hij in de loop van zijn leven 65.000 'collega's' op, die ook als duiker naar schatten deel wilden uitmaken van zijn team. Bovendien nam hij onder water talrijke bioscoopfilms, documentaires, reclamefilms en leerzame films voor beginnende duikers op. Toen de televisie nog maar in de kinderschoenen stond, verzorgde hij al een programma met onderwateravonturen dat iedere week werd uitgezonden. Ook op het gebied van duikuitrustingen toonde Fisher zich baanbrekend. Hij ontwikkelde nieuwe duikerpakken, onderwatercamera's, gasharpoenen en andere nuttige attributen voor de jacht op de bodem van de zee. Zijn vrouw Dolores had met 55 uur jarenlang het wereldduurrecord duiken voor vrouwen op haar naam staan.

De onaangenaamste momenten in het leven van Mel Fisher waren naar zijn eigen zeggen niet de diepe teleurstellingen over vondsten die jarenlang uitbleven, maar de geschillen die in de rechtszaal werden uitgevochten over de vraag in hoeverre hij aanspraak kon maken op de schatten die hij boven water had gehaald. Pas toen de staat Florida hem 25% van zijn jaarlijkse vondsten garandeerde, kwam er een einde aan het juridische gekrakeel. Zijn laatste strijd, ditmaal tegen kanker, verloor Mel Fisher in 1998 op 76-jarige leeftijd.

bouwde vuurtoren, waar Key West aan uw voeten ligt.

## Het zuiden van Key West

Een enorme boei met zwarte, gele en rode strepen markeert het zuidelijkste puntje van de VS. Het eiland Cuba ligt slechts zo'n 150 km van dit punt verwijderd. De boei is waarschijnlijk de meest gefotografeerde bezienswaardigheid in Key West (Whitehead St./South St.).

## Fort Zachary Taylor

In de Burgeroorlog was dit strategisch gelegen fort bezet door de troepen van de Unie, die van daaruit het scheepvaartverkeer rond de zuidpunt van Florida controleerden. In enkele ruimten van de vesting zijn tentoonstellingen ingericht over de oorlog (aan het einde van de Southard St., tel. 305-292-6713, www.florida stateparks.org, dag. 8 uur tot zonsondergang).

**Key West Information Center:** 1601 N. Roosevelt Blvd., Key West, Florida 33040, tel. 1-888-222-5590 of 305-292-5000, www.key westinfo.com.
**Key West Chamber of Commerce:** 402 Wall St., Key West, FL 33040, tel. 305-294-2587, www. keywestchamber.org.

**Key West B&B:** 415 William St., tel. 305-296-7274, fax 305-293-0306, www.key westbandb.com. Prachtig victoriaans gebouw uit 1898, met deels luxueuze kamers, jacuzzi, sauna, ontbijt bij de prijs inbegrepen $79–285.
**Duval Inn:** 511 Angela St., tel. 305-295-9531, www.duvalinn.com. Fleurig ingerichte kamers in een schitterend huis uit de 19e eeuw, verwarmd buitenbad, ontbijt bij de prijs inbegrepen $79–169.
**Southern Cross Hotel:** 326 Duval St., tel. 305-294-3200, fax 305-292-5412, www.southern crosshotel.com. Normale kamers, minisuites, penthousesuites, allemaal met eigen badkamer en airconditioning. Vanaf $95.
**Key West Youth Hostel:** 718 South St., tel. 305-296-5719, fax 305-296-0672, www.keywesthos tel.com. Jeugdherberg met fietsenverhuur, leden $28, overigen $31.

**Boyd's Key West Campground:** 6401 Maloney Ave., Stock Island, tel. 305-294-1465, www. boydscampground.com. Camping aan zee met zwembad, supermarkt en busverbinding naar de stad.

**Michaels Restaurant:** 532 Margaret St., tel. 305-295-1300, dag. 17.30–23 uur. Een van de beste restaurants van de Florida Keys met uitstekende vis- en vleesgerechten uit eigen, herhaaldelijk bekroonde keuken. $17–30.
**Conch Republic Seafood Company:** 631 Greene St., tel. 305-294-4403, dag. lunch en diner. Restaurant aan de oude haven met uitzicht op de zee, tonijnsteaks, exotisch gemarineerde haantjes en varkensmedaillons. Diner ca. $17.

**Sloppy Joe's:** 201 Duval St., tel. 305-294-5717, http://sloppyjoes.com, dag. vanaf 9 uur. In Hemingway's vroegere stamcafé wordt soms al 's ochtends livemuziek gespeeld.
**Schooner Wharf Bar:** 202 William St., tel. 305-292-3302, dag. lunch en diner. Waar vroeger een garnalenfabriek stond, stroomt tegenwoordig het bier en staan verse visgerechten te dampen.

**Hemingway Days Festival** (juli): feest ter ere van Ernest Hemingway.
**Fantasy Fest** (okt.): gekostumeerd feest van een week dat veel weg heeft van carnaval.

Key West bezit talrijke stranden die vanuit de plaats goed bereikbaar zijn. Populair is het strand **Fort Zachary Taylor** in het State Park met zijn rotsachtige oever (toegang door Truman Annex aan Southard St.). Verscheidene stranden rijgen zich aaneen aan de zuidelijke kust, zoals het kunstmatig aangelegde zandstrand **Smathers Beach,** waar talrijke watersportactiviteiten worden aangeboden. U treft hier ook veel eetkraampjes aan.

**De deinende zee van riet- en cypergras strekt zich uit van horizon tot horizon, enkel onderbroken door eilandjes met struikgewas, palmen en moerascipressen. Bewegingsloos droogt een slangenhalsvogel in de morgenzon zijn gespreide vleugels op een boomstronk. Niets verraadt dat in dit natuurparadijs een crisissfeer heerst.**

Het circa 12.000 km² grote park bestaat uit een enorme vlakte met uiterst geringe hoogteverschillen in het zuidwesten. Over een breedte van 100 km stroomt zeer langzaam een dunne laag zoet water over dit moerasland, dat afkomstig is uit noordelijker gelegen voorraden, voor de aanleg van de dijk eromheen vooral uit Lake Okeechobee. Neerslag draagt bij aan de watervoorziening, vooral tussen eind mei en oktober, als zich in het subtropische klimaat geregeld onweer ontlaadt en zware regens vallen. Voor muggen en andere insecten, die een belangrijke rol spelen in de voedselketen van de dieren, is dit zwoele, vochtige klimaat ideaal. Bezoekers zijn minder enthousiast over deze condities en komen daarom voornamelijk in de wintermaanden. Dan drogen de Everglades op tot verspreide waterplassen, waaromheen zich veel dieren, vooral alligators, ophouden.

Het ecosysteem is de laatste decennia dramatisch veranderd. Groeiende steden en toenemende economische activiteit hebben de natuur steeds verder teruggedrongen. De meren in het midden van Zuid-Florida staan in verbinding met grote kanaalsystemen, die water leveren aan met name Groot-Miami, waardoor de Everglades steeds minder watertoevoer krijgen. Naast verdroging ondergaan de Everglades de negatieve invloed van aangevoerde meststoffen en pesticiden als DDT, die in het water terecht komen en via de voedselketen vele diersoorten bereiken. Op moerasvogels bijvoorbeeld heeft het gif een bijzonder desastreuze uitwerking gehad. Eierschalen werden in de loop der tijd zo dun dat ze braken, nog voordat de kuikens eruit kwamen. De vogelpopulatie liep daardoor bij veel soorten terug met 90%.

Het heeft lang geduurd voordat erkend werd dat in het reusachtige natuurgebied veel factoren met elkaar samenhangen, zoals de betekenis van de geleidelijke verandering van de waterstand. Jarenlang heeft men de watertoevoer geregeld via sluizen, waardoor de waterspiegel veel te snel daalde of steeg. Daardoor kregen bijvoorbeeld vogels in de overgangsfase tussen de vochtige zomer en de droge winter geen gelegenheid meer om nesten te bouwen en eieren uit te broeden. Bovendien waren lange tijd veel mensen van mening dat de moerasgebieden van Florida maar moesten worden drooggelegd om nieuw akkerland te creëren.

## Het zuidelijke nationale park

**Atlas:** blz. 32, D 3

Voordat u op weg 9336 de grens van het park bereikt, kunt u bij de **Everglades Alligator Farm** op bezoek gaan bij de grootste reptielen die in de Everglades leven. De farm, die in 1985 werd geopend, fokt alligators en laat bezoekers in Florida voorkomende dieren als krokodillen, kaaimannen, vogels, slangen en spinnen zien (40351 SW. 192nd Ave., Florida City, tel. 305-247-2628, www.ever glades.com, dag. 9–18 uur).

## Onderweg met de auteur

### Tochten te voet

Bij het **Royal Palm Visitor Center** voeren de **Anhinga Trail** en de **Gumo Limbo Trail**, twee gemakkelijk begaanbare wegen of plankenpaden door het karakteristieke landschap van de Everglades, waar u alligators, waterschildpadden, slangen en allerlei verschillende vogels kunt zien (zie blz. 414).

### Kort bezoek aan de indianen

Het **Miccosukee Indian Village** is weliswaar door en door toeristisch, maar het is toch interessant om de kunstnijverheid en de traditionele levenswijze van de indianen te leren kennen (zie blz. 416).

Het **Big Cypress Seminole Indian Reservation** kent twee trekpleisters: de **Billie Swamp Safari** met een aangepaste vrachtwagen door het landschap en het uitstekende **Ah-Tah-Thi-Ki Museum** over de geschiedenis en het leven van de Seminole-indianen (zie blz. 417).

### Uitzichtpunten

Bij de tocht door het toeristische parkcentrum **Flamingo** hebt u talrijke mogelijkheden om op uitzichtpunten op plankenpaden of weggetjes de wilde natuur van het park in u op te nemen. Bij **Pa-hay-okee Oberlook** voert een plankenpad door het landschap en een uitkijktoren biedt een adembenemend uitzicht over het centrale gedeelte van de Everglades. Ongeveer 10 km verderop komt u uit bij **Mahogany Hammock** waar een 500 m lange *boardwalk* door de 'zee van cypergras' en een ma-

epifyten als mossen en orchideeën op de takken hebben genesteld.

Direct bij de ingang van het park is het de moeite waard om een bezoek te brengen aan het **Ernest F. Coe Visitor Center,** waar verscheidene films over het park, de flora en fauna en orkanen wordt getoond. In het najaar van 2005 leed het park door de wervelstormen Katrina en Wilma zo'n zware schade dat het tijdelijk moest worden gesloten.

Slechts 6,5 km verderop ligt het **Royal Palm Visitor Center** met twee natuurpaden die nog geen kilometer lang, maar wel heel boeiend zijn. De naar de Amerikaanse slangenhalsvogel genoemde **Anhinga Trail** bestaat uit een geasfalteerde weg en plankenpaden en biedt bezoekers de mogelijkheid om in vrijheid levende alligators, vogels, schildpadden en waterslangen te bekijken. De naar een boom met een koperrode schors genoemde **Gumo Limbo Trail** begint ook bij het bezoekerscentrum en slingert zich door een oerwoudvegetatie met slanke koningspalmen, wilde koffiebomen en andere soorten, waarbij zich

honiebos voert. Een van deze mahoniebomen *(Swietenia mahogani)* staat bekend als de grootste in zijn soort in de VS.

**Paurotis Pond,** een van de vele wateren langs de hoofdweg, is genoemd naar een in de Everglades weinig, maar rond het meer veel voorkomende palmensoort. Bij mijlpaal 30,5 begint de **Mangrove Wilderness Trail,** die maar zo'n 700 m lang is en over een plankenpad door mangrovebegroeiing naar **West Lake** voert. De mangroven langs deze weg zijn extra interessant omdat hier drie in Florida voorkomende soorten groeien, die met hun steltwortels de grond vasthouden en in de loop van de tijd zelfs eilanden kunnen vormen.

De parkweg eindigt in **Flamingo** aan de Florida Bay, dat zich heeft ontwikkeld tot een 'dorp' met voorzieningen als motels, restaurants, botenverhuur en een supermarkt. In de vorige eeuw was deze locatie uitsluitend bereikbaar per boot en voornamelijk interessant voor vogeljagers. Tegenwoordig vormt zij het vakantiecentrum van de zuidoostelijke Everglades, van waaruit u boottochten, kanotochten en wandelingen kunt maken.

**Ernest Coe Visitor Center:** 40001 US 9336, Homestead, FL 33034, tel. 305-242-7700, www.everglades.national-park.com, dag. 8–17 uur. Het **Royal Palm Visitor Center**

Alligators zijn de grootste reptielen die in het Everglades National Park voorkomen

Belangrijke waarschuwing, alligators zijn gevaarlijk. Niet voeren!

ligt 6,5 km van de ingang van het park, tel. 305-247-6211, dag. 8–17 uur.

🛏 **In Flamingo:**
**Flamingo Lodge:** 1 Flamingo Lodge Hwy. Sinds 2005 gesloten wegens orkaanschade. Wanneer de lodge en het restaurant weer opengaan is nog niet bekend. Tel. 239-695-3101
**Long Pine Key Campground:** 11 km van de ingang van het park, toiletten, stromend water, geen douches; **Flamingo Campground:** aan het eind van de parkweg, koude douches.

## Het noordelijke nationale park

**Atlas:** blz. 32, D 2
Van Hwy 41 voert bij **Shark Valley** een 24 km lange lusvormige route door het moeraslandschap van de Everglades, die u ofwel per huurfiets of per toeristische tram kunt afleggen. Bij het keerpunt van de weg staat een 12 m hoge toren, waar u op het platform een indrukwekkend uitzicht hebt over het landschap (twee uur durende tochten per tram, tel. 305-221-8776, elk heel uur tussen 9–17 uur. Bij het tramstation kunt u ook fietsen huren).

### Miccosukee Indian Village
Pal aan de noordgrens van de Everglades willen de bewoners van het **Miccosukee Indian Village** aan de Tamiami Trail ook een graantje meepikken van de toeristenstromen in het natuurgebied. Het dorp ligt in een 30.000 ha groot, in 1934 ingericht reservaat, dat door zo'n 500 Miccosukee wordt bewoond, die zich hebben afgescheiden van Big Cypress Seminole Indians (zie blz. 417), die noordelijker leven. In het dorp kunnen bezoekers zien hoe de indianen houtsnijwerk en patchwork maken en manden vlechten. (MM 70, US. 41, tel. 305-552-8365, www.miccosukeeresort.com/mivil lage.html, dag. 9–17 uur).

Het **Miccosukee Resort & Gaming** ten oosten van het dorp voldoet niet echt aan het traditionele beeld van een indianengemeenschap. Honderden speelautomaten, pokerta-fels en bingohallen demonstreren in het ho-telcasino dat de Miccosukee-indianen van het zelfbestuur over hun reservaat een succes heb-ben gemaakt. Met meer dan 1000 videospeel-automaten, enkele tientallen pokertafels, een hotel en een golfterrein hebben ze nieuwe in-komstenbronnen aangeboord (Hwy 41/Krome Ave., 500 SW. 177th Ave., tel. 1-877-242-6464, www.miccosukeeresort.com).

## Big Cypress National Preserve

Als met een liniaal getrokken doorsnijdt, Highway 41, de zogenaamde Tamiami Trail, het enorme moerasgebied van het Everglades National Park, in oost-westrichting. Daarach-ter zet het natuurlandschap zich in noorde-lijke richting voort, doorsneden door de be-kende Alligator Alley (I-75), die even lijnrecht als de Tamiami Trail door het **Big Cypress Na-tional Preserve** voert. Dit natuurgebied is ge-noemd naar de imposante meer dan honderd jaar oude moerascipressen, die in de jaren dertig en veertig van de vorige eeuw helaas grotendeels ten prooi vielen aan de houtin-dustrie. Aan de noordelijkste rand van het ge-bied strekt zich het Big Cypress Seminole In-dian Reservation uit.

## Everglades City
**Atlas:** blz. 31, C 2

Als u de Tamiami Trail naar het westen volgt, krijgt u een goede indruk van de weidsheid van het moeraslandschap. Bij Everglades City buigt weg 29 in zuidelijke richting af naar het westelijkste gedeelte van het park. Hier wor-den tochten van anderhalf uur per excursie-boot aangeboden door de voor de kust gelegen Ten Thousand Islands, waar u dolfijnen, roof-vogels en steltlopers kunt zien.

**Gulf Coast Visitor Center:** Everglades City Ranger Station, tel. 239-695-33 11, dag. 9–16.30 uur.

**Everglades City Motel:** 310 Collier Ave., tel. 239-695-4224, fax 239-695-2557, www.evergladescitymotel.com. standaardka-mers met tweepersoonsbedden, airconditio-

**Tip:**
**Met indianen op sluipjacht**

Rijdend op de Alligator Alley kunt u bij Exit 49 de zijweg 833 nemen die in noordelijke richting voert en na 30 km uitkomt bij de in-gang van het **Big Cypress Seminole Indian Re-servation**. Het indiaanse bedrijf **Billie Swamp Safari** organiseert excursies per terreinwagen door dit landschap van moerassen, vochtige gebieden en kleine bossen, waarbij de profes-sionele gidsen u laten kennismaken met de flora en fauna in het midden van Zuid-Florida (HC-61, P. O. Box 46, Clewiston, Florida 334 40, tel. 863-983-6101, fax 863-983-9396, www.semi noletribe.com/safari). Na de tocht door de na-tuur kunt u een bezoek brengen aan het **Ah-Tah-Thi-Ki Museum**, dat een beeld geeft van de cultuur van de Seminolen aan het eind van de 19e eeuw. Levensgrote poppen dragen de typi-sche kleding van de Seminolen en schitte-rende parelsieraden. Ook worden er wapens en een groot aantal gebruiksvoorwerpen ten-toongesteld, die het dagelijkse leven van de in-dianen in Florida aanschouwelijk maken (County Rd. 833, tel. 863-902-1113, www.semi noletribe.com/museum, di.–zo. 9–17 uur).

ning en badkamer, sommige ook met keuken. Vanaf $85.

**Ivey House B&B:** 107 Camellia St., tel. 239-695-3299, www.iveyhouse.com. Gasten kunnen verblijven in de *inn*, de *lodge* of de *cottage*. Vanaf $75.

**Captain's Table Hotel:** 102 E. Broadway, tel. 239-695-4211, dag. 11–21 uur. Hotel-Restaurant met een grote keuze, vooral aan gerechten met vis, schelp- en schaaldieren. $10–20.

**Oyster House Restaurant:** Chokoloskee Cswy, tel. 239-695-2073, dag. 11–22 uur. Garnalen met kruiden $18, gebakken oesters $18, *cap-tain platter* $ 23.

# Zuidelijke Golfkust

**Klassieke vakantieoorden aan de oostkust als Miami, Palm Beach en Daytona Beach hebben concurrentie gekregen. De zuidelijke Golfkust wedijvert met de Atlantische kust om de gunst van de vakantieganger. Smetteloze stranden, pittoreske eilanden, moderne steden en aantrekkelijke bezienswaardigheden zijn trekpleisters waarmee de Golfkust evenzeer kan pronken als met zijn plaatsen.**

Van de ca. 1000 mensen die dagelijks naar Florida trekken, strijkt ongeveer 80% neer ten zuiden van de lijn Tampa–Orlando, van wie velen aan de Golfkust. Dit komt vooral door de gunstige omstandigheden: het hele jaar door een aangenaam klimaat, vooral tussen oktober en mei, de lage criminaliteitscijfers en een fantastische subtropische natuur. Veel Amerikanen en in toenemende mate ook Europeanen reizen in het koude jaargetij naar de zuidelijke Golfkust om er te overwinteren en treden daarmee in de voetsporen van beroemdheden als Henry Ford, Thomas Edison en Charles Lindberg, die hier hun winterverblijven inrichtten.

Voor de kust, voornamelijk bij Fort Myers en Sarasota, liggen zandbanken met eilanden, die tot de exclusiefste vakantieoorden van het westen van Florida behoren. Op Longboat Key bijvoorbeeld voert de kustpromenade langs statige huizen, luxueuze golfclubs en eersteklas resorts. Zelfs het gazon in de parken lijkt hier verzorgder te zijn dan elders in de Sunshine State. Voor de verplichte zonsondergang moet u op het strand van Lido Key zijn, waar iedere avond legio foto's worden genomen.

Wie meer geïnteresseerd is in de vrije natuur, brengt zijn tijd waarschijnlijk liever door op het strand van Sanibel en Captiva Island, waar gunstige zeestromingen voor de mooiste schelpenstranden van Amerika zorgen. In het achterland van de kust ligt Fort Myers, de grootste stad aan de zuidelijke Golfkust. Hier werkte Thomas Edison tot aan zijn dood in 1931 aan geniale uitvindingen. Zijn in een mooie tuin gelegen woning aan de palmenstraat McGregor Boulevard is zonder twijfel de grootste toeristische trekpleister in de stad.

Andere kustplaatsen blijven zeker niet achter bij Fort Myers. Sarasota geldt als Florida's bolwerk op het gebied van de kunst en heeft deze reputatie te danken aan het museum van de vroegere circuseigenaar John Ringling, die sinds de jaren twintig van de vorige eeuw een voor Amerika unieke verzameling bijeenbracht. Naples ziet eruit alsof iedere avond kaboutertjes de straten en stegen schoonvegen.

## Naples

**Atlas:** blz. 31, C 2

De zuidelijkst gelegen stad aan de Golf van Mexico is al tientallen jaren geleden door gepensioneerden ontdekt als fraaie plaats om een prettige oude dag door te brengen. Recentelijk heeft de 21.000 inwoners tellende gemeente met zijn mooie kleine centrum het plan opgevat om Palm Beach' reputatie als trefpunt van beroemdheden af te zwakken. Nergens op Noord-Amerikaanse bodem vindt u meer golfkuiltjes per hoofd van de bevolking, en over een tekort aan boetieks, designwinkels en toprestaurants kan ook niemand zich beklagen. In de zomer trekt het 16 km lange zandstrand met zijn 300 m in zee uitstekende pier strandtoeristen aan en in de winter lokt het stadje bezoekers met temperaturen die tot 20°C stijgen.

**i** **Visitor & Information Center:** 2390 Tamiami Trial N., Naples, FL 34103, tel. 239-262-6141, fax 239-262-8374, www.napleschamber.org.

**Baymont Inn & Suites:** 185 Bedzel Circle, tel. 239-352-8400, fax 239-352-8401, www.baymontinns.com. Vriendelijke kamers met kingsize of twee tweepersoonsbedden, verwarmd zwembad, wasserette. $50–100.
**Fairways Resort:** 103 Palm River Blvd., tel. 239-597-8181, fax 203-597-5413, www.fairwaysresort.com. Dit hotel staat in een tuin. De helft van de 46 kamers is voorzien van een keuken. Het ontbijt wordt geserveerd in een tuinpaviljoen met airconditioning. $80–170.

**Dock at Crayton Cove:** 845 12 Ave. S., tel. 239-263-9940, dag. vanaf 11 uur. Aan de haven gelegen, eenvoudig restaurant met vis, schelp- en schaaldieren, salades, steaks, pastagerechten en oesterbar. zo. 11–14 uur brunch.

# Kust van Lee County

## Fort Myers Beach
**Atlas:** blz. 31, B 1
Min of meer in de schaduw van de bekende eilanden Sanibel en Captiva heeft Fort Myers Beach op Estero Island zich ontwikkeld tot een populaire badplaats. Strand en waterkwaliteit zijn even fantastisch als bij de beroemde buren, maar de prijzen liggen beduidend lager. Bovendien profiteert het kustplaatsje van zijn reputatie als een van de veiligste stranden van de Sunshine State. Vooral gezinnen met kinderen komen hier naar hartenlust zwemmen en zandkastelen bouwen op het brede strand, dat zo recht als een strijkplank naar zee loopt. Op de houten pier verzamelen zich tegen de avond bruine pelikanen om in de buurt van de hengelaars op een smakelijk maaltje te wachten. 's Middags treffen de muziekcafés op het strand al voorbereidingen voor uitbundige festivitei-

**Onderweg met de auteur**

**Fraaie stranden en eilanden**
Van **Naples** (zie blz. 418) in het zuiden tot **Longboat Key** (zie blz. 423) in het noorden, wordt de kust van Zuidwest-Florida omzoomd door prachtige witte zandstranden, die zeer in de smaak vallen bij zowel zwemliefhebbers als schelpenzoekers en wandelaars.
**Sanibel en Captiva** hebben aan de zuidelijke Golfkust al lange tijd cultstatus. De laatste jaren zijn de prijzen steeds meer gestegen en zijn de hotels en resorts almaar chiquer geworden (zie blz. 419).

**Voor kunstliefhebbers**
Met zijn renaissance- en barokkunst heeft het **John and Mable Ringling Museum of Art** in Sarasota zich geschaard onder de beste musea van de Sunshine State (zie blz. 422).

ten. Iedere zondag organiseert het café The Bridge een bruisende Reggae Dock Party met rock- en popbands (708 Fisherman's Wharf, tel. 941 765-0050, 14–23 uur).

## Sanibel en Captiva
**Atlas:** blz. 31, B 1
Onder de vakantiebestemmingen aan de golfkust neemt Lee County rond Fort Myers een belangrijke plaats in, vooral vanwege het kleine, exclusieve eilandenrijk voor dit kustgebied. Sinds 1963 verbindt een dam waar tol wordt geheven **Sanibel** en **Captiva** met het vasteland. Vlakbij bereikt de weg het 20 km lange en 3 km brede **Sanibel Island**, waar 7000 'eilanders' wonen. Sanibel en het noordelijke buureiland Captiva Island gelden met hun ongerepte stranden als een mekka voor schelpenzoekers (zie blz. 420). Beide zijn bekend om hun chique hotels, luxueuze vakantiehuizen en prachtige vakantiecomplexen. U kunt de eilanden, waar zeldzame vogels, vlinders, flamingo's en pelikanen leven, het best per fiets verkennen. Vooral Sanibel bezit een dicht netwerk van fietspaden. Als u een boot-

Nergens is de aanblik van gebukt lopende mensen met hun blik strak naar de grond gericht een zo'n veel voorkomend verschijnsel als op Sanibel en Captiva Island. Beide eilanden gelden als paradijs voor schelpenzoekers, omdat er vanwege de gunstige zeestromingen enorme aantallen schelpen aanspoelen. De fraaie vondsten worden echter ook in zulke gigantische hoeveelheden opgeraapt dat kenners inmiddels aanraden om uit te wijken naar bijvoorbeeld het alleen per boot bereikbare Gasparilla Island of andere barrière-eilanden, waar zelfs zeldzame schelpen nog in overvloed te vinden zijn.

Andere interessante stranden, waar tot 400 verschillende soorten schelpdieren en slakken voorkomen, zijn Lovers Key State Park in Fort Myers en Tigertail Beach County Park op Marco Island ten zuiden van Naples. De beste tijd voor *shell hunting* is de periode van december tot maart. U moet wachten tot het eb is, omdat bij laagwater grotere delen van het strand droog liggen. De stranden bij Venice zijn niet zozeer beroemd om hun schelpen, maar veel meer om hun aangespoelde haaientanden. Ze variëren sterk in grootte, van enkele millimeters tot exemplaren met een imposante lengte van zo'n 7,5 cm. Zulke joekels zult u zelden tegenkomen, omdat vooral reuzentanden zeer gewild zijn bij souvenirjagers. Praktische informatie over wat er op het strand allemaal te vinden is, geeft het **Bailey Matthews Shell Museum** op Sanibel Island, dat onder andere de particuliere verzameling van de acteur Raymond Burr alias Perry Mason tentoonstelt (3075 Sanibel-Captiva Rd., tel. 239-395-2233, www.shellmuseum.org, dag. 10–17 uur).

tocht maakt, is de kans groot dat u onderweg dolfijnen of lamantijnen te zien krijgt. In het **J.N. 'Ding' Darling Wildlife Refuge** voeren verscheidene wegen door palmen en struweel van dwergpalmen naar een 12 m hoge uitzichttoren, waar u de planten- en dieren van het beschermde natuurgebied in u op kunt nemen (1 Wildlife Dr., tel. 239-472-1100, www.dingdarlingsociety. org, za.–do. 7.30 uur tot zonsondergang, vr. gesloten).

**i** **Sanibel & Captiva Islands Chamber of Commerce:** 1159 Causeway Rd., Sanibel Island, Florida 33957, tel. 239-472-1080, fax 239-472-1070, www.sanibel-cap tiva.org.

**Tropical Winds Motel & Cottages:** 4819 Tradewinds & Jamaica Dr., tel. 239-472-1765, fax 239-472-1765, www.sanibeltropical winds.com. Huisjes direct aan het strand, waarvan een aantal plaats biedt aan acht personen, volledig geoutilleerd. Vanaf $150.

**Parrot Nest:** 1237 Anhinga Ln., tel. 239-472-4212, www.parrotnest.com. Zes kamers met een keukentje aan de oostrand van Sanibel. $89–179.

## Fort Myers

**Atlas:** blz. 31, C 1

In **Fort Myers** knutselde de geniale uitvinder Thomas A. Edison decennia lang aan elektrische gloeilampen en telegrafen. Aan de oever van de Caloosahatchee River bouwde hij in een buitengewoon weelderige tropische tuin het **Thomas A. Edison's Winter Home,** waar hij tussen 1886 en 1931 bijna alle wintermaanden doorbracht. In zijn laboratorium experimenteerde Edison voor het uitbreken van de Eerste Wereldoorlog in opdracht van de regering ook aan de vervaardiging van synthetisch rubber, omdat de VS niet meer afhankelijk wilden zijn van de import.

Deze uitvinding was ook van groot belang voor Edisons vriend, de automobielkoning Henry Ford, die in 1915 op het belendende perceel het bescheiden **Ford's Home** kocht. Weliswaar ziet het huis van de schatrijke automagnaat er vanbinnen net zo uit als in de tijd dat hij er woonde, maar in werkelijkheid is een groot deel van de originele interieur verdwenen. Op de parkeerplaats van de twee bijzondere huizen staat een enorme banyan, die de tuinliefhebber Edison in 1925 als klein plantje van de bandenfabrikant Harvey Fire-

Aan het palmenstrand van Fort Myers

stone had gekregen (2350 McGregor Blvd., tel. 239-334-7419, rondleidingen ma.-za. 9–16, zo. 12–16 uur).

**Lee County Visitors & Convention Bureau:** 12800 University Dr., Suite 550, Fort Myers, FL 33907, tel. 239-338-3500, fax 239-334-1106, www.fortmyers-sanibel.com.

**Hibiscus House:** 2135 McGregor Blvd., tel. 239-332-2651, fax 239-332-8922, www.thehibiscushouse.net. De enige bed and breakfast in de stad uit 1912 met 5 kamers, allemaal met eigen badkamer en internetverbinding. $90–150.

**La Quinta Inn:** 4850 S. Cleveland Ave., tel. 239-275-3300, fax 239-275-6661, www.lq. com. Keurige kamers met koffiezetapparaat en gratis supersnelle internetverbinding, buitenbad. $59–92.

**Raintree RV Resort:** 19250 N. Tamiami Trail, North Fort Myers, tel. 239-731-1441, fax 239-731-0032, www.raintreerv.com. Fraai met palmen en bloemen aangelegde, zeer goed uitgeruste camping met zwembaden.

**Seminole Campground:** 8991 Triplett Rd., North Fort Myers, tel. 239-543-2919. Beboste camping, winkels, zwembad en warme douches.

**Cru:** 13499 US 41, tel. 239-466-3663, ma.-do. 11–22, vr.-za. 11–23 uur. Duur, uitstekend restaurant met Nieuw-Zeelands lamsvlees, bizonsteaks uit Colorado, paella en een uitgelezen keuze aan wijnen. $31–50.

**The Veranda:** 2122 Second St., tel. 239-332-2065, dag. 11–14.30 en 17.30–22 uur. Zeevruchten, vleesgerechten en pasta in een mooie victoriaanse ambiance. $20–30.

**Sanibel Factory Stores:** 20350 Summerlin Rd., www.outletsonline.com, ma.-za. 10–21, zo. 11–18 uur. Centrum met 55 fabriekswinkels.

## Sarasota

**Atlas:** blz. 29, B 3

Een eeuw geleden was bijna de gehele zuidelijke Golfkust nog een afgelegen wildernis. Er stond in Sarasota maar een handvol huizen,

Florentijnse beeldentuin van het Ringling Museum of Art in Sarasota

voordat wintervakantiegangers in 1900 de vis-rijke wateren, de tropische vegetatie en de voorjaarsachtige temperaturen ontdekten. Een van de invloedrijkste bezoekers was John Ringling. Hij kwam in 1920 naar Sarasota en bleef iets langer dan oorspronkelijk gepland – 16 jaar. Tegenwoordig hoort zijn nalatenschap tot de bezienswaardigste van de stad. Hij had een enorm vermogen vergaard in de oliehandel en als grondspeculant. Daarnaast beheerde hij met zijn vier broers een circus en was hij een enthousiast kunstverzamelaar.

## Het Ringlingimperium

Op zijn reizen door de Oude Wereld had Ringling zijn hart verloren aan kunst uit de renaissance en de barok. Werken uit beide perioden haalde hij uit Italië en Spanje naar Florida, waaronder beelden, zuilen en fonteinen, die allemaal deel gingen uitmaken van het in 1929 geopende **John and Mable Ringling Museum of Art**. Tot aan zijn dood in 1936 kocht de circuseigenaar meer dan 600 schilderijen en talrijke sculpturen, waaronder werken van onschatbare waarde van Veronese, Rubens en Moretti. Het midden in een park gelegen mu-

seum, dat is vormgegeven als een Florentijns *palazzo* in renaissancestijl, ligt rond een schitterende open binnenplaats met een beeldentuin (5401 Bay Shore Rd., tel. 941-359-5700, www.ringling.org, ma.–vr. 8.30–17 uur).

Op het landgoed van Ringling, dat zich uitstrekt tot aan de Sarasotabaai, staat behalve een circusmuseum met kostuums, decors, rekwisieten en oude reclameaffiches, de naar het voorbeeld van het Dogenpaleis in Venetië gebouwde residentie **Cà d'Zan**, waar Ringling sinds 1926 woonde. Het fraaie, met terrecottawerk versierde gebouw, waarvan de naam een verbastering is van de Italiaanse vertaling van 'Johns huis', wordt gekenmerkt door een combinatie van verschillende bouwstijlen, onder meer uit de Italiaanse en Franse renaissance, de barok en de moderne architectuur. Boven het 30 kamers en 14 badkamers tellende woonhuis verheft zich een bijna 20 m hoge toren, waarin vroeger een licht brandde ten teken dat de heer des huizes thuis was.

## Sarasota Classic Car Museum

Om kostbaarheden van lak, blik en chroom draait het in deze oldtimertentoonstelling, waarbij de oudste auto uit het bouwjaar 1903 stamt en bekende merken als Bentley, Cadillac en Ferrari niet ontbreken. Tot de pronkstukken behoren een Mercedes Roadster die vroeger door John Lennon werd bestuurd en de Mini Cooper van Paul McCartney. Naast auto's zijn in het museum ook oude muziekautomaten te bewonderen (5500 N. Tamiami Trail, tel. 941-355-6228, www.sarasotacarmuseum.org, dag. 9–18 uur).

## Botanische tuinen

Kenners rekenen de **Marie Selby Botanical Gardens** tot de mooiste botanische tuinen in de VS. Achter de ingang ligt een rijk van ruim 6000, deels zeldzame soorten orchideeën, prachtige bromelia's, bloeiende planten en varens, die in kassen of in de openlucht groeien (811 S. Palm Ave., tel. 941-366-5731, www.selby .org, dag. 10–17 uur).

De zoölogische pendant van dit botanische paradijs vormen de **Sarasota Jungle Gardens** met 70 diersoorten van tijgerpythons tot flamingo's en van alligators tot roodstaartbuizerds (3701 Bay Shore Rd., tel. 941-355-5305, www.sarasotajunglegardens. com, dag. 9–17 uur).

**Sarasota Visitor Information Center:** 655 N. Tamiami Trail, tel. 941-957-1877, fax 941-951-2956, www.sarasotafl.org.

**Residence Inn:** 1040 University Pkwy, tel. 941-358-1468, fax 941-358-0850, www.marriott.com. 78 suites met gescheiden woon- en slaapgedeelten, inclusief ontbijt. Vanaf $120.

**Best Western Golden Host Resort:** 4675 N. Tamiami Trail, tel. 941-355-5141, fax 941-355-9286, www.bestwestern.com. Hotel van de bekende keten, met standaardkamers, groot buitenbad, kabel-tv, koffiezetapparaat en gratis snelle internetaansluiting. $100–140.

**Sun 'n Fun Resort Campground:** 7125 Fruitville Rd., tel. 941-371-2505, www.sunnfunfl .com. Veel comfort, waaronder een groot zwembad met veel faciliteiten.

**Cafe l'Europe:** 431 St. Armands Circle, tel. 941-388-4415, www.cafeleurope. net, dag. 11–22.30 uur. De chef-kok combineert Franse, Spaanse en Caribische elementen en creëert uitstekende gerechten, waarvan sommige zijn bekroond. $12–35.

**Marina Jack:** Island Park, tel. 941-365-4232, dag. 11.30–2 uur. Naast zeebanket worden typische Amerikaanse klassiekers geserveerd. U kunt buiten eten. $12–30.

**St. Armands Circle:** Ringling Causeway via de Sarasota Bay naar St. Armands Key. Rond het plein liggen ca. 130 winkels van bekende merken.

# De Soto National Memorial

**Atlas:** blz. 29, B 3

De reis naar Tampa Bay kunt u het best via **Longboat Key** maken. Aan de kant van de zee voert de Gulf of Mexico Drive langs gemanicuurde golfterreinen, groepjes villa's en luxueuze hotels met privézandstranden. Meer landinwaarts ligt aan de zuidoever van de Manatee River het **De Soto National Memorial**, waar de Spanjaard Hernando de Soto 1539 met 600 soldaten de eerste grote expeditie over land in het zuiden van de VS begon. Het streven was om de legendarische, 'Zeven gouden steden van Cibola' te zoeken, maar de tocht eindigde in een fiasco, omdat de Spaanse schatzoeker geen grammetje goud kon vinden. De Soto kwam bij de onderneming in 1542 bij de Mississippi om het leven. In het bezoekerscentrum wordt een 20 minuten durende film over de gebeurtenissen getoond (Rtes 64/564, tel. 941-792-0458, www. nps/gov/deso, dag. 8–17.30 uur).

Grootsteedse charme in Tampa, fraaie kunst in St. Petersburg, strand-leven in het dynamische Clearwater Beach: naast boeiende steden kent de noordelijke Golfkust ook stille, paradijselijke badplaatsen, die vooral aan de kust van de Panhandle een uitstekende reputatie genieten.

De diep in de Golfkust insnijdende Tampa Bay begint bij de 24 km lange en 54 m hoge Sunshine Skyway Bridge, waarover Route 19 via de Bradenton Bay naar St. Petersburg voert. De stad Tampa telde in 1884, toen de door Henry Plant gebouwde spoorbaan aan de Bay was voltooid, nog maar 700 inwoners, maar begon daarna snel te groeien. Destijds werd de monding van de Hillsborough River, waaraan de stad ligt, vergroot voor oceaan-vrachtschepen. Daarna groeide het kust-plaatsje tot 1890 uit tot een stadje met 5000 inwoners. Tegenwoordig is Tampa met 304.000 inwoners de op twee na grootste stad van Florida en de op zes na grootste haven van de VS.

Hoe modern de Bay-Metropole met zijn sky-line van wolkenkrabbers en populaire amuse-mentsparken ook overkomt, enkele van zijn toeristische trekpleisters dateren toch van vroeger, zoals het door uivormige torenkoe-pels verfraaide Tampa Bay Hotel van de spoor-weggigant Henry Plant. Een ander relict uit het verleden is het stadsdeel Ybor City, waar vroeger duizenden arbeidershanden sigaren maakten en het stadsdeel tot een bolwerk van deze rookwaar.

Wie aan de noordelijke Golfkust wil genie-ten, komt goed aan zijn trekken op Pinellas Peninsula en vooral in de Panhandle, waar onder meer Panama City Beach zeer geliefd is bij badgasten. Op de voor de kust gelegen zandbankeilanden van het 'Pannenhandvat' liggen ook ongerepte zandstranden, die kun-nen worden gerekend tot de mooiste van de hele VS.

## Tampa

**Atlas:** blz. 29, B 2

Samen met St. Petersburg behoorde Tampa in de jaren tachtig van de vorige eeuw tot de ste-den met de snelst groeiende Spaanstalige be-volking in Florida. De skyline van wolkenkrab-bers wierp in het centrum rond de zes blok-ken lange voetgangerszone Franklin Street Mall steeds langere schaduwen op oude ge-bouwen als de uit het begin van de 20e eeuw stammende Sacred Heart Church, het U.S. Courthouse uit 1905 en de in 1915 gebouwde Tampa City Hall. Ook in economisch opzicht is de vooruitgang van Tampa onmiskenbaar. Meer dan 30% van de alle werkzaamheden in de hightechsector van Florida worden in en om Tampa verricht. Met succes probeert het stadsbestuur al jaren de decennia geleden in-gezette trek uit de stad af te remmen en de binnenstad meer leven in te blazen.

### De stad bekijken

Een van de initiatieven binnen het al jaren lopende project om de binnenstad te verle-vendigen was de bouw van het drie verdiepin-gen hoge, door een glazen koepel overdekte **Florida Aquarium.** Het complex heeft meer dan 10.000 verschillende zeedieren en -plan-ten een nieuw onderkomen gegeven. Bezoe-kers worden iedere dag vermaakt met duiker-shows in het haaienbasin en ze kunnen zelfs contact maken met de zeebewoners. In Café Ray kunt u bijkomen van alle indrukken ach-ter een kopje koffie. Als nieuwste attractie krijgen bezoekers de mogelijkheid om met kleurige vissen in een indrukwekkend nagebouwd koraalrif te zwemmen. De IMAX-bioscoop ernaast toont documentaires over de onderwaterwereld (701 Channelside Dr., tel. 813-273-4000, www.flaquarium.org, dag. 9.30–17 uur).

In 1891 liet de spoorwegindustrieel Henry B. Plant het **Tampa Bay Hotel** bouwen in oriëntaalse stijl met minaretten, alsof de architect zich had laten inspireren door het Kremlin in Moskou. Het chique hotel met 500 kamers, twee balzalen, biljartzalen en casino met zwembad was het eerste compleet geëlektrificeerde gebouw in Tampa, waarvan de gasten met riksja's door de lange wandelhallen en tropische tuin reden. In 1933 bracht de stad in één vleugel de University of Tampa onder.

Wat klassieke Griekse en Romeinse kunst betreft, bezit het **Tampa Museum of Art** een van de beste verzamelingen van het land. Ook hedendaagse kunst is goed vertegenwoordigd, bijvoorbeeld in een galerie gewijd aan Amerikaanse kunstenaars als Georgia O'Keeffe. Het museumpark en de sculpturentuin profiteren van de mooie ligging aan de oever van de Hillsborough River (600 N. Ashley Dr., tel. 813-274-8130, www.tampagov.net, di.–za. 10–17, 3e do. in de maand 10–21 uur, gratis toegang za. 10–12 en 3e do. in de maand 17–21 uur).

## Busch Gardens

Bijna niemand bezoekt Tampa zonder een kijkje te nemen in de Busch Gardens, een combinatie van een dierentuin en een pretpark. Een grote publiekstrekker is het **Myombe Reserve**, een primatenafeling met chimpansees en gorilla's. In een ander deel van de tuin hebben landschapsarchitecten een **Afrikaanse savanne** nagebootst, waarin alle grote dieren van het zwarte continent vertegenwoordigd zijn. Ook in het pretpark domineert het thema Afrika, bijvoorbeeld bij een tocht in rubberboten over de stroomversnellingen van de Congo River of bij de Rhino Rally Off-Road-Safari. Voor nog meer kippenvel zorgt de driedimensionale horrorfilm *Haunted lighthouse* (3000 E. Busch Blvd., tel. 1-888-800-5447, www.buschgardens.com, regelmatig wisse-

# Onderweg met de auteur

## Aanraders!

**In Tampa:** Sinds zijn opening heeft het **Florida Aquarium** in het centrum van Tampa zich ontwikkeld tot een publiekstrekker, onder andere omdat er interessante activiteiten worden aangeboden. Alleen het grandioos heringerichte aan de natuur aangepaste buitenverblijf voor gorilla's en de bedrieglijk echte nabootsing van de Afrikaanse savanne maken een bezoek aan de **Busch Gardens** interessant (zie blz. 425).

**In St. Petersburg:** Voor kunstliefhebbers is het **Salvador Dalí Museum** een must, want het beschikt over een van de grootste verzamelingen werken van de Spaanse kunstenaar ter wereld (zie blz. 429).

## Kitsch onder water

De kitsch druipt er weliswaar vanaf, maar het onderwaterballet van de waternimfen in **Weeki Wachee** is wel een unieke ervaring (zie blz. 431).

## De mooiste stranden

De prachtige stranden in het **Fort de Soto Park** beloven ongestoord zwemvertier (zie blz. 429). Ook de stranden van de **Panhandle** staan bekend om hun netheid en schoonheid (zie blz. 433).

## Gratis attracties

In het vogelhospitaal **Suncoast Seabird Sanctuary** is altijd wel iets interessants gaande en daarom valt er ook altijd iets te zien (zie blz. 430).

Pensacola doet al sinds vele tientallen jaren dienst als marinevliegbasis en bezit met het **National Museum of Naval Aviation** een interessant vliegtuigmuseum (zie blz. 435).

## Veiligheid

Hoe mooi de stranden van de Panhandle ook zijn, wees voorzichtig met zwemmen, omdat de afgelopen jaren verscheidene malen mensen door haaien zijn aangevallen.

Flamingo's in een Caribisch ogend gedeelte van Busch Gardens

lende openingstijden, meestal 9–18 uur).

De **Lowry Park Zoo** is sinds 1937 ontwikkeld uit een klein dierenpark en heeft tegenwoordig een uitstekende naam als een instituut dat zich met een onderzoeks- en rehabilitatiecentrum onder meer wijdt aan de redding van met uitsterven bedreigde zeekoeien. Naast lamantijnen kunt u in het Lowry Park nog tal van andere waterdieren en reptielen zien, waaronder alligators en slangen die in deze omgeving voorkomen, maar ook Afrikaans groot wild, primaten, tijgers en een groot aantal vogelsoorten. Jonge bezoe-

kers vinden het cool om een kijkje te nemen in de Petting Zoo, waar ze de dieren mogen voeren (1101 W. Sligh Ave., tel. 813-935-8552, www.lowryparkzoo.com, dag. 9.30–17 uur).

Met gesimuleerde hurricanes, een rit per fiets op 10 m hoogte over een staaldraad, planetariumshows en op een enorm scherm geprojecteerde IMAX-films trekt het **Museum of Science and Industry** jong en oud. Met tientallen interactieve presentaties kunnen bezoekers de werking van de natuurwetten bestuderen en allerlei interessante dingen aan de weet komen, bijvoorbeeld over het mense-

ste kwart van de 19e eeuw gebouwde fabrieken en kunt u in de **Gonzalez y Martinez Cigar Factory** (7th Ave./21st St., dag. 10–18 uur) en in het historische **Ybor City Museum** toekijken hoe vlugge handen rookwaar vervaardigen. Het museum, dat is ondergebracht in een voormalige Italiaanse bakkerij uit 1923, maakt deel uit van het Ybor City Museum State Park, waartoe ook bezienswaardigheden behoren als een *casita*, de woning van een vroegere sigarenmaker, en talrijke memorabilia uit de hoogtijdagen van Ybor City (1818 E. 9th Ave., tel. 813-247-6323, www.sybor museum.org, dag. 9–17 uur).

De tijden dat de stad van de sigarenindustrie leefde, zijn allang voorbij. Een paar straten en huizenblokken herinneren nog aan vroeger, toen de stad 20.000 inwoners telde, die in de historische wijk hun sporen hebben achtergelaten. In 7th Street ziet u gerestaureerde gevels uit de laatste eeuw, oud ogende straatlantaarns en smeedijzeren tuin- en balkonhekken. Vooral in het weekend demonstreert het stadsdeel zijn Latijns-Amerikaanse uitstraling, die tot vandaag de dag is gebleven: een vijftigtal restaurants, bars en nachtclubs maken van de voormalige sigarenmetropool een populair uitgaanscentrum voor nachtbrakers, dat op zaterdagavond met reggaecafés, salsagelegenheden en margaritabars wel zo'n 30.000 bezoekers trekt.

Het met azulejo's verfraaide **Columbia Restaurant** herinnert aan de Spaanse erfenis. In het prachtig ingerichte etablissement laten bijna iedere avond flamencoritmes het kleine podium trillen. Als traditionele lekkernij wordt al 100 jaar een warme Cubaanse sandwich met varkensvlees, Italiaanse salami, emmentaler en *mixed pickles* geserveerd (2025 E. 7th Ave., tel. 813-248-4961, www.columbiares taurant.com, dag. 11–22 uur).

**Tampa Bay Convention & Visitors Bureau:** 401 E. Jackson St., Suite 2100, Tampa, FL 33602, tel. 813-223-1111, fax 813-229-6616, www.visittampabay.com.

**Radisson Bay Harbor Hotel:** 7700 Courtney Campbell Cswy, tel. 813-281-8900,

lijk lichaam en de luchtvaarttechnologie (4801 E. Fowler Ave., tel. 813-987-6000, www. mosi.org, ma.–vr. 9–17, za.–zo. 9–21 uur).

## Ybor City

Tampa's historische hart Ybor City was vroeger een centrum van 200 sigarenfabrikanten, waar 12.000 Cubaanse, Spaanse en Italiaanse werklieden jaarlijks zo'n 700 miljoen sigaren rolden. Industrieel vervaardigde producten luidde de ondergang van deze branche in.

Tijdens rondleidingen door de stad komt u meer te weten over gedeeltelijk in het laat-

fax 813-281-0189, www.radisson.com/tampafl. Grote kamers met uitzicht op de baai of de stad, buitenbad direct aan de waterkant. Vanaf $169.

**Best Western The Westshore Hotel:** 1200 N. Westshore Blvd., tel. 813-282-3636, fax 813-282-0055, www.thewestshorehotel.com. Pendelbus van en naar de luchthaven, ontbijt bij de prijs inbegrepen, fitness-studio, buitenbad. $59–149.

**Bern's Steakhouse:** 1208 S. Howard Ave., tel. 813-251-2421, dag. 17–23 uur. Buitengewone steaks in allerlei variaties, enorme keuze aan dranken; voor het dessert gaat u naar de Dessertroom, waar u geniet van een van de talloze digestieven. Vanaf $23.

**Valencia Garden:** 811 W. Kennedy Blvd., tel. 813-253-3773, www.valenciagarden.com, ma.–vr. 11–14.30, ma.–za. 17–22 uur. Sinds 1927 worden hier smakelijke, authentiek Spaanse en Cubaanse gerechten geserveerd, Cubaanse sandwich en soep $7,25, paella voor twee personen $38.

**Mel's Hot Dog:** 4136 E. Busch Blvd., tel. 813-985-8000, zo.–do. 11–20, vr.–za. 11–21 uur. Mel is een begrip in Tampa. Als u altijd al eens een 'echte' hotdog had willen proeven, bent u hier aan het juiste adres. Vanaf $4.

**The Rack:** 1809 W. Platt St., tel. 813-250-1595, dag. 16–3 uur. Biljarthal met goede keuken, zelfs sushi. Bij jonge bezoekers is dit etablissement zeer in trek vanwege zijn fantastische sfeer. $10–15.

**Hyde Park Café:** 1806 W. Platt St., tel. 813-254-2233, di.–do. 19–3, vr. 17–3, za. 19–3 uur. Drie bars onder één dak, ruimte om te dansen op verschillende muziekstijlen.

**Waterpretpark:** Adventur Island, 1001 Malcolm McKinley Dr., tel. 813-987-5660, www.floridaparks.co.uk/adventure_island, dikwijls wisselende openingstijden, meestal 9–18 uur. Tropisch waterpark met glijbanen, watervallen, stroomversnellingen en zwembaden.

**Vliegtuig:** Tampa International Airport (TPA), www.tampaairport.com. Luchthaven 8 km ten westen van de stad. Reisduur naar het centrum 15 min. Bussen, taxi's en limousines brengen passagiers naar de stad.

**Trein:** Tampa Union Station, 601 Nebraska Ave. N., tel. 813-221-7600 of 1-800-872-7245, www.amtrak.com. Van Tampa rijden treinen naar Miami en Jacksonville en vandaar verder richting New York en New Orleans.

**Bus:** Greyhound Lines Terminal, 610 Polk St., tel. 813-229-2174 of 1-800-231-2222, www.greyhound.com. Verbindingen met veel steden in Florida en in andere Amerikaanse staten.

# St. Petersburg

**Atlas:** blz. 29, B 3

Deze 240.000 inwoners tellende stad ligt op de uiterste punt van het schiereiland Pinellas. Gemiddeld schijnt de zon hier 361 dagen per jaar en daarom ontwikkelde de plaats zich aan het einde van de 19e eeuw tot een favoriete bestemming voor gepensioneerden, die sindsdien is uitgegroeid tot een bolwerk op het gebied van recreatie en cultuur.

Het centrum van het openbare leven in St. Petersburg ligt ca. 800 m voor de stad op door zee omspoelde grond: op de grote **pier.** Vooral 's avonds is de enkele honderden meters lange pier, waarop u gratis met een speciale bus op en neer kunt rijden, een ontmoetingsplaats voor jong en oud. Aan het einde staat een enorm gebouw met vijf verdiepingen, dat eruitziet als een omgekeerde, in zee gezonken piramide. Op het dak van het bouwwerk, waarin restaurants en winkels zijn gevestigd, vindt u een uitkijkplatform, waar u kunt genieten van een panorama-uitzicht over de stad en de kust. Op de tweede verdieping kunt u in het **Pier Aquarium** gratis de karakteristieke zeeflora en -fauna van de oostkust van Florida bekijken (800 Second Ave. NE, tel. 813-821-6164).

## Museumhoogtepunten

Het internationaal bekendste museum in de stad, het **Salvador Dalí Museum**, bezit een van de grootste verzamelingen werken van de Spaanse surrealist ter wereld, bestaande uit olieverfschilderijen, aquarellen en tekeningen, plus ca. 1000 grafische werken, sculpturen en andere kunst. De totale waarde bedraagt ruim $125 miljoen (1000 3rd St. S., tel. 727-823-3767, www.salvadordalimuseum. org, ma.-wo. en vr.-za. 9.30-17.30, do. 9.30-20, zo. 12-17.30 uur).

De tentoonstellingen van het **Museum of Fine Arts** lopen uiteen van Griekse en Romeinse kunst en verzamelingen precolumbiaanse voorwerpen tot schilderijen van Franse impressionisten en Amerikaanse kunstenaars als Thomas Moran en Georgia O'Keeffe. Ook uit het Verre Oosten, Afrika en Klein-Azië bevinden zich interessante stukken in de collectie van het museum (255 Beach Dr. NE., tel. 727-896-2667, www.fine-arts.org, di.-za. 10-17, zo. 12-17 uur).

# Pinellas Peninsula

**Atlas:** blz. 29, A-B 2-3

Als een druppelvormige landtong schermt het **Pinellas Peninsula** de Tampa Bay af van de zee, maar laat een brede doorgang vrij tussen de Golf van Mexico en de baai, die wordt overspannen door de Sunshine Skyway Bridge. Voor de 45 km lange zeezijde van het schiereiland liggen eilanden met badplaatsen, waartussen de gemeentegrenzen nog maar moeilijk te onderscheiden zijn. Hoogstens aan de hand van een tussen rijen motels en huizengevels verstopt plaatsnaambordje valt af te leiden waar de ene plaats ophoudt en de andere begint. Tijdens een rit over de Gulf Boulevard zou u zich in een stad kunnen wanen, als u niet tussen de bebouwing door af en toe een glimp opving van de Boca Ciega Bay in het oosten en de Golf van Mexico in het westen, met zijn ca. 100 m brede zandstrand, die via tal van toegangswegen te bereiken is.

's Zomers zijn de straten van St. Petersburg in de weekends meestal grotendeels verlaten, omdat veel inwoners hun tijd dan doorbrengen op St. Pete Beach. Voor het prachtige decor van het koraalkleurige **Don Cesar Beach Resort** strijken de golven van de branding het vlakke zandstrand glad. Het in de avondzon als een roze kasteel oplichtende hotel met een interieur van marmeren vloeren en pilaren biedt onderdak aan gasten met dikke portemonnees. Pas sinds de jaren zeventig doet het kolossale gebouw weer dienst als hotel, nadat het sedert de economische wereldcrisis is gebruikt als pakhuis, trainingscentrum voor sporters en militair hospitaal (3400 Gulf Blvd., tel. 727-360-1881, www.doncesar.com, $300-500).

## Fort de Soto Park

In het uiterste zuiden van het Pinellas Peninsula voert Route 679 naar de vijf eilanden van het **Fort de Soto Park**. Anders dan de naam doet vermoeden bepaalde niet Hernando de Soto de geschiedenis van deze eilandengroep, maar zijn landgenoot Ponce de León, die er in 1513 voor anker ging. Resten van een vestingcomplex dateren uit het einde van de 19e eeuw, toen de Tampa Bay tijdens de Spaans-Amerikaanse oorlog in 1898 door een fort moest worden beschermd, dat echter nooit gereed kwam. Binnen de parkgrenzen liggen idyllische zandstranden die tot de mooiste van de VS horen, aanlegsteigers, campings, pieren voor hengelaars, fietspaden en een gemarkeerde kanoroute (tel. 727-582-2267, www. pinellascounty.org/park/ 05_ Ft_DeSoto. htm).

## Op weg naar Clearwater Beach

Rond een rood-wit geschilderde vuurtoren is het dorp **John's Pass Village** met ruwe planken en roestig gegolfd plaatijzer zo in elkaar getimmerd dat het lijkt alsof hier walvisvaarders al in de 19e eeuw hun thuiskomst hebben gevierd. Op plankenpaden kunnen bezoekers op verschillende niveaus door deze toeristische attractie wandelen. In veel houten keten zijn restaurants en cafés ingericht, waarin doorleefde stemmen zingen bij gitaar of banjo. Minder sfeervol zijn de eindeloze kraampjes met T-shirts, handdoeken en zonnebrillen - voorraad genoeg voor busladingen klanten (www.johnspass.com).

## Suncoast Seabird Sanctuary

In Indian Shores is sinds 1971 het **Suncoast Seabird Sanctuary** gevestigd, een van de grootste hospitalen ter wereld voor in het wild levende vogels die ziek zijn of gewond zijn geraakt. De meeste verwondingen die hier worden behandeld, zijn veroorzaakt door vishaken. Met voorrang worden bruine pelikanen geholpen, die in veel delen van Amerika en in de rest van de wereld bijna zijn uitgestorven, maar aan de kust van Florida nog veel voorkomen. Met groot enthousiasme wordt in de kliniek het verhaal verteld over Pax, de eerste in gevangenschap geboren pelikaan, die vijf jaar na zijn vrijlating uit zichzelf terugkeerde om zich aan een verwonding te laten behandelen (18328 Gulf Blvd., tel. 727-391-6211, www.seabirdsanctuary.org, dag. 9 uur tot zonsondergang, toegang gratis).

## Clearwater Beach

Het onbetwiste mekka voor badgasten in de buurt van Tampa Bay is Clearwater Beach. Nergens aan de Golfkust heeft het badtoerisme zo'n hoge vlucht genomen als aan het daar gelegen zandstrand, waarlangs grote en kleine hotels, pizzabakkers, souvenirwinkels, restaurants, een jachthaven en met palmen gesierde parken liggen. Iedere avond ontmoet men elkaar op het straatfeest bij pier 60 om de zon te zien ondergaan. Een bezoek aan het **Clearwater Marine Aquarium** is een aanrader vanwege de vele zeedieren die er na een ziekte of ongeluk weer bovenop worden geholpen (249 Windward Passage, tel. 727-441-1790, www.cmaquarium.org, ma.– za. 9–17, zo. 11–16 uur).

**St. Petersburg/Clearwater Area Convention & Visitors Bureau:** 13805 58th St. N., Suite 2-200, Clearwater, FL 33760, tel. 727-464-7200, www.floridasbeach.com.

**Travelodge Beachview Resort:** 401 S. Gulfview Blvd., tel. 727-446-8305, fax 727-447-5293, www.travelodge.com. Motel van een keten met nette kamers en een verwarmd zwembad. $100–140.

**Amber Tides Motel:** 420 Hamden Dr., tel. 727-445-1145, fax 727-445-1145, www.am bertidesmotel.com. Kamers zonder grote luxe, sommige met keuken. Zwembad in de open lucht. $85–110.

**Clearwater Travel Resort:** 2946 Gulf to Bay Blvd., tel. 727-791-0550. Camping met 150 plaatsen, eenvoudige voorzieningen.

**Heilman's Beachcomber Restaurant:** 447 Mandalay Ave., tel. 727-442-4144, dag. vanaf 11.30 uur. Malse steaks, zeevruchten, lamsvlees en pastagerechten. Diner $14–30.

**Frenchy's Saltwater Café:** 419 Poinsettia Ave., tel. 727-461-6295, dag. 11–23 uur. Eenvoudig café met tafels binnen en buiten en een bar. Op de kaart staat voor elk wat wils. Diner $6–13.

**Shephard's Backyard Tiki Bar:** Shephards Beach Resort, tel. 1-800-237-8477, www.shephards.com/tiki-bar.asp, dag. vanaf 11 uur. Bar in Polynesische stijl op een platform boven het water met reggaemuziek, bikinidans en *go-go girls*.

**Liquid Blue:** 22 N. Fort Harrison Ave., Clearwater, tel. 727-466-4000, www.clubliquidblue .com, ma.-vr. 16–2, za.-zo. 21–2 uur. Moderne nachtclub waar u kunt dansen op livemuziek.

**Clearwater Jazz Holiday** (okt.): 4 dagen en nachten de beste jazz.

**Partyschip:** Captain Memo's Pirate Cruise, Clearwater Marina, tel. 727-446-2587, www.pirateflorida.com, dag. verscheidene boottochten. Partyschip in de stijl van een piratenschip met reggae en steelbandmuziek, bier, wijn en champagne.

**Dolfijnen kijken:** Seascreamer, Clearwater Marina, tel. 727-447-7200, www.seascreamer .com, dag. vanaf 12 uur verscheidene tochten met een enorme speedboot om dolfijnen te kijken.

# Noordelijke Golfkust

Met zijn steden en badplaatsen is de Tampa

Bay een door toeristen druk bezochte Golfregio. Als u de rust wilt opzoeken, kunt u vanaf Clearwater via **Tarpon Springs** een tocht maken naar het noorden van de provincie. Hoe verder u de Tampa Bay achter u laat, des te landelijker wordt de omgeving. Griekse immigranten zetten rond 1900 de handel in op natuursponzen, die in dit kustgebied in grote aantallen in zee voorkwamen. Tegenwoordig drukken nakomelingen van de Zuid-Europeanen nog duidelijk hun stempel op het toeristenbolwerk Tarpon Springs. Als u rond het middaguur over de havenpromenade loopt, klinkt luide sirtakimuziek uit de restaurants, begeleid door de geur van gyros, gebraden schapenvlees en harswijn. In de zijstraten spelen oude mannen op mediterrane wijze domino aan kleine tafeltjes. Aan de haven leggen viskotters aan, waarop duikers de natuursponzen aan toeristen tonen.

## Weeki Wachee

**Atlas:** blz. 29, B 1

Een in de hele wereld waarschijnlijk unieke attractie wacht bezoekers in **Weeki Wachee**. In het 40 m diepe bassin van de Weeki Wachee Spring voeren als waternimfen uitgedoste jonge dames en verklede mannen, enkel door een glazen wand van in een verduisterde ruimte gezeten toeschouwers gescheiden, op 4 m diepte Hans Christian Andersens sprookje *De kleine zeemeermin* op. De acteurs krijgen een speciale training, die ervoor moet zorgen dat ze lang genoeg hun adem kunnen inhouden om afzonderlijke scènes te spelen, voordat ze aan speciale slangen een hap lucht kunnen nemen (6131 Commercial Way, tel. 352-596-2062, www.mermaid.weekiwachee.com, do.-vr. 12 en 14.30, za.-zo. 11 en 14.30 uur, midden in de zomer meer shows).

U kunt ook op de Weeki Wachee River een boottocht maken of een bezoek brengen aan het waterpark **Buccaneer Bay** met zijn vele glijbanen en waterattracties (jun.-sept. dag. 10–17 uur).

## Homosassa Springs

**Atlas:** blz. 29, B 1

Het plaatsje Homosassa Springs trekt met het **Homosassa Springs Wildlife State Park** veel bezoekers. Rond de bron van de gelijknamige rivier ontstond een park met inheemse dieren,

De waternimfen van Weeki Wachee in hun sprookjeswereld onder water

zoals alligators, otters, poema's, slangen, beren en deels ook bedreigde diersoorten. Publiekslievelingen zijn de zeekoeien, die in Homosassa een toevluchtsoord en fokstation vonden. Het parkbeheer heeft een onderwaterobservatorium ingericht, waar u de lamantijnen kunt bekijken (4150 S. Suncoast Blvd., tel. 352-628-5343, www.homosassasprings.org/Homosassa.cfm, dag. 9–17.30 uur).

## Cedar Key

**Atlas:** blz. 27, B 4

Een dam voert naar een subtropisch uitziend gebied met ongeveer 40 eilanden, waarvan de 'hoofdstad' **Cedar Key** in de tweede helft van de 19e eeuw het eindstation was van een door Amelia Island aangelegde spoorbaan. Over dit traject vervoerden locomotieven cederhout naar de oostkust, om onder meer tot potloden te worden verwerkt. Toen er van de cederbossen nog maar weinig over was, veranderde Cedar Key in een slaperig stadje, dat tot op heden niet is ontwaakt. Het toerisme blijft binnen de perken, wat het plaatsje duidelijk goed doet. Op de pier zitten hengelaars en pelikanen eendrachtig naast elkaar te wachten op een grote vangst. De straatjes in de buurt van de haven, waarlangs hier en daar nog oude huizen van cederhouten planken staan, komen slechts driemaal per jaar tot leven: in april als het Sidewalk Art Festival wordt gehouden, op 4 juli als Onafhankelijkheidsdag wordt gevierd en in oktober als de bezoekers massaal naar het Seafood Festival komen. Natuurvrienden kunnen diverse natuurpaden verkennen en genieten van de flora en fauna.

## Tallahassee

**Atlas:** blz. 26, F 2

Op een lage heuvel midden in het stadscentrum staat het in 1845 gebouwde **Old Capitol** met zijn mooie, met zuilen versierde façade, een kleine koepel en ramen met markiezen, die het gebouw het aanzien van een chic oud hotel geven. In het Old Capitol zijn de voormalige vergaderzalen van de Senaat en het Huis van Afgevaardigden, schilderijengale-rijen met portretten van vroegere gouverneurs en historische voorwerpen uit de geschiedenis van de stad te zien. Direct erachter bewijst het 22 verdiepingen tellende **New Capitol** dat een vernieuwing niet altijd een verbetering hoeft te betekenen. Op de bovenste etage van de blokkendoos is een uitkijkplatform aangebracht (Monroe St./Apalachee Pkwy, ma.–za. 10–17, zo. 12–17 uur).

Aan de rand van de regeringswijk documenteert het **Museum of Florida History** de geschiedenis van Florida sinds de prehistorische tijd met een geweldige mastodont, schatten uit Spaanse galjoenen en herinneringen aan de Burgeroorlog (R. A. Gray Building, 500 S. Bronough St., tel. 850-245-6400, http://dhr.dos.state.fl.us/museum, ma.–vr. 9–16.30, za. 10–16.30, zo. 12–16.30 uur).

## Archeologische vindplaatsen

Op **Lake Jackson Mounds State Archaeological Site** stuitten archeologen op zes opgeworpen heuvels uit een indiaanse cultuur die bestond van ca. 1000 tot 1450. Vondsten als schelpenhalskettingen, armbanden en voetringen duiden erop dat de plaats diende als ceremonieel centrum en dat de indianen handelsbetrekkingen onderhielden met andere groepen (3600 Indian Mound Rd., tel. 850-922-6007, www.floridastateparks.org/lakejacks-mounds, dag. 8 uur tot zonsondergang).

Op een tweede opgravingsterrein, de **San Luis Archaeological Site,** waar aardewerk en sieraden zijn gevonden, lag een Apalachee-indianendorp, lang voordat Spaanse monniken in 1656 begonnen met de bouw van hun missiepost, die tot 1704 werd gebruikt als centrum van de Spaanse missie in West-Florida. Zowel de indiaanse als de missiegebouwen zijn voor een deel gereconstrueerd (2021 Mission Rd., tel. 850-487-3711, http://dhr.dos.state.fl.us/ archaeology, di.–zo. 10–16 uur).

## Een paradijs voor dieren

Ten zuiden van Tallahassee omgeeft het **Edward Ball Wakulla Springs State Park** de bron van de Wakulla River, die met een diepte van 72 m en een uitstoot van 2 miljoen liter water per minuut een van de grootste bronnen ter wereld is. Der Wakulla River stroomt door een paradijs voor alligators, reigers, waterhoenders, slangenhalsvogels en ibissen, dat zich uitstrekt over oerwouden en moerassen met cipressen en ondoordringbaar struikgewas. Hier werd de eerste Tarzanfilm met Johnny Weissmuller opgenomen (550 Wakulla Park Dr., tel. 850-224-5950, www.floridastateparks .org/wakulla springs, dag. 8 uur tot zonsondergang).

**Visitor Information:** 106 E. Jefferson St., tel. 850-606-2305, bij het Capitol.

**Quality Inn & Suites:** 2020 Apalachee Pkwy., 850-877-4437, www.qualityinn. com. 3,5 km zuidelijker aan de US 27 gelegen overnachtingsgelegenheid, goed ingerichte kleine suites, met zwembad en ontbijt. Vanaf $79.
**Shoney's Inn:** 2801 N. Monroe St., tel. 850-386-8286, www.shoneysinn.com. Verscheidene kamers met whirlpool. Vanaf $49.

**Barnacle Bill's:** 1830 N. Monroe St., tel. 850-385-8734, dag. 11–23 uur. Hamburgers, kippenvleugels en zeevruchten in veel variaties, oesterbar 's zomers geopend, dag. happy hour van 15–19 uur. Twaalf oesters $8,49.
**Bahn Thai:** 1319 S. Monroe St., tel. 850-224-4765, ma.-vr. 11-14.30, 17–22, vr.–za. 17-22.30 uur. 126 voornamelijk Thaise, exotisch gekruide gerechten maken het moeilijk om een keuze te maken. Vanaf $10.
**Carlos Cuban Cafe:** 402 E. Tennessee St., tel. 850-222-8581, ma.–vr. 11–14.30, ma.–za. 17–22 uur. Authentieke Cubaanse gerechten, zoals kip met zwarte bonen en rijst, smakelijke sandwiches als lunch. Vanaf $7.

# De Panhandlekust

## Onderweg naar Pensacola
**Atlas:** blz. 26-25, E 3–A 2
Dat de Panhandle vroeger lucratievere tijden heeft gekend, illustreert het stadje **Apalachicola** aan de gelijknamige baai. In de afgelopen eeuw deed de haven goede zaken dankzij de verscheping van graniet en katoen. Al enkele tientallen jaren geleden echter verviel het stadje tot een onbetekenend, zij het nog altijd wel sfeervol kustplaatsje.

Ten oosten van Apalachicola overspant de 5 km lange Gorrie Bridge de baai en markeert de grens tussen de Eastern en Central Standard Time Zone (de klok een uur vooruitzetten!). De arts John Gorrie (1803–1855) vond het prototype uit van de in Amerika onmisbare airconditioning, om gelekoorts- en malariapatiënten in de zwoele zomermaanden in koele ziekenzalen te kunnen behandelen. Het kleine **Gorrie Museum** houdt de herinnering levend aan de uitvinder, al is het hier uitgestalde koelsysteem een reproductie; het origineel maakt deel uit van de collecties van het Smithsonian Institute in Washington D.C. (46 6th St., tel. 850-653-9347, www.floridasta teparks.org, do.–ma. 9–12 en 13-17 uur).

Als de klauw van een kip steekt het **St. Joseph Peninsula** uit in zee, een smalle zandbank met een State Park aan de westzijde. Op de smetteloze stranden, die tot de schoonste en mooiste op Amerikaanse bodem behoren, kunt u ongestoord van de fraaie omgeving genieten of 240 verschillende vogelsoorten bekijken. Kijk uit met zwemmen! In deze omgeving zijn al verscheidene malen mensen aangevallen door haaien (T.H. Stone Memorial St. Joseph Peninsula State Park, 8899 Cape San Blas Rd., tel. 850-227-1327, dag. 8 uur tot zonsondergang).

Wat Rimini voor de Italiaanse Adriatische kust is, is de 40.000 inwoners tellende badplaats **Panama City Beach** voor de Panhandle van Florida. Het enige verschil is dat het sneeuwwitte zandstrand en het turquoise water brandschoon zijn. Op de ranglijst van de mooiste stranden van de VS is Panama City Beach al herhaaldelijk hoog geëindigd. Dat is des te verrassender als u bedenkt dat pal naast het strand de door hotels, restaurants, souvenirwinkels en pretparken geflankeerde kustweg loopt. 's Zomers heerst er op deze Miracle Mile Strip een hectische drukte.

## Museum of Man in the Sea

Niet alleen met slecht weer is het de moeite waard om een bezoek te brengen aan dit museum, dat een overzicht geeft van menselijke activiteiten onder water, van een onderzeeër tot het gebruik van op afstand bestuurbare duikapparatuur. Interessante tentoonstellingen zijn gewijd aan opgehaalde schatten uit Spaanse galjoenen die eeuwen geleden zijn gezonken en aan de technieken van offshoreolieboringen (17314 Panama City Beach Pkwy, tel. 850-235-4101, dag. 10–16 uur).

**Panama City Beach Convention & Visitors Bureau:** P. O. Box 9473, Panama City Beach, FL 32417, tel. 850-233-5070, www. thebeachloversbeach.com.

**Edgewater Beach Resort:** 11212 Front Beach Rd., tel. 850-235-4044, www.edge waterbeachresort.com. Groot hotel met talrijke sport- en recreatiemogelijkheden. Vanaf $140.
**Bikini Beach:** 11001 Front Beach Rd., tel. 850-234-3392, www.bikinibeachresort.com. Op een steenworp afstand van het stand, Zwembad en *poolbar*. In maart is het hier een drukte van jewelste, als de studenten 'invallen'. Vanaf $80.
**Super 8 Panama City Beach:** 11004 Front Beach Rd., tel. 850-234-7334, www.super8. com. Met groot zwembad, vlak bij het strand. Vanaf $70.
**Campers Inn:** 8800 Thomas Dr., tel. 850-234-5731, www.pcbchcampersinn.com, het hele jaar door plaats voor campers en tenten; er worden ook rustieke hutten verhuurd.
**Emerald Coast RV Beach Resort:** 1957 Allison Ave., tel. 850-235-0924, www.rvresort.com, het hele jaar door geopend. Luxueuze camping met veel sportfaciliteiten; ook mooie huisjes te huur.

**Casa de Fogo:** 7715 Front Beach Rd., tel. 850-249-4554, dag. lunch en diner. Braziliaans steakhouse, vleeseters kunnen hier hun hart ophalen: lams-, rund- en varkensvlees, ook garnalen van de grill, *All you can eat*-buffet inclusief saladebuffet $21,95.
**Boar's Head:** 17290 W. Hwy 98A, tel. 850-234-6628, www.boarsheadrestaurant.com, dag.

16.30–22 uur. Vis- en vleesgerechten van de houtskoolgrill, vr., za. livemuziek in de taveerne. Vanaf $14.
**Captain Anderson's Restaurant:** 5551 N. Lagoon Dr., tel. 850-234-2225, www.captan derson.com, feb.–okt. ma.–za. 16–22 uur. Vlak aan het water, garnalen in vele variaties, kreeft, krab, visschotels en *Angussteaks*, goede wijnkaart. Vanaf $11.

Het nachtleven speelt zich voornamelijk af langs de Thomas Drive.
**Club La Vela:** 8813 Thomas Dr., tel. 850-234-3866, www.lavela.com. Naar verluidt de grootste nachtclub van Amerika met veel themazalen, eigen zwembad en strand. Populair zijn de bikini-, *wet shirt*- en *male hardbody*-wedstrijden. Voorjaar en zomer altijd za.–zo. om 13 uur. Zorg wel dat u op tijd komt!

## Santa Rosa Island

**Atlas:** blz. 25, B 2
De prachtige stranden op **Santa Rosa Island** bereikt u via een brug bij Navarre. Over een lengte van 90 km beschermt de smalle zandbank, die deel uitmaakt van de het Gulf Island National Seashore, de kust. Ter bescherming van de vegetatie heeft men op sommige plaatsen paden door de duinen naar het strand aangelegd.

Santa Rosa Island eindigt in het westen in de baai van Pensacola, die in 1822 werd uitgekozen als locatie voor een marinebasis. Om dit militaire steunpunt te beschermen tegen aanvallen vanaf de Golf, bouwde men Fort Pickens (1829–1834). In 1886 werd dit de gevangenis van de prominentste 'staatsgevangene van de VS', het legendarische Apachenopperhoofd Geronimo (Fort Pickens Rd., tel. 850-934-2635, www.pensacolasgreatest.com/Fort Pickens.html, dag. 9.30–17 uur).

# Pensacola

**Atlas:** blz. 25, A 1
Wat er aan historische resten bewaard is gebleven uit het verleden van deze nu 250.000 inwoners tellende stad, gaat terug tot de eerste

helft van de 19e eeuw. Ook toen profiteerde Pensacola al van zijn drukke haven, waar goederen en grondstoffen, vooral hout, werden overgeslagen. Een kleurrijke bevolking van indiaanse jagers, blanke kolonisten, zeelui en handelaars verleende de plaats een kosmopolitische, sfeervolle uitstraling, die u in het historische centrum nog steeds kunt proeven.

In het **Historic Pensacola Village** laten oude huizen zien hoe men in de 19e eeuw leefde. Het oudste gebouw in de stad is het **Charles Lavalle House** uit 1810, een cottage in creoolse stijl. Het classicistische **Dorr House** uit 1871 met zijn interieur in victoriaanse stijl valt op door zijn sneeuwwitte zuilengevel.

De handel en industrie van de stad in de 19e eeuw worden gedocumenteerd in het **Museum of Commerce** en het **Museum of Industry** aan de hand van oude winkels, een drukkerij en vroegere vervoermiddelen. In het **Wentworth Museum,** een representatief gebouw in neorenaissancestijl, zetelde vroeger het gemeentebestuur, voordat er historische en archeologische tentoonstellingen werden ondergebracht. In het Old Christ Church uit 1832 is het **Pensacola Historic Museum** ingericht, waar de eigendommen van vroegere welvarende kolonisten te zien zijn, van indiaanse keramiek tot kostbare voorwerpen van glas (20 Church St., tel. 850-595-5985, www.his toricpensacola. org, ma.-za. 10-16.30 uur).

## Museum of Naval Aviation
Economische tegenslagen waar Pensacola in het recentere verleden mee te kampen kreeg, wist de stad te overwinnen door zijn militaire betekenis als marinevliegbasis. Vanaf 1911 oefenden de piloten in watervliegtuigen voor hun inzet in de Eerste Wereldoorlog. Een exemplaar staat tentoongesteld in het **National Museum of Naval Aviation**, naast veel moderne militaire toestellen. In het IMAX Theatre worden boeiende films getoond over de vliegerij. Bekend tot ver over de landsgrenzen is het Naval Air Station, de thuisbasis van de Blue Angels, een legendarisch, in 1946 opgericht team van stuntvliegers (Navy Blvd., tel. 850-453-2389, www.naval.aviation.museum, dag. 9-17 uur, gratis toegang).

**Pensacola Tourist Information Center:** 1401 E. Gregory St., Pensacola, FL 32501, tel. 850-434-1234, www.visitpensacola.com.

**Ramada Inn Bayview:** 7601 Scenic Hwy, tel. 850-477-7155, www.ramada bayview .com. Groot hotel met zwembad, restaurant en pianobar. Alle kamers met balkon. Vanaf $65.
**Microtel Inn & Suites:** 8060 Lavelle Way, tel. 850-941-8902, www.microtelinn.com. Aardig hotel met een klein zwembad, ontbijt is bij de prijs inbegrepen. Vanaf $49.
**Navarre Family Campground:** 9201 Navarre Pkwy (Hwy 98), tussen Pensacola en Fort Walton Beach, tel. 850-939-2188, www.navarre beachcampground.com, het hele jaar geopend. Er worden ook rustieke hutten verhuurd.

**Skopelos on the Bay:** 670 Scenic Hwy., tel. 850-432-6565, di.-za. 17-21.30, vr. ook 11.30-14.30 uur. Steaks, zeevruchten en Griekse heerlijkheden, zoals moussaka met krabbenvlees en lamsvlees op *zucchini-linguini*. Vanaf $15.
**Scenic 90 Café:** 701 Scenic Hwy, tel. 850-433-8844, dag. ontbijt en lunch. fraai gepresenteerd, uitstekend diner, ook ideaal om te ontbijten. Vanaf $5.

# De oostkust

**Al sinds het eind van de 19e eeuw geniet Florida's Atlantische kust de reputatie van een regio die alles heeft wat men van een zonovergoten vakantieparadijs verwacht. Jaar in jaar uit leveren de horden vakantiegangers van over de hele wereld het bewijs. Kustgebieden als de Gold en de Treasure Coast en gerenommeerde steden als Palm Beach en Fort Lauderdale hebben niets van hun magische aantrekkingskracht verloren.**

Weelderige natuur en een zelfs 's winters aangename temperatuur bewogen Amerika's gegoede burgers er ruim 100 jaar geleden toe het door ijs en sneeuw geteisterde noorden de rug toe te keren om in het voorjaarsachtige Florida het koude jaargetij door te brengen. Het voorbereidende werk daartoe had een zekere Julia Tuttle verricht. Ze kwam in 1875 per postboot terecht in het toenmalige niemandsland rond Miami en nam het kloeke besluit om hier een stad te stichten. Voorwaarde was dat de regio verkeerstechnisch zou worden ontsloten. Na een koudeperiode, die meer naar het noorden veel citrusplantages had vernietigd, stuurde ze de spoorlijnbouwer Henry Morton Flagler een geurende oranjebloesem, die de industrieel klaarblijkelijk overhaalde om zijn East Coast Railway door te trekken naar Zuid-Florida.

Tegenwoordig oefent Florida's Atlantische kust met zijn witte zandstranden, smalle, voor zwemvakanties ideale barrière-eilanden, warme surfgebieden, zoals rond Cocoa Beach, en interessante stadjes nog altijd grote aantrekkingskracht uit op Amerikaanse vakantiegangers en toeristen uit de Oude Wereld. Nog net als vroeger zijn veel plaatsen aan de oostelijke kust van de Sunshine State synoniem voor zon, branding en zorgeloos leven, min of meer de Atlantische tegenhanger van de Californische Pacifische kust. In de afgelopen decennia zijn er ten noorden van Groot-Miami echter ook veel redenen bijgekomen om de oostkust te bezoeken – van het beziens-waardige Fort Lauderdale en de avontuurlijke wrakduikers aan de spreekwoordelijke schatkust tot de exclusieve miljonairsenclave Palm Beach met zijn sprookjesachtige tophotels en idyllische golfterreinen, om maar te zwijgen van bezienswaardigheden als musea en *state parks*.

Florida's zogeheten Goudkust begint in Miami een eindigt in het gerenommeerde Palm Beach. In dit kustgebied liggen steden met bekende namen als Boca Raton en Hollywood, die allang niet meer zijn weg te denken uit de brochures van de reisbureaus. Karakteristiek voor Palm Beach zijn de vele palmen, waaraan dit bolwerk van de beau monde zijn naam dankt. Ze zouden hun oorsprong te danken hebben aan een Spaans schip dat in 1878 met 20.000 kokosnoten aan boord voor de kust aan de grond liep. De kolonisten plantten de aangespoelde noten en Henry Morton Flagler was zo enthousiast over de palmenoase dat hij hier later een aantrekkelijk vakantieoord liet bouwen.

## De Goudkust

**Atlas:** blz. 32, E 4 – F 1

'Goudkust' noemen de inwoners van Miami niet onbescheiden het gebied dat van Miami tot aan Palm Beach loopt en waaraan de bekendste badplaatsen liggen. De naam heeft niet alleen betrekking op het goudkleurige zand van het strand, maar ook op de welstand van de bewoners, die vooral in de miljonairsstad Palm Beach tot uitdrukking komt. De invloedssfeer van Groot-Miami loopt ver naar het noorden door en is zelfs nog bespeurbaar in het 145.000 inwoners tellende **Hollywood**. Bij deze badplaats ligt een 8 km lang zandstrand onder palmen, waarlangs de Boardwalk voert. Dit is intussen allang geen plankenpad meer, maar een geasfalteerde promenade met veel winkels, cafés, terrassen, restaurants en sportzaken waar u fietsen of *fun cycles* voor meer personen kunt huren.

## Seminole Indian Reservation

**Atlas:** blz. 32, E 2

Aan de stadsgrens tussen Hollywood en Fort Lauderdale ligt in het achterland van de kust het reservaat van de Seminolen, dat nog niet zo lang geleden een grote metamorfose heeft doorgemaakt. Om nieuwe inkomstenbronnen aan te boren, volgden de Native Americans het voorbeeld van andere reservaten en bouwde het met meer dan 1000 speelautomaten, pokertafels en gokzalen uitgeruste **Seminole Indian Casino** en het **Seminole Hard Rock Hotel** (One Seminole Way, tel. 1-800-937-0010, www.seminolehardrock.com).

Deze twee complexen zijn gecompleteerd met **Seminole Paradise**, een winkel-, eet- en amusementscentrum met allerlei soorten zaken, tien restaurants en evenveel nachtclubs. Om bezoekers ook een idee te geven van de traditionele indiaanse leefwijzen, werd het **Seminole Okalee Indian Village** gebouwd, waar handgemaakte sieraden, indiaanse kleding, manden en houtsnijwerk zijn uitgestald. Dagelijks worden er verscheidene alligator- en slangenshows gegeven (5716 Seminole Way,, tel. 954-797-5551 www.seminole tribe.com).

## Fort Lauderdale

**Atlas:** blz. 32, E 2

Met 150.000 inwoners is **Fort Lauderdale** na Miami niet alleen de grootste stad aan de oostkust, maar ook de bezienswaardigste. Het is een van de waterrijkste steden van Florida. Waar u ook kijkt, overal ziet u kanalen, rivie-

## Onderweg met de auteur

### Nachtleven bij de indianen

Het beste amusement kunt u verwachten in het **Seminole Indian Reservation**, waar u zich kunt vermaken in het casino, de cafés en de nachtclubs van **Seminole Paradise** of in het traditionele **Seminole Okalee Indian Village** (zie blz. 437).

### Prachtige straten

Zelfs als u weinig tijd hebt, mag u zich een avondlijke wandeling op de Riverwalk in **Fort Lauderdale** niet ontzeggen (zie blz. 437).
In de miljonairsenclave **Palm Beach** moet u beslist de grandioze villa's aan de **Ocean Drive** en de winkelstraat **Worth Avenue** bekijken (zie blz. 441).

### De beste zwemstranden

De stranden van **Hollywood** en **Fort Lauderdale** lenen zich goed voor vakantiegangers die zonnebaden graag combineren met sportieve activiteiten en uitgaan (zie blz. 437). Ingetogener gaat het eraan toe aan de stranden op de barrière-eilanden van de **Treasure Coast** (zie blz. 442). Surfers komen aan hun trekken in **Cocoa Beach** (zie blz. 443).

ren, meren, baaien en havens (met heel veel jachten). De in 1838 gestichte stad maakt op het eerste gezicht een typisch Amerikaanse indruk. Dat geldt zowel voor de hoge huizen in het centrum als de oude stadswijk en de aan de oever van de New River aangelegde promenade, die zich bij avond als de verlichting brandt van een schilderachtige kant laat zien. De belangrijkste winkelstraat is de in oost-westrichting lopende Las Olas Boulevard met restaurants en speciaalzaken. Hier gaat het er na zonsondergang net zo kleurrijk en levendig aan toe als op de 'Strip', de kustweg Atlantic Boulevard (Hwy A1A). Langs deze uitgaansstraat strekt zich aan de kant van de zee kilometerslang het zandstrand van Fort Lauderdale uit. Langs de tegenovergelegen zijde ligt een hele reeks hotels, aangevuld door bars, restaurants en terrassen, waar de *frozen margarita* rijkelijk vloeit.

Een van de culturele attracties van de stad is het **Museum of Art**, waar u Europese en Amerikaanse schilderkunst uit de 19e en 20e eeuw kunt bekijken. Niet zo lang geleden schafte het museum ook een verzameling werken aan van 90 Cubaanse kunstenaars die of in de VS of in andere delen van de wereld in ballingschap leven (1 E. Las Olas Blvd., tel. 954-525-5500, www.moafl.org, dag. 11–19, di. gesloten).

De **International Swimming Hall of Fame** stelt olympische memorabilia tentoon uit meer dan 100 landen en eert vanzelfsprekend de bekendste zwemmers uit verleden en heden. Naast een museale kant bezit het complex ook een praktische, want hier trainen nog net als vroeger de deelnemers van de Amerikaanse olympische zwemploeg (1 Hall of Fame Dr., tel. 954-462-6536, www.ishof.org, dag. 9–19 uur).

**Greater Fort Lauderdale Convention & Visitor's Bureau:** 100 E. Broward Blvd., Suite 200, Fort Lauderdale, FL 33301, tel. 954-765-4466, www.sunny.org.

**Bahia Mar Beach Resort:** 801 Seabreeze Blvd., tel. 954-764-2233, fax 954-523-5424, www.bahiamarhotel.com. Hotel aan het strand, alle kamers zijn prettig ingericht en beschikken over een snelle internetverbinding, een koffiezetapparaat, een safe en een minibar. $109–199.

**Howard Johnson Ocean Edge:** 700 Fort Lauderdale Beach Blvd., tel. 954-563-2451, fax 954-564-8153, www.hojo.com. Groot hotel, enkel door een straat gescheiden van het strand, met nette kamers en een eigen restaurant. $70–125.

**Backpackers Beach Hostel:** 2115 N. Ocean Blvd., tel. 954-567-7275, fax 954-567-9697, www.fortlauderdalehostel.com. Jeugdherberg op slechts een paar meter afstand van het strand. $20.

**Chima:** 2400 E. Las Olas Blvd., tel. 954-712-0580, dag. lunch en diner. Braziliaans steakhouse, waar gaucho's uitstekende

**Uitstapje naar de Bahama's:** De eilandengroep van de Bahama's ligt maar enkele uren varen van de kust van Florida. Van de veerhaven Port Everglades zetten cruiseschepen koers naar twee bestemmingen: de hoofdstad Nassau (enkele reis 8 uur) en de stad Freeport op Grand Bahama Island (enkele reis 5 uur). Aan boord brengen een Caribische steelband en in uitgeholde ananassen geserveerde tropische drankjes u in de juiste stemming. Casino en consumpties zijn bij de prijs in begrepen (Discovery Cruise Lines, 1775 N.W. 70th Ave., Miami FL 33126, tel. 305-477-2867, www.discoverycruise.com).

grillspecialiteiten serveren. Het *All you can eat*-buffet kost $40.

**Sloppy Joe's:** 17 S. Fort Lauderdale Beach Blvd., tel. 954-522-7553, dag. lunch en diner. Strandrestaurant waar het rond zonsondergang heel druk is, *parmesan chicken* $12, *shrimps Alfredo* $15, *fish and chips* $13.

**Sukhothai:** 1930 E. Sunrise Blvd., tel. 954-764-0148, dag. lunch en diner. Een van de beste Thaise restaurants in de omgeving met voortreffelijke curry's. Vanaf $12.

**Sawgrass Mills:** 12801 W. Sunrise Blvd., Sunrise, www.simon.com, ma.–za. 10–21.30, zo. 11–20 uur. Florida's grootste winkel- en uitgaansstraat met ruim 300 speciaalzaken, restaurants en bioscopen.

**Beethoven by the Beach:** Zomers muziekfestival op het strand met het Florida Philharmonic, tel. 954-561-2997, www.floridaphilharmonic.org.

**Feesten en evenementen**

**Cajun Zydeco Crawfish Festival** (mei): Culinair feest met cajunspecialiteiten.

**Blues Festival** (nov.): Muziekfestival op de Riverwalk.

**Winterfeest** (dec.): Met boottochten op de Intracoastal Waterway.

**Boottocht:** Jungle Queen Riverboat, 801 Seabreeze Blvd./Rte AIA, Bahia Mar Yacht Basin, tel. 954-462-5596, Reserveren verplicht. Aan boord van de historisch ingerichte boot heerst tijdens de 3 uur durende tochten een Mississippisfeer.

**Vliegtuig:** Fort Lauderdale-Hollywood International Airport (FLL), www.fll.net. De luchthaven ligt 8 km van het stadscentrum verwijderd. Vanuit Nederland is hij alleen te bereiken met een overstap in bijvoorbeeld Boston of New York. Rit naar de stad 15 min. Autoverhuur, limousines, taxi's en bussen staan klaar.
**Trein:** Amtrak Terminal, 200 SW. 21st Terrace, tel. 954-587-6692, www.amtrak.com. Sneltreinen naar de Oost- en de Westkust.

# Palm Beach

**Atlas:** blz. 32, E/F 1
**Palm Beach**, gelegen op een smal eiland tussen de Atlantische Oceaan en Lake Worth, behoort tot de bekendste plaatsen aan de oostkust. Zijn reputatie van mekka voor de *rich and famous* dankt de 10.000 inwoners tellende gemeente aan de ambiance van de aan het eind 19e eeuw ontstane miljonairsenclave. Met Henry Flaglers East Coast Railway was de kustplaats gemakkelijk te bereiken, wat veel industriemagnaten en sterren uit de showbusiness vooral in de winter deden. Hier is vandaag de dag nog niets aan veranderd.

Palm Beach valt niet alleen op door zijn gegoede publiek, maar ook door zijn bezienswaardige architectuur. Voor de vele gebouwen in mediterrane stijl was Addison Mizner verantwoordelijk, die zijn energie na het einde van zijn bokscarrière ging richten op het tekenpotlood en sinds 1918 zijn in Europa opgedane ervaringen in de praktijk bracht. Al enige jaren later had de autodidact zich omhooggewerkt tot de huisarchitect van veel opdrachtgevers. Mizner kopieerde de Zuid-Europese bouwstijl en verwierf daarmee niet alleen hoog aanzien in Palm Beach, maar ook in Boca Raton.

## The Breakers

Het bekendste bouwwerk van Palm Beach is echter niet van de hand van Mizner. In 1926 opende het door het architectenduo Schultze en Weaver ontworpen **The Breakers**, een monumentaal hotelpaleis met een geweldige lobby die aan een gotische kathedraal doet denken, en meer dan 800 kamers, omgeven door zandstrand en fraai verzorgde golfterreinen. Het pal aan het strand gelegen tophotel biedt zelfs veeleisende gasten een overvloed aan luxe: 8 restaurants, 3 bars, een koffiekamer, 4 zwembaden, whirlpool, fitnessruimte en talrijke boetieks. Als u een lichaamsbehandeling wilt, kunt u zich laten verwennen in het Beach Club & Spa met een fitnesscentrum, sauna, 17 behandelingsruimten plus een massage- en schoonheidssalon (1 S. County Rd., tel. 561-655-6611, fax 561-659-8403, www.thebreakers.com, vanaf $250).

## Whitehall Mansion

Toen Mizner in 1918 naar Palm Beach kwam, stond hier ook een meesterwerk uit de lokale architectuur – het in 1901 gebouwde Whitehall Mansion, waarin het **Henry M. Flagler Museum** is ondergebracht. Het witte paleis met een façade van Dorische zuilen kostte het aanzienlijke bedrag van $ 4 miljoen, wat de spoorwegbouwer kennelijk wel een passend huwelijksgeschenk vond voor zijn derde vrouw Lily. De entreezaal is schitterend ingericht met zeven verschillende soorten marmer uit Italië en Vermont. Onder de 73 vertrekken bevindt zich een balzaal in Lodewijk XVI-stijl en een bibliotheek in de stijl van de Italiaanse renaissance. Op de bovenverdieping getuigen 16 slaapvertrekken in uiteenlopende stijlrichtingen, van de oriëntaalse tot de Engelse, dat niets te goed en te duur was voor de gasten des huizes. Naast zilver-, porselein- en schilderijenverzamelingen staat ook de *The Rambler* tentoongesteld, Flaglers luxe treinwagon met waardevol houten inlegwerk, decoratief plafond en tulpvormige kroonkandelaars (1 Whitehall Way, tel. 561-655-2833, www.flagler. org, di.–za. 10–17, zo. 12–17 uur).

## Millionairsstraten

Omdat men zelfs in Palm Beach beroemdheden maar zelden te zien krijgt, concentreert de aandacht van de meeste toeristen zich op de grandioze residenties en villa's, die zich aan **Ocean Drive** aaneenrijgen. Een waar pronkstuk is de privéclub **Mar-a-Lago**, die eigendom is van de New Yorkse bouwgigant Donald Trump. Het in 1923 in Spaans-Moorse stijl gebouwde paleis met 118 vertrekken is niet geopend voor publiek, maar wel van de straat af te bekijken (1100 S. Ocean Dr.).

Palm Beach bezit met **Worth Avenue** een fraaie winkelstraat die vaak in één adem wordt genoemd met de beroemde Rodeo Drive in Beverly Hills. Hij nodigt niet alleen uit tot etalages kijken en winkelen, maar door zijn fraaie gevels, talrijke verscholen doorgangen en binnenhoven kunt u er ook aangenaam wandelen. Naast topboetieks van Armani, Chanel, Gucci, Calvin Klein, Giorgio Armani, Hermès, Sonia Rykiel, Valentino en Louis Vuitton vindt u onder de ruim 200 zaken ook adressen waar u kunt winkelen tegen betaalbaarder prijzen.

### West Palm Beach

**Atlas:** blz. 32, E–F 1

Palm Beach is van de buurstad **West Palm Beach** gescheiden door Lake Worth. Het verschil tussen beide gemeenten is onmiskenbaar. West Palm Beach is geen toevluchtsoord van de high society, het is een 'normale' stad met grote winkelstraten, maar ook met een aanbod aan cultuur dat gezien mag worden.

De permanente collectie van het **Norton Museum of Art** bestaat uit Europese en Amerikaanse kunst uit de 19e en 20e eeuw, Chinese verzamelingen plus hedendaagse kunst en fotografie. Tot de grote Europeanen behoren Gauguin, Matisse, Miró, Monet en Picasso, terwijl op de Amerikaanse afdeling kunstenaars als als Hopper, O'Keeffe, Pollock en Sheeler vertegenwoordigd zijn (1451 S. Olive Ave., tel. 561-832-5196, www.norton. org, ma.–za. 10–17, zo. 13–17 uur).

In het **South Florida Science Museum** zijn in de Egyptische galerie kunstwerken te bewonderen uit het Egypte van voor het begin van onze jaartelling, waaronder een echte mummie, terwijl de Space Gallery tentoonstellingen van de Amerikaanse en Russische ruimtevaart, astronautenpakken en meteorieten laat zien. Een levend koraalrif in een aquarium is de leefomgeving van haaien en allerlei exotische zeebewoners, die u ook kunt aanraken in een *touch tank* (4801 Dreher Trail N., tel. 561-832-1988, www.sfsm. org, ma.–vr. 10–17, za. 10–18, zo. 12–18 uur).

**Palm Beach County Convention and Visitors Bureau:** 1555 Palm Beach Lakes Blvd., Suite 800, West Palm Beach, FL 33401, tel. 561-233-3000, fax 561-233-3009, www. palmbeachfl.com.

**Tropical Gardens:** 419 32nd St., West Palm Beach, tel. 561-841-7210, fax 561-841-7194, www.tropicalgardensbandb.com. Caribisch aandoende bed and breakfast in het hoofdgebouw en in mooie huisjes rond een turquoise zwembad. $125-165.

**Palm Beach Historic Inn:** 365 S. Country Rd., tel. 561-832-4009, fax 561-832-6255, www. palmbeachhistoricinn.com. Dit fraaie hotel uit 1921 ademt nog de sfeer van vroeger. Alle kamers zijn zeer smaakvol ingericht. Vanaf $90.

**Colony Hotel:** 155 Hammon Ave., tel. 561-655-5430, fax 561-659-8104, www.thecolonypalm beach.com. Exquis boetiekhotel met gratis internetverbinding. Vanaf $169.

**The River House:** 2373 PGA Blvd., Palm Beach Gardens, tel. 561-694-1188, zo.–do. 17-22, vr.–za. 17-22.30 uur. Restaurant aan het water met goede visgerechten en een grote wijnkeus, tonijnsteak $32, kippenborst van de mesquitehoutgrill $24, lamskoteletten $29.

**Mark's City Place:** 700 S. Rosemary Ave., West Palm Beach, tel. 561-514-0770, ma.–do. 17–23, vr.–za. 17–24, zo. tot 22.30 uur. U kunt op verscheidene verdiepingen eten of iets bij de sushibar uitzoeken, wo.-avond livejazz. Diner vanaf $19.

*Adelaarssculptuur, Royal Poinciana Way*

**Trein:** Amtrak Terminal, 201 S. Tamarind Ave., tel. 561-832-6169, www.amtrak.com. West Palm Beach ligt aan de spoorlijn tussen Miami en New York.

## De barrière-eilanden
**Atlas:** blz. 30, E 3 – F 4

Voor de kust van het vasteland liggen langgerekte, smalle barrière-eilanden, zoals North Hutchinson Island, Hutchinson Island en Jupiter Island, waarop veel *county* en *state parks* plus ongeveer 40 stranden liggen, die tot de mooiste van de VS behoren. Gaat u liever naar verlaten stranden, dan is het **St. Lucie Inlet State Park** (alleen per boot bereikbaar) aan de noordpunt van Jupiter Island meer iets voor u. Hier strekt zich een niet door bebouwing bedorven strand uit tot aan het **Hobe Sound Wildlife Refuge** verder zuidelijk. Een snorkelparadijs met ondiep water is **Bathtub Reef Park** aan het zuideinde van Hutchinson Island, waar een rif voor rustig water zorgt. **Pepper Park** op het noordelijke Hutchinson Island is een goed adres voor mensen die een hengel willen uitwerpen op de pier of graag een boot huren. Paardrijden op het strand kan in het **Frederick Douglass Memorial Park** ten zuiden van de Fort Pierce Inlet.

Aan de kust van Hobe Sound en aan Jensen Beach, maar ook op veel andere plaatsen langs de oostkust komen van half mei tot augustus dierenliefhebbers aan hun trekken. U kunt zich aansluiten bij nachtelijke rondleidingen om streng beschermde waterschildpadden te observeren bij het bouwen van een nest en het eieren leggen. Talrijke organisaties tussen Melbourne en Fort Lauderdale bieden dergelijke rondleidingen aan, vooral in juni en juli (een lijst met organisatoren kunt u vinden op: www.myfwc.com/seaturtle/Education/2006_Watches_List.htm).

Jupiter Island biedt een heel ander natuurschoon. In het **Blowing Rocks Preserve** ten noorden van Tequesta heeft de branding over een lengte van 2 km gaten in de kalkrotsen van de kust geslepen. Bij de juiste waterstand spuit binnendringend zeewater door de zogenaamde *blowholes* als geisers de lucht in (574 S. Beach Rd., Hobe Sound, dag. 9–16.30 uur).

# Treasure Coast

**Atlas:** blz. 30, E 3 – F 3–4

Treasure Coast begint bij Palm Beach en strekt zich uit naar het noorden tot aan Melbourne. De naam 'Schatkust' kreeg dit Atlantische kustgebied niet voor niets. Sinds de 16e eeuw zijn hier honderden schepen vergaan, die meestal nog met lading en al op de zeebodem liggen. Rond 1715 kwam een Spaanse vloot van elf schepen op weg van Zuid-Amerika naar Europa in een vreselijke storm terecht en zonk, waarbij meer dan 1000 mensen om het leven kwamen. De zeilschepen zouden onmetelijke rijkdommen aan goud, zilver en juwelen aan boord hebben gehad. Sinds 1988 lukt het professionele schatzoekers om de kostbaarheden deels omhoog te halen (een plattegrond met bekende scheepswrakken is op internet te vinden op: www.cr.nps.gov/nr/travel/flshipwrecks/florida map.htm).

Waardevolle schatten uit de Spaanse schepen die in 1715 schipbreuk hadden geleden, zijn uitgestald in Fort Pierce in de Treasure Room van het **St. Lucie County Historical Museum**. Het gaat hierbij om gouden en zilveren munten, aardewerk, tinnen vaatwerk en nautische voorwerpen (414 Seaway Dr., tel. 772-462-1795, www.st-lucie.lib.fl.us/museum, di.-za. 10–16, zo. 12–16 uur). **Gilbert's Bar House of Refuge** bij Stuart is de laatste van de oorspronkelijk vijf reddingsstations voor schepen in nood die in de jaren zeventig van de 19e eeuw aan de oostkust zijn gebouwd. De tentoonstellingen omvatten onder meer documenten over scheepsongelukken (301 SE. Mac Arthur Blvd., Hutchinson Island, ma.-za. 10–16, zo. 13–16 uur). De grootste verzameling schatten uit wrakken bezit het **McLarty Treasure Museum** in Vero Beach, met porselein, religieuze voorwerpen, wapens, munten, alledaagse gebruiksvoorwerpen, scheepsbellen en sieraden (13180 N. A1A, Vero Beach, tel. 772-589-2147, dag. 10–16.30 uur).

## Cocoa Beach
**Atlas:** blz. 30, E 2

Tientallen ideale surfstranden liggen er aan de oostkust van Florida. Het paradijs van de

De prachtige lobby van het luxehotel The Breakers aan het strand van Palm Beach

surfers is Cocoa Beach, waar de golven onge-hinderd door voor de kust gelegen riffen naar het strand rollen. Van de zandstrook langs de kust steekt een 250 m lange houten pier de zee in. Hier kunt u even uitblazen in het Pier Restaurant of met een verfrissend drankje aan de schaduwrijke Mai Tiki Bar gaan zitten, die op het uiterste puntje van de pier staat en per-fect uitzicht biedt op de kust.

**Cocoa Beach Area Chamber Of Com-merce:** 400 Fortenberry Rd., Merritt Is-land, FL 32952, tel. 321-454-2022, fax 321-383-0107, www.visitcocoabeach.com.

**Holiday Inn Cocoa Beach-Oceanfront:** 1300 N. Atlantic Ave., tel. 321-783-2271, fax 321-784-8878, http://hicocoabeach-ocean front.felcor.com. Groot hotel direct aan het strand met twee restaurants, twee cafateria's en talrijke mogelijkheden om te sporten. Als u de meer privacy wilt, kunt u verblijven in een van de in totaal 14 huisjes met eigen keu-ken. $120–300.

**Luna Sea B&B Motel:** 3185 N. Atlantic Ave., tel. 321-783-0500, fax 321-784-6515, www.lunasea cocoabeach.com. Rustig familiebedrijf met verwarmd zwembad, barbecuegelegenheid, veel kamers met keuken. $60–80.

**Ron Jon Surf Shop:** 4151 N. Atlantic Ave., tel. 321-799-8888, www.ronjons. com, dag. 24 uur per dag geopend. Enorm be-drijf met alles wat u nodig hebt om te surfen.

**Surfen:** Cocoa Beach Surfing School: 150 E. Columbia Ln., tel. 321-868-1980, www.cocoabeachsurfingschool.com. Privéles-sen en groepscursussen met leraren die vroe-ger tot de nationale surfploeg van de VS be-hoorden.

Amusementsparken, renbanen, aquaria, dierentuinen voor land- en zeedieren, waterparken met avontuurlijke glijbanen, filmstudio's, café-wijken, *dinner theaters*, kunstmusea, alligatorverblijven: Amerika's attractiepark nummer 1 is een doldwaze wereld waarin het maar om één ding draait: amusement tot iedere prijs.

Over de hele wereld staat het ruim 200.000 inwoners tellende Orlando bekend als een onneembare citadel van de amusementsindustrie met meer dan 110.000 hotelkamers en ca. 4500 restaurants. Ieder jaar bezoeken 40 miljoen toeristen dit deel van de Sunshine State – een stijgende tendens. Eigenlijk ligt deze vibrerende kosmos niet in Orlando, maar tussen de stad en de zuidelijke buur Kissimmee. Zo'n 150 jaar geleden lag in dit gebied enkel een afgelegen kamp voor soldaten die tegen Seminolen vochten. De aansluiting op het spoorwegnet bracht in 1880 het eerste contact met de buitenwereld. Het gebied bleef echter een door muggen geteisterd braakland, tot het Disneyconcern na geheime onderhandelingen over de grond om de prijs niet de hoogte in te drijven, in 1964 ca. 25.000 m² moerasland kocht om er een pretpark te laten verrijzen naar het voorbeeld van Disneyland in Anaheim (Californië). De bouwwerkzaamheden waren in een recordtijd afgerond en al in 1971 konden de poorten van dit grote publieksvermaakcentrum worden geopend.

Aan na-apers zou het in de daarop volgende jaren niet ontbreken. Ook andere grote bedrijven erkenden het economische potentieel van de groeiende amusementsindustrie en probeerden eveneens een stuk van de 'grote, winstgevende koek' voor zichzelf veilig te stellen. Naast belangrijke instituten als de Universal Studios, Sea World en Gatorland vestigden zich ook vele kleine parken en attracties, die op hun beurt weer winkelcentra, restaurants, musea, shows, golfterreinen, enorme parkeerterreinen en ontelbare hotels in alle prijsklassen aantrokken.

Als u bij een bezoek aan de parken een paar basisregels in acht neemt, kunt u zich lange wachttijden besparen. Zowel bij Universal (Universal Orlando Resort Multi-Day Tickets) als bij Disney (Fastpass) zijn speciale kaarten verkrijgbaar waarmee u één of twee uur vroeger het park in kunt dan de gewone bezoekers of de wachtrijen kunt omzeilen. In principe geldt: zo vroeg mogelijk bij de kassa verschijnen, omdat de bezoekersstromen tot aan de vroege middag voortdurend aanzwellen.

## Walt Disney World

De onbetwistbare marktleider in het enorme aanbod van pretparken is het uit vier zelfstandige delen bestaande, zich op een oppervlak van 50 km² uitstrekkende **Walt Disney World.** Het bestaat uit de vier themaparken Magic Kingdom, Epcot Center, Animal Kingdom en MGM Studios, de twee waterparken Typhoon Lagoon en River Country plus 31 hotels en biedt iedere dag werkgelegenheid aan meer dan 5000 medewerkers, die als Assepoester, Mickey Mouse of Goofy of in andere functies werkzaam zijn (Lake Buena Vista, tel. 407-939-6244, http://disney world.disney.go.com. Door de bank genomen openen Magic Kingdom, Epcot en de MGM Studios het hele jaar door hun poorten om 9 uur, en Animal Kingdom om 8 uur. Gasten van Disneyhotels kunnen al een uur eerder naar binnen. Bij speciale evenementen worden soms andere openingstijden gehanteerd. Bij ieder toeristenkantoor kunt u voor de juiste tijden de brochure *Disney: Times & Information* ophalen.

## Magic Kingdom

In het vooral voor kinderen geschikte **Magic Kingdom** 1 komt u via de in 19e-eeuwse stijl vormgegeven Main Street terecht in zeven verschillende 'landen', zoals Fantasyland met een kasteel van Doornroosje, Tomorrowland, over het ruimtevaarttijdperk, en Adventureland, waar gezinnen zich een weg banen door een jungle en tegen piraten 'vechten'. De kans dat u onderweg Mickey Mouse, Donald Duck, Goofy, Pluto of een van de andere Disneyfiguren tegen het lijf loopt, is in dit park het grootst. Geregeld worden er parades gehouden waarbij alle verklede acteurs samen optreden.

## EPCOT Center

Het herkenningsteken van **EPCOT Center** 2 is het Spaceship Earth in de vorm van een enorme golfbal. In dit Disneypark vindt u door hightech bestuurde attracties die de vruchten van de wetenschap, techniek en industrie als thema hebben. Een tweede deel van EPCOT, World Showcase, bestaat uit elf dorpen die elk een verschillend land vertegenwoordigen, zoals China, Frankrijk, Japan, Noorwegen, Marokko en Italië. In ieder dorp kan het land aan zijn architectuur worden herkend. De hele dag door vinden in deze dorpen karakteristieke openluchtvoorstellingen plaats, zoals optredens van artiesten uit het Rijk van het Midden of het carnaval van Venetië.

## Animal Kingdom

Sinds de opening in 1998 heeft **Animal Kingdom** 3 zich ontwikkeld tot een heel bijzondere publiekstrekker. In het 200 ha grote park leven exotische dieren in landschappen die bedrieglijk waarheidsgetrouw zijn nagemaakt, alsof u met een echte Afrikaanse savanne of een territorium van de tijger in Azië te maken hebt. Als u van Harambe Village met de Kilimanjaro Safari aan boord van een om-

### Onderweg met de auteur

### De belangrijkste parken

De klassiekers onder de amusementsparken zijn de vier grote **Disneyparken** (zie blz. 444) en de **Universal Studios** (zie blz. 448). Voor dierenliefhebbers zijn **Gatorland** en **Sea World** (zie blz. 446) aanraders.

### Voor avonturiers

Weliswaar vormen zich in het stijlzuivere Harambe Village vaak lange wachtrijen bij de avontuurlijke **Kilimanjaro Safari,** maar het wachten wordt beslist beloond.
Liefhebbers van avonturenfilms zullen zich bij de professioneel gemaakte **Indiana Jones Stunt Show** in de Disney-MGM Studios bepaalde filmscènes herinneren (zie blz. 445).

### Voor ondernemende zielen

Aan de **Universal City Walk** rijgen zich de muziekclubs en restaurants aaneen, waaronder ook het **Bob Marley Restaurant** met 's avonds reggae en een vestiging van **Pat O'Brien's** in New Orleans (zie blz. 448).

gebouwde vrachtwagen over gammele bruggen en uitgereden paden langs leeuwen en giraffen rijdt, waant u zich onwillekeurig in een Oost-Afrikaans beschermd natuurgebied. In een fantastisch landschap leven gorilla's, die op de Pangani Forest Exploration Trail te zien zijn. In het Aziatische deel van het park voert de Maharaja Jungle Trek langs half vervallen tempels, waar u tussen de schilderachtige ruïnes tijgers kunt bespieden.

## Disney-MGM Studios

De **Disney-MGM Studios** 4 gunnen u een kijkje achter de schermen van een film- en televisieproductie. In de stijl van Steven Spielberg valt er volop actie te beleven in de *Indiana Jones Stunt Show* met gevechtsscènes en explosies, terwijl bezoekers op de set van *Star Wars* het gevoel krijgen met de snelheid van het licht door de ruimte te razen. Uw zenuwen worden nog meer op de proef gesteld in *Twilight zone tower of terror*. Wie een echt adrenalineshot nodig heeft, kan zich in de donkere hoteltoren per lift met adembenemende snelheid naar boven laten katapulteren, waarna de lift in het pikdonker met een telkens wisselende angstaanjagende vaart in een bodemloze diepte lijkt te storten. Het werkelijke filmbedrijf wordt nog het meest benaderd in de productiestudio's van tekenfilms, waar u originele schetsen kunt zien en tekenaars aan het werk zijn.

## Kleine parken

Al jaren voordat het Disneyconcern zich in Orlando vestigde, lag daar het park **Cypress Gardens** 5, een kruising tussen een botanische tuin en een locatie voor acrobatische waterskishows. Enkele jaren geleden moest het park worden gesloten, omdat het aantal bezoekers steeds verder terugliep. Een verbouwing bracht redding. Het park werd uitgebreid met talrijke achtbanen en soortgelijke attracties, die ook in de andere pretparken publiek trekken. Gebleven zijn echter de rond de oever van een meer gelegen prachtige tuinen, waar mooie dames in zuidelijke klederdracht zich op de foto laten zetten (6000 Cypress Gardens Blvd., Winter Haven, tel. 863-324-2111, http://cypressgardens. com, wisselende openingstijden, meestal 10–16 uur).

In **Gatorland** 6 ziet u babyalligators ronddartelen, maar ook angstaanjagende volwassen exemplaren. Natuurlijk kan ook deze attractie niet zonder shows, zoals gevechten met alligators bewijzen. Het meeste publiek trekt het moment dat de roofdieren worden gevoerd en de oppassers kruiwagenladingen vis en vlees aan de gulzige reptielen uitdelen. U kunt een beetje van het 'Crocodile Dundee-gevoel' opsnuiven, als u zich inschrijft voor het programma *Trainer for a day*, dat in werkelijkheid maar twee uur duurt (14501 S. Orange Blossom Trail, tel. 1-800-393-5197, www.gatorland.com, dag. 9–18 uur).

Naast hightechinstituten en filmdecors gelden in het amusementsimperium van Orlando vooral exotische dieren en zeebewoners

als bijzondere trekpleisters. Een fascinerende zeedierentuin is **Sea World** 7 met een walvis- en dolfijnstation, een arctisch onderzoeksstation, verblijven voor pinguïns, zeeleeuwen en otters en een enorm bassin voor de hoofdattractie – Shamu, de orka. Naast de aparte dierenpresentaties zijn er ook verschillende speciale programma's, zoals *Animal Care Experience*, waarbij u een dag lang onder deskundige begeleiding bijvoorbeeld verweesde zeehondenjongen, zeeleeuwen of walrussen verzorgt. Het programma *Dine with Shamu* combineert een copieuze maaltijd aan een zeevruchtenbuffet met een leerzaam optreden van een orkatrainer die wetenswaardigheden over het enorme zeezoogdier kan vertellen (7007 Sea World Dr., tel. 407-

Orlandos City Walk is het amusementscentrum van de Universal Studios

351-3600, www.sea world.com, dag. vanaf 9 uur, sluitingstijden variëren).

## International Drive

Buiten de amusementsparken speelt het leven zich vooral af rond de **International Drive** 8, die parallel loopt aan de Interstate 4. Deze weg wordt gedomineerd door hotels, winkels, ontelbare restaurants en attracties, die vooral na sluitingstijd van de parken voor veel levendigheid zorgen.

De tentoonstelling *Titanic – ship of dreams* bezit ook ruim 200 originele voorwerpen uit de Titanic en veel memorabilia uit films die over de waarschijnlijk beroemdste schipbreuk ter wereld zijn gemaakt (Mercado, 8445 International Dr., tel. 407-248-1166, www.titanic shipofdreams.com, dag. 9–210 uur).

U zult raar staan te kijken als u op de International Drive **Wonderworks** passeert. Het bouwwerk ziet eruit alsof het op zijn kop staat. Binnen kunt u een aardbeving met een kracht van 5,3 op de Schaal van Richter aan den lijve ondervinden. Bovendien vindt u er allerlei interactieve hightechinstallaties, waarmee bezoekers kunnen experimenteren (9067 International Dr., tel. 407-351-8800, www.wonder worksonline.com, dag. 9–24 uur).

# Orlando

## Bezienswaardigheden

1. Magic Kingdom
2. EPCOT Center
3. Animal Kingdom
4. Disney-MGM Studios
5. Cypress Gardens
6. Gatorland
7. Sea World
8. International Drive
9. Universal Studios
10. Islands of Adventure

## Accommodatie

1. Royal Pacific Resort
2. Staybridge Suites
3. Four Points Hotel Lakeside
4. Red Roof Inn
5. Disney's Fort Wilderness Resort

## Eten en drinken

6. Emeril's
7. Roy's
8. Romano's Macaroni Grill
9. Ponderosa Steakhouse

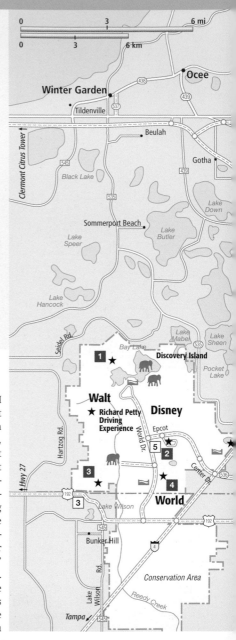

# Universal Studios

De grootste concurrent van de Disney-MGM Studios zijn de **Universal Studios** 9, waar het eveneens draait om decors en ensceneringen van films als *Jurassic Park*, *Back to the future*, *Jaws*, *E.T.* en *Men in black*. De ingang van het park is meteen al heel bijzonder. Een uiterst futuristisch aandoend netwerk van roltrappen en personentransportbanden vervoert bezoekers van de parkeergarage naar de ingang van de zogeheten CityWalk, waar uitstekende restaurants, bars, nachtclubs en winkels gevestigd zijn en het grootste hardrockcafé ter wereld gasten onthaalt. Via deze 'voorstad' komt u terecht bij het eigenlijke themapark. U kunt in het nagebouwde Manhattan van de jaren twintig bij een kraampje naar de Blues Brothers luisteren, slenteren door een kopie van Fisherman's Wharf in San Francisco of u

Stuntshow bij *Indiana Jones* in de Disney MGM Studios in Orlando

door een orkaan eens flink door elkaar laten schudden op de set van de rampenthriller *Twister*. Natuurlijk ontkomen de Universal Studios ook niet aan zenuwprikkelende *rides*. Bij de show *Fear Factor Live* kunnen toeschouwers meespelen en hun moed testen.

## Islands of Adventure

Bij de Universal Studios horen ook de **Islands of Adventure** 10. Hier mogen bezoekers in huiveringwekkende hightechachtbanen testen, zoals *Amazing Adventures of Spider-Man*, *The Incredible Hulk* en de *Dueling Dragons*, hoeveel hun maag kan verdragen. Een van de indrukwekkendste belevenissen is de simulatie van een aardbeving met de kracht van 8,6 op de Schaal van Richter in een metrostation in San Francisco – compleet met binnendringend water, plafonddragers die het begeven en brandende tankauto's (1000 Universal Studios Plaza, tel. 407-363-8000, www.universalorlando.com, dag. vanaf 9 uur).

**i Orlando/Orange County Convention & Visitors Bureau:** 8723 International Dr., Orlando, FL 32819, tel. 407-363-5872, www.orlandoinfo.com; www.go2orlando.com, in het Mercado Mediterranean Shopping Village. Hier haalt u de *Magicard*, waarmee u korting krijgt in hotels en winkels.

**Royal Pacific Resort** 1 **:** 6300 Hollywood Way, tel. 407-503-3000, www.lewshotels.com/hotels/orlando. Mooi, exotisch uitziend complex met een schitterend comfortabel zwembad, een kuurcentrum, en het uitstekende restaurant Emeril. In de buurt van de Universal Studios, zeer handig is het bootvervoer als u 's avonds iets wilt gaan drinken op de Universal City Walk. Vanaf $200.

**Staybridge Suites** 2 **:** 8480 International Dr., tel. 407-352-2400, fax 407-352-4631, www.staybridgesuites.orlando.ichotelsgroup.com. Ideaal voor gezinnen, mooi zwembad, wasautomaten, suites met twee kamers, twee badkamers en een keuken. Vanaf $180.

**Four Points Hotel Lakeside** 3 **:** Kissimmee, 7769 W. Irlo Bronson Memorial Hwy, tel. 407-396-2222, www.bestwestern.com. 651 goed geoutilleerde kamers in de buurt van Disney World met 5 zwembaden, speeltuin, midgetgolf en pendelbussen naar Disney World, de Universal Studios en Sea World. Vanaf $59.

**Red Roof Inn** 4 **:** 5621 Major Blvd., tel. 407-313-3100, www.redroofinn.com. Fatsoenlijk keten-

## Tip:
## Disneyprijzen

Diep inademen! U moet uzelf iets gunnen. Wie dit devies ter harte neemt, is wellicht opgewassen tegen de gepeperde toegangsprijzen van de verschillende Disneyparken. Op www.tickets.disney.go.com krijgt u een voorproefje. Ergerlijk is wel de verwarrende prijsvorming, die dwingt tot een lange studie van de 'Magic Your Way'-kaartjes.

Een dagkaart voor een van de parken kost $71 voor volwassenen. Kinderen tussen 3 en 9 jaar betalen $60. Vanaf 10 jaar (!) betalen kinderen als volwassenen. Extra dagen zijn relatief goedkoper. Voor vier dagen toegang tot een park betaalt een gezin met één kind tussen 3 en 9 in totaal $602. Voor dit bedrag mag echter niet van park worden gewisseld. Wil dit gezin 'pendelen' dan moet er extra worden betaald voor de optie *parkhopper*: een dag komt voor volwassenen op $116, voor kinderen op $105. Dat betekent dat vier dagen dit gezin $737 kost. Aangezien de parken behoorlijk vermoeiend zijn, loont het een ticket voor 7 dagen te kopen, omdat dit toch amper duurder is. Inclusief de parkhopperoptie betaalt het gezin dan $673,09. Waterparken kunt u gelijk meeboeken. Voor 7 dagen parktoegang, meerprijs parkhopper en toegang tot een waterpark betaalt hetzelfde gezin $905.

het **Magic Your Way Package** behelst parktoegang (aantal dagen naar keuze), overnachting en transfer van het vliegveld. Bovendien mogen hotelgasten een uur vroeger in één van de parken (welk park wisselt per dag) of langer blijven. Disney World biedt diverse totaalpaketten met toegang, parkhopperoptie en accommodatie tussen ca. $1350 en $3000 voor 6 overnachtingen en 7 dagen parktoegang voor twee volwassenen en een kind. Ook wie met de tent of camper komt, kan een package boeken. Alle combinatiekaartjes zijn online uit te rekenen op www.disneyworld.disney.go.com/wdw/index.

motel met standaardkamers vlak bij de Universal Studios. Vanaf $50.

**Disney's Fort Wilderness Resort** 5 : Walt Disney World Resort, Lake Buena Vista, tel. 407-934-7639, www.disneyworld.disney. go.com, gehele jaar geopend. Zeer goed uitgerust kampeerterrein, ook voor tenten, *cabins* met keuken; in de buurt de Tri-Circle-D Ranch, waar kinderen op pony's kunnen rijden.

🍴 **Emeril's** 6 : 6000 Universal Blvd., tel. 504-525-4937, www.emerils.com, zo.-do. 17.30-22, vr. tot 23 uur. Restaurant van de bekende Emeril Lagasse. Specialiteiten uit Louisiana, zoals kip met zwarte bonen of avocadotaart. Vanaf $30.

**Roy's** 7 : 7760 W. Sand Lake Rd., tel. 407-352-4844, www.roysrestaurant.com, dag. lunch en diner. Kunstig opgemaakte gerechten uit Hawaï, vooral vis, schaal- en schelpdieren. Vanaf $17, menu $33.

**Romano's Macaroni Grill** 8 : Kissimmee, 5320 W. Irlo Bronson Memorial Hwy, tel. 407-396-6155. Gezellige sfeer bij pizza en pasta. Vanaf $10.

**Ponderosa Steakhouse** 9 : 6362 International Dr., tel. 407-352-9343, ontbijt, lunch en diner. Steaks, kip, *seafood*. Hoofdgerecht vanaf $10. Talrijke **dinnershows** bieden tijdens het eten een wervelend optreden. De capriolen tijdens de Pirates Dinner Show (6400 Carrier Dr., www.piratesdinneradventure.com) zijn van vermetele vrijbuiters, bij de Arabian Nights (6225 W. Irlo Bronson Hwy, tel. 407-239-9223, www.arabian-nights.com) gaat het om een oosters sprookje met een ruitershow. Sleuths Mystery Dinner Show (7508 Universal Blvd., tel. 407-363-1985, www.sleuths.com) onderhoudt met een detective op het podium, bij Medieval Times staan middeleeuwse toernooien centraal (4510 W. Irlo Bronson Hwy, tel. 407-396-1518, www.adventuresinflorida.net/Medi

evalTimes.htm) en bij Dolly Parton's Dixie Stampede Dinner and Show (8251 Vineland Ave., tel. 407-238-4455, $47, www.dixiestampede.com) draait alles om het Wilde Westen (voor de meeste shows betaalt u $40–50).

**Belz Festival Bay Mall:** 5250 International Dr., www.belz.com, ma.–zo. 10–21, zo. 12–19 uur. Aantrekkelijke combinatie van winkels, restaurants, 20 bioscopen en een indoorskatebaan. In het winkelcentrum zit:

**Ron Jon's Surf Shop:** tel. 407-481-2555, www.ronjons.com, ma.–za. 9–22, zo. 10–21 uur. Surfers vinden hier alles voor hun sport en kunnen ter plaatse hun nieuwe plank testen in een van de drie golfbaden.

**Florida Mall:** 8001 S. Orange Blossom Trail, www.simon.com, ma.–za. 10–21, zo. 12–18 uur. Wel een aanslag op uw vakantieportemonnee: Dillard's, JCPenney, Lord & Taylor, Macy's, Nordstrom, Saks Fifth Avenue, Sears en nog 250 winkels, restaurants en een eigen hotel.

**Mall at Millenia:** 4200 Conroy Rd., www.mallatmillenia.com, ma.–za. 10–21, zo. 12–19 uur. Alles wat uw hartje begeert: Cartier, Gucci, Chanel, Burberry, Louis Vuitton, Zara, Lacoste, Tiffany & Co, plus Bloomingdale en Macy's.

**Universal City Walk:** Voor de Universal Studios, www.citywalk.com, dag. 11–2 uur. Aantrekkelijke uitgaanswijk met restaurants, bioscopen, clubs en cafés, veel tafeltjes buiten. Vooral in het weekend heel druk. De City Walk Party Pass geeft voor $10,60 toegang tot alle muziekclubs.

**Downtown Disney met Pleasure Island:** Buena Vista Dr., dag. tot 2 uur. De tegenhanger van de City Walk, met de grootste Disneywinkel ter wereld, restaurants, clubs en de grote show van Cirque du Soleil La Nouba.

**Orlando Centroplex:** 600 W. Amelia Street, tel. 407-849-2001, www.orlandocentroplex.com. Groot complex voor sportieve en culturele evenementen.

**Recreatie- en cultuurpark:** Loch Haven Cultural Park, N. Mills Ave., tel. 407-896-4231. 'Cultuurstraat' van Orlando op een groot recreatieterrein met drie vijvers, plantsoenen en het Shakespeare Theater.

**Vliegtuig:** Orlando International Airport, tel. 407-585-4000, www.orlandosanfordairport.com. Vanaf Schiphol vliegen verschillende maatschappijen op Orlando. Vanaf de luchthaven vertrekken Lynxbussen naar Downtown (bus 11 en 51) en International Drive (bus 42). Alle grote autoverhuur-

bedrijven hebben vestigingen op de luchthaven.

**Trein:** Amtrak Terminal, 1400 Sligh Blvd., tel. 1-800-872-7245, www.amtrak.com. Treinen van en naar Miami en andere delen van het land.

**Bus:** Greyhound Lines Terminal, 555 N. John Young Parkway, tel. 407-292-3424, www.greyhound.com. De bussen rijden in alle richtingen.

**Lokaal openbaar vervoer:** Bussen van I-Ride Trolleys rijden om het kwartier langs alle 54 haltes aan International Drive. Deze zijn her-

kenbaar aan het bordje I-RIDE (enkele reis $1, kinderen tot 12 jaar gratis, dagkaart $3, www.iridetrolley.com, dag. 8-22.30 uur).

**Lynxbussen:** www.golynx.com. De bussen rijden in de agglomeratie Groot-Orlando. De haltes zijn herkenbaar aan de pootafdruk van een lynx, voor een enkele reis betaalt u $1,50, voor een dagkaart $3,50, dag. 6-24 uur.

In Seaworld's haaientunnel waant u zich op de bodem van de zee

Aan Cape Canaveral, vanwege het Kennedy Space Center ook wel Space Coast ('Ruimtekust') genoemd, domineert de hightechindustrie. De rest van het noordoosten is afgezien van de metropool Jacksonville, een combinatie van slaperige stadjes en historische plaatsen, die deze streek de bijnaam 'Eerste Kust' hebben opgeleverd.

Tot na de Tweede Wereldoorlog waren de Atlantische eilanden bij Titusville een wereld van riet, zand en waterwegen. Maar spoedig daarna koos de NASA het geïsoleerde kustgebied uit als standplaats voor zijn ruimtevaartprogramma. John Glenn was op 20 februari 1962 de eerste Amerikaan in de ruimte en in het kader van het Apolloprogramma zette Neil Armstrong op 21 juli 1969 de eerste stap op de maan. Tot 1972 volgden nog zes maanlandingen. Eind jaren zeventig begon met de ontwikkeling van de Space Shuttle en diens eerste succesvolle vluchten een nieuw tijdperk. De donkerste uren beleefde de NASA in 1986 met de ontploffing van het ruimteveer Challenger, waarbij de zeven bemanningsleden de dood vonden, en in 2003, toen de Columbia bij het binnendringen van de atmosfeer met eveneens zeven astronauten aan boord in vlammen opging.

Het noordoosten van Florida is echter niet alleen bekend geworden als reisdoel voor ruimtevaartliefhebbers, maar is ook een zwaargewicht wat betreft landschappelijk schoon, boeiende steden, interessante bezienswaardigheden en andere recreatiemogelijkheden. Zo is Daytona Beach sinds jaar en dag een centrum van strandtoerisme. Het brede, vlakke zandstrand daar functioneert tegelijk als strandweg, waarover auto's en motoren af en aan rijden.

Geen stad in Florida weet zich met zo'n onmiskenbaar Spaanse flair te presenteren als St. Augustine. Wat heden een toeristische bestemming is, werd in 1565 gesticht door zeelieden en immigranten uit het Iberische Schiereiland en gaat er prat op de oudste stad van de VS te zijn. Hoe verder u langs de First Coast naar het noorden rijdt, des te rustiger wordt voorbij de grote stad Jacksonville het landschap met de geïsoleerde Talbot Islands en Amelia Island, bijna aan de grens met Georgia. Het grootste stadje van laatstgenoemd eiland is Fernandina Beach, een idyllische provincieplaats, die zich koestert in de weerschijn van de 19e eeuw en van filosoferen zijn handelsmerk gemaakt lijkt te hebben.

## 15 Kennedy Space Center

**Atlas:** blz. 30, E1

Miljoenen kijklustigen brengen jaar in jaar uit een bezoek aan de lanceerbasis Kennedy Space Center. Al jaren vertrekken de ruimteshuttles van de VS vanaf deze plek naar hun missie in de omloopbaan van de aarde, en ook de Apollovluchten, die hun hoogtepunt vonden in de landingen op de maan, werden hier voorbereid en begeleid. Het **Kennedy Space Center** vormt in zekere zin de toegangshal tot het uitgestrekte terrein van de NASA op Cape Canaveral. Buiten is een 'rakettuin' met hemelhoge draagraketten opgebouwd. Bovendien is er een grote Saturnusraket te zien, die bij de Apollovluchten is ingezet. Regelmatig zijn er astronauten aanwezig op het terrein, aan wie het publiek vragen kan stellen. Ook kunt u deelnemen aan het programma Lunch with an Astronaut, waarbij de betreffende astronaut na het middagmaal vertelt over zijn of haar ervaringen in de ruimte. Een heel bijzondere belevenis zijn de verschillende 3D-films, die deels zijn opgenomen door astronauten en die op de reusachtige schermen van de twee IMAX-theaters worden vertoond.

De beste indruk van de bezigheden van de NASA krijgt u tijdens een NASA Up-Close Tour per bus over het terrein. Er wordt onder andere gestopt bij het Apollo/Saturn V Center, waar een 110 m lange draagraket staat, bij de Observation Gantry in de buurt van een Space Shuttlebaan en bij het International Space Station Center. Daar wordt u alles verteld over de bouw en het reilen en zeilen van het internationale ruimtestation ISS, dat de NASA in samenwerking met organisaties in Europa, Canada, Japan en Rusland verwezenlijkt.

Een andere rondleiding door het centrum draagt de naam Cape Canaveral: Then & Now. Deze combineert de Kennedy Space Center Tour met een uitstapje naar de voormalige startplatform van de Mercury-, Gemini- en Apolloprojecten.

## U.S. Astronaut Hall of Fame

Ten westen van het Kennedy Space Center ligt de **Astronaut Hall of Fame**, met wereldwijd de grootste verzameling originele voorwerpen uit de uitrusting van astronauten, ruimtecapsules van Mercury-, Gemini- en Apolloraketten en interactieve installaties, waarbij u zich kunt losmaken van de zwaartekracht, net als bij een wandeling op de maan, of zelf in een simulator een vier keer zo sterke zwaartekracht kunt voelen (6225 Vectorspace Blvd., tel. 321-449-4444, dag. 10–18.30 uur).

**i** **Kennedy Space Center:** 11 mijl ten oosten van de I-95 aan de SR 405, tel. 321-449-4444, www.nasa.gov/centers/kennedy, dag. 9–17.30 uur. Bij shuttlelanceringen is het bezoekerscentrum gesloten. Informatie over komende lanceringen vindt u op internet op: www.kennedyspacecenter.com/launches/scheduleStatus.asp.

### Reis door de tijd
Afgezien van de amusementsparken bij Orlando, behoort de Lanceerbasis **Kennedy Space Center** tot de populairste attracties in het noorden van Florida (zie blz. 454).
Een wandeling door het historische centrum van **St. Augustine** wekt juist herinneringen aan een lang verdwenen Florida (zie blz. 457).

### Bijzondere ervaring
Het vlakke strand in **Daytona Beach** is in zomerweekeinden het speelterrein van auto's en motoren. Van de Main Street Pier kunt u het gedoe, dat u toch eens gezien moet hebben, bekijken als vanuit een schouwburgloge (zie blz. 455).

### Strandpret
Wie van de mooie stranden in het **Fort Clinch State Park** op **Amelia Island** wil genieten, moet eraan denken dat de watertemperatuur hier veel lager is dan in het zuiden van Florida, maar om te zonnebaden voldoen de stranden prima (zie blz. 461).

**Holiday Inn Merritt Island:** 260 E. Merritt Island Cswy, tel. 407-452-7711, fax 407-452-9462. Geen enkel hotel ligt dichter bij het Kennedy Space Center. $80–200.

**Best Western Space Shuttle Inn:** 3455 Cheney Hwy/Rte 50, Titusville, tel. 321-269-9100, fax 321-383-4674, www.bestwestern.com. Goed geoutilleerd hotel met ruime kamers en verschillende sportvoorzieningen. Ontbijt inbegrepen. $70–90.

# Daytona Beach

**Atlas:** blz. 28, F4
Het zandstrand van Daytona Beach scheidt de Atlantische Oceaan van een stadsdecor dat uit hotels, motels en appartementenblokken bestaat. Wat dat betreft onderscheidt deze badplaats zich niet van andere. Wat Daytona

Grote raketten in het Apollo/Saturn V Center op het terrein van de NASA

Beach bijzonder maakt, is de nauwe band met het liefste 'speelgoed' van de Amerikaan: de heilige koe.

Al aan het begin van de 19e eeuw denderden in het naburige Ormond Beach racewagens over het strand. Het enthousiasme van de inwoners en bezoekers van Daytona Beach haakt aan bij deze voorgeschiedenis. Jaarlijks treffen zij elkaar dan ook bij verschillende evenementen op de Daytona International Speedway.

Ook tijdens gewone weekeinden demonstreren auto- en motorbezitters hun liefde voor paardenkrachten. Wie zichzelf respecteert, koopt bij een huisje voor $5 een bewijs om met zijn voertuig over het strand heen en weer te mogen rijden of er te mogen parkeren op een stranddag. In zomerweekends verandert de rand van de oceaan in een catwalk der ijdelheden. Draagsters van minuscule bikini's patrouilleren in gezelschap van gebruinde bodybuilders in open sportwagens. Tieners loodsen op zoek naar het andere geslacht hun strandbuggy's door de mensenmassa, die zich

tussen de geparkeerde auto's en motoren in het zand ophoudt. De beste schouwplaats om de interessante chaos gade te slaan, is de 400 m in zee uitstekende **Main Street Pier**, waarover u zich kunt laten vervoeren per kabelbaan.

## Motorsport

Normaal gesproken begint het raceseizoen met de 16-daagse Speedweeks in februari, waarbij ook de beroemde Daytona 500 wordt verreden, gevolgd door een Bike Week met tientallen evenementen in maart. De serie evenementen gaat door tot december, waarna een korte winterstop wordt gehouden.

## Daytona International Speedway

De racebaan, die dateert uit 1959, bestaat uit een 4 km lang ovaal circuit, dat wordt geflankeerd door hoge zijwanden. Als eerste race werd op 22 februari 1959 voor een publiek van ruim 41.000 man de eerste Daytona 500 verreden, die tot op vandaag de populairste wedstrijd is gebleven en elk jaar wel 150.000 toeschouwers trekt (1801 W. International Speedway Blvd., tel. 386-947-6800, www.daytonainternationalspeedway.com).

## Daytona USA

Een deel van het circuit wordt gevormd door **Daytona 500 Experience**, een tentoonstelling die een goed overzicht geeft van de geschiedenis van de lokale motorsport en daarbij uiteraard ook de beste coureurs presenteert. Afgezien van afgeragde stockcars, zijn er motorcrossfietsen, racemotoren, sportwagens en kartwagens te zien. Een rondleiding van een halfuur in een open trolley brengt u op de racebaan en maakt de deelnemers vertrouwd met allerlei bijzonderheden (1801 W. International Speedway Blvd., tel. 386-947-6800, www.daytona500experience.com, dag. 9–19 uur).

**Daytona Beach Area Convention & Visitors Bureau:** 126 E. Orange Ave., Daytona Beach, FL 32114, tel. 386-255-0981, fax 386-255-5478, www.daytonabeach.com.

**The Villa:** 801 N. Peninsula Dr., tel./fax 386-248-2020, geen website. Keurige boerderij in Spaanse stijl met vier kamers voor niet-rokers. $125–250.

**Lilian Place B & B:** 111 Silver Beach Ave., tel. 386-323-9913, www.lilianplace.com. Deze charmante, 19e-eeuwse bed and breakfast inspireerde de schrijver Stephen Crane (1871–1900) tot zijn korte verhaal *The open boat*, alle kamers met airconditioning en eigen bad. Vanaf $100.

**Travelodge Ocean Jewels Resort:** 935 S. Atlantic Ave., tel. 386-252-2581, fax 386-257-3608, www.oceanjewelsresort.com. Ruim honderd kamers met kleine keuken, suites van 1 of 2 kamers, buitenbad, fitnessstudio. $60–100.

**Daytona Beach Campground:** 4601 S. Clyde Morris Blvd., tel. 386-761-2663. Camping met verwarmd zwembad en supermarkt.

**Harris Village and RV Park:** 1080 N. US 1, Ormond Beach, tel. 386-673-0494, fax 386-672-5716, www.harrisvillage.com. Kampeerterrein alleen voor volwassenen met alle voorzieningen.

**Riccardo's Italian Restaurant:** 610 Glenview Blvd., tel. 386-253-3035, dag. diner vanaf 17 uur. Heerlijkheden naar Italiaans recept. $10–20.

**Hungarian Village Restaurant:** 424 S. Ridgewood Ave., tel. 386-226-0115, di.–za. diner, zo.–ma. gesloten. Hongaarse specialiteiten van lamsvlees, varkensvlees of eend. $10–18.

Verschillende gelegenheden in de Main St. en omgeving, zoals:

**Froggy's Saloon:** 800 Main St., tel. 386-254-8808, www.froggyssaloon.com, ma.–di. 11–19, do.–za. 19–3 uur. Het plafond is met vastgeplakte bankbiljetten in een dollarhemel veranderd.

**Love Bar:** 116 N. Beach St., tel. 386-252-7600, geopend di.–za. 15–3 uur. Vooral vrijdag en zaterdag slaat de stemming door, als de gasten heen en weer lopen tussen de bar en de dansvloer van de **Groove Dance Bar** ernaast, dansen vanaf 22 uur.

**Boot Hill Saloon:** 301 Main St., tel. 386-258-9506. Het rustieke café is een trefpunt voor verstokte bikers, vaak levende muziek.

# St. Augustine

**Atlas:** blz. 28, E2–3

Met nog geen 12.000 inwoners is St. Augustine een klein stadje, maar in historisch en toeristisch opzicht is het een zwaargewicht, als oudste niet-indiaanse plaats op het grondgebied van de VS. De Spanjaard Pedro Menendez de Aviles stichtte de stad in 1565, 42 jaar voor Engelse kolonisten in Jamestown aan land gingen. Smalle straten, huizen in Spaanse stijl met schilderachtige binnenplaatsen, sierlijke balkons en smeedijzeren tralies verlenen het stadje een mediterrane sfeer. Daaraan draagt ook de opmerkelijke Bridge of Lions bij, die tussen het centrum en Anastasia Island over de Matanzas River ligt. Het middeldeel van de brug garandeert als ophaalbrug een vrije doorvaart.

## Historische plaatsen

De strategisch gunstige ligging aan de 'poort' van Florida maakte van St. Augustine eeuwenlang een felbevochten bastion. Om het te beschermen werd in 1672 het **Castillo de San Marcos** gebouwd, het oudste ommuurde verdedigingscomplex van de VS. Het bouwmateriaal was relatief zwakke schelpkalk *(coquina* of *tabby* genaamd), dat zich bij beschietingen uitstekend bleek te houden, aangezien het niet verbrijzelde, maar meegaf en kanonskogels, zoals ooggetuigen vertelden, 'als een slappe kaas' opving.

Tegenwoordig valt het middeleeuws aandoende complex met zijn decoratieve hoektorens onder de nationale parken. De laatste militaire functie van het kasteel, voordat het werd bestormd door toeristen, was in de 19e eeuw. Toen fungeerde het als gevangenis voor Seminolen die zich verzetten tegen deportatie naar Oklahoma. Onder de gevangenen bevond zich ook opperhoofd Osceola, die in 1837 als eerste wist te ontsnappen uit de gevangenis die tot dan toe als volkomen veilig werd beschouwd (1 Castillo Dr., tel. 904-829-6506, www.nps.gov/casa, dag. 9–17 uur).

De voetgangerszone St. George Street loopt dwars door het historische centrum en wordt niet alleen omzoomd door de onvermijdelijke souvenirwinkels en snackbars, maar ook door de oudste gebouwen van de stad. Een daarvan is het **Oldest Wooden Schoolhouse**, waarschijnlijk midden 18e eeuw opgetrokken uit cipressen- en cederhout. Hier kunt u zien hoe een schooldag er de afgelopen 200 jaar uitzag (14 St. George St., tel. 904-824-0192, www.oldest woodenschoolhouse. com, dag. 9–17 uur).

Talrijke gerestaureerde dan wel herbouwde huizen uit de Spaans-koloniale tijd van voor 1763 vormen de **Spanish Quarter**. Passend verklede ambachtslieden, huisvrouwen, dienstmeisjes en soldaten verbeelden het dagelijks leven in de 18e eeuw (29 St. George St., tel. 904-825-6830, www.historicstaugustine .com, dag. 9–17.30 uur).

Het oudste civiele gebouw van de stad is het **Gonzalez-Alvarez House** uit het begin van de 18e eeuw. Oorspronkelijk was dit een huis zonder verdiepingen, maar later is er een verdieping van hout aan toegevoegd. In de kamers is een klein museum over de stadsgeschiedenis ingericht (14 St. Francis St., tel. 904-824-2872, www.oldesthouse.org, dag. 9–17 uur).

De Spaanse wijk is een van de oudste Europese nederzettingen in de VS

## Flaglers nalatenschap

Een klein park met een fontein scheidt het voormalige, door spoorwegmagnaat Henry M. Flagler (1830–1913) gebouwde Alcazar Hotel van de King Street. In het Andalusisch-oosterse gebouw is sinds 1948 het **Lightner Museum** gevestigd, dat antiek, een verzameling mechanische muziekinstrumenten, een 19e-eeuws dorp en een collectie Tiffanyglas toont (75 King St., tel. 904-824-2874, www.lightner museum.org, dag. 9–17 uur).

Als monument van een jonger verleden trekt in het centrum het **Flagler College** de aandacht. De gebouwen met rode pannendaken, vierkante torens, een binnenplaats met palmen, een fontein en veel terracotta werd in 1888 geopend als Hotel Ponce de Léon. In 1968 werd het luxehotel omgetoverd tot school. Bezoekers kunnen een kijkje nemen in de rotonde, de ronde entreehal met mozaïekvloer en pilaren van houtsnijwerk, die twee naar boven toe smaller wordende balkons dragen, waarboven een beschilderde koepel prijkt (74 King St., tel. 904-819-6400, www.flag ler.edu, rondleidingen dag. 10 en 14 uur).

## Zuidelijk van St. Augustine

Ten zuiden van de stad houdt de **St. Augustine Alligator Farm** zich voornamelijk bezig met het fokken van alligators en krokodillen, maar in het subtropische dierenpark vonden ook apen, vele soorten vogels en reuzenschildpadden een thuis. Het grootste reptiel was tot enkele jaren geleden onbetwist Gomek, een ca. 1300 kg wegende krokodil uit Papoea-Nieuw-Guinea, die zijn alligatorcollega's piepklein deed lijken en sinds zijn overlijden in 1997 in geprepareerde staat is te bewonderen in een aparte ruimte (999 Anastasia Blvd., S. A1A Hwy, tel. 904-824-3337, www.alligator farm.com, dag. 9–17 uur).

Het Spaanse woord *matanzas* betekent zoveel als 'bloedbad' en slaat tegelijkertijd op een 14 mijl ten zuiden van St. Augustine gelegen plaats van die naam op een barrière-eiland, waar in 1565, het jaar dat de stad werd gesticht, Spaanse soldaten 245 Fransen afslachtten. Tussen 1740 en 1742 werd op die plek ter bescherming van de zuidflank van de

stad het kleine **Fort Matanzas** gebouwd. Om deze vesting te kunnen bekijken vanuit het vasteland, moet u zich laten overzetten met een veerboot (8635 A1A S., tel. 904-471-0116, www.nps.gov/foma, dag. 9–17.30 uur, gratis veerdienst 9.30–16.30 uur).

Een filmmaatschappij uit Hollywood legde in 1938 tussen St. Augustine en Flagler Beach een zoutwaterbekken aan, om daar gehouden grote tuimelaars gemakkelijker op het celluloid te kunnen vastleggen dan in zee. Daaruit ontstond in de loop der jaren onder de naam **Marineland of Florida** een populaire toeristische attractie, die verschillende activiteiten met dolfijnen aanbiedt (9600 Oceanshore Blvd., tel. 904-471-1111, www.marineland.net, dag. 9–16.30 uur).

> **i** **St. Augustine, Ponte Vedra & The Beaches Visitors & Convention Bureau:** 88 Riberia St., Suite 400, St. Augustine, FL 32084, tel. 904-829-1711, 1-800-653-2489, www. visitoldcity.com.

> **House of Sea and Sun:** 2 B St., tel. 904-461-1716, fax 904-461-1319, www.house ofseaandsun.com. Direct aan zee, ca. 5 mijl buiten de stad gelegen charmante bed en breakfast uit de jaren twintig. In het weekeinde minimaal 2 overnachtingen. Vanaf $139.

**Victorian House:** 11 Cadiz St., tel. 904-824-5214, fax 904-824-7990, www.victorianhousebnb.com. Victoriaanse bed and breakfast met romantische kamers. Vanaf $109.

**Kenwood Inn:** 38 Marine St., tel. 904-824-2116, fax 904-824-1689, www.thekenwoodinn. com. Schitterende, centraal gelegen bed and breakfast in 19e-eeuwse stijl met brede balkons. Vanaf $95.

**Pirate Haus Inn:** 32 Treasury St., tel. 904-808-1999, fax 904-808-1999, www.piratehaus.com. In het historische district gelegen bed en breakfast, die ook als jeugdherberg dient. Kamers vanaf $45, bedden op de slaapzaal $16,50.

> **Old City House Inn:** 115 Cordova St., tel. 904-826-0113, dag. diner vanaf 17.30

Bij St. Augustine zijn de zandstranden breed en vlak

uur. Bed and breakfast uit 1873 met fantastisch restaurant. Drunken Pig (karbonade met rodekool) $17, steak van Angusrund $24. **Raintree Restaurant:** 102 San Marco Ave., tel. 904-824-7211, dag. diner vanaf 17.30 uur. Al diverse malen bekroond, 19e-eeuws restaurant. Cajuntonijn met brandy geflambeerd $19, kreeftravioli met mangosalsa $9. **Tavern on the Bay:** 20 Ave. Menendez, tel. 904-810-1919, dag. vanaf 11.30 uur. Eenvoudig restaurant aan zee met steaks, salades, vegetarische gerechten en burgers. Vanaf $8.

## Jacksonville

**Atlas:** blz. 28, D–E2

Met een oppervlakte van 2000 km² is Jacksonville een van de uitgestrektste steden van de VS, en met 740.000 inwoners staat de stad nog voor Miami genoteerd. In de koloniale en economische geschiedenis van de stad was de St. Johns River, die het centrum in tweeën deelt, een transportader van groot belang. Tegenwoordig schenkt de rivier Jacksonville met parkachtige oeverpromenades een aangenaam decor. Direct aan het water ligt **Jacksonville Landing**, dat door dezelfde architect is ontworpen als de Bayside Marketplace in Miami.

Het **Cummer Museum of Art and Gardens** is het grootste kunstmuseum in het noordoosten van Florida en stelt Europese kunst van de 12e tot de 20e eeuw tentoon, met werken van Rubens, Gaddi, Aertsen en Vasari. Het zwaartepunt van de Amerikaanse afdeling zijn landschappen uit de 19e eeuw. Goed bekend staat de verzameling van 700 stuks Meissner porselein (829 Riverside Ave., tel. 904-356-6857, www.cummer.org, di. -za. 10–17, zo. 12–17, di. toegang gratis en tot 21 uur).

De Main Street Bridge leidt op de zuidoever naar het **Museum of Science and History**, dat bestaat uit een wetenschapscentrum waar experimenten door bezoekers kunnen worden uitgevoerd, het Alexander Brest Planetarium, een astronomische expositie en een afdeling voor kinderen (1025 Museum Circle, tel. 904-396-6674, www.themosh.org, ma.-vr. 10–17, za. 10–18, zo. 13–18 uur).

# Amelia Island

**Atlas:** blz. 28, E1–2

In het uiterste noordoosten eindigt het grondgebied van de Sunshine State met de schilderachtige kust van Amelia Island. Het eiland beroemt zich erop de enige plaats in de VS te zijn, waar sinds de eerste vestiging halverwege de 16e eeuw acht verschillende vlaggen hebben gewapperd.

## Fernandina Beach

Het enige plaatsje op het langgerekte eiland is Fernandina Beach, met nog geen 9000 inwoners. De centrale Centre Street door het **Fernandina Beach Historic District** ziet eruit als aan het einde van de 19e eeuw. Ruim 4000 19e-eeuwse huizen vormen het historische district en doen vermoeden dat de plaats destijds veel geld verdiende als exporthaven van cipressenhout, dat per trein werd aangevoerd uit Cedar Key aan de Golfkust. Nadat het eiland zich begin 20e eeuw bij gebrek aan grondstoffen moest terugtrekken uit de houtexport, verlegden plaatselijke zakenlieden hun activiteiten naar de garnalenvangst, die naast het toerisme nog altijd de belangrijkste bron van inkomsten is. De idyllische rust wordt in het eerste weekend van mei verstoord, als er 150.000 bezoekers afkomen op het jaarlijkse *shrimps*-festival. Een instituut in het midden van het stadje is de **Palace Saloon** uit 1878 in Centre Street, de oudste kroeg van Florida.

## Fort Clinch

Nog een blik in het verleden krijgt u in **Fort Clinch State Park** op het uiterste puntje van Florida. Het fort is in 1847 gebouwd als kustwacht, om de scheepvaart op de St. Mary's River en de haven van Fernandina te beschermen, maar bleek al binnen enkele jaren overbodig, waarna het werd opgegeven. Op het parkterrein noodt een 4 km lang strand met fijn kwartszand en meer dan 12 m hoge duinen tot badplezier (2601 Atlantic Ave., tel. 904-261-4212, www.floridastateparks.org/fort clinch, dag. 8–18 uur.)

**Amelia Island Chamber of Commerce:** 102 Center St., P. O. Box 472, Fernandina Beach, FL 32034, tel. 904-261-3248, www.is landchamber.com.

**Williams House:** 103 S. 9th St., tel. 904-277-2328, fax 904-321-1325, www.wil liamshouse.com. 19e-eeuwse bed and breakfast met luxueuze inrichting. In een geheime kamer werden vroeger voortvluchtige slaven verstopt. $180–250.

**Fairbanks House:** 227 S. 7th St., tel. 904-277-0500, fax 904-277-3103, www.fairbankshouse .com. Victoriaans paleis met kamers waarin u overnacht in een vorstelijke omgeving als in een museum uit de 19e eeuw, inclusief ontbijt. Vanaf $170.

**Bailey House:** 28 S. 7th St., tel. 904-261-5390, fax 904-321-0103, www.baileyhouse.com. Sprookjesachtige bed and breakfast in Queen Annestijl met torentjes, dakkapellen en veranda rondom. Alle kamers met airconditioning, tv en eigen bad. Vanaf $139.

**Fort Clinch State Park:** Aan de A1A, tel. 904-277-7274, www.floridastateparks.org. Twee kleine terreinen voor kampeerders.

**Le Clos:** 20 S. 2nd St., tel. 904-261-8100, ma.–za. diner vanaf 17.30 uur, zo. gesloten. Franse keuken van hoog niveau. Lamsbout met aardappelgratin $26, Provençaalse sint-jakobsschelpen $23.

**Beech Street Grill:** 801 Beech St., tel. 904-277-3662, dag. 18–22 uur. Diverse malen bekroonde keuken in aantrekkelijke, 19e-eeuwse omgeving. Hoofdgerechten vanaf $17.

**Kajaktochten:** Kayak Amelia, tel. 904-251-0016, www.kayakamelia.com. Verschillende tochten door de kustwateren onder begeleiding, ook bij volle maan.

# Register

# Register

# Register

# Register

# Legenda

| | |
|---|---|
| | Tollway (tolweg) |
| | Freeway (gratis) |
| | Snelweg |
| | Autoweg |
| | Hoofdweg |
| | Secundaire weg |
| | Weg in aanleg |
| | Weg, niet voor motorvoertuigen |
| 95 | Interstate Highway |
| 130 | U.S. Highway |
| 29 | State Highway, State Route |
| | Tunnel |
| | Spoorweg |
| | Veer |
| | Landsgrens |
| | Staatsgrens |
| | Nationaal park; natuur park |
| | Reservaat, verboden gebied |
| | Internationale luchthaven |
| | Nationale luchthaven |
| | Grensovergang |
| ★ | Bezienswaardigheid |
| | Regionaal park, recreatiegebied |
| | Vuurtoren |
| | Windmolen |
| | Skigebied |
| ▲ | Bergtop |
| )( | Bergpas |

# Atlas Verenigde Staten oost

# Portland, Bangor, White Mountains, Acadia National Park

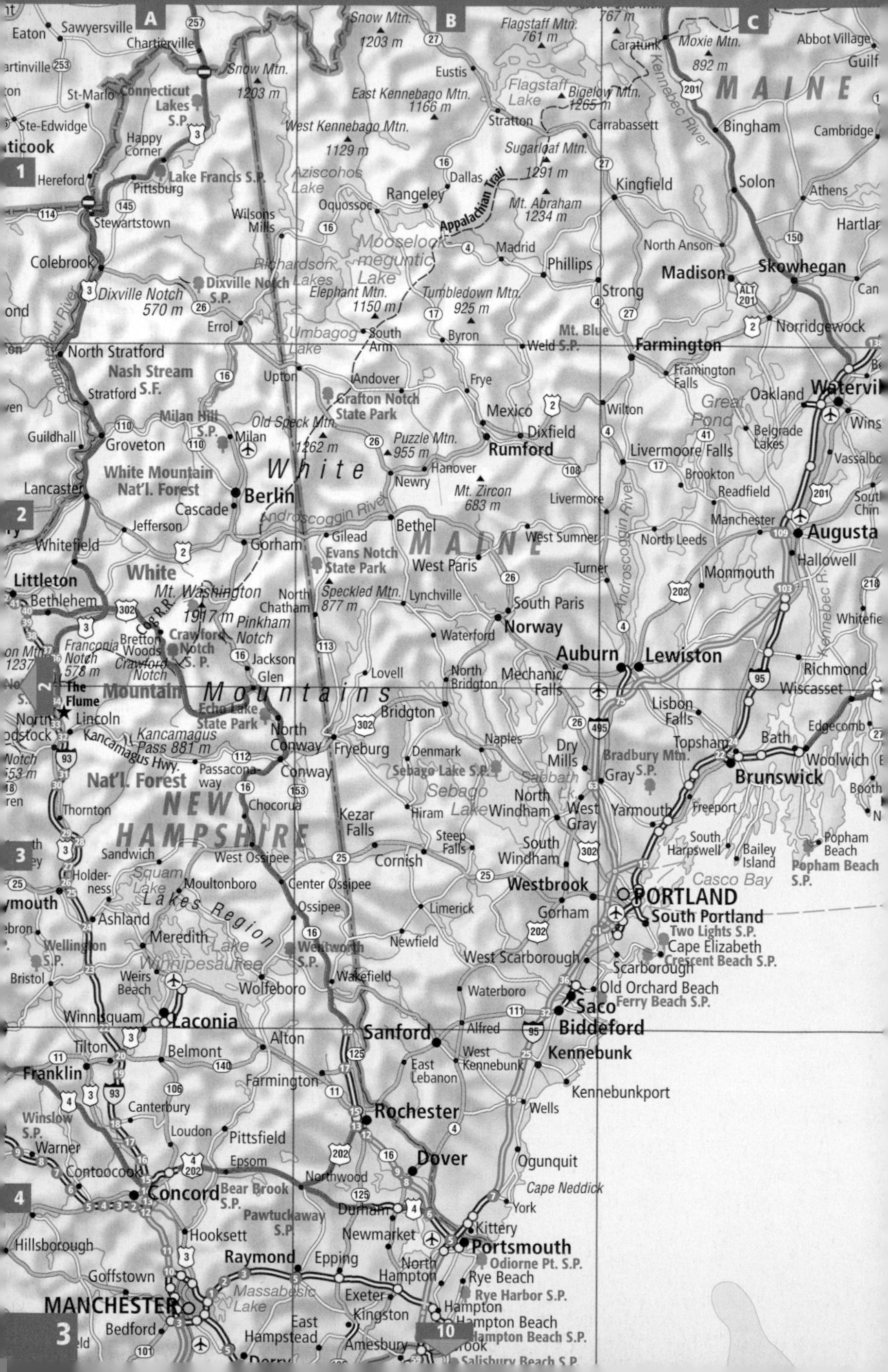

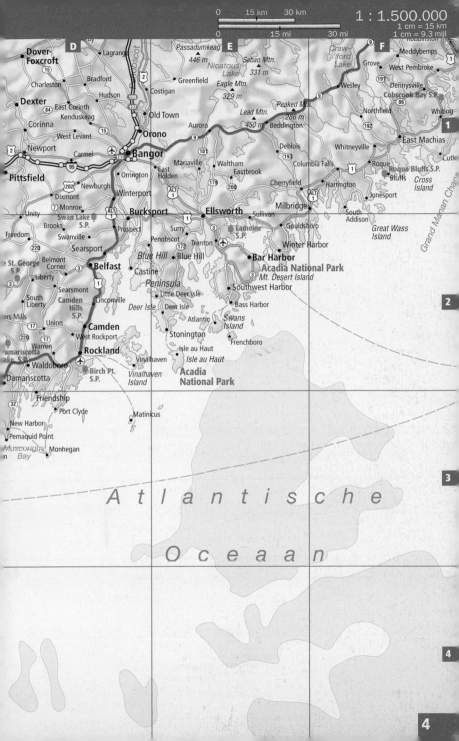

*Lake Erie*

*Long Point Bay*

*Long Pt.*

**CANADA**

**OHIO**

**CLEVELAND**

# Syracuse, Albany

A
B
C
2
8
14
9
1
2
3
4
Glens Falls
Corinth
Schuylerville
Salem
Arlington
Greenwich
Cambridge
Saratoga Springs
North Bennington
Round Lake
Clifton Park
Schaghticoke
Schenectady
Grafton Lakes S.P.
Grafton
Troy
Albany
Berlin
Sand Lake
Cherry Plain S.P.
Greenbush
Stephentown
New Lebanon
Feura Bush
Alcove
Hancock
Canaan
Chatham
Austerlitz
Hudson
Hudson River
Catskill
Palenville
Germantown
Hillsdale
Lake Taghkanic S.P.
Ancram
Annandale-on-Hudson
Red Hook
Rhinebeck
Pine Plains
Millerton
Amenia
Millbrook
Hyde Park
Poughkeepsie
Billings
Wingdale
Van Keuren
Fishkill
Pawling
Beacon
Cold Spring
Brewster
Mahopac
Peekskill
Ridgefield
Pound Ridge
Chappaqua
New Canaan
Ossining
Sleepy Hollow
Tarrytown
Nyack
White Plains
Scarsdale
Harrison
Port Chester
Greenwich
Larchmont
Yonkers
New Rochelle
Mount Vernon
Taconic State Pkwy.
Appalachian Trail
Manchester
Londonderry
Rawsonville
Jamaica S.P.
Townshend S.P.
East Jamaica
West Wardsboro
Newfane
Mt. Snow
Searsburg
Bennington
Wilmington
Molly Stark S.P.
Jacksonville
Williamstown
North Adams
Mohawk Trail S.F.
Charlemont
Mt. Greylock S.P.
Mt. Greylock 1064 m
Adams
Savoy
Berkshire Hills
Dalton
Windsor
Pittsfield
Williamsburg
MASSACHUSETTS
Chester
Stockbridge
Great Barrington
Otis
Huntington
Hampton Pds. S.P.
Russel
Sheffield
Westfield
West Springfield
New Boston
Ashley Falls
Canaan
Salisbury
Norfolk
Lakeville
Winsted
Simsbury
Torrington
Litchfield Hills
Litchfield
Canton
Avon
Harwinton
Kent
Black Rock S.P.
New Preston
Bristol
Watertown
New Milford
WATERBURY
Lake Candlewood
Southbury
Brookfield
Sandy Hook
Danbury
Derby
Shelton
Trumbull
BRIDGEPORT
Stratford
Westport
Fairfield
Norwalk
Stamford
Long Island Sound
CONNECTICUT
Grafton
Saxtons River
Bellows Falls
Charlestown
Alstead
Walpole
Putney
East Sullivan
Keene
Brattleboro
Hinsdale
Winchester
Bernardston
Northfield
Erving S.F.
Greenfield
Deerfield
Millers Falls
South Deerfield
Conway
North Amherst
Amherst
Northampton
Hadley
South Hadley
Easthampton
Granby
Holyoke
Belchertown
SPRINGFIELD
Somers
Granby
Windsor Locks
Vernon
Manchester
HARTFORD
Farmington
New Britain
Southington
Plantsville
Meriden
Middletown
Durham
Wallingford
Bethany
Hamden
NEW HAVEN
West Haven
Branford
Guilford
Madison
Gay City S.P.
Hebron
Colchester
Higganum
East Haddam
Deep River
Essex
Old Saybrook
Henniker
Washington
North Branch
Hillsborough
South Stoddard
Antrim
Hancock
Peterborough
Marlborough
Monadnock S.P.
Jaffrey
Fitzwilliam
Winchendon
Baldwinville
Athol
Gardner
Fitchburg
Templeton
Westminster
Leominster
Quabbin Reservoir
Barre
Barre Plains
Princeton
Rutland S.P.
Rutland
Holden
WORCESTER
Ware
Spencer
Brimfield
Sturbridge
Southbridge
Stafford Springs
Putnam
Pomfret
Storrs
Brooklyn
Mansfield Center
Canterbury
Willimantic
Pachaug S.F.
Jewett City
Norwich
Mashantucket Pequot Ind. Res.
Ledyard
East Lyme
Mystic
Waterford
New London
Old Lyme
Fenwick
Rocky Neck S.P.
Orient Beach S.P.
Orient
Gardiners Bay
Napeague Bay
Greenport
Shelter Island
Southold
Long Island
Peconic
Mattituck
Springs
North Haven
East Hampton
Bridgehampton
Jamesport
Riverhead
Flanders
Tuckahoe
Southampton
Hampton Bays
Westhampton
Shoreham
Sound Beach
Port Jefferson
Stony Brook
Northport
Huntington
Kings Park
Ridge
Coram
Glen Cove
Commack

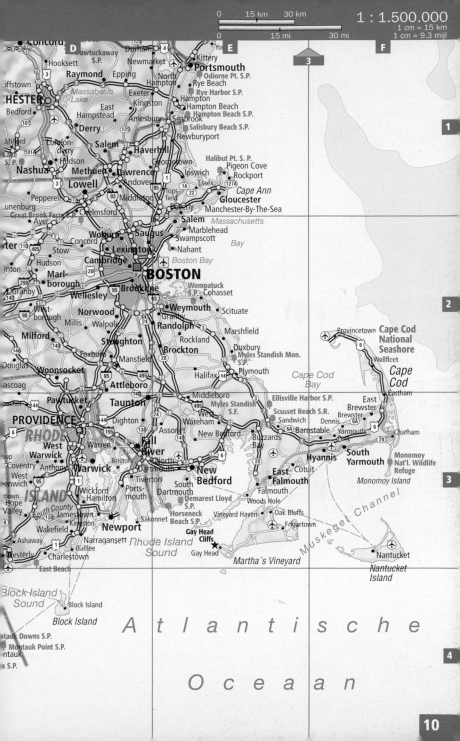

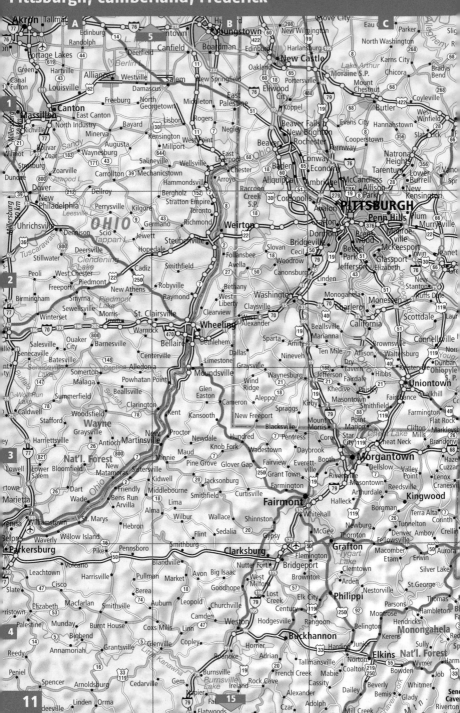

# Pittsburgh, Cumberland, Frederick

# New York, Philadelphia, Baltimore, Washington D.C.

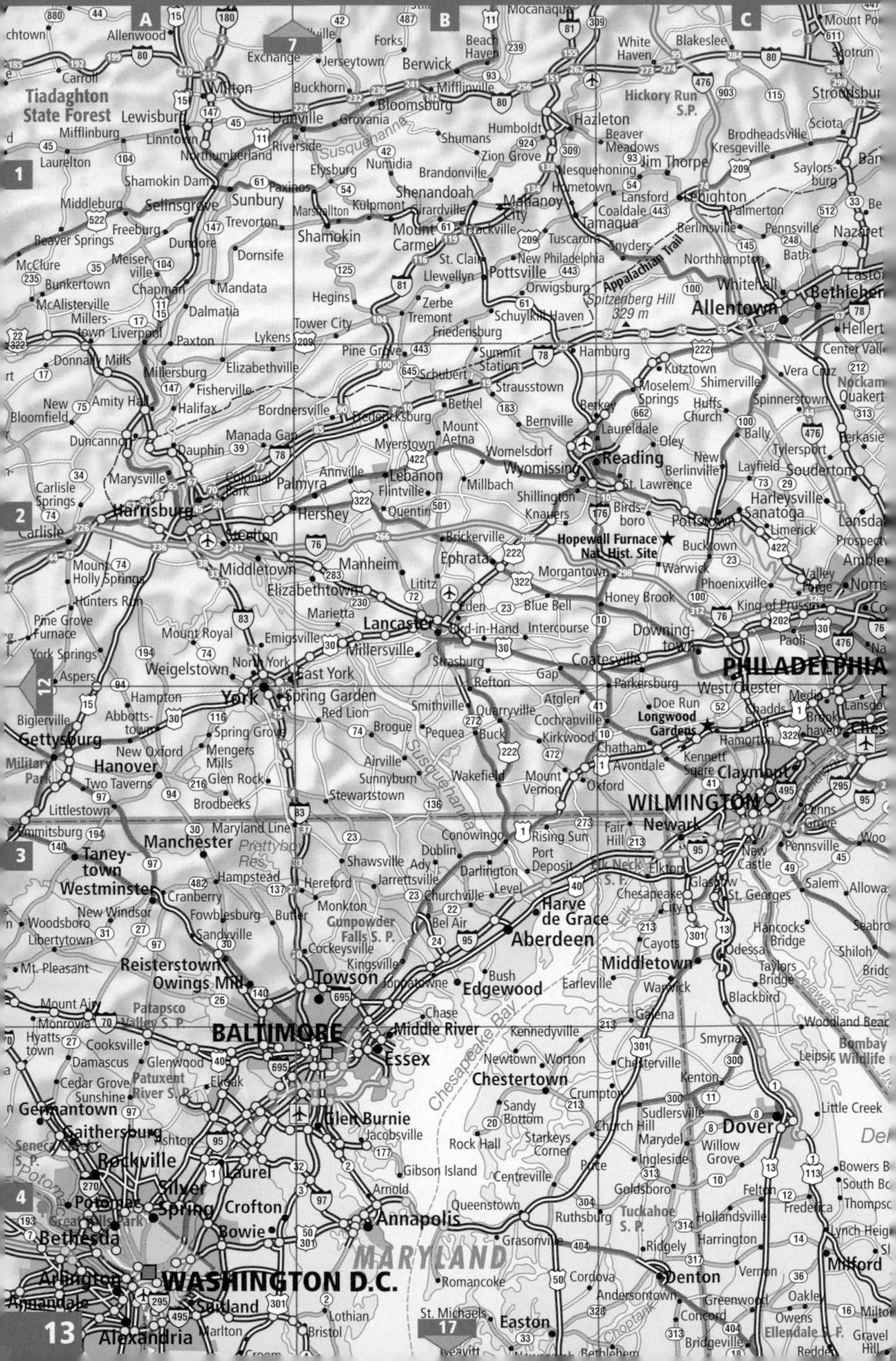

E

F

**14**

404
geville
18
Owens
Ellendale
Redden
Hill
Park Millsboro Dr.
North Shores
Rehoboth Beach
Dewey Beach

**DELAWARE**

ralsburg
Coverdale
Crossroads
Redden
Harbeson
Georgetown
113

Bryan
Store
Warwick
Delaware Seashore S. P.

Seaford
20
Woodland
9

orado
arptown
Laurel
Pepper
Shaft
Corner
Clarksville
Dagsboro
Johnson
26
Bethany Beach

Columbia
Belmar
Selbyville
Fenwick Island

Iebron
Parsons-
burg
Pittsville
Bishop
Whaleyville

isbury
12
Powellville
**Berlin**
450
**Ocean City**
West Ocean City

fruitland
Eden
Whiton
Ironshire

len
13
Longridge
354
Newark

Whiteburg
Snow Hill
Spence
**Assateague Island**

iston
Princess
Anne
Pocomoke
113
B. F. Girdletree
**Assateague Island**

ill Westover
Stockton
**National Seashore**

413
**Pocomoke**
Goodwill
George Island
**City**

owell
ginia
New Church

is
Oak Hall
175
Chincoteague

mperanceville
13
Atlantic

Hallwood
Bloxom
**NASA Wallops**
**Flight Center**

arksley
Modest Town

asley
Assawoman Island

Accomac
Metompkin Island

Onley

Melfa
Cedar Island

keller
Wachapreague

Quinby

ore
Parramore Island

vadox
**VIRGINIA**

Hog Island

Cobb Island

Wreck Island

Ship Shoal Island

yrtle Island

th Island

arles
use

*A t l a n t i s c h e*

**BEACH**

**Air Station**

Fleet Combat
Center, Atlantic

*O c e a a n*

Bay Nat'l.
life Refuge

**NORTH CAROLINA**

Corolla

**1**

**2**

**3**

**4**

**18**

A
B
C
1
2
3
4
KENTUCKY
TENNESSEE
ALABAMA
MISSISSIPPI
Evansville
Rockport
Hawesville
Hardinsburg
Elisabethtown
Bardstown
Harrodsburg
Henderson
Owensboro
Whitesville
Reynolds Station
Danville
Lebanon
Hodgenville
Morganfield
Short Creek
Leitchfield
Livermore
Island
Hartford
Summersville
Campbellsville
Waynesburg
Eubank
Liberty
Providence
Central City
Sweeden
Munfordville
Greensburg
Dunnville
Madisonville
Morgantown
Columbia
Somerset
Marion
Drakesboro
Mammoth Cave N.P.
Park City
Glasgow
Jamestown
Nortonville
Cumberland Pkwy.
Lake Cumberland
Lawson Springs
Bowling Green
Princeton
Lewisburg
Epleys
Barren River
Monticello
Snow
Mud Lick
Burkesville
Alpha
Hopkinsville
Russelville
Big South Fork Nat. River and Rec. Area
Scottsville
Peytonsburg
Cadiz
Franklin
Ft. Campbell
Moss
Static
Celine
Dale Hollow Lake
Westmoreland
Red Boiling Springs
James-town
Cedar Hill
Portland
Lafayette
Clarksville
Livingston
Lakes
Springfield
Oakwood
Gallatin
Cumberland River
Gainesboro
Grimsley
Goodlettsville
Dover
Ashland City
Hendersonville
Cookeville
Clarkrange
Bellsburg
Baxter
Lebanon
Erin
Monterey
Charlotte
NASHVILLE
Alexandria
Center Hill Lake
Bon Air
Crossville
Waverly
Dickson
Belle Meade
Smyrna
Smithville
Sparta
Burns
Franklin
Murfreesboro
Woodbury
Kirkland
Duck River
McMinnville
Cold Spring
Centerville
Rover
Cumberland Caverns Park
Columbia
Beechgrove
Walden Ridge
Gollege
Linden
Hampshire
Shelbyville
Manchester
Beersheba Springs
Dayton
Hohenwald
Mount Pleasant
Lewisburg
Normandy
Normandy Lake
Tullahoma
Dunlap
Waco
Petersburg
Tracy City
Soddy-Daisy
Tennessee River
Belleville
Times Ford Lake
Sewanee
Walden
Webber City
Lynchburg
Waynesboro
Pulaski
Frankewing
Winchester
Chattanooga
Lawrenceburg
Fayetteville
Red Bank
Savannah
Huntland
Cumberland Plateau
Bridgeport
Hazel Green
Dalton
Elk River
Ardmore
Meridianville
Rock Spring
Markintown
Athens
Huntsville
La Fayette
Florence
Coxey
Wheeler Lake
Ryland
Scottsboro
Sheffield
Leighton
Iuka
Guntersville Lake
Fort Payne
Owens Cross Roads
Summerville
Wheeler
Decatur
Shannon
Rome
Moulton
Neel
Hartselle
Guntersville
Russelville
Cedar Bluff
Albertville
Red Bay
Arab
Collinsville
Bomar
Jones Chapel
Cullmann
Haleyville
Brooksville
Cedartown
Gadsden
Garden City
Attalla
Hamilton
Fall Line Hills
Lewis Smith Lake
Bangor
Coosa
Piedmont
640 m
Bremen
31W
31E
68
27
84
41
431
231
127
65
70
90
24
79
61
53
52
111
56
49
40
13
70 S
ALT 41
412
43
50
64
27
59
72
411
276
278

**A** **B** **C**

**15** **16**

Prin

Bluefield

Blacksburg

Roanoke

Altavista

Cookneal

Roanoke River

Chase City

19 460

Tazewell

Radford

Christiansburg

220

Rocky Mount

Chatham

360

Crandon

Pulaski

Floyd

29

South Boston

16

Chatham Hill

221

Martinsville

58 360

Danville

58

Clarksville

**1**

Wytheville

Hillsville

77

Stuart

58

Eden

Roxboro

Oxford

Marion

Woodlaw

Galax

Price

220

Reidsville

158

Yanceyville

Bushy Fork

81

Mt. Rogers

N.R.A.

21

Independence

Fancy Gap

8

158

Hillsborough

Prospect Hill

85

Mt. Rogers

1743 m

Twin Oaks

Sparta

Mt. Airy

52

Walnut Cove

49

VIRGINIA

Mountain City

221

Scottsville

Jefferson

Thurmond

Elkin

Fairview Cross

Winston-Salem

Greensboro

85 40

Durham

Chapel Hill

Boone

421

North Wilkesboro

Yadinville

421

High Point

49

Liberty

Bynum

64

**2**

Grandfather Mtn.

1818 m

421

Taylorsville

40

Thomasville

421

Siler City

Pittsboro

1

NATIONAL FOREST

64

Statesville

Mocksville

Lexington

Gordontown

Mount Vernon Springs

Sanford

401

Lenoir

Salisbury

High Rock Lake

Asheboro

Ulah

24 27

Carthage

Spring Lake

221

Morganton

40

Hickory

Newton

Mooresville

52

Rockwell

Richfield

Ether

Biscoe

Southern Pines

Fayetteville

20

Glenwood

121

Norman Lake

Kannapolis

Concord

Albemarle

24 27

Fort Bragg Mil. Res.

401

64

Polksville

Cherryville

321

Lincolnton

77

85

Red Cross

Norwood

220

Marston

St. Pauls

Ruth

Shelby

Gastonia

Lowell

CHARLOTTE

Pee Dee River

Rockingham

1

Hamlet

401

**3**

Forest City

221

Kings Mountain

Fairview

Ansonville

Laurinburg

74

Chesnee

85

Gaffney

Fort Mill

Monroe

74

Wadesboro

McFarlan

Lumberton

Spartanburg

White Stone

Rock Hill

521

601

Chesterfield

76

Rowland

Orrum

26

Pacolet

Lowrys

Andrew Jackson S.P.

Pageland

Cheraw

Cash

Bennettsville

Fair Bluff

Union

York

Richburg

Lancaster

Patrick

Middendorf

Society Hill

Dillon

Lake View

Cross Anchor

72

Chester

Woodward

Sand Hills S.P.

Kershaw

McBee

Hartsville

Darlington

Nichols

Mullins

385

Carlisle

321

Westville

Cassatt

15

Withmire

176

77

Florence

Marion

501

Laurens

Clinton

Windsboro

Ridgeway

1

Bishopville

Camden

401

Scranton

Salem

Waterloo

Smallwood

Kilian

Ashwood

Turbeville

Lake City

Toddville

25

Newberry

26

Rembert

95

Sumter

Francis Marion National Forest

72

Lake Murray

Whitehall

Cayce

State burg

Kingstree

Georgetown

Epworth

Saluda

378

Oak Grove

Columbia

601

Alcolu

Manning

521

Andrews

Bradley

Kirksey

Owdoms

Batesburg

Wateree

St. Matthews

St. Steven

Jamestown

17

**4**

Edgefield

23

Swansea

26

Jamison

Santee

52

Parksville

Trenton

20

78

North

Lake Moultrie

Clarks Hill

Aiken

78

Williston

321

Orangeburg

Holly Hill

Moncks Corner

McClellan

150

North Augusta

**21**

Augusta

Denmark

**24**

Branchville

St. George

176

Oakley

SOUTH CAROLINA

NORTH CAROLINA

A  B  C

**19** **20**

**1**

Summerville · Shannon · Rome · Cedartown · Fairmount · Canton · Buford · Jefferson · Gainesville · Homer · Royston · Dewy Rose · Elberton · Abbeville · Bradley · Kirk · Calhoun Falls · McCormick · Diamond Hill · Comer · Carlton · Fortsonia · Tignall · Lincolnton · Hill Lake

Cartersville · Rosswell · Winder · Athens · Crawford · Lexington · Washington · Appling

Marietta · Lawrenceville · Loganville · Monroe · Watkinsville · Greensboro

**ATLANTA** · Decatur · Stone Mtn. Park · Social Circle · Madison · Swords · White Plains · Warrenton · Thomson

College Park · Covington · Eatonton · Lake Oconee · Jewell · Wrens

Carrollton · Bremen · McDonough · Eudora · Monticello · Sparta · Louisville

Newnan · Peachtree City · Jackson · Milledgeville · Sandersville · Bartow · Wadley

**2**

Franklin · Seniona · Griffin · Milledgeville · Devereux · Hardwick · Nicklesville · Kite · Adrian · Dublin

Oakland · Zebulon · Gray · Gordon · Irwinton · Jeffersonville · Rockledge · Soperton

La Grange · Woodbury · Thomaston · Yatesville · **Macon** · Warner Robins · Cochran · Eastman · Mt. Vernon

Shiloh · Roberta · Horns · Perry · Henderson · McRae

Waverly Hall · Talbotton · Ft. Valley · Unadilla · Rhine · Liberty · Hazlehurst

**3**

Ellerslie · Geneva · Butler · Rupert · Vienna · Abbeville · Rochelle · Jacksonville

**Columbus** · Fort Benning · Buena Vista · Ellaville · Montezuma · Cordele · Bowens Mill · Denton · Douglas

Phenix City · Seale · Brooklyn · Dumas · Americus · Fitzgerald · Broxton · West Green

Glenville · Louvale · Richland · Leslie · Sumter · Smithville · Warwick · Ashburn · Ocilla

Eufaula · Lumpkin · Parrot · Dawson · Oakfield · Shingler · Tifton · Alapaha

**4**

Albany · Sylvester · Tifton · Pearson

Fort Gaines · Suttons Corner · Leary · Baconton · Parkerville · Omega · Eldorado · Nashville · Homerville

Blakely · Arlington · Newton · Doeron · Moultrie · Aden · Ray City · Lakeland

**Dothan** · Colquitt · Camilla · Meigs · Murphy · Berlin · Stockton

Bainbridge · Cairo · **Thomasville** · Valdosta · Statenville · Jasper

Lake Seminole · Amsterdam · Quitman · Madison · Live Oak

**Tallahassee**

**F  L  O  R  I  D  A**

**23** **26** **27**

A   B   C

Century · Dixonville · Wing · Lockhart · Florala · ALABAMA · Geneva
Walnut Hill · Oak Grove · Jay · Good Hope · Laurel Hill · Svea · Paxton · FLORIDA · Sweet Gum
Bogia · Fidelis · Rock Creek · Blackman · Darlington · New Hope
Brownsdale · Berrydale · Blackwater · Beaver Town · Garden City · Gordon · Caney Creek · Prosperity
Bay Springs · Barrineau Park · Munson · River S.F. · Cannon Town · New Harmony · Dorcas · Liberty
Chumuckla · Allentown · Baker · Milligan · Crestview · Mossy Head · De Funiak Springs
Molino · Wallace · Roeville · Floridale · Holt · Argyle
Roberts- · Cottage · Cantonment · Milton · Yellow River · Eglin Air Force Base · Rock Hill · Redbay
Elsanor · Gonzalez · Pace · Bagdad · Red Head
Seminole · Floridatown · Valparaiso · Niceville · Portland · Freeport · Bruce · Ebro
Foley · Belleview · West Pensacola · Holley · Rock Bayou S.R.A. · Bay View · Choctawhatchee
Alberta · Pensacola · Pensacola Bay · Navarre · Mary Esther · Shalimar · Miramar Beach · Gulf Pines · Santa Rosa Beach · Point Washington · Seminole Hills
Paradise Beach · Warrington · Gulf Breeze · Oriole · Santa Rosa Sound · Fort Walton Beach · Gulfarium · Destin · Seagrove Beach · Westbay
Josephine · Myrtle Grove · Fort Pickens · Pensacola Beach · Santa Rosa Island · Henderson Beach S.R.A. · Santa Rosa Beach · Hollywood Beach · Gulf Re
Orange Beach · Gulf Beach · Big Lagoon S.R.A. · Gulf Islands National Seashore · Santa Rosa Beach · Laguna Beach
Perdido Key S.R.A. · Grayton Beach S.R.A. · Bahama Beach · Egdewater Gulf Beach · Panama City Beach
Bittmore B · St Andrews S

*Golf van Mexico*

50 m

200 m

**A** **B** **C**

24

Pelham
Meigs
Murphy
Ruskin
Glenmore
Akridge
Hansell
Collidge
Pavo
Aucreyville
Berlin
Bay City
Lakeland
Homerville
Argyle
Travisville
Cairo
Patten
Hollis
Morven
Hahira
Bemiss
Stockton
Du Pont
Midway
Hopkins

**1**
Lapham-Patterson House St. Hist. Site
Thomasville
Eason
Boston
Quitman
Kinderlou
The Crescent Complex
Valdosta
Mayday
Haylow
Thelma
Headlight
Colon
Fargo
Edith
Pebble Hill Plantation
Everett
Grooverville
Briggston
Clyattville
Twin
Brownstown
Staten-ville
Tarver
Needmore

Moncriefs Store
Metcalf
Ashville
Lovett
Cherry Lake
Pinetta
Belville
Jennings
Bakers Mill
Cypress Creek
Council
Ewing
Miccosukee
Monticello
Hanson
Blue Springs
**GEORGIA**
**FLORIDA**
Pinhook Swamp

Tallahassee
Lloyd
Drifton
Greenville
Madison
Suwannee River S.P.
Jasper
Osceola
**National Forest**

**2**
Natural Bridge Battlefield St. Hist. Site
Chaires
Walkeenah
Lamont
Lee
Ellaville
Suwannee
Rixford
White Springs
Stephen Foster St. Folk Culture Center
Olustee Battlefield St. Hist. Site
Wakulla Springs St. Pres.
Woodville
Wacissa
Ebb
Moseley Hall
Hopewell
Live Oak
Wellborn
Winfield
Lake City
San Marcos de Apalache St. Hist. Site
Newport
Covington
Shady Grove
Boyd
Chancey Day
Mercer
Padlock
Pine Mount
Columbia
Lulu
Nutall Rise
Scanlon
Blue Springs
Buckville
Peacock Springs S.P.
McAlpin
Ichetucknee Springs S.P.
Ellisville
Cliftonville
Providence

**3**
Perry
Foley
Fenholloway
Luraville
Mayo
O'Brien
Beachville
Mikesville
Santa Fe
La Crosse
Alachua
Hampton Springs
Forest Capital Museum
Cooks Hammock
Salem
Wanamaker
Grady
Fort White
O'Leno S.P.
High Springs
Devil's Millhopper State Geological Site
Adams Beach
Dekle Beach
Keaton Beach
Fish Creek
Tennille
Hines
Jonesboro
Fletcher
Bell
Newberry
Pine Hill Estates
Fred Bear Museum
Steward City
Shamrock
Wannee
Blitchville
Archer
Peach Orchard
Cross City
Eugene
Old Town
Fanning Springs
Trenton
Arredondo
Raleigh

**4**
Horseshoe Beach
Horseshoe Cove
Shired Island
Fowler Bluff
Vista
Suwannee
Otter Creek
Chiefland
Janney
Usher
Meredith
Bronson
Williston
Morriston
Lower Suwannee National Wildlife Refuge
Suwannee Sound
Rosewood
Gulf Hammock
Sumner
Ellzey
Romeo
Rainbow Lake Estates
Tidewater

**Golf van Mexico**

Cedar Key St. Museum
Cedar Key
Waccasassa Bay
Lebanon Station
Lebanon
Inglis
Yankeetown
Withlacoochee Bay
Red Level
Lake Rousseau
Dunnell
Cedar Keys National Wildlife Refuge & Wilderness
Citrus Springs
Crystal River
Beverly Hills
Holder
Hernando
Crystal Bay
Homosassa Springs
Homosassa Springs Wildlife State Park
Yulee Sugar Mill St. Hist. Site
Homosassa
Chassahowitzka
Withlacoochee S.F.
Inverness
Lecanto

26

Golf van

Mexico

**TAMPA**

**ST. PETERS-
BURG**

Homosassa Springs Wildlife State Park

Chassahowitzka
National Wildlife Refuge

Weeki Wachee Spring

Spring Hill

Hudson
Bayonet Point
Jasmine Estates
Port Richey
New Port Richey
Holiday
Sponge Center
Tarpon Springs
Palm Harbor
Caladesi Beach
Dunedin
Clearwater Beach
Clearwater
Belleair
Indian Rocks Beach
Redington Beach
Madeira Beach
Treasure Island
St. Petersburg Beach
St. Petersburg Beach
Fort De Soto Park
Egmont Key S.P.
De Soto
National Memorial
Anna Maria
Holmes Beach
Bradenton
Beach
Sarasota
Selby Gardens
Crescent Beach
Coral Cove
Osprey
Oscar Scherer S.R.A.
Laurel
Nokomis
Venice
South Venice
Warm Mineral
Springs
Englewood
Punta Gorda
Beach
Don Pedro Island
S.R.A.
Cape Haze
Gasparilla Island S.R.A.
Boca Grande
Gasparilla Island
Point Boca Grande
Cayo Costa S.P.
Cayo Costa

Yankeetown
Inglis
Dunnellon
Citrus
Springs
Red Level
Crystal
River
Beverly
Hills
Hernando
Homosassa
Yulee Sugar Mill
St. Hist. Site
Withlacoochee
S.F.
Brooksville
Inverness
Ft Cooper
S.P.
Coleman
Floral
City
Dade City
Zephyrhills
Crystal Springs
Land O'Lakes
Lutz
Temple
Terrace
Plant
City
Brandon
Bartow
Mulberry
Pebbledale
Lakeland
Auburndale
Winter
Haven
Cypress
Gardens
Fort Meade
Paynes Creek
St. Hist. Site
Wauchula
Zolfo
Springs
Arcadia
Nocatee
North Port
Port
Charlotte
Punta
Gorda
North
Fort Myers
Fort
Myers

Forest

Weirsdale
Umatilla
Eustis
Mount
Dora
Zellwood
Plymouth
Winter
Garden
Clermont
Universal Studios
Walt Disney
World
Lake Louisa
S.P.
Davenport

27   29   31

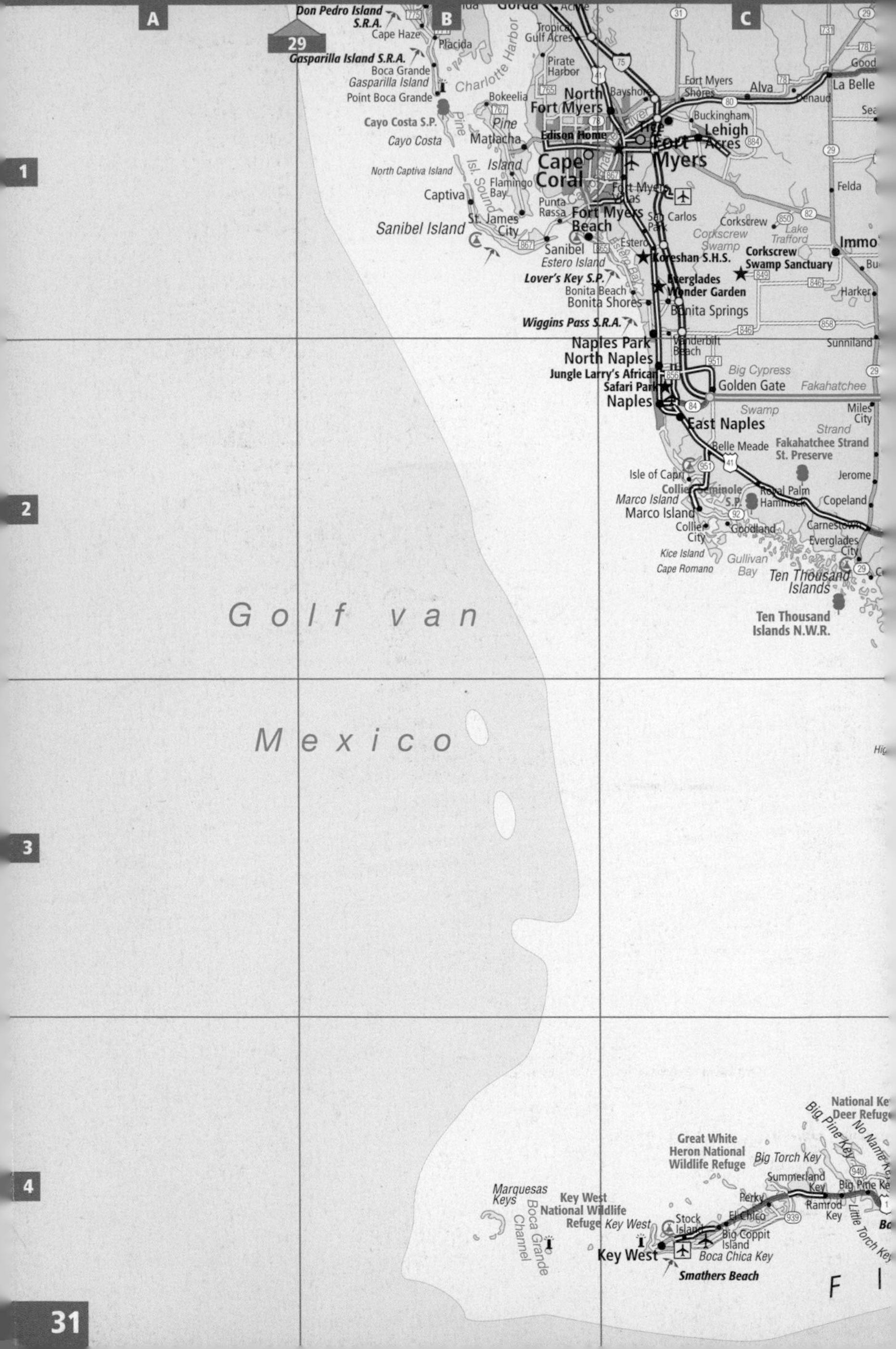

A
B
C
1
2
3
4
29
Don Pedro Island S.R.A.
Cape Haze
Placida
Gasparilla Island S.R.A.
Boca Grande
Gasparilla Island
Point Boca Grande
Charlotte Harbor
Tropical Gulf Acres
Pirate Harbor
Bokeelia
Cayo Costa S.P.
Cayo Costa
Pine Island
Matlacha
North Captiva Island
Captiva
Pine Isl. Sound
Flamingo Bay
Sanibel Island
St. James City
Punta Rassa
Sanibel
Estero Island
North Fort Myers
Edison Home
Cape Coral
Fort Myers
Fort Myers Beach
Fort Myers Villas
Bayshore
Fort Myers Shores
Alva
La Belle
Denaud
Buckingham
Lehigh Acres
Tice
San Carlos Park
Felda
Corkscrew
Corkscrew Swamp
Lake Trafford
Estero
Koreshan S.H.S.
Corkscrew Swamp Sanctuary
Immokalee
Lover's Key S.P.
Everglades Wonder Garden
Harker
Bonita Beach
Bonita Shores
Bonita Springs
Wiggins Pass S.R.A.
Sunniland
Naples Park
North Naples
Vanderbilt Beach
Jungle Larry's African Safari Park
Big Cypress
Golden Gate
Fakahatchee
Naples
Swamp
Miles City
East Naples
Strand
Belle Meade
Fakahatchee Strand St. Preserve
Isle of Capri
Jerome
Collier Seminole S.P.
Royal Palm Hammock
Copeland
Marco Island
Collier City
Goodland
Carnestown
Everglades City
Kice Island
Gullivan Bay
Cape Romano
Ten Thousand Islands
Ten Thousand Islands N.W.R.
Golf van Mexico
National Key Deer Refuge
Big Pine Key
No Name Key
Great White Heron National Wildlife Refuge
Big Torch Key
Summerland Key
Big Pine Key
Marquesas Keys
Key West National Wildlife Refuge
Boca Grande Channel
Perky
Ramrod Key
Little Torch Key
El Chico
Key West
Stock Island
Big Coppit Island
Boca Chica Key
Smathers Beach
75
41
31
80
78
82
29
84
92
846
849
850
858
865
867
884
939
940
951
775
765
767

# Colofon

**Hulp gevraagd!**

De informatie in deze reisgids is aan verandering onderhevig. Het kan dus wel eens gebeuren dat u ter plaatse een andere situatie aantreft dan de auteur. Is de tekst niet meer helemaal correct, laat ons dat dan even weten: buitenlandredactie@anwb.nl of ANWB Media, Postbus 93200, 2509 BA Den Haag

**Omslagfoto's** Voorzijde omslag: Portland Head Light, Maine (picture-alliance, Frankfurt Ehlers); voorflap: Jefferson Memorial in Washington; achterflap: Financial District in New York.

**Fotoverantwoording** Bildagentur Fionline, Frankfurt Bartel: 216/217; Bildagentur Huber, Garmisch-Partenkirchen Damm: 377; Gräfenhain: 92, 148/149, 404; Newman: 18; Picture/ Finders: 288, 394/395; Schmid: 388/389, 421; Bilderberg, Hamburg Arnold: 139; Artur: 198; Basse-meyer: 336/337; Bickle: titelpagina, 82/83; Boisvieux: 115; Drexel: 341; Ginter: 260, 273, 311, 387; Lee-ser: 177; Schmid: 414/415; Manfred Braunger, Freiburg 13, 17, 24, 33, 38/39, 50, 67, 72, 78, 94, 100, 111, 112/113, 119, 130, 142/143, 146, 154, 164/165, 179, 181, 185, 204/205, 212, 223, 226, 228/229, 234, 237, 244, 253, 263, 264/265, 267, 274, 278/279, 296, 300, 304, 308, 317, 321, 326/327, 334, 345, 350, 356, 360/361, 370/371, 399, 400/401, 422, 426/427, 443, 446/447, 450, 452/453; laif, Köln Heeb: 54/55, 84/85, 200, 290/291 (voorflap), 346/347, 366/367, 382, 384/385, 431, 458; Hollandse Hoogte: 98/99; Meier: 440; Modrow: 27, 70, 126/127, 136, 157, 161, 409, 456; Neumann: 416, 460; Rapho: 134; Sasse: 43, 48, 170/171, 189, 195; Look Bildagentur, München Heeb: 295; Johentges: 319; picture-alliance, Frankfurt Ehlers: 60; Meyer: 10/11; Rose: 105; Jochen Tack, Essen 14 (achterflap).

Productie: ANWB Media
Uitgever: Janneke Verdonk
Coördinatie: Gosse Best, Joost de Jong en Els van Kampen
Boekverzorging: de Redactie, Amsterdam
Vertaling: Jaap Deinema, Marten van de Kraats en Jacqueline Toscani
Bewerking: Paul Krijnen
Grafisch concept: Groschwitz, Hamburg
Nederlandse bewerking grafisch concept en omslag: Studio Jan Brand, Diemen
Cartografie: © DuMont Reisekartografie, Puchheim; © MAIRDUMONT, Ostfildern

© 2006/2008 DuMont Reiseverlag, Ostfildern
© 2008 ANWB bv, Den Haag
Eerste druk, alle rechten voorbehouden.
ISBN: 978 90 18 02697 4

Deze uitgave werd met de meeste zorg samengesteld. De juistheid van de gegevens is mede af-hankelijk van informatie die ons werd verstrekt door derden. Indien de informatie onjuistheden bevat, kan de ANWB daarvoor geen aansprakelijkheid aanvaarden.

www.anwb.nl